工程项目安全与风险全面管理模板手册

杨俊杰 主编

中国建筑工业出版社

图书在版编目（CIP）数据

工程项目安全与风险全面管理模板手册/杨俊杰主编．—北京：中国建筑工业出版社，2013.7
ISBN 978-7-112-15448-7

Ⅰ.①工… Ⅱ.①杨… Ⅲ.①工程项目管理-手册
Ⅳ.①F284-62

中国版本图书馆CIP数据核字(2013)第105943号

责任编辑：李春敏 杨 杰
责任设计：李志立
责任校对：张 颖 关 健

工程项目安全与风险全面管理模板手册
杨俊杰 主编

*

中国建筑工业出版社出版、发行（北京西郊百万庄）
各地新华书店、建筑书店经销
北京红光制版公司制版
北京富生印刷厂印刷

*

开本：787×1092毫米 1/16 印张：48½ 字数：1200千字
2013年6月第一版 2013年6月第一次印刷
定价：105.00元
ISBN 978-7-112-15448-7
(23487)

版权所有 翻印必究
如有印装质量问题，可寄本社退换
（邮政编码 100037）

目 录

上篇 安全篇

上篇前言 ··· 5

第1章 工程项目安全生产核心要义 ··· 9
1.0 工程项目安全生产核心要义总纲 ··· 9
1.1 一般释义 ··· 9
1.2 工程项目安全管理通病 ··· 10
1.3 国家安全观 ·· 11
1.4 国际层面 ··· 12
1.5 附表 ··· 13
1.6 附录 ··· 19
    1.6.1 中日推动安全文化做法比较摘要 ··· 19
    1.6.2 安全文化定义解释 ·· 24

第2章 工程项目安全生产标准化流程 ·· 27
2.0 工程项目安全生产标准化纲要框图 ·· 27
2.1 工程项目安全方针和量化目标 ·· 28
    2.1.1 工程项目安全方针 ·· 28
    2.1.2 工程项目安全量化目标 ·· 28
2.2 工程项目达标管理 ··· 30
    2.2.1 工程项目达标七项到位（不限于） ·· 30
    2.2.2 工程项目达标八项措施 ·· 30
2.3 设置工程项目安全组织系统与职责 ·· 31
    2.3.1 安全管理组织机构 ·· 31
    2.3.2 建立健全安全保障责任体系 ·· 32
    2.3.3 某工程项目安全生产管理组织系统网络框图示例 ······················· 34
2.4 设备与设施的安全管理 ··· 37
    2.4.1 工程项目设备与设施建设安全管理 ·· 37
    2.4.2 工程项目设备设施运行管理 ·· 37
    2.4.3 工程项目新设备设施验收及旧设备拆除、报废 ·························· 38
2.5 作业行为安全管理 ··· 38
    2.5.1 生产现场管理和生产过程控制 ·· 38
    2.5.2 作业行为管理 ·· 38

2.5.3　相关方管理 ·· 39
　　2.5.4　变更 ·· 39
2.6　事故隐患排查与防治 ·· 40
　　2.6.1　事故隐患排查 ·· 40
　　2.6.2　排查范围与方法 ·· 40
　　2.6.3　隐患治理 ·· 40
　　2.6.4　预测预警 ·· 41
2.7　职业危害与警示 ·· 42
　　2.7.1　职业健康管理 ·· 42
　　2.7.2　职业危害告知 ·· 42
　　2.7.3　职业危害申报 ·· 42
2.8　重大危险源监控 ·· 43
　　2.8.1　辨识与评估 ·· 43
　　2.8.2　登记建档与备案 ·· 43
　　2.8.3　监控与管理 ·· 43
2.9　应急救援 ·· 43
　　2.9.1　应急机构和队伍 ·· 43
　　2.9.2　应急预案 ·· 43
　　2.9.3　应急设施、装备、物资 ·· 44
　　2.9.4　应急演练 ·· 44
　　2.9.5　事故救援 ·· 44
2.10　事故报告、调查与处理 ·· 44
　　2.10.1　事故报告 ·· 44
　　2.10.2　事故调查和处理 ·· 45
2.11　绩效评定和持续改进 ·· 45
　　2.11.1　绩效评定 ·· 45
　　2.11.2　持续改进 ·· 45
2.12　附录：某集团有限公司安全标准化体系管理手册摘录 ······················ 46
2.13　安装生产标准化工作相关文件要素构成目录 ······························ 57

第3章　工程项目生产安全事故隐患排查治理流程 ·································· 58
3.0　工程项目生产安全事故隐患排查治理流程总框图 ···························· 58
　　3.0.1　工程项目生产安全事故隐患排查治理流程框图 ·························· 58
　　3.0.2　安监部门生产安全事故隐患排查治理流程框图 ·························· 58
3.1　工程项目中的主要安全事故隐患 ·· 60
3.2　工程事故隐患发现流程图 ·· 61
3.3　事故隐患排查与整改治理流程 ·· 61
　　3.3.1　安全事故隐患排查整改工作流程图 ···································· 61
　　3.3.2　安全事故隐患排查整改检查表 ······································ 61
　　3.3.3　安全事故隐患排查整改工作标准 ···································· 63

3.3.4 安全生产事故隐患处置程序 …………………………………………… 64
　　3.3.5 安全生产事故隐患排查治理职责图 ……………………………………… 64
3.4 安全生产事故隐患排查治理制度 ……………………………………………… 66
　　3.4.1 安全生产事故隐患排查治理目的和内容 ………………………………… 66
　　3.4.2 组织机构和各部门职责 …………………………………………………… 66
　　3.4.3 工程事故隐患的含义与分类 ……………………………………………… 67
　　3.4.4 工程隐患的排查 …………………………………………………………… 67
　　3.4.5 隐患的报告 ………………………………………………………………… 67
　　3.4.6 隐患的整改和验收：落实隐患整改验收工作"五到位" ………………… 67
　　3.4.7 隐患信息的核实与处理 …………………………………………………… 67
　　3.4.8 奖惩 ………………………………………………………………………… 67
　　3.4.9 附表 ………………………………………………………………………… 67
3.5 某公司安全事故隐患排查整改管理程序示例 ………………………………… 71
3.6 变电站工程基建安全隐患排查治理检查大纲 ………………………………… 72
3.7 附录 ……………………………………………………………………………… 75
　　3.7.1 国务院《关于进一步加强企业安全生产工作的通知》摘要 …………… 75
　　3.7.2 《安全生产"十二五"规划》摘要 ……………………………………… 77
　　3.7.3 安全生产事故隐患排查治理暂行规定 …………………………………… 85

第4章 工程质量安全保障体系 …………………………………………………… 89
4.0 工程质量保障体系纲要 ………………………………………………………… 89
4.1 工程质量保障体系框图 ………………………………………………………… 89
4.2 工程质量组织保证体系 ………………………………………………………… 91
4.3 工程质量安全管理制度保证 …………………………………………………… 93
4.4 工程施工过程质量控制程序 …………………………………………………… 96
　　4.4.1 施工计划质量控制程序 …………………………………………………… 96
　　4.4.2 施工过程质量控制程序 …………………………………………………… 96
　　4.4.3 工程质量检验架构及流程图 ……………………………………………… 96
　　4.4.4 工程竣工质量控制程序 …………………………………………………… 96
　　4.4.5 施工技术质量保证措施 …………………………………………………… 96
4.5 施工过程质量保障 ……………………………………………………………… 117
4.6 工程项目全面质量控制管理的工具、方法、手段和模型 …………………… 117
4.7 某工程项目工程质量安全保障体系框图 ……………………………………… 119
4.8 某大型项目质量保证组织措施及管理程序 …………………………………… 128
　　4.8.1 质量保证程序 ……………………………………………………………… 128
　　4.8.2 过程质量执行程序 ………………………………………………………… 128
　　4.8.3 质量管理组织措施 ………………………………………………………… 128
　　4.8.4 质量管理结果 ……………………………………………………………… 130

第5章 工程项目生产安全管理与控制 …………………………………………… 134
5.0 总纲框图 ………………………………………………………………………… 134

5.1 安全生产管理控制十六项措施	134
5.2 安全管理十大安全攻略链	136
5.3 工程项目安全管理控制模式	136
5.3.1 工程项目安全管理模式参考资料	136
5.3.2 工程事故发生的基本模式和致因的分析法	137
5.3.3 工程项目安全控制模式	139
5.4 工程项目安全控制方式方法	142
5.5 施工现场事故隐患产生的原因和不安全行为因素	142
5.5.1 造成人的不安全行为的因素	142
5.5.2 不安全行为控制的七项改进措施（不限于）	143
5.6 工程项目安全评估	144
5.6.1 工程项目安全评估的释义	144
5.6.2 工程项目安全评估的目的和意义	144
5.6.3 工程项目评估流程和步骤	144
5.6.4 安全评估与传统安全审计的主要区别	145
5.6.5 决定评估参与者时应考虑的因素	146
5.6.6 安全评估表	146
5.6.7 评估报告与汇报的建议提纲示例	147
5.6.8 工程项目施工的安全性评价体系示例	148
5.6.9 工程项目施工安全性评价项目示例	148
5.7 发达国家安全管理与控制的启示	150
5.8 安全管理控制示例两则	156
5.8.1 永煤集团	156
5.8.2 某电力工程项目安全控制的基本内容和方法示例	160
5.9 施工项目安全控制程序集成图	167
第6章 工程项目生产安全文化建设	**169**
6.0 安全文化建设总纲	169
6.1 工程项目安全文化建设内涵	170
6.2 安全文化建设意义重大	172
6.3 工程项目安全文化的主题体现	173
6.3.1 "四个没有"	173
6.3.2 "强化五要素"	174
6.3.3 "五个保证"	174
6.3.4 "五个结合"	175
6.3.5 "四个注意事项"	176
6.3.6 "三个主要对象"	176
6.4 工程项目安全文化的评价因素	176
6.5 工程项目安全文化管理的"十二项误区"提警	177
6.6 美国杜邦安全文化	178

  6.6.1 杜邦创建和确定的十大安全文化信念 ……………………………………… 179
  6.6.2 杜邦安全管理理念 …………………………………………………………… 180
  6.6.3 杜邦安全管理行动 …………………………………………………………… 180
  6.6.4 杜邦安全文化经历了四个发展阶段 ………………………………………… 180
  6.6.5 杜邦安全文化的启迪和启示 ………………………………………………… 180
 6.7 附录 ……………………………………………………………………………………… 182
  6.7.1 某企业安全文化建设规划大纲示例 ………………………………………… 182
  6.7.2 工程项目现场文化建设与管理要点 ………………………………………… 183

第7章 工程项目安全管理控制相关性文件 ………………………………………………… 188
 7.0 总目框图 ………………………………………………………………………………… 188
 7.1 国家相关法律、法规 …………………………………………………………………… 190
 7.2 行政相关法规 …………………………………………………………………………… 193
 7.3 部门规章及规范性文件 ………………………………………………………………… 195
 7.4 国际组织及美、英、日等相关规定文件 ……………………………………………… 196
 7.5 施工安全技术文件的基本构架编写纲目 ……………………………………………… 198

第8章 工程项目安全生产操作规程 ………………………………………………………… 200
 8.0 总纲 ……………………………………………………………………………………… 200
 8.1 总则 ……………………………………………………………………………………… 200
 8.2 施工安全保障 …………………………………………………………………………… 201
 8.3 施工过程中安全控制 …………………………………………………………………… 202
 8.4 各种施工安全操作规程通用性参考要件 ……………………………………………… 203
 8.5 工程项目安全生产操作规程参考目录 ………………………………………………… 204
 8.6 南水北调 TJ2-4 标施工项目安全生产技术操作规程 ………………………………… 206
 8.7 内蒙古准格尔至兴和运煤高速公路工程 A29 标安全生产操作规程实施
   细则纲要 ………………………………………………………………………………… 242
 8.8 日本现场操作 5S 管理方法及案例 …………………………………………………… 258
  8.8.1 5S 管理的含义 ………………………………………………………………… 258
  8.8.2 5S 管理活动 …………………………………………………………………… 260
  8.8.3 5S 现场管理 …………………………………………………………………… 262
  8.8.4 日本安全事故十大要领 ……………………………………………………… 269
  8.8.5 日常安全管理方法 …………………………………………………………… 270
  8.8.6 日常安全管理要领 …………………………………………………………… 270
  8.8.7 5S 管理案例 …………………………………………………………………… 272

第9章 工程项目安全生产管理制度与责任制 ……………………………………………… 274
 9.0 总纲 ……………………………………………………………………………………… 274
 9.1 总则 ……………………………………………………………………………………… 274
 9.2 建立安全生产责任制的必要性 ………………………………………………………… 275
 9.3 安全生产管理制度 ……………………………………………………………………… 276
 9.4 安全生产责任制 ………………………………………………………………………… 277

9.5 安全生产责任制的发展简况 ... 284
9.5.1 安全生产责任制的内涵 ... 284
9.5.2 安全生产责任制的主要特征 ... 286
9.6 附录：建设工程安全生产管理条例摘要 ... 288
9.7 某公路工程安全生产各方责任示例 ... 297
9.8 安全生产奖罚管理办法示例 ... 299
9.9 安全生产奖惩办法实例 ... 302
9.10 安全生产综合管理控制体系要素职责分配示意表 ... 303

第10章 工程项目安全生产案例及简析 ... 311
10.0 案例及简析总目 ... 311
10.1 案例一 华电国际邹县发电厂案例及简析 ... 313
10.1.1 华电国际邹县发电厂案例 ... 313
10.1.2 案例简析 ... 316
10.2 案例二 某地铁土建施工安全生产管理办法及简析 ... 317
10.2.1 地铁土建施工安全生产管理案例 ... 317
10.2.2 案例简析 ... 337
10.3 案例三 首都机场T3航站楼安全管理案例及简析 ... 339
10.3.1 首都机场T3航站楼项目安全管理案例 ... 339
10.3.2 案例简析 ... 353
10.4 案例四 南方电网基建施工安全管理案例及简析 ... 354
10.4.1 南方电网基建施工安全管理案例 ... 354
10.4.2 案例简析 ... 362
10.5 案例五 华为基本法案例及简析 ... 363
10.5.1 华为基本法案例内容 ... 363
10.5.2 案例简析（学习心得） ... 380
10.6 案例六 苏州工业园区科技创业基地施工安全管理案例及简析 ... 382
10.6.1 苏州工业园区案例内容 ... 382
10.6.2 案例简析 ... 394

第11章 工程项目安全生产绩效考核表 ... 396
11.0 总目框图 ... 396
11.1 安全生产检查表及其应用 ... 396
11.2 安全生产责任考核办法 ... 400
11.3 建设单位在工程中的安全管理 ... 401
11.3.1 建设单位在安全生产中的主要职责 ... 402
11.3.2 文明施工检查表示例 ... 404
11.3.3 安全生产监督检查表 ... 405
11.4 施工单位安全责任考核表示例 ... 406
11.4.1 工程项目经理安全生产责任制考核表 ... 407
11.4.2 工程项目施工员安全生产责任制考核表 ... 408

11.4.3	工程项目安全员安全生产责任制考核表示例	409
11.4.4	工程项目材料员安全生产责任制考核表示例	410
11.4.5	班组长安全生产责任制考核表	411
11.4.6	施工企业安全管理检查表示例	412
11.4.7	安全生产监督检查表示例	414
11.4.8	施工现场安全生产检查表	416
11.4.9	结构实体混凝土强度检验表示例	419

11.5 分包单位安全责任考核示意表示例 … 420
- 11.5.1 深基坑工程施工质量安全检查表 … 420
- 11.5.2 高大模板工程施工质量安全检查表示例 … 422
- 11.5.3 砌体材料质量抽检、分部工程验收检查及给水排水分部工程施工图送审情况检查表示例 … 423

11.6 工程监理单位安全管理检查表示例 … 424
- 11.6.1 工程监理单位安全管理检查表示例 … 425
- 11.6.2 安全生产监督检查表 … 427

11.7 安全生产绩效考核参考资料 … 427
- 11.7.1 安全生产绩效考核制度 … 427
- 11.7.2 安全生产考核方案 … 430

下篇 风险篇

下篇前言 … 433

第12章 全面风险管理 … 437
- 12.1 全面风险管理工作步骤 … 437
- 12.2 全面风险管理原则 … 437
- 12.3 全面风险管理特点 … 439
- 12.4 全面风险管理内容 … 439
- 12.5 全面风险管理要素 … 440
- 12.6 全面风险管理框架示意 … 441

第13章 风险管理规划和确定总体目标 … 443
- 13.1 风险管理规划和确定总体目标流程 … 443
- 13.2 确定总体目标 … 443
  - 13.2.1 制定总体目标的依据 … 443
  - 13.2.2 确定总体目标的原则和要求 … 443
  - 13.2.3 确定总体目标步骤示意图 … 445
  - 13.2.4 确定总体目标实例 … 446
  - 13.2.5 目标与风险管理八大要素之间的关系 … 448
- 13.3 风险管理规划 … 449
  - 13.3.1 风险管理规划的依据 … 450

13.3.2 风险管理规划方法和工具 ································· 451
13.3.3 风险管理规划具体工作内容与活动 ··························· 452
13.3.4 风险管理规划格式实例 ································· 453

第14章 风险管理组织 ·· 454
14.1 风险管理组织设计原则 ····································· 454
14.2 风险管理组织要点 ······································· 454
14.3 建立风险管理组织的活动 ··································· 455
14.4 风险管理组织职能 ······································· 455
14.5 风险管理组织沟通与协调应考虑的问题 ··························· 456
14.6 风险管理组织中风险意识培养 ································ 457
14.7 提升风险管理者能力的内容和方法 ······························ 458
14.8 某公司风险管理组织监督架构和职能分工 ··························· 459
14.9 风险管理组织示例 ······································· 460

第15章 收集风险初始信息 ······································ 463
15.1 收集风险初始信息的流程 ··································· 463
15.2 收集风险初始信息的方法 ··································· 463
15.3 收集工作的展开 ·· 464
15.3.1 信息收集具体步骤 ··································· 464
15.3.2 风险信息收集原则 ··································· 464
15.4 风险信息收集要素 ······································· 465

第16章 风险识别 ··· 466
16.1 风险识别流程 ··· 466
16.2 风险识别依据 ··· 466
16.3 风险识别方法 ··· 467
16.3.1 核查表方法 ····································· 467
16.3.2 工程成功—失败原因核查表（示例） ·························· 467
16.3.3 风险因素—检查内容核查表（示例） ·························· 468
16.3.4 流程图示例 ····································· 469
16.3.5 工作分解结构示例 ··································· 471
16.3.6 专家调查法 ····································· 471
16.3.7 因果分析图 ····································· 471
16.3.8 工程风险五维分解法 ································· 471
16.4 风险识别的展开 ·· 473
16.4.1 风险识别步骤 ···································· 473
16.4.2 风险识别活动 ···································· 473
16.4.3 不确定性分析 ···································· 473
16.4.4 建立风险清单 ···································· 474
16.4.5 风险筛选、排序和分类 ································ 486
16.4.6 某工程项目合同风险及其防范提纲 ··························· 487

16.5　风险识别成果 488
　　16.5.1　建立风险登记表 488
　　16.5.2　建立风险影响矩阵 493
第17章　风险分析 495
　17.1　分析流程 495
　17.2　分析依据 495
　17.3　风险分析方法 495
　　17.3.1　定性分析方法 495
　　17.3.2　定量分析方法 502
　17.4　风险分析工作的展开 504
　　17.4.1　风险分析具体工作步骤 504
　　17.4.2　风险分析具体工作内容 504
　17.5　风险分析成果 506
　　17.5.1　定性分析成果 506
　　17.5.2　定量分析成果 506
　　17.5.3　风险报告示例 506
第18章　风险评估 508
　18.1　评估流程 508
　18.2　评估依据 508
　18.3　评估方法 509
　18.4　风险评估工作的展开 512
　　18.4.1　风险评估步骤 512
　　18.4.2　风险评估具体内容 512
第19章　风险预警 519
　19.1　预警流程 519
　19.2　风险预警的依据 519
　19.3　预警方法 520
　19.4　预警工作展开 522
　　19.4.1　预警步骤 522
　　19.4.2　预警系统过程 522
　　19.4.3　预警机理 522
　19.5　预警成果 526
第20章　制定风险管理策略 527
　20.1　策略选用原则及其流程 527
　20.2　制定管理策略依据 531
　20.3　管理策略制定 532
第21章　风险应对 536
　21.1　应对依据 536
　21.2　应对方法 536

21.3 应对工作展开···538
第22章 风险动态跟踪···549
22.1 动态跟踪流程··549
22.2 跟踪的依据···550
22.3 跟踪的方法与工具···550
22.4 跟踪工作的展开··552
 22.4.1 跟踪的内容··552
 22.4.2 跟踪行动···552
 22.4.3 动态跟踪系统···553
 22.4.4 风险报告···553

第23章 风险监控··555
23.1 监控依据··555
23.2 监控方法··556
23.3 监控工作的展开··557
 23.3.1 监控内容···557
 23.3.2 控制要点···558
 23.3.3 内部监控基本因素···559

第24章 工程全面风险管理模板使用指南··560
24.1 全面风险集成管理··560
24.2 确立总体目标和风险管理规划··561
24.3 风险管理组织··562
24.4 收集工程初始风险信息···563
24.5 风险识别··563
24.6 风险分析··564
24.7 风险评估··564
24.8 风险预警··565
24.9 制定风险管理策略···566
24.10 风险应对···566
24.11 风险动态跟踪··567
24.12 风险监控··567
24.13 EPC/T工程总承包模板总框架及总承包文件一览表······························568

第25章 工程项目风险管理案例及简析···572
25.1 案例评价方法··572
25.2 案例及简析···573
案例一 Y国S市住宅项目··573
案例二 某国商住大楼项目··577
案例三 利用卖方信贷（D+B）的苏丹某大桥项目·································584
案例四 欧洲某工程项目风险估计实例分析··588
案例五 某工程设计项目风险管理实例··594

案例六　某国BOT工程项目风险因素分析及对策一览表 …………………………… 595
  案例七　Y国卡马郎加火力发电站3×350MW工程总承包项目管理 …………… 602
  案例八　A国LNG水工工程项目风险分析 …………………………………………… 615
  案例九　千岛湖环城公路混凝土拱桥工程风险管理 ………………………………… 624
第26章　附录 …………………………………………………………………………………… 626
  附录一　《美国企业风险检测公式》摘编 …………………………………………… 626
  附录二　BOT项目建议书参考提纲、项目评估内容 ………………………………… 628
  附录三　项目融资中使用的风险评价指标 …………………………………………… 631
  附录四　上海长江隧道工程建设动态风险分析与控制 ……………………………… 633
  附录五　国际金融公司（IFC）项目评估内容供参考 ………………………………… 637
  附录六　风险管理原则与实施指南 …………………………………………………… 640
  附录七　国务院国有资产监督管理委员会《中央企业全面风险管理指引》 ……… 648
  附录八　2010年度中央企业全面风险管理报告（模本） …………………………… 657
  附录九　关于进一步加强当前形势下企业法律风险防范有关问题的通知 ………… 661
  附录十　中国建筑股份有限公司全面风险管理工作指引 …………………………… 662
  附录十一　日本工业规格风险管理系统的构建导则 ………………………………… 673
  附录十二　COSO《企业风险管理——整合框架》2004年 ………………………… 686
  附录A　目标与方法 …………………………………………………………………… 740
  附录B　关键原则摘要 ………………………………………………………………… 742
  附录C　《企业风险管理——整合框架》与《内部控制——整合框架》之间的
          关系 …………………………………………………………………………… 747
  附录D　术语 …………………………………………………………………………… 749
  附录E　风险管理术语释义 …………………………………………………………… 751
参考文献 ………………………………………………………………………………………… 760

工程项目安全与风险全面管理模板手册
（上、下篇）

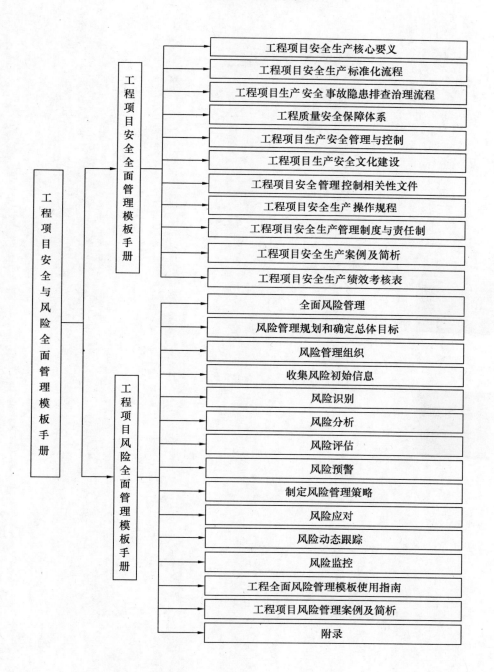

上篇　安全篇

士論 文全集

上 篇 前 言

　　现代工程建设生产，大中型项目多，生产周期长，涉及范围广，工种多而繁，工序常交叉，技术复杂化，施工人员多，加之作业环境等影响，使工程安全成为事故隐患中发生比较密集的一项。邓小平指出，安全也是生产力！没有安全谈何生产？"安全"是指免除了不可接受的损害风险状态。但是，工程建设项目的绝大多数都存在和面临着安全方面的不确定性风险，工程项目"安全责任重于泰山"。工程承包公司的安全生产历来都是党和政府高度重视并十分关注的重点，安全生产关系着人民群众生命财产安全，关系企业改革发展稳定的大局。胡锦涛明确提出，要坚持节约发展、清洁发展、安全发展，把安全发展作为一个重要理念纳入中国社会主义现代化建设的总体战略。这是对科学发展观认识的深化。为此，党和政府为促进安全生产、保障人民群众生命财产安全和健康进行了长期努力，做了大量工作。工程建设安全生产，经过了"安全生产"、"安全第一，预防为主"、"安全第一，预防为主，综合治理"等多年的发展过程，可看到我国对生产安全重要性所采取的认知、原则、方针。国际组织和发达国家早已把安全生产推向法制化轨道，我国也于2002年11月1日始，实施《中华人民共和国安全生产法》，该法明确规定了"管生产必须管安全"，还提出了"三同时"和"四不放过"的安全管理原则。

　　目前我国工程公司的国内外工程项目的安全生产形势和涉及的诸多问题不容乐观，主要表现为对安全生产的认知度浅薄，缺乏以对立统一观处理好安全与生产的关系；安全管理和监督力度不够，某些单位安全管理力量十分薄弱；有法不依、执法不严、违法不究的现象屡见不鲜，时有发生；安全生产规章制度一则缺失、二则不落实；安全生产措施投入不足，一不健全、二不到位；而发生安全事故后的报告及处理既不及时也不准确；总之，对工程项目的安全生产意识、理念不足，安全教育培训欠缺宽广深力度。据此，我们必须坚持"安全第一、预防为主、综合治理"的国策，建立安全生产标准化的管控体系或称之为安全生产攻略链。何谓体系或链？其含义是，以保障实施安全生产目标为目的，将若干有关生产安全的事物看做是互相联系、相互制约的系统而构成一个有机的协调的整体，调动和发挥组织、人员、技术、资源的有效组合、无缝对接并进行高质量的充分运作。

　　安全正如中央领导同志再三强调的，人的生命是最宝贵的。经济社会发展不能以牺牲精神文明为代价，不能以牺牲生态环境为代价，更不能以牺牲人的生命为代价。重特大安全事故给人民群众生命财产造成了重大损害。一定要痛定思痛，深刻吸取血的教训，切实加大安全生产工作的力度，坚决遏制住重特大安全事故频发的势头，搞好安全生产，领导重视是关键。各级党委和政府要充分认识加强安全生产工作的长期性、艰巨性、复杂性，加强领导，转变作风，狠抓落实。要坚持把实现安全发展、保障人民群众生命财产安全和健康作为关系全局的重大责任，与经济社会发展各项工作同步规划、同步部署、同步推进，促进安全生产与经济社会发展相协调。要经常分析安全生产形势，深入把握安全生产的规律性和特点，抓紧解决安全生产中的突出矛盾和问题，有针对性地提出加强安全生产工作的政策举措。要搞好舆论宣传和引导，开展各种形式的安全生产活动，动员全党全社会共同关心和支持安全生产工作，形成齐抓共管的最大合力，尽快实现安全生产状况的根本好转，为全面建设小康社会、加快推进社会主义现代化创造更加良好的社会环境。

安全工作一定要坚持"以人为本"的思想，"谁主管谁负责"，认真学习贯彻《安全生产法》，贯彻执行《建筑施工安全检查标准》（JGJ 59—2011）要求的同时，还要考虑国际上先进的安全防范理论与实际措施，有必要规范管理行为，提高企业安全生产和文明施工的管理水平，制定一套实用性强、可操作的、模板化手册，以预防事故事件的发生，实现工程项目安全生产工作的细节化、标准化、规范化、制度化，根据有关法规，结合中国公司实际需要，特研制本《工程项目安全生产全面管理模板手册》。英国著名历史学家汤因比说："在进行科学研究时，如将其自身作为目的来追求而不带有功利企图，往往会有意想不到的种种新的发现。"在收集整合安全生产文献资料的过程中我深感如此。

本模板手册具有如下特点：

一是结合实际关注应用。即针对工程项目中的安全生产存在和潜在的事故隐患，或传统性的安全风险及非传统性的安全风险，把国家、公司、工程项目部等提出的解决办法、措施、启示、示例或模式集中化，以便读者结合自己的安全工作参照综合使用。

二是反映了中外安全新趋势。近年来，不论是国内外安全管控的理论理念、安全管控的实施方式，还是施工现场的安全操作流程，都有了较大的发展创新。其中某些颇具标杆式、范本式的案例、示例、实例，亦选优择佳供同行饱享。

三是尽可能覆盖安全范畴，适用面广。本手册既介绍了安全生产一般性程序和各类工程项目的示例，又简而概之地介绍了美、英、法、德、日、新加坡等多个国家的安全生产及工程项目安全管控情况及特点，使读者比较全面了解发达国家的安全生产管理及其对我们的启示，以便学习和借鉴。

四是编排模板化、图示案例化、操作流程化。这样在浩瀚无比的安全领域中，比较直观、立竿见影地掌握安全生产和工程项目安全实施的旨意资料，借步路径少走弯路，提高安全管理效率、效能和效益。

五是注意了与国际接轨。例如，除了列出了我国安全生产管控相关性文件外，还罗列了国际上通行的HSE标准及发达国家有关的安全法律、标准、公约、规范，以便读者深入研究及可持续发展。

国学大师王国维倡言"学术无新旧之分，无中外之分，无有用无用之分"。还说"学术是目的，不是手段"。故，特别需要说明的是，工程项目安全生产案例部分、工程项目安全生产操作规程等引用了的精彩案例，以及某些章节中也有类似示例、实例，本册内容充实、丰满，意境颇深。本册中所有框图、表格除已注明者外，均由咨询师、高级工程师郝智琪大力协作。从百度网下载的文件资料由赵均卫工程师付费提供。在此，一并致以诚挚的谢意，对引用资料的单位不胜感谢！诚然，我于春夏秋冬起早贪黑，烈日炎炎时挥汗如雨，不辞辛苦习作整合，经一年余检出本册，但自觉对安全生产的课题尚未达"总其根者，不求其末"之地步，措置失宜、挂一漏万在所难免，敬请业内人士和专家学者不吝赐教。

  本册恳请业务缠身、事务繁忙的北京北绘传播机构执行总裁李英主审，特此敬礼！对中国建筑工业出版社《建造师》丛书李春敏主编的支持深表谢意！

杨俊杰

二〇一二年七月于清华陋室

工程项目安全生产全面管理模板手册

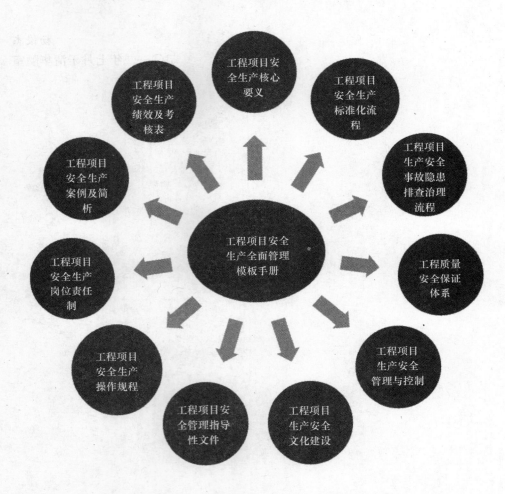

第1章 工程项目安全生产核心要义

1.0 工程项目安全生产核心要义总纲

本总纲从一般释义、安全管理通病、国家层面和国际层面这四个方面来简述关于工程项目安全生产的核心要义。以基于此对工程项目安全领域方面的了解、认知和进一步提高打下基础。以"安全为天,生命至尊"对工程项目安全的认同。从大众材料中搜罗出对此的定义、解释、释义以及某些说法,供读者参阅。

1.1 一般释义

```
                ┌─ 安全是指不受威胁,没有危险、危害、损失

                │                                              "安全生产"这个概念,一般意义上讲,是指
                │                                              在社会生产活动中,通过人、机、物料、环境、
                │                                              方法的和谐运作,使生产过程中潜在的各种事
                │                                              故风险和伤害因素始终处于有效控制状态,切
                │                                              实保护劳动者的生命安全和身体健康

                ├─ "安全生产",是指在生产经营活动中,为避免造成人员伤害
                │  和财产损失的事故而采取相应的事故预防和控制措施,以保证
                │  从业人员的人身安全,保证生产经营活动得以顺利进行的相关
                │  活动                                        《辞海》中将"安全生产"解释为:为预防生产
                │                                              过程中发生人身、设备事故,形成良好劳动
一般                                                          环境和工作秩序而采取的一系列措施和活动
释义
                │                                              《中国大百科全书》中将"安全生产"解释为:
                │                                              旨在保护劳动者在生产过程中安全的一项方
                │                                              针,也是企业管理必须遵循的一项原则,要求
                │                                              最大限度地减少劳动者的工伤和职业病,保障
                │                                              劳动者在生产过程中的生命安全和身体健康。
                ├─ "安全"这个概念,古称"无危则安,无缺则全"即安全二    后者将安全生产解释为企业生产的一项方针、
                │  字的含义;现代人说,安全是一种确保人员和财产不受损害的   原则和要求,前者则解释为企业生产的一系列
                │  状态;也有人讲,安全是最大的福                      措施和活动

                │                                              根据现代系统安全工程的观点,安全生产是安
                └─ 其公式为:安全=生命+幸福                          全与生产的统一,其宗旨是安全促进生产,生
                   安全是一个经久不衰的话题                          产必须安全
```

1.2 工程项目安全管理通病

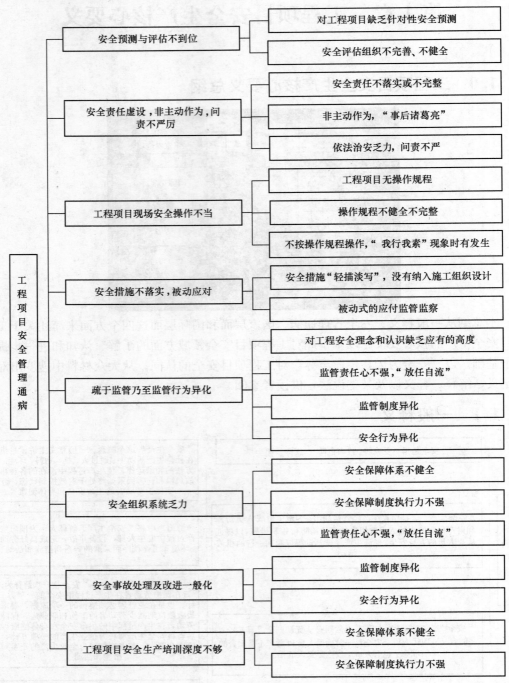

温馨提示：
马克思："有50%的利润，资本就会铤而走险；为了100%的利润，资本就敢践踏人间一切法律；有300%以上的利润，资本就敢犯任何罪行，甚至去冒绞首的危险。"这是马克思在《资本论》中对异化了的资本所作的批判！也完全可用于对工程项目的生产安全中。这就是，少欲得福、多欲得祸的道理。

格言曰："众恶必察，众好必察易。自恶必察查，自好必察难。"又曰："经一番挫折，长一番见识；容一番横逆，增一番器度；省一分经营，多一分道义；学一分让，讨一分便宜；去一分奢侈，减少一分罪过；对别人多一分体贴，知一分物情。"告诫我们：不自重者取辱，不自畏者招祸，不自满者受益，不自是者博闻。

企业必须取得安全生产许可证方能部署生产流程。根据国务院《安全生产许可证条例》规定，其当具有如下条件：(1) 建立、健全安全生产责任制，制定完备的安全生产规章制度和操作规程；(2) 安全投入符合生产要求；(3) 设置安全生产管理机构，配备专职安全生产管理人员；(4) 主要负责人和安全生产管理人员经考核合格；(5) 特种作业人员经有关业务部门考核合格；(6) 从业人员经安全教育和培训合格；(7) 依法参加工伤保险，为从业人员缴纳保险费；(8) 厂房、作业场所和安全设施、设备、工艺符合有关安全生产法律、法规、标准和规程的要求；(9) 有职业危害防治措施，并为从业人员配符合国家标准或行业标准的劳动防护用品；(10) 依法进行安全评估；(11) 有重大危险源检测、评估、监控措施和应急措施；(12) 有生产安全事故应急救援预案、应急救援组织或应急救援人员。配备必要的应急救援器材、设备；(13) 法律法规规定的其他条件。

1.3 国家安全观

```
国家安全观
  │
  ├─ 2002年参加东盟地区论坛外长会议的中国代表团向大会提交了《中方关于新安全观的立场文件》，对中国在新形势下的新安全观进行了全面系统的阐述。根据该文件，中国新安全观的核心内容是：互信、互利、平等、协作；新安全观的实质是"超越单方面安全范畴，以互利合作寻求共同安全"
  │
  ├─ 中国的新安全观是1995年在东盟地区论坛上提出的，在后来的实践中经过发展和完善，形成了中国对外战略的核心内容。对于当今世界各国所面对的威胁和如何实现国家安全与国际安全，中国领导人在许多场合进行过阐述，党和政府的重要文件也有正式的解释
  │
  ├─ "国家安全"不可能为纯粹的一国行为，各国在追求国家安全的同时，必须考虑到他国的反应及合作，从而使其国家安全具有全球和国际的因素
  │
  ├─ "国家安全"与"国际安全"和"世界安全"又是对立的。由于世界仍是主权国家建立的体系，所以各国在追求"国际安全"与"国家安全"时往往更注重国家安全，其追求国际安全往往都是为国家安全服务的，超越国家利益追求国际安全及全球安全并不符合当前国际政治的本质
  │
  └─ 当今世界，经济全球化深入发展，科技进步日新月异，机遇和挑战并存。各国人民都期待21世纪成为人类历史上第一个共享和平安宁、共同发展繁荣的世纪。人们认为，中美合作将给两国和世界带来巨大机遇，中美对抗将给两国和世界带来巨大损害。无论国际风云如何变幻，无论中美两国国内情况如何发展，双方都应该坚定推进合作伙伴关系建设，努力发展让两国人民放心、让各国人民安心的新型大国关系。发展中美新型大国关系，需要创新思维，需要相互信任，需要平等互谅，需要积极行动。中国有句古话，为者常成，行者常至。需要厚植友谊。国之交在于民相亲。中国唐代诗人韩愈有两句诗："草木知春不久归，百般红紫斗芳菲。"意思是时不我待，必须奋发进取。(摘录：胡锦涛于2012年5月3日在推进互利共赢合作，发展新型大国关系——在第四轮中美战略与经济对话开幕式上的致辞)
```

温馨提示:
　　●我们做工程项目这项具体工作,也千万不能忘记"国家安全观"、"顾大局,识大体"的理念。从国家利益的角度和出发点,"木有本,水有源"、"大树底下好乘凉",考虑工程项目的实施全过程中事无巨细,就不会出现大问题、犯下大的错误。特别搞国际工程承包,在他国处理安全事务更需要重视此点。"念念用之君民,则为吉士。念念用之套数,则为俗吏。念念用之身家,则为贼臣"。身居官位,绝不能"毋矜清而傲浊,毋慎大而忽小,毋勤始而怠终"。牢记林则徐名言:"苟利国家生死以,岂因祸福避趋之。海纳百川,有容乃大;壁立千仞,无欲则刚。"做人做事!

1.4 国际层面

```
                    ┌──────────┐
                    │ 国际层面  │
                    └────┬─────┘
         ┌───────────────┴───────────────┐
```

国际安全含义:"国际安全"是针对若干个国家而言,更多地是从国家关系这一国际政治层面去理解的。随着全球化、一体化、信息化的发展,各国间的互动关系加快、相互依赖关系加强,一国在追求国家安全时必然还会受到"国际安全"与"世界安全"的制约。也就是说,"国家安全"与"国际安全"、"世界安全"存在对立统一的关系

世界新安全观:目前,在世界上影响较大的新安全观包括"综合安全观"、"共同安全观"、"合作安全观"三种

"综合安全观"并不是冷战后出现的,而是早在20世纪70年代末就已由日本政府提出,80年代逐步得到一些东盟国家认同,冷战结束后得到更多国家和研究人员支持,并在全球范围内(包括中国)产生了广泛影响。

日本政府于80年代初提出了"综合安全保障战略",认为要防止和对付诸如战争、能源危机、资源危机、自然灾害等方面的威胁,必须将经济、政治、军事、外交等多种手段相结合,发挥其综合作用。进入20世纪90年代以来,日本安全战略的实施更加突出了这一点,其中在对外战略的实施中继续坚持以日美同盟为"基轴",同时争取逐步完成由被动型向主动型的转变,充分发挥经济、科技、金融优势,并将它们转化为政治影响力,以实现其成为政治大国的目标

"共同安全"概念源于欧洲,它是作为对东西方对抗的一种反动,尤其是对战略核威慑的一种反动而出现的。1982年,就全球安全提出了一份题为《共同安全:一种生存蓝图》的报告,第一次就共同安全要达成的目标、实现的途径、应该遵循的原则等作了比较系统的分析研究,认为"避免战争,尤其是避免核战争,是一种共同的责任。世界各国的安全——甚至生存是相互依赖的"。

共同安全的6个原则:(1)所有国家都有获得安全的合法权利;(2)军事力量不是解决国家间争端的合法手段;(3)在表达国家政策时需要克制;(4)通过军事优势是无法得到安全的;(5)削减军备和对军备进行质量限制是共同安全所需要的;(6)军备谈判和政治事件之间的"挂钩"应该避免。1983年,联合国大会决定专门组建一个政府间的研究小组,重点研究共同安全,最后,发表了《安全概念》的研究报告,使共同安全观有了新发展

"合作安全观"是一种力求通过安全主体(包括国家主体和非国家主体)在一定范围内的合作来谋求国家安全、地区安全乃至全球安全的主张和观念。1988年,美国的布鲁金斯学会明确提出了"合作安全"概念。

1993年在新加坡召开的东盟与对话国会议及后来召开的联合国大会上,开始引用合作安全概念。此时的澳大利亚政府认为,与共同安全相比,合作安全强调循序渐进原则,因而更为实际,更有可操作性

注:
(1)《欧盟信息安全法律框架:条例、指令、决定、决议和公约》主要内容:信息技术革命为中国实现发展方式转变提供了重要的历史机遇。信息技术革命是当代最伟大的科技革命,其渗透力之强、影响力之大,远远超过了任何其他技术。信息技术革命完全改变了信息采集、整理、存储、传输和处理的方式、能力和成本。信息技术与专业技术和管理的融合,创造了提升效率和效益的新的巨大空间。信息技术革命使信息成为可以开发利用的重要资源,为知识

经济的发展铺平了道路。信息技术革命提供的重要机遇,使中国有机会选择新型工业化、现代化的道路,即在工业化加速发展的过程中,实现资源和环境的有效利用和保护,实现产业结构的优化升级,当然工程项目安全管理也必然列入其中。

基于上述实际和认识,该文为我们研究信息社会问题,提供更好的全方位的制度设计,促进信息技术创新,充分利用信息技术革命的成果,使信息技术革命的成果更好地惠及全民和工程项目安全中,对此,我们抱有极大的兴趣和高值期待。

(2) 上海合作组织对安全给出了新安全观和明确的规定。2009年上合组织通过了《关于应对威胁本地区和平、安全与稳定事态的政治外交措施及机制条例》。《上合组织宪章》中规定:该组织"不结盟、不对抗、不针对其他国家和组织"。在安全领域,成员国加强危机预警和联合执法能力建设,共同应对各种威胁和挑战,成员国间达成了"互信、互利、平等、协商、尊重多样文明、谋求共同发展"的上海精神。为此,2012年上合组织北京会议进一步达成一致,签署了十个关于经济、安全、合作等相关文件。值得我们在与上合组织框架内同相关国家合作时,关注这些文件。

(3) 子曰:危者,安其位者也;亡者,保其存者也;乱者,有其治者也。是故君子安而不忘危,存而不忘亡,治而不忘乱,是以身安而国家可保也(易·系辞下)。这是指越是处于顺境,越要强化忧患意识。

1.5 附表

发达国家有关安全管理特征见表1-1所列。

发达国家有关安全管理特征　　　　　　　　表1-1

国家	做法或模式	特征	说明
美国	(1) 美国依据1970年颁发的适用于美国各州和地区的《职业安全与健康法》第5节"责任"第1条规定:每个雇主必须为每个雇员提供没有对雇员造成或可能造成死亡或严重生理伤害危险的工作和工作场所;同时遵守根据本法令颁布的职业安全卫生标准。由此可见,按照美国《职业安全与健康法》的规定,业主和总承包商都要承担相当大的安全责任风险。为避免日后的法律纠纷,业主在工程项目招标时,也会将承包商良好的安全施工记录列为取得投标资格的必备条件之一;在工程施工阶段,业主还积极参与承包商的安全管理。美国的建设工程安全相关法律属于整个职业安全与健康法律体系的一部分。美国目前的职业安全与健康法律体系分为三个层次:第一层是基本法——职业安全与健康法,明确了职业安全与健康的各项基本原则,成立了管理机构体系;第二层是OSHA制定的严格、细致的各项标准,不但明确了安全与健康措施的各个细节,甚至对各行业应该采取的不同的工程措施也作了详细规定;第三层是OSHA标准的行动指南。	(1) 工程方面安全的法律法规健全、完整、配套,突出依法治理安全管理的特点。 (2) 具体操作皆由集团公司根据工程项目的具体状态制定安全防护措施。美国杜邦安全管理方面的实践经验值得学习、借鉴、效仿和推广	(1) 中国无论在政府层面、集团公司层面还是工程项目团队层面,目前的国内外项目安全不容乐观。关键问题是全员安全意识相对淡薄;工程安全制度及其兑现异常"短板"。 (2) 所列国家的安全管理各有所长,我们择其所学,补其所短,特别在法制化、规范化、程序化、流程化等方面更应择优所用,填补不足,使我们的工程项目安全管理迅速赶超。 (3) 我国《建筑法》在第5章"建筑安全生产管理"16条的规定中,建筑施工安全责任几乎由建筑施工企业完全承担,建设单位(即业主)承担的责任非常有限。因此,在我国施工安全普遍被认为是施工单位的事,而建设单位和监理单位往往只关心工程质量、进度和投资问题,因而经常出现拖欠工程进度款或迫使施工单位抢进度、赶工期而漠视施工单位人员安全的情况。而一些施工单位负责人,在督促不严的情况下,存在着把减少安全投入视为节约成本的错误观念,使建筑安全存在较大隐患。可见,从法律上落实建筑活动各方的安全责任,增加各方对安全问题的重视程度,是降低安全事故的有效措施。 (4) 我国建筑施工企业安全投保意识普遍较差,这和我国建筑法律不健全、保险市场单一有很大关系。我国《建筑法》只在第48条强制规定:建筑施工企业必须为从事危险作业的职工办理意外伤害保险,而国际普遍通行的建筑工程一切险、安装工程一切险、雇主责任险等强制险并没有明确规定要求。目前,我国保险市场条块分割,保险业务险种

续表

国家	做法或模式	特征	说明
美国	(2)《职业安全与健康法》(OSHAct)是美国现有的职业及建设工程安全法规体系的基础。该法案适用于制造业、建筑业、海运、海洋工业、农业、法律、医药、慈善事业、有机构（项目）的劳动者和私立学校等。但是不适用于：个体户、只有家人自己工作的农场以及受其他联邦法律特殊规定的社会成员。它赋予了职业安全健康局（OSHA）制定标准的权力。OSHA标准中既有属于一般安全与卫生管理原则的规定，又有各行业技术细节的要求，内容完善、覆盖面广。Federal Register（联邦注册）是查找关于OSHA标准的信息的最好资源，因为所有的标准一旦通过、修订或废止都要在那里发表。OSHA标准可以分为四个主要类别：一般行业（29CFR1910）、建筑（29CFR1926）、海事（造船、海运油库、港口——29CFR 1915—19）和农业（29CFR1928）。有些标准只适用于该类别，另外一些则通用于所有的行业。 (3)美国安全保险制度完善。按照美国法律的规定，进行工程项目建设前，业主和承包商必须办理有关的强制性保险，否则将无法从事相应的业务活动。承包商交纳安全保险费的多少，和其安全施工的业绩与信誉密切相关。承包商若具有良好的安全业绩和信誉，往往保费低廉，施工利润较高；反之保费高，可能导致施工成本亏损，甚至出现保险公司拒保，最后失去主体施工资格。在这种法律规定的作用下，不仅承包商自己安全意识十分强烈，而且保险公司为自身利益，也对施工安全极为重视，积极参与到施工安全管理之中。 (4)杜邦公司的安全文化，具有独特的模式，非常值得学习、吸收和借鉴		少，保费高，服务尚不尽如人意；建筑市场没有建立权威的安全统计信息，使得理赔时互相推诿，各自的合法权益无法保护。在执法不严、缺乏相互制约机制的情况下，必然造成某些施工企业的短期意识，抱有侥幸心理，不重视建筑安全生产和人身意外伤害保险工作。市场经济的杠杆调节对我国建筑安全管理没有很好地发挥出应有的作用。 (5)对加强我国建筑安全管理工作的建议： 1）以安全生产法制建设为重点。安全生产监督管理职责的本质就是依法行政，即依据国家安全生产的法律、法规及行政规章对安全生产主体实施监督管理和监察的行政行为。为此，应以安全生产法制建设为重点，推进安全生产管理体制的创新。一是建立、健全以安全生产基本法为主体的我国安全生产法律体系；二是依法建立、健全各级安全生产机构，落实人员编制，使安全生产工作有制度保障；三是应根据新形势和安全生产特点及发展趋势，研究和制定我国建筑安全生产中长期安全管理规划，增强对安全生产管理工作的预测性和指导性；四是依法强化政府安全生产监察，加大对违法、违规行为的惩戒力度。加强项目管理培训。 2）推进安全生产管理体制创新。为加强我国建筑安全生产管理，需要进一步理顺国家安全生产监督管理局、国家质量监督检验检疫总局与行业主管部门的关系，明确各自的安全职责，同时，逐步改变以行业为管理对象的大包大揽管理方式，相互借用对方监管力量，形成合力，变成突出政府职能的社会管理方式，形成各负其责的管理体制。建设行政主管部门应逐步淡化行业管理色彩，以建筑物为监管对象，重点抓好规划和质量这两个涉及公众利益的重要环节，把城市规划这一由政府组织的具体技术工作，和监督单个建筑产品是否符合强制性规划指标的工作区分开来，把后者和质量监管结合起来，逐步实现监管一体化。 3）大力推行意外伤害保险制度。鉴于我国即将推行的工伤社会保险并没有覆盖建筑业的绝大多数从业人员（因为工伤保险是以在册员工为受益对象，而建筑业从业人员多为农民工），所以应大力推行《建筑法》规定的意外伤害保险制度。通过实施这一类似于雇主责任险的法定制度，一方面既保证从业人员的利益且有利于事故发生后的社会稳定，另一方面利用市场经济手段着力加大对企业安全管理的引导力度。比如规定施工单位必须以工程为单位参加投保；建设单位办理施工许可手续时，必须出具中标施工单位对此项目的意外伤害保险合同（当然，保险公司对施工单位安全业绩考核后也可以拒绝受理保险）。反过来则要求没有保险合同则不予颁发施工许可证

续表

国家	做法或模式	特征	说明
英国	英国施工安全在五个方面颇具特色： (1) 一切依法办事 1) 早在1802年英国就颁布了行业安全卫生规定。1974年颁布了各行业必须遵守的安全卫生法。法律不仅明确了施工各方的责任，而且对安全培训、防护设施、隐患举报、风险评估、事故处理等各项安全管理工作也作了明确规定，使各项管理有法可依和依法办事。 2) 英国从1833年颁布工厂法之后，就开始实行由政府向企业派遣安全监督官员的制度。英国还设有安全生产举报电话，工地上的任何雇员随时可通过电话进行举报，负责建筑安全监督官员接到电话后即到工地现场检查，如果遭到建筑承包商拒绝，监督官员可找当地警察，强行进入工地。 3) 英国规定，建筑业用于安全防护设施的开支要占工程造价的6%，这是法律规定，必须执行。 (2) 重视安全培训 1) 全员培训，持证上岗。英国把安全培训当做安全生产的最基础的工作。工地上一切人员都要经过安全培训。不同人员有不同的培训内容和要求，培训后经过考试合格发给相应的证书和胸牌，并用不同颜色的胸牌区分不同级别，安排不同的岗位和工作地点。 2) 经费充足，专家授课。英国规定，培训雇员是雇主的责任，雇主负责安全培训经费的支出，其数额要占利润的1%，并及时足额交付建筑工会，专设培训中心。培训中心有专兼职的各类专家，培训工作常年不断进行。 3) 手段先进，形象生动。英国建筑工会培训中心的专家授课，无一例外都有先进的设备。对工人的培训极富趣味性和艺术性。不仅告诉你应该怎样做，或不应该怎样做，而且还告诉你为什么要这样做。既讲了规程，又讲了科学，使你不但知其然，而且知其所以然。 4) 启发式教学，注重效果。为便于激发学员的学习积极性，课堂教学多采用启发式、讨论式，教师和学员处于平等地位。每课程结束前，教师会对学习情况进行书面测试，每人都有考题，或自己答，或学员讨论，或学员与教师讨论，形式各异，气氛活跃。	立法细腻严厉； 监督责任到位； 重视团队安全培训； 安全风险评估比较及时、可靠、实用； 实行安全保险	参考价值较大

续表

国家	做法或模式	特 征	说 明
英国	(3) 实行工地安全保险 1) 英国规定，建筑承包商必须为雇工及时足额向保险公司交纳工地安全保险金，其数额为工程造价的1%。 2) 为确保安全，防患于未然，英国十分重视工程风险评估。每个工地都要填写一份十分复杂的表格，并有工地安全评估说明书。 3) 英国规定，发生重大伤亡事故必须逐级上报。工伤3天要上报，住院24小时以上要上报，发现事故隐患，或者险些发生事故而实际并没有发生的情况也要上报。 (4) 设有独立的建设行政主管部门，政府主要通过法律法规手段规范建筑市场。职业健康与安全管理体系是国家的建设工程安全管理的一部分，政府把保证全国每个劳动者的健康和安全作为安全管理的最终目标。 (5) 在策略的制定上，以国家职业安全健康标准作为安全管理的基础与核心，发挥健康与安全法律的主体法律作用和严谨而详细的法规标准与技术条例等法规作用，为建筑行业提供了一个良好的安全管理法律环境		
德国	(1) 德国，1998年10月，劳动局颁布的《建筑工地劳动保护条例》规定：业主必须负责工地所有人员的安全与健康，采取符合《劳动保护法》规定的各项安全措施。建筑师不仅需要对工程本身质量负责，还要对涉及安全的重要施工方案负责，要同协调员一起制定包含安全措施在内的施工方案，报有关部门审查批准。业主委托协调员筹划建设项目的安全措施，参与项目的总体规划和设计，协调施工全过程的安全事宜。 (2) 德国从业人员安全培训机制健全。德国每个州和大城市都设有由当地政府出资创办的涉及建筑等行业的职业学校。当某建筑公司需要招收新工人时，则与行业协会进行联系，由行业协会发布招工信息。年轻人若想从事建筑职业，需事先同一家建筑公司签订定向委托培养合同，并通过行业协会组织的考试后，进入当地的建筑职业学校学习。此类学校学制3年，学生在校学习期间不付学费，由与学生签订合同的建筑公司每月付给每个学生600~2000DM不等。在我国，建筑业从业人员的低素质一直是我国建筑施工安全形势严峻的重要原因。大量农民工没有经过相应的专业培训，就开始进行施工作业，一方面这些民工缺乏相应的安全施工知识；另一方面，民工的维权意识较弱，使得建筑业生产在施工事故频发的同时，不能引起政府、业主和承包商的足够重视，安全形势得不到改善	德国比较重视企业文化建设，其特点较为显著和突出，其做法很有参考价值	

第1章　工程项目安全生产核心要义

续表

国家	做法或模式	特 征	说 明
日本	（1）法律法规比较完整健全。如日本的《劳动安全卫生法》、《产业事故预防团体法》、《外国劳动者在日安全作业指南》、《日本人在华安全作业指南》以及数百个规章制度等。 （2）安全管理实施"小政府、大社会"的原则。对企业要求安全管理法定化、法制化、规范化、细节化。 （3）日本建筑安全教育培训自成体系，严抓落实。他们主要的安全教育培训有：由班组长主管培训危险作业的安全教育，新工人进场必须进行安全教育，转岗工人也要接受安全教育等。项目管理层和劳务层的安全意识都十分强，确确实实是做到落实到每个人。项目经理为现场安全第一负责人，工地一般不设专职安全员，为班组长负责制。现场办公楼内设置专门的新工人进场安全教育场所，按日本规定每次用1～2小时，对新工人进行安全教育。安全教育由专人负责，落到实处。员工的安全帽进行分类管理、标识清晰，并标有如"自己的身体自己保护"等安全提示用语。 （4）日本各建筑企业在项目部均实行早礼制度。 通过亲身参与，既可以有效避免一些安全隐患、控制风险，又加强了班组之间的沟通和交流，而且极大地提高了工人的精神面貌。沟通是管理的必要手段，良好的沟通使得信息通畅，决策有了科学的依据；沟通使得责任分明，避免了管理的真空地带；沟通使得信息共享，让不同工种的协作更加和谐而有弹性。早礼台布置简单实用，内容完善、图文并茂，而且所有班组名称、班组长照片等均上墙，激励相互竞争。早礼的过程一般包括几个步骤：准备活动、做早操、站齐、报数、互相问候、说明健康情况、高呼、各班组长逐一上台，介绍工作地点、分析潜在的危险、制定相应的预防措施、新员工自我介绍、安全负责人进行总结发言。结束后，各班组内部进行交流。整个早礼过程，紧张有序，时间一般控制在20分钟左右。 （5）安全防护设施和防护用品等设计先进合理、使用简单方便，且富于人性化。 建筑物外围进行全封闭，整齐大方；悬挑防护架采用高强度铝合金支架；外脚手架为工具式，搭设方便，材质为镀锌钢管。临边、洞口防护定型化、工具式，简单实用。深基坑周边设置防护栏杆，上下楼梯为工具式、定型化的钢楼梯，楼梯外侧采用安全网进行完全封闭。安全通道采用钢管搭设，防护通道宽度1米左右，专供人员进出；扣件采用黄色软外套包住，清晰醒目，又富有人性化。大型机械由专人进行管理、安全防护装置配备齐全。个人防护用品主要为工人自备，安全带设计十分合理，小型专用工具配备齐全，并用绳子与安全带进行绑牢，便于携带和使用，而且不易丢失，更加安全。现场设置专门的个人安全防护用具堆放场所，支架简单实用，用具堆放整齐，便于管理		日本的安全管理模式和做法，从法律法规、规章制度、安全管理能力建设、安全以人为本等各个方面，对我们都是比较好的参考系并起着标杆作用

17

续表

国家	做法或模式	特 征	说 明
澳大利亚	（1）为保障工程项目安全，澳大利亚政府特别重视工程安全制度建设，但政府超然于工程具体事情之外，仅帮助处理宏观政策支持。 （2）职责明确，便于问责，奖罚严明，提高了主管安全负责人的责任感和责任心。 （3）建立了特色的安全工作雇主与雇员协商制度。明确规定了双方必须在平等的基础上共同协商有关职业、健康、安全一体化的事宜。 （4）注重员工的培训，包括一般培训、专业培训、特种培训等以及安全方面的绩效考核	HSE一体化做法	值得参考HSE一体化模式
新加坡	新加坡对工程建设项目的安全生产注重有加，有一套英国标准或国际认可的标准《新加坡安全管理体系》。该体系的内容有十四个大标题： 一、安全方针； 二、安全生产措施； 三、安全培训； 四、安全会议制度； 五、安全事件（事故）调查分析； 六、承包商内部安全管理规定； 七、安全宣传； 八、对分包商评价（指安全方面）； 九、安全检查； 十、设备和施工机具维修养护管理体系； 十一、危害辨识； 十二、控制危险化学品和危险物品的运输及使用； 十三、应急准备； 十四、职业健康计划。 安全事件事故调查分析流程化： （1）确定事件事故类型； （2）立即报告制度； （3）成立事件事故调查组； （4）确定调查程序； （5）分析事件事故的根本原因，如安全管理体系缺陷、不安全行为、不安全状况，事件事故统计分析等； （6）事件事故的防范和整改措施	（1）按照英国标准或国际上认可的标准而制定的国家法律法规。 （2）该体系明确、具体细腻、可操作性强。 （3）安全管理的责任清晰。采取分类管理、流程化管理。 （4）特别重视各级次的安全教育、培训和宣传及安全会议。 （5）适用性强。可从宏观角度对安全管理进行规范，规定的策划设计为依据	新加坡的安全管理体系建设，全面地解决了工程项目在安全方面的示范作用。无论政府方面的安全大政方针、还是对承包商、分包商等的安全管理的要求都是一个好的做法和范例。 新加坡安全生产管理体系建设得到该国方方面面的认可，值得我们好好研究、消化、吸纳或仿制

续表

国家	做法或模式	特征	说明
韩国	（1）安全法律法规比较健全。如韩国的《产业安全保健法》、《灾难及安全管理基本法》以及上百项规章制度。 （2）重视发挥中介组织的作用。安全管理上是"小政府、大社会"的模式。注重安全教育、宣传、培训。 （3）企业安全管理机构法定化。实施安全事故"快速反应"原则。 （4）企业安全、卫生管理规范化。 （5）非常注重职业、专业的安全培训		学习、研讨、探索、参用
俄罗斯	对工程安全的法律法规比较重视。以水工建筑物法为例，俄罗斯自1997年颁布《水工建筑物安全法》始，制定了与此配套的《水工建筑物安全报告制度》、《水工建筑物安全报告条例》、《水工建筑物安全纲要》、《危险工业生产工程安全纲要》等一系列相关标准规定。从法律法规、监管体制、管理手段、安全科技、设计施工的安全管理、经济支持等多方面保障水工建筑物安全。此外，还推行了能源建筑物安全评价和监控方法、制定在建筑物上进行预防失事工作的操作方法及水工建筑物业主民事责任风险义务保险等，都值得学习、交流和借鉴		中国与俄罗斯联邦国家关系比较密切，属《上海合作组织》发起国和重要成员。在经济合作的广阔范围内可以进行探索、交流、甚至在工程项目方面可考虑立项进行安全生产领域的合作。 未来十年，上合组织开展经贸方面的实质性合作，将有大中型工程项目启动设计、施工、试运转、验收，在安全技术领域开展交流、参观、互学、吸收各国先进的、现代化的安全生产管理控制处置经验，有广阔的空间大有作为之处

1.6 附录

1.6.1 中日推动安全文化做法比较摘要

1. 前言

每年举办一次之中日核安研讨会今年轮由日方主办，日方主办单位日本原子力产业会议（JAIF）选在1990年10月中旬于日本金泽县的金泽旅馆会议厅召开。中日双方与会人员共约80人左右，本次研讨会讨论的主题有核能安全文化与企业文化、台湾马鞍山核电厂全电源丧失事故原因探讨与今后的对策、用过核燃料与放射性废料的管理与贮存、安全解析法规的开发和辐射防护与监测等五大类。

本届研讨会第一个研讨主题即是安全文化与企业文化，其用意即要利用此次研讨的机会，由中日双方说明自己是如何探讨优质的安全文化，以及如何培育员工的安全文化。经由中日双方间的经验交流，提升核电厂员工安全文化之培育成效，并让员工将良好的安全文化表现在其日常工作上，增进核电厂之运转安全。笔者有幸被公司选派参加此一研讨会，并于会中就核能安全文化与企业文化这一主题发表论文一篇《台电核电厂安全文化之培育与评鉴》，报告本公司在培育及评鉴核能电厂员工安全文化所做的努力，以及在员工拥有良好安全文化后各核能电厂在安全与发电绩效方面的进步情况,同时由日方人员所做的报告《推动安全文化的做法》中了解日本核能业界推动安全文化之历程与现况。以下就《中日推动安全文化做法比较》为题做一论述,分享给读者。

2. 安全文化内涵

安全文化这一名词和观念是在前苏联车诺比(Chernobyl)核能电厂发生核子灾害后才被人正式提出。自从那时候起,安全文化的重要性就受到核能业界的重视并广为大家所讨论,许许多多有关安全文化的议题则常在国际原子能总署的主导下热烈讨论着,尤其从事核能发电事业的机构更付出许多努力,在探讨什么才是好的安全文化,以及如何促进员工具有良好的安全文化。

国际原子能总署在其发行的报告《安全文化(75-INSAG-4 Safety Culture)》中对安全文化所下的定义是:安全文化是组织与个人都须具有的共同特性及态度,那就是,核能电厂各项安全议题要有最优先考虑,而且安全议题受到重视的程度须与其重要性成正比。单就前述安全文化定义本身而言,它是相当明确的,而且简单。可是,核电厂的机器设备与员工颇多,在电厂的营运上要让所有员工做到"万众一心",而且完全符合上述安全文化之本质,实在不是一件容易的事,也因此过去才会发生美国三哩岛核电厂事故与前苏联车诺比核电厂事故。这两件核电厂事故的发生让核能业界深深地体会到落实安全文化的重要性,故而许许多多为培育及落实员工安全文化的配套措施应运而生,这些配套措施及所期望获得的结果构成了安全文化的内涵。有关安全文化的内涵在前述国际原子能总署的报告 75-INSAG-4 Safety Culture 中已有非常深入的阐述,在此笔者就不再冗述。不过,从该份报告中,笔者可汇整出安全文化的精髓如下:

(1) 重视安全。安全议题要受到应有的重视,而且要摆在最优先位置。(2) 追求卓越。不断地提升质量,避免产生"安全议题"。(3) 超越自己。不要自满,时时求进步,达到追求卓越的最高境界。

3. 推动安全文化之目的

了解安全文化的内涵及其本质后就不难了解推动安全文化的目的。本次研讨会中以图示说明推动安全文化的功效,颇能获得与会人士的共鸣。

安全绩效的提升也必然伴随发电绩效的提高,由此必然降低发电成本,提升竞争力;安全绩效的提升也必然让民众增加对核电厂的信赖度及支持度;这些都是推动安全文化的主要目的。

4. 日方推动安全文化的做法

本届研讨会中日方简报《推动安全文化的做法》的主讲者是日本北陆电力公司志贺核电厂二号机(建造中)之副厂长(Deputy General Manager),Yamazaki Tatsuhiro 先生。他说,虽然国际原子能总署在前苏联车诺比核电厂发生核子灾害后即提出安全文化的重要性与必要性,但当时日方评量后认为:(1) 日本之社会组织与架构与苏联不同;(2) 日本核电厂之反应器机组形态和设计与前苏联车诺比核电厂有差异;(3) 日本核电厂之组织和管理与前苏联车诺比核电厂亦有差异;(4) 日本核能机组安全与营运绩效一向良好。因此,前苏联车诺比核子事故发生的导因不适用于日本。是以,当时日本对国际原子能总署所提倡的安全文化并未付于太多的注意力,换句话说,日本核电厂并未因而积极推动安全文化,而仍依其原有的管理模式运转核电厂。直到 1999 年,日本 JCO(铀浓缩厂)发生超临界核子事故后，日方才开始有所警觉。日方事后针对JCO事故做检讨，认为JCO事故并非硬件出问题，而是安全体系（safety frameworks）和组织之架构出问题，因为当技术达到成熟阶段后，工作已变得很固定，因此人员工作时就仅按工作程序书执行而不再加任何思索，潜在危险因子因而无法被适时发掘并加以防范，事故终将发生。另日本前几年还发生相关人员受到压力而贸然篡改核燃料运输容器中子屏蔽（树脂）的密度与含硼浓度的相关数据，此一事件和JCO事件明白地显示出相关工作人员之安全文化甚微，未来若要避免类似JCO与此篡改数据事件再发生，必须加强员工之安全文化不可。因此，这一、二年来，日本核能工业界对培育员工之安全文化已变得积极，根据Yamazaki Tatsuhiro先生的简报内容，日本核能业界现所实行的安全文化培育措施有下列三项：

（1）日本核能业界已着手制定行为法则（code of conduct）和行动准则（action guidelines），以建立员工安全文化，一则强调"安全第一优先"，另则提升员工忠实度，要求员工主动提供相关信息，且不能造假或隐瞒实情。此一措施最后导致由电力公司与核能业界共同组成一个《核能安全网络》（Nuclear Safety Network），让核能业界共同分享核能安全情报，同时也用来提升核能业界之安全文化水平。

（2）除了核能业界与电力公司共同建立的核能安全网络外，Yamazaki Tatsuhiro先生服务的北陆电力公司另颁布有"核能发电部门行动声明"（Nuclear Power Division Activity Declaration），此行动声明提出如下诉求：确保安全（ensuring safety）；保护环境（environmental reservation）；提升技术能力（technical capability）；改进质量（improving quality）；实行合理的行动（sensible course of action）；尊重个人（respecting personality and individuality）；包容社会上不同意见（humility towards social opinion）等。

此一行动声明之诉求印成小册子，由员工随身携带，用以随时自我勉励。

（3）另北陆电力公司辖下的志贺核能电厂员工还签署并宣读"我们的誓言"（our vows），用来确保机组之安全和稳定运转。誓言宣称，要以荣誉和负责任的心态去执行工作，要用心学习以提升自己的技术能力，要顾虑到环境。为让电厂所有员工牢记誓言在心，每月月初安排各部门员工一齐做"誓言群呼"。

以上三点是日方核能业界和电力公司在JCO与篡改数据事件发生后，推动安全文化所实行的一些做法，比起国际原子能总署的报告75-INSAG-4 Safety Culture所述内容，虽不够完整，但却也相当具体。

由于日本核能业界推动安全文化乃是近年来的事，因此日方并未报告有关推动安全文化的任何具体效益。笔者特由世界核能运转协会（WANO）每年所发行的"核能机组营运绩效指标"中选取日本北陆电力公司志贺核电厂一号机和本公司核一厂两部机组的绩效指标作比较（略），从而了解志贺核电厂近年来虽已开始推动安全文化，但还看不到有因推动安全文化而使得电厂之安全与营运绩效有显著受惠的迹象。不过，从表一中的数据可看出，志贺电厂一号机与本公司核一厂两部机组的表现非常接近。若再作更仔细的比对则可看出，志贺一号机之机组容量因子在近几年均不如核一厂，原因也许就是该机组核燃料运转周期设计长度（一年）比本公司核能机组的设计长度（一年半）为短之故；不过，从表中另可发现，志贺电厂一号机之电厂系统可靠度则比核一厂两部机组为优。一般而言，电厂系统或设备的可靠度与维修质量最为有关，而维修质量则与第一线工作人员之维修技能、敬业精神和负责任的态度息息相关。

5. 中方推动安全文化的做法：本届研讨会中笔者简报本公司推动安全文化做法的内容约成三个子题，即（1）员工安全文化之培育；（2）员工安全文化之评鉴；（3）推动安全文化之具体效益，兹分别说明于后：

（1）员工安全文化之培育

本公司核能部门培育核电厂员工安全文化的过程可分成学习期、培育期和强化期三个阶段，各阶段做法如下：学习期（1988~1992年）：1）要求各阶层主管，研读有关安全文化理念的报告或刊物。2）开办讲习班，向员工讲授安全文化理念。3）借各种集会时机，倡导安全文化。4）发行安全文化专栏，倡导安全文化理念。

培育期为六年（1992~1997年）：

规划培育方案，建立员工安全文化意识。培育方案内容分成五大原则、十二条款及六十二项行动方案。五大原则及其诉求分别为：1）责任：组织内的每个人均需清楚地了解其个人的责任及此责任与安全的关系。2）训练：让所有员工知道他们工作上的不良作业在安全方面所可能引发的后果。3）纪律：各阶层主管要积极创造良好的工作环境和建立评估制度，以避免异常事件的发生。4）管制：各阶层主管必须要建立一套管制办法来监督及追踪所有安全有关之事务。5）实行：各阶层主管必须以身作则，让员工看到他们的行动都是安全文化的实践。

颁布核能发电营运安全政策声明，强调安全绝对优先和建立良好安全文化的重要性。制定十八项安全文化指标，作为追踪安全文化推动成效的参考依据。

此十八项指标分别是：员工提案之改善率及改善效益；人为失误所引发之异常事件件数；程序书缺失所引发之异常事件件数；重复发生之异常事件件数；人为失误事件重复发生件数；大修或平时违规案件件数；核安处未发现之缺失被原能会发现缺失之件数；核安处发现之缺失未改善被原能会发现之件数；WANO 所订 10 项绩效指标强化期（1997年至今）等。

本阶段之初系取先前培育期所制定之安全文化五大原则、十二条款、六十二项行动方案和国际原子能总署的报告 75-INSAG-4 Safety Culture 所提到的安全文化精髓作比对，从而规划出新的《安全文化强化方案》，作为另一个未来五年推动安全文化的努力方向。《安全文化强化方案》的内容是由六大目标、二十三项策略及七十四项行动方案组成。此六大目标分别是：1）人人宣示安全承诺，落实安全文化；2）落实人员作业疏失之防范；3）建立良好之作业程序书，并责成员工遵守程序书；4）提高自我评估能力；5）提高设备可靠度；6）提高训练绩效。

本阶段除了重新制定了安全文化强化方案外，也重新选订出新的十二项安全文化绩效指标，此新十二项指标分别是：结果性指标：人员作业疏失异常事件件数；大修及平时违规件数；非计划性自动急停次数；安全系统可靠度；工安事件件数。非计划性能力损失因子过程性指标：核安文化活动指标；督导工具箱会议指标；督导自我查证指标；改善安全状况指标；设备请修单结案率指标。

（2）员工安全文化之评鉴

安全文化评鉴的主要目的是要了解电厂员工安全文化之水平及追踪安全文化的推动成效。本公司安全文化的评鉴有下列三种方式：

1）安全文化指标检讨：电厂每季检讨安全文化指标值，并报告给总管理处审查。经由指标之检讨，发掘安全文化待加强项目，积极加以改善。

2）赴电厂实地查证：由本公司总管理处核能督导部门和本公司的督导机关（经济部国营会）分别组队，每年定期分赴各核电厂查证安全文化水平及行动方案之执行成效。查证团队就所看到的"安全文化待加强事项"汇总成报告，责成电厂改善。

3）安全文化普查：由本公司总管理处设计普查问卷，并赴各核电厂执行安全文化普查。经由普查对安全文化做全面性的诊断，就安全文化表现较弱的领域探讨其原因，告知电厂改善。

（3）推动安全文化之具体效益

本公司从1991年起开始推动安全文化，首先是向员工倡导安全文化理念与功用，而后于1993年起开始将安全文化培育方案付诸实施，直到1998年又提出安全文化强化方案，时至今日，本公司安全文化的推动已届满十年。笔者在研讨会中以本公司核能机组过去十年之运转实绩值做一比较表（略），从比较表上的数字可以看出，台电推动安全文化后，安全文化绩效指标均有明显的进步。除了上述数字上之进步实例外，其他非数字上的实例也有许多，诸如厂房整洁度提升，用趋势分析来监视可靠度以避免发生不预警故障的设备数增加，设备从故障到修护可用的时间明显变短，以及员工提电厂改善建议案主动、积极、用心而且效益明显提升等。

本公司核电厂历年（1991～2000年）安全文化绩效指标（略）。

6. 中日在推动安全文化做法上的比较

由于中日双方国情和社会文化背景之不同，核能发电技术和机组安全绩效之差异，因此中日双方在推动安全文化的做法上也自然有所不同。日本核能发电早本公司许多年，核能发电技术一直领先本公司，其核能发电机组之安全与营运绩效也名列世界前茅，因此，日方对核能发电机组之安全营运相当有自信。虽然核能业界遭受美国三哩岛事件和前苏联车诺比事件的打击，但日本似乎仍不以为然，直到JCO事件和篡改数据事件的发生才唤醒日本核能工业界，自此安全文化的重要性也受到日方应有的重视而开始推动安全文化。所以，就安全文化之推动时机而言，本公司比日本早许多。另外，就推动安全文化的内容而言，中日双方均非常具体，只是本公司已推动安全文化多年，而日方才开始不久，因此，本公司推动安全文化的具体措施较丰富，而日方推动安全文化的措施则较单薄。再者，就安全文化推动成效之监管而言，日方并无任何措施做追踪，而本公司则有安全文化指标检讨、安全文化电厂实地查证、安全文化普查这三项具体措施用来追踪安全文化推动成效，所以，整体而言，本公司在推动安全文化方面比日本用心很多。

7. 结语

从过去核能发展之历程可以看出，核能安全仅靠严格的监督和管制是不够的，它还需要靠建立安全文化来弥补其不足。核能业界在国际原子能总署的带动下推动安全文化至今已有十年以上的时间，比起过去，核能从业人员之安全文化水平确实提升许多，人为疏失案件明显减少，安全绩效相对提升，营运绩效也伴随提高，这些均可由各核电厂所提报的WANO十项指标之进步情形获得实证。核能业界有此进步实绩，这与国际原子能总署提倡"安全文化"有相当程度的关联。

从日方的简报中得知，日本核能工业界正式推动安全文化的起始点比本公司晚许多，即便现在，日本核能工业界推动安全文化的用心程度也不如本公司。可是日本核能机组的安全与营运绩效从过去到现在就一直不比本公司差，原因何在？唯一能解释的就是，日本核能工业界的"基础"一直在本公司之上。这里所说的"基础"泛指核能发电技术、电厂设计、电厂设备可靠度、员工的工作专业、员工的行为与工作态度、员工对工作的用心度与责任感、员工的守法习性、电厂营运程序书和各类技术规范等。基础差的就得多用点心，因此本公司借由推动安全文化的机制来弥补"基础"上的不足，俗话说"勤能补拙"，就是这个道理。所以，用"勤能补拙"来说明本公司过去和现阶段推动安全文化的情境也颇为适合。

本公司推动安全文化已有十年之久，前六年（1981～1986年）属安全文化培育期，1987年起开始为另五年的安全文化强化期。经历十年，各方面进步很多，因此，本公司核能发电的"基础"应已由过去的"拙"转为"好"。若此，则本公司现阶段推动安全文化的做法与措施应可择机再检讨，并予以"优质化"和"精致化"，如此不但可提升安全文化的推动成效，同时也可减少电厂员工的许多抱怨，诸如：推动安全文化徒增许多文件处理工作（paper work）、推动安全文化太形式化、推动安全文化太教条化等。本公司安全文化强化方案已实施四年，明年底将届满五年，当初强化方案推出时即已决定，强化方案实施满五年时将再做检讨，届时即可邀各核能有关单位共商，拟订出优质的、合宜的和精致的新安全文化推动方案（此文引自安全文化建设网）。

1.6.2 安全文化定义解释

由于各国人们的思维、认知、价值观、政治倾向、经济地位及所处环境存在的文化差异，所以对安全的认识和理解就截然不同，各自形成的安全观的内涵也有极大的差异；源于人们对科技知识掌握的能力及文化程度的不同，在正确理解安全文化的问题上增加了大同小异林林总总的难度。故只有在有关文化的科学理论的导引下，才能正确地对文化的来源、文化的流变、文化的层次、文化的系统、文化的内涵和文化的外延有较深入的研究；同时对安全文化事物及以此为研究对象的安全科学，特别是大安全观，有较透彻的认识和理解，并在大文化观的基础上，再广泛联系工程项目安全领域的现实实践，并吸纳国内外关于安全文化的论著中具有创新性的、科学的、先进而符合时代发展潮流规律的理念和精华，才能正确理解生产安全文化。简而言之，要正确理解安全文化这个概念，必须从两方面入手，首先要弄清什么是文化；其次是要明白什么是安全，特别是安全与人的关系、安全与环境的关系、安全与自然的关系。

（1）英国

健康安全委员会核设施安全咨询委员会（HSCASNI）组织认为，国际核安全咨询组织的安全文化定义是一个理想化的概念，在定义中没有强调能力和精通等必要成分，提出了修正的定义：一个单位的安全文化是个人和集体的价值观、态度、能力和行为方式的综合产物，它决定于保健安全管理上的承诺、工作作风和精通程度。具有良好安全文化的单位有如下特征：在相互信任基础上的信息交流，共享安全是重要的想法，对预防措施效能的信任。

（2）美国

学者道格拉斯·韦格曼等人在2002年5月向美国联邦管理局提交的一份对安全文化研究的总结报告中对安全文化的定义是：安全文化是由一个组织的各层次、各群体中的每一个人所长期保持的，对职工安全和公众安全的价值及优先性的认识。它涉及每个人对安全承担的责任，保持、加强和交流对安全关注的行动，主动从失误的教训中努力学习、调整和修正个人和组织的行为，并且从坚持这些有价值的行为模式中获得奖励等方面。韦格曼论述中提供了我们对安全文化表征的认识，即安全文化的通用性表征至少有五个方面：组织的承诺、管理的参与程度、员工授权、奖惩系统和报告系统。

（3）德国

造就德国企业立于世界之林的不败之地，其企业文化当然包括安全文化并且是一个特别重要因素。德国企业文化是规范、和谐、负责的文化。所谓规范就是依法治理，从培训中树立遵纪守法意识和对法律条文的掌握，从一点一滴做起，杜绝随意性和灵活性。所谓和谐，是指管理体制的顺畅，人际关系的和谐，工作中的协调性。所谓负责，就是一种企业与职工双方互有的责任心，即职工对企业负责任，企业对职工也要负责任，企业与员工共同对社会负责。其显著特点如图 1-1 所示。

图 1-1　德国企业文化的基本特点

（4）保加利亚

保加利亚学者斯托伊科夫和戈拉诺夫认为：文化包括人类创造的一切东西和满足人们物质和精神需求所必需的一切东西，同时还包括人的全部发展即人的能力、需求、素质和天赋。美国文化人类学家林顿认为：文化是由教育而产生的行为和其行为结果所构成的综合体，它的构成要素为这一社会成员所共有，而且加以传递。英文"culture"的含义是指精神、文明、修养、教育、陶冶、德育、培养、耕作、人工培养。这些论述对理解安全文化都有比较大的影响和作用。

（5）中国

劳动保护科学技术学会副秘书长徐德蜀研究员的定义是：在人类生存、繁衍和发展的历程中，在其从事生产、生活乃至实践的一切领域内，为保障人类身心安全（含健康）并使其能安全、舒适、高效地从事一切活动，预防、避免、控制和消除意外事故和灾害（自然的、人为的天灾人祸）；为建立起安全、可靠、和谐、协调的环境和匹配运行的安全体系；为使人类变得更加安全、康乐、长寿，使世界变得友爱、和平、繁荣而创造的安全物质财富和安全精神财富的总和。《荀子·王制》说得好："和则一，一则多力，多力则强，强则胜物。"

（6）大众

一般认为，安全文化是人类安全活动所创造的安全生产、安全生活的精神、观念、行为与物态的总和。这种定义建立在大安全观和大文化观的概念基础上，在安全观方面包括企业安全文化、全民安全文化、家庭安全文化等，在文化观方面既包括精神、观念等意识形态的内容，也包括行为、环境、物态等实践和物质的内容。

上述定义有如下共同点：

1）文化是观念、行为、物态的总和，既包括主观内涵，也包括客观存在。

2）安全文化强调人的安全素质，要提高人的安全素质需要综合的系统工程。

3）安全文化是以具体的形式、制度和实体表现出来的，并具有层次性。

4）安全文化具有社会文化的属性和特点，是社会文化的组成部分，属于文化的范畴。

5）安全文化最重要的领域是企业的安全文化，发展和建设安全文化，道德要建设好企业安全文化。

不同点在于：

1）内涵不同，广泛的定义既包括了安全物质层又包括了安全精神层，狭义的定义主要强调精神层面。

2）外延不同，广义的定义既涵盖企业，还涵盖公共社会、家庭、大众等领域。

第2章 工程项目安全生产标准化流程

2.0 工程项目安全生产标准化纲要框图

安全生产标准化定义（根据国家安全生产监督管理总局提出的《企业安全生产标准化基本规范》）：是指企业通过建立安全生产责任制，制定安全管理制度和操作规程，排查治理隐患和监控重大危险源，建立预防机制，规范生产行为，使各生产环节符合有关安全生产法律法规和标准规范的要求，人、机、物、环处于良好的生产状态，并持续改进，不断加强企业安全生产规范化建设。

安全生产标准化体现了"安全第一、预防为主、综合治理"的方针和"以人为本"的科学发展观，强调企业安全生产工作的规范化、科学化、系统化和法制化，强化风险管理和过程控制，注重绩效管理和持续改进，符合安全管理的基本规律，代表了现代安全管理的发展方向，是先进安全管理思想与我国传统安全管理方法、企业具体实际的有机结合，有效提高企业安全生产水平，从而推动我国安全生产状况的根本好转。

2006年6月27日，全国安全生产标准化技术委员会成立大会暨第一次工作会议在京召开。国家安全生产监督管理总局局长李毅中在会上表示，全国安全生产标准化技术委员会（以下简称安标委）的成立，标志着我国安全生产标准化专家队伍初步建立，安全标准工作开始步入正常发展的轨道。他指出，要充分认识安全标准工作的重要性：

（1）安全标准是安全生产法律体系的重要组成部分。

（2）安全标准是保障企业安全生产的重要技术规范。

（3）安全标准是安全监管监察工作依法行政的重要依据。

（4）加强安全标准是市场准入的必要条件。国家标准、行业标准所规定的安全生产条件，就是市场准入必须具备的资格，是必须严格把住的关口，是不可降低的门槛。

工程项目安全生产标准化流程如图2-1所示。

上篇 安全篇

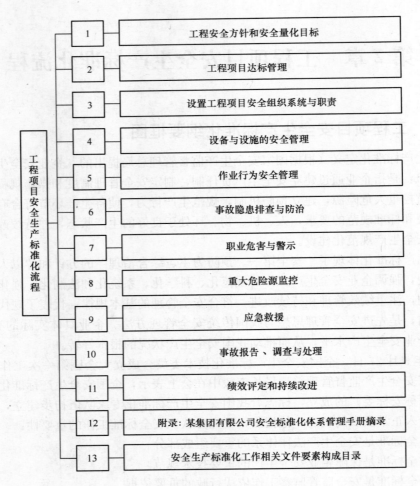

图 2-1 工程项目安全生产标准化流程

注：本纲要框图主要根据国家安全生产监督管理总局提出的《企业安全生产标准化基本规范》等文件所拟，该文件于 2010 年 4 月 15 日公布，自 2010 年 6 月 1 日起施行，它意味着我国广大企业的安全生产标准化工作将得到规范化。它有较强的实用性、适宜性，据此，我们将用于工程界面及其工程项目的安全生产标准化中。

根据工程项目所具特点和要求，我们对某些地方进行了适当的调整、补充和说明，并为此附录了一个比较全面的工程项目安全生产标准化的示例，可供同行们参考。谚语："政如冰霜，奸宄消亡；威如雷霆，寇贼不生。""人随王法草随风，造法容易执法难"。指按照国家法律、法规，集团公司的条例、细则遵从行事，是天经地义的事情，不容置辩另搞一套。

2.1 工程项目安全方针和量化目标

2.1.1 工程项目安全方针

安全方针：安全第一，预防为主，综合治理。

2.1.2 工程项目安全量化目标

工程项目安全量化目标如图 2-2 所示。

第 2 章 工程项目安全生产标准化流程

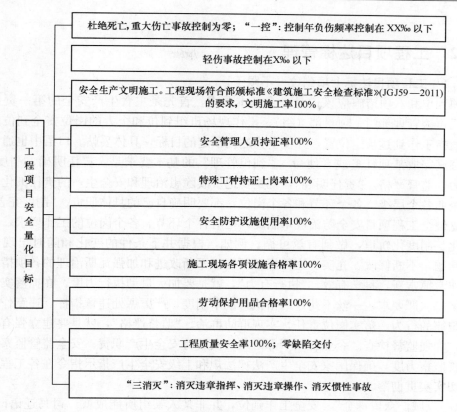

图 2-2 工程项目安全量化目标

注：这里给出了量化目标一般的项目及其相关指标供参考。轻伤事故控制率，可视不同行业、不同工种以及不同企业的安全目标的具体情况设定，不能一刀切和一概而论。这里引入一个概念，即量化目标它属量化管理范畴。这样做就能把许许多多的安全理念、安全措施、安全保障、安全管控、安全体系等落到实实在在的公司全员、部门、班组和个人。

量化管理它在属性上，量化管理把目标管理引为定量化，是优化管理的一种方法。它在形式上，量化管理通过数量指标作用于管理对象，用数量指标调控安全管理。它在范围上，量化管理包括安全管理活动的全过程，突出重点和关键环节。它在目标上，量化管理以优化管理方法、提高安全管理的水平为目标。量化管理应体现：一是可操作性强。量化管理是通过量的规定性来保证定性要求的落实。指标应直接具体、便于执行、便于监控、便于考评；二是针对性强。量化管理以突出问题为调控对象，客观反映企业安全管理内在规律，便于通过定量分析、定量决策、定量控制、定量评价实现管理目标；三是有效性强。量化管理是考评管理质量的尺度，有利于管理者实施动态管理，随时把握执行情况，及时纠正偏差，客观公正评价管理绩效。总之，量化管理可以构成相对独立的方法体系，在理论上和客观需要上都是可行的。

量化管理它符合领导科学中的有效行为理论，有利于增强管理行为的有效性。它符合目标管理中的目标牵引原理，有利于增强管理的主动性。它符合系统论的系统结构功能原理，有利于增强管理的整体性。它符合控制论中的关节点原理，有利于增强管理的可控性。管理的核心是控制。最优化的控制方法是抓住管理系统中的一个或几个制约、影响系统功能的关节点，促进系统的有效运行。它符合信息论的信息反馈原理，有利于增强管理的时效性。管理过程实质是信息处理活动都依赖于掌握系统的运行状态和变化程度等信息，管理过程实质是信息处理过程，管理质量很大程度上取决于信息质量。实行量化管理，需要建立相应的指标统计与分析系统，及时提供安全管理信息，提高管理信息的保鲜度，为优化决策提供可靠依据。

本书中还罗列了发达国家安全生产管控的情况，以供读者查阅。

2.2 工程项目达标管理

2.2.1 工程项目达标七项到位（不限于）

七项到位和八项措施应该说是一个基本要求，首先是主管生产安全的第一责任人到位，而后再谈管理部门、项目部（组）、操作现场班组到位和个人的岗位安全到位。何谓到位？通指工作到达预定位置，并使事物达到预定的目标，具体妥帖。口语中也通常表示或喻义圆满完成某项任务或者使命。"到位管理"的基本要求是：责任明确、制度完善、执行有力、监督严格。"责任明确"，就是要把事故隐患治理和安全生产的责任细化，分解落实到企业各个层级、各个环节和各个岗位，都要明确自己的具体职责。"制度完善"，就是要建立健全工程项目安全防治规章制度，把对各个环节、各个岗位的工作要求，全部纳入规范化、制度化轨道，做到有章可循。例如，根据井下条件的变化和随时出现的新情况、新问题，不断修改、充实、完善规章制度，不断改进和加强瓦斯治理的各项措施，使管理工作常抓常新，科学有效。"执行有力"，就是要加大贯彻执行力度，在抓落实上狠下工夫。坚持从严要求、一丝不苟，严格执行规章制度，严厉惩处违章指挥、违章作业、违反劳动纪律的行为。落实岗位责任，实现群防群治。"监督严格"，就是要建立强有力的监督机制，加强监督检查。企业各级干部必须切实履行安全生产职责。安全监管监察机构要加大监管监察力度，确保国家安全生产法律法规和上级安全生产指示指令在各工程项目部得到切切实实贯彻落实。

"众心成城，众口铄金"。安全工作到位，并非某人某组所能成就。司马迁语曰："千金之裘，非一狐之腋；台榭之榱，非一木之枝也；三代之际，非一士之智也。信哉！"一切事情的成功是需要依靠众人智慧和力量的哲理言在其中（图2-3）。

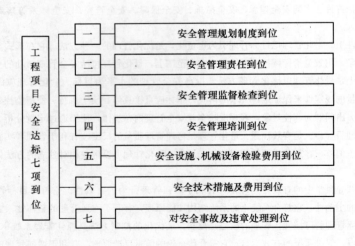

图 2-3 工程项目安全达标七项到位

2.2.2 工程项目达标八项措施

工程项目安全达标八项措施如图 2-4 所示。

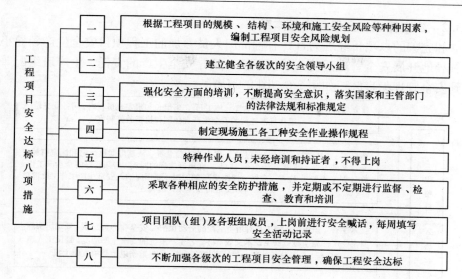

图 2-4　工程项目安全达标八项措施

2.3　设置工程项目安全组织系统与职责

2.3.1　安全管理组织机构

全员安全保证体系如图 2-5 所示。

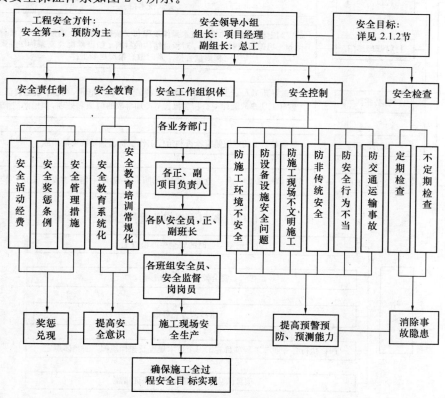

图 2-5　全员安全保证体系框图

2.3.2 建立健全安全保障责任体系

建立和完善的以项目经理为首，有各部门人员参加的工程项目安全生产领导小组，有组织有领导地开展安全管理活动，承担组织、领导安全生产的责任。生产班组配兼职安全员，做到安全管理无盲区。如图2-6～图2-8所示。

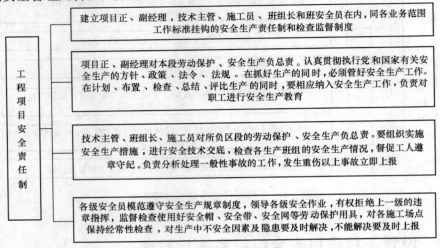

图2-6 工程项目安全责任制

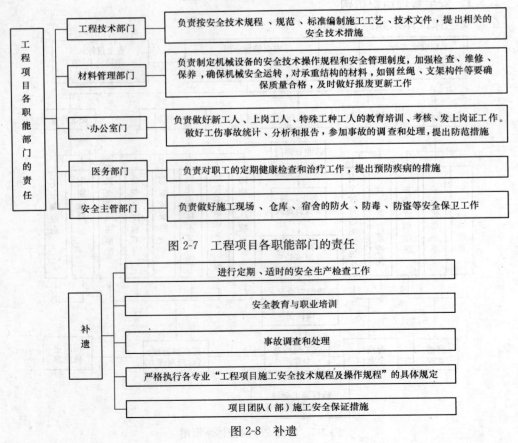

图2-7 工程项目各职能部门的责任

图2-8 补遗

补遗分解如图 2-9~图 2-12 所示。

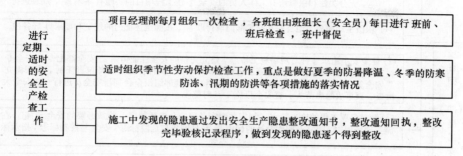

图 2-9　安全生产检查工作

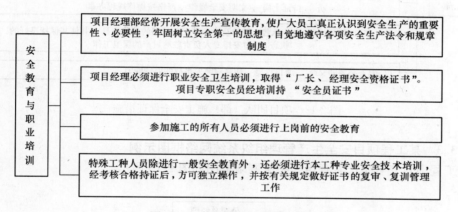

图 2-10　安全教育与职业培训

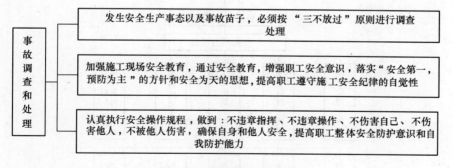

图 2-11　事故调查和处理

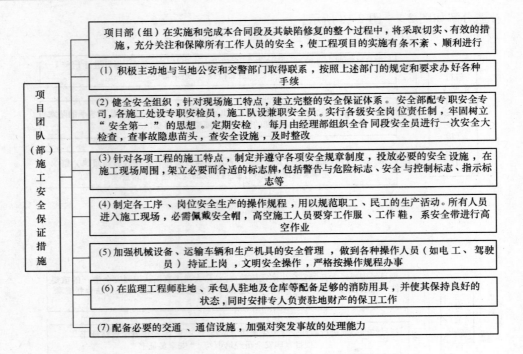

图 2-12 项目团队（部）施工安全保证措施

2.3.3 某工程项目安全生产管理组织系统网络框图示例

某工程项目安全生产管理组织系统网络框图如图 2-13 所示。

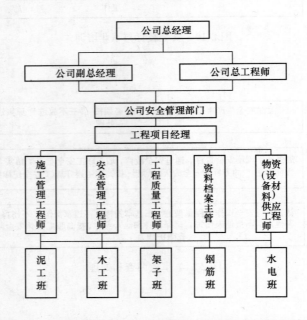

图 2-13 某工程项目安全生产管理组织系统网络框图示例

质量目标：单位工程一次交验合格率100%，优良工程率达到95%。

1. 制度措施保证

坚持学习制度，提高质量意识，要认识到企业的存亡与质量的关系，要把质量事故消灭在萌芽中，把保证质量贯彻到每个施工程序中，工程开工前，组织全体职工、民工学习合同文件和技术规范，对技术进行交底。尊重和绝对服从监理工程师或其代表，实行质量一票否决制。对关键工程的工程质量必须采用双控方法，由技术负责人亲自抓。

2. 技术措施保证

设立工地试验室，对流动试验室的试验项目进行抽样试验，对全部工程项目的各种试验结果进行数据统计和分析整理，建立试验资料档案。每一分项工程施工方案的选择，均从保证工程质量的角度考虑，经质量管理小组进行可靠论证后，再报监理工程师审批后方能实施。检测人员必须技术过硬，责任心强，对质量情况采用书面文字记录，以确保工序、各分项工程的施工质量达到规范要求。

测量人员在各项工程开工之前，对原始基准点进行复测，在施工过程中对控制工程的位置、高程、尺寸及其线形的准确性进行监督、检查。在各分项工程、分部工程、单位工程的中间交工和竣工验收时进行测量检查，汇总并提出各项工程的测量成果资料。

3. 人员、机械、材料保证措施

依照ISO 9000标准，建立质量体系化文件，编制质量手册，及时收集、传递、整理、分类和归档。建立完善的岗位责任制，实行奖惩措施保证，项目经理部实行质量目标风险责任制，每人交纳风险抵押金：项目经理××××元/月，总工程师（技术负责人）××××元/月，质检工程师××××元/月，施工技术人员××××元/月。在月度考核中，没有出现明显质量事故的年底返还。对在年度考核中受到业主嘉奖的，年底返还并且经理部给予双倍奖励。

选用具有国内先进水平的机械设备进行本项目施工，配备足量的、能满足本项目精度要求的测量仪器，定期检查、校正仪器，避免由于仪器的误差而影响工程质量。

材料采购前，先对供货厂商资质进行调查，对不合格厂商的材料不予采购。各单项工程开工前，由中心试验室对该项目所需各种材料进行检验。同时在使用过程中加强随机抽检，杜绝不合格材料进入现场。

试验室随时检查原材料产品质量检验证，抽样试验，掌握试验数据，并向监理报送有关工程项目开工前的标准试验和预先试验以及施工过程中的抽样试验，工程完工后的检查试验，对有的试验资料进行数量统计和分析整理，建立全部工程的试验资料档案。

对准备开工的项目，填写《开工申请单》，同时检查各个单项工程的开工条件，提供施工组织设计报监理批准后施工。自检员、试验员必须跟班作业，工程关键部位以及监理批准的"三班制"施工部分，必须有自检工程师守候现场。

示例：安全保证体系框图如图2-14所示。

4. 设置安全管理机构

成立以项目经理为组长、总工程师为副组长，设置专门的安全领导小组，由施工地段施工员任安全小组长。同样，在每个施工队中设立一员专职安全员。

为确保安全，经理部成立以项目经理为首的安全事故监督小组，设立安保科，小组成员作为安全监护人，自始至终进行现场维护和管理，禁止违规操作，消除安全隐患。

上篇　安全篇

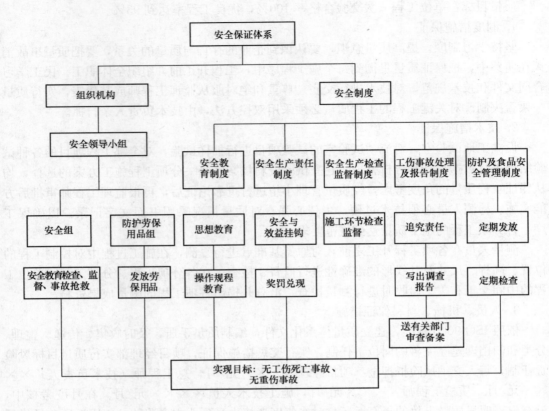

图 2-14　安全保证体系框图

5. 制定严格的安全管理制度

经常性组织安全员学习安全制度和安全操作规程。加强安全管理教育，做到人人重视安全，抓安全生产，使安全工作真正落到实处，防患于未然。并立下安全生产责任状，制定目标管理指标，每月进行安全生产检查评比，奖优罚劣，并且项目中所有在岗员工全部投入人身意外伤害保险。

6. 采取有效安全措施

在实施和完成本合同段及其缺陷修复的整个过程中，将采取切实、有效的措施，充分关注和保障所有工作人员的安全，使工程项目的实施有条不紊顺利进行。加强对职工群体的安全思想教育，树立安全第一的思想，提高安全意识。项目部成立"安全生产委员会"，由项目经理、副经理任正副主任，设专职安全员，负责施工过程中机械设备的安全管理工作，并开展"安全生产月"活动。项目部定期组织各队负责人进行检查、评比，不符合安全要求的限期整改直至停工整顿，经验收合格后方可继续施工。各分项工程开工申请报告中均应制定相应的安全技术措施，加强对生产过程中的事故苗头检查分析，及时采取措施进行整改，对违章作业人员和事及时进行制止并做出处理。制定各工序、岗位安全生产的操作规程，用以规范职工们的生产生活。

施工环保体系框图示例如图 2-15 所示。

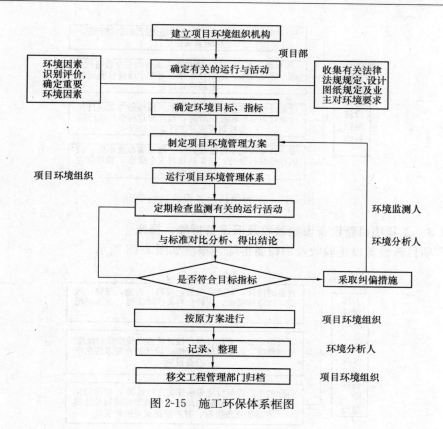

图 2-15 施工环保体系框图

2.4 设备与设施的安全管理

2.4.1 工程项目设备与设施建设安全管理

工程项目设备与设施建设安全管理如图 2-16 所示。

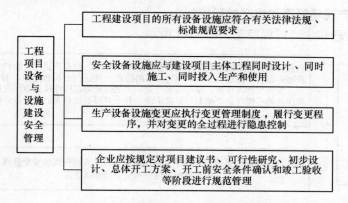

图 2-16 工程项目设备与设施建设安全管理

2.4.2 工程项目设备设施运行管理

工程项目设备设施运行管理如图 2-17 所示。

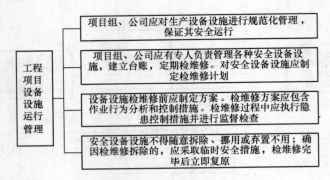

图 2-17　工程项目设备设施运行管理

2.4.3　工程项目新设备设施验收及旧设备拆除、报废

工程项目新设备设施验收及旧设备拆除、报废如图 2-18 所示。

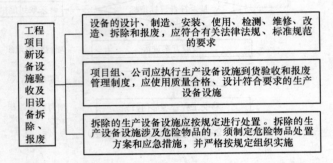

图 2-18　工程项目新设备设施验收及旧设备拆除、报废

2.5　作业行为安全管理

2.5.1　生产现场管理和生产过程控制

生产现场管理和生产过程控制如图 2-19 所示。

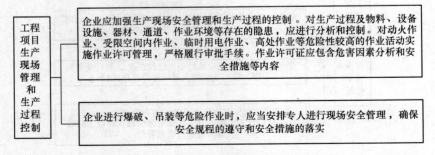

图 2-19　工程项目生产现场管理和生产过程控制

2.5.2　作业行为管理

作业行为管理如图 2-20 所示。

第 2 章 工程项目安全生产标准化流程

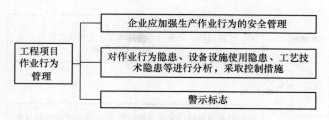

图 2-20 工程项目作业行为管理

注：企业应根据作业场所的实际情况，按照《安全标志及其使用导则》GB 2894—2008 及企业内部规定，在有较大危险因素的作业场所和设备设施上，设置明显的安全警示标志，进行危险提示、警示，告知危险的种类、后果及应急措施等。

企业应在设备设施检维修、施工、吊装等作业现场设置警戒区域和警示标志，在检维修现场的坑、井、洼、沟、陡坡等场所设置围栏和警示标志。

这里，引进了一个行为管理的概念。它是一种通过提高企业中人们工作表现和发展个人与团队能力来为企业带来持续性成功的战略性、整体性的管理程序。行为管理是建立在目标、知识、技能、能力要求、工作情况进展和个人发展计划相一致的基础之上的。它涉及共同且持续的个人工作表现与目标、要求、计划、协议、改进的落实和更长期发展计划相对照的审视和评价。行为管理也是一种方法：正如菲尔波特（Philpott）和谢帕德（Sheppard）1992 年所下的定义：“行为管理的基本目标就是建立一种文化，在这种文化中，个人和团队都对企业持续发展进步和他们自己的技能和贡献负责。”行为管理的原则大致是：（1）它将安全整体目标分解到个人、团队、部门和分项目标；（2）它有助于分析安全整体目标；（3）它是个持续和进化的过程，过程中行为与时俱进；（4）它的执行依靠协议和合作而不是控制或胁迫；（5）它在改进行为的要求和方法上有一致性；（6）它动员激励个人行为的自我管控；（7）它使安全管理方式更加公开、透明和诚实，并让上下级间的双向沟通通畅；（8）它要求持续不断的反馈，反馈环节使个人在工作中获得经验和知识，并用以修正合作目标。

2.5.3 相关方管理

相关方管理如图 2-21 所示。

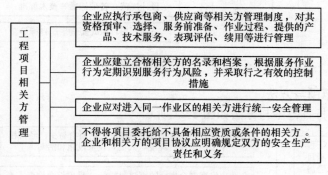

图 2-21 工程项目相关方管理

特别提示：

业主、监理和承包商应对工程项目合同内的工程项目安全的法律法规要求及其附件（如有）中的具体所承担的安全责任负责。

2.5.4 变更

工程项目变更如图 2-22 所示。

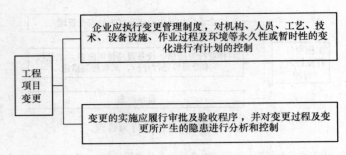

图 2-22　工程项目变更

2.6　事故隐患排查与防治

2.6.1　事故隐患排查

工程项目隐患排查如图 2-23 所示。

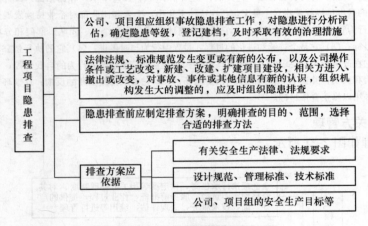

图 2-23　工程项目隐患排查

2.6.2　排查范围与方法

工程项目隐患排查范围与方法如图 2-24 所示。

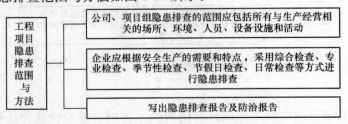

图 2-24　工程项目隐患排查范围与方法

2.6.3　隐患治理

工程项目隐患治理如图 2-25 所示。

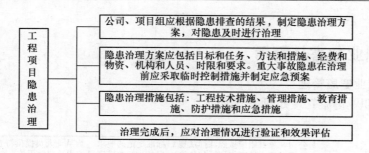

图 2-25 工程项目隐患治理

2.6.4 预测预警

国内外非常重视安全领域方面的预警系统研发，特别对极端自然灾害预警为防"N年不遇"，不管是发达国家，还是发展中国家，都投入大笔款额付出高昂代价。美国联邦紧急事务管理总署推出更广泛的报警系统。这些，都值得我们工程界学习研究，以运用到工程项目安全生产之中。决不能对建设工程中的安全生产问题，出现选择性忽视，那将会受到灾难性的惩罚。所以，企业应根据生产经营状况及隐患排查治理情况，运用定量的安全生产预测预警技术，建立体现企业安全生产状况及发展趋势的预警指数系统。

理论支撑：管理学、安全系统科学、减灾防灾科学、预测预警技术及系统原理、预防原理、人本原理、事故致因理论等多学科应用于安全生产管理中，通过数据统计、分析、建模、计算，用来定量化表示企业安全生产现状和趋势的数值。充分利用收集数据、系统分析、信息处理、建立模型、预测预警、决策控制等手段和方法，计算出未来安全方方面面的走势。

建立健全安全生产预测预警管理系统及其软件，包括定量的（数学模型）、直观的（如预警指数图）、实时的（反映安全生产状态），结合安全生产实际，运用时间序列预测法和适当的预测法，利用历史安全生产预警指数值，对可能导致事故发生的征兆进行事先预报，及时采取有针对性的措施，以进行透明的、公开的事前预防，提升安全生产的质量（图 2-26）。

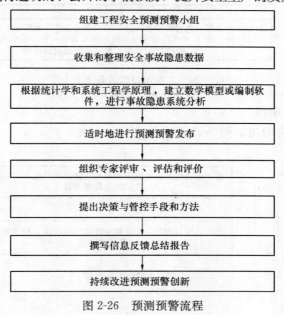

图 2-26 预测预警流程

2.7 职业危害与警示

2.7.1 职业健康管理

工程项目职业健康管理如图 2-27 所示。

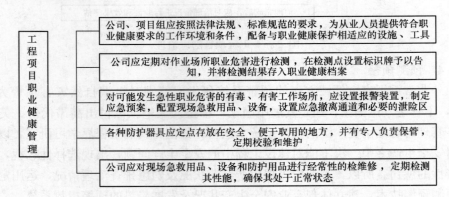

图 2-27 工程项目职业健康管理

2.7.2 职业危害告知

工程项目职业危害告知如图 2-28 所示。

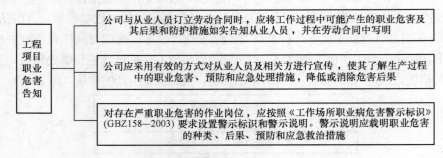

图 2-28 工程项目职业危害告知

2.7.3 职业危害申报

工程项目职业危害申报如图 2-29 所示。

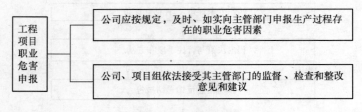

图 2-29 职业危害申报

2.8 重大危险源监控

2.8.1 辨识与评估

公司、项目组应依据有关标准对本单位的危险设施或场所进行重大危险源辨识与安全评估。

2.8.2 登记建档与备案

2.8.3 监控与管理

工程项目重大危险源监控如图 2-30 所示。

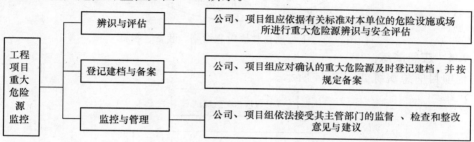

图 2-30 工程项目重大危险源监控

2.9 应急救援

2.9.1 应急机构和队伍

工程项目救援应急机构和队伍如图 2-31 所示。

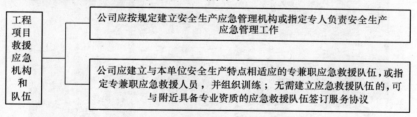

图 2-31 工程项目救援应急机构和队伍

2.9.2 应急预案

工程项目救援应急预案如图 2-32 所示。

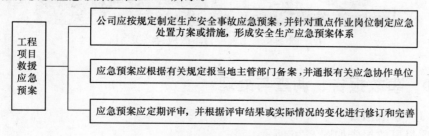

图 2-32 工程项目救援应急预案

2.9.3 应急设施、装备、物资

公司及项目部应按规定建立应急设施，配备应急装备，储备应急物资，并进行经常性的检查、维护、保养，确保其完好、可靠（图2-33）。

图2-33 工程项目救援应急设施、装备、物资

2.9.4 应急演练

工程项目应急演练如图2-34所示。

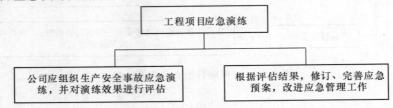

图2-34 工程项目应急演练

2.9.5 事故救援

工程项目事故应急救援如图2-35所示。

图2-35 工程项目事故应急救援

2.10 事故报告、调查与处理

2.10.1 事故报告

工程项目事故报告如图2-36所示。

第 2 章 工程项目安全生产标准化流程

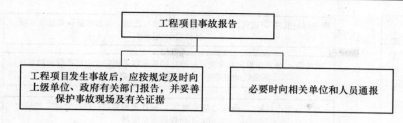

图 2-36 工程项目事故报告

2.10.2 事故调查和处理

工程项目事故调查和处理如图 2-37 所示。

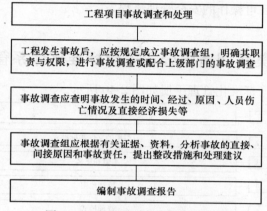

图 2-37 工程项目事故调查和处理

2.11 绩效评定和持续改进

2.11.1 绩效评定

工程项目绩效评定如图 2-38 所示。

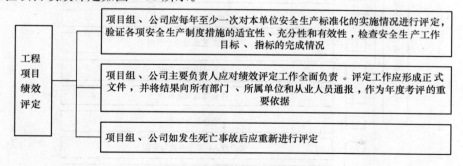

图 2-38 工程项目绩效评定

2.11.2 持续改进

工程项目安全持续改进如图 2-39 所示。
说明：
（1）集团公司应根据本集团公司的工程承包经营战略，制定一套符合本集团公司匹配的、实用性强的、完整的工程安全标准化管理手册。

45

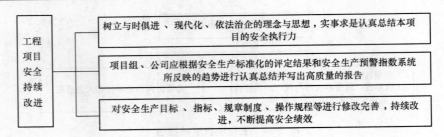

图 2-39　工程项目安全持续改进

（2）工程承包项目项目部（组），应根据工程项目的规模大小、技术含量、工程性质等因素，制定本工程项目可操作的安全管理流程。

2.12　附录：某集团有限公司安全标准化体系管理手册摘录

某集团公司安全生产标准化管理手册如图 2-40 所示。

图 2-40　某集团公司安全生产标准化管理手册

1 适用范围
1.1 目的
　　本管理手册是为了建立并保持文件化的安全标准化体系，规范企业的安全管理行为，进一步提高企业的安全管理水平，以控制本企业职业健康安全风险，持续改进职业健康安全绩效。
1.2 适用范围
　　本标准适用于某集团有限公司××××的安全生产系统。
2 引用的文件和标准（略）
3 术语和定义
3.1 员工代表
　　在企业员工中产生、由员工自主选举并经主要负责人任命的代表员工职业安全健康利益的人员。
3.2 任务观察
　　对执行某一任务的员工进行的正式观察，有完全和部分两种类型。
3.3 关键任务
　　属特定的工作任务，如果其未正确执行，可能造成重大的人员伤亡、财产损失、环境破坏或其他损失。
3.4 事件
　　导致或可能导致事故的情况。
3.5 危险源
　　可能导致伤害、疾病、财产损失、环境破坏或其组合的根源或状态。
3.6 危险源辨识
　　识别危险源的存在并确定其性质的过程。
3.7 风险评价
　　评价风险程度并确定其是否在可承受风险范围的全过程。
3.8 相关方
　　关注企业职业安全健康绩效或受其影响的个人或团体。
3.9 资源与能力
　　包括实施安全标准化所需要的人员、资金、设备、设施、材料、技术和方法，以及得到证实的知识、技能和经验。
3.10 安全绩效
　　指企业根据安全生产方针和目标，在控制和消除职业安全健康风险方面取得的可测量结果。
3.11 供应商
　　为企业提供材料、设备或设施及其服务的外部个人或团体。
3.12 承包商
　　在企业的作业现场按照双方协定的要求、期限及条件向企业提供服务的个人或团体。
4 管理原则
　　结合公司的自身特点，依据本管理手册要求，建立与保持安全标准化体系。

安全标准化体系的建设，突出"安全第一、预防为主、综合治理、全员参与、持续改进"的方针和以人为本的理念，注重科学性、规范性和系统性，立足于危害辨识和风险评价，立足于隐患治理，风险管理和预防事故发生的思想，充分体现安全与效益、安全与健康、安全与环境之间的内在联系，并与生产经营单位其他方面的基础管理有机结合。

安全标准化的创建和实施，在公司××××项目全过程、全方位、全员中得以体现和贯彻，反映自身生产特点及安全绩效的持续改进和提高，建立安全生产长效机制。

5 管理模式

本手册采用结构主义方法和计划（P——Plan）、实施（D——Do）、检查（C——Check）、改进（A——Action）等动态循环的管理模式，实现××××项目的自主管理、自我完善改进，政府部门指导、监督的管理体制，持续推进生产经营单位提高安全绩效。

6 安全生产方针与目标

6.1 安全生产方针

××××的安全生产方针由我公司最高管理者签批，其方针为：安全第一、预防为主、综合治理、全员参与、持续改进。

为了保证职业健康安全方针的实施，本公司（或项目部、组）郑重承诺：

（1）遵守国家和地方的职业健康安全法律、法规，严格落实安全生产责任制。

（2）向全体员工、相关方宣传安全生产法律、法规、制度，引导全体员工和相关方参与职业健康安全管理活动。

（3）开展安全培训，提高全体员工的安全意识和技能。

（4）建立应急救援体系，完善预案管理制度，开展应急救援演练。

（5）严格执行"三同时"制度，从源头控制和防范风险，落实"五同时"管理，加强过程控制。

（6）确保安全资金的投入，通过采取先进技术和管理手段，不断改进作业环境，预防职业健康安全事故事件发生。

（7）通过标准化体系的自评、外审、管理评审等活动来提升公司的职业健康安全管理绩效。

关于××××安全生产方针的具体操作程序见《安全生产方针管理制度》。

6.2 ××××安全生产目标

（1）轻伤事故率小于 X‰；

（2）重伤事故率为零；

（3）职业病发病率为零。

每年对安全生产目标的完成情况进行监测，当公司的安全生产情况发生变化时，要对公司的安全生产目标进行修订。

安全生产目标的具体操作程序见《安全生产目标管理制度》。

7 安全生产法律法规、工作程序等要求

7.1 各科室、班组的职责

7.1.1 管理者代表负责公司法律、法规及其他适用性的审批。

7.1.2 安全生产管理主管负责制定和监督实施本程序，负责整理、汇总安全体系的法律、法规及其他要求，并形成公司适用的安全体系法律法规、标准及其他要求清单，及时组织

职能部门和相关单位对"公司适用安全法律、法规、标准及其他要求清单"进行评审与更新。

7.1.3 安全生产管理科负责对安全管理范围内适用的生产、职业健康安全的法律、法规及其他要求进行识别、获取、评价和更新,对"公司适用安全体系法律、法规、标准及其他要求清单"中没有的法律、法规及其他要求进行补充、识别、获取、评价和更新,制定本公司适用的安全法律、法规、标准及其他要求清单。

7.2 工作程序

7.2.1 各单位通过各种渠道获取相关的安全法律、法规及其他要求。

7.2.2 各单位对本专业安全管理范围内的法律、法规和其他要求及时收集、识别、获取、更新、评价和保存,每年至少开展一次法律、法规及其他要求的识别、获取、更新和评价工作,形成本单位(科室)适用的安全法律、法规、标准及其他要求清单。

7.2.3 各单位(科室项目部组)对所获取的法律、法规及其他要求,必须明确适用的岗位和条款。

7.2.4 安全生产管理科负责跟踪公司安全适用的法律、法规及其他要求的最新变化,并根据各单位(科室)上报的评审清单,每年对公司适用的安全法律法规、标准及其他要求进行评审,形成《公司适用的安全法律法规、标准及其他要求清单》,在上报公司经管理者批准后,以公司有效文件清单的形式在公司发布。

7.2.5 安全生产管理主管组织各单位及时收集公司适用的法律、法规及其他要求文本,并将收集到的文本传达到各科室,供各单位使用。安全生产管理单位根据跟踪的法律、法规及其他要求文本的变化,及时进行更新。

7.2.6 各单位(科室项目部组)要根据新的法律、法规及其他要求对公司的有关安全管理文件进行修订,确保文件符合要求。

7.2.7 各单位应按《文件控制程序》的要求对过期作废的安全法律法规及其他要求进行处理。

7.2.8 各单位要将本单位适用的安全法律、法规及其他要求向相关人员传达,并将安全法律、法规培训作为一项培训内容,安全法律法规培训执行《安全教育与培训制度》。

7.2.9 涉及相关方的单位和部门,要及时把相关安全法律法规及其他要求传达给相关方。

7.3 工程安全生产适用的法律、法规及标准清单见附件

8 安全生产组织保障及制度保障

8.1 安全生产责任制

8.1.1 ××××建立了所有岗位的安全生产责任制,明确了主要负责人、管理人员和各岗位作业人员的安全生产责任制。

8.1.2 经理人对本公司的安全生产工作全面负责。

8.1.3 经理人和管理层人员要明确对公司安全生产的领导责任,并以实际行动表明对安全生产的承诺。

8.1.4 公司的安全生产责任制写入了《安全标准化管理体系作业指导书》,其中对责任制进行了详细说明,公司经理、管理层人员和岗位作业人员要认真学习、领悟,充分认识到各自的安全责任。

8.1.5 矿山安全生产责任制每3年评审一次，并根据变化需要予以更新。

8.2 安全机构设置与人员任命

8.2.1 安全管理机构

8.2.1.1 根据《安全生产法》的要求，项目部设置了安全生产管理部门，并配备了专职安全生产管理人员。

8.2.1.2 项目部安全生产管理人员全部经过相应的培训，并持证上岗，具备安全生产管理的意识、知识和能力。

8.2.1.3 项目经理任命主管安全生产的副经理为管理者代表，并指定安全部门为标准化系统的专门负责部门，以确保工程项目安全标准化系统的建立、实施、保持及持续改进。

8.2.2 安全生产委员会

8.2.2.1 项目部书面任命了委员会主任和委员，并明确了其相应的职责。

8.2.2.2 委员会成员均接受了安全管理培训，具备必要的安全知识和能力。

8.2.2.3 委员会成员中包括了员工代表。

8.2.2.4 委员会每月召开一次安委会，审查安全工作进展和确定发展方案的会议，形成会议纪要并由主任签发，会议纪要包括研究的主要内容和实施方案等。

8.2.2.5 各单位、部门和班组要向员工传达并使其了解安全生产委员会组织机构、成员构成及其主要职责。

8.2.3 特殊职位人员任命

8.2.3.1 项目部的安全管理人员、应急救援人员等特殊职位人员，由公司经理书面任命。

8.2.3.2 被任命的人员全部接受了相关的培训，并具备必要的知识和能力。

8.3 员工参与

8.3.1 项目部建立了员工权益保障制度，以确保员工关心的问题得到积极响应，特别是保证员工在安全状况异常的情况下拒绝工作而不会受到惩罚。

8.3.2 项目部为员工或员工代表参与安全活动创造机会，安全科和各班组要定期收集员工关注的安全事项，必要时安全科要把问题向安委会提交讨论，并及时向员工反馈处理结果。

8.4 文件与资料控制

8.4.1 文件控制要求

8.4.1.1 ××××项目部建立了《文件与资料的识别与控制制度》，以确保公司安全规章制度的产生、使用、评审、修订和控制的效力与效率。

8.4.1.2 每年或者根据变化需要对安全规章制度进行评审，必要时予以修订或废除。

8.4.1.3 安全规章制度要及时下发到各部门、班组和相关方，保证能被所需要的人员获取。

8.4.2 安全规章制度

8.4.2.1 根据实际情况建立健全了安全规章制度。

8.4.2.2 安全规章制度包括：安全检查制度、职业危害预防制度、安全教育培训制度、事故和事件管理制度、重大危险源监控制度、重大隐患整改制度、设备和设施安全管理制度、危险物品和材料管理制度、特殊作业现场管理与审批制度、特殊工种管理制度、安全生产档案管理制度和安全生产奖惩制度（还需增加安全目标管理制度、安全例会制度、安全技术措施审批制度和应急管理制度)。

8.4.3 安全记录要求

8.4.3.1 为对主要的安全生产过程、事件、活动等安全记录进行有效控制,建立了《安全记录控制程序》。

8.4.3.2 安全记录必须符合下列规定:

内容真实、准确、清晰;填写及时、签署完整;编号清晰、标识明确;易于识别与检索;完整反映相应过程;明确保存期限。

8.5 外部联系与内部沟通

为使××××内、外部安全信息交流与沟通活动规范化,及时、准确地收集、传递及反馈有关方面的安全信息,同时做好安全信息的管理,制定了《与外部联系、内部沟通制度》。明确规定:各部门在外部联系与内部沟通中的职责;外部联系与内部沟通的形式;听取员工和相关方合理化建议的渠道等内容。

8.6 系统管理评审

8.6.1 为评价本公司安全标准化系统的实施情况,识别不足和需要改进的事项,特制定了《管理评审控制程序》,要求每年至少进行一次安全标准化系统评审,两次评审的时间间隔不超过12个月。

8.6.2 《管理评审控制程序》明确规定:评审要建立在真实反映企业安全管理状态的有效信息之上;评审过程要文件化,评审结果要与责任人、员工及相关方沟通。

8.6.3 要保留管理评审的记录。

8.7 供应商与承包商的选择

建立了《供应商与承包商安全管理制度》,以确保供应商的能力满足本公司要求。明确了选择、批准供应商过程要保存的相关记录;明确了对供应商供应过程的有效控制性;明确了供应商在本公司现场活动时应遵守的安全要求。

8.8 安全认可与奖励

8.8.1 项目部建立了《员工安全表现认可与奖励管理制度》。

8.8.2 公司确保所有层面的人员均能参与个人的过程。

8.8.3 公司通过公告牌、电子信息媒体或者文件的形式展示安全表现信息。

8.9 工余安全管理

8.9.1 加强对工余安全的宣传教育。尤其是对于无照驾驶、酒后驾驶的职工,要加强宣传教育和培训,以提高职工安全自我保护意识。

8.9.2 对于工余事故要报告、分析。

8.9.3 加强工余培训。培训的主要内容包括如何预防工余事故的发生等内容。

9 风险管理及其控制措施

9.1 危险源辨识与风险评价要求

××××建立了《危险源辨识与风险评价制度》,根据这个制度在××××范围内进行危险源辨识与风险评价工作,特别是重大危险源及其风险,在危险源辨识与风险评价过程中,从班组到公司逐级进行辨识与评价,然后将辨识结果反馈到安全科进行汇总。

在安全生产、工程建设、经营服务及管理活动过程中,对所辨识出来的危险源与风险要实施监控,并保证所有设备的安全设施、安全附件要齐全完好,特种设备则要定期检验。当设备出现异常情况时，应及时检修，不得带病运行。设备报废后严禁再用。

　　××××已下发了《危险源辨识与风险评价表》，各科室班组对在今后的实际工作中重新辨识出来的危险源，需再度进行风险评价，以便逐步完善《危险源辨识与风险评价表》。

　　方法的确定：××××采用的危险源辨识方法是基本分析法与工作安全分析法，风险评价方法统一采用"LEC法"。

（1）基本分析法：对于某项作业活动，依据"作业活动信息"（作业经过的描述），对照危险源分类和事故类型（或职业相关病症的类型），确定本项作业活动中具体的危险源。

（2）工作安全分析法：是把一项作业活动分解成几个步骤，识别整个作业活动及每一步骤中的危害及其风险程度。

（3）辨识与评价流程

　　危险源辨识与风险评价先从基层岗位、班组开始，对所有物的不安全状态、人的不安全行为进行逐个辨识与评价，评价结果上报到单位再度确认后，再上报到安全主管部门予以汇总完善，形成综合的《危险源辨识与风险评价表》。危险源辨识与风险评价工作每年进行一次。

9.1.1　风险控制措施

9.1.1.1　根据公司汇总的《危险源辨识与风险评价表》，逐条制定风险控制措施。

9.1.1.2　上岗前，劳动保护用品正确穿戴，防护用品配戴齐全。

9.1.1.3　作业前必须例行安全自查，发现隐患及时消除后方可操作。

9.1.1.4　工作中出现隐患后，须尽快整改或采取防范措施避免事故发生。

9.1.1.5　关键岗位、要害部位，严禁无关人员进入。进出人员需要登记。

9.1.1.6　各级主管部门要进行季度专项安全大检查，所在班组每月要进行安全巡查。

9.1.1.7　当发生险情时，职工首先进行自我保护；当险情扩大时，启动应急救援预案。

9.1.2　持续风险评价

9.1.2.1　每当新设备、新工艺、新项目投入使用时，都要进行危险源辨识和风险评价，并将结果上报安全科汇总，以便安全科完善《危险源辨识与风险评价表》。

9.1.2.2　在各种检修、安全检查、交接班、布置计划任务时，要对照《危险源辨识与风险评价表》的内容对危险源进行重点确认。

9.2　风险评价

9.2.1　公司已对工程生产安全过程、危险物质、设备设施、作业环境、职业卫生等进行了初始风险评价，形成了项目部的《风险评价报告》。

9.2.2　《风险评价报告》详细描述了各种风险可能发生的过程，并划分了风险级别，按单位进行归类。

9.2.3　依据风险评价结果，实行了风险分级管理，即：三级以上由公司经理统一监管；二级由副经理监控；一级由班组管理。

9.3　关键任务识别与分析

9.3.1　基本要求

9.3.1.1　公司已制定了《关键任务识别与分析制度》，也完成了关键任务的风险评价，内容详见《风险评价报告》。

9.3.1.2　各有关单位要根据关键任务风险分析的结果，编写工程现场作业指导书，如事故隐患整改通知书等,其中必须有安全措施、安全注意事项等内容。

9.3.2 任务观察

9.3.2.1 根据《关键任务识别与分析制度》,对每项关键任务实行现场观察与监督,从事任务观察工作的人员由各单位安全员承担,如果是其他人员,则必须是进行过安全资质培训后持证上岗的。

9.3.2.2 每项关键任务完成后都必须有全过程的观察记录,并予以保存,以备查阅。

10 安全教育与培训

10.1 员工安全意识

10.1.1 意识的辨识与输入

10.1.1.1 对员工的安全意识进行辨识,考察员工对安全健康问题的掌握与熟悉程度。

10.1.1.2 新员工在聘用后首先是接受安全意识的教育,并对其意识情况进行重点跟踪。

10.1.1.3 当工艺流程发生变更时,员工要对工作现场特定要求进行回顾。

10.1.1.4 当员工脱离工作岗位超过规定时间返岗时,要进行工作现场特定要求的回顾。

10.1.1.5 管理层特定意识必须与其个人的安全管理职责相适应。

10.1.2 意识提升

10.1.2.1 建立监测、跟踪意识提升及深层次意识培养的需求机制,并确保该机制有效运行。

10.1.2.2 建立全员安全意识宣传计划,并利用各种视听资料提高全员安全意识。

10.2 培训

10.2.1 要求识别与分析

10.2.1.1 公司进行了识别、分析培训要求。

10.2.1.2 培训要求的识别必须针对所有员工和所有作业过程,并充分考虑如下方面:

工程项目安全生产法律法规与其他要求;员工和管理层的意见和建议;施工技术发展的需求;变化管理的要求;风险评估评价结果;相关方(分包商、供应商、工程监理、其他部门)的要求。

10.2.2 培训要求

10.2.2.1 对已识别的培训要求,制定培训计划,并按计划实施培训。

10.2.2.2 保存所有培训过程和结果的记录。

10.2.3 培训评审

10.2.3.1 建立培训的适宜性评估机制,对培训数量与培训效果等进行评估。

10.2.3.2 评估的途径包括:

学员反馈;绩效改善调查;管理层反馈;测试结果的分析;工程项目现场应用能力的跟踪。

11 生产工艺系统安全管理

11.1 设计要求

11.2 施工管理

11.3 生产保障系统

11.4 变化管理

11.4.1 公司生产工艺变化必须经过论证,应按设计权限等级进行同等评审与批准,未经评审与批准的生产工艺不得投入使用。
11.4.2 在建工程设计发生变化时，需经原设计单位下达设计变更通知，并提交相关变更资料。
11.4.3 在实施变化前，应进行危险源辨识与风险评价。
11.4.4 企业应确保变化管理所需的制度和资源。
11.4.5 变化的相关资料应完整移交工程管理部门，待工程完工后连同验收文件一并整理归档。

12 设备设施安全管理
12.1 基本要求
　　已建立设备设施安全管理制度，并有效控制设备设施的规划、采购、安装（建设）、调试、验收、使用、维护和报废过程。
　　采用新技术、新工艺、新设备和新材料时，进行充分的安全论证。
12.2 设备设施维护
12.2.1 维护制度
12.2.2 维护计划
　　设备设施的维护计划应重点关注。
12.2.3 检测检验

13 作业现场安全管理
　　××××制定了《劳动防护用品管理制度》，目的在于避免职工在作业过程中免受意外及职业伤害，保护广大职工的身心健康。

14 职业卫生管理
14.1 健康监护
　　××××建立了《健康保护制度》，并任命具有相应能力的人员负责职业卫生管理工作。
14.2 职业危害控制
　　××××建立了《职业危害控制制度》。

15 安全投入、安全科技与保险
15.1 安全投入、安全科技
15.1.1 公司制定了《安全生产费用财务管理办法》、《安全生产科研管理办法》，确定相关单位的职责，确保安全生产所需资金的投入。
15.1.2 公司严格按照《安全生产费用财务管理办法》提取安全费用，用于旧设备设施改造、采场边坡等项目的治理，不断改善作业环境，提高安全管理水平和本质安全程度。
15.1.3 公司每年至少一次组织科技人员对安全新产品、新技术、新工艺、新材料进行研究，并对安全科研项目进行评审，一旦科研项目被采纳，对参加科研的人员进行奖励。
15.2 工伤保险
15.2.1 公司严格执行《完善员工工伤保险、保险管理制度》等相关制度。
15.2.2 依法参加工伤社会保险，并为矿山员工全额缴纳工伤保险费。
15.2.3 根据《完善员工工伤保险、保险管理制度》等相关制度，为职工解决因工伤而产生的医疗费用和经济补偿。

16 安全检查

××××制定了《例行安全检查制度》、《巡回安全检查制度》、《专项安全检查制度》、《综合安全检查制度》、《纠正与预防措施实施的保障制度》等安全检查制度。可及时发现问题，找出隐患，采取有效措施，遏制事故发展，消除事故萌芽，防患于未然。

17 应急管理及保障

17.1 应急准备

17.1.1 认定紧急情况

17.1.1.1 各单位根据公司下达的《危险源辨识和风险评价表》，按照各项危险源的监控措施内容，总结以往事故、事件和紧急状况的经验，认定是否存在潜在的紧急情况。

17.1.1.2 在认定紧急情况时，对自然灾害（洪水、泥石流、台风、地震等）、火灾、爆炸、滑坡、坍塌等，立即启动应急救援预案进行抢险救灾工作，如果自救力量不够，则向合作救援单位或政府相关部门求援。

17.1.2 应急准备管理

17.1.2.1 由安全主管部门专人负责管理应急工作，并根据应急演练中的风险和企业内外部事故、事件的应急经验，及时完善应急救援预案相应的内容。

17.1.2.2 安全主管部门每年对应急预案进行一次评审。

17.1.2.3 每年对涉及公司紧急情况的外部机构进行一次评审，同时，安全部门要根据这些危险物品的类型、数量、位置等信息，评审其对公司的要害部位可能造成的影响。

17.2 应急计划

17.2.1 针对项目部编制的应急救援预案内容，有关人员要按照所明确的职责严格履行。

17.2.2 根据所发的《应急演练及对应预案评审制度》每年完善一次应急救援预案内容，具体内容见本制度。

17.2.3 编制应急救援预案内容，包括应急计划。

17.3 应急响应

17.3.1 当发生事故或紧急情况时，所在单位要根据《应急演练及对应预案评审制度》的规定确定是否启动应急程序，但必须及时上报；公司接到险情信息后，初步判定事故级别，然后按相应的级别实施应急响应，并决定是否启动应急救援预案。

17.3.2 一旦实施应急响应后，公司安全、技术、物资、消防、保卫、医院、运输等有关部门必须及时赶到现场或到岗位待命，确保随叫随到。

17.4 应急保障

17.4.1 公司建立了应急组织机构，日常管理由安全科负责；应急控制指挥中心设在公司办公室，具体情况详见《应急演练及对应预案评审制度》。

17.4.2 为了做好紧急情况的应急处理工作，公司成立多支应急响应队伍，主要有：后勤队、通信队、抢险队等队伍，充分保证了抢险救灾工作的需要。

17.4.3 根据《应急演练及对应预案评审制度》的规定，公司分别在有关部门配备了通信设备（如对讲机等）、急救用品（如药物、医疗器械等）、材料物资及设备、拍摄器材、标识标记（如隔离带、警戒线等）。

17.4.4 当事态扩大，请求外部力量支援时，合作救援单位到达现场后应服从公司应急控制指挥中心的统一指挥。

17.4.5　公司有关部门除了备足备齐必需的抢险救灾材料物资及设备外，如消防灭火器材、汛期的防汛物资等，还要经常关注市场行情，保持与周围兄弟单位的联系，以备外部应急资源的临时调用。

17.4.6　我公司已与×××医院等正式签订了应急救援协议书，同时，××××公司也是我们救援物资的可靠保证。

17.5　应急评审与改进

17.5.1　对应急计划每年进行一次评审和更新，以确保应急能力的变动需求。

17.5.2　根据紧急情况响应和应急演练的结果对应急计划进行评审；根据其他单位应急管理的经验增删应急计划的响应内容；根据设备、设施或流程的变化情况来决定是否调整应急计划的响应程序。

17.5.3　每年重新修订后的应急计划及时下发到主要单位负责人，应急机构的所有管理人员，做到人人熟悉其内容。

17.5.4　应急计划书面或电子存档在档案室，不对外宣传，只在公司内部有关管理人员之间做短暂传递。

17.5.5　培训、训练及演习

17.5.5.1　应急计划和《应急演练及对应预案评审制度》每修订完善一次，公司都要组织有关领导和主要负责人进行培训学习；对应急计划的每项内容，将分别轮流安排训练和演习。

17.5.5.2　应急队伍等有关人员在培训学习和训练完毕后，按计划进行应急演习。

17.5.5.3　演习均为模拟的紧急情况。演习方式包括桌面演习、功能演习和全面演习，我公司以实战演习为主，以桌面演习为辅。

17.5.5.4　演习结束后，安全科要进行书面总结和评价。演习总结与评价包括原始记录在内的所有资料要保存。

18　事故报告、事故处理、调查与分析

公司制定了《事故、事件调查与跟踪制度》。明确了安全生产管理等相关单位的职责，对各类事故的报告调查、处理与分析。各类事故必须由分管领导牵头，组成调查小组进行调查。事故的处理应按照"四不放过"的原则。

所有事故必须写出事故报告，经领导审批后上报并存档。每月至少一次对已发生的事故进行学习和讨论，吸取教训，避免类似事故再次发生。

19　绩效测量与评价

19.1　公司已建立了《安全绩效监测和测量管理制度》，其内容包括安全目标的实现，事故及事件、措施的执行情况，安全管理的依从性和安全标准化系统的持续改进等。

系统评价，包括：内部评价和外部评价。

《安全绩效监测和测量管理制度》已包含了安全标准化系统内部评价制度，内容主要包括：评价计划的产生与批准、评价频率、评价范围和标准、评价方法、评价结果的处理等。在进行内部评价时，要以提高安全标准化系统的效力和效率为前提，找出所存在的问题与缺陷，使实际安全绩效与期望值的差距得以缩小，从而充分发挥资源使用的效力和效率，确保安全绩效监测系统的适宜性和监测结果的准确性。

19.2 外部评价

地市级以上的政府安全生产监督管理部门有权对我工程项目安全标准化工作实施监督，对不符合安全标准化要求的情况随时提出改进意见，以促进安全标准化的实施效果。

政府安全生产监督管理部门每×年至少组织一次安全标准化等级评定，如发生死亡事故或具有重大影响的其他事故（事件）后，应重新进行安全标准化评定。

外部评价部门明确给出××××的安全标准化等级。

2.13 安全生产标准化工作相关文件要素构成目录

一、集团公司实行安全生产标准化管理的文件

二、集团公司安全生产的方针、目标、技术措施

三、集团公司安全生产工作的承诺书

四、集团公司年度安全生产工作目标责任书

五、集团公司签订"安全生产目标责任书"的实施意见

六、集团公司与各级次人员签订的安全生产目标责任书样本（包括：总经理、主管安全的副总经理、项目经理、班组长及班组职工等）

七、集团公司与各部门签订的安全生产责任书样本（包括：财务部门、物资采购部门、工程技术部门等）

八、集团公司建立安全生产委员会的文件

九、集团公司设置安全生产管理监督机构的文件

十、集团公司任命安全生产监督管理机构人员的文件

十一、集团公司组织机构网络图

十二、集团公司安全生产责任制（各级人员的安全生产职责与各部门的安全生产职责）

十三、集团公司安全生产考核制度

十四、集团公司安全生产奖罚制度

十五、集团公司安全生产投入保障制度（安全生产费用提取标准及办法）

十六、集团公司各级组织的安全生产工作计划安排样本（包括：年度工作计划）

十七、其他有关安全生产的报表样本等

第3章 工程项目生产安全事故隐患排查治理流程

3.0 工程项目生产安全事故隐患排查治理流程总框图

工程项目生产安全事故隐患排查治理流程总框图如图 3-1 所示。

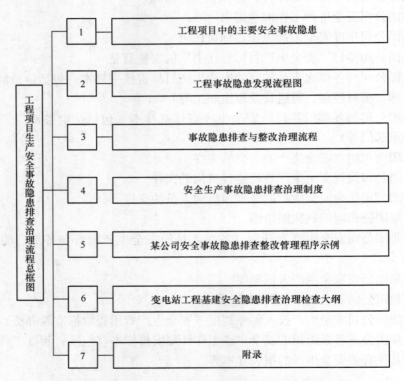

图 3-1 工程项目生产安全事故隐患排查治理流程总框图

3.0.1 工程项目生产安全事故隐患排查治理流程框图
工程项目安全生产事故隐患排查治理流程如图 3-2 所示。

3.0.2 安监部门生产安全事故隐患排查治理流程框图
安监部门安全生产事故隐患排查治理流程如图 3-3 所示。

第 3 章 工程项目生产安全事故隐患排查治理流程

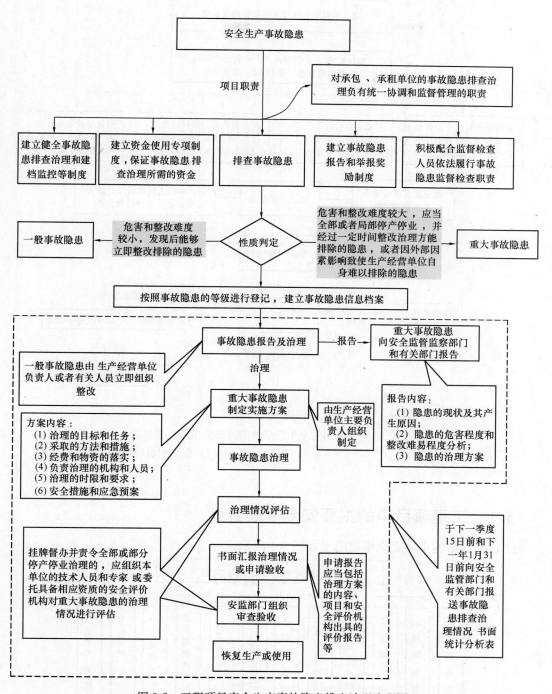

图 3-2 工程项目安全生产事故隐患排查治理流程图

(此框图引自百度网,作者陈忠贤)

注:安全生产事故隐患指生产经营单位违反安全生产法律、法规、规章、标准、规程和安全生产管理制度的规定,或者因其他因素在生产经营活动中存在可能导致事故发生的物的危险状态、人的不安全行为和管理上的缺陷。

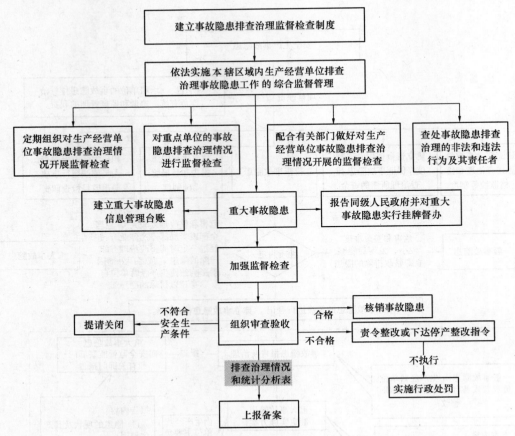

图 3-3　安监部门安全生产事故隐患排查治理流程框图

（此框图引自百度网，作者陈忠贤）

3.1　工程项目中的主要安全事故隐患

工程项目中的主要安全事故隐患如图 3-4 所示。

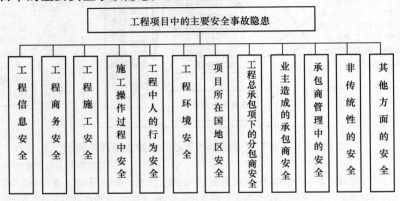

图 3-4　工程项目中的主要安全事故隐患

3.2 工程事故隐患发现流程图

工程事故隐患发现流程如图 3-5 所示。

3.3 事故隐患排查与整改治理流程

3.3.1 安全事故隐患排查整改工作流程图
安全事故隐患排查整改工作流程如图 3-6 所示。

3.3.2 安全事故隐患排查整改检查表
安全事故隐患排查整改检查表见表 3-1 所列。

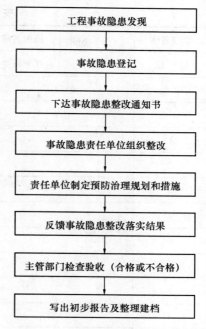

图 3-5 工程事故隐患发现流程

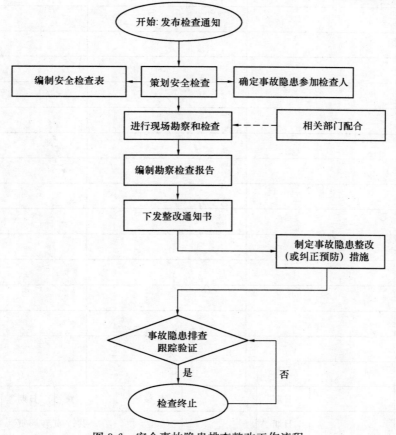

图 3-6 安全事故隐患排查整改工作流程

安全事故隐患排查整改检查表

表 3-1

单位名称	××××部	流程名称	安全隐患排查整改		
层　次	3	任务概要	安全隐患排查整改工作		
单　位	经理层		安全责任单位		相关部门
节　点	A		B		C D E F
1					
2					
3					
4					
5					
6					
7					
8					
9					
10					
11					
12					
13					
14					
15					
16					
17					
18					
19					
20					
批准		日期		审核	日期
编制		日期		共　页第　页	

3.3.3 安全事故隐患排查整改工作标准

安全事故隐患排查整改工作标准见表 3-2 所列。

安全事故隐患排查整改工作标准   表 3-2

任务名称	节点	任务程序、重点及标准	时限要求	相关资料
制定年度安全检查计划	J1	程序		《年度安全检查计划》
		(1) 安全责任单位根据企业全年的安全生产工作要求，制定企业年度安全检查计划	根据实际	
		(2) 责任单位审核年度安全检查计划，并报公司领导批准执行	1个工作日	
		重点		
		年度安全检查计划的制定		
		标准		
		计划全面、针对性强		
下发整改通知单	G1 G2 G3 G4	程序		《安全生产检查整改制度》
		(1) 依据安全检查形成的报告，按部门职能，逐条进行分类登记	1个工作日	
		(2) 按照归类，统一开具整改隐患整改通知单，下发至相关责任部门	1个工作日	
		(3) 接到整改单的部门、项目部或班组，制定相应的整改措施，应立即组织整改，在规定的期限内整改完毕	预订期限	
		(4) 安全责任单位组织审核人员对改进结果进行验证和审查，直至符合要求为止	1个工作日	
		重点		
		事故隐患整改书的下发		
		标准		
		事故隐患必须限期整改到位		
事故隐患整改信息反馈	X1 X2 X3	程序		参照以上计划和制度
		(1) 依据整改通知书的责任分工	1个工作日	
		(2) 按照整改归类细目表	1个工作日	
		(3) 参照年度检查验收计划	1个工作日	
		(4) 反馈信息人员到位并进行登记	1个工作日	
		重点		
		(1) 事故隐患中的重大事故隐患的处理	酌情商定	
		(2) 评估评价整改状态	1个工作日	
		标准		
		按下发整改通知书既定标准进行		

3.3.4 安全生产事故隐患处置程序

安全生产事故隐患处置程序如图 3-7 所示。

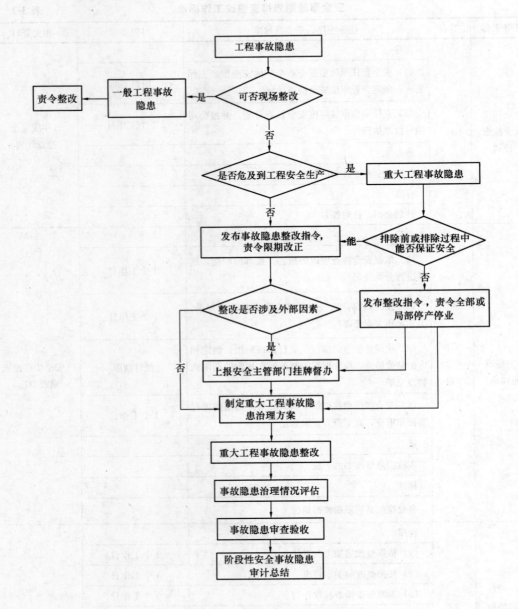

图 3-7 安全生产事故隐患处置程序

3.3.5 安全生产事故隐患排查治理职责图

安全生产事故隐患排查治理职责如图 3-8 所示。

第3章　工程项目生产安全事故隐患排查治理流程

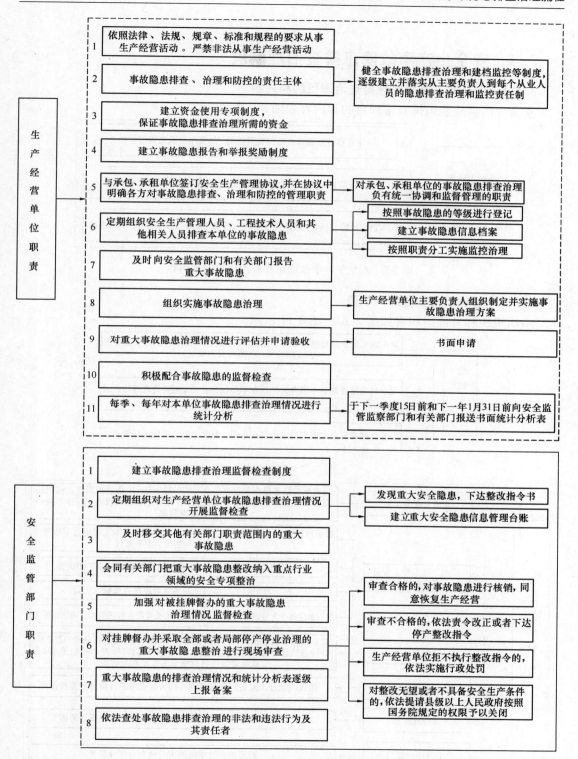

图 3-8　安全生产事故隐患排查治理职责图

(此框图引自百度网，作者陈忠贤)

3.4 安全生产事故隐患排查治理制度

3.4.1 安全生产事故隐患排查治理目的和内容

安全生产事故隐患排查治理目的和内容如图 3-9 所示。

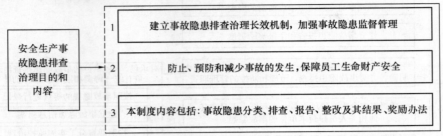

图 3-9 安全生产事故隐患排查治理目的和内容

3.4.2 组织机构和各部门职责

组织机构和各部门职责如图 3-10、图 3-11 所示。

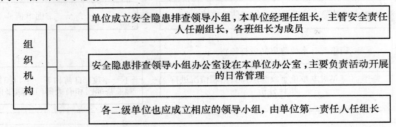

图 3-10 组织机构

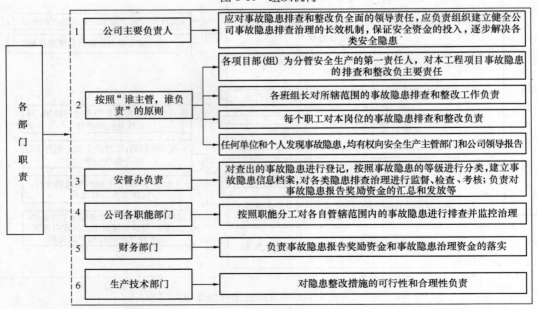

图 3-11 各部门职责

3.4.3 工程事故隐患的含义与分类
工程事故隐患的含义与分类如图 3-12 所示。

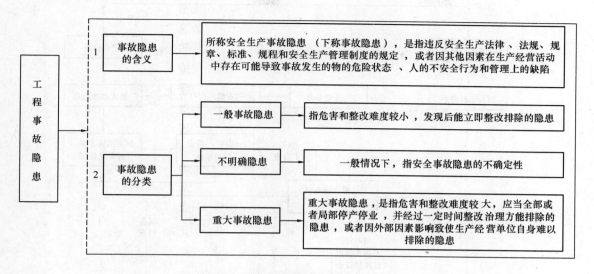

图 3-12　工程事故隐患的含义与分类

3.4.4 工程隐患的排查
工程隐患的排查如图 3-13 所示。

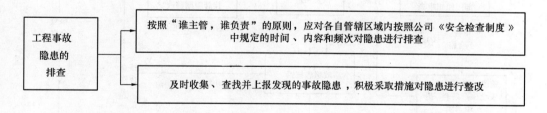

图 3-13　工程隐患的排查

事故隐患治理工作流程如图 3-14 所示。

3.4.5 隐患的报告
隐患的报告如图 3-15 所示。

3.4.6 隐患的整改和验收：落实隐患整改验收工作"五到位"
隐患整改验收工作"五到位"如图 3-16 所示。

3.4.7 隐患信息的核实与处理
隐患信息的核实与处理如图 3-17 所示。

3.4.8 奖惩
奖惩措施如图 3-18 所示。

3.4.9 附表
隐患报告登记表见表 3-3 所列。

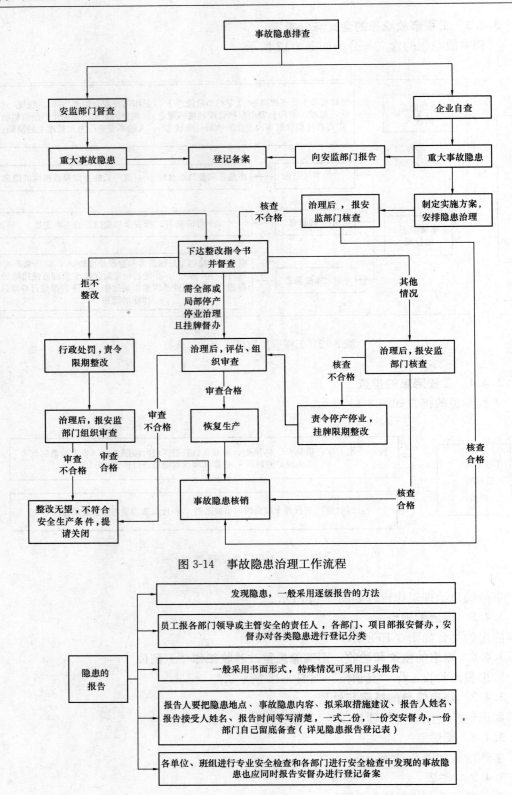

图 3-14　事故隐患治理工作流程

图 3-15　隐患的报告

第3章 工程项目生产安全事故隐患排查治理流程

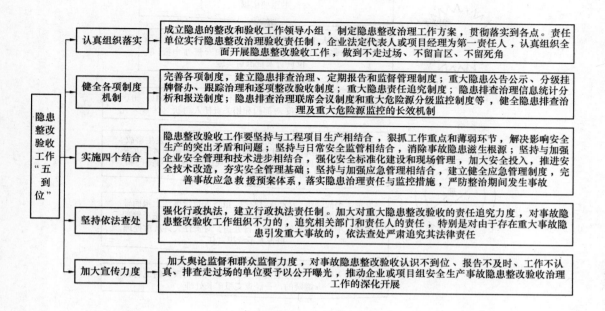

图 3-16 隐患整改验收工作"五到位"

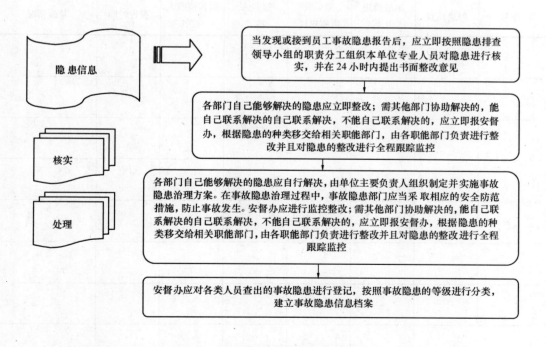

图 3-17 隐患信息的核实与处理

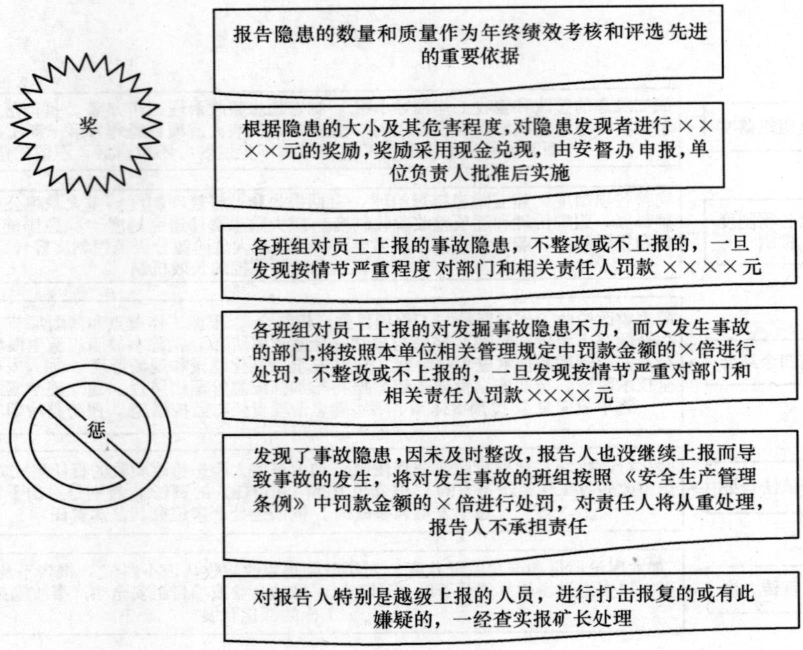

报告隐患的数量和质量作为年终绩效考核和评选先进的重要依据

根据隐患的大小及其危害程度,对隐患发现者进行××××元的奖励,奖励采用现金兑现,由安督办申报,单位负责人批准后实施

各班组对员工上报的事故隐患,不整改或不上报的,一旦发现按情节严重程度对部门和相关责任人罚款××××元

各班组对员工上报的对发掘事故隐患不力,而又发生事故的部门,将按照本单位相关管理规定中罚款金额的×倍进行处罚,不整改或不上报的,一旦发现按情节严重对部门和相关责任人罚款××××元

发现了事故隐患,因未及时整改,报告人也没继续上报而导致事故的发生,将对发生事故的班组按照《安全生产管理条例》中罚款金额的×倍进行处罚,对责任人将从重处理,报告人不承担责任

对报告人特别是越级上报的人员,进行打击报复的或有此嫌疑的,一经查实报矿长处理

图 3-18 奖惩措施

单位：　　　　　　　　　　隐患报告登记表　　　　　　　　表 3-3

序号	隐患地点	事故隐患内容	拟采取措施建议	报告人签字	报告接收人签字	报告时间	整改情况

主管：　制表：

注：此表一式二份,一份交安督办,一份部门留底备查。

3.5　某公司安全事故隐患排查整改管理程序示例

1　目的

为建立安全生产事故隐患排查治理长效机制，强化安全生产主体责任，加强事故隐患监督管理，防止和减少事故，保障人民群众生命财产安全，为公司和工程项目部生产经营创造良好的安全环境，长期保持稳定的安全生产状态，依据有关法律法规制定本程序。

2　事故隐患定义和分类

2.1　事故隐患的定义

安全生产事故隐患，是指违反安全生产法律、法规、规章、标准、规程和安全生产管理制度的规定，或者因其他因素在生产经营活动中存在可能导致事故发生的物的危险状态、人的不安全行为和管理上的缺陷。

2.2　事故隐患的分类

事故隐患分为一般事故隐患和重大事故隐患：

一般事故隐患，是指危害和整改难度较小，发现后能够立即整改排除的隐患；

重大事故隐患，是指危害和整改难度较大，应当全部或者局部停产停业，并经过一定时间整改治理方能排除的隐患，或者因外部因素影响致使生产经营单位自身难以排除的隐患。

3　排查和治理

3.1　事故隐患排查

3.1.1　单位主要负责人对本单位事故隐患排查治理工作全面负责。

3.1.2　各部门要对本部门的各类事故隐患组织定期、不定期的排查，掌握隐患的存在、分布情况，分析产生隐患的原因。

3.1.3　配合安全生产管理部门依据有关法律法规、标准对事故隐患进行检查。每年对单位事故隐患排查治理情况进行统计分析，定期向安全主管部门上报统计分析表。

3.2　隐患排查的主要内容

3.2.1　各级各类人员安全责任的落实情况。

3.2.2　重要危险源和重点管理部位的控制情况，以及应急措施的落实情况。

3.2.3　安全教育情况，落实安全教育、培训的效果。

3.2.4　设备设施符合国家有关法律法规、标准情况。

3.2.5　按属地管理原则，排查相关方的安全管理情况。

3.2.6　隐患整改资金的落实情况，以及新建、改建、扩建项目"三同时"执行情况。

3.2.7　根据国家法律法规相关内容进行检查。

3.2.8　根据《××省（市区）重、特大生产安全事故隐患排查治理办法》等规定进行排查。

3.3　事故隐患的整改

3.3.1　对于一般事故隐患，由单位（项目部或组、车间、工段、班组）负责人或者有关人员立即组织整改，由部门负责人督促检查整改情况，确保整改落实到位。

3.3.2　对于需要较大投资的重大事故隐患整改项目，做到定时间、定措施、定负责人、定经费，保落实，安全主管部门对整改落实情况进行检查验收。分三级：

一级是生产班组可以按正常渠道解决的事故隐患，落实资金立即落实整改；

二级是项目部或车间可以解决的在车间解决，并落实资金和实施责任人员；

三级是需要公司投资整改的项目报公司有关部门协调解决。

3.3.3 重大事故隐患，上报上级领导和管理部门，内容包括：

（1）隐患的现状及其产生原因；

（2）隐患的危害程度和整改难易程度分析；

（3）隐患的治理方案。

3.3.4 对于重大事故隐患，单位主要负责人组织制定并实施治理方案。重大事故隐患治理方案应当包括以下内容：

（1）治理的目标和任务；

（2）采取的方法和措施；

（3）经费和物资的落实；

（4）负责治理的机构和人员；

（5）治理的时限和要求；

（6）安全措施和应急预案。

3.3.5 对短时间内难以立即整改的事故隐患，应采取防范、监控措施，确保过渡期内的安全。

3.3.6 凡不按规定及时落实隐患整改任务，酿成不良后果的，根据有关法律法规的要求，积极配合上级主管部门对其处罚和处理，直至追究法律责任。

3.6 变电站工程基建安全隐患排查治理检查大纲

变电站工程基建安全隐患排查治理检查大纲见表3-4所列。

工程名称：

检查单位：

被检查单位：

检查日期： 年 月 日

变电站工程基建安全隐患排查治理检查大纲 表3-4

检查项目	检查内容
基建安全管理体系建设及责任落实情况	（1）成立业主项目部，明确项目经理和安全专责工程师，按规定成立建设项目安全委员会（安委会）。 （2）制定工程项目安全控制目标。 （3）各参建单位安全管理组织机构健全，人员配备到位。 （4）建立健全安全生产责任制等安全生产规章制度，各级部门、各类人员安全生产责任明确。 （5）项目负责人、技术负责人和安全主管人员等经过安全教育培训，持证上岗。 （6）特种作业人员（高处作业、电工、焊工、起重工、爆破等）做到持证上岗。 （7）项目法人（建设单位）、施工单位编制相应的安全文明施工规划、安全文明施工二次策划（实施细则）。 （8）编制工程项目安全技术措施计划（含文明施工措施计划），审批程序规范，安全文明施工措施费使用规范。 （9）施工方案及安全施工措施的审批、交底程序规范，记录认真，签字规范。 （10）安全施工作业票、工作票审查、签发、填写规范

续表

检查项目	检查内容
基建安全隐患排查治理	(1) 及时传达贯彻落实国家电网公司《关于加强安全稳定工作的紧急通知》和《关于做好国庆期间和四季度基建安全工作的通知》。制定基建安全隐患排查治理计划和按要求组织各级人员学习、排查并形成记录。 (2) 按规定定期开展安全检查，安全检查记录齐全，安全隐患处理及时，有隐患整改反馈记录。 (3) 安全围栏、安全网、孔洞盖板等齐全、规范。 (4) 安全警示标牌醒目、齐全、规范。 (5) 脚手架搭设规范，经验收挂牌使用。消防器材配备充足，在有效期内。 (6) 施工用电做到"三级配电两级保护"、"一机一闸一箱"。配电箱位置适当，箱内装置完好，符合使用要求。 (7) 电缆架设或埋设符合要求。现场照明符合要求。地下室使用安全电压照明系统。 (8) 起重机械经有关部门检验，取得安全准用证。 (9) 冬期施工、突击施工和交叉施工有专项安全措施方案，人员设备满足现场施工需要，并对所有作业人员交底。 (10) 编制调试大纲和计划、危险源和风险预控措施，安全防范措施具有针对性，施工现场与生产现场进行有效隔离。继电保护施工作业票或工作票的安全措施内容符合现场实际，有关保安措施落实。 (11) 储油和油处理现场应配备足够可靠的消防器材。 (12) 现场高压试验区域、被试系统的危险部位或端头安全围栏、警示标示应齐全。 (13) 二次回路施工，现场"三措"中有关的技术措施具有针对性，并得到落实。施工作业班组所携带校验工具符合现场校验工作需要。校验过程中一、二次设备操作的规范性。二次回路施工或继保校验工作前安全措施一次做到位。 (14) 继保工作记录内容齐全、规范。继保校验报告按照规定要求及时填写、移交。 (15) 重大、复杂的二次安装或校验工作，有关人员到岗到位。 (16) 在通电及启动前，人员组织、通道及出口、通信联络、孔洞封堵、沟道盖板、照明、消防、门锁、警告标志、工作接地和保护接地等准备工作应做好。 (17) 露天作业，作业人员采取防寒防冻措施。对于积水冰冻区域，采取防滑措施。 (18) 建筑物、动火区域与易燃物应采取隔离措施，加强对消防设施的检查和维护。危险品堆放点，按规定配置消防设施和警告标志，制定防火措施。 (19) 施工人员个人安全防护要求符合规定。 (20) 宿舍卫生、整洁，设淋浴室、垃圾箱。有防冻保暖、防煤气中毒等措施。 (21) 以国家安全生产监督管理总局制定的有关安全生产标准化和事故隐患排查治理一系列文件为重要依据
施工安全风险识别和预控	(1) 结合工程特征对施工安全风险进行识别，对风险值较大危害源制定专项控制措施方案。 (2) 在施工方案中编制专题安全施工措施。专业性强、危险性大的施工项目单独编制专项安全施工方案。 (3) 施工方案按规定审批。 (4) 对安全施工措施进行交底，履行交底签字手续。 (5) 施工现场严格按照安全施工措施实施。 (6) 制定有针对性事故应急救援预案，公示火警、交通报警、安全事故紧急通报、医疗救护等电话号码，并开展演练

续表

检查项目	检查内容
安全监理	(1) 监理单位应当投入足够数量的合格监理人员，配备必要的办公、交通、通信、检测、个人安全防护用品等设备（工具），并备齐与安全监理有关的法律法规、技术标准、规程规定等依据性文件。 (2) 建立以总监为第一责任人的安全监理工作体系，明确各级监理人员的安全监理工作职责。 (3) 工程项目监理部应配备合格的安全监理工程师，安全监理工程师在两年内应参加过国家电网公司、电网省公司举办的安全培训。 (4) 监理员等现场辅助安全监理人员，应熟悉本专业工作，且在两年内参加过电网省公司组织的安全教育培训，并经考试合格。 (5) 根据业主提出的项目安全管理目标及安全文明施工规划，在监理大纲、监理规划中明确工程项目安全监理目标、措施、计划和工作程序。 (6) 及时编制《监理规划》和《专业监理实施细则》，制定安全监理工作方案。 (7) 建立完善的安全监理工作制度，主要包括安全监理工作责任及考核奖惩、监理部内部安全教育培训及技术交底制度、安全监理工作例会、安全监理检查签证、安全监理审查备案、安全监理巡视和旁站等工作制度。 (8) 审查施工单位的报审文件：施工安全管理制度，施工组织设计，特殊施工技术方案（措施），安全文明施工二次策划，施工管理人员资质，特种作业人员资格证书，施工单位、工程分包单位资质和安全生产许可证，工器具、安全防护用品（用具）的安全性能证明文件，大、中型起重机械安全准用证、安装（拆除）资质证，危险源辨识和控制措施，应急救援预案。 (9) 对大中型起重机械、整体提升脚手架或整体提升工作平台、模板（或抱杆等）自升式架设施施，重要脚手架，重要跨越架，施工用电、水、气等力能设施，交通运输道路和危险品库房等重要设施进行检查签证。 (10) 对工程项目开工、土建交付安装、安装交付调试以及整套启动等重大工序转接进行检查签证。 (11) 实施现场安全监理，发现问题及时督促整改，并形成闭环整改记录。 (12) 监理单位应对电力建设工程重要及危险的作业工序及部位进行旁站，并形成安全旁站监理记录。 (13) 定期召开监理例会，对安全监理情况进行分析总结，并提出整改要求和措施
工程分包管理	(1) 严禁将电力建设项目主体工程分包，分包比例符合规定，禁止转包或违规分包，禁止分包商将所承包的工程进行二次分包或变相再次分包，禁止无资质队伍采取资质借用、挂靠等手段参与工程分包、劳务分包。 (2) 严格审查工程分包商、劳务分包商的资质，审查资料齐全。 (3) 工程分包商、劳务分包商承接的项目与其资质要求相符。 (4) 与分包单位签订专门的安全生产管理协议，双方安全责任明确。 (5) 工程项目部不得越权自行招用分包单位。 (6) 分包单位负责人、技术人员、特殊作业人员资质符合要求。 (7) 对于危险性较大的施工作业，施工承包商事先对工程分包商进行安全技术交底。 (8) 施工承包商对劳务分包人员要进行安全技术交底，并履行签字手续。 (9) 30人以上的分包单位配备专职安全员，30人以下的分包单位指定兼职安全员。专（兼）职安全员经培训，具备有效证书和相应的安全素质。 (10) 分包单位人员进入现场作业前100%接受建设单位或发包单位的安全教育培训和考试，并经过身体健康检查和办理人身意外伤害保险。 (11) 招用的临时工，与其签订正式用工合同；经过体检及三级安全教育、考试合格；分到施工班组，纳入本企业职工范围进行安全管理

续表

检查项目	检查内容
其他安全管理工作	(1) 按规定设置项目施工图牌。变电站设围墙,做到封闭式施工。 (2) 办公区、生活区布置及设施符合规定。施工区布置符合区域化、定置化管理要求,施工场地平整,地面无积水。 (3) 施工现场、办公区、生活区、材料加工场道路路面硬化。 (4) 设备材料定置化管理。现场做到工完料尽场地清。 (5) 作业人员统一着装、正确佩戴安全帽。 (6) 制定有针对性安全教育培训计划。对新入场人员和转岗、换岗人员进行安全教育考试。 (7) 成品保护到位

3.7 附录

安全生产管理有关文件摘要如图 3-19 所示。

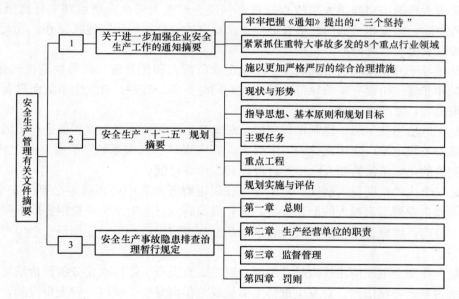

图 3-19 安全生产管理有关文件摘要

3.7.1 国务院《关于进一步加强企业安全生产工作的通知》摘要

摘要

一要牢牢把握《通知》提出的"三个坚持"。坚持以人为本,牢固树立安全发展的理念,切实转变经济发展方式,把经济发展建立在安全生产有可靠保证的基础上;坚持"安全第一,预防为主,综合治理"的方针,从管理、制度、标准和技术等方面,全面加强企业安全管理;坚持依法依规生产经营,集中整治非法违法行为,强化责任落实和责任追究。这"三个坚持"是指导和推动加强企业安全生产工作的总体要求,必须贯穿安全生产工作的全过程。

二要紧紧抓住重特大事故多发的 8 个重点行业领域。煤矿、非煤矿山、交通运输、建筑施工、危险化学品、烟花爆竹、民用爆炸物品、冶金这8个行业领域，事故易发、多发、频发，重特大事故集中，长期以来尚未得到切实有效遏制。当前和今后一个时期，必须从这8个重点行业领域入手，紧紧抓住不放，落实企业安全生产主体责任，强化企业安全管理；落实政府和部门的安全监管责任，推动提升企业安全生产水平。

三要施以更加严格严厉的综合治理措施。《通知》的每一项规定都集中体现了这一要求。进一步加强新形势下企业安全生产工作，切实解决一些长期以来影响和制约安全生产的关键问题、重点和难点问题，就是必须要以更坚定的信念、更大的决心、更强有力的政策措施，通过更加严格的企业安全管理、更加坚实的技术保障、更加有力的安全监管、更加高效的应急救援体系、更高标准的行业准入、更加有力的政策引导、更加注重经济发展方式转变、更加严格的目标考核和责任追究等，形成安全生产长效机制。这是我们学习领会和贯彻落实过程中，以及各地区、各部门制定相关配套措施中必须切实注意的方面。

《通知》的一些条文突破了原有的规定，具有明显的创新性；同时在现有政策措施的基础上，对一些规定又作了相应的完善和调整，进一步进行了强化和规范。

制度创新比较突出的有以下十项：

一是重大隐患治理和重大事故查处督办制度。对重大安全隐患治理实行逐级挂牌督办、公告制度，国家相关部门加强督促检查；对事故查处实行层层挂牌督办，重大事故查处由国务院安委会挂牌督办。

二是领导干部轮流现场带班制度。要求企业负责人和领导班子成员要轮流现场带班，其中煤矿和非煤矿山要有矿领导带班并与工人同时下井、升井。对发生事故而没有领导干部现场带班的，要严肃处理。

三是先进适用技术装备强制推行制度。对安全生产起到重要支撑和促进作用的安全生产技术装备，规定推广应用到位的时限要求，其中煤矿"六大系统"要在3年之内完成。逾期未安装的，要依法暂扣安全生产许可证和生产许可证。

四是安全生产长期投入制度。规定企业在制定财务预算中必须确定必要的安全投入，落实地方和企业对国家投入的配套资金，研究提高高危行业安全生产费用提取下限标准并适当扩大范围，加强道路交通事故社会求助基金制度建设，积极稳妥推行安全生产责任保险制度等。

五是企业安全生产信用挂钩联动制度。规定要将安全生产标准化分级评价结果，作为信用评级的重要考核依据；对发生重特大事故或一年内发生2次以上较大事故的，一年内严格限制新增项目核准、用地审批、证券融资等，并作为银行贷款的重要参考依据。

六是应急救援基地建设制度。规定先期建设7个国家矿山救援队，配备性能先进、机动性强的装备和设备；明确进一步推进6个行业领域的国家救援基地和队伍建设。

七是现场紧急撤人避险制度。赋予企业生产现场带班人员、班组长和调度人员在遇到险情第一时间下达停产撤人命令的直接决策权和指挥权。

八是高危企业安全生产标准核准制度。规定加快制定修订各行业的生产、安全技术和高危行业从业人员资格标准，要把符合安全生产标准要求作为高危行业企业准入的前置条件，严把安全准入关。

九是工伤事故死亡职工一次性赔偿制度。规定提高赔偿标准，对因生产安全事故造成的职工死亡，其一次工亡补助标准调整为按全国上一年度城镇居民人均可支配收入的20

倍计算。

十是企业负责人职业资格否决制度。规定对重大、特别重大事故负有主要责任的企业，其主要负责人，终身不得担任本行业企业的矿长（厂长、经理）。

在以上规定的同时，《通知》还就十个方面的工作作了完善和强调：

一是强化隐患整改效果，要求做到整改措施、责任、资金、时限和预案"五到位"，实行以安全生产专业人员为主导的隐患整改效果评价制度。强调企业要每月进行一次安全生产风险分析，建立预警机制。

二是要求全面开展安全生产标准化达标建设，做到岗位达标、专业达标和企业达标，并强调通过严格生产许可证和安全生产许可证管理，推进达标工作。

三是加强安全生产技术管理和技术装备研发，要求健全机构，配备技术人员，强化企业主要技术负责人技术决策和指挥权；将安全生产关键技术和装备纳入到国家科学技术领域支持范围和国家"十二五"规划重点推进的进程中。

四是安全生产综合监管、行业管理和司法机关联合执法，严厉打击非法违法生产、经营和建设，取缔非法企业。

五是强化企业安全生产属地管理，对当地包括中央和省属企业安全生产实行严格的监督检查和管理。

六是积极开展社会监督和舆论监督，维护和落实职工对安全生产的参与权与监督权，鼓励职工监督举报各类安全隐患。

七是严格限定对严重违法违规行为的执法裁量权，规定对企业"三超"（超能力、超强度、超定员）组织生产的、无企业负责人带班下井或该带班而未带班的等，要求按有关规定的上限处罚；对以整合技改名义违规组织生产的、拒不执行监管指令的、违反建设项目"三同时"规定和安全培训有关规定的等，要依法加重处罚。

八是进一步加强安全教育培训，鼓励进一步扩大采矿、机电、地质、通风、安全等专业技术和技能人才培养。

九是强化安全生产责任追究，规定要加大重特大事故的考核权重，发生特别重大生产安全事故的，要视情节追究地级及以上政府（部门）领导的责任；加大对发生重大和特别重大事故企业负责人或企业实际控制人以及上级企业主要负责人的责任追究力度；强化打击非法生产的地方责任。

十是强调要结合转变经济发展方式，就加快推进安全发展、强制淘汰落后技术产品、加快产业重组步伐提出了明确要求。这充分体现了安全生产与经济社会发展密不可分、协调推进的要求，通过不断提高生产力发展水平，从根本上促进企业安全生产水平的提高。

3.7.2 《安全生产"十二五"规划》摘要

国办发〔2011〕47号，二○一一年十月一日

安全生产事关人民群众生命财产安全，事关改革发展稳定大局，事关党和政府形象和声誉。为贯彻落实党中央、国务院关于加强安全生产工作的决策部署，根据《中华人民共和国国民经济和社会发展第十二个五年规划纲要》和《国务院关于进一步加强企业安全生产工作的通知》（国发〔2010〕23号）精神，制定本规划。

一、现状与形势

（一）"十一五"期间安全生产工作取得积极进展和明显成效。（略）

（二）"十二五"时期安全生产进入关键时期和攻坚阶段。

"十二五"时期，是全面建设小康社会的重要战略机遇期，是深化改革、扩大开放、加快转变经济发展方式的攻坚阶段，也是实现安全生产状况根本好转的关键时期。安全生产工作既要解决长期积累的深层次、结构性和区域性问题，又要积极应对新情况、新挑战，任务十分艰巨。

一是安全生产形势依然严峻。我国仍处于生产安全事故易发多发的特殊时期，事故总量仍然较大，2010年发生各类事故36.3万起、死亡7.9万人。重特大事故尚未得到有效遏制，"十一五"期间年均发生重特大事故86起，且呈波动起伏态势。非法违法生产经营建设行为仍然屡禁不止。尘肺病等职业病、职业中毒事件仍时有发生。

二是安全生产基础依然薄弱。部分高危行业产业布局和结构不尽合理，经济增长方式相对粗放。经济社会发展对交通、能源、原材料等需求居高不下，安全保障面临严峻考验。轨道交通、隧道、超高层建筑、城市地下管网施工、运行、管理等方面的安全问题凸显。一些地方、部门和单位安全责任措施落实不到位，安全投入不足，制度和管理还存在不少漏洞。部分企业工艺技术落后，设备老化陈旧，安全管理水平低下。

三是安全生产监管监察及应急救援能力亟待提升。各级安全生产监管部门和煤矿安全监察机构基础设施建设滞后，技术支撑能力不足，部分执法人员专业化水平不高，传统监管监察方式和手段难以适应工作需要。现有应急救援基地布局不尽合理，救援力量仍较薄弱，应对重特大事故灾难的大型及特种装备较为缺乏。部分重大事故致灾机理和安全生产共性、关键性技术研究有待进一步突破。

四是保障广大人民群众安全健康权益面临繁重任务。一方面，部分社会公众安全素质不够高，自觉遵守安全生产法律法规意识和自我安全防护能力还有待进一步强化。另一方面，随着经济发展和社会进步，全社会对安全生产的期望不断提高，广大从业人员"体面劳动"观念不断增强，对加强安全监管、改善作业环境、保障职业安全健康权益等方面的要求越来越高。

二、指导思想、基本原则和规划目标

（一）指导思想。

围绕科学发展的主题和加快转变经济发展方式的主线，牢固树立以人为本、安全发展的理念，坚持"安全第一、预防为主、综合治理"的方针，深化安全生产"三项行动"、"三项建设"，以强化企业安全生产主体责任为重点，以事故预防为主攻方向，以规范生产为重要保障，以科技进步为重要支撑，加强基础建设，加强责任落实，加强依法监管，全面推进安全生产各项工作，继续降低事故总量和伤亡人数，减少职业危害，有效防范和遏制重特大事故，促进安全生产状况持续稳定好转，为经济社会全面、协调、可持续发展提供重要保障。

（二）基本原则。

统筹兼顾，协调发展。正确处理安全生产与经济发展、安全生产与速度质量效益的关系，坚持把安全生产放在首要位置，纳入社会管理创新的重要内容，实现区域、行业（领域）的科学、安全、可持续发展。

强化法治，综合治理。完善安全生产法律法规和标准规范体系，严格安全生产执法，强化制度约束，把安全生产工作纳入依法、规范、有序、高效开展的轨道，真正做到依法准入、依法生产、依法监管。

突出预防，落实责任。坚持关口前移、重心下移，夯实筑牢安全生产基层基础防线，从源头上防范和遏制事故。全面落实企业主体责任，强化政府及部门监管责任和属地管理责任，加强全员、全方位、全过程的精细化管理，坚决守住安全生产这条红线。

依靠科技，创新机制。坚持科技兴安，充分发挥科技支撑和引领作用，加快安全科技研发与成果应用，建立企业、政府、社会多元投入机制，加强安全监管监察能力建设，创新监管监察方式，提升安全保障能力。

（三）规划目标。

到 2015 年，企业安全保障能力和政府安全监管能力明显提升，各行业（领域）安全生产状况全面改善，安全监管监察体系更加完善，各类事故死亡总人数下降 10% 以上，工矿商贸企业事故死亡人数下降 12.5% 以上，较大和重大事故起数下降 15% 以上，特别重大事故起数下降 50% 以上，职业危害申报率达 80% 以上，《国家职业病防治规划（2009～2015 年）》设定的职业安全健康目标全面实现，全国安全生产保持持续稳定好转态势，为到 2020 年实现安全生产状况根本好转奠定坚实基础。

三、主要任务

（一）完善安全保障体系，提高企业本质安全水平和事故防范能力。

道路交通：制定道路交通安全战略规划。深入推进客运车辆特别是长途客运车辆安全隐患专项整治，从严整治超载、超限、超速、非法载客和酒后、疲劳驾驶等违法违规行为。严格客运线路安全审批和监管，完善道路运输从业人员资格培训和管理制度。开展运输企业交通安全评估。完善客货运输车辆安全配置标准。建立完善车辆生产管理信用体系，加强车辆产品准入、生产一致性管理和监督，提高车辆产品质量和安全性能。

非煤矿山：制定非煤矿山主要矿种最小开采规模和最低服务年限标准。合理布局非煤矿山采矿权，严格落实非煤矿山建设项目安全核准制度。落实矿产资源开发整合常态化管理措施，到 2015 年，非煤矿山数量比 2010 年下降 10% 以上。实施地下矿山、露天矿山、高陡边坡、尾矿库、排土场等专项整治，重点防范透水、中毒窒息、坍塌和尾矿库溃坝等事故。

危险化学品：推动制定与实施化工行业安全发展规划。强化危险化学品生产过程安全管理，对涉及危险化工工艺的生产装置建立自动控制系统及独立的紧急停车系统。强化重点监管的危险工艺、危险产品和重大危险源的监管和监控，严格危险化学品安全使用许可。健全区域危险化学品道路运输安全联控机制。加快建设集仓储、配送、物流、销售和商品展示为一体的危险化学品交易市场，推动大中型城市内的危险化学品经营企业进场交易。

建筑施工：加强工程招投标、资质审批、施工许可、现场作业等环节安全监管，淘汰不符合安全生产条件的建筑企业和施工工艺、技术及装备。落实建设工程参建各方安全生产主体责任。重点排查治理起重机、吊罐、脚手架和桥梁等设施设备存在的安全隐患。建立建筑工程安全生产信息动态数据库，健全建筑施工企业和从业人员安全生产信用体系，完善失信惩戒制度。以铁路、公路、水利、核电等重点工程及桥梁、隧道等危险性较大项目为重点，建立完善设计、施工阶段安全风险评估制度。

民用爆炸物品：优化民用爆炸物品产品结构和生产布局，规范生产和流通领域爆炸危险源的管理，合理控制企业及生产点数量，减少危险作业场所操作人员。推广应用先进适用工艺技术，淘汰落后生产设备和工艺，主要产品的主要工序实现连续化、自动化和信息化。

特种设备：严格市场准入，落实使用单位安全责任，保证安全投入和安全管理制度、机构、人员到位。实施起重机械、危险化学品承压设备等特种设备事故隐患整治，建立重大隐患治理与重点设备动态监控机制。推动应用物联网技术，实现对电梯、起重机械、客运索道、大型游乐设施故障的实时监测，推广应用大型起重机械安全监控系统。

工贸行业：实施冶金、有色、建材、机械、轻工、纺织、烟草和商贸等工贸行业事故隐患专项治理，重点开展工业煤气系统使用、高温液态金属生产和工贸行业交叉作业、检修作业、受限空间作业等隐患排查整治。实施自动报警与安全联锁专项改造，提高自动化程度。加强对企业煤气输送、储存、使用等危险区域连续监测监控。

电力：完善处置电网大面积停电应急体系，提高电力系统应对突发事件能力。加强电力调度监督与管理，加强厂网之间协调配合。扎实开展电力安全生产风险管理和标准化建设，加强新能源发电监督管理，确保电力系统安全稳定运行和电力可靠供应。加强核电运营安全监管，落实安全防范措施。对已投入运行20年以上的水电站全面开展隐患排查，加强水电站大坝补强加固和设备更新改造。

消防（火灾）：推进构筑社会消防安全"防火墙"工程。推动消防规划纳入当地城乡规划，加强消防站、消防供水、消防通信、消防车通道等公共消防设施建设。落实新（改、扩）建工程消防安全设计审核、消防验收或备案抽查制度。实施消防安全专项治理行动，整治易燃易爆单位、人员密集和"三合一"场所（企业员工宿舍与生产作业、物资存放的场所相通连）、高层建筑、地下空间火灾隐患。完善相关消防技术标准，严禁违规使用易燃、可燃建筑外墙保温材料。根据国家标准配备应急救援车辆、器材和消防员个人防护装备。

铁路交通：加强高速铁路运营安全监管和设备质量控制，强化高速铁路安全防护设施和防灾监测系统建设。深入开展高速铁路运输安全隐患治理，重点对线路、车辆、信号、供电设备以及制度和管理等进行全方位排查。强化高新技术条件下铁路运输安全风险管控。严厉打击危害高速铁路运输安全的非法违法行为。到2015年，危险性较大的铁路与公路平交道口全部得到改造。开展路外安全宣传教育入户活动。严格铁路施工安全管理，整治铁路行车设备事故隐患，强化现场作业控制，深化铁路货运安全专项整治。

水上交通：加强水路交通安全监管基础设施和港口保安设施建设。开展重点水域、船舶和时段以及重要基础设施安全综合治理。推进现有港口、码头的安全现状评价。强化运输船舶和码头、桥梁建设及通航水域采砂等水上水下施工作业的安全监管。推进内河主要干线航道、重要航运枢纽、主要港口及地区性重要港口监测系统建设。完善船舶自动识别、船舶远程跟踪与识别、长江干线水上110指挥联动等系统，加快内河船岸通信、监控系统建设。实施渡改桥工程。加强内河海事与搜救一体化建设。严厉查处农用船、自用船、渔船非法载客等行为。

农业机械：完善农业机械安全监督管理体系，加强安全监理设施和装备建设，加大安全投入，保障安全监理工作需要。强化拖拉机、联合收割机注册登记、牌证核发和年度检验。推广应用移动式农机安全技术检测和农机驾驶人考试装备。加快建立农机市场准入、强制淘汰报废和回收管理制度，推进对危及人身财产安全的农业机械进行免费实地安全检验。创建500个以上"平安农机示范县"。探索开展农机政策性保险，鼓励支持农机安全互助组织有序发展。

职业健康：开展作业场所职业危害普查。加强职业危害因素监测检测。建立完善职业健康特殊工种准入、许可、培训等制度。建立重点行业（领域）职业健康检测基础数据库。开展粉尘、高毒物质危害严重行业（领域）专项治理。到2015年，新（改、扩）建项目职业卫生"三同时"（同时设计、同时施工、同时投产和使用）审查率达到65%以上，用人单位职业危害申报率达到80%以上，工作场所职业危害因素监测率达到70%以上，粉尘、高毒物品等主要危害因素监测合格率达到80%以上，工作场所职业危害告知率和警示标识设置率达到90%以上，重大急性职业危害事件基本得到控制，接触职业危害作业人员职业健康体检率达到60%以上。强化职业危害防护用品监管和劳动者职业健康监护，严肃查处职业危害案件。

（二）完善政府安全监管和社会监督体系，提高监察执法和群防群治能力。

健全安全生产监管监察体制。完善安全生产综合监管与行业管理部门专业监管相结合的工作机制。健全国家监察、地方监管、企业负责的煤矿安全工作体系。完善煤矿安全监察机构布局。落实地方各级人民政府安全生产行政首长负责制和领导班子成员安全生产"一岗双责"制度。强化基层安全监管机构建设，建立健全基层安全监管体系。积极推动经济技术开发区、工业园区、大型矿产资源基地建立完善安全监管体系。研究建立与道路里程、机动车增长同步的警力配备增加机制。

建设专业化安全监管监察队伍。完善安全监管监察执法人员培训、执法资格、考核等制度，建立以岗位职责为基础的能力评价体系。严格新增执法人员专业背景和选拔条件。建立完善安全监管监察实训体系，开展安全监管监察执法人员全员培训。到2015年，各级安全监管监察执法人员执法资格培训及持证上岗率达到100%，专题业务培训覆盖率达到100%。

推进安全生产监管监察信息化建设。建成覆盖各级安全监管、煤矿安全监察和安全生产应急管理机构的信息网络与基础数据库。加强特种设备安全监管信息网络和交通运输安全生产信息系统建设。加快建设航空安全信息分析中心，建立民航安全信息综合分析系统。完善农机安全生产监管信息系统。推进海洋渔业安全通信网、渔船自动识别与安全监控系统建设。

创新安全监管监察方式。健全完善重大隐患治理逐级挂牌督办、公告、整改评估制度。推进高危行业企业重大危险源安全监控系统建设，完善重大危险源动态监管及监控预警机制。实施中小企业安全生产技术援助与服务示范工程。强化安全生产属地监管，建立分类分级监管监察机制。把符合安全生产标准作为高危行业企业准入的前置条件，实行严格的安全标准核准制度。推进建立非矿用产品安全标志管理制度。完善高危行业从业人员职业资格制度。健全工伤保险浮动费率确定机制。完善安全生产非法违法企业"黑名单"制度。建立与企业信誉、项目核准、用地审批、证券融资、银行贷款等方面挂钩的安全生产约束机制。

（三）完善安全科技支撑体系，提高技术装备的安全保障能力。

加强安全生产科学技术研究。实施科技兴安、促安、保安工程。健全安全科技政策和投入机制。整合安全科技优势资源,建立完善以企业为主体、以市场为导向、政产学研用相结合的安全技术创新体系。开展重大事故风险防控和应急救援科技攻关,实施科技示范工程,力争在重大事故致灾机理和关键技术与装备研究方面取得突破。

强化安全专业人才队伍建设。加强职业安全健康专业人才和专家队伍建设。实施卓越安全工程师教育培养计划。完善注册安全工程师职业资格制度,建立完善注册安全工程师使用管理配套政策。发展安全生产职业技术教育,进一步落实校企合作办学、对口单招、订单式培养等政策,加快培养高危行业专业人才和生产一线技能型人才。

完善安全生产技术支撑体系。完善国家级安全生产监管监察技术支撑机构,搭建科技研发、安全评价、检测检验、职业危害检测与评价、安全培训、安全标志申办与咨询服务等的技术支撑平台。

推广应用先进适用工艺技术与装备。完善安全生产科技成果评估、鉴定、筛选和推广机制,发布先进适用的安全生产工艺、技术和装备推广目录。完善安全生产共性、公益性技术转化平台,建立完善国家、地方和企业等多层次安全科技基础条件共享与科研成果转化推广机制。定期将不符合安全标准、安全性能低下、职业危害严重、危及安全生产的工艺、技术和装备列入国家产业结构调整指导目录。

促进安全产业发展。制定实施安全产业发展规划。重点发展检测监控、安全避险、安全防护、灾害监控及应急救援等技术研发和装备制造,将其纳入国家鼓励发展政策支持范围,促进安全生产、防灾减灾、应急救援等专用技术、产品和服务水平提升,推进同类装备通用化、标准化、系列化。合理发展工程项目风险管理、安全评估认证等咨询服务业。到 2015 年,建成若干国家安全产业示范园区。

推动安全生产专业服务机构规范发展。完善安全生产专业服务机构管理办法,建立分类监管与技术服务质量综合评估制度。规范和整顿技术服务市场秩序,健全专业服务机构诚信体系。发展注册安全工程师事务所,规范专业服务机构从业行为,推动安全评价、检测检验、培训咨询、安全标志管理等专业机构规范发展。

(四)完善法律法规和政策标准体系,提高依法依规安全生产能力。

健全安全生产法律制度。加快推动《中华人民共和国安全生产法》等相关法律法规的制定和修订。建立法规、规章运行评估机制和定期清理制度。制定安全设施"三同时"、淘汰落后工艺设备、从业人员资格准入、重大危险源安全管理、危险化学品安全管理、职业危害防控、应急管理等方面以及与法律、法规相配套的规章制度。推动地方加强安全生产立法,根据本地区安全生产形势和特点,研究制定亟须的地方性法规和规章。

完善安全生产技术标准。制定实施安全生产标准中长期规划。提高和完善行业准入条件中的安全生产要求。完善公众参与、专家论证和政府审定发布相结合的标准制定机制。建立健全标准适时修订、定期清理和跟踪评价制度。鼓励工业相对集中的地区先行制定地方性安全技术标准。鼓励大型企业和高新技术集成度大的行业,根据科技进步和经济发展,率先制定企业新产品、新材料、新工艺安全技术标准。

规范企业生产经营行为。全面推动企业安全生产标准化工作,实现岗位达标、专业达标和企业达标。加强企业班组安全建设。强化对境外中资企业的安全生产工作指导与管理,严格落实境内投资主体和派出企业安全生产监督责任。建立完善企业安全生产累进奖励制度。严格执行企业主要负责人和领导班子成员轮流现场带班制度。

提高安全生产执法效力。建立严格执法与指导服务、现场执法与网络监控、全面检查与重点监管相结合的安全生产专项执法和联合执法机制。推行安全监管监察执法政务公开。完善行政执法评议考核和群众投诉举报制度。健全安全生产"一票否决"和事故查处分级挂牌督办制度。强化事故技术原因调查分析，及时向社会公布事故调查处理结果。落实安全生产属地管理责任，建立完善"覆盖全面、监管到位、监督有力"的政府监管和社会监督体系。

（五）完善应急救援体系，提高事故救援和应急处置能力。

推进应急管理体制机制建设。健全省、市、重点县及中央企业安全生产应急管理体系。完善生产安全事故应急救援协调联动工作机制。建立健全自然灾害预报预警联合处置机制，严防自然灾害引发事故灾难。建立各地区安全生产应急预警机制，及时发布地区安全生产预警信息。

完善应急救援基础条件。强化应急救援实训演练。建立完善企业安全生产动态监控及预警预报体系。

（六）完善宣传教育培训体系，提高从业人员安全素质和社会公众自救互救能力。

提高从业人员安全素质。建立国家安全生产教育培训考试中心，以及中央企业安全教育培训考试站。推行安全生产"教考分离"和安全技术人员继续教育制度。强化高危行业和中小企业一线操作人员安全培训。完善农民工向产业工人转化过程的安全教育培训机制。高危行业企业主要负责人、安全生产管理人员和特种作业人员持证上岗率达到100%。将安全生产纳入领导干部素质教育范畴。实施地方政府安全生产分管领导干部安全培训工程。

提升全民安全防范意识。将安全防范知识纳入国民教育范畴。创建安全文化示范企业。

构建安全发展社会环境。开展安全促进活动，建设安全文化主题公园和主题街道。加强安全社区建设，提升社区安全保障能力和服务水平。创建若干安全发展示范城市，倡导以人为本、关注安全、关爱生命的安全文化。

四、重点工程

（一）企业安全生产标准化达标工程。

开展企业安全生产标准化创建工作。到2015年，交通运输、建筑施工等行业（领域）及冶金等8个工贸行业规模以下企业全部实现安全标准化达标。

（二）煤矿安全生产水平提升工程。

（三）道路交通安全生命保障工程。

实施国家主干高速公路网交通安全管控工程，建立完善全程联网监控、交通违法行为监测查处和机动车查缉布控等系统。建设国家、省两级高速公路联网监控平台及气象预警系统、交通事故自动检测系统和交通引导系统。

（四）非煤矿山及危险化学品等隐患治理与监控工程。

建设重点危险化学品道路运输全程监控系统。开展建设工程起重机械事故隐患专项整治。

（五）职业危害防治工程。

开展全国性职业危害状况普查。建立全国职业危害数据库和国家职业危害因素检测分析实验室与技术支撑平台。建立健全职业危害防治技术支撑体系，建设一批尘肺病治疗康复中心。

（六）监管监察能力建设工程。

完善省、市、县三级安全监管部门基础设施，补充配备现场监管执法装备。实施安全生产监管监察信息化工程。建设若干国家安全生产监管监察执法人员综合实训基地。实施航空安全体系建设工程。建立民爆行业、特种设备、航空安全监管和农业机械等安全生产信息系统。

完善国家监管监察技术支撑体系，建设矿用新装备、新材料安全性分析和煤矿职业危害防治实验室。完善事故鉴定分析技术支撑平台；建设非煤矿山、职业危害、危险化学品、热防护和公共安全等国家安全科技研发与实验基地。实施重大危险源普查和安全监控。完善省级安全监管部门和煤矿安全监察机构直属技术支撑与业务保障单位工作条件。

（七）安全科技研发与技术推广工程。

实施安全生产典型关键技术和安全产业园区示范工程。开发深部矿井热害和瓦斯防治、顶板维护、水灾预防、通信传感等关键设备。研究开发非煤矿山动力性灾害监测及预防控制、尾矿库在线监测、高含硫气田井喷事故监测预警、深海石油开采远程监控、化工园区安全规划布局优化等技术装备以及大型起重机械安全监控管理系统。

（八）应急救援体系建设工程。

建设7个国家矿山应急救援队、14个区域矿山应急救援队和1个实训演练基地。建设公路交通、铁路运输、水上搜救、紧急医学救援、船舶溢油等行业（领域）国家救援基地和队伍。依托大型企业和专业救援力量，建设服务周边的区域性应急救援队伍。建设一批国家危险化学品应急救援队和区域危险化学品、油气田应急救援队。建设矿山、矿山医学救护、危险化学品等救援骨干队伍和国家矿山医学救护基地。建设一批区域性国家公路应急保障中心。实施中央企业安全生产保障及应急救援能力工程。

（九）安全教育培训及安全社区和安全文化建设工程。

建设完善一批煤矿安全警示教育基地。建设一批安全综合教育培训、特种设备实训、交通安全宣传教育、职业健康教育和安全文化示范基地。实施企业工程技术人员和班组安全培训工程。推进安全社区建设，实施安全促进项目示范工程，建设地区安全社区支持中心和一批国家安全示范社区。建设完善若干安全发展示范城市。

五、规划实施与评估

（一）加强规划实施与考核。

各地区、各有关部门要按照职责分工，制定具体实施方案，逐级分解落实规划主要任务、政策措施和目标指标，加快启动规划重点工程，积极推动本规划实施，并推动和引导生产经营单位全面落实安全生产主体责任，确保规划主要任务和目标如期完成。要健全完善有利于加强安全生产、推动安全发展的控制考核指标体系、绩效评价体系，实施严格细致的监督检查。本规划确定的各项约束性指标，要纳入各地区、各有关部门经济社会发展综合评价和绩效考核范畴。

（二）加强政策支持保障。

完善有利于安全生产的财政、税收、信贷政策，健全安全生产投入保障机制，强化政府投资对安全生产投入的引导和带动作用。加大国家安全生产监管监察技术支撑体系和中西部安全生产监管监察能力建设投入。规范和统一道路交通安全管理经费投入渠道，实行道路交通社会救助基金制度。实行农机定期免费检验制度，将农机安全检验、牌证发放等属于公共财政保障范围的工作经费纳入财政预算，鼓励有条件的地方对农机安全保险和渔业保险进行保费补贴。

（三）加强规划实施评估。

国务院有关部门要加强对规划实施情况的动态监测，定期形成规划实施进展情况分析报告。在规划实施中期阶段开展全面评估，经中期评估确定需要对规划进行调整时，由规划编制部门提出调整方案，报规划发布部门批准。规划编制部门要对规划最终实施总体情况进行评估并向社会公布。

（四）加强相关规划衔接。

国务院有关部门要按照本规划的要求，组织编制安全生产专项规划，分解细化和扩充完善规划任务。规划实施的责任主体要对本规划确定的重点工程编制工程专项规划，提出建设目标、建设内容、进度安排，以及国家、地方和企业分别承担的资金筹措方案。加强国家、地区经济和社会发展年度计划及部门年度工作计划与本规划的衔接。各地区要做好区域安全生产规划与国家安全生产规划目标指标和重点工程的衔接，并针对本地区安全生产实际，确定规划主要任务和保障措施。

3.7.3 安全生产事故隐患排查治理暂行规定

第一章 总 则

第一条 为了建立安全生产事故隐患排查治理长效机制，强化安全生产主体责任，加强事故隐患监督管理，防止和减少事故，保障人民群众生命财产安全，根据安全生产法等法律、行政法规，制定本规定。

第二条 生产经营单位安全生产事故隐患排查治理和安全生产监督管理部门、煤矿安全监察机构（以下统称安全监管监察部门）实施监管监察，适用本规定。

有关法律、行政法规对安全生产事故隐患排查治理另有规定的，依照其规定。

第三条 本规定所称安全生产事故隐患（以下简称事故隐患），是指生产经营单位违反安全生产法律、法规、规章、标准、规程和安全生产管理制度的规定，或者因其他因素在生产经营活动中存在可能导致事故发生的物的危险状态、人的不安全行为和管理上的缺陷。

事故隐患分为一般事故隐患和重大事故隐患。一般事故隐患，是指危害和整改难度较小，发现后能够立即整改排除的隐患。重大事故隐患，是指危害和整改难度较大，应当全部或者局部停产停业，并经过一定时间整改治理方能排除的隐患，或者因外部因素影响致使生产经营单位自身难以排除的隐患。

第四条 生产经营单位应当建立健全事故隐患排查治理制度。

生产经营单位主要负责人对本单位事故隐患排查治理工作全面负责。

第五条 各级安全监管监察部门按照职责对所辖区域内生产经营单位排查治理事故隐患工作依法实施综合监督管理；各级人民政府有关部门在各自职责范围内对生产经营单位排查治理事故隐患工作依法实施监督管理。

第六条 任何单位和个人发现事故隐患，均有权向安全监管监察部门和有关部门报告。

安全监管监察部门接到事故隐患报告后，应当按照职责分工立即组织核实并予以查处；发现所报告事故隐患应当由其他有关部门处理的，应当立即移送有关部门并记录备查。

第二章 生产经营单位的职责

第七条 生产经营单位应当依照法律、法规、规章、标准和规程的要求从事生产经营活动。严禁非法从事生产经营活动。

第八条 生产经营单位是事故隐患排查、治理和防控的责任主体。

生产经营单位应当建立健全事故隐患排查治理和建档监控等制度，逐级建立并落实从主要负责人到每个从业人员的隐患排查治理和监控责任制。

第九条 生产经营单位应当保证事故隐患排查治理所需的资金，建立资金使用专项制度。

第十条 生产经营单位应当定期组织安全生产管理人员、工程技术人员和其他相关人员排查本单位的事故隐患。对排查出的事故隐患，应当按照事故隐患的等级进行登记，建立事故隐患信息档案，并按照职责分工实施监控治理。

第十一条 生产经营单位应当建立事故隐患报告和举报奖励制度，鼓励、发动职工发现和排除事故隐患，鼓励社会公众举报。对发现、排除和举报事故隐患的有功人员，应当给予物质奖励和表彰。

第十二条 生产经营单位将生产经营项目、场所、设备发包、出租的，应当与承包、承租单位签订安全生产管理协议，并在协议中明确各方对事故隐患排查、治理和防控的管理职责。生产经营单位对承包、承租单位的事故隐患排查治理负有统一协调和监督管理的职责。

第十三条 安全监管监察部门和有关部门的监督检查人员依法履行事故隐患监督检查职责时，生产经营单位应当积极配合，不得拒绝和阻挠。

第十四条 生产经营单位应当每季、每年对本单位事故隐患排查治理情况进行统计分析，并分别于下一季度15日前和下一年1月31日前向安全监管监察部门和有关部门报送书面统计分析表。统计分析表应当由生产经营单位主要负责人签字。

对于重大事故隐患，生产经营单位除依照前款规定报送外，应当及时向安全监管监察部门和有关部门报告。重大事故隐患报告内容应当包括：

（一）隐患的现状及其产生原因；

（二）隐患的危害程度和整改难易程度分析；

（三）隐患的治理方案。

第十五条 对于一般事故隐患，由生产经营单位（车间、分厂、区队等）负责人或者有关人员立即组织整改。

对于重大事故隐患，由生产经营单位主要负责人组织制定并实施事故隐患治理方案。重大事故隐患治理方案应当包括以下内容：

（一）治理的目标和任务；

（二）采取的方法和措施；

（三）经费和物资的落实；

（四）负责治理的机构和人员；

（五）治理的时限和要求；

（六）安全措施和应急预案。

第十六条　生产经营单位在事故隐患治理过程中，应当采取相应的安全防范措施，防止事故发生。事故隐患排除前或者排除过程中无法保证安全的，应当从危险区域内撤出作业人员，并疏散可能危及的其他人员，设置警戒标志，暂时停产停业或者停止使用；对暂时难以停产或者停止使用的相关生产储存装置、设施、设备，应当加强维护和保养，防止事故发生。

第十七条　生产经营单位应当加强对自然灾害的预防。对于因自然灾害可能导致事故灾难的隐患，应当按照有关法律、法规、标准和本规定的要求排查治理，采取可靠的预防措施，制定应急预案。在接到有关自然灾害预报时，应当及时向下属单位发出预警通知；发生自然灾害可能危及生产经营单位和人员安全的情况时，应当采取撤离人员、停止作业、加强监测等安全措施，并及时向当地人民政府及其有关部门报告。

第十八条　地方人民政府或者安全监管监察部门及有关部门挂牌督办并责令全部或者局部停产停业治理的重大事故隐患，治理工作结束后，有条件的生产经营单位应当组织本单位的技术人员和专家对重大事故隐患的治理情况进行评估；其他生产经营单位应当委托具备相应资质的安全评价机构对重大事故隐患的治理情况进行评估。

经治理后符合安全生产条件的，生产经营单位应当向安全监管监察部门和有关部门提出恢复生产的书面申请，经安全监管监察部门和有关部门审查同意后，方可恢复生产经营。申请报告应当包括治理方案的内容、项目和安全评价机构出具的评价报告等。

第三章　监　督　管　理

第十九条　安全监管监察部门应当指导、监督生产经营单位按照有关法律、法规、规章、标准和规程的要求，建立健全事故隐患排查治理等各项制度。

第二十条　安全监管监察部门应当建立事故隐患排查治理监督检查制度，定期组织对生产经营单位事故隐患排查治理情况开展监督检查；应当加强对重点单位的事故隐患排查治理情况的监督检查。对检查过程中发现的重大事故隐患，应当下达整改指令书，并建立信息管理台账。必要时，报告同级人民政府并对重大事故隐患实行挂牌督办。

安全监管监察部门应当配合有关部门做好对生产经营单位事故隐患排查治理情况开展的监督检查，依法查处事故隐患排查治理的非法和违法行为及其责任者。

安全监管监察部门发现属于其他有关部门职责范围内的重大事故隐患的，应该及时将有关资料移送有管辖权的有关部门，并记录备查。

第二十一条　已经取得安全生产许可证的生产经营单位，在其被挂牌督办的重大事故隐患治理结束前，安全监管监察部门应当加强监督检查。必要时，可以提请原许可证颁发机关依法暂扣其安全生产许可证。

第二十二条　安全监管监察部门应当会同有关部门把重大事故隐患整改纳入重点行业领域的安全专项整治中加以治理，落实相应责任。

第二十三条　对挂牌督办并采取全部或者局部停产停业治理的重大事故隐患，安全监管监察部门收到生产经营单位恢复生产的申请报告后，应当在 10 日内进行现场审查。审查合格的，对事故隐患进行核销，同意恢复生产经营；审查不合格的，依法责令改正或者下达停产整改指令。对整改无望或者生产经营单位拒不执行整改指令的，依法实施行政处罚；不具备安全生产条件的，依法提请县级以上人民政府按照国务院规定的权限予以关闭。

第二十四条　安全监管监察部门应当每季将本行政区域重大事故隐患的排查治理情况和统计分析表逐级报至省级安全监管监察部门备案。

省级安全监管监察部门应当每半年将本行政区域重大事故隐患的排查治理情况和统计分析表报国家安全生产监督管理总局备案。

第四章　罚　则

第二十五条　生产经营单位及其主要负责人未履行事故隐患排查治理职责，导致发生生产安全事故的，依法给予行政处罚。

第二十六条　生产经营单位违反本规定，有下列行为之一的，由安全监管监察部门给予警告，并处三万元以下的罚款：

（一）未建立安全生产事故隐患排查治理等各项制度的；
（二）未按规定上报事故隐患排查治理统计分析表的；
（三）未制定事故隐患治理方案的；
（四）重大事故隐患不报或者未及时报告的；
（五）未对事故隐患进行排查治理擅自生产经营的；
（六）整改不合格或者未经安全监管监察部门审查同意擅自恢复生产经营的。

第二十七条　承担检测检验、安全评价的中介机构，出具虚假评价证明，尚不够刑事处罚的，没收违法所得，违法所得在五千元以上的，并处违法所得二倍以上五倍以下的罚款，没有违法所得或者违法所得不足五千元的，单处或者并处五千元以上二万元以下的罚款，同时可对其直接负责的主管人员和其他直接责任人员处五千元以上五万元以下的罚款；给他人造成损害的，与生产经营单位承担连带赔偿责任。

对有前款违法行为的机构，撤销其相应的资质。

第二十八条　生产经营单位事故隐患排查治理过程中违反有关安全生产法律、法规、规章、标准和规程规定的，依法给予行政处罚。

第二十九条　安全监管监察部门的工作人员未依法履行职责的，按照有关规定处理。

第五章　附　则

第三十条　省级安全监管监察部门可以根据本规定，制定事故隐患排查治理和监督管理实施细则。

第三十一条　事业单位、人民团体以及其他经济组织的事故隐患排查治理，参照本规定执行。

第三十二条　本规定自 2008 年 2 月 1 日起施行。

第4章 工程质量安全保障体系

4.0 工程质量保障体系纲要

工程质量保障体系纲要如图 4-1 所示。

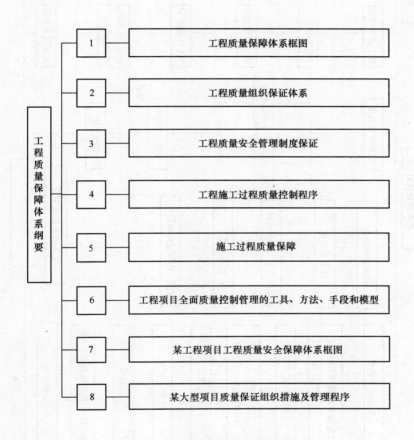

图 4-1 工程质量保障体系纲要

4.1 工程质量保障体系框图

工程质量保障体系框图如图 4-2 所示。

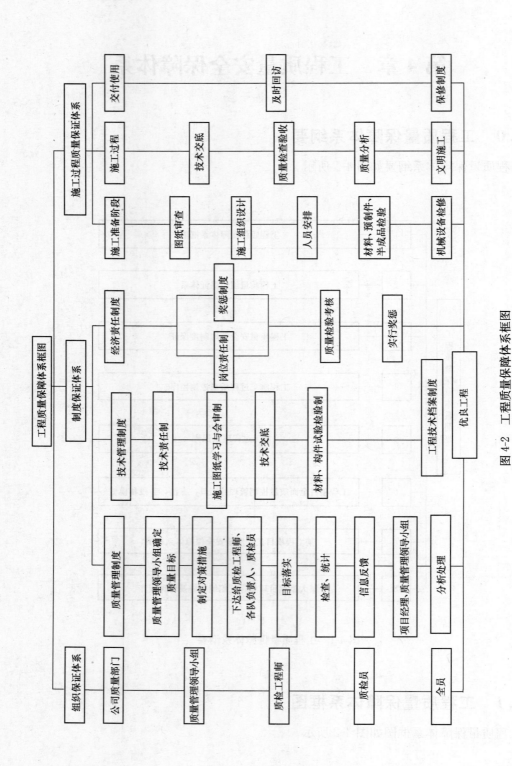

图 4-2 工程质量保障体系框图

4.2 工程质量组织保证体系

集团公司按照合同条件、施工图纸以及相关技术规范要求，精心组织精心施工，工程质量必须符合相关质量验收规范的标准并达到优良目标。为此，项目部成立质量管理领导小组，由项目经理任组长，项目总工程师任副组长，成员由质检工程师、试验工程师及各专业负责工程师组成。项目部设专职质检工程师和质检员，各班组负责人兼职质检员，保证施工作业始终在质检人员严格监督下进行。

以工程项目为例质量保障组织机构如图4-3所示。

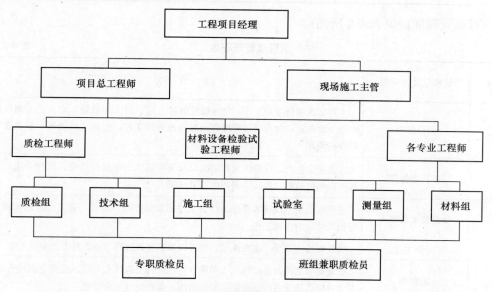

图4-3 质量保障组织机构

项目部组织结构主要管理人员见表4-1所列。

项目部组织结构主要管理人员   表4-1

负责人或主管人员	职　务	职称/执业资格
	项目经理	专业一级项目经理、高级工程师
	项目副经理	高级工程师
	项目副经理	高级工程师或工程师
	技术负责人	高级工程师
	安全工程师	高级工程师或主管工程师
	专职安全人员	工程师或助理工程师
	资料员	工程师
	测量员	助理工程师
	质量员	助理工程师
	预算员	造价工程师

续表

负责人或主管人员	职务	职称／执业资格
	测量工程师	工程师
	合约工程师	高级工程师或工程师
	管线工程师	高级工程师
	道路工程师	工程师
	质检工程师	高级工程师
	桥梁工程师	高级工程师
	材料设备检验试验工程师	工程师

项目部管理职能见表 4-2 所列。

项目部管理职能　　　　　表 4-2

序号	管理层及作业层	任 务 分 工
1	项目经理	主持工程项目全面工作，全面履行项目合同，对工程质量、安全、工期和成本控制全面负责；负责项目经理部内部行政管理工作，包括人员调配、财务管理和对外协调等
2	项目副经理	主抓安全生产，资源供应和调配以及文明施工、项目部治安、医疗卫生，负责各生产单位的接口界面协调和内部考核等
3	项目技术负责人	主抓安全生产及技术管理工作、工序的质量控制，负责与业主、监理和质监站等相关单位的协调工作
4	安全主任	负责现场的安全、文明施工，环境保护的监督管理事务以及工地保卫工作
5	工程部	负责分项工程及各道施工工序的自检，配合工程技术人员、监理全面检查控制；安全宣传，检查各作业班组的安全措施，负责处理安全事故
6	试验室	负责所有工程材料、成品试验和混凝土配合比及砂浆配合比的试验与确定，并配合总监办试验室和质检站对材料的抽检和送检。完成施工过程中各种试验数据的测试，用以指导施工，控制施工质量
7	测量组	负责现场的施工放样，熟悉各主要控制标志的位置，并保护好测量标志
8	施工技术部	负责各分部分项工程的现场施工管理
9	计划合约部	负责材料采购、机械租赁、人员聘用等合同的签订、执行及监督，跟踪项目部与业主签订工程合同的执行情况；负责本工程的工、料、机消耗统计、列账；负责对工程进行成本分析，控制工程造价，负责工程计量支付。负责项目部财务管理工作，包括财务分析、工程预结算、工程款收支等
10	材料管理部	负责材料采购，负责机械设备选购、调配、租用、维修管理；大型设备的安装、拆卸、运输，组织进场工作

　　质量保证体系实行项目经理负责制，组织各专业技术人员组成项目经理部，并通过建立完善的质量保证体系来确保所有工作和活动均处于受控状态，从而确保本工程达到预期的质量目标。

　　工程质量保证体系如图 4-4 所示。

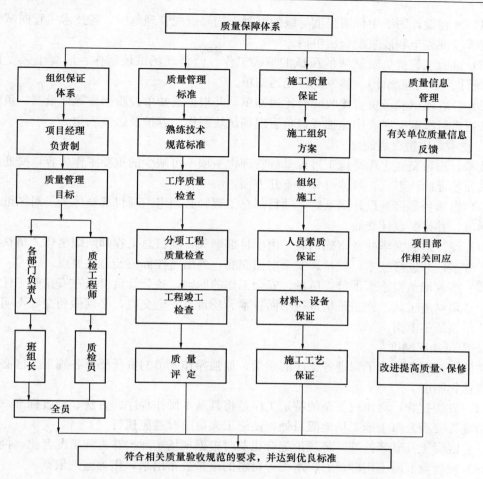

图 4-4 工程质量保证体系

4.3 工程质量安全管理制度保证

工程质量检查是施工过程中一项重要的管理工作，必须坚持"百年大计，质量第一"的方针，正确处理好生产进度和工程质量的关系，共同为提高工程质量创造条件。各职能部门必须认真落实、加强监督，减少事故的发生。其主要制度举例：

1. 技术复核、隐蔽工程验收制度

（1）各管段工程师在负责工程开工前，填写《分部分项工程技术复核记录》，作为施工技术归档资料。

（2）隐蔽工程必须经监理工程师检查、质检工程师检查，确认合格给予签证，未经检查，自行覆盖隐蔽部位，应揭盖补验。

（3）隐蔽工程检查签证后，如发生质量问题，除设计、施工不可抗拒自然因素外，检查签证者负责相关责任。

2. 施工阶段的级配及管理制度

(1) 凡在设计图纸中标明强度等级的混凝土均属级配管理范围，各技术主管向试验室报负责管段混凝土和砂浆配合比申请。

(2) 试验工程师负责试块的压试的填表工作，监督现场试块制作、混凝土强度评定（数理统计、非数理统计）、签发配合比通知单。

(3) 各管段试验员负责接收配合比通知单，并根据通知单校验磅秤等计量器，负责向施工班组进行级配交底、中途抽查，负责现场试块制作、养护及送试工作。

3. 技术、质量交底制度

技术、质量交底工作是施工过程基础管理中一项不可缺少的重要工作内容，交底必须采用书面签证确认形式，具体可分如下几方面：

(1) 当项目部接到设计图纸后，项目部总工程师必须组织项目部全体人员对图纸进行认真学习，并接受设计交底。

(2) 设计编制完毕并送审确认后，由项目部牵头，项目总工程师组织全体人员认真学习施工方案，并进行技术、质量、安全书面交底，列出监控部位及施工要点。

(3) 本着谁负责施工谁负责质量、安全工作的原则，各分管负责人在安排施工任务的同时，必须对施工队、施工班组进行书面技术、质量、安全交底，必须做到交底不明确不上岗，不签证不上岗。

4. 质量挂牌制度

在施工过程中，为了保证各工序的质量，加强操作人员的责任感，各施工工区必须实行质量挂牌制度。

(1) 方法挂牌：对比较复杂的特别工序，将其基本操作程序、方法、验收标准、安全质量措施等要素公布于施工场地醒目处，使施工人员随时遵照执行。

(2) 混凝土及砂浆挂牌：将理论配合比及时根据现场实际换算为施工配合比，换算成每立方米或每盘混凝土用砂、石、水泥等材料的重量公布出来，作为施工依据。

(3) 记名挂牌：标明已完成的工程物操作姓名，实施岗位责任制，这样可以明确责任，及时发现和纠正质量问题，提高工程质量。

5. 现场材料质量管理制度

(1) 严格控制外加工、采购材料的质量

各类建筑材料运到现场后必须由项目经理和项目总工程师组织有关人员进行抽样检查，发现问题立即与供货商联系，直到退货。

(2) 搞好原材料二次复试取样、送样工作

水泥必须取样进行物理实验；钢筋原材料必须取样进行物理实验；进口钢筋除物理实验外还需进行化学成分分析及可焊性试验；所有防水材料必须进行取样复试；混凝土及砂浆的骨料必须进行取样分析；存放期超过3个月的水泥必须重新取样进行物理实验，合格后方可使用。

6. 计量器具管理制度

(1) 工程师、试验室负责本部所有计量器材的鉴定、督促及管理工作。

(2) 现场器具必须确定专人保管、专人使用，他人不得随便动用，以免造成人为损坏。

(3) 损坏的计量器具必须进行及时申报修理调换，不得带病工作。

(4) 计量器具要定期进行校对、鉴定，严禁使用未经校对过的量具。

7. 工程质量检查评定制度

（1）工程质量评定等级分为合格和不合格，工程质量一般分为分项工程、分部工程、单位工程进行评定。各级领导和专职质检人员要重视工程质量检验评定工作，严格执行国家各有关部门的工程质量检验评定标准，使施工全过程中执行处于受控状况，防止不合格工程交付使用。并对评定情况按规定处理。

（2）工程质量检查应每月进行一次，并对各施工队的质量进行考评，作为月底综合考评的一部分。

8. 工程质量事故处理制度

（1）事故发生后，各施工队主要负责人及管段行政、技术员负责人在当日内向项目部领导和工程部报告。

（2）所有质量事故的处理，通过工程部征得监理及业主的同意，涉及勘测设计问题的事故处理，应同时经勘测设计单位签认。

（3）事故处理时，要按"四不放过"（即：找不出原因不放过，有关人员和工人没有吸取教训不放过，没有制定出防范措施不放过，没有验证不放过）的原则进行，要查明事故经过、原因、性质、责任者、制定防范措施，及时对事故责任者进行处理。

（4）凡属工程质量事故，除返工费用由施工队全部负责，一律实行罚款，一般事故处以××××元以下罚款，大事故处以×××××元罚款，情节特别严重的依法追究刑事责任。对隐瞒不报的，一经发现，将加倍罚款，同时追究管段的行政、技术主管的责任。

9. 工程验工签证制度

下列情况不予验工计价：

（1）工程质量不合格必须返工或待处理。

（2）未按规定进行试验，无试验报告而不能判定其质量状况者。

（3）由于不合格构成质量事故，未按规定上报且尚未处理者。

（4）由于施工队施工错误或处理质量事故而变动的工程量。

（5）缺少应具备的隐蔽工程检查签证及未经检查签证者。成品、半成品、设备没有试验鉴定资料或出厂合格证，原材料未经试验鉴定确认合格者。

10. 建立健全质量管理制度

（1）项目部按 ISO 9001：2000 质量标准建立质量保证体系，执行集团公司的相关质量手册及程序文件。

（2）分项、分工序实施专职质量管理，上至项目经理，下至操作者，均制定岗位责任制，签订质量保证书，做到指导工程施工者负责质量、施工操作者保证质量、检查质量者评定质量。把质量管理的每项工作、每个环节，落实到每个部门、每个人身上。

（3）坚持"三服从、五不施工、一个坚持"的制度。即进度、工作量、计量支付服从工程质量；施工准备工作不充分不施工，设计图纸未经自审和会审不施工，施工方案和质量保证措施未确定不施工，没有进行技术交底不施工，必需的试验未达到标准不施工；坚持质量一票否决制。

（4）落实优质优价制度，验工计价要与质量等级挂钩，职工的收入要与操作质量挂钩，实行优质优价、多劳多得的分配制度，充分调动职工的积极性和质量意识。

（5）实行质量监督制度。无条件接受业主和监理工程师的质量监督管理，为质检人员提供先进的检测仪器,创造良好的质量检测条件。配合做好工程质量复检工作,提供准确的技术数据和自检资料,严格执行隐蔽工程检查签证制度,每道工序完成后,经自检合格后报请监理工程师,经监理工程师检查签证后方可进行下道工序施工。

4.4 工程施工过程质量控制程序

4.4.1 施工计划质量控制程序

为了使施工过程有一个明确的导向,根据施工组织安排的总体部署,每季度编制季度计划,每月编制月计划。对作业班组编制周计划。计划实施时,结合实际情况作相应调整和细化。施工计划内容如图4-5所示。

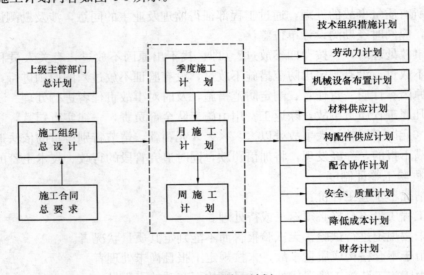

图4-5 工程施工计划

4.4.2 施工过程质量控制程序

具体程序如图4-6所示。

4.4.3 工程质量检验架构及流程图

工程质量检验架构及流程如图4-7所示。

4.4.4 工程竣工质量控制程序

工程竣工是工程项目建设最后一个阶段,其具体程序如图4-8所示。

4.4.5 施工技术质量保证措施

1. 施工组织设计编制、审核、审批及技术交底制度

施工组织设计编制、审核、审批及技术交底制度如图4-9所示。

2. 施工各阶段的保证措施

施工各阶段的保证措施如图4-10所示。

3. 隐蔽工程的质量保证措施

本标段项目隐蔽工程较多,保证隐蔽工程质量的关键,在于健全各项工程质量检查和验收制度,并切实予以执行。

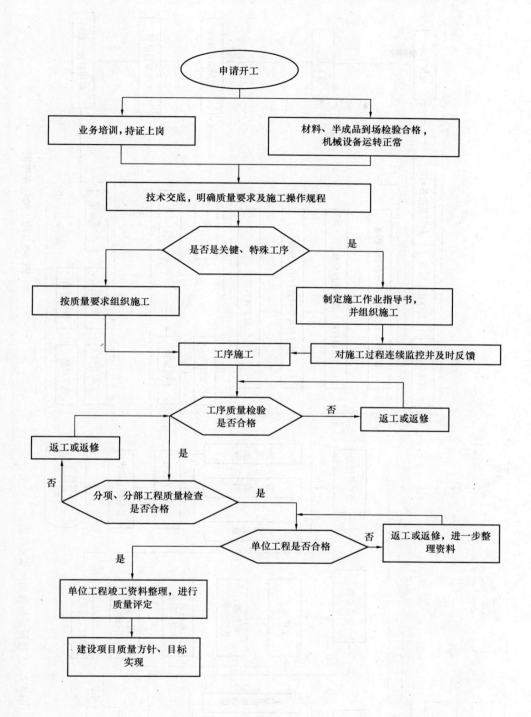

图4-6 施工过程质量控制程序

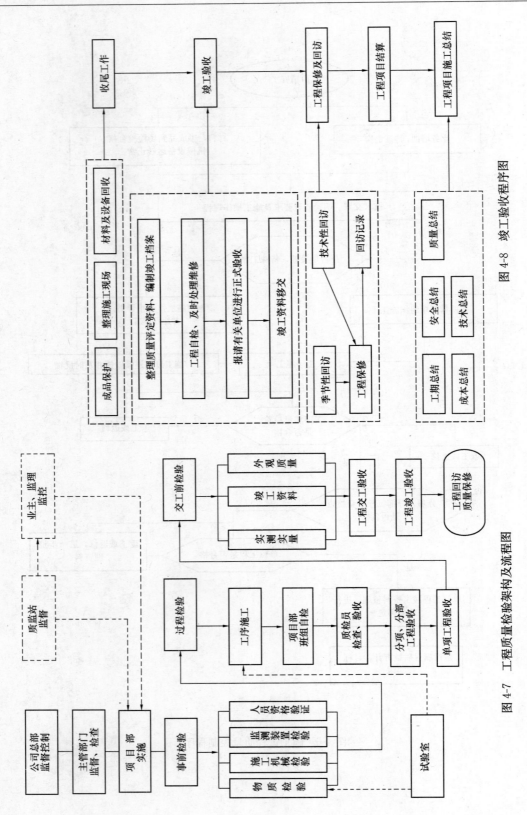

图 4-8 竣工验收程序图

图 4-7 工程质量检验架构及流程图

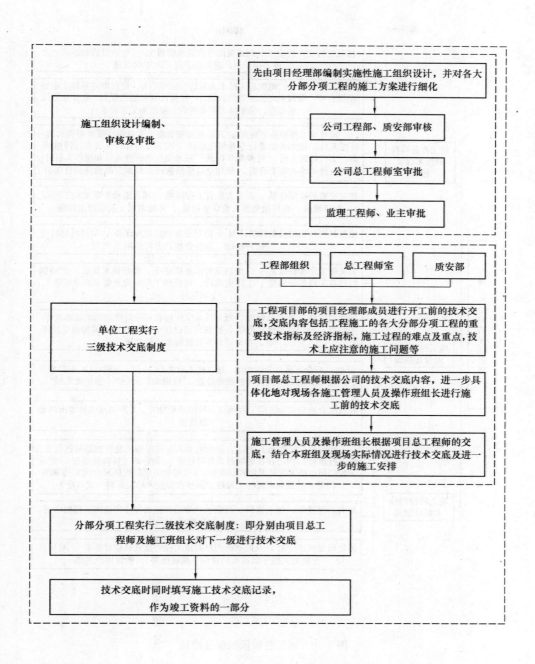

图 4-9 施工组织设计编制、审核、审批及技术交底制度

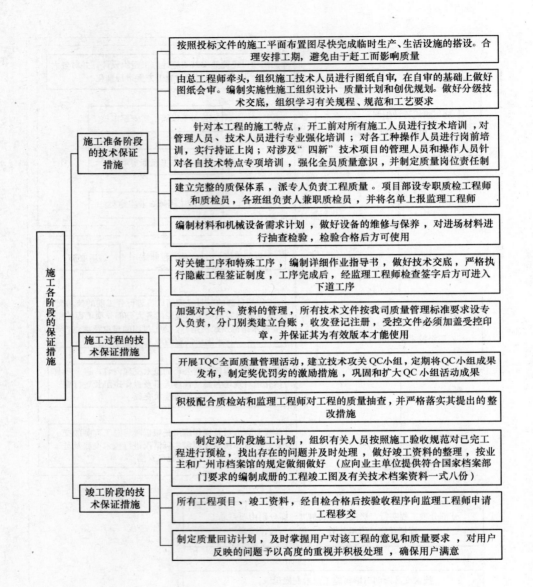

图 4-10 施工各阶段的保证措施

（1）隐蔽工程质量检查工艺流程如图4-11所示。

（2）检查及验收制度如图4-12所示。

（3）岗位责任制

为保证隐蔽工程质量，必须对上述检查验收制度予以贯彻落实，对有关人员定岗定责，故制定措施如图4-13所示。

4．安全技术措施管理制度

（1）总则

1）为了不断提高公司的安全技术管理水平，不断地有计划地改善劳动条件，防止工伤事故、消除职业病和职业中毒等危害，保护职工在生产过程中的人身安全与健康，促进施工生产的发展，特制定本制度。

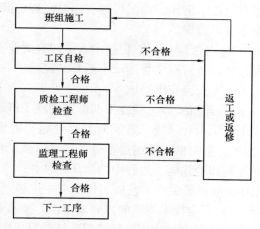

图 4-11　隐蔽工程质量检查工艺流程

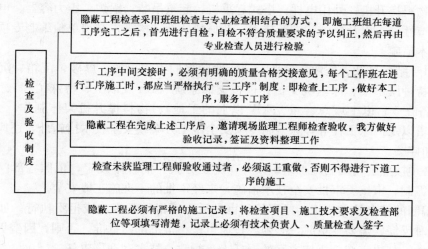

图 4-12　检查及验收制度

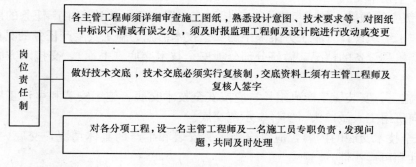

图 4-13　岗位责任制

2）工程技术人员、有关业务人员，必须熟悉、掌握、依据安全生产的有关技术知识、法规、制度、条例、标准、规程、规范等，尊重科学，在管理施工生产技术的同时，管理好安全技术工作。总工程师、副总经理、部长、项目经理、技术负责人对各级施工生产的安全技术负责。

3) 各级领导、工程技术人员和有关业务人员，必须贯彻执行"安全第一，预防为主"的方针，坚持科学管理，不断总结经验。

(2) 安全技术措施

1) 建筑安装工程施工前编制的施工组织设计或施工方案中，必须编制安全技术措施。施工组织设计（施工方案）是指导施工的纲领性文件，而安全技术措施是施工组织设计（施工方案）的重要组成部分，是针对该工程施工中存在的不安全因素进行预先分析，从而控制和消除施工过程中的隐患，从技术上和管理上采取预防措施，防止安全生产事故的发生。编制的生产工艺加工任务书中也必须有安全技术措施，以保证安全生产。

2) 安全技术措施的内容要全面，要有针对性。安全技术措施要根据工程特点、施工方法、劳动组织和作业环境等具体情况提出具体内容，防止一般化、口头化、重进度、忽视安全。

3) 对于专业性较强的工程项目：土方工程；基坑支护；模板工程；脚手架工程；施工用电；物料提升机；外用电梯；塔式起重机；起重吊装；锅炉、压力容器、电梯等安装工程；季节性施工以及新工艺、新技术、新材料、新结构等，必须单独编制专项施工方案或安全技术措施。

4) 对于结构复杂、作业危险性大、特性较多的工程，如：爆破、沉箱、沉井、高层脚手架、特种脚手架、深基坑支护、模板支撑系统（4m 及以上、特殊工程）、施工用电（用电设备在 5 台以上或总容量 50kW 以上的工地）、物料提升机架体制作、大型吊装、烟囱、水塔以及拆除工程等，除编制专项安全施工方案或安全技术措施外，还应有设计计（验）算和详图。

5) 必须按照公司编制施工组织设计（施工方案）的权限规定，依照各部门、各人员的职责，编制、审核、审批安全技术措施，未经审批的不准施工或安装。

6) 编制的安全技术措施，经审核、审批后，不得随意修改或拒不执行。如发现有问题，应及时反馈，需要变更时，必须经过原审核、审批部门批准，否则，因变更措施方案而造成事故，其决定变更措施方案的责任人负行政、技术和刑事责任。

(3) 安全技术交底

1) 各级主管领导、技术负责人、工长，在布置施工、安装和生产任务的同时，要根据审批的施工组织设计（施工方案）中的安全技术措施、施工及生产任务的具体情况以及现场环境、机具设备的情况，做好分部分项安全技术交底（书面），交接双方必须履行签字手续。

2) 各施工、安装、生产班组长，应按安全技术交底、施工安装和生产工序的实际情况，班前向班组工人做口头、实样、示范交底。

3) 安全技术交底的内容，应符合施工、安装和生产的具体情况，交底内容要全面，要有针对性和可操作性。

4) 各级主管领导、技术人员、工长、班组长，应对各自施工安装、生产任务的安全技术交底负责，对安全技术措施的实施情况负责。各级安全检查员根据安全技术交底的内容监督检查落实情况。

(4) 验收

1) 各主管领导、技术负责人、工长,必须严格按施工组织设计(施工方案)中明确的安全技术措施组织施工,组织落实,组织检查,并对其实施情况负责。操作人员必须按照分部分项安全技术交底的要求把各项安全技术措施落实到位。

2) 各项安全技术措施落实后,必须由主管领导、技术负责人组织工长、项目安全员、施工安装负责人,共同验收,确认符合安全技术措施(安全技术交底)、标准、规范等要求后,认真填写验收单,履行签字手续后,方可投入使用。

3) 各种验收单填写必须符合现场实际情况,能量化的必须用数字说明。

4) 在验收过程中,如发现与安全技术措施(安全技术交底)、标准、规范等不符的,要填写事故隐患通知书,按照"定时间、定措施、定人员"的原则,限期解决,整改完毕后,再重新进行验收。

5) 机械设备和施工机具,由公司工程和设备管理部门负责组织验收,大型设备:塔吊、室外电梯、泵送混凝土泵及吊车等,自检合格,填写《施工现场安全防护及机械设备验收申请表》,并提供有关材料,统一报请当地建筑安监部门审核验收,办理《验收合格通知书》或《准用证》。

(5) 资料管理

1) 各部门要根据各自的具体情况设专人管理安全技术资料。

2) 资料员要及时收集本单位或部门的安全技术资料,并及时归档。

(6) 附则

上述制度适用于本项目部所有部门。本制度如与上级有关规定有矛盾时,以上级有关规定为准。

5. 安全生产检查制度

(1) 为了认真贯彻执行党和国家有关安全生产的法规、条例和制度,制定安全生产检查制度。

(2) 公司每月由工程安全部主持,召开安全生产专业会议,检查当月安全生产,研究部署下月的安全工作。

(3) 专职检查人员,要根据各项目的施工特点、施工组织设计(方案)生产状况、生产工艺要求进行检查,对查出的事故隐患,以《事故隐患通知书》通知受检负责人,限期解决。

(4) 项目部各级领导职能部门,在日常检查生产过程时,检查安全生产的状况,其中包括安全管理、安全技术、现场管理、安全设施、安全教育、安全纪律等。克服以包代管,片面追求效益的倾向。

(5) 项目经理,除在日常检查生产时,要随时检查现场的安全状况外,每周六对所属工地进行一次全面的安全检查。对查出的隐患,立即安排解决,并作为周一教育的内容。

(6) 项目经理要对现场新安装的机械设备、电气设备、竖井架、搭设的脚手架、安全网等设施,在安装(搭设)完工后,必须组织安全检查人员及安装(搭设)人员、使用人员进行验收,并记录。合格后方能使用。并在使用期间安排专人维护保养。

(7) 班组长、班组兼职安全员,班前对施工现场、作业场所、工具设备进行检查。班中巡回检查,发现问题立即解决。

(8) 项目部在雨期、冬期前要做好季节性安全检查工作。由项目部生产主管带队，安全、机械、电气人员参加雨期安全生产检查，重点检查脚手架、竖井架、电气设备、供电线路的安全状况，冬期检查，重点检查机械设备、供电线路、消防、预防煤气中毒和外掺剂等中毒以及防滑防冻等。

(9) 项目部在组织安全检查时，应对本单位使用的分包队伍安全生产情况同时进行检查。

(10) 对检查中发现的隐患，按照"定人员、定时间、定措施"的原则，限期整改解决，实行登记、整改、消项制度，在隐患没有排除前，必须采取可靠的防护措施。如有危及人身安全的紧急情况，应立即停止作业，并报告上级单位和主管领导。

6. 安全生产教育制度

(1) 为了逐步提高职工在生产和工作中的自我保护能力，牢固树立"安全第一、预防为主"的方针，自觉地遵守党和国家有关安全生产的政策、法令、条例及公司的各项安全生产管理制度，确保职工在生产和工作中的安全和健康，特制定安全生产教育制度。

(2) 公司及所属各单位要经常对职工进行劳动纪律教育，教育职工热爱本职工作，认真学习党和国家有关安全生产的政策、法令、条例和公司的安全生产管理制度，牢固树立"安全第一，预防为主"的思想；教育职工认真学习操作规程和业务知识，提高操作技能和业务水平，教育职工遵章守纪，不违章指挥，不违章操作，不违反劳动纪律，集中思想工作，坚守工作岗位；教育职工自觉地正确佩戴和使用防护用品，维护各项防护措施，做到对自己的生命负责，对国家财产负责。

(3) 职工入场必须进行公司级教育、项目级教育、班组三级教育。

新入职人员必须进行包括"三级安全教育"在内的教育，安全教育要做好记录。

1) 公司级教育：由公司人力资源部组织，工程管理部配合实施。安全生产方面的教育主要包括党和国家有关安全生产的方针、政策法令、法规、标准、条例及公司的安全生产管理制度，本单位安全生产形势及历史上发生的重大事故教训，发生事故后如何抢救、排险、保护现场和及时报告等。

2) 项目级教育：由项目部生产主管领导组织安全管理人员实施安全生产教育。教育的主要内容包括本单位生产特点、设备特点、安全基本知识、预防事故的方法及本单位安全生产制度、规定、安全注意事项，本工种的安全技术操作规程，防护用具、用品的使用基本知识等。

3) 班组教育：由班组长或班组安全员进行。教育的主要内容包括本班组作业特点、安全操作规程及岗位责任，班组安全活动及纪律，爱护及正确使用安全防护设施及个人劳保防护用品，本单位的作业环境及使用机械设备、工具的安全要求，易发生事故的不安全因素及其防范对策等。

(4) 特殊工种，包括架子工、电工、焊工、司炉工、起重机司机、厂内车辆驾驶等，必须经市级主管部门统一培训，考试取证后方能上岗操作。其培训、考试、发证工作按市级主管部门的有关规定进行。

(5) 工人调换工种必须进行换岗教育。换岗前，批准换岗的有关部门领导要对换岗工人进行新岗工种的操作规程等方面的教育，未经教育不准上岗。

(6) 采取新工艺、新设备、制造新产品时必须由采取新工艺、新设备、制造新产品的有关单位和部门，按照新工艺、新设备、新产品的安全技术规定（程）进行安全教育，考试合格后方准上岗。

（7）每年冬季组织一次各工种安全技术操作规程的学习，不断提高操作技能。

（8）项目经理、工长，对所属工地的职工每周进行一次以周六检查为主要内容的周一安全生产教育。

（9）施工班组由班组长组织本组人员进行班前教育，即班组长针对班组的施工生产场所、工作内容、工具设备、操作方法等注意事项，对全组职工进行教育，防止事故发生。

（10）项目部在冬期、雨期，要根据季节的变化，进行雨期防雨、防雷电、防洪，冬期防冻、防滑、防煤气中毒的季节性安全教育。

7. 职工伤亡事故报告制度

（1）总则

1）为了保证对职工因工伤亡事故及时、准确地进行报告、调查、处理和制定并采取防范措施，确保安全生产，依据国家、北京市有关规定，制定本制度。

2）职工在生产区域内发生的与生产或工作有关的工伤事故的报告、调查、处理均适用本制度。

（2）工伤的确认

工伤事故是指职工在劳动过程中发生的人身伤害、急性中毒事故。

（3）工伤分类

职工伤亡事故，按事故严重程度，分为四类：

1）轻伤事故：指职工负伤后休一个工作日以上，构不成重伤的事故。

2）重伤事故：仍按劳动部（60）中劳护久字第56号文《关于重伤事故范围的意见》执行。

3）死亡事故：指一次死亡一人以上三人以下的事故。

4）重大死亡事故：指一次死亡三人以上（含三人）的事故。

（4）事故报告、调查、分析

1）职工发生伤亡事故后，负伤者或最早发现者，应立即向直接领导报告，直接领导接到报告后，应用电话、电报或其他快速方法立即将事故简况报告公司施工管理部、主管总经理；公司视伤害程度分别报告市建委、安监站、市劳动局、公安局、市总工会及有关部门。

事故的正式快速报告须在事故发生后的24小时内报到集团安全管理部，报告内容主要包括事故发生的时间、地点、工程与企业名称，伤亡人数及人员情况，简要经过，初步原因及事故发生后采取的措施等，力求准确。对谎报工伤事故者一经查出，要严肃处理。

2）项目部对已发生的事故要本着实事求是的态度进行严肃认真及时、准确地调查报告，并对事故调查的全过程负责。

① 轻伤事故：由项目部负责组织调查，公司视情况派员参加。查清事故原因，确定事故责任，提出处理意见，填写《伤亡事故登记表》，将登记报表及时报到公司。

② 重伤事故：由公司负责组织，项目部派员参加调查、分析。查清事故原因，确定事故责任，提出处理意见，拟订整改措施。由项目部填写《职工死亡、重伤事故调查报告书》，于事故发生后7日内报公司，公司呈报市建筑安监站及市劳动局。

③ 死亡事故：公司会同市主管部门、劳动工会等有关部门进行调查。调查组必须对事故现场进行勘察、拍照或者录像。收集伤亡事故当事人和现场有关人员的陈述和证言，索取有关当事人、生产、技术和诊断资料。分析事故原因，查清事故责任，拟订整改方案，提出处理意见。项目部填写《职工死亡、重伤事故调查报告书》，于事故发生后15日内报公司。公司呈报市劳动局和上级主管部门。

④《职工死亡、重伤事故调查报告书》因故不能按期填报时，事故单位应申明理由，由公司报请市劳动局及主管部门同意后方可延期填报。

（5）事故现场的保护、清理

1）发生事故的现场人员必须严格保护好现场。如因抢救负伤人员或为防止事故扩大而必须移动现场设备、设施时，现场领导和现场人员要共同负责弄清现场情况，作出标记，记明数据，并画出事故的样图。对故意破坏、伪造事故现场者要严肃处理，情节严重的依法追究法律责任。

2）事故现场调查结束，依照程序批准后方可清理现场。

① 轻伤事故现场清理，由项目经理批准。

② 重伤事故现场清理，报经公司主管总经理批准。

③ 死亡事故现场清理，由公司报请市劳动局批准。

（6）事故处理

1）对事故的处理，必须坚持事故原因不清不放过、事故责任者和群众没有受到教育不放过、没有防范措施不放过、对于事故的有关领导和责任者不查处不放过的"四不放过"原则进行。

2）对事故责任者，要根据事故情节及造成后果的严重程度，分别给予经济处罚、行政处分，对触犯刑律的依法追究其刑事责任。具体处罚情况根据《北京市安全生产条例》进行处罚。

3）有下列情形之一的事故责任者，应给予处罚或处分。

① 玩忽职守，违反安全生产责任制，违章指挥，违章作业，违反劳动纪律而造成事故的。

② 扣压、拖延执行"劳动安全监察指令书"、"安全隐患通知书"造成事故的。

③ 设计不符合国家技术规范和安全规定，致使设计本身有缺陷或工艺不合理而造成事故的。

④ 对新工人或新调换岗位的工人不按规定进行安全培训、考核而造成事故的。

⑤ 组织临时性任务，不制定安全措施，也不对职工进行安全教育而造成事故的。

⑥ 分配有职业禁忌症人员到禁止其作业岗位工作而造成事故的。

⑦ 因设备、设施、工具有缺陷或原材料、辅助材料不合格而造成事故的。

⑧ 因生产（施工）场地环境不良而造成事故的。

⑨ 因不按规定发放和使用劳动防护用品而造成事故的。

4）对事故责任者的惩处，要同本人见面，要及时宣布，并归入惩处者本人档案。

5）对事故责任者的惩处，如受惩者不服，有权向上级领导机关申诉。

（7）事故统计

为了正确地记述，反映各项目安全状况，掌握事故发展趋势，判断和确定问题范围及探查事故原因,更好地、有的放矢地做好事故预测、预防工作,各项目应准确、及时地将《事故统计报表》报公司。

(8) 事故结案

职工伤亡事故的处理,需按下列规定批准后方可结案:

1) 轻伤事故由项目提出处理意见,公司批准结案。

2) 重伤事故由项目填报《职工伤亡事故结案处理审批表》,经公司呈报上级主管部门批准结案。

3) 死亡事故由公司填写《职工伤亡事故结案处理审批表》,呈报市劳动局及上级主管部门,市政府批准结案。

4) 重大死亡事故由公司填写《职工伤亡事故结案处理审批表》呈报市劳动局,市政府呈省政府结案。

8. 安全生产奖罚制度

(1) 总则

为了认真贯彻执行党和国家有关安全生产方针、政策和法规,搞好安全生产,保障职工在劳动生产过程中的安全和健康,促进公司经济发展,根据《河北省劳动安全卫生条例》的规定,结合公司实际情况制定本制度。

(2) 奖励

凡在安全生产中成绩突出,具备下列条件之一的单位和个人,项目部将给予表扬、记功,发放一次性奖金,授予荣誉称号等奖励。

1) 认真贯彻执行安全生产的方针、政策、法律、法规,在安全生产工作中取得显著成绩的。

2) 在劳动保护科学研究方面有重大发明,技术改进或者提出重大合理化建议的。

3) 防止和避免了重大伤亡事故,或在事故抢救中有功的。

(3) 惩罚

1) 对于有下列行为之一的人员,经教育不改的,应给予处分。

① 违章作业或违章指挥造成事故的。

② 玩忽职守,违反安全生产责任制,造成事故的。

③ 发现险情,既不采取防范措施又不及时报告,而发生事故的。

④ 不执行上级和安全部门限期解决的安全隐患和治理尘毒作业的要求,造成事故或导致职业病的。

⑤ 发生事故后,不积极组织抢救,不吸取教训采取措施,致使同类事故重复发生的。

2) 处分包括行政处分和经济处罚,情节严重的要追究刑事责任。

(4) 经济处罚规定

1) 施工(生产)设施缺少防护设施及存在事故隐患。

① 生产、施工设备、设施,没有安全防护设施或防护有严重缺陷者,不得安装或运行,对于确定安装使用防护有严重缺陷的设备、设施的责任者,对随意确定拆毁安全防护设施的责任者,罚款×××~××××元。

② 已经开工的工程项目无施工组织设计、施工方案或施工组织设计施工方案中无安全技术措施,一经查出对工程项目负责人罚款×××元;虽编制施工设计方案,但未经审

批，一经查出，对工程项目负责人罚款×××元。

③ 对存有重大事故隐患，即直接危及人身或设备安全的隐患，且接到《停工通知书》逾期不解决的工地负责人罚款×××～××××元。

④ 对存有事故隐患，虽然在接到《事故隐患通知书》后对事故进行了整改，但整改不彻底或《事故隐患回执》逾期不反馈消项的工地负责人罚款×××元。

⑤ 若被罚者违反多项规定的，按各项规定合并处罚，由个人承担。

2）现场管理及检查

① 职工进入施工现场赤脚，穿拖鞋，穿高跟鞋，不戴安全帽，电气人员不穿绝缘鞋，女工不戴工作帽，高处作业不挂安全带等违纪者，每人罚款××元；项目经理及管理人员罚款××元；一次发现工地有多个违纪人员，处罚工地主要负责人×××元，并停产整顿一次；凡停产整顿的工地，对项目负责人另处罚款×××元，分包队伍等同。

② 特种作业人员无证上岗者罚款××元，不持证上岗者罚款××元。

③ 塔吊、施工电梯、龙门架、井字架、脚手架、安全网等的搭设没有安全技术交底，上述设施、设备投放使用前未经验收和办理验收手续，对有关人员处以每人×××元罚款。

④ 对于违章指挥者，视情节轻重罚款×××元，对于违章操作者视情节轻重罚款×××元。

⑤ 对于无视安全检查，妨碍安全人员工作者视情节轻重罚款×××元。

⑥ 对于施工现场混乱，材料浪费严重，影响安全生产、文明施工的工地，罚款工地负责人×××～××××元。

⑦ 内部检查中对达不到建设部《建筑施工安全检查准》中合格等级工地，处以工地负责人××～×××元罚款。

⑧ 对达不到建设部《建筑施工安全检查标准》中合格等级的工地，处以工地负责人×××～××××元罚款。受到通报批评的工地对工地负责人加倍处罚。

⑨ 在检查或平时抽查中，对必备的安全管理资料管理混乱或严重缺项的工地负责人，罚款××～×××元。

⑩ 违反多项规定的单位和个人按各项规定合并处罚。

3）工伤事故

① 单位发生轻伤事故，每轻伤一人次罚款×××元，罚款由事故责任者所在班组支付，事故责任者（含受害人）罚当月工资10%～30%，免发当月奖金。

② 单位发生重伤事故，每重伤一人次罚款××××～×××××元，罚款由事故责任者所在班组支付20%～30%，不足部分由分包队支付，事故责任者不论是伤者本人或他人，一律扣罚月工资的10%～30%，并在1～3月内免发职务岗位津贴和奖金。

③ 单位发生死亡事故，每死亡一人罚款××××～×××××元，罚款由事故责任者所在班组支付20%～30%，不足部分由施工队支付，事故责任者如因工死亡免于罚款，如他人违章，处以本人月工资10%～30%的罚款，并在1～6个月内免发职务（岗位）津贴和奖金。

④ 单位发生多人事故，按规定标准分别计算合并罚款。

⑤ 发生事故拖延报告，隐瞒不报，谎报以及故意破坏事故现场的责任者，罚款××

～××××元,情节严重的追究法律责任。

4) 设备事故和隐患

① 对私自拆毁安全设施造成事故隐患者,根据情节轻重处以××～××××元罚款。

② 对于发生机械设备事故的责任者处以直接经济损失1%～10%罚款。

③ 发生与外单位无关的交通事故,对事故责任者处以直接经济损失5%～10%的罚款。

5) 火灾事故及隐患

① 火灾隐患要求限期整改,逾期不改者,第一次给予批评教育,第二次不改者,每项按××元处罚责任人员。

② 重大隐患要求限期消除,第一次限期不改者给予批评教育,再不改者,对责任人员处以×××元罚款,对于拒绝执行整改的有关责任者报公安机关处理。

③ 违反消防条例、条令不听劝阻者,给予适当罚款。

④ 对于火警损失折款不足百元责任者,处以×元罚款,并给予批评教育。

⑤ 对火灾损失折款×××～××××元的责任者处以直接经济损失费10%的罚款。

⑥ 对于经济损失××××元以上万元以下的火灾事故的责任者,处以直接经济损失20%的罚款。

⑦ 对于直接经济损失在万元及万元以上的火灾事故的责任者,报公安机关依法惩处。

⑧ 对因不认真吸取教训,采取措施,一年内连续发生火灾的责任者,要加倍处罚。

⑨ 消防器材、设备因管理不善和挪作他用的责任者,根据情节轻重给予适当罚款,影响灭火行动造成严重后果的责任者,要严肃处理。

⑩ 对造成既有人身伤亡又有经济损失的事故责任者按本条有关规定合并处罚。

(5) 对有下列情节之一的单位,单位负责人及有关责任者加倍罚款

1) 对于违章操作,经检查人提出后,仍坚持不改造成事故者。

2) 对于违章指挥造成事故者。

3) 发生事故后,隐瞒或谎报事故情况,破坏现场,妨碍事故调查者。

4) 单位发生伤亡事故,不认真吸取教训,采取措施,在一年内又重复发生类似事故。

5) 接到《停工通知书》后,逾期不解决而发生伤亡事故者。

(6) 因不可抗拒的自然灾害而造成的事故,单位和个人可免予罚款

9. 防护用品的使用管理制度

为了贯彻落实防护用品管理工作的制度化、标准化、规范化管理的要求,根据防护用品管理的具体情况,材料设备管理的主要责任是:准确及时地编制防护用品供应计划,抓好防护用品供应过程、保管过程和使用过程中的管理,不搞超长储备,加快资金循环,提高经济效益。

(1) 认真贯彻执行国家有关加强防护用品保管工作的方针、政策和上级颁发的规章制度,指导和监督管理人员的各项工作。

(2) 对进入施工现场的安全防护用品及电气产品,必须有《生产许可证》、《出厂合格证》及省(市)安监部门颁发的《产品准用证》。"三证"不齐全的安全防护用品及施工电气产品,不得用于施工(生产)中。同时,必须对施工(生产)过程中使用的安全防护用品及施工电气产品进行定期抽查,发现隐患或不符合要求的要立即停止使用,并向本地安

监站报告,由安监站裁决处理。否则,对于由此造成伤亡事故的要追究相关领导和当事人的责任。

(3) 做好防护用品资金管理、采购计划对比的成本核算工作,保质、保量、按期组织货源,注意点滴节约,提高经济效益,确保施工生产的需要。

(4) 组织好保管员的业务学习和培训,提高工作人员的业务水平和工作素质。

(5) 防护用品库内布局合理,储运方便,符合防火和安全的要求,要分类存放,上盖下垫,防止腐烂、锈蚀,要干净、井然有序。设有标志牌,要做到"四定位",即"定库号、定架号、定层号、定位号"码放整齐,标志明显。

(6) 仓库管理要做到:管理科学化、摆放规格化、保养经常整理化、整洁卫生化,库内货架摆放整齐,货架无尘土,窗明地净。

10. 易燃、易爆、有毒有害物品的保管制度

为了加强对易燃易爆有毒有害物品的管理,保护公共财产和职工生命安全,特制定以下保管制度。

(1) 仓库保管员必须做到"三懂三会",即:懂本岗位火灾危险性,懂预防火灾的措施,懂扑救火灾的方法;会报警,会使用消防器材,会扑救初期火灾。

(2) 储存易燃易爆有毒有害物品的仓库是重点防火部位,必须做到严禁吸烟,严禁烟火,违者罚款 50~300 元。

(3) 对易燃易爆有毒有害物品,必须设置专库专账,设专人管理,并严格出入库检查登记手续。

(4) 存放应当分类、分堆,易燃可燃物品、有毒有害危险品应标明名称性质。

(5) 受阳光照射容易燃烧、爆炸的化学及有毒物品不得存放在露天库。

(6) 储存易燃可燃有毒物品的库房,不得动用明火,必要时须采取可靠的安全措施,经有关领导同意开具动火证,并在专人监护下方能动火。

(7) 库存照明灯泡不得大于 60W,灯头高出货架 50cm 以上距离。

(8) 库存内外设置防火标志,仓库院内要留存不得小于 3.5m 宽的消防通道,并结合储存物品性质,设置相应消防器材。

11. 班组安全活动制度

(1) 班组长对本班组的安全生产负全面责任。

(2) 班组长要根据工作要求和本班组人员特点合理安排工作,并认真做好安全技术交底。

(3) 班组必须设有兼职安全员,协助班组长教育检查、督促本班组人员做好安全工作。

(4) 班组长或兼职安全员要认真组织工人学习安全技术操作规程并检查执行情况,教育工人自觉遵章守纪,反对违章指挥和违章操作。

(5) 组织好安全生产活动,开好班前安全会,并认真做好活动记录。

(6) 班组每变换一次工作内容或同类工作变换工作地点,都要有针对性地进行安全交底,并做好记录。

(7) 经常自检现场安全生产情况,及时发现和纠正各种不安全因素,不能解决的要采取临时控制措施,并及时报告领导处理,同时做好记录。

(8) 班组发生工伤事故要及时报告，并组织全组人员认真分析，采取防范措施。发生重大事故要保护好现场，立即上报，并组织好抢救工作，协助做好事故调查工作。

(9) 要对本班组的新工人做好入场安全教育，并认真填写教育记录卡。

12. 现场消防管理制度

(1) 消防设备管理

1) 公司消防器材、设备由公司统一购置管理，保证每个工号、仓库等部位和生产重要环节必须设有足够的消防器材。

2) 消防器材由专（兼）职消防员负责检查保养更换药品。保证消防器材保持完好性能。

3) 消防器材不能挪作他用，违者视情节给予批评和按《中华人民共和国治安管理处罚条例》给予处罚。

4) 明火作业须使用消防器材的班组，使用前要通过专（兼）职消防员同意，方能使用。

5) 年终将消防器材使用、维修、保养情况以书面报告子（分）公司保卫部门。

(2) 工地防火

1) 工地项目经理负责安全防火工作，要将防火工作列入施工（生产）管理计划。

2) 经常对职工进行防火教育。施工现场作业场所禁止吸烟，吸烟要到吸烟室。违者视情节给予批评或经济处罚。

3) 施工现场（作业场所）道路要畅通，做到活完场清，及时清理工地（作业场所）上散碎易燃物品，工地上设置相应消防器材，指定专人管理，任何人不得将消防器材挪作他用。违者视情节轻重给予严肃处理或罚款。对于30m以上高层建筑物施工，要随层做消防水源管道，用2″立管，设加压泵，每层留有消防水源接口，加压泵必须单独敷设电源。

4) 电气焊割作业，必须严格遵守操作规范和注意清理现场可燃物品，在高处焊割时除清理地面现场外，还要选派责任心强的人进行现场防火监护。

5) 工地电动机械设备必须设专人检查，发现问题及时修理。不准在高压线下面塔设临建或堆放可燃材料，以免引起火灾。

6) 进入冬期施工，对工地上的各种火源要加强管理，各种生产生活用火的设施、动用和增减必须经项目经理或消防人员的批准，不得在建筑物内随意点火取暖。

(3) 动火审批

1) 凡明火作业，要严格执行动火审批手续，工作前由用火班组向项目部消防负责人提出申请，经有关人员检查现场和防火措施，做好技术交底后，方可发给"准用动火证"，作业后要严格检查现场，防止留下火种隐患。

2) 现场如需用电炉子，用前必须经当地电业管理部门批准，否则一律不准使用。

3) 公司必须实行安全防火承包责任制，由公司对项目部签发防火承包合同，由项目部对各班组签发防火承包合同。

4) 除公司专兼职消防人员经常深入基层现场指导消防工作外，公司消防主管部门每季度到现场检查消防安全，各公司消防主管部门要每月对仓库、现场等进行一次消防工作检查，班组防火负责人坚持每日班前、班后进行自查，以落实各项防火措施，及时消除火险隐患。

5) 专兼职消防员定期对本片消防器材进行维修保养，保证消防器材性能良好。

6) 公司每半年对兼职消防员进行一次专业训练，专兼职消防员对义务消防小组成员每季度进行一次业务培训，并经常向职工进行上岗前、在岗中的消防知识教育。

7) 专兼职消防员要按照有关标准的要求，做好记录，并将日常工作情况上报上级主管部门。

(4) 火险隐患整改

1) 凡公安消防部门提出的火险隐患，能整改的必须马上保质保量按期整改，对一时因故不能马上整改的，必须有应急措施，如无正当理由逾期不改者，要追究有关人员或有关领导责任。

2) 凡公安消防部门提出的火险隐患，有不接收或拒不执行的要根据当地公安消防部门制定的处罚规定给予处罚并限期整改，按情节轻重追究有关领导责任。

3) 火险隐患整改完毕，要通知公司保卫部门，由保卫部门或上级消防部门来进行验收。

(5) 防火宣传教育

1) 把安全防火列入生产会议内容，分析防火工作形势，通报防火工作情况，针对不同季节、生产情况确定防火重点。

2) 要把周一定为安全防火教育日，总结一周的防火工作情况，组织职工学习防火知识。

3) 项目经理、工长、班组长要每天讲安全防火注意事项，并督促检查落实情况。

4) 公司安全保卫部要定期印发防火宣传材料，为下属单位提供有关防火资料，作为安全防火宣传提纲。

5) 各单位要经常张贴安全防火标语和张贴防火宣传牌，做到警钟长鸣。

(6) 奖罚

1) 凡对安全防火工作有特殊贡献的，经领导批准给予精神和物质奖励。

2) 凡在火警、火灾事故中报警早、救火有功者，核实后给予一定奖励。

3) 对违反操作规程和失职而造成火警、火灾事故的主要责任者，要依据情节后果按有关规定给予适当处罚，年终不能评为先进生产（工作）者。

4) 对发生火警事故的单位，直接领导也同样根据情节后果给予适当处罚，年终不能评为先进工作者。

5) 对纵火者一经查出，要交司法机关，追究其刑事责任。

13. 文明施工管理制度

(1) 总则

1) 为了推行现代管理方法，科学地组织施工，做好施工现场的综合管理，使施工现场保持良好的施工环境和最佳施工状态，根据建设部《建设工程施工现场管理规定》、《建筑施工安全检查标准》，河北省《建筑施工文明工地检查评分办法》等有关规定，结合公司实际，制定本制度。

2) 本制度主要适用于集团公司所有建筑施工企业及分支单位，固定生产的工厂企业及分支单位可参照执行，认真搞好文明生产。

(2) 文明施工管理措施

1) 项目经理是文明施工的第一责任人，全面负责施工现场的文明施工管理工作。要建立以项目经理为首的施工现场文明施工领导小组，领导现场文明施工的开展。

2) 确定文明施工管理目标，并将目标管理责任明确分工，分解到人，各负其责，分工协作，齐抓共管，确保文明施工管理目标的实现。

3) 创建省级文明工地的项目工程，要在工程开工时列入计划，并及时向当地市安监站提出申报申请，接受市安监站的监督考核。

4) 项目经理部要根据现场实际，结合上级规定和公司有关制度，制定本项目文明施工管理措施（制度），并组织落实，主要包括：

① 施工现场文明施工管理措施。
② 施工现场治安防范措施（治安保卫制度）。
③ 施工现场消防工作安全措施。
④ 施工现场保健急救措施。
⑤ 施工现场防粉尘、防噪声及施工不扰民措施。
⑥ 施工现场宿舍保暖，防煤气中毒，消暑和防蚊虫叮咬措施。
⑦ 门卫制度、食堂、厕所卫生责任制等项制度。

5) 检查制度。公司在检查安全生产的同时检查文明施工管理工作，项目部也要按定期安全检查的规定检查文明施工管理，并按部颁标准和省评分办法对受检工地作出评价，检查结果应与管理人员的奖金挂钩。平时要做好现场文明施工的经常性检查，通过检查，发现不足，认真整改，使施工现场始终保持较高的文明施工状态。

6) 持证上岗制度。施工现场实行持证上岗制度。进入施工现场应佩戴工作卡，特种作业人员及安全管理人员必须持证（或复印件）上岗。工地食堂应有卫生许可证，炊事人员有健康证。

7) 会议制度。施工现场应坚持文明施工会议制度，定期分析文明施工情况，协调解决文明施工中出现的问题，保证文明施工在现场健康地开展。

(3) 文明施工的要求

1) 封闭管理

① 在市区主要路段的工地周围应用硬质材料连续设置不低于 2.5m 的围挡，在一般路段的工地周围应用硬质材料连续设置不低于 1.8m 的围挡。围挡要坚固美观。

② 围墙要有墙帽，临街墙面正中书写企业名称或宣传标语。

③ 施工现场进出口按上级规定设置标准的大门，门头设置企业标志，门柱书写宣传标语，门头要加设灯箱，夜晚要亮。

④ 在大门进口处设置七牌二图（工程概况牌、安全生产纪律牌、三清六好牌、文明施工管理牌、十项安全技术措施牌、工地消防管理牌、佩戴安全帽牌、施工平面图和现场安全标志布置总平面图）。适当位置设置宣传栏、读报栏、黑板报、安全标语等。

⑤ 现场门口设警卫室，警卫人员佩戴标志。非施工人员不得擅自进入施工现场。

2) 施工现场

① 工地地面要做硬化处理。施工现场的道路要畅通，排水设施要完善，保证无浮土，不积水。

② 进入施工现场的安全防护用品及施工电气产品，必须选购符合国家、行业规定，具有《产品生产许可证》、《出厂产品合格证》、《产品准用证》的产品。

③ 建筑物主体施工必须使用合格的密目式安全网封闭严密。

④ 建筑材料、构件、料具要按总平面图布局堆放整齐，并挂定型标示牌。建筑废料、建筑垃圾要设固定存放点，分类堆放并及时清理。易燃易爆物品要分类存放，严禁混放和露天存放。

⑤ 施工机械设备要按总平面布置图规定的位置设置，挂统一规定的安全操作规程牌。中小型机械要搭设符合标准的防护棚，棚内地面必须硬化，有排水措施。

⑥ 保持场容场貌的整洁，做到活完场地清。

⑦ 施工现场要建立消防组织，分清职责，配备足够的灭火器材和义务消防人员，高层建筑要配置专用的消防管道和器具，要有满足消防要求的电源、水源。

⑧ 现场动火要办理动火手续，动火时要设专人监护。

⑨ 施工现场要设置吸烟室，禁止随意吸烟。

⑩ 温暖季节搞好绿化布置。

3）现场生活及办公设施

① 施工现场的施工工作区与办公、生活区要有明显的划分界限，并设置坚固美观的导向牌。

② 禁止在在建工程中安排职工住宿。

③ 宿舍要坚固、美观、保温、通风，按季节设置保暖、防煤气中毒、消暑和防蚊虫叮咬措施。宿舍设置单人床或上下双层床，禁止职工睡通铺，生活用品要放置整齐，保持宿舍周围的环境卫生和安全。

④ 宿舍内严禁使用电炉子或私自拉挂电源线。

⑤ 现场会议室（办公室）要整齐、悬挂镶于框内的岗位责任制度。

⑥ 施工现场应设水冲式厕所，高层建筑应设临时厕所，严禁随地大小便，厕所要设纱门、纱窗，并符合卫生要求。

⑦ 食堂室内高度不低于 2.8m，设透气窗，墙面抹灰刷白，地面抹水泥砂浆，灶台镶贴瓷砖。设置排水设施，设有防尘、防鼠害设施，并符合卫生要求。

⑧ 现场应设淋浴室，夏季能保证职工按时洗浴并符合卫生要求。

⑨ 现场生活区建立职工活动室，保证职工业余时间的学习和娱乐。

⑩ 现场要设立饮水处，保证供应卫生饮水。

⑪ 生活垃圾要袋装或盛放在带盖容器内，并设专人及时清理。

⑫ 工地应配备保健医药箱，并设置专用的急救器材和经过培训的急救人员，小的外伤能够自行处理，大的伤情能够及时正确的处置。要经常开展卫生防病宣传教育，提高职工的安全、卫生防病意识。

4）施工现场的治安综合治理

① 加强对职工的政治思想教育和治保教育，在施工现场内严禁赌博、酗酒，传播淫秽物品和打架斗殴。

② 加强对施工人员的管理，掌握人员底数，及时按有关部门的要求办理暂住证。

③ 将现场治安保卫责任分解到人，措施落实到位，严防盗窃、破坏等治安案件的

发生。

5）施工现场的环境保护执行公司的《环境保护管理制度》。

(4) 附则

本制度如与国家和地方有关规定不符的，以国家、地方的规定为准。

14. 环境保护管理制度

(1) 总则

1）为保护和改善生活环境与生态环境，防治污染和其他公害，保障人体健康，促进社会主义现代化建设的发展，根据《中华人民共和国环境保护法》、《中华人民共和国环境噪声污染防治法》、《××省区环境保护条例》结合公司实际，制定本制度。

2）本制度所称环境是指影响人类生存和发展的各种天然和人工改造的自然因素的总体。本制度所称环境噪声，是指在工业生产、建筑施工和社会生活中所产生的干扰周围生活环境的声音。本制度所称环境噪声污染，是指所产生的环境噪声超过国家规定的环境噪声排放标准，并干扰他人正常生活工作和学习的现象。

3）加强环保基本国策的宣传教育，普及环保科学知识，提高全体员工特别是各级领导干部的环境意识和法制观念。

4）各单位和个人都有保护环境的义务，并有权对污染和破坏环境的单位及个人进行检举、控告。

(2) 环境监督管理

1）安全保卫部是公司环境保护工作的主管部门，负责公司环保工作的监督管理，协调外部工作关系；各单位也要明确环保工作的主管部门，并加强与公司及外部主管部门的联系，努力搞好本单位的环保管理工作。

2）加强环保机构建设，设置专职或兼职环境保护管理人员，做好环境保护的监督检查工作。

环保主管部门的主要职责是：

① 认真贯彻执行环境保护法律、法规，并对实施情况进行监督检查。

② 组织协调环境保护科学研究和环境保护宣传教育工作。

③ 监督管理环境污染防治和生态环境保护工作。

④ 负责对环保工作的监督、检查、指导、服务。

⑤ 依法查处违反环境保护法律、法规的行为。

3）环保主管部门对管辖区域内排放污染物和造成生态破坏及其他公害的单位或者个人进行检查，被检查单位和个人应当如实反映情况，提供必要的资料。

4）排放污染物的单位和个人，必须依照国家规定向环境保护行政主管部门申报申请，并采取必要的防治措施。

5）向环境排放污染物时，必须按照法律、法规的规定缴纳排污费，并负责治理。

6）认真开展环境综合治理工作

各单位应当遵守国家有关环境保护的法律、法规，采取措施控制施工现场（作业场所）的各种粉尘、废气、废水、固体废物以及噪声、振动对环境的污染和危害。

7）防治环境污染的措施

① 妥善处理泥砂浆水，未经处理不得直接排入城市排水设施和河流。

② 除设有符合规定的装置外，不得在现场熔融沥青或者焚烧油毡、油漆以及其他会产生有毒有害烟尘和恶臭气体的物质。

③ 使用密封式的圈筒管道或者采取其他措施，处理高处废弃物，严禁由高处向下抛撒。

④ 采取有效措施控制施工（生产）过程中的扬尘。

⑤ 施工现场（工作场所）的有毒有害废弃物应做妥善处理，禁止将有毒有害废弃物用做土方回填。

⑥ 对产生噪声、振动的施工（生产）机械，应当采取有效控制措施，减轻噪声扰民和职业危害。

⑦ 运输散体、流体建筑材料或清运垃圾等，载体要严密，装运要适量，运输中不得撒漏飞扬，污染市容。建筑垃圾要清运到当地规定的地点卸放。

8）由于受技术、条件限制，对环境的污染不能控制在规定范围内的单位，事先报请当地人民政府的建设行政管理部门和环境保护行政主管部门批准。

(3) 工业噪声污染防治

1) 工业噪声是指在工业生产活动中使用固定的设备时产生的干扰周围生活环境的声音。

2) 在城市范围内向周围生活环境排放工业噪声的，应当符合国家规定的工业企业场界环境噪声排放标准。

3) 在工业生产中，因使用固定的设备造成环境噪声污染的单位，必须向公司环保监督管理部门和市环保行政主管部门申报拥有的造成环境噪声污染的设备种类、数量以及在正常作业条件下所发出的噪声值和防治环境噪声污染的设施情况，并提供防治噪声污染的技术资料。造成环境噪声污染的设备的种类、数量、噪声值和防治设施有重大改变的，必须及时逐级申报，并采取应有的防治措施。

4) 产生环境噪声的工业企业，应当采取有效措施，减轻噪声对周围生活环境的影响。

(4) 建筑施工噪声污染防治

1) 建筑施工噪声是指在建筑施工过程中产生的干扰周围生活环境的声音。

2) 在城市市区范围内向周围生活环境排放建筑施工噪声的，应当符合国家规定的建筑施工场界环境噪声排放标准。

3) 对可能产生环境噪声污染的城市建筑施工项目，施工单位必须在开工十五日以前向当地环保部门领取《建筑施工噪声排放申报登记表》，并按要求如实申报该工程的项目名称、施工场所和期限、可能产生的环境噪声值以及所采取的环境噪声污染防治措施的情况。

4) 施工单位的施工项目必须取得环保部门发放的《建筑施工噪声排放许可证》，并严格按照排放许可证规定的要求施工。在城市市区噪声敏感区域内，禁止夜间进行产生环境噪声污染的建筑施工作业。因特殊需要必须连续工作的，施工单位必须办理县级以上人民政府或者有关主管部门的证明，提前五日向当地环保部门审批夜间施工许可事宜，批准后，夜间作业还必须公告附近居民。

严格执行《北京市建筑施工现场环境保护规程》的规定。

① 合理摆放施工机械，把噪声降低到最低点。

② 严格按规定时间施工。
③ 夜间施工必须经环境保护部门批准并公告周围居民。
④ 施工现场不得产生与施工无关的噪声。
⑤ 在居民区施工，起床时不得吹哨、敲钟及大声喧哗。
⑥ 施工现场不得焚烧任何废弃物。
⑦ 饮水锅炉及炉灶必须符合消烟降尘规定。
⑧ 夜间照明设备要避免照射居民住房。

（5）附则

本制度如与国家、地方的法律、法规、条例规定不符的，以国家和地方的规定为准。

4.5 施工过程质量保障

施工过程控制是质量管理及其保证的重要手段。加强过程控制是在实际工程施工监控中保障质量保证体系的有效运行，这对于提高工程施工效率和建筑产品质量有着十分重要的意义。施工过程控制包括对人员、材料、机械、工序、规章制度、环境等影响施工质量的各个方面和全过程控制。

其基本流程如图 4-14 所示。

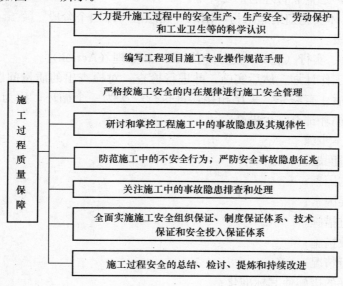

图 4-14 施工过程质量保障

4.6 工程项目全面质量控制管理的工具、方法、手段和模型

1. 工程全面质量控制"TQC"管理

全面质量控制（Total Quality Control，简称 TQC）是以组织全员参与为基础的质量管理形式。全面质量控制代表了质量管理发展的最新阶段，起源于美国，而后，在其他一些欧美日等发达国家开始推行，并且在实践运用中各有所长。特别是日本，在 20 世纪 60

年代以后推行全面质量控制管理并取得了丰硕的成果,引起世界各国的瞩目。20世纪80年代后期以来,全面质量控制管理得到了进一步的扩展和深化,逐渐由早期的TQC（Total Quality control,全面质量控制）演化成为TQM（Total Quality Management,全面质量管理）,其含义远远超出了一般意义上的质量管理的领域,而成为一种多方位的、综合性的、整体全面的经营与管理方式和理念。

2. 全面质量控制管理有两个方面的含义

（1）全面控制

即以优质为中心,实行全员工、全过程、全方位控制。

（2）全面质量

包括产品质量和工作质量。对于质量的定义,国家标准中的定义是"产品、过程或服务满足规定或潜在要求（或需要）的特征和特性的总和",即"质量"由两个层次构成：一是产品必须满足规定或潜在的需要,二是产品特征和特性的总和。第一层次反映了产品的客观标准。第二层次反映了产品的内在要素。只有内在要素达到要求,又为用户所需要的产品才算得上质量好的产品。

在全球化市场经济快速发展的今天,"质量第一"、"以质量求生存"已是一条不破的真理。TQC即是一种能够保证产品质量的完善的科学管理体系,是现代企业系统中不可分割的组成部分,是企业管理的重要环节。

3. TQC的具体实施归纳起来为"四八一四总汇"即四个阶段

（1）四个阶段

计划（Plan）、实行（Do）、检查（Check）和处理（Action）。

即首先制定工作计划,然后实施,并进行检查,对检查出的质量问题提出改进措施。这四个阶段有先后、有联系、头尾相接,每执行一次为一个循环,称为PDCA循环,每个循环相对上一循环都有一个提高。

（2）八个基本步骤

1）寻找质量问题；

2）找出影响因素；

3）明确重要因素；

4）提出改进措施；

5）执行整改措施；

6）检查执行情况；

7）对执行好的措施使其标准化；

8）对遗留的问题进行妥善处理。

（3）十四种择用工具

在计划的执行和检查阶段,为了分析问题、解决问题,利用了十四种择用工具（方法、手段和模式）：

1）排列图法；

2）因果分析法；

3）分层法；

4）直方图法；

5）控制图法；

6）相关分析图法；

7）检查图法；

8）关系图法；

9）KJ法；

10）系统图法；

11）矩阵图法；

12）矩阵数据分析法；

13）PDPC法；

14）矢线图法。

其中前7种为传统的方法，后7种为后期产生的，又叫新7种工具。

4.7 某工程项目工程质量安全保障体系框图

某工程项目工程质量安全保障体系框图如图4-15所示。

当前，工程项目一般都是工程规模大、牵涉面广的社会系统工程，其本身质量的优劣直接影响到国家经济建设的发展、公共安全和广大人民群众的根本利益，所以应坚持依法建设，通过严格的法律法规、制度与规定，促使企业提升内部管理水平，严格工程质量意识，加强施工质量管理力度，促进工程建设行业的健康发展。

百年大计，质量第一，要对建筑工程项目进行质量控制，我们应了解作为工程项目，其工程项目质量的特点，影响工程项目质量的因素，工程项目质量控制的原则，工程项目质量的管理体系以及业主单位在质量管理中应起到的作用等一些相关问题。而其中最重要的，就是要树立质量管理的总思路，如图4-16所示。

质量管理的总思路把口头禅"质量是企业的生命线，质量重于泰山"落实到严格实施。企业所有成员必须牢固树立质量观念，为业主、业主、再业主的观念，必须下大力气吸纳国内外先进的质量管理理论和经验，大幅度提高产品质量和服务质量，树立起"质量一流"的良好形象及影响力，把企业本身的"质量环"建设好、维护好。质量环概念是欧美日的集团公司所具有的一项全面管控施工质量的重大的行之有效的理论方法。它原则上可从总部至下属二级公司规定工程质量的责权利的范围，强化了对施工质量管控效应。除一丝不苟严格执行建设部颁布的《建设工程施工质量验收统一标准》（GB 50300—2001）外，国际组织ISO及欧、美、日等发达国家都有一套同行的质量标准，很值得参照借鉴。尤其是关于质量环的概念和功能以及美国朱兰质量手册中相关工程质量流程和日本的工程项目质量理论、控制手段、工具、方式方法等极具参考价值、实用价值、甚至于操作价值。

1. 工程项目质量管理的基础认识

百年大计，质量第一，要进行工程项目质量控制，我们应了解工程项目质量的特点，影响工程项目质量的因素，工程项目质量控制的原则以及工程项目质量的管理体系。

（1）工程质量的特点

工程项目质量的特点是由工程本身的特性和建设生产过程的特点决定的。概括起来有

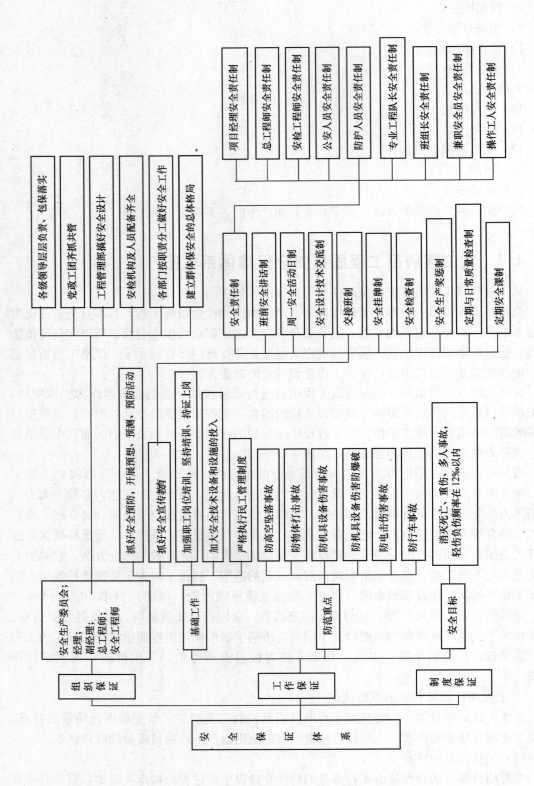

图 4-15 某工程项目工程质量安全保障体系框图

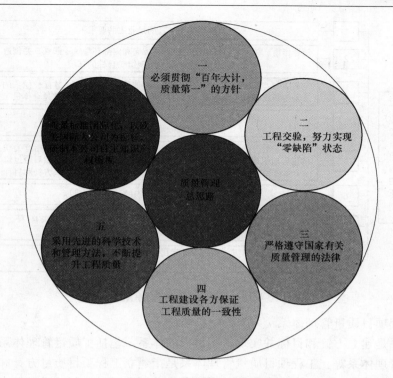

图 4-16 质量管理总思路图

以下几点：1）影响因素多；2）质量波动大；3）质量变异大（工程项目的生产强调协调性、连续性以及总体性）；4）质量隐蔽性；5）意义重大（经济意义、社会意义、政治意义）（图 4-17）。

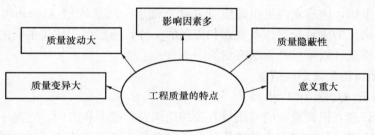

图 4-17 工程质量的特点

（2）影响工程质量的因素

影响工程质量的因素很多，主要有 5 方面，工程界常称之为影响工程质量的 4M1E 因素，即：人（Man）、材料（Material）、机械（Machine）、方法（Method）和环境（Environment）（图 4-18）。

（3）工程质量控制的原则

工程项目组织为实现质量目标，应遵循以下八项质量管理原则对项目进行管理（图 4-19）。

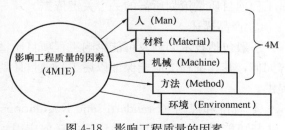

图 4-18 影响工程质量的因素

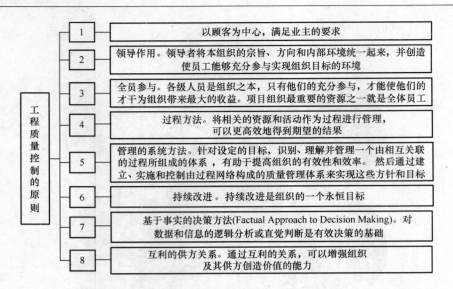

图 4-19 工程质量控制的原则

（4）工程项目质量管理体系

管理体系是建立方针和目标并实现这些目标的体系，包括了质量管理体系、财务管理体系和环境管理体系等。工程项目质量管理体系是指建立工程项目质量方针和质量目标并实现这些目标的体系，主要内容为：工程项目质量策划、质量控制和质量保证。

1）工程项目质量策划

工程项目质量策划是工程项目质量管理的一部分，致力于设定质量目标并规定必要的作业过程和相关资源，以实现其质量目标。其中，质量目标是指与质量有关的、所追求的或作为目的的事物，应建立在组织的质量方针基础上。质量计划（Quality Plan）指规定用于某一具体情况的质量管理体系要素和资源的文件，通常引用质量手册的部分内容或程序文件。编制质量计划可以是质量策划的一部分。

2）工程项目质量策划的依据

① 质量方针（Quality Policy）

指由最高管理者正式发布的与质量有关的组织总的意图和方向。它是一个工程项目组织内部的行为准则，是该组织成员的质量意识和质量追求，也体现了顾客的期望和对顾客作出的承诺。

② 范围说明

即以文件的形式规定了主要项目成果和工程项目的目标（即业主对项目的需求）。它是工程项目质量策划所需的一个关键依据。

③ 产品描述

一般包括技术问题及可能影响工程项目质量策划的其他问题的细节。无论其形式和内容如何，其详细程度应能保证以后工程项目计划的进行。而且一般初步的产品描述由业主提供。

④ 标准和规则（Standard sand Regulations）

指可能对该工程项目产生影响的任何应用领域的专用标准和规则。许多工程项目在项目策划中常考虑通用标准和规则的影响。当这些标准和规则的影响不确定时，有必要在工程项目风险管理中加以考虑。

⑤ 其他过程的结果（Other Process Outputs）

指其他领域所产生的可视为质量策划组成部分的结果，例如采购计划可能对承包商的质量要求作出规定。

3) 工程项目质量策划的方法

① 成本/效益分析（Benefit/Cost Considerations）

工程项目满足质量要求的基本效益就是少返工、提高生产率、降低成本、使业主满意。工程项目满足质量要求的基本成本则是开展项目质量管理活动的开支。成本效益分析就是在成本和效益之间进行权衡，使效益大于成本。

② 基准比较（Bench larking）

就是将该工程项目做法同其他工程项目的实际做法进行比较，希望在比较中获得改进。

③ 流程图（Flow Charts）

流程图能表明系统各组成部分间的相互关系，有助于项目班子事先估计会发生哪些质量问题，并提出解决问题的措施。

4) 工程项目质量策划的结果

① 质量管理计划（Quality Management Plan）

质量管理计划应当说明项目管理班子将如何实施其质量方针，确定实施质量管理的组织结构、责任、程序、过程和资源。

② 实施说明（Operational Definitions）

具体地说明各类问题的实际内容以及应该如何在质量控制过程中加以衡量。

③ 核对清单（Checklists）

核对清单是用于检验所要求实施的一系列步骤是否已落实的工具，常用命令和询问之类的词语，一般采用标准化的核对清单，以保证频繁进行的活动的一致性。

(5) 工程项目质量控制

工程项目质量控制（Project Quality Control）是工程项目质量管理的一部分，致力于达到质量要求所采取的作业技术和活动。其目的在于监视质量形成过程并排除质量环中所有偏离质量规范的现象，确保质量目标的实现。

1) 工程项目质量控制的依据

① 工作成果：包括产品和过程本身；

② 质量管理计划；

③ 实施说明；

④ 核对清单。

2) 工程项目质量控制的方法

① 检查

又称评审、产品评审、审计或过关，指为了确定结果是否符合要求所进行的一系列活动，包括测试、考察和保证的实验等。

② 控制图

为某过程的成果、时间的展示图,用于确定过程中成果的差异是由随机因素造成的还是由可纠正原因造成的,如果过程在控制中则不必对其进行调整。它可以用来监测任何类型的结果变量;它也可以动态地反映质量特性的变化,可以根据数据随时间的变化动态地掌握质量状态,判断其生产过程的稳定性,从而实现对工序质量的动态控制。

③ 主次因素图

主次因素图又称巴雷特图(Pareto Diagrams)、排列图,是一种按次序排列引起缺陷的各种原因的条形图。按次序是为了指导纠正行动——项目班子应首先采取行动纠正引起缺陷数目最多的问题。主次因素图的原理与巴雷特法则相关,即绝大多数缺陷一般是由相对少数的几个原因引起的。

3) 工程项目质量控制的结果

① 质量改进

指采取措施提高项目的效率,增加项目利害关系者的收益。

② 验收合格的决定

验收不合格的工程会被要求返工。

③ 返工

这是对不合格的工程所采取的措施,以使其满足规定的要求。

④ 填好的核对清单

填好的核对清单应当保存下来作为项目记录的一部分。

⑤ 过程调整

作为质量控制检测的一个结果,包括及时的纠正和预防措施。有时,可能要按确定的变更控制程序来进行过程调整。

(6) 工程项目质量保证

工程项目质量保证(Project Quality Assurance)是工程项目质量管理的一部分,致力于对达到质量要求提供信任,可以分为内部质量保证(在组织内部向管理者提供信任)和外部质量保证(在合同或其他情况下向顾客或其他方提供信任)两种,一般由质量保证部门执行。项目组织想要证实其具有满足顾客要求的能力,最根本的是达到质量管理体系的要求。

1) 工程项目质量保证的依据

① 质量管理计划;

② 质量控制管理的测量结果:指用表格对质量控制所做的记录,用于比较和分析;

③ 实施说明。

2) 工程项目质量保证的方法

① 质量策划

质量控制中一旦出现问题,要立即采取措施纠正。在质量管理计划中要确定一旦出现问题可能采取的纠正措施。

② 检验

包括对质量控制结果的测量和测试,从而确定其是否符合要求。

3) 工程项目质量保证的结果

工程项目质量持续改进是工程项目质量保证的结果,即不断提高项目组织的有效性和

/或效率,从而实现质量方针和质量目标。

2. 业主方在工程质量管理中应起到的主要作用

从经济利益的角度看业主是工程项目的拥有者,是建筑产品的买方,比其他各方更加关心项目的质量、使用价值。从法律责任角度看,业主是工程项目的所有者、最终使用者或受益者,是政府监督的对象。所以工程项目质量对业主意义重大,业主在工程项目建设质量管理过程中起着主导作用。业主对工程项目质量管理包括:明确工程项目的质量目标(业主的首要任务);对工程项目建设实行全过程的监督控制。具体如下:

(1) 可行性研究阶段的质量管理

项目可行性研究是运用技术经济原理对与投资建设有关的技术、经济、社会、环境等方面进行调查和研究,对各种可能的拟建方案和建成投产后的经济效益、社会效益和环境效益等进行技术经济分析、预测和论证,确定项目建设的可行性,同时确定工程项目的质量目标和水平,提出最佳建设方案。这是工程项目质量形成的前提。

(2) 设计阶段的质量管理

工程项目设计阶段是将项目决策阶段所确定的质量目标和水平具体化的过程,是工程项目质量的决定性环节。

1) 工程项目设计质量

工程项目设计质量就是在严格遵守技术标准、规程的基础上,正确处理和协调费用、资源、技术和环境等条件的制约,使设计项目满足业主所需功能和使用价值。

设计单位和人员的选择合适与否对工程项目的设计质量有根本性的影响。国际上大多数国家通过对建筑师的从业资格作出规定,来帮助业主选择合适的建筑设计人员。

2) 设计阶段的质量管理

国外统计资料表明在设计阶段影响工程费用的程度为88%;我国由设计而引起的工程事故约占总数的40.1%。设计进度、设计事故和设计不合理还会影响工程的进度和费用。因此在现阶段必须加强工程项目设计阶段的质量管理。

3) 工程项目设计阶段质量管理的目标

① 选择合适的设计单位和人员。

② 保证设计方案符合项目所在国规定。

③ 保证设计方案符合业主要求,注意协调业主所需功能与约束因素间的矛盾,并用一定的质量目标和水平检验设计成果。

4) 工程项目设计阶段质量控制和评定的依据

① 有关工程项目建设及质量管理方面的法律和法规。例如有关城市规划、建设用地、市政管理、环境保护、"三废"治理和建筑工程质量监督等法律和法规。

② 有关工程建设的技术标准。例如各种设计规范、规程、标准和设计参数的定额指标等。

③ 项目可行性研究报告、项目评估报告及选址报告。

④ 体现业主建设意图的设计规划大纲、设计纲要和设计合同等。

⑤ 反映项目建设过程中和建成后所需的有关技术、资源、经济和社会协作等方面的协议、数据和资料。

5) 工程项目设计阶段的协调工作

① 质量目标与费用目标的协调

设计阶段的费用目标是设计方案保证在满足业主所需功能和使用价值的前提下，工程项目所需投资最小，即投资合理化。设计阶段的质量目标是设计方案保证在一定投资限额下，工程项目能达到业主所需的最佳功能和质量水平。不能脱离投资的制约，盲目追求功能多而全、质量标准越高越好。

② 质量目标与进度目标的协调

设计阶段的进度目标是设计方案保证在一定投资限额下，在一定的质量水平条件下，工程项目的建设完成能达到最短的期限。

(3) 施工阶段的质量管理

工程项目施工阶段是根据设计文件和图纸的要求，通过施工形成工程实体。该阶段直接影响工程的最终质量，是工程项目质量的关键环节。

1) 工程项目质量监督管理人员的选择

为业主提供工程项目质量监督管理工作的人员，在我国被称为监理工程师；在英国等国则被称为咨询工程师。在有些国家建筑师也可以从事工程项目质量监督管理工作。

2) 工程质量监督管理人员选择的方法和程序

为了选定符合要求的咨询工程师，业主应采用适当的方法和程序。在美国最常用的一种方法为资质评审法。

资质评审法实质就是把资质因素作为选定咨询工程师的首要原则。它分为三个步骤进行：第一阶段为选择，这一阶段的任务是根据初步的工作范围及具体的项目评审原则确定由3～5家公司或个人组成的短名单。第二阶段为确定，邀请第一阶段排名第一的公司进入第二阶段。这一阶段的目的是理解业主的需要和期望，共同确定工程范围、所需要的服务及合同形式。第三阶段为定价，在选定了最具资质的公司并确定了详细的工作范围之后，应开始定价谈判。

3) 施工质量管理

① 施工阶段质量管理过程划分

A. 按施工阶段工程实体形成过程中物质形态的转化划分

可分为对投入的物质、资源质量的管理。

B. 按工程项目施工层次结构划分

工程项目施工质量管理过程为：工序质量管理、分项工程质量管理、分部工程质量管理、单位工程质量管理、单项工程质量管理。

C. 按工程实体质量形成过程的时间阶段划分

工程项目施工质量过程控制分为事前控制、事中控制和事后控制。

因此施工阶段的质量管理可以理解成对所投入的资源和条件、对生产过程各环节、对所完成的工程产品，进行全过程质量检查与控制的一个系统过程。

② 施工前准备阶段的质量管理

承包商在施工前准备阶段必须做好的准备工作，包括技术准备、物质准备、组织准备与施工现场准备。

业主委托监理工程师在此阶段的质量管理工作主要包括以下两方面：

A. 对承包商做的施工准备工作的质量进行全面检查与控制。这包括通过资质审查，对施工队伍及人员的质量控制；从采购、加工制造、运输、装卸、进场、存放和使用等方面，对工程所需原材料、半成品、构配件和永久性设备、器材等进行全过程、全面的管理；对施工方法、方案和工艺进行管理，包括对施工组织设计（或施工计划）、施工质量保证措施和施工方案等进行审查；根据施工组织设计（或施工计划）对施工用机械、设备进行审查；审查与控制承包商对施工环境与条件方面的准备工作质量；对测量基准点和参考标高的确认及工程测量放线的质量控制。

B. 做好监控准备工作、设计交底和图纸会审、设计图纸的变更及其控制；做好施工现场场地及通道条件的保证；严把开工关等事前质量保证工作。

③ 施工过程中的质量管理

业主委托监理工程师在此阶段主要执行以下质量管理工作：

A. 对自检系统与工序的质量控制，对施工承包商的质量控制工作的监控。

B. 在施工过程中对承包商各项工程活动进行质量跟踪监控，严格工序间交接检查，建立施工质量跟踪档案等。

C. 审查并组织有关各方对工程变更或图纸修改进行研究。

D. 对工序产品的检查和验收，以及对重要工程部位和工序专业工程等进行试验、技术复核等。

E. 处理已发生的质量问题或质量事故。

F. 下达停工指令、控制施工质量等。

④ 施工过程所形成的产品质量管理

业主委托监理工程师组织对分部、分项工程的验收；组织联动试车或设备的试运转；组织单位工程或整个工程项目的竣工验收等工作。

（4）验收阶段的质量管理

工程质量竣工验收阶段就是对项目施工阶段的质量进行试车运转和检查评定，以考核质量目标是否符合设计阶段的质量要求。此阶段是工程项目建设向生产转移的必要环节，影响工程项目能否最终形成生产能力，体现了工程项目质量水平的最终结果。

1）竣工验收主要任务

首先，业主、设计单位和承包商（以及主要分包商）要分别对工程项目的决策和论证、勘察和设计以及施工的全过程进行最后评价，对工程项目管理全过程进行系统的检验。其次业主应与承包商办理工程的验收和交接手续，办理竣工结算，办理工程档案资料的移交，办理工程保修手续等，主要是处理工程项目的结束、移交和善后清理工作。

2）竣工维修阶段的质量保证

为了保证工程建设质量，许多西方国家在竣工维修阶段采用保险制度，即将工程质量责任的承担扩展到保险公司，进一步降低业主的风险。因此竣工维修阶段的质量保证除了确定承包商的质量责任外，还需要对工程进行保险。

3. 提高工程项目质量的思考

（1）科学和严谨的管理在工程项目质量控制中具有举足轻重的作用，所以工程项目建设过程中应建立严格的质量控制体系和质量责任制，明确参建各方的责任，从设计招投标施工、监理过程中提前采取措施。建设过程的各个环节都要严格遵照质量控制体系的要求去执行，各分部、分项工程均要全面实施到位管理。尤其是业主方，更要在质量控制的过程中发挥自身所具有的决策权威性，真正体现出主导作用。

（2）在实施全过程管理中，首先要根据工程的特点及质量通病，确定质量目标和攻关内容，做到有的放矢；再结合质量目标和攻关内容编写施工组织设计，制定具体的质量保证计划和攻关措施，明确实施内容、方法和效果；在实施质量计划和攻关措施中要加强质量检查，其结果要定量分析、得出结论；对取得的经验要加以总结，并转化为今后保证质量的标准和制度，形成新的质保措施，对暴露出的问题，则要作为以后质量管理的预控目标。

（3）通过对质量控制体系的培训与讲座，达到让全员树立精品意识的层次，沿着质量第一与质量改进的途径不断努力采取可行的措施，最终完成工程项目。

4.8 某大型项目质量保证组织措施及管理程序

4.8.1 质量保证程序

质量保证程序如图 4-20 所示。

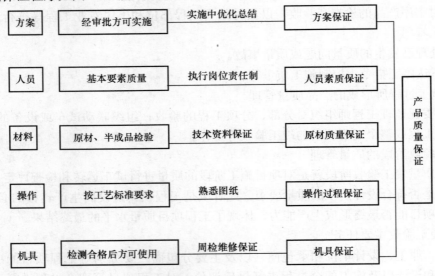

图 4-20 质量保证程序

4.8.2 过程质量执行程序

过程质量执行程序如图 4-21 所示。

4.8.3 质量管理组织措施

1. 全员参与

指承建本工程的全体员工，在实施创建精品工程的过程中，通过各种宣传手段，将创造精品的意识树立于每个员工的头脑中，自觉地以精品的意识和标准衡量和计划每一项工作，同时通过岗位责任制将每位员工的职责与精品工程的创建相联系。

2. 强化技术管理

严格执行图纸会审制度，深入了解设计意图并贯彻执行，项目技术部根据图纸会审及设计交底情况，对项目人员及分承包商进行图纸交底，使设计意图贯彻到施工中的每一个

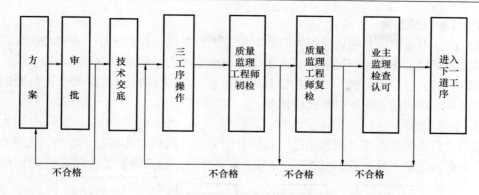

图 4-21 过程质量执行程序

工序。

3. 严格贯彻监理规程程序

施工期间严格按照建设工程规程程序办事，严格按设计图纸和国家有关施工规程规范进行施工；对进场材料进行自检和送检，并提供相应的证明材料。不合格的建筑材料、构配件和设备不能在工程上使用；坚持按施工工序施工，质量不合格或未经验收的工程，不能进行下一道工序施工。

4. 明确总承包质量职责

项目部作为本工程的总承包方，对工程的质量负责，所有分部分项工程质量均处于项目部的控制之下，并对出现的问题加以解决，及时汇报给业主和监理方。

5. 进行质量目标分解

为实现本工程的质量目标，将对总目标进行逐层分解，分解后的质量目标逐层落实至各分承包商和材料供应商，签订分承包合同和材料采购合同前，均由技术部根据分解的质量目标提出针对合同标的物的技术质量要求，这些要求将作为合同的有效组成部分，约束其质量达到设计标准和使用要求。

6. 质量样板引路制度

在分项工程施工之前，首先进行样板施工，在样板施工中严格执行既定的施工方案，跟踪检查方案的执行情况，考核其是否具有可操作性及针对性，对照成品质量，总结既定施工方案的应用效果，并根据实施情况、施工图纸、实际条件（现场条件、操作队伍素质、质量目标、工期进度等），预见施工中将发生的问题，完善施工方案。

7. 工序挂牌施工制度

工序样板验收的进行在各工序全面开始之前，配属队伍技术和质量员须根据规范规定、工艺要求等将项目质量控制标准写在牌子上，并注明施工负责人、班组、日期。牌子要挂在施工醒目部位，有利于每一名操作工人掌握和理解所施工项目的标准，也便于管理者的监督检查。

8. 过程三检制度

实行并坚持自检、互检、交接检制度。

9. 质量否决制度

对不合格的分项、分部工程必须返工至合格，执行质量否决权制度，对不合格工序流入下一道工序造成的损失追究相关者责任。

10. 成品保护制度

分阶段分专业制定专项成品保护措施,设专人负责成品保护工作。合理安排工序,工序之间做好交接工作和相应记录,下道工序对上道工序的工作避免破坏和污染。

采取"护、包、盖、封"的保护措施,对成品和半成品进行防护和专人负责巡视检查,发现现有保护措施损坏时要及时恢复。

11. 会诊制度

采用"会诊制度"与"奖惩制度"相结合的方式,做到"凡事有章可循、凡事有人负责、凡事有人监督、凡事有据可查",对每一重要分项工程都编制了管理流程(图4-22)。

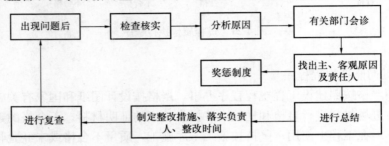

图4-22 "会诊制度"流程图

4.8.4 质量管理结果

本工程严格按《混凝土结构工程施工质量验收规范》(GB 50204—2002)和《工程建设标准强制性条文》(2002年版)进行施工,严格执行 ISO9001:2000 国际质量标准,并按照公司"精品工程生产线"的质量管理模式,编制了项目《精品工程策划书》,对"目标管理、精品策划、过程监控、阶段考核、持续改进"这五个环节进行了细致的策划,并严格实施,形成以全面质量管理为中心环节,以专业管理和计算机管理相结合的科学化管理体制,从而保证过程精品的实现以及对业主的承诺。本工程顺利通过了工程各项验收。

项目部在施工过程中严把材料关,凡进场的材料必须提供合格证、检验报告等资料,并严格按《建筑工程资料管理规程》(DBJ01—51—2003)的要求进行原材料复试,并按北京市建设委员会文件京建质(2000)578号文所要求的材料或项目做见证试验,对不合格材料或对材料有疑问时,绝对不允许用于工程上或进行下道工序。尤其是对钢材、水泥、砂石、防水材料等严格控制,本工程所采用的材料全部合格,混凝土标养强度也全部符合设计要求,结构实体检验用同条件养护试件强度符合国家有关检验标准。

为了保证本工程,项目部专门编制了《试验管理方案》,施工中严格按《建筑工程资料管理规程》和《试验管理方案》进行试块取样和材料检验,并及时汇集整理施工资料,保证了工程资料的可追溯性。

本工程所有原材料试验、施工试验结果均为合格,未出现不合格的试验报告。

1. 施工技术资料管理

为了保证施工资料与工程同步,项目部专门组织编写了《技术资料管理细则》,成立了以项目总工为首的资料管理领导小组,明确了各职能部门的责任与分工。在工程开始之初,项目部组织了对《建筑工程资料管理规程》(DBJ01—51—2003)的系统学习与培训,使每位责任者能掌握技术资料的内容及填写要求,在施工过程中,技术部对资料提供指导和督促，做到资料收集及时、与工程同步、整理规范。本工程资料均满足北京市资料管理规定的要求，施工资料和技术档案完整、齐全，且通过了城建档案馆的预审。

2. 加强过程监控

在施工过程中，本工程得到了中国人民解放军总后勤部质量监督总站的现场检查和指导，各项隐蔽工程都需经过质检站的验收后方能进行下一道工序。同时，各位专家在施工过程中提出了一系列好的建议，我项目部立即组织相关人员学习并给予采纳。同时业主工程建设办公室每日组织工程质量检查，并不定期地组织临床一线护士参与工程质量监督管理。

3. 结构验收、分部验收、竣工验收情况

本工程于2005年12月30日顺利结构封顶，并于2005年11月24日进行地基与基础分部验收，2006年3月31日进行主体结构验收。已获2005年度北京市结构"长城杯"金奖、北京市文明安全工地，并获得总公司CI形象评比银奖。2007年9月29日完成单位工程竣工验收。

在项目质量管理中，过程精品，严把"五关"关键点对创造工程精品至关重要。即：培训教育，严把工人失误关；进货验收，严把材料合格关；新型工法，严把专家评审关；过程控制，严把工序质量关；样板引路，严把验收标准关。

精细管理，"五多五少"：多一次教育培训，少一次施工错误；多一次检查验收，少一次返工整改；多一道工序检查，少一个质量问题；多一个施工样板，少一项质量隐患；多付出一份劳动，少投入一份成本。

4. 质量管理

质量管理，降本增效活动着重从以下五个方面进行了展开实施：

（1）培训教育，严把人为失误关。

一方面对作业者的质量教育，避免工人因质量要求不明确出现操作失误；另一方面对项目管理人员开展质量培训，使其明确质量相关法律法规、质量验收标准，避免出现指令错误。同时加强对劳务分包单位的资质考核和人员的资格考核，从根源上降低整改返修率，减少项目成本支出。

（2）进货验收，严把材料合格关。

严把材料进场检验关，所有进场材料、成品、半成品物资均按照规范要求进行进场检验。对于石材、不锈钢板等加工周期长、出现质量问题更换较难的大宗材料实行进场前跟踪控制，对于涉及消防安全、环保等的材料严格按照规范进行现场见证取样复试，杜绝因材料不合格造成返工拆改浪费。

（3）新型工法，严把专家评审关。

针对本项目采用新技术、新工艺、新材料较多的特点，为保证施工质量，多次邀请公司专家、领导来现场检查指导施工，并制作工艺样板进行检验论证。

（4）过程控制，严把工序质量关。

装饰施工是过程由一道道工序组成，各工序质量决定着工程的装饰质量。项目施工过程中各过程工序质量由责任工程师负责，进行全面跟踪控制，专职质量员进行监督检查，办理工序之间交接手续。

（5）样板引路，严把验收标准关。

智者千虑必有一失，纵使施工方案考虑再周全，仍不可避免地会因现场条件的改变导致方案不能很好地适用于施工，因此各分部分项工程大面积施工前必须进行样板施工，以尽早发现并调整方案中存在的技术质量问题，样板施工完毕，报相关部门单位进行验收确认。避免出现大面积的返工整改，确保过程精品，施工一次成优。

质量管理，通过对施工前、施工中的质量有效控制，确保了一次交验合格，避免返工整改，达到了项目降本增效的目标。

突出成果如下：QC活动定课题，降本增效目标化。

通过QC小组活动（课题：加强电梯井道隔墙体系减少墙面砖质量隐患），提高质量，降低成本。

通过QC小组对课题的原因分析、要因确认、制定对策及实施的过程，加强了井道隔墙的整体刚度，大大降低了电梯运行对卫生间墙砖的影响。经测算，由此节省了以后维修的人力、材料、机械的投入，为项目部节约成本约××万元。

安全管理方针："安全第一，预防为主，综合治理。"

安全组织保证体系：以项目经理为首，由现场经理、安全总监、区域责任工程师、专业工程师、各专业分包等各方面的管理人员组成安全保证体系（图4-23）。

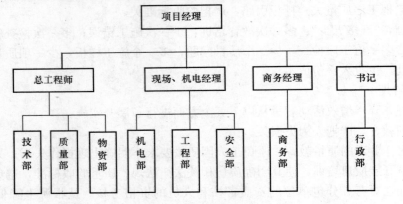

图4-23 安全组织保证体系

5. 工程安全管理

(1) 制定实施现场安全防护基本标准。

如：基坑防护标准、施工临时用电安全标准、各类施工机械和设备的安全防护标准、施工现场消防管理标准等。

(2) 建立严格的安全教育制度。

坚持入场教育、坚持每周按班组召开安全教育研讨会、坚持特殊工种持证上岗制度增强安全意识，使安全工作落实到广大职工上。

(3) 编制安全措施，设计和购置安全设施。

(4) 强化安全法制观念，严格执行安全工作文字意识等。

(5) 加强施工管理人员的安全考核，增强安全意识，避免违章指挥。

(6) 对于各种外架、大型机械安装实行验收制，验收不合格一律不允许使用。

(7) 建立定期检查制度。经理部每周组织各部门、各分包方对现场进行一次安全隐患检查，发现问题立即整改；对于日常检查，发现危急情况要立即停工，及时采取措施排除险情。

6. 分析安全难点，确定安全管理难点

安全难点集中在：

高层施工防坠落，立体交叉施工防物体打击；

塔吊、外用电梯使用中的违章操作，以及施工人员的防范意识不足；

井筒、楼梯间、楼层洞口、管道井防坠落；

外架的安全防护措施及操作前的检查、整改；

各种电动工具的不安全使用，对临电设施的维护、检修。

7. 安全教育

项目的一般安全教育包括：入场三级安全教育、转场教育、变换工种教育、特种作业人员教育、经常性安全教育、现场安全活动、班前安全讲话等。

一般安全教育由安全部统一组织、指导，各分包单位有关人员配合完成，并留存教育记录。

8. 不断强化和实施安全管理制度

项目部建立健全安全生产管理制度。如：安全生产例会制度、特种作业持证上岗制度、安全值班制度、安全技术交底制度、安全生产班前讲话制度、日检查、旬检查制度，机械设备、临电设施和脚手架的验收制度等。

第 5 章　工程项目生产安全管理与控制

5.0　总纲框图

工程项目安全生产管理与控制总纲框图如图 5-1 所示。

工程项目生产安全管理与控制是非常重要的一个命题。美国管理大师罗宾斯定义管理为：同别人一起或通过别人使活动有效地完成的过程。包括对计划、组织、领导、控制的体系进行编排。管理中的控制职能，是指管理主体为了达到一定的组织目标，运用一定的控制机制和手段，对管理客体施加影响的过程。

在管理中构成控制活动必须有三个条件：要有明确的目的或目标，如安全生产目标；受控客体必须具有多

图 5-1　工程项目安全生产管理与控制总纲框图

种发展可能性，如事物发展的未来方向是唯一的、确定的，就谈不上控制；控制主体可在被控客体的多种发展可能性中通过一定的手段进行选择，如这种选择不成立，控制也就无法实现。

如果我们的工程项目安全管控能学习到"神九"任务飞行手册那样保证人、物（飞船）、环境（内部环境）的安全精细准确，万无一失。这是工程项目安全生产进入高境界的一个向往和理想目标。为保障神九的安全升空、返回、航天员的安全，仅飞行手册就有六大类八册，包括正常飞行手册、应急与故障处理手册、操作指南、航天员行动指南、故障预案的设计等，对各行各业的安全管控都有很多不可估量的启迪。

5.1　安全生产管理控制十六项措施

安全生产管理控制十六项措施如图 5-2 所示。

第5章 工程项目生产安全管理与控制

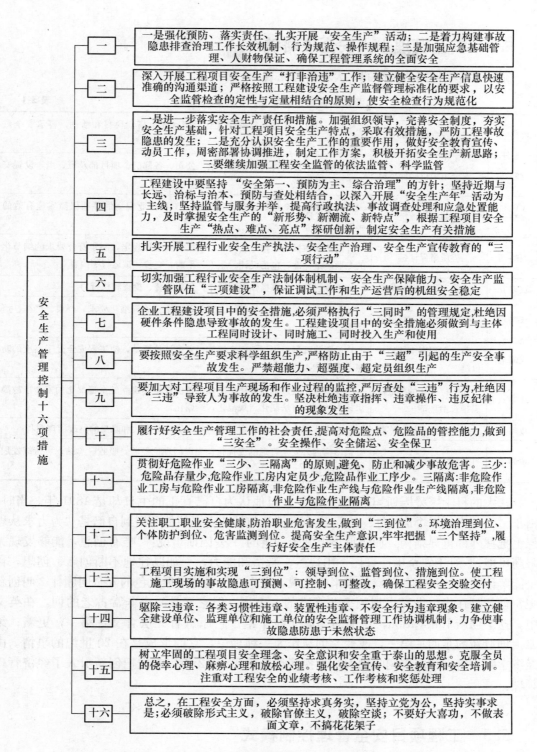

图 5-2 安全生产管理控制十六项措施

5.2 安全管理十大安全攻略链

确保工程项目安全生产的十大攻略链见表 5-1 所示。

确保工程项目安全生产的十大攻略链　　　　　　表 5-1

攻略一	安全教育培训系统链	年年、月月、日日安排安全文化教育、安全培训科目和活动,警示安全意识、理念、方针、目标
攻略二	安全组织机构保证链	建立健全工程项目安全保障体系,公司、各部门、项目部及班、组,设置安全主管、安全员
攻略三	安全制度保证链	制定总体的、全员的、技术措施的、工程作业现场的各项保障实施有效的制度
攻略四	工程质量保证链	针对不同项目的工程专业特点,根据合同条件规定,制定符合要求的细节化的专业质量标准,包括设计、施工、采购、交验、试运行等内容
攻略五	实施工程专业操作链	施工现场严格按照操作规程操作,强化监督、检查和执行力
攻略六	强化监督管理机制链	依据国务院、政府主管部门、行业等安全监管标准化要求,严肃、严格、严厉地进行
攻略七	建立工程安全评估评价链	自始至终开展对工程的安全评估、安全评价活动,使工程安全处于高度的防患于未然状态
攻略八	建立标准化的事故隐患排查治理链	根据国家、行政部门等法律法规、条例规定等建立健全标准化的安全事故隐患排查治理链(法制化、规范化、细则化)
攻略九	健全紧急救援预案链	投入人、财、物及整合资源和力量,保障对事故和隐患的整改治理顺利
攻略十	工程安全科技创新链	借鉴国内外安全管理的现代化、先进的理论经验,吸收、总结、可持续发展等理念

伟大的科学家爱因斯坦生于 1879 年,但他认为自己真正的生日却是 1891 年。当时,由于"三角形的三个高交于一点"这一平面几何的断言,使他领悟到自己是"为力求从思想上把握外部世界结构,而到世界上来走一遭的。"爱因斯坦说:"唯有创想,能够发现无限新可能。"对于安全生产管控,用智慧、激情和能力,一如既往地不断创新、创想,肯定能解读当前的现实和前瞻的未来中发现、发生、发展的形形色色的安全问题什么叫创新呢?创新是在当今世界出现频率非常高的一个词,但它又是一个非常古老的词。在英文中,这个创新 Innovation,这个词起源于拉丁语。它原意有三层含义:第一,更新;第二,创造新的东西;第三,改变。创新作为一种理论,它的形成是在 20 世纪的事情。由经济学家、管理学家美国哈佛大学教授熊彼特,于 1912 年,首次把创新引入了经济管理领域。

5.3 工程项目安全管理控制模式

5.3.1 工程项目安全管理模式参考资料

工程项目安全管理模式参考资料如图 5-3～图 5-5 所示。

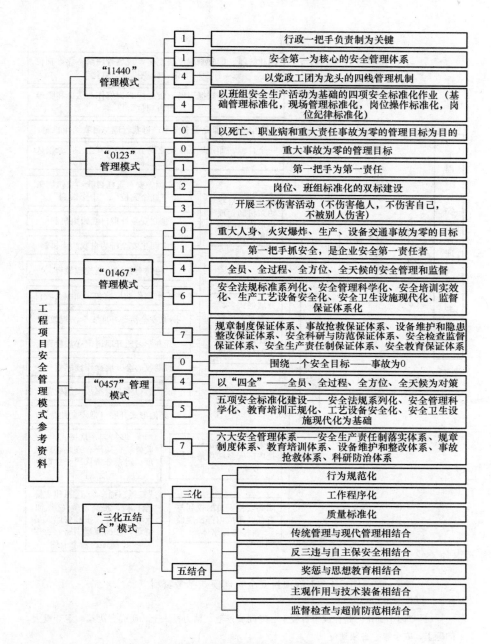

图 5-3 工程项目安全管理模式参考资料（1）

注：
(1) "0123" 管理模式是 1989 年由鞍山钢铁公司创立并经专家论证通过获得 "国家劳动保护科学技术进步奖"。
(2) "01467" 管理模式是燕山石化总结的一种安全管理模式。
(3) "0457" 管理模式由扬子石化公司创建。
(4) "三化五结合" 模式由抚顺西露天矿创立。

5.3.2 工程事故发生的基本模式和致因的分析法

工程事故发生的基本模式和致因的分析法如图 5-6、图 5-7 所示。

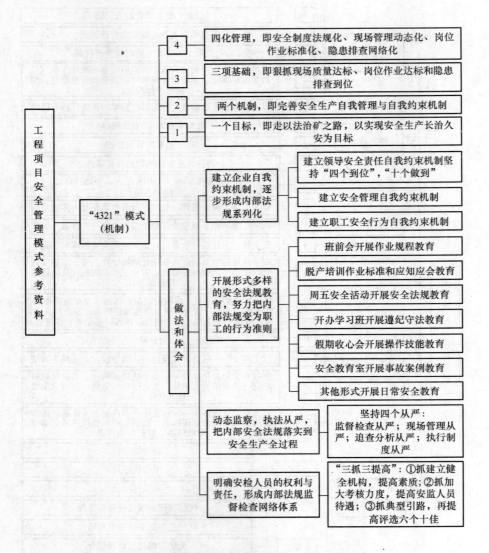

图 5-4 工程项目安全管理模式参考资料（2）

注：

（1）"四个到位"是在议事日程上、时间安排上、精力投入上、研究、决策、定夺重大问题上，安全第一必须到位。

（2）"十个做到"必须亲自主持召开安全办公会议，亲自参加各种安全检查，亲自听取重伤以上事故的分析处理专题汇报，亲自监督重大隐患的排查，按规定健全安全机构，配齐安检人员，提取安全基金，完成下井任务，在各项工作验收考核和提拔任用干部时，坚持安全一票否决制。坚持安全绩效与各级领导的"面子"、"票子"、"帽子"挂钩。坚持三级责任安全工作评估和述职制度。

（3）"4321"模式是晋城矿务局安全生产持续稳定发展总结出的管理模式。经历了三个阶段：一是事后追踪、亡羊补牢阶段。二是系统管理、齐抓共管阶段。三是以法治矿、超前防范阶段。

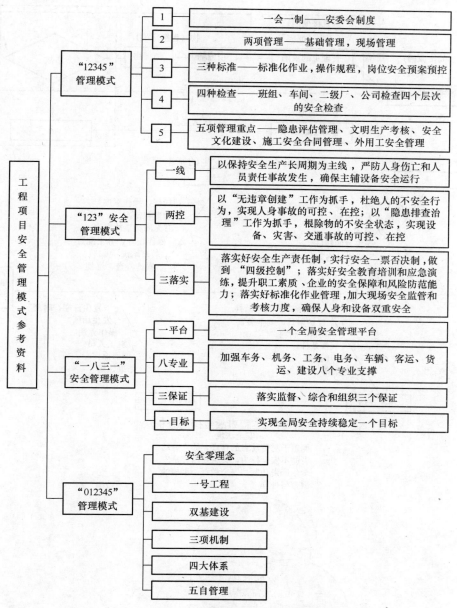

图 5-5 工程项目安全管理模式参考资料（3）

注：
(1)"12345"管理模式由济南钢铁公司创立。
(2)"123"安全管理模式。
(3)"一八三一"安全管理模式是铁道部应用最广的安全管理模式。
(4)"012345"管理模式是永煤集团在安全生产方面形成的独特的管理模式。

5.3.3 工程项目安全控制模式

所谓工程项目安全控制，是要求企业和项目部（组）采取措施使工程项目的施工安全、人身安全和财产安全中没危险，不出事故（图 5-8、图 5-9）。

总括起来是人的不安全行为和物的不安全状态是酿成事故隐患的直接原因

工程项目安全控制的基本原则如图 5-10 所示。

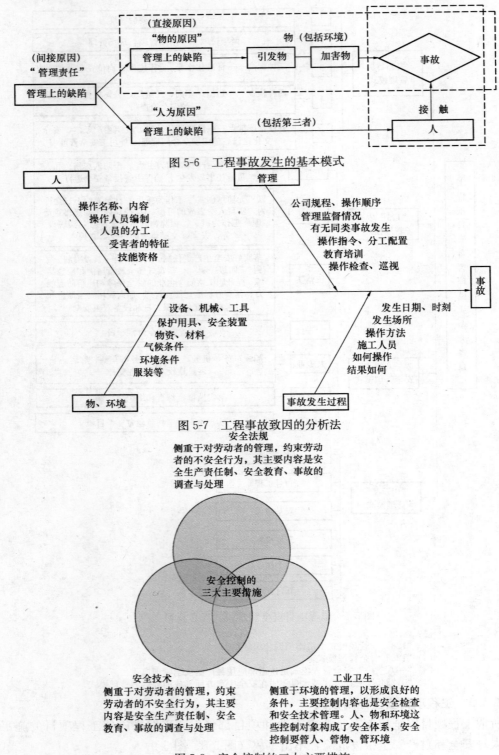

图 5-6 工程事故发生的基本模式

图 5-7 工程事故致因的分析法

图 5-8 安全控制的三大主要措施

第 5 章 工程项目生产安全管理与控制

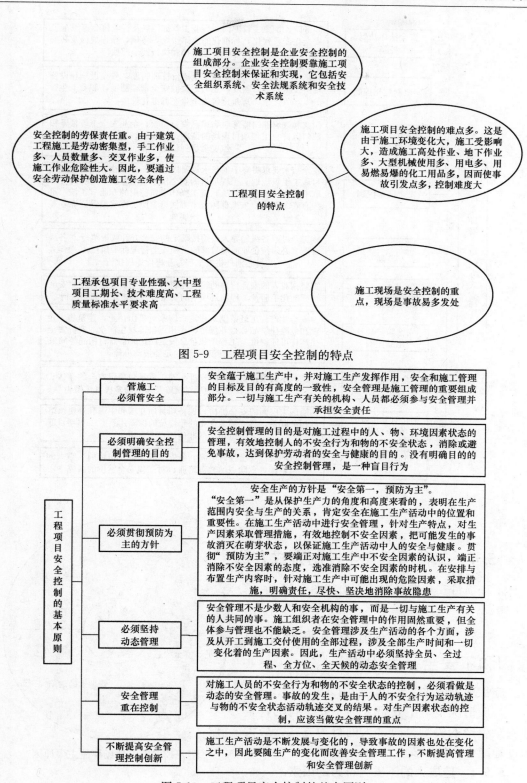

图 5-9　工程项目安全控制的特点

图 5-10　工程项目安全控制的基本原则

上篇 安全篇

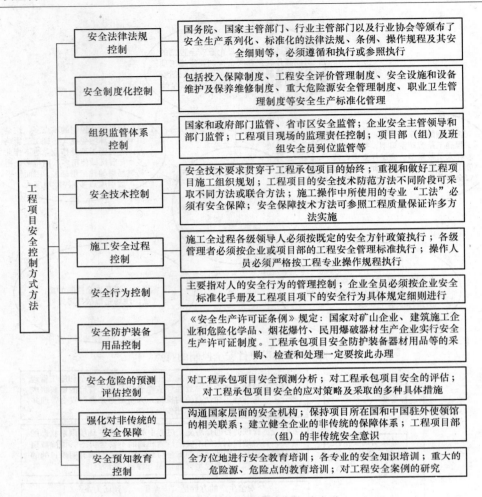

图 5-11 工程项目安全控制方式方法

5.4 工程项目安全控制方式方法

工程项目安全控制方式方法如图 5-11 所示。

5.5 施工现场事故隐患产生的原因和不安全行为因素

施工现场事故主要原因如图 5-12 所示。

一般情况下，主要是人的不安全行为，企业安全生产的关键是改善人的行为方式，最大限度地减少人的不安全行为。

5.5.1 造成人的不安全行为的因素

造成人的不安全行为的因素如图 5-13 所示。

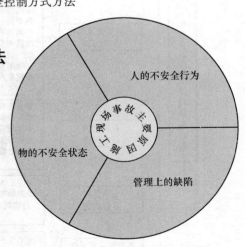

图 5-12 施工现场事故主要原因

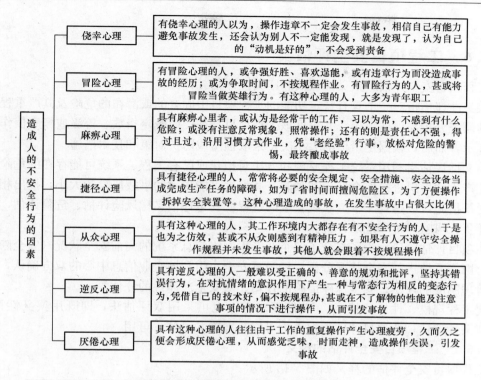

图 5-13 造成人的不安全行为的因素

5.5.2 不安全行为控制的七项改进措施（不限于）

不安全行为控制的七项改进措施（不限于）如图 5-14 所示。

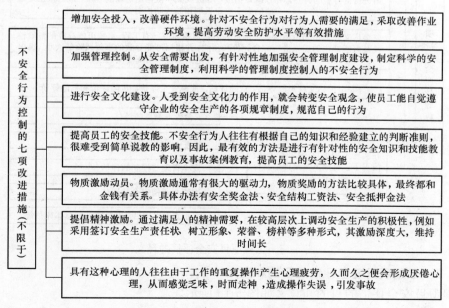

图 5-14 不安全行为控制的七项改进措施（不限于）

5.6 工程项目安全评估

工程项目安全评估分狭义性评估和广义性评估二种。

狭义性评估指对一个具有特定功能的工程项目中固有的或潜在的危险及其严重程度所进行的调查分析与评估评价，并根据该工程项目特征，以既定指数、等级或概率值作出定量的表示，而后，根据定量值的大小决定采取预防或防护对策和技术措施。

广义性评估指利用系统工程原理和方法对拟建或已有工程、系统可能存在的危险性及其可能产生的后果进行综合评价和预测，并根据可能导致的事故风险的大小，提出相应的安全对策措施，以达到工程、系统安全的过程。安全评估又称风险评估、危险评估，或称安全评价、风险评价和危险评价。

在项目评估阶段，为了充分了解企业专用网络信息系统的当前安全状况（安全隐患），需要对网络系统进行安全状况分析。经我系安全小组和该企业信息中心的双方确认，如对安全管理制度的评估、安全保障措施的评估、对安全总体性的评估等。

视工程规模、性质、特点、功能要求等，也可采用双评估法，即既用狭义性评估、又用广义性评估，使项目评估数据更为可靠、准确、可信、可用。

5.6.1 工程项目安全评估的释义

工程项目安全评估的释义如图 5-15 所示。

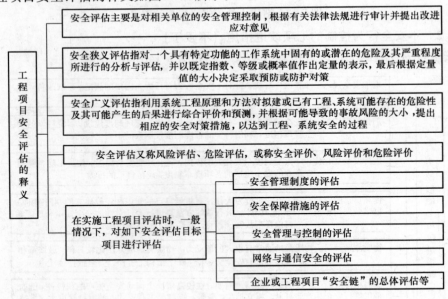

图 5-15 工程项目安全评估的释义

5.6.2 工程项目安全评估的目的和意义

工程项目安全评估的目的和意义如图 5-16 所示。

5.6.3 工程项目评估流程和步骤

工程项目评估流程和步骤如图 5-17 所示。

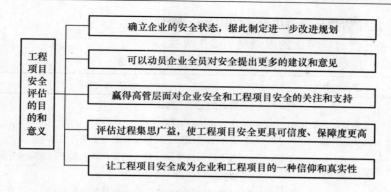

图 5-16 工程项目安全评估的目的和意义

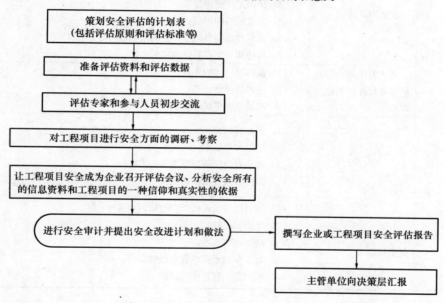

图 5-17 工程项目评估流程和步骤

5.6.4 安全评估与传统安全审计的主要区别

安全评估与传统安全审计的主要区别见表 5-2 所列。

安全评估与传统安全审计的主要区别　　　　表 5-2

特　征	安全评估	传统安全审计
1. 观察不安全的行为（行为举例）	是	是
2. 观察不安全的工作条件	有时	是
3. 总结过去的安全绩效	是	不
4. 对员工在区域安全程序方面的知识进行评估	是	不
5. 评估管理层行为对安全的影响	是	不
6. 审核当前的安全工作现状（审计、安全会议、奖励和专项计划）	是	不
7. 在最终报告中指出需要改善的工作条件	有时	是
8. 在最终报告中指出当前存在的不安全行为	有时	是
9. 报告中包括了加强安全工作的建议	是	是

5.6.5 决定评估参与者时应考虑的因素

决定评估参与者时应考虑的因素见表 5-3 所列。

决定评估参与者时应考虑的因素　　　　　　　　　　　　　　　　　　表 5-3

可能的参与者	潜在的角色	传统安全审计
某个管理者或员工	实施评估并提出初步的实施计划	(1) 简单的工作安排； (2) 执行评估的时间； (3) 真正的或理解上的偏见可能会影响评估结果； (4) 基于以前的经验，参与的管理者或员工可能需要广泛的培训
设计团队	实施团队评估	(1) 赢得更广泛的支持； (2) 最终的结果会比个人单独评估的效果更好； (3) 协调工作更加复杂； (4) 完成的时间可能更长； (5) 团队成员经常需要广泛的培训或指导； (6) 可能需要来自外部顾问的支持
设计团队	团队对中期评估的结果和最终结果进行审核	(1) 赢得更广泛的支持； (2) 更好的最终结果； (3) 可能花费更长时间
外部顾问	实施第三方评估	(1) 增加客观性； (2) 增加短期成本； (3) 通常有助于获得管理层的支持； (4) 顾问必须有足够的经验
外部顾问	为设计团队或个人提供帮助	(1) 顾问能提供评估所需的培训和支持； (2) 增加客观性； (3) 增加短期成本； (4) 通常有助于获得管理层的支持； (5) 顾问必须有足够的经验

5.6.6 安全评估表

安全评估表见表 5-4 所列。

安全评估表　　　　　　　　　　　　　　　　　　　　　　　　　　表 5-4

提出的问题	评估的标准
1. 工作区域内定期举行安全会议吗？多久开一次？有怎样的意义	1. 经理人员和员工应每周召开一次安全例会，内容包括对安全数据、紧急预案和微小事故等进行讨论
2. 主管和经理人员定期与员工就安全问题进行讨论吗？多长时间一次	2. 除安全会议外，主管们应每周进行一次与每个员工就工作中的安全问题进行讨论
3. 工作场所有正式的安全审计或观察流程吗？多长时间一次？都有谁来参加	3. 主管和经理人员每天或每周进行安全观察，并对安全数据进行正式地收集；员工也应进行定期的安全检查
4. 安全观察的重点是放在行为上还是放在工作环境上？是发现问题还是判断员工行为正确与否？在流程中取得的数据属于哪种类型	4. 安全观察的重点应放在判断员工行为是否正确，以及哪些做的正确上。可以把这些数据制作成安全行为百分比或安全指数的图表

提出的问题	评估的标准
5. 工作区的员工是否把观察数据制成图表并进行了审核	5. 观察数据应被制成图表放于工作区内。对观察图表和观察数据的总结应在安全会议中被讨论
6. 怎样评价主管们对安全系统的参与程度	6. 对主管人员在其负责区域内的定期安全观察工作进行评估。评估包括他们在安全会议上是如何组织讨论,以及如何对安全数据进行团队审核的
7. 为每个工作区域设定的安全目标是什么类型	7. 安全目标应聚焦在流程改进上,而不只是力求事故数量的减少。主管和员工应该以安全观察或其他安全数据为基础,为他们工作的区域设定安全改进目标
8. 在工作区,人们对"微小事故"是如何进行界定和处理的	8. 工作区有鼓励员工识别微小事故的行动方案,这些方案应该在安全会议上进行讨论,并与其他班次和工作区的员工进行沟通。员工可以把这些事例当做录像、幻灯片或其他培训材料的素材
9. 提供了什么类型的安全培训	9. 在新员工开始工作前,就要先给他们提供正式的培训。培训材料中应包括一份由主管制定的正式岗位工作检查表。此外,操作工每年应在其单位内重新进行上岗认证,并通过所需的职业进修课程。专项培训被安排在安全会议上,以便说明在安全观察中应注意的事项,以及哪些属于微小事故。新上任的主管、经理人员和员工应接受有关如何参与观察流程的正式培训
10. 制定什么样的安全奖励方案才是恰当的	10. 安全奖励流程为在安全改进工作中取得的成功和员工的积极参与提供了表彰和庆祝方案。例如,对达成预订目标的团队给予奖励,对在工作区域内报告了微小事故并完成全部观察计划的个人给予奖励。给予奖励的依据并不只是在过去几个阶段内没有发生事故
11. 通过比较安全产出和安全成本,经理人员与主管应怎样去宣传安全的重要性	11. 经理人员和主管通过明确的声明来表达安全的重要性。不管情况如何,这些声明在全体会议或团队会议上都应保持一致。在每次会议上,安全都应是第一项议程。安全也是所有人事决策中首先要考虑的因素(这再次强调了安全管理流程的重要性,它并非简单的事故统计)
12. 员工怎样才能发现工作区域内的安全隐患?对发现的安全隐患是怎么处理的	12.(1)无论是通过提出安全建议还是举行安全会议,企业都应在工作区建立一套安全建议系统,以此来鼓励员工发现安全隐患。安全建议可以是署名的,也可以是匿名的。安全委员会应在工作区域的公告栏上对所有的建议作出回应。署名的建议也可以成为安全表彰和奖励的依据。 (2)安全团队应建立一个解决问题的工作流程,以及一个清晰的便于使用的工作指南,用来评估安全文化问题、分析观察数据、找出发生微小事故和事故的原因。此外,安全团队还应跟踪研究重大的问题,直到其得到解决,并坚持将当前状况下的安全隐患清单在公告栏上张贴出来。管理层应关注维修工作,确保与安全相关的维修问题得到及时解决

5.6.7 评估报告与汇报的建议提纲示例

评估报告的提纲

一、介绍情况并进行评估总结

二、介绍评估方法

三、评估我们目前的安全流程

(借助检查表中的内容来确定最好的标题)

1. 安全会议
2. 安全审计或观察工作
3. 安全奖励措施
4. 管理层的做法
5. 数据分析

四、改进意见

1. 团队流程
2. 实施步骤

(1) 确认安全行为
(2) 建立安全观察流程
(3) 设计信息反馈与员工参与程序
(4) 制定安全奖励计划
(5) 安全问题的解决路径与持续改进方向及建议

5.6.8 工程项目施工的安全性评价体系示例

工程项目施工的安全性评价如图 5-18 所示。

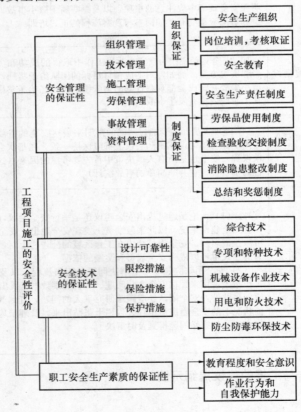

图 5-18 工程项目施工的安全性评价体系示例

5.6.9 工程项目施工安全性评价项目示例

工程项目施工安全性评价项目示例见表 5-5 所列。

工程项目施工安全性评价项目示例 表5-5

序次	类项名称	分项名称	标准分值	子项总数（否决项数）	子项名称
1	安全管理（400分）	安全生产组织管理	30	3(2)	①安全生产保证体系；②安全生产目标；③《安全施工许可证》与《施工企业资格审查认可证》
2		安全生产责任制	50	5(5)	①各级人员安全责任；②各部门（系统）安全责任；③交叉作业安全责任；④租赁关系安全责任；⑤安全责任落实情况
3		安全技术管理	50	4(2)	①安全技术措施与方案；②安全技术交底；③设施、设备与重要护品检验；④新技术；⑤新工艺的总结与推广
4		安全教育	60	9(3)	①新工人入场三级教育；②转场教育；③交换工种教育；④特殊工种教育；⑤班前安全活动；⑥周一安全活动；⑦特殊情况教育；⑧管理人员教育；⑨外协（分包）管理人员教育
5		特种作业管理	30	4(1)	①特种作业持证上岗情况；②特种作业证件管理情况；③各部门协作情况；④年审复验、换证与体验情况
6		奖罚措施	30	2	①安全生产奖励情况；②违章违纪处罚情况
7		劳动保护管理	30	4(1)	①重要护品的定点使用；②个人护品的发放与管理；③劳动保健执行情况；④女工与未成年人的劳动保护
8		工伤事故管理	20	3(2)	①工伤事故的调查统计与报告；②工伤事故的处理；③未遂事故的处理
9		安全生产检查	40	3(1)	①安全生产检查制度执行情况；②领导安全值班情况；③隐患整改情况
10		资格认证	30	2(2)	①各级、各类人员安全认证情况；②各专业施工与分包队伍安全资格认证情况
11		安全管理资料	30	3	①各部门协作关系；②安全资料；③专职安全资料员的配置
12	安全防护（300分）	基础施工安全防护	30	2(1)	①土石方工程的安全防护；②挡土墙、护坡桩、大孔径桩及扩底桩施工的安全防护
13		脚手架作业安全防护	70	14(6)	①脚手架材质；②立杆基础；③架体与建筑物拉结；④防护栏杆及踢脚板或立网（2m以上）；⑤施工层脚手板铺设；⑥剪力撑设置；⑦脚手架分段验收；⑧脚手架宽度；⑨立杆、大横杆及小横杆间距；⑩荷载；⑪杆件搭接；⑫斜道；⑬满堂红架子的搭设；⑭独立柱架子的搭设
14		工具式脚手架作业安全防护	20	2	①插口架子的搭设；②吊篮架子的搭设
15		井字架与龙门架	60	12(6)	①限位保险装置；②缆风绳；③钢丝绳；④楼板卸料平台防护；⑤吊盘及其自动联锁装置；⑥井字架与龙门架安装验收；⑦架体；⑧传动系统；⑨进料口防护；⑩上下联络信号；⑪卷扬机操作棚；⑫避雷
16		三宝	20	3	①安全帽；②安全网；③安全带
17		临边与洞口防护	35	4(3)	①临边作业安全防护；②楼梯口、电梯口防护；③预留洞口、坑井口防护；④通道口防护
18		高处作业防护	30	3(2)	①攀登作业防护；②悬空作业防护；③高处作业防护
19		料具存放安全要求	20	3(1)	①料具存放；②化学危险品储存；③压力容器存放
20		施工现场与安全标志	15	3	①施工现场道路；②对外防护；③安全标志

5.7 发达国家安全管理与控制的启示

发达国家安全管理与控制的启示如图5-19所示。

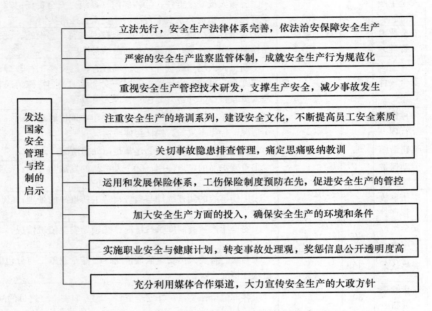

图5-19 发达国家安全管理与控制的启示

英、美、法、德、日等发达国家安全管理简介：

工业发达国家在安全和建设工程安全治理方面已经有一百多年的历史，也是几经反复才发展到了今天的规模和水平，现已形成了比较科学的符合市场经济条件的机制和制度，在法律手段、经济手段等各方面积累了不少经验，每一个国家建设工程安全的现状和发展都与其历史文化传统、经济发展以及技术治理水平有着十分密切的关系。研究和了解各国的不同做法和特点，有利于我们更加深入和全面地理解建设工程安全治理的目的与意义，有利于我们在汲取经验和教训的基础上探索自己的发展道路。

安全问题是伴随着社会生产而产生和发展的。只要有生产就会有不安全的因素，就会有防止危害、保护劳动者安全的要求。从18世纪中叶到现在，美国和英国等发达的资本主义国家，在建设工程安全治理方面都已经有了长足的发展，并且取得了巨大的成功。由于安全治理和安全技术在本质上的一致性，因此，研究和借鉴发达国家的历史经验可以使我国在建设工程安全治理方面少走许多弯路，也可以在此基础之上完善我国的建设工程安全治理模式，减少各类事故的发生。

1. 美国的建设工程安全治理

美国没有独立的建设行政主管部门，政府对建筑活动的治理，与对其他商业活动的治理一样，主要是通过法律手段实现的。美国专门针对某一行业或市场的法规很少，企业行为的基本规则一般都受综合性经济法规的制约。建筑治理也不例外：主要是通过综合性法规、行业技术标准和规范进行治理。

美国建设工程安全治理属于整个职业安全与健康治理的一部分。政府对职业安全与健康非常重视,把通过各种努力保证全国每个劳动者的健康和安全作为安全治理的最终目标。在策略方面,美国把制定"职业安全健康标准"作为职业安全健康工作的基础与核心,强调根据严谨而详尽的法规标准和技术条例对雇主的活动进行严格的检查、帮助和处罚。尽管 OSHA 赞同有针对性的工作现场的安全与健康计划是预防伤害事故的根本措施,并且努力促进安全计划的发展和实施,但是又强制要求雇主不打任何折扣地执行 OSHA 制定的各种标准。

美国的建设工程安全相关法律属于整个职业安全与健康法律体系的一部分。美国目前的职业安全与健康法律体系分为三个层次:第一层是基本法——职业安全与健康法,明确了职业安全与健康的各项基本原则,成立了治理机构体系;第二层是 OSHA 制定的严格、细致的各项标准,不但明确了安全与健康措施的各个细节,甚至对各行业应该采取的不同的工程措施也作了具体规定;第三层是 OSHA 标准的行动指南。

1970 年颁布的《职业安全与健康法》(OSH Act)是美国现有的职业及建设工程安全法规体系的基础。该法案适用于制造业、建筑业、海运、海洋工业、农业、法律、医药、慈善事业、有机构(项目)的劳动者和私立学校等。但是不适用于个体户、只有家人自己工作的农场以及受其他联邦法律非凡规定的社会成员。

《职业安全与健康法》(OSH Act)赋予了职业安全健康局(OSHA)制定标准的权力。OSHA 标准中既有属于一般安全与卫生治理原则的规定,又有各行业技术细节的要求,内容完善、覆盖面广。Federal Register(联邦注册)是查找关于 OSHA 标准的信息的最好资源,因为所有的标准一旦通过、修订或废止都要在那里发表。

OSHA 标准可以分为四个主要类别,如图 5-20 所示。

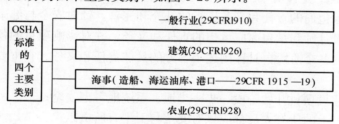

图 5-20 OSHA 标准的四个主要类别

有些标准只适用于该类别,另外一些则通用于所有的行业。

2. 英国的建设工程安全治理

英国作为市场经济发达的资本主义国家,与美国的状况相似,政府主要通过法规手段规范建筑市场。英国的建设工程安全治理也属于职业健康与安全治理体系的一部分,而英国健康与安全法律的悠久传统已经有 150 多年历史了。

政府安全治理的目标是:保证职业工人的健康、安全和福利;保证可能会受到生产影响的公众的健康和安全;控制危险物质。英国对职业健康与安全的治理策略可以概括为两个方面:一是通过健康与安全法律及辅助法规体系的作用提供一个良好的法律环境,使得各行业和各企业在其中负起各自应该的安全与卫生责任。这也就是"自我规管"(Self-regulation)的概念。二是通过各种手段鼓励雇员的参与,也就是说安全不仅应该是雇主和高级治理人员的责任,也应该是实际参与工作的雇员的责任。

英国现有的健康与安全法规是在 1974 年《劳动健康安全法》(HSW Act) 引入的灵活的法规体系的基础上发展起来的。其法规体系可以分为四个层次:第一层是基本法——劳动卫生安全法,明确了雇主和其他干系人的基本安全责任,并且成立了治理机构体系;第二层是行政法规,通过设立标准的形式明确了各行业各企业所应该达到的安全治理目标,但并没有规定为了达到目标而需要采取的措施;第三层是官方批准的实践规范,由各行业自己起草,具体描述并推荐行业中能够达到法律要求的比较好的安全实践形式的各个方面,但并不做硬性要求;第四层是指南和标准,作为雇主采取安全措施时的建议和指导。

在这个体系中,《劳动健康安全法》(HSW Act) 是由 Roberts Committee 在关于健康和安全主要工作回顾的基础上发展来的,提出了闻名的"Robens 理念",即用成文法典作为基础来代替零散的工作现场的安全与卫生标准以改变人们对安全的态度。它的适用范围包括治理层、雇员、自由职业者、雇员代表、现场治理者和工厂设备材料的制造者。该法案也保护公众的安全,因为这些公众可能被工人的活动影响到。

英国法律的发展受欧盟法律的影响很大。欧盟法律要求每个成员国要"注重鼓励改善工人,注重工作环境的健康与安全"。大部分欧盟法律的实施是通过"欧盟指示"(European Directives) 的形式实施的,要求所有成员国遵守。欧盟指示规定了所要达到的目标,而具体的途径和办法可以由各成员国自行制定。近些年来,英国大部分健康与安全方面的法规已经要求遵守"欧盟指示"。

1994 年颁布的《建筑(设计与治理)条例》[Construction (Design and Management) Regulations:CDM] 是针对《工作安全与健康治理条例》在建筑业方面有关雇主、计划总监、设计者和承包商的责任和义务进行的补充和完善。针对安全与健康,重新考虑了雇主、计划总监、设计师和承包商应承担的责任和义务,并对影响项目的各个方面,从项目立项到交付使用的各个阶段,具体阐述了各方的具体责任和义务。它主要具有以下一些基本原则:

(1) 应该从建设项目开始阶段一步一步地、系统地考虑安全;
(2) 建设项目上的所有人员都应该对安全与卫生有所贡献;
(3) 从项目开始阶段就应当对安全与卫生治理进行适当的规划和合作;
(4) 对项目安全问题的规定和控制应当由可以胜任的人员完成;
(5) 应当保证项目所有参与各方的充分交流和信息共享;
(6) 对于安全信息必须做正式记录以备将来使用。

1996 年英国又颁布了《建筑(健康、安全和福利)条例》[Construction (Health, Safety and Welfare) Regulations:CHSW96L,该条例旨在通过对雇主及所有影响工程施工各主体的法律约束,保护建筑工人和可能受工程影响的人员的安全。其中强调了两个以上雇主在同一个施工现场工作时,必须相互确认其各自所承担的责任和义务。这一点非常适用于建筑业多个承包商共同工作的特点,比如总包商很轻易忽视其脚手架分包商的搭建和拆除工程的安全控制。

3. 法国:光靠制度是不够的

在人们的印象中,法国是生产安全事故发生较少的国家之一。然而,2004 年 5 月 23

日，法国巴黎戴高乐机场 2E 候机厅一段走廊的顶棚坍塌，造成包括两名中国公民在内的 4 人死亡事故却让人们记忆犹新。本应成为法国人骄傲的候机厅造价不菲，刚刚交付使用一年，却因这起事故让所有法国人心痛。痛定思痛，机场方面最终作出了推倒重来的艰难抉择。走廊除了 30m 长的事故段，其他部分经检测仍然耐用，一些专家曾建议其他部分进行修复加固。但由于这种方案不能保证万无一失，机场最终决定将发生事故的那段走廊全部拆除重建。

事实上，在生产活动中，发生事故是难免的，关键在于如何将今后可能出现的损失减小到最少。举一反三，甚至推倒重来，是法国安全生产观念的一个重要体现。

1999 年，法意两国间的勃朗峰隧道曾发生死亡 39 人的重大火灾。事故后，隧道公司在其附近的所有隧道都花巨资重新翻修安全设施，加装了报警灯，并改善了疏散系统等。2005 年，勃朗峰隧道附近的弗雷瑞斯隧道也发生事故。该事故与上次勃朗峰事故有许多相似性，比如一辆运载易燃物品的汽车着火、火势迅速蔓延等，但这次的损失要小得多，仅造成两人窒息死亡，可以说新的安全设备发挥了一定作用。

在法国，每一次重大事故都会进一步加强有关方面的预防工作。这不能不说是痛定思痛后的一种觉醒，法国人正是靠着这种觉醒，不断地改进着自己的各种生产安全措施。比如，在全国成立较独立的工作监察处，负责对企业安全工作进行日常监察。与此同时，法国国家安全研究中心不断开发新的安全技术。另外，法国对发生事故的企业还加收分摊费。法国安全生产的法律也非常完善，这些都会进一步加强责任人对事故的认识。

格里博达是欧洲科学院建筑艺术领域的院士，对于戴高乐机场候机厅事故，他认为可以吸取的教训是：有了施工安全监督程序，并非万事大吉。如果每个环节都有松懈，累积起来仍可能导致事故发生。

格里博达说，不能过分相信制度，制度是死的，在实际设计和施工中会出现许多制度以外的新问题，因此需要强调人的主动因素。不能把所有的风险都归结于制度而忽视人的能动性，这是机场方面需要反省的。

在法国，法律规定施工企业的老板是生产事故的责任人，出了事故，要被追究经济和法律责任，事故责任的判定无疑有利于人们进一步认识工作流程的人为薄弱环节，并引以为戒。

4. 德国：建立不同级别应急预案演练

在德国首都柏林，危险等级被分为普通险情、异常险情和重大灾害 3 个级别。不同险情的救援抢险方式、各部门的分工和投入的力量也不尽相同。

柏林州内政部安全与秩序局设有重大灾害防护处，负责协调重大灾害的预防以及灾害发生后的救援抢险措施的实施。重大灾害防护处执行官员诺贝特·施密特在接受新华社记者采访时说，任何可能发生潜在危险的机构、设施都必须有内部和外部两套应急预案。

以加油站为例，内部应急预案涉及在发生火险的情况下，现场人员如何逃生、报警等。外部应急预案则确定了采取抢险措施的责任人、与警方和消防队联系的责任人。应急预案中，从发现警情到报警以及其他各个环节应采取哪些措施，消防通道入口设在何处以及实施外部应急预案应做何种准备等都十分明了。在柏林，各大医院也有一整套的应急预案，以备在重大人员伤亡情况下实施紧急救助。

在各级险情中，普通险情包括火灾、爆炸、洪水等涉及公共安全与秩序的突发事件，主要由柏林市政管理部门和警方负责解决。为此，市政管理部门和警方必须随时准备投入救援，还要有一整套在不同险情发生后的相应处置方案。

参与抢险的各有关部门对抢险措施必须互相通气、彼此协调，通常要在现场设立一个联合救援指挥部。具体的抢险方案要得到现场联合救援指挥部所有救援参与方的认可。联合救援指挥部的任务包括：明确各方任务和职责，确定抢险方案，随时进行险情评估以及向社会发布信息等。

异常险情包括飞机失事、大型集会活动中的突发事件、危险品运输、有毒或放射性物质扩散、重大疫情以及异常天气灾害等。除了警方和消防部门外，异常险情往往还需要非政府救援组织的参与，例如德国红十字会和德国救生协会等，必要时还需要军队、联邦技术救援机构和邻近其他州派出救援力量。

重大灾害由于有可能涉及众多人员的伤亡，或者对环境和设施造成异常破坏，仅凭借市政管理部门的人力物力已经无法应对。重大灾害防护机构包括柏林州当局及其下属的市级、区级政府部门和柏林消防队、警方以及其他相关机构。如果灾害规模巨大需要外部支持时，包括联邦技术救援机构、联邦边境保卫局、军队以及邻近其他州都将提供紧急支援。

柏林州内政部新闻官员塔季扬娜·珀尔对记者说，州内政部与联邦及各州有关机构和红十字会等救助组织共同设有不同的协调委员会。州内政部安全与秩序局同时还对柏林警方和消防队行使监察职能，并与它们密切合作。重大灾害防护处还要经常与警察局、消防队等部门进行磋商，帮助他们制定灾害预防计划和抢险救灾方案。

珀尔说，在重大灾害警报发出后，柏林州内政部将立即负责成立救援指挥中心，协调现场联合救援指挥部与其他救援部门的行动，并向公众和社会发布信息等，以尽最大努力减少重大灾害所造成的破坏。

5．日本：完善法规确保安全生产

日本政府多年来在一切经济活动中通过制定和完善有关法律法规，实施一系列的安全对策和措施，使生产过程中的事故大幅下降，伤亡人数不断减少，成为世界上安全生产成本最低的国家之一。

20世纪50年代以后，随着经济的发展，工业化水平的提高，日本的安全生产问题突显，工伤死亡人数剧增。1961年，日本在生产过程中因事故死亡人数曾达到6712人。为了减少生产过程中伤亡事故的发生，日本政府制定了《劳动安全卫生法》、《矿山安全法》、《劳动灾难防止团体法》等一系列法律法规。由于法律健全、措施得当、各方重视，日本的生产安全问题基本得到了有效控制。2003年，日本工矿业在生产过程中死亡的人数只有307人，而2006年全年的交通事故死亡人数为6352人，是近51年来首次回落到6500人以下。相比而言，工矿业事故死亡人数要比交通事故死亡人数少得多。

日本《劳动安全卫生法》规定，所有独立进行生产活动的企事业单位都必须建立劳动安全生产体制，任命或指定劳动安全卫生负责人，监督和指导企业的安全生产工作。企业内的各个车间和班组还必须设置安全卫生管理员、作业主任等具体实施安全生产措施的人员。同时，有50名以上职工的企事业单位必须配备自己的医生，负责企业员工的健康和卫生，维护和管理作业环境，调查影响健康的原因和采取防止事故再次发生的措施等。

日本《矿山安全法》规定，矿主必须防止矿井的塌方、透水、瓦斯爆炸和矿井内火灾等各类事故。一旦发生事故，矿主必须迅速有效地组织救护，并最大限度降低危害。这项法律在颁布后还经过了多次修改完善，现在已经成为日本矿业生产安全的保护神。

日本的井下作业指导思想是安全第一、生产第二。日本矿业公司在安全问题上的投入最多，所以日本矿井的安全和应急措施可靠有效。日本的煤矿每个季度都要进行模拟安全撤退训练，井下的避难设施中随时都配备必要的设备和物资，即使发生事故，也能及时采取措施，将事故损失降到最低程度。2003年，日本矿工只有14人死亡。

实际上，比制定安全生产法律法规更重要的是建立一支强有力的安全监督队伍，以防患未然。根据《矿山安全法》，日本建立了一整套独立的矿山安全监察体系，实施高效的监督管理。监察人员严格按照有关法律，对安全业务、设施状况、应急机制等进行检查，发现问题立即彻底解决。

值得一提的是，日本的监察机构十分重视安全的超前管理和过程管理。不要等事故发生以后再去调查、追究责任，而是要事先监督、落实各种防范措施，消灭事故隐患。因此，日本矿山在实施某些特殊的项目时，必须事先制定方案，并报政府安全监督部门批准。在实施过程中，政府安全监督部门的人员现场监督指导，有效地防止了不安全因素的发生和扩大。

日本设立了"中央劳动安全卫生委员会"，负责检查生产单位的安全措施落实情况，指导和督促生产单位履行各项责任和义务。另外，日本还根据《劳动灾难防止团体法》设立了"中央劳动灾难防止协会"，提供安全卫生信息，开展安全生产教育，推动"零灾难"运动，组织安全生产技术交流，以及对安全生产管理人员进行培训等。

6. 对我国建设工程安全生产治理的启示

在经过对美国、英国基本情况和法律法规体系的简要对比后，可以引申得到以下一些结论和启示。

（1）统计数据对安全治理的发展有重要的推动作用，而这些统计数据的来源包括大众传媒、政府统计机构（如劳工统计局）和一些研究机构。当统计数据通过传媒引起社会公众的广泛关注后，就可以促使政府就相关问题积极立法，从而推动治理的发展。

（2）20世纪七八十年代，人们开始意识到施工安全治理的成功往往取决于隐藏在治理制度和组织结构之下的安全文化。安全文化的发展与社会法制和经济激励机制的发展密切相关。发达国家的政府也越来越重视在建筑业中应用安全文化的手段来促进建筑安全状况的改善。文化手段在政府安全治理中正变得越来越重要。美国和英国的安全治理机构正在越来越清醒地意识到改善社会、行业和企业的安全文化才是提高全社会安全水平的最有效手段。因此都非常重视教育培训、宣传、现场安全治理计划和体系，以及其他可以促进安全文化的活动，努力培养一种政府与雇主、雇主与工人等各方协调合作的氛围，从而最终形成一种可以改变所有从业人员安全工作的态度及方式的安全文化。

（3）美、英两国的法律体系都属于基于职业安全与健康基本法律基础之上的综合安全法律体系，避免了各法规之间的内容重叠或不统一，形成了清楚的法规层次体系和功能体系。设立了以主要安全治理机构为基础，重视制衡和辅助功能的完善的安全治理机构体系。两国进行安全监察的基本手段大致相同，还都非常重视数据统计和分析在监察中的作用。

（4）以人为本。这种安全治理目标并不是从来就有的，而是随着社会经济技术水平的发展逐渐形成的，社会的伦理道德需求也对目标的形成有重要作用。

（5）美国和英国都有关于劳动安全的基本大法：美国的 OSH Act 和英国的 HSW Act。两部法律都是授权法，即该法授权给一定的机构或国务大臣根据需要制定从属法规的权力。这些机构可以直接制定法规，而不用再经过国会审议等繁杂立法手续。这样可以加速立法进程，及时发挥法律效力，解决存在的问题。经过 30 年左右的发展，美国和英国都已根据职业安全卫生基本法律的要求制定了辅助的条例、标准、规范等，从而形成了比较完整的法规体系。由于该法规体系是在安全基本法的框架之下建立的，具有更强的系统性，属于综合安全法律体系。综合统一的职业安全与健康法规体系与以前专门化分散的"工厂法"模式的法规体系相比，避免了各个法规之间的内容重叠或不统一，形成了清楚的法规层次体系和功能体系，突出了预防性的法规任务，因此综合法规体系是安全法规体系发展的必然趋势。

社会各界的广泛参与，必须有政策、法律、环境等多个方面的支持，就是要通过全社会的共同努力，提高安全意识，增强防范能力，大幅度地减少事故，为我国经济社会的全面、协调、可持续发展奠定坚实的基础。

5.8 安全管理控制示例两则

5.8.1 永煤集团

在安全生产方面永煤集团形成了独特的管理模式，概况为"012345"管理模式，即"安全零理念、一号工程、双基建设、三项机制、四大体系、五自管理"（图 5-21）。

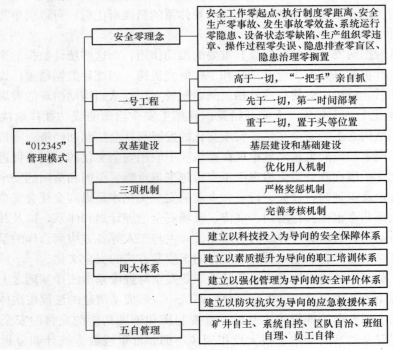

图 5-21 "012345"管理模式

1. 0——安全零理念

生命至高无上，任何一名职工伤亡，对其家庭都是灭顶之灾。永煤集团基于企业的社会责任，要求各级干部视职工为兄弟，带着感情抓安全，凭着良心抓安全，坚决"不要一两带血的煤"，并突破传统的百万吨死亡率控制指标，对所有单位不下达死亡指标，果断提出"从零开始、向零奋斗"的安全理念，彻底摒弃"干煤矿不可能不死人"的传统观念，逐步形成了以"从零开始、向零奋斗"为核心，以"安全工作零起点、执行制度零距离、安全生产零事故、发生事故零效益、系统运行零隐患、设备状态零缺陷、生产组织零违章、操作过程零失误、隐患排查零盲区、隐患治理零搁置"这10个"零"理念为主体的安全理念体系。

目前，在永煤集团，安全"零"理念已深入人心，成为管理目标、工作标准、行为规范。广大干部职工树立了"隐患可控、事故可防"的坚定信念，高标准、严防范、真落实，把安全工作做到极致。所属永贵能源开发有限责任公司（以下简称永贵能源）提出"99.99％＝0"理念，任凭"功能过剩"，也要"双保险"，高标准提高安全保障系数，使安全工作由"提心吊胆走钢丝"变成"放心踏实走马路"。永贵能源自2004年整合成立以来，20多对矿井至今没有发生过死亡事故。

2. 1——一号工程

永煤集团始终把安全工作放在高于一切、重于一切、先于一切的地位，作为"一号工程"严格落实。

（1）高于一切，"一把手"亲自抓

永煤集团打破以往办矿办社会的传统模式，突出煤炭主业，改制多种经营和三产单位，使矿长不管供应、销售、后勤、工农关系，给矿长腾出了更多的时间和精力深入现场抓安全。矿长平均每月入井11次以上，副矿长平均每月入井15次以上，均与工人同上同下，并做到了井下现场交接班。

（2）先于一切，第一时间部署

永煤集团从"政治上、组织上、管理上、责任上、投入上、技术上"时时体现"一号工程"的定位，处处保障"一号工程"的落实。如对新整合的18个小煤矿，组织部门第一时间选派了97名"五职"矿长（矿长和分管安全、生产、机电、技术的副矿长），安全、生产、机电、劳资等部门第一时间制定下发了安全、培训、技术、机电、验收、工资等管理制度，财务部门第一时间落实了8.5亿元项目资金，确保了兼并重组期间的安全稳定。

（3）重于一切，置于头等位置

永煤集团坚持"安全第一、预防为主、综合治理"方针，把安全工作放在至高无上的地位，当安全与生产、效益发生冲突时，一切都应为安全让路。永煤集团始终坚持"每成功整合一个小煤矿，就是为地方排除一个地雷、消除一个事故源"的原则，不因效益、合资方的压力，而盲目生产。

3. 2——双基建设

所谓双基建设就是基层建设和基础建设。基层建设的核心是组织建设，基础建设的核心是抓好制度建设和落实。永煤集团制定下发基层和基础建设指导意见、工作标准与考核细则，并强力推进，全面落实。

(1) 加强煤矿基层建设

永煤集团按照机构要健全、职能要强化、人员要配齐、素质要提升、管理要到位的要求，加强子公司、矿井班子、技术队伍、区队班组、职工队伍、安监队伍、安全培训机构、群众安全队伍这 8 支队伍建设，并制定岗位入职标准、安全职责、行为准则，规范干部的安全管理行为和职工的安全操作行为，从组织体系上保障安全工作事事有人管，全员抓安全。永煤集团要求各矿必须建立以总工程师为首的安全技术网络，总工程师必须具备高级职称和 5 年以上煤矿技术工作经历。通过严把准入门槛，确保各矿建成一支高素质的安全技术队伍。

(2) 加强煤矿基础建设

永煤集团首先要求各矿建立健全以安全生产责任制为核心、以煤矿安全质量标准化为抓手的 18 项安全生产基本管理制度，将各项安全措施落实到各个方面，做到管理精细化。其次是突出"一通三防"、防治水、顶板、机电、运输 5 个重点和薄弱时间、薄弱地点、薄弱人物这 3 个薄弱环节，强化矿井达标、专业达标和岗位达标。第三是健全岗位、班组、区队、矿井、子公司、母公司 6 级隐患排查治理责任体系和分级监控制度，除定期集中排查隐患外，组织盲区、盲时、盲点检查，不走过场，不图形式，对查出的隐患严格按照"五定"（定项目、定资金、定措施、定时间、定责任）原则整改，对重大隐患挂牌督办、监控治理、闭环销号。通过基础建设，确保管理无漏洞、现场无隐患、行为无"三违"、安全无事故。

4.3——三项机制

永煤集团以科学的正向激励机制为导向，为搞好安全工作提供了强大动力。

(1) 优化用人机制

永煤集团优先从安全业绩一流的团队、个人和安全生产条件复杂的岗位中选拔主要领导干部和专职安全干部，集团公司现任董事长、党委书记、总经理都是从贵州、新疆、内蒙古等条件艰苦、安全管理难度大的岗位选拔出来的。永煤集团建立 H 形人才培养通道，为科技人才成长、使用搭建平台，永煤职务专利第一人——农民工高兴超被评为"感动中国的百名矿工"，公司给予留转、培养，已成长为一名区队长。永煤集团坚持安全一票否决，提拔干部必须由安全监察局把关，党群干部必须熟悉煤矿安全生产业务；安全不好的干部不用、安全不好的人员不评先、安全不好的农民工不留转。

(2) 严格奖惩机制

永煤集团实行安全结构工资，用安全效果来决定每一名员工的工资收入，目前，全公司安全工作业绩能够决定职工收入的 50% 左右，一线员工占 60%~70%。在优化薪酬结构、整顿清理单项奖时，唯独保留与安全有关的奖项，根据考核情况，每季度给予矿井人均 600~1 200 元的奖励，年底给予 1~2 个月的工资奖励，对不发生事故的矿井给予矿长 5 万~20 万元的年终奖励，发生 1 起死亡事故对等或加倍处罚。仅 2010 年全年，公司共发放安全奖 12.35 亿元，占工资奖金总额的 44.1%。

(3) 完善考核机制

永煤集团按照"抓系统，横向到边；系统抓，纵向到底"的工作思路，逐步形成了集团公司、子公司、矿、区队、班组、个人"6 级纵向"以及对煤业公司、子公司、矿井业务部门"三级横向"的"6+3"安全考核体系。在每次考核检查时，检查不停产、地点随即抽查,使各个单位、各个地点始终处于被考核状态,确保了规章制度、规程措施的动态落实。同时,注重从管理、技术、培训和"五小"(小发明、小创造、小革新、小设计、小建议)成果等方面发现亮点,实施加分激励,催生了"井下设备安全准运"等39项创新成果,并通过召开安全管理经验交流会,在全公司推广应用,促进了现场管理的提升。

5.4——四大体系

永煤集团积极构建4大体系,注重超前防范,为安全工作提供重要保障和支撑。

(1) 建立以科技投入为导向的安全保障体系

在销售收入中,永煤集团提取3%作为科技奖励基金,建立内部科技市场收购机制,打造"科技百万富翁",激发了员工创新积极性。所属子公司永华能源的工程技术人员对"三软"(软的顶板岩层、软的主采煤层、软的煤层底板岩层)煤层支护进行科技攻关,总结出"松帮卸压"支护技术和工艺,不仅工作面走向长度由原来不足200m提高到1 400m,而且在工作面回采期间不用再返修巷道,使采煤工艺由炮采改为综采,改善了安全生产条件。近3年,永煤集团制定了瓦斯区域治理方案,落实17亿元专项资金,力争实现"高突矿井低瓦斯回采"。2011年3月份永煤集团所属机电制修厂成功研制出井下移动救生舱,进一步提高矿井防灾抗灾能力。坚持"多上设备少上人"的原则,永煤集团先后投入资金21.56亿元,积极推进装备现代化、生产自动化、管理信息化建设;在省内、贵州、新疆等资源整合矿井新上综采设备14套、综掘设备19套;投入2亿多元对本部4个生产矿井进行全数控自动化生产系统改造;建立了调度信息、监测监控、水灾治理、安全管理、培训管理等信息化管理系统。

(2) 建立以素质提升为导向的职工培训体系

坚持"干什么学什么,缺什么补什么"的培训原则,永煤集团建立"工作学习化、学习工作化、工学一体化"的培训格局,着力提高管理者管理素质和操作者操作素质。依托1个二级、4个三级、10个四级培训中心,认真抓好"三项"人员持证培训和员工入岗、转岗培训。永煤集团每年组织矿长、区队科长到中国矿业大学、河南理工大学进行轮训,每季邀请"煤炭大讲堂"走进永煤集团,聘请院校教授、国内知名专家为工程技术人员讲解新知识、推广新技术。面向岗位工人推行案例化、可视化、实操化培训,永煤集团自主创建2万题以上的考试题库,录制66个工种视频培训片,建立48个井下工种实操基地。通过不断创新安全培训,提高了员工的安全意识。"培训不过关,人人是隐患"的理念已成为员工的共识。

(3) 建立以强化管理为导向的安全评价体系

一是永煤集团严格按照《防治煤与瓦斯突出规定》,健全以瓦斯区域治理和抽采为中心的瓦斯治理效果评价体系。

二是按照《煤矿防治水规定》,开展水害因素分析、预测预报、隐患排查和水害治理等效果评价。

三是按照"注重实用、突出实效"的原则,从项目计划、设计、建设和投用等方面,对重点安全投入项目进行全过程评价。四是采取基础知识考试、基本技能考核、工作现场抽查等多种形式,提高安全培训质量。

(4) 建立以防灾抗灾为导向的应急救援体系

一是按照"内容全面、责任明确、实操性强"的要求,永煤集团组织编制应急救援预案,并形成了永煤集团总部、子公司、煤矿三级应急预案体系。

二是按照日常训练有素、应急救援有招、作风顽强、善打硬仗、能打胜仗的要求,将应急队伍日常预防性检查、救援技能训练、应急演练和事故救援纳入业绩考核,并与收入挂钩,加强救援队伍建设,提高应急救援能力。所属永贵能源救护队在贵州晴隆煤矿"6·19"特大透水事故救援中,成功救出被困井下25天的3名矿工,创造了煤矿救援史上的奇迹。

三是根据预案,结合矿井灾害,有针对性地组织开展了应急演练。近2年,在永煤公司层面组织开展了矿井水灾、大面积停电应急实战演练活动,检验了应急功能,健全了应急体系,提高了突发事件应急处置能力。

6.5——五自管理

随着生产战线的延长,永煤集团更加重视安全自主管理,积极构建矿井自主、系统自控、区队自治、班组自理、员工自律的"五自"管理体系,实现长治久安。

一是开展"安全文化"和"双基"示范矿井创建工作,激励矿井健全安全管理体系,落实机制,实现矿井安全自主管理。

二是通过开展"三评价两评定"工作,抓好顶板、水害、瓦斯、机电和运输等专业管理,实现系统安全自控。

三是通过制定下发基层区队建设意见,开展星级单位创建和自查隐患、"三违"有奖活动等,使区队做到安全无事故、无"三违"、无隐患,实现区队安全自治。

四是通过推广"白国周管理法",实施班组长素质拔高工程,开展安全诚信建设等,使班组成员不敢违章、不能违章、不愿违章,做到"四不"伤害(不伤害别人、不伤害自己、不被别人伤害、保护别人不受伤害),实现班组安全自理。

五是强化员工安全意识教育,加强员工岗位技能培训,通过推行"手指口述、岗位描述、上标准岗、干标准活",通过开展"五项危险预知"活动,做到"我会安全、我能安全",实现员工安全。

5.8.2 某电力工程项目安全控制的基本内容和方法示例

(1) 安全管理的基本内容如图5-22所示。

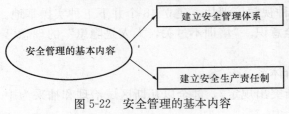

图 5-22 安全管理的基本内容

(2) 各级领导人员、专业人员在安全生产方面的主要职责如图5-23所示。

(3) 建立各种安全管理规章制度。

(4) 进行安全生产教育,如图5-24所示。

(5) 组织安全检查,如图5-25所示。

(6) 组织安全生产交底。

(7) 采取相应的安全技术措施。

(8) 采取相应的安全预防措施。

例:电力工程安全控制必须要建立安全生产责任制,技术负责人的主要职责,包括( )。

A. 当采用新工艺、新材料、新技术、新设备时,应制定相应的安全技术操作规程

B. 保证按时供应安全技术措施所需要的材料、工具设备

第5章 工程项目生产安全管理与控制

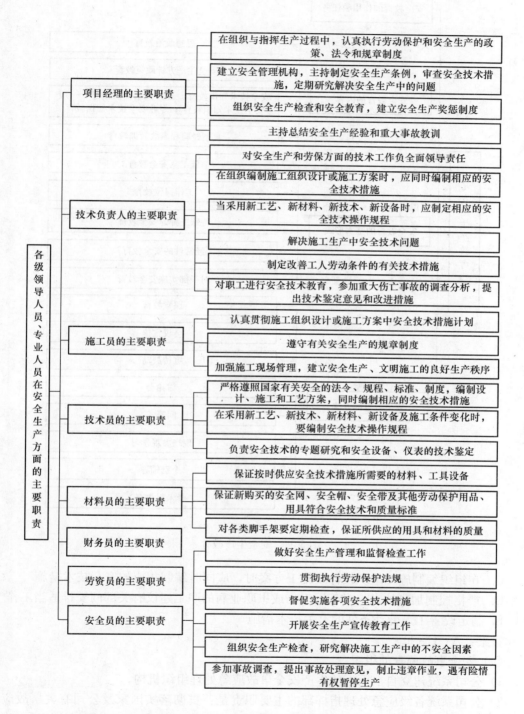

图 5-23 各级领导人员、专业人员在安全生产方面的主要职责

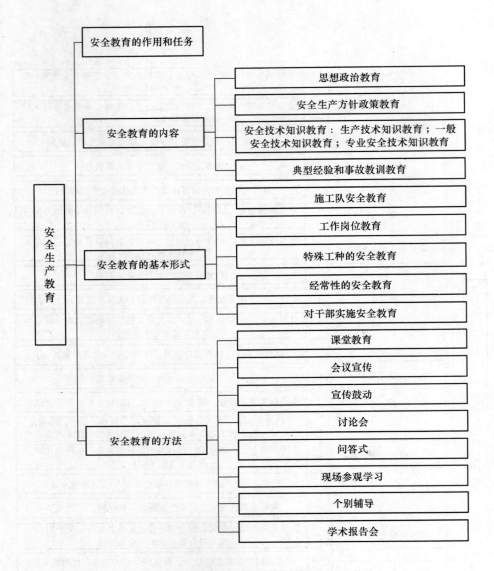

图 5-24 安全生产教育

C. 在组织编制施工组织设计或施工方案时,应同时编制相应的安全技术措施
D. 严格控制加班加点,对于因工伤或患职业病的职工建议有关部门安排适当工作
E. 制定改善工人劳动条件的有关技术措施

答案:A、C、E。

(9) 安全事故调查的组织

1) 公司系统建立自上而下的生产安全事故应急处理组织机构。

2) 公司系统各级应急处理指挥部的主要职责是:贯彻落实国家及公司有关事故应急救援与处理的法律、法规及有关规定;接受地方政府及上级应急处理指挥部的领导;指挥本企业事故抢险及应急处理工作;组织制定本企业事故应急处理预案;发布事故应急处理

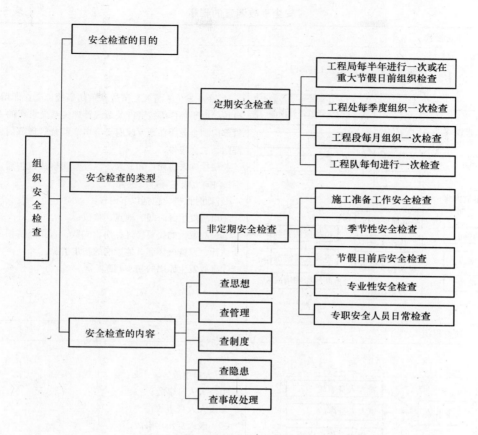

图 5-25 组织安全检查

预案启动命令；通报事故抢险及应急处理进展情况。

3）公司系统建立自上而下的安全生产保证体系。各部门全天 24h 值班，负责事故处理及抢修，建立紧急情况下的快速、有效的应急处理反应机制。

4）公司系统成立专门的领导组织机构。

5）制定安全事故应急救援与处理预案，建立应急救援与处理体系。

6）发生重、特大安全事故时，根据事故影响范围、严重程度和应急处理的需要，应急处理指挥部宣布公司系统处于应急处理紧急状态，统一指挥和调度公司系统内一切有效资源进行事故抢险与应急处理，并视情况请求国家有关部门提供必要的事故应急援助，尽最大努力减小事故造成的损失。

7）发生重、特大安全事故时，公司系统各级应急处理指挥部门应当迅速启动应急处理预案，调动应急抢险队伍和物资储备，主要领导立即赶到事故现场指挥事故抢险和救援，同时将事故情况报告上级应急处理指挥部和地方人民政府，并视情况请求上级应急处理指挥部和地方人民政府提供必要的事故应急援助，尽最大努力减小事故。

安全事故调查的程序见表 5-6 所列。

安全事故调查的程序 表 5-6

(1) 即时报告 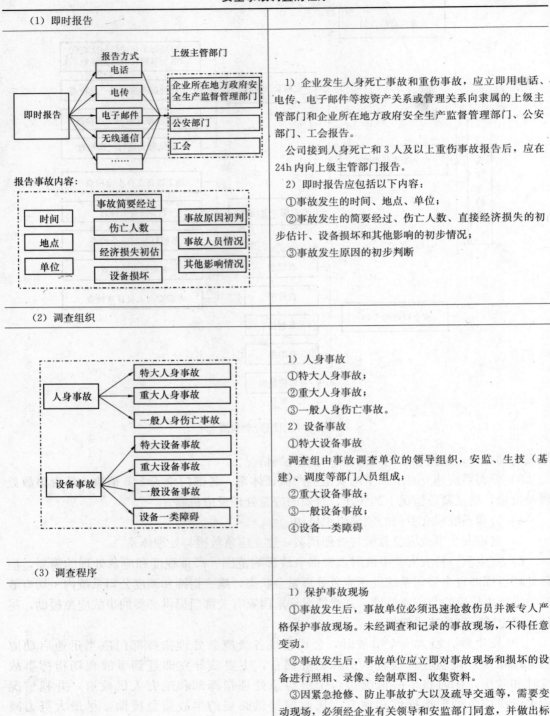	1) 企业发生人身死亡事故和重伤事故，应立即用电话、电传、电子邮件等按资产关系或管理关系向隶属的上级主管部门和企业所在地方政府安全生产监督管理部门、公安部门、工会报告。 公司接到人身死亡和3人及以上重伤事故报告后，应在24h内向上级主管部门报告。 2) 即时报告应包括以下内容： ①事故发生的时间、地点、单位； ②事故发生的简要经过、伤亡人数、直接经济损失的初步估计、设备损坏和其他影响的初步情况； ③事故发生原因的初步判断
(2) 调查组织	1) 人身事故 ①特大人身事故； ②重大人身事故； ③一般人身伤亡事故。 2) 设备事故 ①特大设备事故 调查组由事故调查单位的领导组织，安监、生技（基建）、调度等部门人员组成； ②重大设备事故； ③一般设备事故； ④设备一类障碍
(3) 调查程序	1) 保护事故现场 ①事故发生后，事故单位必须迅速抢救伤员并派专人严格保护事故现场。未经调查和记录的事故现场，不得任意变动。 ②事故发生后，事故单位应立即对事故现场和损坏的设备进行照相、录像、绘制草图、收集资料。 ③因紧急抢修、防止事故扩大以及疏导交通等，需要变动现场，必须经企业有关领导和安监部门同意，并做出标志、绘制现场简图、写出书面记录，保存必要的痕迹、物证。 2) 收集原始资料

续表

①事故发生后,企业安监部门或其指定的部门应立即组织当值值班人员、现场作业人员和其他有关人员在下班离开事故现场前分别如实提供现场情况并写出事故的原始材料,安监部门要及时收集有关资料,并妥善保管。

②事故调查组成立后,安监部门及时将有关材料移交事故调查组。

③事故调查组在收集原始资料时应对事故现场搜集到的所有物件(如破损部件、碎片、残留物等)保持原样,并贴上标签,注明地点、时间、物件管理人。

④事故调查组有权向事故发生单位、有关部门及有关人员了解事故的有关情况并索取有关资料,任何单位和个人不得拒绝。

3)调查事故情况

①人身事故应查明伤亡人员和有关人员的单位、姓名、性别、年龄、文化程度、工种、技术等级、工龄、本工种工龄等。

②人身事故应查明事故发生前伤亡人员和相关人员的技术水平、安全教育记录、特殊工种持证情况和健康状况,过去的事故记录,违章违纪情况等。

③调查设备资料(包括订货合同、大小修记录等)情况以及规划、设计、制造、施工安装、调试、运行、检修等质量方面存在的问题。

④了解现场规章制度是否健全,规章制度本身及其执行中暴露的问题;了解企业管理、安全生产责任制和技术培训等方面存在的问题;事故涉及两个及以上单位时,应了解相关合同或协议。

4)分析原因责任

①事故调查组在事故调查的基础上,分析并明确事故发生、扩大的直接原因和间接原因。必要时,事故调查组可委托专业技术部门进行相关计算、试验、分析。

②事故调查组在确认事实的基础上,分析是否有人员违章、过失、违反劳动纪律、失职、渎职;安全措施是否得当;事故处理是否正确等。

③根据事故调查的事实,通过对直接原因和间接原因的分析,确定事故的直接责任者和领导责任者。根据其在事故发生过程中的作用,确定事故发生的主要责任者、次要责任者、事故扩大的责任者。

④凡事故原因分析中存在下列与事故有关的问题,确定为领导责任:

企业安全生产责任制不落实;规程制度不健全;对职工教育培训不力;现场安全防护装置、个人防护用品、安全工器具不全或不合格;反事故措施和安全技术劳动保护措施计划不落实;同类事故重复发生;违章指挥。

5)提出防范措施

6)提出人员处理意见

①事故调查组在事故责任确定后,要根据有关规定提出对事故责任人员的处理意见。

	②对下列情况应从严处理： A. 违章指挥、违章作业、违反劳动纪律造成事故的； B. 事故发生后隐瞒不报、谎报或在调查中弄虚作假、隐瞒真相的； C. 阻挠或无正当理由拒绝事故调查；拒绝或阻挠提供有关情况和资料的。 ③在事故处理中积极恢复设备运行和抢救、安置伤员；在事故调查中主动反映事故真相，使事故调查顺利进行的有关事故责任人员，可酌情从宽处理 ④事故调查报告书
(4) 事故调查报告书	1）重大及以上设备事故、重伤及以上人身事故以及上级部门指定调查的事故，事故调查组写出《事故调查报告书》后，应报送组织事故调查的单位。经事故调查的组织单位同意后，事故调查工作即告结束。 2）事故调查的组织单位收到事故调查组写出的《事故调查报告书》后，应立即提出《事故处理报告》报上级主管单位或政府安全生产监督管理部门。 3）事故调查结案后，事故调查的组织单位应将有关资料归档，资料必须完整。根据情况应有：
安全事故报告的基本内容 人身死亡、重伤事故 ↓ 《人身伤亡事故调查报告书》 重大及以上设备事故 ↓ 《设备事故调查报告书》	安全事故调查所应提供的资料 伤亡事故登记表或电网、设备事故报告 事故调查报告书、事故处理报告书及批复文件 现场调查笔录、图纸、仪器表计打印记录、资料、照片、录像带 技术鉴定和试验报告 物证、人证材料 直接和间接经济损失材料 医疗部门对伤亡人员的诊断书 事故责任者的自述材料 发生事故时的工艺条件、操作情况和设计资料 处分决定和受处分人的检查资料 有关事故的通报、简报及成立调查组的有关文件 事故调查组的人员名单，内容包括姓名、职务、职称、单位等

续表

1) 下列事故应由事故调查组填写事故调查报告书：
① 人身死亡、重伤事故，填写《人身伤亡事故调查报告书》；
② 重大及以上设备事故，填写《设备事故调查报告书》。
2) 事故调查报告书由事故调查的组织单位以文件形式在事故发生后的45d内报送。
3) 上级主管部门接到事故调查报告后，15d内以文件形式批复给事故调查的组织单位。
4) 符合第1) 条所列事故（重伤事故除外），应随《事故调查报告书》上报事故影像资料。
5) 事故快报应包括以下内容：
① 设备事故和一类障碍次数；
② 人身死亡和重伤人数；
③ 特大、重大事故次数；
④ 人身、设备事故发生的时间、地点、单位；事故发生的简要经过、伤亡人数、直接经济损失的初步估计；设备损坏的初步情况；事故发生原因的初步判断。
6) 所有事故和一类障碍均应分别填写以下报告、报表：
①《人身伤亡事故报告》；
②《设备事故报告》；
③《设备一类障碍报告》；
④《月（年）综合统计表》。
7) 人身伤亡事故报告中，一次事故多人伤亡，按一人一张填报，每张事故报告中的事故编号应相同。
设备事故（一类障碍）报告中，一个事故涉及两个及以上的单位，应分别写出事故报告，由上级管理部门综合后写出报告。
事故（一类障碍）报告经填报单位的领导和安监工程师审核后上报。
8) 填报单位应于次月8日前将事故报告、月综合报表及软盘报上级主管部门；上级主管部门于次月15日前将事故及一类障碍报告的审阅意见批复填报单位。
9) 符合第1) 条的事故，事故单位应先将简要情况填写事故报告，并按规定日期报出，待事故调查结束做出结论后5d内，再将原报告做出修正并报出。其他原因需要补报或对原报告做出修正的，随下月报告同时报

5.9 施工项目安全控制程序集成图

施工项目安全控制程序集成图如图 5-26 所示。

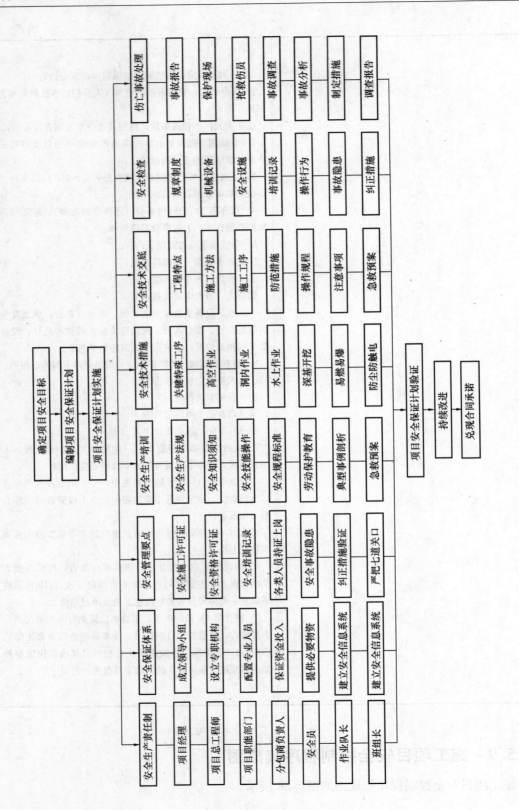

图 5-26 施工项目安全控制程序集成图

第6章 工程项目生产安全文化建设

6.0 安全文化建设总纲

工程项目文化建设规划如图 6-1 所示。

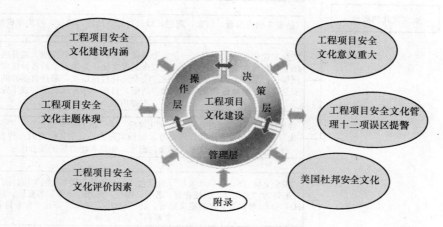

图 6-1 工程项目文化建设规划

工程安全文化是近年来随着国内外工程市场突飞猛进的发展而兴起的一门综合性的边缘学科。涉及面比较宽域，它和文化学、哲学、心理学、经济学、管理学、工程学等跨越政治、经济、文化、工程、法律多个课程。工程安全文化在欧美德日等发达国家，不但已有一套成熟的理论，而且早已行之有效地运用到工程中，并取得了令人瞩目的效果。如美国的杜邦安全文化独树一帜风靡世界，堪称标杆、样板和范例。

诚然，中西方在企业工程文化上存在着比较大的差异，主要反映在思维方式上的差异、权术倾向方面的距离比较大、领导人员与员工群体的关系表面化等。中国企业各级次几乎都欲领导权集中、集中再集中而西方特别侧重于"授权"、"分权"，分工负责。有一个形象的比喻：西方企业领导人好比是"虎"，员工们比做"羊"，在"虎"的带领下，最终"羊"各个都变成了"虎"。

企业工程文化作为一项"软实力"的"软管理"在当今工程承包企业可持续发展中的地位凸显重要和日渐提高。华为技术有限公司是全球领先的通信解决方案的强大研发供应商，该公司的《华为基本法》融入了生生不息的华为文化的名著可称榜样一流。基于此，本总纲将根据所列的工程项目文化建设的框图中的主要内容，进行分解、简述并进一步以示例表之。

古人格言："君子胸中所常体，不是人情是天理。君子口中所常道，不是人伦是世教。君子身中所常行，不是规矩是准绳。"它告诫人们不能把政策法律、规章制度当成闲谈乱语如此在天地间度日,一定要按照法律法规和规章制度的准则身体力行。

6.1 工程项目安全文化建设内涵

工程项目安全文化建设内涵如图 6-2、图 6-3 所示。

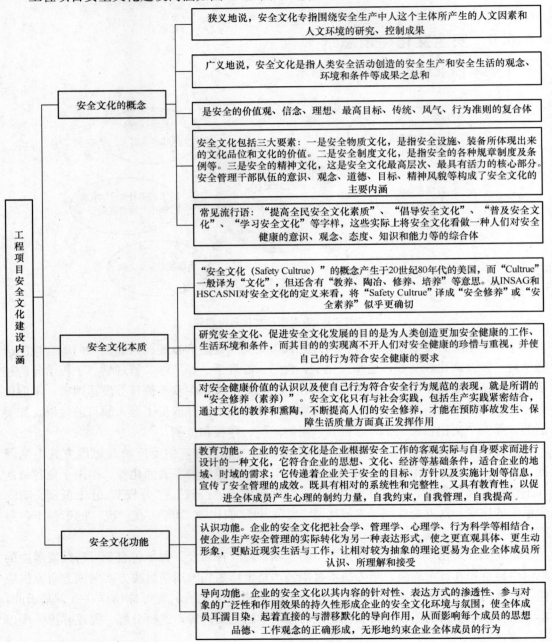

图 6-2 工程项目安全文化建设内涵（1）

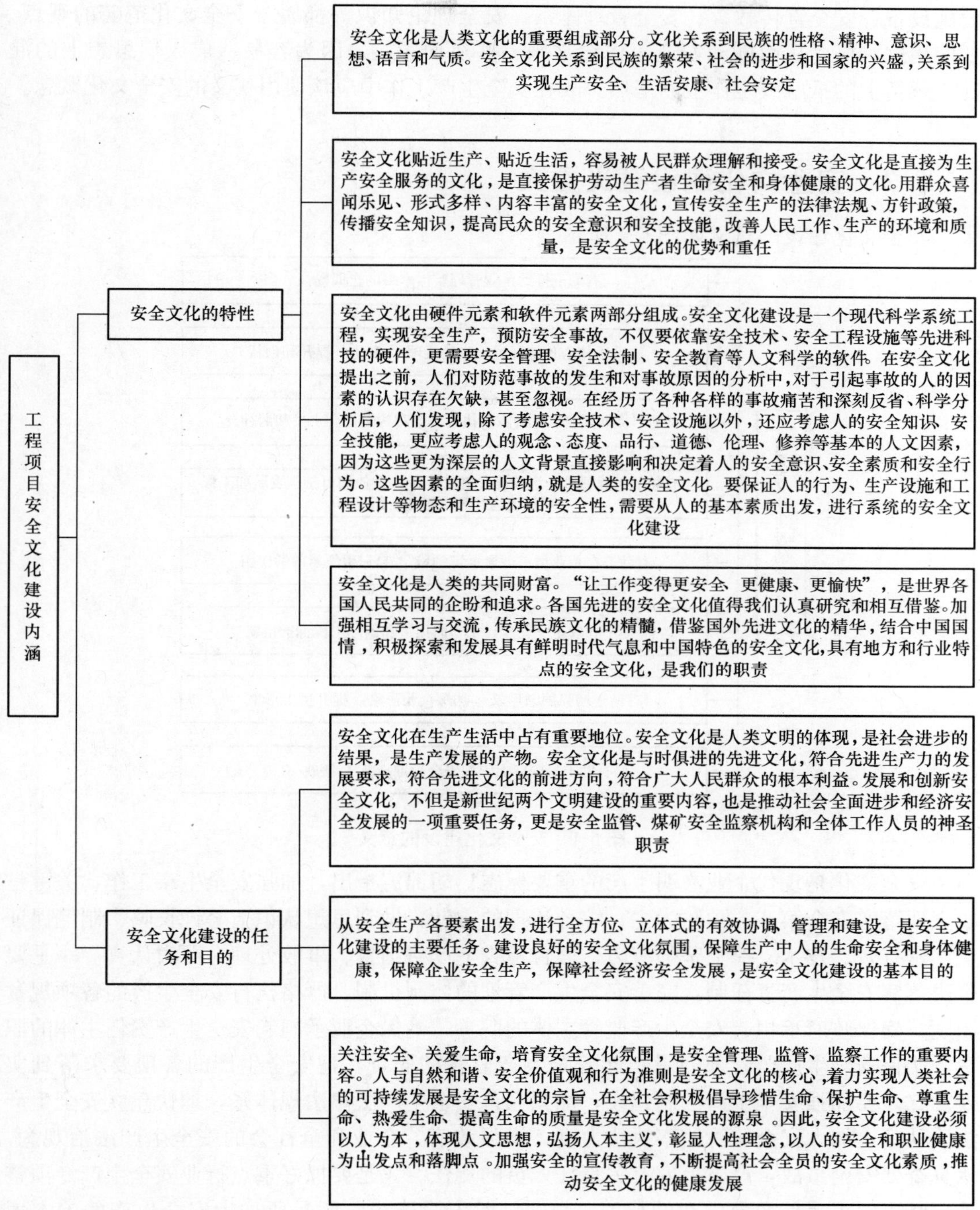

第6章 工程项目生产安全文化建设

```
工程项目安全文化建设内涵
├── 安全文化的特性
│   ├── 安全文化是人类文化的重要组成部分。文化关系到民族的性格、精神、意识、思想、语言和气质。安全文化关系到民族的繁荣、社会的进步和国家的兴盛，关系到实现生产安全、生活安康、社会安定
│   ├── 安全文化贴近生产、贴近生活，容易被人民群众理解和接受。安全文化是直接为生产安全服务的文化，是直接保护劳动生产者生命安全和身体健康的文化。用群众喜闻乐见、形式多样、内容丰富的安全文化，宣传安全生产的法律法规、方针政策，传播安全知识，提高民众的安全意识和安全技能，改善人民工作、生产的环境和质量，是安全文化的优势和重任
│   ├── 安全文化由硬件元素和软件元素两部分组成。安全文化建设是一个现代科学系统工程，实现安全生产，预防安全事故，不仅要依靠安全技术、安全工程设施等先进科技的硬件，更需要安全管理、安全法制、安全教育等人文科学的软件。在安全文化提出之前，人们对防范事故的发生和对事故原因的分析中，对于引起事故的人的因素的认识存在欠缺，甚至忽视。在经历了各种各样的事故痛苦和深刻反省、科学分析后，人们发现，除了考虑安全技术、安全设施以外，还应考虑人的安全知识、安全技能，更应考虑人的观念、态度、品行、道德、伦理、修养等基本的人文因素，因为这些更为深层的人文背景直接影响和决定着人的安全意识、安全素质和安全行为。这些因素的全面归纳，就是人类的安全文化。要保证人的行为、生产设施和工程设计等物态和生产环境的安全性，需要从人的基本素质出发，进行系统的安全文化建设
│   └── 安全文化是人类的共同财富。"让工作变得更安全、更健康、更愉快"，是世界各国人民共同的企盼和追求。各国先进的安全文化值得我们认真研究和相互借鉴。加强相互学习与交流，传承民族文化的精髓，借鉴国外先进文化的精华，结合中国国情，积极探索和发展具有鲜明时代气息和中国特色的安全文化，具有地方和行业特点的安全文化，是我们的职责
└── 安全文化建设的任务和目的
    ├── 安全文化在生产生活中占有重要地位。安全文化是人类文明的体现，是社会进步的结果，是生产发展的产物。安全文化是与时俱进的先进文化，符合先进生产力的发展要求，符合先进文化的前进方向，符合广大人民群众的根本利益。发展和创新安全文化，不但是新世纪两个文明建设的重要内容，也是推动社会全面进步和经济安全发展的一项重要任务，更是安全监管、煤矿安全监察机构和全体工作人员的神圣职责
    ├── 从安全生产各要素出发，进行全方位、立体式的有效协调、管理和建设，是安全文化建设的主要任务。建设良好的安全文化氛围，保障生产中人的生命安全和身体健康，保障企业安全生产，保障社会经济安全发展，是安全文化建设的基本目的
    └── 关注安全、关爱生命，培育安全文化氛围，是安全管理、监管、监察工作的重要内容。人与自然和谐、安全价值观和行为准则是安全文化的核心，着力实现人类社会的可持续发展是安全文化的宗旨，在全社会积极倡导珍惜生命、保护生命、尊重生命、热爱生命、提高生命的质量是安全文化发展的源泉。因此，安全文化建设必须以人为本，体现人文思想，弘扬人本主义，彰显人性理念，以人的安全和职业健康为出发点和落脚点。加强安全的宣传教育，不断提高社会全员的安全文化素质，推动安全文化的健康发展
```

图 6-3 工程项目安全文化建设内涵（2）

说明：从理论上研究和探讨广义的安全文化是应该的，但对于促进实际安全工作而言，则不宜使用广义安全文化的概念，而应使用狭义安全文化的概念。要说明这个问题，就要分析安全文化的本质。狭义安全文化的概念反映了这个本质。广义安全文化包含人类所创造的安全物质财富和安全精神财富的总和，包括安全科学技术、安全法规制度、安全

171

设施设备、安全宣传教育、安全管理体系、安全理论知识等都属于安全文化范畴的观点。如使用这一概念从而推动安全工作会带来一些负面影响,因为容易造成人们思想上的混乱、感情上的抵触或工作上的茫然。故在安全生产工作中应该使用狭义的安全文化概念。

6.2 安全文化建设意义重大

安全文化建设的意义如图6-4所示。

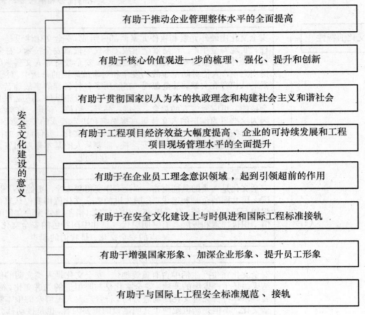

图6-4 安全文化建设的意义

安全文化是现代企业文明生产的重要标志!胡锦涛指出,加强安全生产工作,关键是要全面落实安全第一、预防为主、综合治理的方针,做到思想认识上警钟长鸣、制度保证上严密有效、技术支撑上坚强有力、监督检查上严格细致、事故处理上严肃认真。一是要坚决落实安全生产责任制,完善安全生产管理的体制机制,严格执行安全生产的各项规章制度,确保政府承担起安全生产监管主体的职责,确保企业承担起安全生产责任主体的职责,确保安全生产监管部门承担起安全生产监管的职责,把安全生产的各项要求落到实处。二是要加强安全生产法制建设,加紧完善安全生产法律法规体系,加快建立安全生产法治秩序,加大安全监管监察执法力度,增强政府、企业和全社会的安全生产法治观念,认真查处安全事故,严肃追究有关责任人员的责任。三是要抓好重点行业安全生产专项整治,坚决纠正违反安全生产的行为,切实消除安全隐患。四是要加大安全生产的治本力度,加大政府和企业对安全生产的投入,建立重特大安全事故监测预警系统,加快安全生产科技进步,加强安全生产培训教育,大力建设安全文化,形成有利于安全发展的经济增长方式,为安全发展打下坚实基础。古训格言:"鱼吞饵,蛾扑火,未得而先丧其身。猩醉醴,蚊饱血,已得而随亡其驱。鹚食鱼,蜂酿蜜,虽得而不享其利。欲不除,似蛾扑灯,焚身乃止。贪不了,如猩嗜酒,鞭血方休。"它告诉人们,如搞不好企业的安全生产、工程项目的安全运作，其下场如同这般。

6.3 工程项目安全文化的主题体现

安全文化的主题体现如图6-5所示。

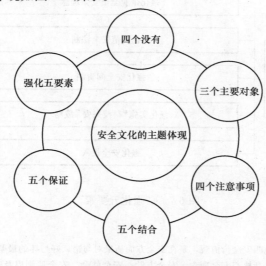

图6-5 安全文化的主题体现

6.3.1 "四个没有"

"四个没有"如图6-6所示。

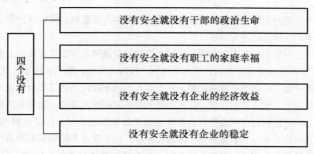

图6-6 "四个没有"

注：
（1）政治生命：简而言之就是一个人的仕途甚至生命能走多远。一旦一个人的政治生命结束了，也就意味着他不再会有升职的机会，遭到降职、软禁、架空，甚至因此失去生命。人生的三大政治生命是什么？可用三大境界来描述：即王国维在《人间词话》中说，古今之成大事业、大学问者，必经过三重境界。第一境界：昨夜西风凋碧树，独上高楼，望尽天涯路。第二境界：衣带渐宽终不悔，为伊消得人憔悴。第三境界：众里寻他千百度，蓦然回首，那人却在灯火阑珊处。
（2）家庭幸福：关于家庭幸福美国好像有26词来表达。这里传递到的信息是："幸福不是恩赐""必须破除人民幸福是党和政府恩赐的错误"，广东省委汪洋书记如是说："幸福不是恩赐"是成熟公仆必须牢记的权力伦理。权力对权利的忠诚和尽责，永远是全部权力伦理的第一规范。
（3）经济效益：实践证明，安全管理与经济效益的关系密不可分，建立健全工程项目的安全长效管理机制，避免和杜绝各类事故的发生，为保障职工身心健康和企业经济效益良性循环打好坚实基础。企业安全生产关系到员工们的生命、财产安全，涉及企业和员工们的根本利益。而一旦安全管理出了问题，就会加大成本支出，最终影响经济效益。因此，必须促进安全管理和经济效益的同步提高。
（4）企业稳定：安全生产是企业的天字号工程。有文称如何搞好安全生产，处理好安全与诸多工作的关系，是企业领导不断研究和探讨的问题。安全与改革、安全与生产、安全与效益、安全与装备、安全与质量、安全与奖惩、安全与检查、安全与责任、安全与以人为本、安全与构建和谐社会这十个方面的关系，力求找准安全生产在企业生产经营中的位置，正确处理和解决安全工作与其他工作的矛盾，才能促进安全生产和企业稳定的和谐发展。

6.3.2 "强化五要素"

"强化五要素"如图 6-7 所示。

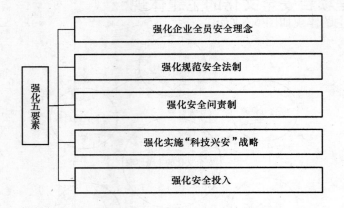

图 6-7 "强化五要素"

注：

(1) 安全理念：安全理念也叫安全价值观，是在安全方面衡量对与错、好与坏的最基本的道德规范和思想，对于企业来说它是一套系统，应当包括核心安全理念、安全方针、安全使命、安全原则以及安全愿景、安全目标等内容。安全理念绝非一句简单的口号，而是企业安全文化管理的核心要素，不管提炼、修改还是传播，都应该慎之又慎。

(2) 安全法制：指依法治理企业、工程项目团队等的安全管理事宜。建立健全完整的、配套的工程项目安全管理体系。

(3) 安全问责制：首先弄清问责制是指问责主体对其管辖范围内各级组织和成员承担职责和义务的履行情况，实施并要求其承担否定性后果的一种责任追究制度。

安全责任制是在西方社会早已实施的人事制度，法律术语的问责制称之为法律责任的追究。这是为增强官员的责任感而设置的一道"紧箍咒"，从而使这些人民公仆真正做到"权为民所用、情为民所系、利为民所谋"。问责机制说到底是一个谁来问责的问题，是一个向谁负责的问题，权力是人民赋予的，当然是要对人民负责。所以问责机制的内驱力就要落实在群众的监督权上。常态化的问责，必须以健全的问责机制为基础，通过立法确保各级次领导人的权力始终处于一种负责任状态，杜绝任何行使权力的行为脱离法定责任机制的监控。问责机制的意义在于：一是硬约束，制约、规范了权力与责任相对称平衡；二是宽范围；三是民字牌。这个规定不但把依靠群众写入原则之中，而且明文点出"检举、控告"是党政领导干部应当问责的线索来源，并重视对群体性事件的问责。问责机制四原则：1) 应坚持权利与责任相对应的原则；2) 政治和道义层面的问责规定，应与法律法规和纪律条规相衔接；3) 必须坚持公开透明的原则；4) 问责规定的具体条文必须坚持适用性原则。安全方面的问责制也应仿此照办。

(4) "科技兴企"战略：指实施"科技强企"、"人才强企"战略，加快了技术创新步伐，掌握了一批具有自主知识产权的核心技术，提高了自主创新能力，提升了企业的科技实力，为企业转型升级稳健发展奠定了坚实的基础。在安全领域也应运用此术，保障工程项目的正常运作。

(5) 安全投入：安全活动的一切人力、物力和财力的总和。人员、技术、设施等的投入，安全教育及培训、劳动防护及保健费用、事故援救及预防、事故伤亡人员的救治花费等，均视为安全投入。

6.3.3 "五个保证"

"五个保证"如图 6-8 所示。

这里再次强调领导重视的保证问题。管理学界有句名言：一只狼领导的一群羊能打败一只羊领导的一群狼。这句话说明了领导者的重要性，同时，也隐含着团队的强大力量。领导力是领导者的核心能力，提升领导者的领导力对加强领导者的能力建设具有核心作用。领导者要恰当地运用权力因素与非权力因素，树立权威使组织成员凝聚

第6章 工程项目生产安全文化建设

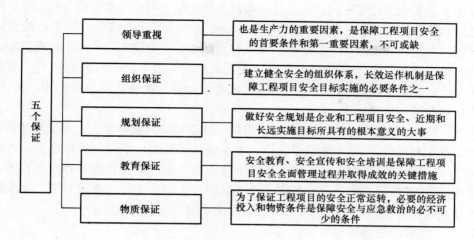

图 6-8 "五个保证"

在自己周围。领导者既要加强学习、提高素质;又要树立良好形象,加强管理。更注重严于律己,以身作则,以领导魅力带动、影响、促进企业广大的组织成员改进工作,为实现共同安全生产的目标而努力。领导者肩负着促进企业不断持续发展、各项事业进步的历史使命和责任,理应加强学习、积极实践、勇于创新、与时俱进。要增强学习意识,不断更新已有知识,对一切有利于推动和改进工作的新潮流、新理念、新观点、新知识和新方法,永远保持一种职业的敏感和渴求。通过不断学习,增长知识、提高能力,兼收并蓄,既要有高度,也要有深度和广度,这样才能不断夯实提高自身领导力的根基。在实际工作中,领导人应给出有关安全生产方方面面的大政方针。领导力的要求是在他所管辖的范围内充分利用人力资源和客观条件在以最小的成本办成所需要的事情,提高整个企业和团体的办事效率。

6.3.4 "五个结合"

"五个结合"如图 6-9 所示。

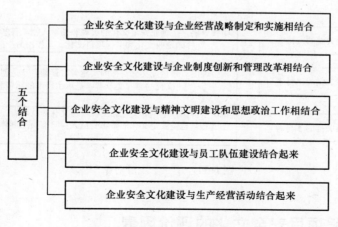

图 6-9 "五个结合"

上篇　安全篇

企业安全文化建设需要同企业经营战略制定和实施、同企业制度创新和改革、同精神文明建设和思想政治工作、同员工队伍建设、同生产经营活动结合，是个比较实际的手段、措施、办法和必要途径。它动员、涉及和囊括了包括党政部门、生产经营部门、公共关系部门等，使企业生产安全深入人心，人人有份，人人有责，人人有担当，如弥合得好，无疑是对企业文化建设以及工程项目文化建设起到不可替代的沟通作用、保证作用、桥梁作用和共欲一致的作用。

诚然，"万物兴歇皆自然"。这是指宇宙间一切事物的兴盛和衰亡，都受自然规律和社会规律的支配和制约。"草不谢荣于春风，木不怨落于秋天。谁挥鞭策驱四运，万物兴歇皆自然"，这是大诗人李白在《日出入行》中的今典之言。但"万物并育而不相害，道并行而不相悖"，它告诉我们，只有各项工作和谐配合，相互支持，尊重对方，才能把企业安全文化建设做好。达到"万事皆归于一，百度皆准于法"的地步。

6.3.5 "四个注意事项"

"四个注意事项"如图 6-10 所示。

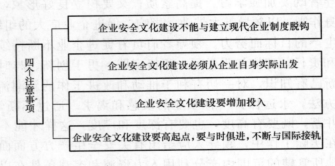

图 6-10　"四个注意事项"

6.3.6 "三个主要对象"

企业和工程项目团队的安全文化建设可以说是"人人有责、人人受惠"的益事（图 6-11）。

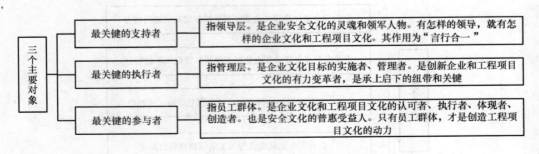

图 6-11　"三个主要对象"

6.4　工程项目安全文化的评价因素

工程项目安全文化评价因素如图 6-12 所示。

第6章 工程项目生产安全文化建设

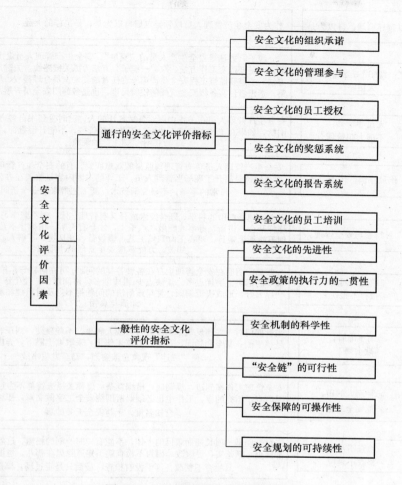

图 6-12 工程项目安全文化评价因素

注：
(1) 通行的安全文化评价指标包括至少六个评价因素（其中韦格曼等人提出的五个因素，另加上员工培训一项）。国际上对此有所认可。
(2) 一般性的安全文化评价指标，是根据各行业、各企业和具体项目的规模、性质、基本状况而制定的。
(3) 这里所谓"安全链"是指工程项目的安全整体机制的完整性、系统性、协调性、运转性和可持续性等。
(4) 安全文化的先进性指工程项目安全管理系统在国际上与公认的安全管理接轨和全面实施信息化和智能化的水平等。
(5) 安全规划指企业根据其战略规划而制定的近期（如1～2年）和长远（如3～5年）的企业或工程项目安全规划部分。
(6) 参见中华人民共和国住房和城乡建设部、中华人民共和国国家质量监督检验检疫总局联合颁发的《地铁工程施工安全评价标准》。

6.5 工程项目安全文化管理的"十二项误区"提警

安全文化管理的"十二项误区"如图 6-13 所示。

上篇　安全篇

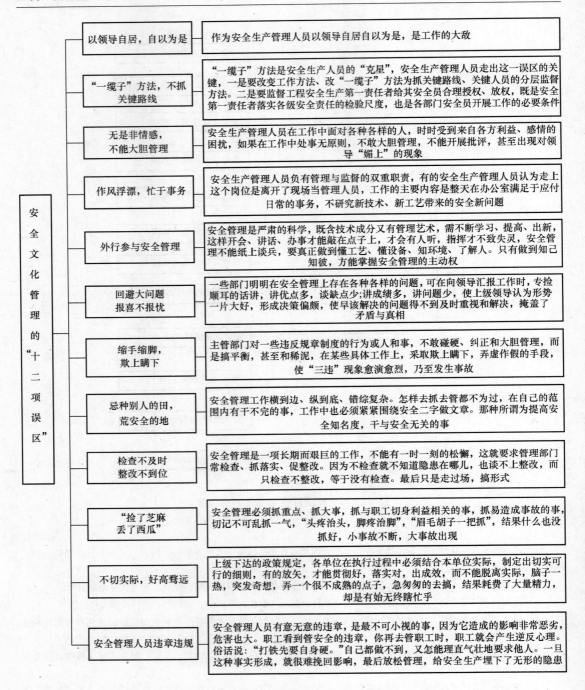

图 6-13　安全文化管理的"十二项误区"

6.6　美国杜邦安全文化

美国杜邦安全文化如图 6-14 所示。

第6章 工程项目生产安全文化建设

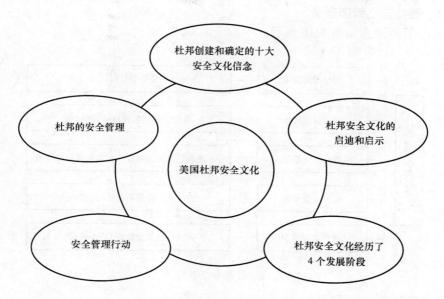

图 6-14 美国杜邦安全文化

6.6.1 杜邦创建和确定的十大安全文化信念

杜邦创建和确定的十大安全文化信念如图 6-15 所示。

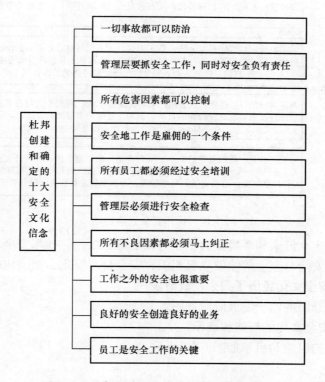

图 6-15 杜邦创建和确定的十大安全文化信念

6.6.2 杜邦安全管理理念

杜邦安全管理理念如图 6-16 所示。

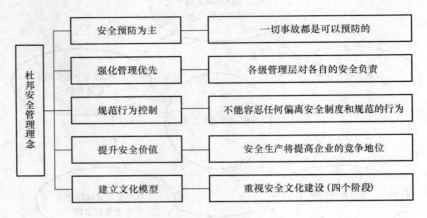

图 6-16 杜邦安全管理理念

6.6.3 杜邦安全管理行动

杜邦安全管理行动如图 6-17 所示。

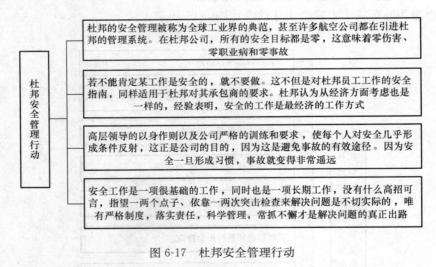

图 6-17 杜邦安全管理行动

美国杜邦把安全、健康和环境作为企业的核心价值之一。杜邦安全理念是：安全具有显而易见的价值，安全与企业的绩效息息相关；安全是习惯化、制度化的行为。

6.6.4 杜邦安全文化经历了四个发展阶段

杜邦安全文化经历的四个发展阶段如图 6-18 所示。

6.6.5 杜邦安全文化的启迪和启示

杜邦安全文化的启迪和启示如图 6-19 所示。

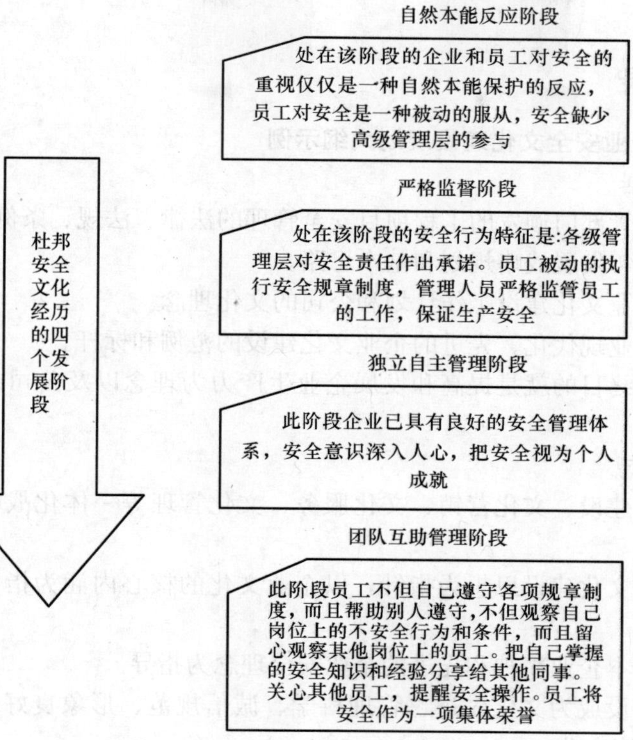

杜邦安全文化经历的四个发展阶段
自然本能反应阶段
处在该阶段的企业和员工对安全的重视仅仅是一种自然本能保护的反应，员工对安全是一种被动的服从，安全缺少高级管理层的参与
严格监督阶段
处在该阶段的安全行为特征是:各级管理层对安全责任作出承诺。员工被动的执行安全规章制度，管理人员严格监管员工的工作，保证生产安全
独立自主管理阶段
此阶段企业已具有良好的安全管理体系，安全意识深入人心，把安全视为个人成就
团队互助管理阶段
此阶段员工不但自己遵守各项规章制度，而且帮助别人遵守,不但观察自己岗位上的不安全行为和条件，而且留心观察其他岗位上的员工。把自己掌握的安全知识和经验分享给其他同事。关心其他员工，提醒安全操作。员工将安全作为一项集体荣誉

图 6-18　杜邦安全文化经历的四个发展阶段

杜邦以安全文化为核心，制定了十分严格、近乎苛刻的安全防范措施。正是这些苛刻的措施，令杜邦的员工感到十分安全
安全文化建设是保证安全的基础，有什么样的安全文化，就会有什么样的安全状态
安全工作领导者必须率先垂范，身体力行。做到“言必行，行必果，行胜于言”。中油公司倡导的“有感领导”，领导者的“做”永远比“说”更重要
杜邦安全文化的启迪和启示
在广大职工中形成一个浓厚的安全文化氛围至关重要。对国家安全法律法规的严肃、敬畏、一丝不苟地执行。“心以理为本，理被欲害则心亡；理以心为用，心死于欲则理灭”
安全管理贵在抓好落实，要树立每时每刻讲安全的理念，提高全员的安全风险意识。使员工们念念不忘安全“福莫大于无祸”

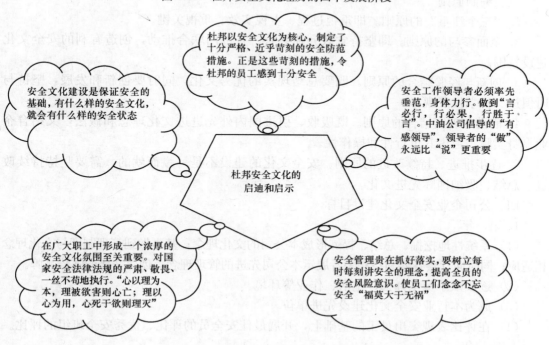

图 6-19　杜邦安全文化的启迪和启示

6.7 附录

6.7.1 某企业安全文化建设规划大纲示例

一、编制依据

1. 国家和主管部门颁发的工程项目安全管理的法律、法规、条例和细则等文件。
2. 公司的×年发展战略规划和基本思路。
3. 公司的企业文化建设工作计划和公司的文化理念。
4. 国内外行业现代化、先进的企业文化建设的范例和标杆。
5. 以企业最终目的就是提高和发展企业生产力为理念以及公司的主业及其多元化产业发展现状。

二、指导思想

1. 实施文化建设、文化营销、文化服务、文化管理等一体化战略，打造本企业文化核心竞争力。
2. 以党的大文化建设思想为指针，以企业文化的核心内涵为指导，与企业安全文化建设紧密结合。
3. 以新时期本企业精神和先进的企业安全理念为指导。
4. 把公司建设成为文化先进、管理科学、诚信规范、形象良好、竞争力强、效益显著的行业内的一流企业。

三、编制原则

1. "三个注重"的原则。即重视过程、重视实效、重视关键。
2. 全面参与的原则。即坚持党政齐抓共管、各部门联合推动，创造有利的安全文化建设氛围。
3. 创新与经验结合的原则。既要总结现实的优秀文化，同时要创新和发展，坚持与时俱进、科学发展观。
4. 前沿与现实结合的原则。既吸收、引进国内外先进进文化理念和做法，又结合企业自身实际，考虑其可行性和操作性。
5. 逐步推进、持续改进的原则。安全文化的建设不是一蹴而就的，需要坚持持续改进、总结、吸纳国际先进文化。

四、公司企业安全文化建设目标

1. 第一年

（1）系统性地挖掘、总结、提炼形成本公司的文化理念；基本做到管理制度与文化理念相适应；同时向社会各界利益相关者展示本公司先进的管理理念，创建文化的强势品牌。

（2）逐步赋予员工办公、生活、作业等环境。

（3）成为本行业安全文化建设先进单位。

（4）在评比表现突出员工的基础上，开展最佳安全员的评比、优秀安全班组的评比。

2. 第二年

（1）文化理念的培训和安全文化理念的故事化相结合，使广大员工能主动接受公司文化理念并按文化理念的要求去工作，员工整体素质有明显提升。

(2) 策划一项具有文化内涵、促进品牌推广和提高公司效益的主题活动。
(3) 实施"社会性员工职业生涯发展规划"。
(4) 成为本行业安全文化建设有影响力或起示范作用的先进单位。
(5) 开展表现突出员工、最佳安全员、优秀安全班组等的评比活动。

3. 第三年

(1) 继续开展安全文化理念的专业化培训工作。
(2) 用文化理念指导企业管理制度的规范和创新，行为文化和制度文化得到大幅度提升和展现。
(3) 策划一项具有文化内涵、促进品牌推广和提升市场开拓的主题活动。
(4) 在本行业范围内，本企业安全文化建设的成效更具影响力和知名度。
(5) 继续开展表现突出员工、最佳安全员、优秀安全班组等的评比。

6.7.2 工程项目现场文化建设与管理要点

现场文化建设与管理纲要如图 6-20 所示。

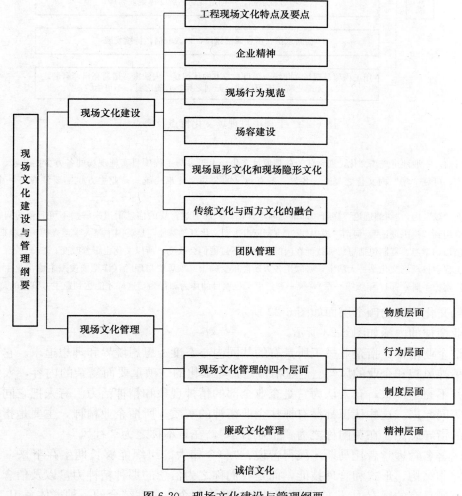

图 6-20 现场文化建设与管理纲要

这里必须指出：工程项目经理的作用是第一位的。《孙子兵法》中强调，作为第一线的指挥官应当具备五德，必须做到："智、信、仁、勇、严"（《孙子兵法》计篇），即，诚信、才智、仁义（以道为首）、谋略、法制。孙子论"五事七计"更值得领导层、管理层学之又学，学以致用，活学活用，百学不厌。

工程项目现场文化特点及要点如图 6-21 所示。

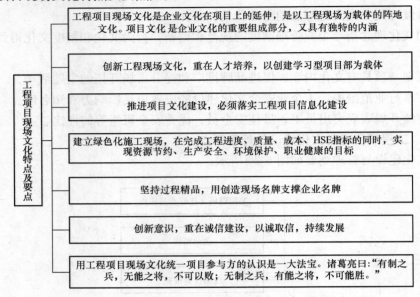

图 6-21　工程项目现场文化特点及要点

注：
(1) 目前，一般地讲现场文化，通常认为就是项目文化，由于参与工程项目实施现场的各方少则几家、十几家、多则数十家，可见"场"内文化之复杂、各异，各有自己的公司文化难于统一，业主方也需要注意有一个融合的问题。

(2) 在"场"内，"纠缠理论"盛行，即谁也离不开谁，只能通过常规的信息渠道来解读不可避免的问题。这里的的确确应用到"摸因理论"。何谓"摸因理论"（MEME）即文化复制基地，是英国牛津大学理查德·道金斯发明的：人类通过模仿和学习、复制包括思想和技能在内的原因，不过他们会改变，所以文化也跟着改变。

(3) 工程项目现场文化是一大法宝，必须用各方所能接受的十二项思维与理念（详见杨俊杰主编《业主方工程项目现场管理模板手册》2011 年版第一章），统一和约束工程项目的作为和行为，这样才能达到业主方策划的总目标。

现场文化管理的四个层面如图 6-22 所示。

企业精神的内涵如图 6-23 所示。

何谓企业精神？指企业员工所具有的共同内心态度、思想境界和理想追求。它表达着企业的精神风貌和企业的风气。企业精神是企业文化的一项重要而复杂的内容，人们对它的认识并不完全一致，有人认为它是企业全部的精神现象和精神活力。有人把它同企业价值观念等同起来。这些认识都没有抓住企业精神的实质。所谓企业精神，主要是指企业经营管理的指导思想。在美国称之为"企业哲学"，在日本称之为"社风"。

美国著名管理学者托马斯·彼得曾说："一个伟大的组织能够长期生存下来，最主要的条件并非结构、形式和管理技能，而是我们称之为信念的那种精神力量以及信念对组织全体成员所具有的感召力。"企业精神是现代意识与企业个性结合的一种群体意识。"现代

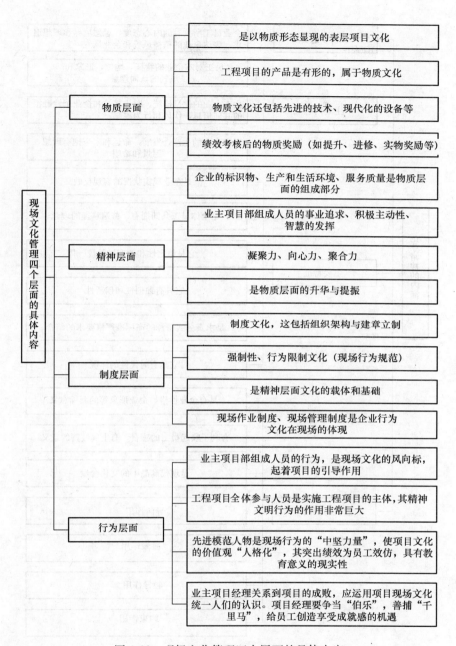

图 6-22　现场文化管理四个层面的具体内容

意识"是现代社会意识、市场意识、质量意识、信念意识、效益意识、文明意识、道德意识等汇集而成的一种综合意识。"企业个性",包括企业的价值观念、发展目标、服务方针和经营特色等基本性质。企业精神总是要反映企业的特点,它与生产经营不可分割。企业精神不仅能动地反映与企业生产经营密切相关的本质特征,而且鲜明地显示企业的经营宗旨和发展方向。它能较深刻的反映企业的个性特征并发挥它在管理上的影响,起到促进企业发展的作用。企业精神一旦形成群体心理定势,既可以通过明确的意识支配行为,也可

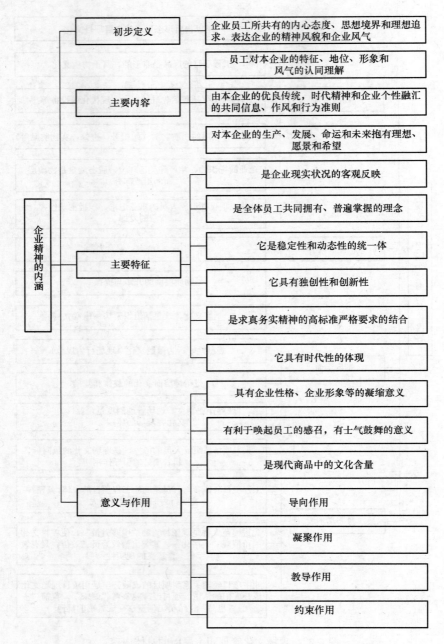

图 6-23 企业精神的内涵

以通过潜意识产生行为,还可以通过潜意识产生行为。其信念化的结果,会大大提高员工主动承担责任和修正个人行为的自觉性,从而主动地关注企业的前途,维护企业声誉,为企业贡献自己的全部力量。

项目现场场容建设的主要内容如图 6-24 所示。

现场行为规范的标准示例如图 6-25 所示。

第6章 工程项目生产安全文化建设

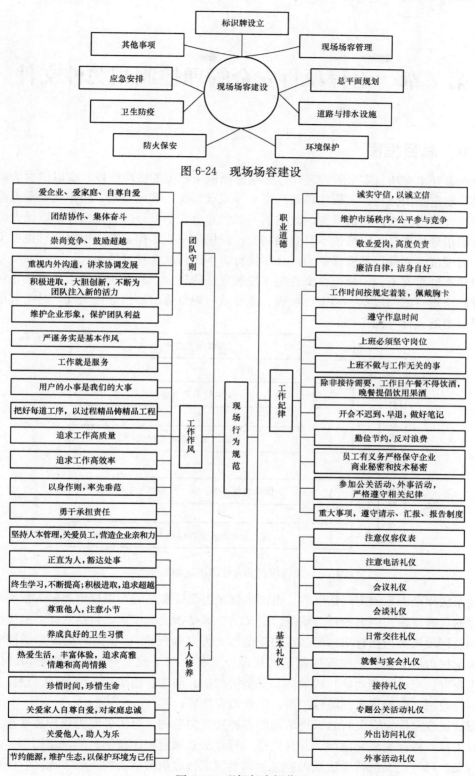

图 6-24 现场场容建设

图 6-25 现场行为规范

第7章 工程项目安全管理控制相关性文件

7.0 总目框图

全面做好工程项目安全管控工作，必须遵循国家相关的法律法规，应以国家法律法规为准绳，制定集团公司、工程项目部（组）等规章制度、管理条例、操作规程及规范其员工们的操守行为。为此，这里专门收集了与工程安全密不可分的主要文件，以供查阅。

所谓指导性文件：一般说不具有强制力，仅供第一线工作参考，可以执行也可不完全执行。而规范性文件：具有强制力，必须执行，不执行就会受到惩罚。

但从实证意义上说，规范性文件是指按照立法的规定，具有法律效力的文件，包括法律、行政法规、部门规章、地方性法规、地方政府规章等。而指导性文件，是指其他不具有法律效力的文件（图7-1）。

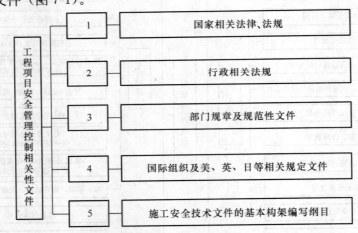

图7-1 工程项目安全管理控制相关性文件

国家法律是国家制定或认可的，由国家强制力保证实施的，以规定当事人权利和义务为内容的具有普遍约束力的社会规范。广义的法律是指法的整体，包括法律、有法律效力的解释及行政机关为执行法律而制定的规范性文件（如规章）。狭义的法律专指拥有立法权的国家权力机关依照立法程序制定的规范性文件。与工程安全关系比较密切的国家法律，主要有：宪法、劳动法、建筑法、安全生产法、刑法、消防法、电力法、道路交通安全法、行政法、保险法、环境保护法、职业教育法等。

行政法规是国家有关行政管理活动的各种法规的总称，是国务院为领导和管理国家各项行政工作，根据宪法和法律，并且按照《行政法规制定程序条例》的规定而制定的。有广狭两义：(1) 广义的行政法规内容包括调整国家行政机关活动的一切方面，它既包括国家权力机关根据宪法制定的关于国家行政管理的各种法律、法令，也包括国家行政机关根据宪法、法律、法令，在其职权范围内制定的关于国家行政管理的各种法规。(2) 狭义的行政法规指国家行政机关在行政管理活动过程中，在自己的职权范围内，按照法定程序发布的各种规范性文件。在我国法制中，行政法规是国务院为领导和管理国家各项行政工作而制定的法规的总称。如安全许可证条例、建筑工程安全生产管理条例、特别重大事故调查程序暂行规定等。

我国宪法第 90 条第二款规定："各部、各委员会根据法律和国务院的行政法规、决定、命令，在本部门的权限内，发布命令、指示和规章。"(《中华人民共和国常用法律大全》第 15 页) 部门规章是国务院各部门、各委员会、审计署等根据法律和行政法规的规定和国务院的决定，在本部门的权限范围内制定和发布的调整本部门范围内的行政管理关系的，并不得与宪法、法律和行政法规相抵触的规范性文件。主要形式是命令、指示、规章等。如国家科委制定的《科学技术保密规定》，劳动部发布的《技工学校招生规定》等，都属部门规章。部门规章的解释：国家最高行政机关所属的各部门、委员会在自己的职权范围内发布的调整部门管理事项的规范性文件是部门规章。

《标准化工作指南第 1 部分：标准化和相关活动的通用词汇》(GB/T 20000.1—2002) 中对标准的定义是：为了在一定范围内获得最佳秩序，经协商一致制定并由公认机构批准，共同使用的和重复使用的一种规范性文件。标准宜以科学、技术的综合成果为基础，以促进最佳的共同效益为目的。标准是科学、技术和实践经验的总结。为在一定的范围内获得最佳秩序，对实际的或潜在的问题制定共同的和重复使用的规则的活动，即制定、发布及实施标准的过程，称为标准化。开放的复杂巨系统理论视角下的科技创新体系将标准化作为面向创新 2.0 的科技创新体系的重要支撑以及技术创新体系、知识社会环境下技术 2.0 的重要轴心。在 70 年代，钱学森就提出要加强标准、标准化工作及其科学研究以应对现代化、国际化的发展环境。通过标准及标准化工作，以及相关技术政策的实施，可以整合和引导社会资源，激活科技要素，推动自主创新与开放创新，加速技术积累、科技进步、成果推广、创新扩散、产业升级以及社会、经济的全面、协调、稳步和可持续发展。

创新 2.0 简图如图 7-2 所示。

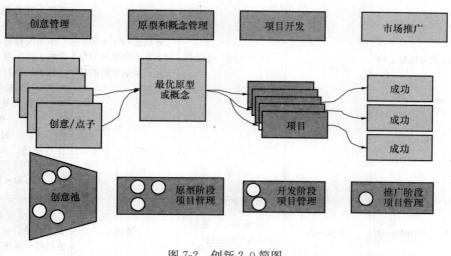

图 7-2　创新 2.0 简图

创新 2.0，其意即面向知识社会的下一代创新，它的应用可以让人了解目前由于信息通信技术（ICT）迅速发展给社会带来深刻的变革而引发的科技创新模式的改变——从专业科技人员实验室研发出科技创新成果后，用户被动使用到技术创新成果的最终用户直接或通过共同创新平台参与技术创新成果的研发和推广应用的全过程。面向知识社会的科学 2.0、技术 2.0 和管理 2.0 三者的相互作用共同塑造了面向知识型社会的创新 2.0。创新 2.0 是知识型社会条件下以人为本的典型创新模式，其例子包括 Web2.0、开放源代码、自由软件以及麻省理工学院提出的微观装配实验室等。这对于生产安全方面的全面创新，有比较大的借鉴和启迪意义。

此外，我国作为国际法主体同国外缔造的双边或多边协议和其他公约，如国际劳工组织于 1988 年通过的《建筑业安全卫生公约》及其建议书等也列于表中，以便查阅。

7.1 国家相关法律、法规

国家相关法律、法规见表 7-1 所列。

国家相关法律、法规　　　　表 7-1

名　称	发布部门	发布时间	适用范围	备　注
中华人民共和国宪法	全国人大	1982-12-4 通过，2004-3-14 修正	中华人民共和国所有公民的言行和活动必须遵守该法	至高无上，毫无例外
中华人民共和国建筑法	全国人大	1997-11-1 通过，1998-3-1 起施行	凡所有从事国内外建筑工程的团体、个人和相关单位	也适于跨国公司在我国从事工程承包及相关单位
中华人民共和国环境保护法	全国人大	1989-12-26 通过并施行	本法适用于中华人民共和国领域和中华人民共和国管辖的其他海域	为保护和改善生活环境与生态环境，防治污染和其他公害，保障人体健康，促进社会主义现代化建设的发展，制定本法。本法所称环境，是指影响人类生存和发展的各种天然的和经过人工改造的自然因素的总体，包括大气、水、海洋、土地、矿藏、森林、草原、野生生物、自然遗迹、人文遗迹、自然保护区、风景名胜区、城市和乡村等
中华人民共和国消防法	全国人大	2008-10-28 修订，2009-5-1 起施行	通用	对工程项目非常重要。在设计、施工、验收过程中必须严加执行

第 7 章　工程项目安全管理控制相关性文件

续表

名　　称	发布部门	发布时间	适用范围	备　　注
中华人民共和国安全生产法	全国人大第二十八次会议于2002年6月29日通过	2002-6-29 通过，2002-11-1 起施行	凡所有一切从事国内外生产及工程项目的团体、个人和相关单位	对保护劳动者 HSE 等权益、调动企业全员生产的积极性和保障生产安全有很大的效应和意义。对工程项目的安全生产有很高的实际执行价值
中华人民共和国劳动法	全国人大	1994-7-5 通过，1995-1-1 起施行	在中华人民共和国境内的企业、个体经济组织（以下统称用人单位）和与之形成劳动关系的劳动者，适用本法。国家机关、事业组织、社会团体和与之建立劳动合同关系的劳动者，依照本法执行	为了保护劳动者的合法权益，调整劳动关系，建立和维护适应社会主义市场经济的劳动制度，促进经济发展和社会进步，根据宪法，制定本法
中华人民共和国民法通则	全国人大	1987-1-1 起施行	通用	承担民事责任和事故处理时考虑
中华人民共和国行政处罚法	全国人大	1996-3-17 通过，1996-10-1 起施行	通用	对安全责任人，进行行政惩罚时参用
中华人民共和国治安管理处罚条例	全国人大	1986-9-5 通过，2006-3-1 废止	同上	同上
中华人民共和国能源法固体废物污染环境防治法	全国人大	2004-12-29 通过，2005-4-1 起施行	通用	在工程项目设计、施工、验收时必须按此法实施
中华人民共和国刑法	全国人大	1979-1-1 通过，1997-3-14 修订		
中华人民共和国物权法	全国人大	2007-3-16 通过，2007-10-1 起施行		工程实施时，对保护业主及第三者参考
中华人民共和国水法	全国人大	2004-12-29 通过，2005-4-1 起施行	适用于工程设计、施工	参用
中华人民共和国道路交通安全法	全国人大	2003-10-28 通过，2011-4-22 修订	通用	为了自己和他人的安全，中华人民共和国公民必须遵守
中华人民共和国保险法	全国人大	1995-6-30 通过，2009-2-28 修订	通用	保险是工程项目必要条件之一，在工程项目实施中和履行合同时必须考虑

续表

名称	发布部门	发布时间	适用范围	备注
中华人民共和国国家安全法	全国人大	1993-2-22 通过并施行	凡中华人民共和国公民，从事一切活动时，当考虑其中	国家安全、国家利益高于一切。国内外承包工程时必须考虑的条件之一，尤其是在国际工程中
中华人民共和国大气污染防治法	全国人大	2000-4-29 通过，2000-9-1 起施行	适用于工程	
中华人民共和国环境影响评价法	全国人大	2002-10-28 通过，2003-9-1 起施行	工程项目实施，必须进行环境评估评价及持续改进	工程设计、施工、验收中，非常重要的评价标准
中华人民共和国反垄断法	全国人大	2007-08-30 通过，2008-8-1 起施行	参考	参考
中华人民共和国节约能源法	全国人大	2007-10-28 修订通过，2008-4-1 修正		
中华人民共和国可再生能源法	全国人大	2005-2-28 通过，2009-12-26 修正		
中华人民共和国食品安全法	全国人大	2009-2-28 通过，2009-6-1 起施行	通用	取代原《中华人民共和国食品卫生法》。民以食为天，食以安为本
中华人民共和国科学技术进步法	全国人大	2007-12-29 通过，2008-7-1 起施行		参考
中华人民共和国职业教育法	全国人大	1996-5-15 通过，1996-9-1 起施行	通用	时时刻刻不能忘记安全教育
中华人民共和国防震减灾法	全国人大	1997-12-29 通过，2008-12-27 修订		
中华人民共和国国家标准化法	全国人大	1988-12-29 通过，1989-4-1 起施行	通用	安全生产标准化是必由之路
中华人民共和国铁路法	全国人大	1990-9-7 通过，1991-5-1 起施行	本法所称铁路，包括国家铁路、地方铁路、专用铁路和铁路专用线	为了保障铁路运输和铁路建设的顺利进行，适应社会主义现代化建设和人民生活的需要，制定本法
中华人民共和国公路法	全国人大	1997-7-3 通过，1999-10-31 修订，2004-8-28 二次修订	适用于公路工程项目	确保公路工程项目的质量安全
中华人民共和国政府采购法	全国人大	2002-6-29 通过，2003-1-1 起施行	通用	工程项目采购必须按此法规定办理，不得逾越

续表

名 称	发布部门	发布时间	适用范围	备 注
中华人民共和国电力法	全国人大	1995-12-28 通过，1996-4-1 起施行	通用	为了保障和促进电力事业的发展，维护电力投资者、经营者和使用者的合法权益，保障电力安全运行，制定本法。本法适用于中华人民共和国境内的电力建设、生产、供应和使用活动
中华人民共和国水法	全国人大	2002-8-29 修订，2002-10-1 起施行		
中华人民共和国水利法	全国人大	1988-1-21 通过，1988-7-1 起施行	通用	在承担水利水电工程项目时，必须遵守该法中的有关技术规定和要求
中华人民共和国防洪法	全国人大	1998-1-1 通过并施行		参考
中华人民共和国水污染防治法	全国人大	1984-5-11 通过，1996-5-15 修订，2008-2-28 再次修订	通用	工程项目实施中应当充分考虑
中华人民共和国水土保持法	全国人大	1991-6-29 通过并施行		参考

7.2 行政相关法规

行政相关法规见表 7-2 所列。

行政相关法规　　　　表 7-2

名 称	发布部门	发布时间	适用范围	备 注
安全生产许可证条例	国务院第 397 号令	2004 年颁布	适用于建筑施工行业及其相关单位	严格规范安全生产条件，加强对建筑企业的监督管理
建筑工程安全生产管理条例	国务院第 393 号令	经 2003 年 11 月 12 日国务院第 28 次常务会议通过，2003 年 11 月 24 日公布，自 2004 年 2 月 1 日起施行	同上	对建筑工程的设计、施工及履行合同，都非常密切、非常重要，是建筑行业的关注度比较高的条例之一

续表

名称	发布部门	发布时间	适用范围	备注
建设工程质量管理条例	国务院第279号令	2000年1月30日国务院第25次常务会议通过，自公布自公布之日起施行	同上	工程项目严格执行
中华人民共和国防汛条例	国务院	1991年7月2日通过，2005年7月15日修订	通用	
建设项目环境保护管理条例				
建筑施工噪声排放许可证				
国务院关于进一步加强安全生产工作的决定	（国发2004年2号）			参考
企业职工伤亡事故报告和处理决定				
特别重大事故调查程序暂行规定	国务院第34号令	1989年		重大责任事故罪，是指工厂、矿山、林场、建筑企业或者其他企业、事业单位的职工，由于不服管理、违反规章制度，或者强令工人违章冒险作业，因此发生重大伤亡事故，造成严重后果的行为。特别重大事故简称特大事故，在中国，特指造成30人以上死亡，或者100人以上重伤（包括急性工业中毒），或者1亿元以上直接经济损失的事故
特种设备安全监察条例				
国务院关于特大安全事故行政责任追究的规定				
工伤保险条例				
中华人民共和国水文条例				
中华人民共和国抗旱条例	国务院	2009-2-11通过并施行		

7.3 部门规章及规范性文件

部门规章及规范性文件见表 7-3 所列。

部门规章及规范性文件　　　　　表 7-3

名　　称	发布部门	发布时间	适用范围	备　　注
建筑安全生产监督管理规定	建设部	1991 年第 13 号文件	凡从事房屋建筑、土木工程、设备安装、管线敷设等施工和构配件生产活动的单位及个人	必须接受建设行政主管部门及其授权的建筑安全生产监督机构的行业监督管理
工程建设重大事故报告和调查规定				
建设工程施工现场管理规定				
建设行政处罚程序暂行规定				
建设工程许可证管理办法				
建筑企业资质管理规定				
实施工程建设强制性标准监督规定				
建设工程监理范围和规模标准规定				
工程监理企业资质管理规定				
建设工程勘察设计资质管理规定				
建筑施工企业安全生产许可证管理规定				
建筑施工企业主要负责人、项目负责人和专职安全管理人员安全生产考核管理暂行规定	建设部	建设部建质 2004 年 59 号	适用于对建筑施工企业三类人员进行考核认定	为贯彻落实《安全生产法》、《建筑工程安全生产管理条例》和《安全生产许可证条例》
国家电网公司系统工程建设管理若干规定（暂行）				

续表

名称	发布部门	发布时间	适用范围	备注
国家电网公司"电力建设工程施工质量监理管理办法"	国家电网公司	国家电网基建2010年166号	国家电网企业及相关单位	参考
国家电监会电力建设安全生产监督管理办法				
水利电力部《水利水电工程管理条例》				
中华人民共和国公路管理条例实施细则与公路工程技术标准	交通部	颁布日期1988年6月28日,实施日期2009年6月13日	公路工程业务	参考
铁路工程质量管理办法				
地铁工程安全生产文明施工管理办法				
《地铁工程施工安全评价标准》(GB 50715—2011)	住房和城乡建设部第1106号公告批准	自2012年6月1日起实施。其中8条(款)为强制性条文,必须严格执行	行业通用	对工程项目设计、施工、安装、验收有重要参考价值
《国家电网公司电力建设工程施工技术管理导则》				
安全生产许可证条例	国务院第397号令	2004年颁布	适用于建筑施工行业及其相关单位	严格规范安全生产条件,加强对建筑企业的监督管理
中华人民共和国水利行业标准《水利水电工程施工组织设计规范》(SL 303—2004)	水利部	水利行业标准	水利工程	参考资料

7.4 国际组织及美、英、日等相关规定文件

国际组织及美、英、日等相关规定文件见表7-4所列。

国际组织及美、英、日等相关规定文件　　　表7-4

名称	发布部门	发布时间	适用范围	备注
建筑企业安全卫生公约及建筑安全和卫生建议书	国际劳工组织全体大会第75届会议通过	1988年	适用于建筑工程、土木工程、吊装及拆除工程,还包括从建筑施工场地准备到工程项目竣工的所有工序及运输	该文件对雇主的责任、工人的责任权利义务、雇主与工人之间的合作及其出现包括安全事故问题的处理等细节,都提出了具体的意见、建议和措施

续表

名 称	发布部门	发布时间	适用范围	备 注
国际标准化组织（ISO）《质量管理与质量保证》	国际标准化组ISO 9000族标准是国际标准化组织《质量管理与质量保证》技术委员会（ISO/TC 176）制定的质量管理体系标准	出版于1987年，于当年3月15日发布，1994年出第2版	实施ISO 9000系列标准，提高行业质量管理水平有利于提高质量保证	国际标准化组织（International Organization for Standardization）简称ISO，是世界上最大的非政府性标准化专门机构，是国际标准化领域中一个十分重要的组织。ISO的任务是促进全球范围内的标准化及其有关活动，以利于国际间产品与服务的交流，以及在知识、科学、技术和经济活动中发展国际间的相互合作。它显示了强大的生命力，吸引了越来越多的国家参与其活动
美国安全与健康局《美国职业安全与健康法》（OSHACT）	美国国家安全与健康局		适用于雇主、业主、承包商、雇员操作人员	具有一定的法律效力。对"零事故率"目标的实现有比较重要的推动意义。值得学习与借鉴
英国安全及健康管理局《工作安全与健康管理条例》	英国安全及健康管理局（HSE）	1974年颁布实施；从1995年该局又实施了《建设工程设计与管理条例》	适用于从事工程设计、施工、咨询及相关单位	英国于1978年推出《安全代表及安全委员会法规》也值得研考
日本《劳动安全卫生法》	各劳动主管部门下属劳动基准主管局	1992年5月，日本颁发修订的《劳动安全卫生法》。从1992年10月1日起施行	适用于各种生产企业，这次修订，反映了日本经济、社会形势发展和工伤事故的动向，以确保劳动者的安全与健康。修订的两个重点：一是加强防止建筑业工伤事故对策；二是促进工作场所环境的舒适化。建筑业工伤事故预防的有关规定	日本对生产安全非常重视。连续多年执行《建筑事故预防五年计划》，大大提高了生产安全与健康作业环境质量。日本建筑安全与健康协会对防止事故隐患起了很大作用
保护世界文化和自然遗产公约	国际组织			工程施工时注意保护
生物多样性公约				
FIDIC合同条件中的相关条款规定	FIDIC专业委员会编制	1977年在中国出版第三版，1987年出版第四版，1999年出版了四本新版合同条件	国内外业主、承包商、咨询商、设计与施工及相关单位均用	参考与借鉴价值高、大、全，世界各国通用。其中有许多条款对HSE的要求，投标、报价、签订合同和履约合同等广泛应用

续表

名称	发布部门	发布时间	适用范围	备注
SA8000标准：社会责任国际	经济优先权委员会	1997年发布；2001年更名发布修订版 SA80002001	SA8000 主要由包括健康与安全、管理体系等九个要求组成	SA8000 体系建立的方法与 ISO9000 雷同
辐射防护公约；作业场所安全使用化学品公约			实施参考	
机器防护建议书及机器防护公约；工伤事故和职业病津贴公约及工伤事故和职业病津贴建议			参考	
最大负重量公约及最大负重量建议书			参考	查看资料
（国际劳工标准）三方协商公约及（国际劳工组织活动）三方协商建议书			参考	查看资料
工作环境（空气污染、噪声和振动）公约及工作环境（空气污染、噪声和振动）建议书			工程项目设计、施工参考	查看资料
职业安全与卫生公约及职业安全和卫生建议书；职业安全卫生设施公约及职业安全卫生设施建议书；保护工人健康建议书	国际劳工组织	第97号建议书 1953-6-25发布	适用于国内外工程承包单位	（1）国家法律或条例应包括关于在工作场所防止、减少或消灭对健康构成威胁的各种危害的方法的规定，其中包括对威胁工人健康的特殊危害必须采取的方法。（2）雇主应采取一切适当措施，以使工作场所的一般条件能保证相关工人的健康受到充分保护。（3）对安全生产有重要应用价值

7.5 施工安全技术文件的基本构架编写纲目

施工安全技术文件包括阐述施工安全技术内容的论文、措施和标准。由于其母体技术、服务对象和应用要求的不同，在内容阐述的层次、重点和深度方面也将有所不同。

表 7-5 根据施工安全技术的定义、内容、要求及其内在联系，并考虑大家较为习惯和易于接受的层次结构，汇入了两种施工安全技术措施和施工安全技术标准的编写纲目。

建筑施工安全技术文件的基本构架（编写纲目）　　表 7-5

文件名称	编　写　纲　目	
工程项目施工安全技术措施	一、工程概况和安全施工要求 　1. 工程概况 　2. 安全施工的要求和安全工作的特点 二、工程技术的安全保证要求 　1. 重点技术项目的安全保证要求 　2. 其他技术项目的安全保证要求 　3. 技术安全限控要求一览表 　4. 技术安全保险要求一览表 　5. 可能出现的安全隐患一览表	三、施工管理的安全保证要求 　1. 施工安全管理工作的目标和要求 　2. 施工安全的组织保证体系 　3. 施工安全的制度保证体系 　4. 安全防护措施和劳动保护用品使用 　5. 安全检查、整改和验收工作要求一览表 　6. 安全措施的投入和供应计划 　7. 奖惩和其他安全工作措施 四、附录
专项技术工程施工安全技术措施	一、技术概况和安全施工要求 　1. 技术概况 　　（1）工艺原理和工艺流程 　　（2）技术特点和设置要求 　　（3）材料和杆配件 　　（4）设备和控制系统 　2. 安全施工、应用要求和安全工作的特点 二、技术设计 　1. 一般要求和规定 　2. 结（机）构和构造 　3. 设计计算 三、技术的安全保证要求 　1. 设计的安全可靠性要求	2. 技术的安全限控要求 　3. 技术的安全排险要求 　4. 技术性安全隐患的检查与消除 四、施工（应用）管理的安全保证要求 　1. 安全管理工作的目标和要求 　2. 施工（应用）安全的组织保证体系 　3. 施工（应用）安全的制度保证体系 　4. 安全防护措施和劳动保护用品使用 　5. 安全检查、整改和验收 　6. 安全措施的投入和供应计划 　7. 奖惩和其他安全工作措施 五、附录
建筑施工安全技术标准	一、总则 二、术语、符号 三、一般规定 　1. 技术、工艺的一般规定 　2. 施工、应用的一般规定 四、材料、杆配件和设备 　1. 材料和杆配件 　2. 设备和控制系统 五、结（机）构和构造 　1. 结（机）构要求 　2. 构造要求 六、设计计算 　1. 设计计算的一般规定 　2. 单项计算方法	七、技术安全的保证要求 　1. 设计的可靠性要求 　2. 安全限控要求 　3. 安全保险要求 　4. 技术性安全隐患的检查与消除 八、施工（应用）安全的保证要求 　1. 安全管理的一般规定 　2. 组织保证体系 　3. 制度保证体系 　4. 安全防护措施 　5. 劳动保护措施 　6. 检查、试验和验收 　7. 施工（应用）记录 九、附录

表列纲目由于突出了施工安全技术的特点和安全保证要求，使其比此前相应的文件有较多的变化和调整，更适应对施工安全工作进行科学管理和施工安全技术的发展要求。

第8章 工程项目安全生产操作规程

在《墨子·法仪》中讲："天下从事者，不可以无法仪。无法仪而其事能成者无有。虽至士之为将相者，皆有法；虽至百工从事者，亦皆有法。"它告诉我们，各行各业进行操作时都必须遵循既定的科学规则，否则，安全生产就成为一纸空谈。格言说得好，"败莫大于不自知"，即招致安全方面的危害或失败，没有比缺乏自知之明更大的了。又说"法度不一，内外离心"、"法贵简而能禁，罚贵轻而必行"。规程和法令必须统一，否则，就会失去凝聚力，造成内外不和谐的局面。

8.0 总纲

工程项目安全生产操作规程总纲如图 8-1 所示。

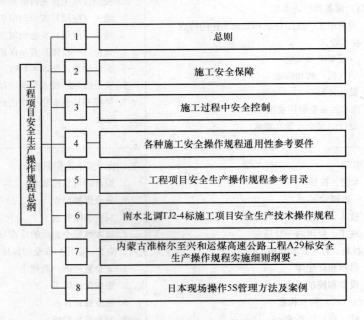

图 8-1 工程项目安全生产操作规程总纲

8.1 总则

总则如图 8-2 所示。

第 8 章 工程项目安全生产操作规程

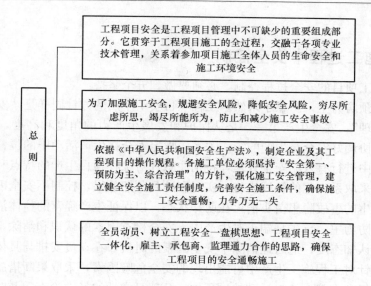

图 8-2 总则

8.2 施工安全保障

施工安全保障如图 8-3 所示。

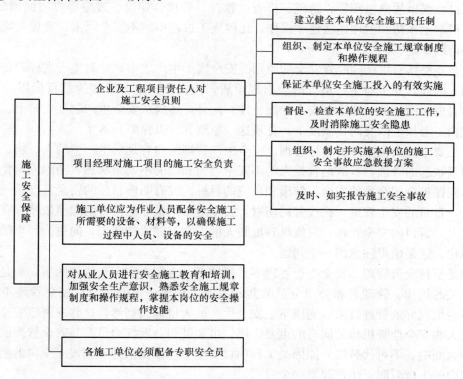

图 8-3 施工安全保障

8.3 施工过程中安全控制

要做好施工项目的安全过程控制，必须要做到五个坚持：

一是坚持预防为主，防患于未然。工程项目安全生产的方针同样是"安全第一、预防为主，综合治理"，安全生产第一，是从保护和发展生产力的角度和高度，表明在项目的生产范围内，协调好安全与生产的统一关系，肯定安全在生产活动中的位置和重要性。在生产经营活动中进行有效的安全管理，特别注意针对工程项目生产的特点和合同要求，对项目生产要素采取系列化的管理措施，实现和达到预期效果，控制不安全因素的发生与扩大，把可能发生的事故隐患苗头消灭在萌芽状态，以保证生产经营的整体活动中，人的安全与健康；预防为主，首先是端正对生产中不安全检查因素的认识和消除不安全因素的安全意识观念与认知态度，适时地消除不安全因素的时机，在动员安排与具体布置生产经营任务的时候，针对工程施工生产中可能出现的安全危险因素，采取果断措施予以消除事故隐患是最佳选择，在整个施工活动的过程中，开展日常性的经常检查，及时发现不安全因素，有效防范，明确安全责任，尽快地、坚决地予以消除，是安全管理应有的第一要义和鲜明态度；工程项目安全生产中的综合治理，是在集团公司党政统一领导下，充分发挥安全主管部门特别是安全生产骨干作用的同时，组织和依靠各部门、各单位和集团公司、工程项目部、组的力量，综合运用政治、经济、行政、制度、法律、文化、教育等多种手段，通过加强事故隐患预警、防范、排查、教育、管理、建设、改造等方方面面的工作，实现从根本上预防和治理违法违章操作，化解施工过程中的不安全因素，确保和维护安全生产和持续稳定。

二是要坚持管生产同时管安全的原则。安全寓于生产之中，并对生产发挥着促进与保证作用，因此，安全与生产虽有时会出现矛盾，但安全、生产管理的总目标以及其子目标，会表现出高度的一致性和安全的统一性。此外，还应从安全生产制度安排上、安全责权利（罚）考核上以及问责制度上，兑现这一原则并予以保障和落实。

三是要坚持安全生产的目标管理。安全生产管理的内容是对生产中的人、物、环境和条件因素状态的管理，有效地管控人的不安全行为和物的不安全状态，消除或避免事故隐患，达到保护公司全员的安全、健康和环境的目标。没有明确目标的安全管理是一种盲目的行为，盲目的安全管理，往往劳民伤财，安全危险因素非但没有消除而依然存在。在一定意义上，盲目的安全管理，只能纵容威胁人的安全与健康的状态，向更为严重的方向发展或转化，这是值得注意的一个问题。

四是坚持全员管理。安全生产管理不是领导者、少数人和安全机构的事，而是一切与生产有关的机构、管理者和公司全员的共同事业，缺乏全员的参与，安全管理不会有生气、不会出现好的管理效果、完成不了安全生产的大目标。当然，这并非否定安全管理第一责任人和安全监督机构的固有的重要作用，事实证明，发挥全员参与安全管理的重要意义是不言而喻、不可代替的。原因是工程项目安全生产涉及从开工到竣工交付的始终的全寿命期内的生产时间、生产要素的全过程。

五是坚持持续改进。安全管理是在变化着的生产经营活动中的管理，无疑是一种动态管理。这就意味着安全是随工程项目管理的精进不断改进发展的、不断变化的，以适应变化的生产活动，消除新的安全危险因素。需要不间断地摸索新的规律，总结控制的办法与经验，用现代化思路创想解决安全事故隐患新的方法、手段、措施，指导新的变化后的安全管理，不断提高安全管理的一流水平。下面的两则案例为我们提供了严格按工程项目安全生产技术操作规程进行施工，以实现过程控制的安全目标。

该规程从施工项目二十六节技术操作等多个层面，全方位、全景式的按合同条件要求，明确地规定了操作规范、技术操作的方式方法、安全措施注意事项、实施操作动作等。其覆盖了施工全过程，可操作性超强，安全保障的可靠性高，是一个工程项目部全员可掌握、可作为的工具、手段和手册。它确保了施工安全，实实在在毫无虚拟，使国家目标、企业目标、项目部目标以及员工目标和利益达完美之精华。这个贴切实际、细腻精致、深入人心的高水平谋划，成为工程项目部门标杆和范例之一，真真切切值得同行们学以致用，保证工程项目投入的人、财、物等的安全，凝聚动力、上下同欲、人人共为，使工程项目得到理想的一举共赢的成功结果。

该纲要根据国家工程项目安全大政方针政策的指导，在精心研究、精心策划的基础上，集思广益、细致切实，针对一项具体工程，完整精粹、逼真如画地描绘出安全生产实施的操作细则，可称其为"全章精粹"之作。该篇所列，既有安全生产操作规程中的共性，又有高速公路安全生产操作的个性，细之又细，其普及价值非同一般；既有安全生产理论性的一般阐述，又有公路工程实际操作的直入，其操作性技高一等；既有工程项目安全生产的复叠错综，又有本项目超脱常规的脱胎换骨，其施工安全做法出彩、创新力度非同小可。在安全理论与工程实际弥合方面，有新意、有深度、有直白，达到了项目经理部执行力、同心协力比较高的境界。不失为一部可参考、可借鉴、可仿作的标杆。特此引进，供工程项目安全管理控制人员活学活用。

8.4 各种施工安全操作规程通用性参考要件

各种施工安全操作规程通用性参考要件如图 8-4 所示。

上篇 安全篇

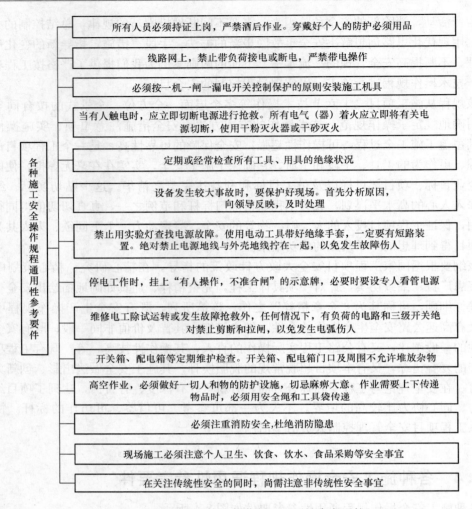

图 8-4 各种施工安全操作规程通用性参考要件

注：按照各个工种的特点和要求，根据各行业、各专业的技术要求，依据合同条件的安全要求，可制定和打造不同类型的操作规程及其细节化的操作条例和规范化的操作规程。

8.5 工程项目安全生产操作规程参考目录

工程项目操作规程参考目录见表 8-1 所列。

工程项目操作规程参考目录　　　　表 8-1

8.5.1	施工现场操作规程	8.5.7	电工职责和操作规程
8.5.2	机电设备操作规程	8.5.8	钢筋工制作绑扎操作规程
8.5.3	高空作业操作规程	8.5.9	电焊工操作规程
8.5.4	季节施工操作规程	8.5.10	气焊工操作规程
8.5.5	架子工操作规程	8.5.11	起重工安全操作规程
8.5.6	泥工（小工）操作规程	8.5.12	油漆、玻璃工操作规程

续表

8.5.13	防水工程操作规程	1.	施工方案
8.5.14	混凝土搅拌、砂浆搅拌机操作规程	2.	悬挑梁及架体稳定
8.5.15	蛙式打夯机操作规程	3.	脚手板
8.5.16	手电钻操作规程	4.	荷载
8.5.17	水磨机操作规程	5.	交底与验收
8.5.18	砂轮机操作规程	6.	杆件间距
8.5.19	捯链操作规程	7.	架体防护
8.5.20	千斤顶操作规程	8.	层间防护
8.5.21	振动器操作规程	9.	脚手架材质
8.5.22	钢筋切断机操作规程	8.5.38	基坑支护
8.5.23	钢筋调直机操作规程	1.	施工方案
8.5.24	钢筋弯曲机操作规程	2.	临边防护
8.5.25	钢筋冷拔丝机操作规程	3.	坑壁支护
8.5.26	木工平刨机操作规程	4.	排水措施
8.5.27	圆盘机操作规程	5.	坑边荷载
8.5.28	打桩机操作规程	6.	上下通道
8.5.29	施工现场相关运输车辆操作规程	7.	土方开挖
8.5.30	塔吊驾驶员操作规程	8.	基坑支护开挖监测
8.5.31	机修工岗位责任制	9.	作业环境
8.5.32	卷扬机手安全技术操作规程	8.5.39	模板工程
8.5.33	轮胎吊起重机工安全操作规程	1.	施工方案
8.5.34	塔式起重机工安全操作规程	2.	支撑系统
8.5.35	石工安全操作规程	3.	施工荷载
8.5.36	落地式脚手架	4.	模板存放
1. 施工方案		5.	支拆模板
2. 立杆基础		6.	模板验收
3. 架体与建筑物拉结		7.	混凝土强度
4. 立杆间距与剪刀撑		8.	运输道路
5. 脚手板与防护栏杆		9.	作业环境
6. 交底的验收		8.5.40	"三宝"、"四口"防护
7. 小横杆设置		1.	安全帽
8. 杆件搭接		2.	安全网
9. 架体内封闭		3.	楼梯口、电梯井防护
10. 脚手架材质		4.	预留洞口、坑井防护
11. 通道		5.	通道口防护
12. 卸料平台		6.	阳台、楼板、屋面等临边防护
8.5.37	悬挑式脚手架	8.5.41	施工用电

续表

1. 外电防护	2. 限位器
2. 接地与接零保护系统	3. 保险装置
3. 配电箱、开关箱	4. 附墙装置与夹轨 2S
4. 现场照明	5. 安装与拆卸
5. 配电线路	6. 塔吊指挥
6. 电器装置	7. 路基与轨道
7. 变配电装置	8. 电气安全
8. 用电档案	9. 多塔作业
8.5.42 物料提升机（龙门架、井字架）	10. 安装验收
1. 架体制作	8.5.45 起重吊装
2. 限位保险装置	1. 施工方案
3. 架体稳定	2. 起重机械
4. 钢丝绳	3. 钢丝绳与地锚
5. 楼层卸料平台防护	4. 吊点
6. 吊笼	5. 司机、指挥
7. 安装验收	6. 地耐力
8. 架体	7. 起重作业
9. 传动系统	8. 高处作业
10. 联络信号	9. 作业平台
11. 卷扬机操作棚	10. 构件堆放
12. 避雷	11. 警戒
8.5.43 外用电梯（人货两用电梯）	12. 操作工
1. 安全装置	13. 施工机具
2. 安全防护	（1）平刨
3. 司机	（2）圆盘锯
4. 荷载	（3）手持电动工具
5. 安装与拆卸	（4）钢筋机械
6. 安装验收	（5）电焊机
7. 架体稳定	（6）搅拌机
8. 联络信号	（7）气瓶
9. 电气安全	（8）翻斗车
10. 避雷	（9）潜水泵
8.5.44 塔吊	（10）打桩机械
1. 力矩限制器	

8.6 南水北调 TJ2-4 标施工项目安全生产技术操作规程

南水北调 TJ2-4 标施工项目安全生产技术操作规程如图 8-5 所示。

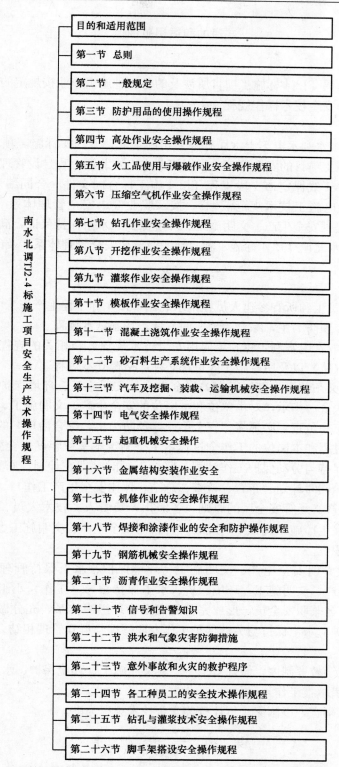

图 8-5 南水北调 TJ2-4 标施工项目安全生产技术操作规程

目的和适用范围

0.1 目的

为保证南水北调 TJ2-4 标施工项目所涉及的各工种施工作业按规定的规程在受控状态下进行，现编制本安全技术操作规程。

0.2 适用范围

0.2.1 适用于中国水利水电第十六局有限公司南水北调 TJ2-4 标施工项目部所承建的南水北调 TJ2-4 标施工项目的安全管理，根据河北省南水北调工程建设管理中心《南水北调中线一期工程天津干线保定市 1 段工程 TJ2-4 施工标合同文件（合同编号 HBJ/TGBD1/SG-04）、《水利水电施工技术规范汇编》，按《职业健康安全管理体系 要求》（GB/T 28001—2011），提供安全生产、文明施工、环境保护、水土保持保证，满足合同要求。

0.2.2 适用于南水北调 TJ2-4 标施工项目部职业健康安全管理体系涉及的所有部门。

第一节 总 则

1.1 为保护广大员工和所有参建人员在南水北调 TJ2-4 标工程生产施工中的安全与健康，坚持"安全第一，预防为主，综合治理"的方针，特制定本规程。

1.2 本规程依据《水电水利工程施工通用安全技术规程》和相关的规程规范编制。部属各部门和施工厂（队）以及所有施工人员都必须严格遵守本规程。

1.3 各级管理者必须认真贯彻执行有关安全生产、文明施工、环境保护、水土保持与劳动保护的政策、法令、指示，对本单位和本岗位的安全生产、文明施工、环境保护、水土保持与劳动保护工作负责，必须将"安全第一，预防为主，综合治理"的方针贯穿于本单位的生产经营全过程和本岗位的工作全过程，主持制定本单位年度安全生产、文明施工、环境保护、水土保持与劳动保护工作计划，坚持五同时（即在计划、布置、检查、总结、评比生产的时候，同时计划、布置、检查、总结、评比安全生产工作）。

1.4 根据"管生产必须管安全"的原则，各级生产负责人、技术人员、施工人员、安全员以及全体员工在生产施工过程中均应履行各自的安全生产、文明施工、环境保护、水土保持与劳动保护职责。

1.5 项目部设置专门安全生产、文明施工、环境保护、水土保持管理机构，各施工厂（队）建立安全生产、文明施工、环境保护、水土保持领导（工作）小组，并配备 1 名专职安全员和 1~2 名兼职安全员，形成完善的安全管理组织体系，充分做到安全生产、文明施工、环境保护、水土保持与劳动保护工作专职管理与群众管理相结合，有效防止各类事故发生。

1.6 坚持三级安全教育制度，做好安全生产、文明施工、环境保护、水土保持工作台账、规定的记录和报表填报工作。

1.7 本规程未尽事宜，以国家、行业有关安全技术规程为准。

第二节 一 般 规 定

2.1 进入生产施工现场的施工人员，都必须佩戴安全帽，按规定穿戴、佩戴防护用品，必要时还必须使用安全防护用具，严禁穿拖鞋、高跟鞋、易滑硬底鞋或赤脚工作（特殊规定者除外）。

2.2 用于施工现场的各种施工设施、管道线路等，均应符合防洪、防火、防砸、防风以及工业卫生等安全技术要求。

2.3 施工现场存放的设备、材料，应做到场地安全可靠，存放整齐，过道通畅，必要时设专人进行守护。

2.4 施工现场的洞、坑、沟、升降口、漏斗等危险处应有防护设施或明显标志。

2.5 施工现场的排水设施应整体规划，其设置位置不得妨碍交通，必要时，还应加设防护装置或组织专人进行养护，保持排水畅通。

2.6 严禁在公路、洞口或开挖区边坡下（和重型机械下）等不安全区域停留和休息。

2.7 严禁从高处向下抛掷任何物质材料和机具等物品。

2.8 全体施工人员必须严格遵守岗位责任制和交接班制度，并熟知本职（工种）的安全技术（操作）规程，在施工作业的全过程坚守岗位，严禁违章作业、违章指挥和违章操作。

2.9 未经上级许可，不得随意将自己的工作交给他人，不得随意操作非本职的机械设备。

2.10 电工、焊工、锅炉工、爆破工、起重机司机和各种机动车辆司机等特种作业人员，必须持有上岗证，严禁无证作业。

2.11 施工现场的脚手架、防护设施、安全标志和警告牌，不得擅自拆动，需要拆动的要经工地施工负责人同意。

2.12 挖掘机工作时，任何人不得进入挖掘机的作业半径以内的空间和场地。

2.13 爆破作业必须统一指挥，统一信号，划定安全警戒区，并明确安全警戒人员。在装药、连线过程中，无关人员一律退出作业区。爆破后，须经炮工进行检查，确认安全后，其他人员方能进入现场。对暗挖石方爆破，须经过通风、恢复照明等安全技术处理后，方可进行后续工作。

2.14 施工作业区域禁止非工作人员随意进入。

第三节　防护用品的使用操作规程

3.1 正确使用个人防护用品和安全防护措施。没有防护设施的高空、悬崖和陡坡施工必须系安全带。

3.2 上下交叉作业、有危险的出入口、通道等，须设有防护棚或其他防护隔离措施。距地面2m以上的高处作业，须设有防护栏杆、挡板或安全网。安全帽、安全带、安全网应定期检查，不符合要求的，严禁使用。

3.3 登高作业人员一律穿软底鞋，禁止穿皮底鞋、轮胎底鞋及中统或高统套鞋。

3.4 凡按有关劳动保护规定，发放有劳保物品的工种，操作时，均应按照有关规程佩戴好防护用具，如手套、口罩、劳动鞋具、护目镜、焊接面具等。

第四节　高处作业安全操作规程

4.1 从事高处作业的施工人员，作业时必须系好安全带和穿软底鞋，不得穿塑料底鞋或带钉鞋、硬底鞋。

4.2 在坝顶、陡坡、屋顶、悬崖、杆塔、吊桥、脚手架以及其他危险边沿进行悬空、高处作业，临空面必须搭设安全网或防护栏杆，设置警示标志。作业时，作业人员必须戴好安全帽、拴好安全带。

4.3 高处作业前，应检查脚手架、脚手板、栈道、爬梯、平台和防护设施等是否符合安全要求，否则应及时修理、加固，不得冒险作业。

4.4 高处作业人员须精神集中，不得打闹嬉戏，不得麻痹大意，防止坠落。

4.5 脚手架应定期检查，发现材料腐朽、绑扎（固定）松动时，应及时加固处理；靠近爆破地点的脚手架，每次爆破后应进行检查。

4.6 禁止将脚手架与不牢固的建筑物或其他不稳定的物体连接固定。

4.7 在竖井或高度达4m以上的高处，使用的梯子（爬梯）须为金属材料制作，金属材料的选择应通过受力计算，若使用钢筋，其直径不得小于12mm，梯架横档与立柱的连接，必须焊接牢固，梯身设护身栏（圈），每隔4m设安全平台一个。

4.8 安全用具严禁作为其他工作使用，并注意保管。安全带、安全网应放在空气流通、干燥处保管，以免受潮影响其使用功能。

4.9 在石棉瓦、木板条等轻型或简易物上施工及进行修补、拆装工作时，必须拴安全带或采取可靠的防护措施，防止滑倒、踏空或因材料折断而坠落伤人。

4.10 在电杆上进行悬空高处作业前，应检查电杆埋设是否牢固，强度是否足够，并应选合适杆型的脚扣，系好合格的安全带，严禁用麻绳等其他物品代替安全带登杆作业。在构架及电杆上作业时，地面应有专人监护、联络。

4.11 对各类机械（如渣石系统、筛分系统、拌合系统、皮带输送机等）的栈道、平台，须定期进行检查，发现材料腐朽、固定松动时，应及时加固处理。

第五节 火工品使用与爆破作业安全操作规程

5.1 本工程使用的火工材料由供货商在现场，按安全要求设库统一存储管理。火工材料由机电物资部门按计划统一采购，爆破作业前派爆破人员从仓库领出送至爆破作业面。爆破完毕后，当班剩余火工材料，必须及时按手续办理退库。任何单位与个人均不得留存火工材料。

5.2 所有从事爆破作业的单位领用火工材料，必须将计划报经项目部工程部、质安部、机电物资部审批后，指定专人持"三证"（爆破证、监爆证、押运证）领料，非指定领料人不得领取火工材料。

5.3 所有从事爆破作业的单位，必须按经由项目部工程部审核后的实际施工用量领用火工材料。

5.4 无"三证"的施工单位需进行爆破作业的，必须委托经项目部工程部、质安部许可的持有"三证"的单位实施爆破作业。

5.5 在装卸和运输火工材料时严禁吸烟和携带发火物品，炸药与导爆材料在搬运过程中应分别搬运。

5.6 使用汽车运输火工材料时，必须遵守下列规定：

5.6.1 汽车应装设专门的缓冲器。

5.6.2 汽车的排气管应引至前面散热器的下面，并使排气孔斜向下或对地面。

5.6.3 在任何时候、任何情况下，必须注意防止急刹车或意外事故的发生。

5.6.4 汽车行驶在视线良好的情况下，时速不得超过20km，在弯多坡陡、路面狭窄处行驶，应保持时速5km以内。行车间距：平坦道路应大于50m，上下坡应大于300m。

5.6.5 途中遇雷雨停车时，应停在距树林、住宅或建筑设施200m以外的空旷处。

5.7 装运火工材料的一切运输车辆，严禁开快车或抢道行驶。

5.8 爆破作业必须由经培训合格的爆破员实施。

5.9 所有从事爆破作业的人员，必须严格执行本工种或本岗位的安全责任制，经常检查作业面的安全情况，发现安全隐患，必须提出处理意见，并及时实施。

5.10 在同一工作面，露天浅孔爆破不得与深孔、洞室大爆破同时进行。

5.11 爆破材料在使用前必须检验，凡不符合技术标准的爆破材料一律禁止使用。制作每茬炮的起爆药包所用的炸药、雷管、导火索、传爆线，必须是经过检查合格的同厂家、同批号的产品。

5.12 装药前，非爆破作业人员和机械设备均应撤离至指定的安全地点或采取可靠的防护措施。人员、设备撤离之前不得将爆破器材运到工作面。

5.13 在无照明的夜间，中大雨、浓雾、雷电和五级以上风力（含五级）等恶劣气象条件下，均不得进行露天爆破作业。

5.14 装药时要采用木、竹制作的炮棍，将炸药轻塞，不得用力过猛和使用金属棒捣实。

5.15 爆破前，点炮人员必须事先选定好可靠、安全的掩蔽地点。当爆破地点没有安全可靠的撤离条件时，严禁起爆。

5.16 应严格按业主规定的爆破时间实施爆破。起爆前，作业单位须至少提前半小时派出警戒人员实施爆破影响区域边界安全警戒，并实施严格的爆破音响警戒信号。

5.17 爆破后，爆炮工应检查所装药孔是否全部起爆，如发现瞎炮，应及时按照瞎炮处理的规定妥善处理。未处理前，不得解除爆破警报，必须在其附近设警戒人员看守，并设置明显警戒标志。

第六节 压缩空气机作业安全操作规程

6.1 操作人员应坚守岗位，不得擅自离岗或擅自调岗、由非本机操作人员代替工作，严禁酒后操作和从事与运转无关的其他事情。

6.2 禁止使用汽油或煤油清洗空压机的空气滤清器、气缸和其他压缩空气管路等零部件，防止引起爆炸，更不允许用燃烧方法清除管道油污。

6.3 内燃机冷却水温过高，需打开水箱盖时，应戴手套或使用厚布衬垫操作，人的面部必须避开水箱口，以防蒸汽冲出发生烫伤。

6.4 牵引移动式空压机前，应仔细检查转向、行走部分的紧固和完好情况，牵引速度一般不超过20km/h，转弯半径不得小于10m。

6.5 添加油料时严禁吸烟，电器设备的外壳应有良好接地。

6.6 固定式空气压缩机必须安装平稳牢固，基础要符合规定。移动式空气压缩机安装时应保持水平，轮胎应楔紧。

6.7 空气压缩机作业环境应保持清洁和干燥。贮气罐须放在通风良好处，半径15m内不得进行热加工、焊接作业。

6.8 贮气罐和输气管路每三年应做水压试验一次，试验压力为额定压力的150%压力表和安全阀每年至少应校验一次。

6.9 曲轴箱内的润滑油量应在标尺规定范围内,添加润滑油的品种、强度等级必须符合规定。

6.10 各连接部位应紧固,各运动部位及各阀门开闭应灵活,并处于启动前的位置。

6.11 冷却水必须用清洁的水,并保持畅通。

6.12 启动空气压缩机必须在无载荷状态下进行,待运行正常后,再逐步进入载荷运转。开启送气阀前,应通知有关人员后,方可送气,在出气口前不准有人工作或站立。

6.13 空气压缩机运转正常后,各种登记表指示值,应按原厂说明书的要求。

6.14 贮气罐内最大压力不得超过铭牌规定,安全阀应灵敏有效。

6.15 进、排气阀、轴承及各部件应无异响或过热现象。

6.16 空气压缩机在运行中有下列情况之一时,如:(1)漏水、漏气漏电或冷却水突然中断。(2)压力表、温度表、电流表的指示值超过规定。(3)排气压力突然升高,排气阀、安全阀失效。(4)机械有异响或电动机电刷发生强烈火花等现象,应立即停机检查,找出原因待故障排除后,方可作业。

6.17 电动空压机运转中如遇停电,应立即切断电源,待来电后重新启动。

6.18 停工时,应先卸去载荷,再停止电动机的运转。停机后,关闭冷却水阀门,打开放气阀,放出各级冷却器和贮气罐内的油水和存气,当气温低于5℃时,应将各部位存水放尽。并做好当班记录后,方可下班离去。

第七节 钻孔作业安全操作规程

7.1 钻机

7.1.1 司钻人员必须了解本机构造和机械性能,熟知本机的安全操作规程。

7.1.2 钻机的工作面应平坦、稳固,当在倾斜地面工作时,履带板下方应用楔形块塞紧。禁止在斜坡上横向钻孔作业。

7.1.3 开车前,对钻机各部应进行全面检查。

7.1.4 起落滑架时,严禁一切人员在滑架下端停留或工作。

7.1.5 滑架的升起,与滑架下落的操作相似,只是与电机回转方向相反。当不起落滑架时,注意必须将移动齿轮脱离啮合状态并以紧固,以免发生意外。

7.1.6 钻机平台必须平整坚实牢靠,满足最大负荷1.3~1.5倍的承载安全系数,钻架脚周边一般情况要保证有50~100cm的安全距离,临空面必须设置安全栏杆。

7.1.7 设置供机具及工作之用的基台,其大小应依钻机设备具体情况而定,一般浅孔钻探的钻机,枕木不小于15cm×15cm×400cm,台板不小于5cm×25cm×400cm,台板铺置间距不得大于1.5m。

7.1.8 夜间作业,应有足够的照明。

7.1.9 每次钻孔作业前,注意将冲击器操纵阀扳到半开位置,接通提升推进机构下降按钮(开关),下放钻具,当钎头触及岩石,冲击器便开始工作,进行开孔。如发生卡钻或偏斜,即提起钻具,重复上述程序,直至冲击器开始正常钻进为止。

7.1.10 作业时,根据岩石情况,将冲击器操纵阀全部打开或扳到合适开度的位置。

7.1.11 主钻杆上部扳子口卡好板子,点动回转机构的反转按钮,使回转机构反转90°,

主副钻杆脱离，回转机构与副钻杆不得脱开，以免造成倒杆事故。

7.1.12 当冲击器提升到距孔口 1m 左右时，停止供风，以防吹塌孔口。

7.1.13 行走距离超过 300m 或横跨道路上空的障碍物有碍通行时，应放平滑架。穿过带电线路时，钻机各部与导线间的距离不得小于：线路电压 1kV 以下，为 1.5m；1～20kV，为 2m；35～110kV，为 4m。

7.1.14 开钻前，先将周围及顶部松碎岩石撬挖干净，裂隙及松散部位，应采取措施，以防落石、塌方伤人。

7.1.15 禁止在岩石破碎、裂隙、残孔等处开钻凿眼。

7.1.16 下放钻具，检查孔底岩粉积存情况，其允许积存高度，不得超过 300mm。

7.2 手风钻

7.2.1 操作人员必须了解凿岩机的构造和性能，熟悉操作和保养方法，否则不得单独上岗操作。

7.2.2 开钻前应检查凿岩机各部件是否松动，准备好所有的工具和足够的机油。

7.2.3 开钻时，检查周围有无稳固的岩石，操作人员两脚应前后侧身站稳，防止断钎伤人。

7.2.4 钻孔时，手不能离开钻机风门，禁止采用骑马式作业，以防断钎伤人。

7.2.5 钻水平孔时，严禁用胸部顶住风钻。钻孔前方不得站人。

7.2.6 在孔深 1.2m 以上，必须备有长短钎配套使用，不得采用一根长钎一次钻够深度的钻孔方法。

7.2.7 发现瞎炮，不准随意处理，应及时通知炮工或值班人员按规程处理，需要钻孔引爆时，要距瞎炮 30～50cm 处平行钻孔，实施引爆。

7.2.8 钻孔时，严禁干钻施工。

第八节 开挖作业安全操作规程

8.1 严禁使用掏根搜底法挖土或将坡面挖成反坡，以免塌方造成事故。如土坡上发现有浮石、孤石或其他松动突出的危石时，应先通知下方工作人员迅速撤离后，立即进行处理。弃料应存放到距边线 5.0m 以外的指定地点。

8.2 如发现边坡有不稳定现象时，应立即进行安全检查和处理。

8.3 在开挖过程中，发现有地下水时，应设法导水排除后再进行开挖。

8.4 一般情况下，水工建筑物基础开挖或边坡开挖均应自上而下进行。凡未经安全技术认证和施工总工程师批准，禁止采用自下而上、先挖坡脚的开挖方式。

8.5 对开挖深度大的坡（壁）面，每下降 5m，进行一次清坡、测量、检查。对断层、裂隙、破碎带等不良地质构造，应按设计要求及时进行加固或防护，避免在形成高边坡后再进行处理。

8.6 进行撬挖作业时，应遵守下列规定：

8.6.1 严禁站在石块滑落的方向撬挖或上下层同时撬挖；在撬挖工作的下方严禁通行，并有专人监护。

8.6.2 撬挖人员应有适当间距。在悬崖、陡坡上撬挖，人员应系好安全绳、配戴安全带，禁止多人共用一根安全绳。一般应在白天进行撬挖作业。

8.6.3 撬挖工作应在悬浮层清除,并撬挖形成一个确无危险的坡度后,方可收工。
8.7 洞挖工程进洞前,必须对洞脸岩体进行鉴定,确认稳定或采取措施后方可开挖洞口。
8.8 石方洞挖每次放炮后,立即进行"敲帮问顶"并清除浮石,若发现非撬挖所能排除的险情时,应果断采取措施进行处理。洞井进行安全处理时,应有专人监护,及时观察险石动态。
8.9 开挖与衬砌平行作业时的距离,应按设计要求控制,但一般不得小于30m。
8.10 必须支护的坡壁、岩体、洞体等,应按规定在围岩出现有害的松弛变形之前支护完毕。开挖期间及每茬炮后有应对支护进行检查、维护。
8.11 进行地下开挖作业,必须按规定搞好通风和有害有毒气体监测,采取必要的通风、防毒、除尘措施。
8.12 开挖基坑、坑槽时,应根据土壤性质、含水量、土壤抗剪强度、挖深等要素,设计安全边坡及马道。非经设计部门同意,施工单位不得任意修改边坡坡度。对于一般土方边坡坡度可参照土质边坡允许坡值表中的规定选择。当边坡太高时,可在适当高程设平台或马道,并修建拦渣墙或拦碴栅等。
8.13 在边坡高于3m、陡于1∶1的坡上工作时,须挂安全绳,在滑润的斜坡上工作,应有防滑措施。

第九节 灌浆作业安全操作规程

9.1 凡从事基础处理工程的施工人员,必须受过安全生产教育,熟悉本工种安全技术(操作)规程,并严格遵守。
9.2 钻场、机房一律不准单人操作。每班工作,人员必须有明确分工。
9.3 安装、拆卸钻架必须遵守下列规定:
9.3.1 立、拆钻架工作必须在机长或指定的人员统一指挥下进行,全体作业人员必须精力集中,听从指挥信号动作,不得擅动。腿架起落范围内不得有人通行与停留,严格按照起重架设的有关安全操作规程有秩序地进行作业。
9.3.2 必须严格遵守先立钻架后装机,先拆机后拆钻架,立架先下后上,拆架先上后下的原则。
9.3.3 立、放架的准备工作就绪后,指挥人员必须检查并确认各岗位人员就位、责任明确、设施完善牢固后,才能发出信号按计划顺序进行作业。
9.4 钻机安装完毕后,滑车、立轴、钻孔三者的中心应在同一条直线上,钻杆应居于盘的中心位置。
9.5 水接头要绑扎保护绳,开车时要互相关照,防止过大摆动缠绕,以防发生危险事故。
9.6 移动钻架、钻机要有安全措施。若人力移动时,架子腿不得离地面过高,并注意拉绳,抬动时要同时起落,并应清除移动范围内的障碍物。
9.7 灌浆作业时,必须确保每段连续灌注,不得中途停顿。因此,灌浆前除对机械、管路系统进行认真、系统的检查外,还必须对该灌注段进行10~12mim最大灌浆压力的耐压试验,对高压调节阀应设置防护措施。
9.8 机械设备压力表的使用范围在最大刻度1/4~2/3之间,并应经常校正,超出误差允许范围的不准使用。

9.9 灌浆作业过程中，须有专人监视压力表，防止压力突升或突降。

9.10 灌浆栓塞下孔，遇有阻滞现象时，必须起出后进行扫孔，不得强行塞下。

9.11 在运转过程中，安全阀必须确保额定负荷动作，经校正后，不得随意转动。安全压力以指针最大摆动值为准。

9.12 对基础化学灌浆，应根据地下水的活动情况，灌浆材料应选择相应的合理配合比，确定固化时间，以防止未固化的浆液被水带走，污染下游水质。

9.13 灌浆时严禁浆管对准人员，必须严格遵守操作规程，坚守工作岗位；严密注视开关、管接头、油泵等的密封性情况，注意进浆数量与压力值的变化，以防突然事故发生；注意观测灌浆孔口附近有无返浆、跑浆、串漏等异常现象，若有异常，应立即采取有效措施及时处理。

第十节　模板作业安全操作规程

10.1 支模应按工序进行，模板没有固定前，不得进行下道工序。

10.2 现场支模木工工具应放在工具袋或工具套中，上下传递可用绳子吊送，不得抛掷。

10.3 禁止在悬吊式模板和高空独木上行走，禁止在模板拉杆和支撑上攀登。

10.4 模板拆除应待混凝土达到规定强度，经施工负责人同意后，方可拆模。拆模必须戴安全帽，大面积拆除要有熟练工人指导工作。

10.5 高层拆运模板，应系挂安全带。拆下的模板应用溜槽或绳系运下，禁止向下抛掷。拆模区域两端派专人警戒，指挥过路行人。

10.6 拆下的模板应及时清理，并运至指定地点整齐堆放。

10.7 钢模板应边安装边找正，找正时不得直接用铁锤猛敲或撬棍硬撬。

10.8 组合钢板装拆时，上下应有人接应；钢模板及配件应随装拆随转运，严禁高处抛扔；拆卸中途停歇时，必须把活动件放置稳妥，防止坠落。

10.9 放置大模板时，下面不得压有电线和管线，长期存放应用绳索或拉杆连接牢固。

10.10 大模板竖立存放时，必须将地脚螺栓提上，斜靠角度为70°～80°，下部应垫通长方木。

10.11 大模板安装就位后，应将拉杆焊牢，支撑固定；未就位固定，不得摘钩，摘钩后不得再行撬动；如需调正撬动时，应重新挂钩。

10.12 模板滑升过程中，要经常调整水平、垂直偏差，防止平台扭转和水平位移。必须严格遵守设计文件规定的滑升速度与脱模时间，以防混凝土表面坍塌。

第十一节　混凝土浇筑作业安全操作规程

11.1 混合土拌合机

11.1.1 拌合机必须安置在坚实的地方，用支架或支脚筒架稳，不准以轮胎代替支撑。

11.1.2 作业时间不得私自离开工作岗位，不准随意让他人代替自己操作。

11.1.3 拌合机的加料斗升起时，严禁任何人在料斗下通过或停留。工作完毕后应将料斗锁好，并检查一切保护装置。

11.1.4 设备运转时，不准进行擦洗和清理。严禁人体伸入机械行程范围以内。

11.2 拌合楼安全技术规程

11.2.1 拌合楼运行人员、值班电工必须了解拌合楼的构造及工作原理，熟悉操作方法和保养规程。

11.2.2 当班人员提前到达岗位，做好每班交接班及其记录。

11.2.3 生产前全面检查楼内设备是否完好，包括：电气装置是否正常、水量是否充足、风压是否达到规定压强、各料仓的料位是否都在50%以上、楼内照明是否正常等，发现异常，及时处理。同时，对各部润滑按规定添加润滑油（脂）。

11.2.4 进料前先启动拌合机，观察运行是否正常，卸料转盘是否到位，并倾倒拌合机使其空筒。

11.2.5 运行过程中如发现异常现象应马上停机，向值班长汇报并做好记录。

11.2.6 处理故障或清理、保养时应与操作台取得联系，切断相应位置的电路、气路，固定好搅拌筒。人进入筒内时，筒外应有专人监护。

11.2.7 应定期对楼内电气设备进行除尘保养，定期校核电子秤。

11.2.8 接到停止运行通知后，应检查各称斗、拌合机及集中斗是否仍有存料，如有存料必须清除，并对拌合楼进行清理工作。

11.2.9 生产结束后，应将控制台各按键、开关回原，切断操作台电源，通知停水、停风。

11.2.10 班后，须认真填写交班记录，等待交接班。

11.2.11 拌合楼内，严禁使用任何非拌合楼工作电器设备，严禁利用大功率灯具作取暖等用途，严禁明火。

11.2.12 定期对楼内电气设备进行除尘保养，并定期对电子秤进行校核，以确保称量精度。

11.2.13 楼内消防器材应齐全、良好，严禁存在易燃易爆物品。

11.2.14 经常检查成品混凝土质量，发现拌合过程中有超欠称现象，应及时加以调整，发现级配有问题时应及时通知有关人员，以便更改。

11.2.15 螺旋输送面、水泥提升机，应经常检查保养，防止提升机机坑积水、皮带跑偏、翻斗拉断、螺旋机中间轴承磨损情况。

11.2.16 严格按照实验室所发的级配单拌料，若现场有特殊原因需改变级配，必须经得实验室同意，收到实验室的更改级配单方可拌料。

11.2.17 拌合过程中若机械、电气设备出现故障，影响成品混凝土的质量，必须马上上报质安科、机电科，保证不合格品不进入仓面。

11.3 混凝土运输

11.3.1 用汽车运输混凝土，应遵守下列规定：

11.3.1.1 驾驶员必须严格遵守交通规则和有关规定。

11.3.1.2 装卸混凝土的地点，应有统一的联系和指挥信号。

11.3.1.3 自卸汽车向坑洼地点卸混凝土时，必须使后轮与坑边保持1.5m以上的安全距离，防止塌陷翻车。

11.3.1.4 卸完混凝土后，自卸车斗应立即复原，不得边行走边落斗。

11.3.1.5 自卸车箱内严禁载人。

11.3.1.6 夜间行车，应适当减速，并开放灯光信号。

11.3.2 用吊罐运送混凝土，应遵守下列规定：

11.3.2.1 使用中上罐前，应对钢丝绳、平衡梁、（立罐）吊锤、（卧罐）吊耳、吊环等承重部件进行检查，如有破损，应及时修复；修复前，严禁使用。

11.3.2.2 吊罐的起吊、提升、转向、下降和就位，必须听从指挥。指挥动作必须明确、准确。

11.3.2.3 起吊前，指挥人员应得到两侧挂罐人员的明确信号，才能指挥起吊；起吊时应慢速，并在吊离地面30～50cm时进行检查，在确认稳妥可靠后，方可继续提升或转向。

11.3.2.4 吊罐区下方严禁人员通行与停留；吊罐在空间摇晃时，严禁扶拉；吊罐在仓内就位时，不得强力硬拉。

11.3.2.5 要经常检查、维修吊罐，立罐门的托辊轴承、卧罐的齿轮，要经常加油润滑。罐门把手、振动器固定螺栓要经常检查紧固，防止松脱坠落伤人。

11.3.2.6 当混凝土在吊罐内初凝，不能用于浇筑，采用翻罐处理废料时，应采取可靠的安全措施，并有带班人在场监护，以防发生意外。

11.4 平仓、振捣

11.4.1 在平仓振捣过程中，要经常观察模板、支撑、拉筋是否变形。如发现变形或有倒塌危险时，应立即停止工作，并及时报告有关指挥人员。

11.4.2 使用大型振捣器平仓时，不得碰撞横板、拉条、钢筋和预埋件，以防变形、倒塌。

11.4.3 不得将运转中的振捣器，放在模板或脚手架上。

11.4.4 平仓、振捣时，仓内人员思想要集中，要互相关照。浇筑高仓位时，要防止工具和混凝土骨料掉落仓外，更不允许将大石块抛向仓外，以免伤人。

11.5 毛石埋没

11.5.1 放置在工作平台上的毛石量，不得超过设计的荷载。

11.5.2 在已绑好的钢筋网或脚手架上，不得集中堆放毛石。

11.5.3 毛石运入仓时，仓内人员应避开，必须撤至吊放中心3.5m半径以外。

11.6 打毛、冲洗、养护

11.6.1 多人在同一工作面打毛时，应避免面对面近距离操作，以防飞石、工具伤人。严禁在同一工作面、上下层同时打毛。

11.6.2 使用冲毛机前，必须对操作人员进行技术培训，合格后方可进行操作。操作时，必须穿戴好防护面罩、绝缘手套和长筒胶靴。

11.6.3 养护用水不得喷射到电线和各种带电设备上。养护人员不得湿手移动电线，养护水管要随用随关，不得使交通道、转梯、仓面出入口、脚手架平台等处有长流水。

第十二节 砂石料生产系统作业安全操作规程

12.1 破碎机械

12.1.1 破碎机必须有有螺栓防松动措施。开机前，须检查地脚螺栓和机体各连接螺栓的紧固情况，如有松动，必须及时拧紧。

12.1.2 破碎机不允许带负荷启动。每次开机前都要检查破碎腔，清除残存的石块或其他物体，确认无误后才能开机。

12.1.3 破碎机加料必须均匀。进料时不准夹带有斗牙、履带板、钻头、钻杆等金属物件，以防损坏机器。

12.1.4 采用汽车进料时，进料的汽车进料侧要设置倒车安全埝，防止汽车翻入料坑；其余侧要设安全栏栅，防止人员掉入坑内。

12.1.5 破碎机腔内的衬板或轧臼壁必须牢固可靠，发现有松动残缺等情况，要立即采取措施加固或更新。

12.1.6 经常检查偏心轴、飞轮及调整装置是否运转正常。

12.1.7 经常检查各润滑部位的润滑情况，定期进行维护保养。

12.1.8 破碎机必须装有防护罩和隔声隔尘设施。

12.1.9 各类型破碎机的使用请参照各类型机的使用说明书。

12.2 筛分机械

12.2.1 操作人员必须了解本机构造和技术性能，熟知安全技术（操作）规定。

12.2.2 启动前，必须按保养规定做好检查保养工作，确认各部完好后才能开机。

12.2.3 启动后，做好检查工作，发现运转不平稳，振动频率和振幅等有异常现象应及时停机处理。

12.2.4 筛网压条螺栓必须紧固，螺旋弹簧断裂、橡胶弹簧和缓冲器老化、三角皮带打滑，以及筛网破损时应及时修补或更换，筛网不允许有二次振动现象。

12.2.5 筛分机不允许重载停机，不允许超负荷运行。

12.2.6 飞轮、皮带轮等暴露转动部分必须有安全防护装置。

12.2.7 操作人员必须佩戴消声耳罩。

12.2.8 筛网有料堵卡时，必须随时清理，但不得辅以人工扒料，更不得锤击打卡在网中的大石。

12.2.9 机械化联合作业，启动（或停机）顺序必须按规定进行。必须有统一的联系信号，没有得到指令不得随意开机或停机。

12.2.10 各类型筛分机的使用请参照各类型机的使用说明书。

12.3 皮带输送机系统

12.3.1 开机前必须进行保养检查工作，并注意皮带上是否有人或其他杂物。检查确认正常后，按规定顺序从卸料端至喂料端依次启动各条皮带机。

12.3.2 皮带机开动后，先空转 3~5min，经检查各部正常后，才能载负荷运行。

12.3.3 运行中发现皮带跑偏、打滑、乱跳等异常现象时应及时进行调整。皮带打滑时严禁往滚筒和皮带间塞草或化纤棉织布等杂物。皮带松紧不合适，要及时调整拉紧装置。

12.3.4 运行中要注意传动装置、滚筒、托辊、输送皮带等是否正常，清扫刮板及制动装置是否有效，防止飞车事故。

12.3.5 皮带机桁架、排架、平台各部必须连接牢固，不能有裂纹、变形或异常响声。

12.3.6 电工要经常检查电气设备的接地保护和绝缘情况，电源线与钢架搭接处应注意接触磨损，以免造成整体触电事故。电动机要经常用仪表测量检查，并定期保养。

12.3.7 机械运转中，严禁任何人跨越皮带行走，严禁乘坐皮带，在皮带上休息等。

12.3.8 运转中要经常用高压水冲洗粘在皮带滚筒上的泥砂。严禁不停机使用三角扒、铁锹、木棒、扫把等清理。

12.3.9 往皮带上加料必须均匀，防止加料过多压死皮带，影响安全运转。

12.3.10 在运行中严禁重车停机（紧急事故除外）；如突然停电，应立即将事故开关拉下。

12.3.11 停机前，要首先停止给料，待皮带上的物料全部卸完后，才能发信号停机，停机按规定顺序从喂料端至卸料端依次停机。

12.3.12 停机后在检查机械的同时，必须做好清洁工作，并填好交接记录。

12.3.13 机械运行中遇有下列情况必须紧急停机：

（1）发生人身伤亡事故；
（2）皮带撕开、断裂或拉高；
（3）皮带被卡死；
（4）机架倾斜、倒塌严重变形；
（5）电机冒烟，温度过高；
（6）转动齿轮打坏，转轴折断；
（7）机械轴承烧毁；
（8）系统中一台皮带机发生故障停机；
（9）发生其他意外事故等。

12.3.14 当砂石料料堆起拱堵塞漏斗时，禁止人员站在料堆上进行处理。应根据物料粒径、堆料体积、堵塞原因等，分别采取挖除堆料、高压水冲、小型爆破等手段进行排除。

第十三节 汽车及挖掘、装载、运输机械安全操作规程

13.1 严格遵守交通规则及各类机械操作规程规定，驾驶员必须证、照齐全。不准驾驶与证不符的车辆机械，严禁酒后驾驶。

13.2 车辆在施工区域行驶，时速不得超过15km，洞内时速不超过8km，在会车、弯道、险坡段不得超过3km/h。

13.3 自卸汽车配挖土机装料时，自卸汽车就位后，拉紧手刹车。装车时严禁装偏。如挖斗必须越过驾驶室顶时，驾驶室内不得有人。

13.4 卸料时，应选好地形，并检视上空和周围有无电线、障碍物以及行人。

13.5 自卸汽车的车厢内严禁载人，驾驶室内严禁搭乘与施工无关的人员。

13.6 油罐车应备专用灭火器材，并装拖地金属链条，以防静电产生火花。

13.7 油罐漏油焊补时，首先要除油放汽，确认无汽并打开加油口后，方可施焊。

13.8 油罐装有油时，严禁接近明火。停放时，必须远离火源，雷雨时不准放在大树下。

13.9 载重汽车装运易燃、易爆或其他危险品时，应遵守有关安全行车规定。

13.10 各种机械操作前必须检查各部件有无脱落、松动或变形。

13.11 机械运转中，禁止任何人员上下机械或传递物件。

13.12 机械运转中，禁止用手触摸钢丝绳、滑轮和绞盘等。

13.13 行驶或作业时，应注意观察四周有无障碍。后退时必须先视车后，确认无人和其他障碍时，方可起步。

13.14 加油时禁止吸烟或接近明火。汽油着火时，应用泡沫灭火器或细砂灭火，不得用水灭火。

13.15 机械检修保养时,应在坚实平坦、安全的地方停稳,铲刀或铲斗落地,刹车、各操纵杆置于空挡,停熄引擎后方可进行。

13.16 工作时应了解作业区内的线路、电缆、水管等设施,以免造成损坏。

第十四节 电气安全操作规程

14.1 电工需持证上岗,作业时需戴安全帽、穿工作服、手套、穿绝缘鞋,随身带电笔,禁止喝酒。

14.2 现场施工用高、低压设备及线路,应按照施工设计及有关电气安全技术规程安装和架设。

14.3 各种外线电工工器具必须正确使用。外线电工应穿长袖长裤工作服,登杆前应将衣袖、裤腿扣好扎紧。

14.4 现场施工夜间临时照明电线及灯具,高度应不低于2.5m。跨公路线路高度应大于大型自卸车翻斗翻起时的高度。

14.5 施工用电线路及设备的绝缘必须良好,布线应整齐,带电的裸线必须装于不能被触及的处所。

14.6 510kV及以下变压器装于地面时,一般应有0.5m的高台。高台周围应装设栅栏,栅栏高度不低于1.7m,栅栏与变压器外廓的距离不小于1m,并挂"止步"、"高压危险"的标示牌。

14.7 露天使用的电气设备及元件,均应选用防水型或采取防水措施。

14.8 电动机械设备拆除后,不准留有可能带电的电线和部件,否则必须将电源切断,并且将线头绝缘。

14.9 维护电工作业时,必须有两人一道参加,其中一人操作,一人监护。

14.10 电气设备及线路均应满足防火、防爆要求。

14.11 手动操作开启式自动空气开关、闸刀开关及管形熔断器时,应使用绝缘工具。

14.12 110V以上的灯具只可作固定照明用,其悬挂高度一般不得低于2.5m。低于2.5m,应设保护罩。

14.13 电工安全用具必须定期检查,凡不符合技术标准要求的绝缘安全用具、登高作业安全工具、携带式电压和电流指示器,以及检修中的临时接地线等,均不得使用。

14.14 维修作业时,应将电源断开(取走熔断器),挂上"有人工作,不准合闸"的标示牌,必要时留人看守,作业完成仔细复检一遍,方可合闸(上熔断器)。严禁非电气工作人员从事电气工作。

第十五节 起重机械安全操作

15.1 升降机

15.1.1 升降机司机必须经过一定训练,了解所操纵的升降机性能,熟悉操作方法、保养规程并经考试合格后方可单独操作。

15.1.2 升降机动力部分应根据所使用的动力机的安全操作规程执行。其电气部分不得有漏电现象,电动机和开关不带电的金属外壳应接地良好。

15.1.3 升降机的基础应稳固结实,并应将升降机固定牢固。

15.1.4 工作前，应检查钢丝绳反接头是否牢固，离合器、制动器、保险轮和滑轮等是否灵活可靠。

15.1.5 升降机工作时应有专人负责，各项信号应预先加以规定。司机与指挥人员和升降的物件应保持良好的能见范围。操作时，司机应集中精力，注意指挥人员所发出的信号，不许与旁人嬉笑和交谈。

15.1.6 不准升降超过规定重量的物件。升降机启动或停止时，速度须逐渐加大或减小。

15.1.7 钢丝绳必须经常加以检查，不准有结节、扭绕现象，如在一个节距内断丝超过5%，应予更换。

15.1.8 禁止任何人跨越正在工作的卷扬机钢丝绳，不得用升降机运送人员。

15.1.9 升降塔上端的接料台四周必须装置牢固的栏杆和围板。

15.1.10 制动带不得受潮和沾染油污，如因打滑制动失灵时，应立即停止工作，进行清洗和调整。

15.1.11 工作停止后应切断电源，锁上开关箱；工作完毕或中间休息时，重物应放在地面不得悬在空中。

15.2 汽车起重机

15.2.1 汽车起重机操作人员必须经过专门技术训练，经考试合格，达到下列要求，才能单独操作。

（1）熟悉起重机的结构、原理和工作性能；
（2）熟悉安全操作及保养规程；
（3）熟悉起重机的工作信号及规则；
（4）具有操作维护起重机的基本技能；
（5）掌握各调整部位的调整方法。

15.2.2 每台汽车起重机应配备专职司机和助手各一名。助手只有在司机的指导下方可操作。起吊重要部件（重量大、精度高）时，必须由司机操作，助手不得单独进行调整工作。

15.2.3 起重机吊有重物时，司机不得离开操作室；作业时，司机不得从事与操作无关的事情或与他人闲谈。

15.2.4 夜间作业时，机上及工作地点必须有足够的照明。

15.2.5 遇六级以上大风或雨、大雾时，应停止作业。

15.2.6 起重机应设置足够的消防器材，操作人员都应掌握其使用方法。

15.2.7 吊装时应全部伸出水平油缸，禁止在半伸出状态下使用起重机。

15.2.8 作业时，不要扳动支腿操作机构。如需调整支腿时，必须将重物放至地面，臂杆转至正前方或正后方，再进行调整。

15.2.9 起吊作业应在起重机的侧向和后向进行。向前回转时，臂杆中心线不得越过支腿中心。

15.2.10 正式起吊时，先将重物吊离地面20～50cm，然后停机检查重物绑扎的牢固性和平衡性、制动的可靠性、起重机的稳定性，确认正常后，方可继续操作。

15.2.11 起吊钢丝绳从卷筒上放出时，剩余量不得小于3圈。

15.2.12 在提升或降落过程中，重物下方严禁人员停留或通过。

15.2.13　严禁斜吊、拉吊和起吊被其他重物卡压与地面冻结以及埋设在地下的物件。起吊重物时，重物重心与吊钩中心应在同一垂直线上。

15.2.14　起吊重物越过障碍时，重物底部至少应高出所跨越障碍物最高点 0.5m 以上。

15.2.15　要经常检查钢丝绳的磨损断丝情况，每节距内断丝超过 7% 时，应立即更换。

15.2.16　定期检查起吊钢丝绳及吊钩的完好情况，保证有足够的强度，每节距内断丝超过 7% 时，应立即更换。

15.2.17　起吊钢丝绳从卷筒上放出时，剩余量不得少于 3 圈。

15.2.18　正式起吊时，先将重物吊离地面 20～50cm，然后停机检查重物绑扎的牢固性和平衡性、制动的可靠性、起重机的稳定性，确认正常后，方可继续操作。

15.2.19　严禁斜吊、拉吊和起吊被其他重物卡压与地面冻结以及埋没在地下的物件。

15.3　塔式起重机

15.3.1　塔式起重机的行驶轨道，必须严格按制造厂技术要求进行铺设，轨道末有良好的接地，接地电阻不得大于 10Ω，轨道终端限位装置要经常保持完好。

15.3.2　起吊重物的重量，不得超过制造厂规定的在不同幅度的允许值。重物吨位不明时，应在检定确认后，方可起吊。

15.3.3　司机接班后，首次起吊重物时，先应将重物吊地面 30cm 左右，确认制动器工作可靠后，方可进行作业。

15.3.4　起吊接近满负荷重物时，在吊离地面 10cm 左右后，停机检查起重机的稳定性，制动器的可靠性的钢丝绳的受力状况，确认正常后，方可继续起吊。

15.3.5　在起吊 10t 以下重物时，可进行起升、小车行走和回转的联合操作；当回转半径在 30m 以内时，可进行大车行走。但大车行走时臂杆必须转至轨道方向。严禁回转与行走同时进行。

15.3.6　吊钩下降到最低位置时，卷筒上至少应留 3 圈的钢丝绳（不包括压板下面部分）。

15.3.7　新安装、搬迁或修复后的塔机，应按规定进行试运转，经有关部门验收合格后，方可正式使用。

15.3.8　雷雨、大雾和六级以上风力时，禁止作业。大风时，起重臂应转至顺风方向，小车应移至 40m 幅度处，吊钩升至极限位置，大车要锁紧夹轨器。

15.3.9　电气故障应由专职电工进行检修。各丝（片）的额定容量不得超过规定，不许任意加大和用其他金属丝（片）代替。

15.3.10　夜间工作，机上及作业区应有足够的照明和警戒信号灯。

15.3.11　正常作业，一般应先将重物吊离地面 30cm 左右。由作业人员检查被吊重物绑扎的牢固和平衡性，认定可靠后再继续起升。

15.3.12　大车行走时，应由专人负责注意电缆的收放和大车的运行。起重机离轨道尽头不得少于 3m。

15.3.13　起吊重物越过障碍物时，应先将重物起吊到超过障碍最高点的 1.5m 以上后，方可越过。

15.3.14　起重机的任何部位与高压导线之间的安全距离：线路电压 1kV 以下，为 1.5m；线路电压 3～10kV，为 2m；35kV 以上，为 4m。

15.3.15　停机时，将臂杆转至顺风方面，小车移至 40m 幅度处。吊钩升至极限位置不得悬挂重物。

15.3.16　钢丝绳每节距内断丝超过7％时，应即予更换。钢丝绳与卷筒的连接必须牢固可靠。

15.4　门式起重机

15.4.1　司机必须身体健康，经检查合格，具备高空作业的身体条件，才能操作。司机有病不能勉强工作；司机饮酒后和非本机司机均不准登机操作。

15.4.2　司机须经专门技术训练，了解本机的构造性能，熟悉操作方法、保养规程和起重工作的信号规则，具有相当熟练的操作技能，并经考试合格后，方可单独操作。

15.4.3　司机工作时必须精力集中，不准做与操作无关的事情，工作时间不得撤离岗位。

15.4.4　轨道基础必须坚实可靠，栈桥要有足够的承载能力，距轨道两端3m处应设置终端碰撞装置。

15.4.5　新机安装、工地转移、搬迁或旧机修复后投入运转时，应按规定进行试运转，检查验收合格后方可正式投入使用。

15.4.6　起重机禁止吊运人员。吊运易爆等危险物品和重要物件时，必须要有专门的安全措施，要由专人指挥。

15.4.7　起吊物件的重量不得超过本机的额定起重量，当起重量在10t以下时，允许在18～37m范围内变幅；当起重量大于10t时，必须按规定的滑轮倍率，在固定的幅度进行起落，禁止变幅。禁止斜吊、拉吊和起吊埋在地下或与地面冻结，或被其他重物卡压的物件。

15.4.8　当遇雷雨、大雾和六级以上大风时，禁止作业。大风时，吊钩应升至最高位置，臂杆落至最大幅度并顺风方向，锁住回转制动踏板，台车行走轮用防爬器卡紧。

15.4.9　机上必须配置合格的灭火装置。

15.4.10　各电气安全保护装置应经常处于完好状态。高压开关柜前应铺设橡胶绝缘板。电气故障应由专职电工进行维修，维修使用工作灯必须在36V以下。各保险丝（片）的额定容量不得超过规定值，不许任意加大，不准用其他金属丝（片）代替。电缆无破裂漏电现象。

15.4.11　夜间工作时机上及作业区域应有足够的照明，臂杆及竖塔顶部应有警戒信号灯。

15.4.12　起升及变幅钢丝绳端头应牢固，钢丝绳无扭曲、挤压等情况。

15.4.13　每次作业，一般应先将物件吊离地面30cm左右，由作业人员检查被吊物件绑扎的牢固性和平稳性。起吊接近满负荷重物时，在吊离地面10cm左右后，停机检查起重机的稳定性、制动器的可靠性和钢丝绳的受力状况，确认正常方可继续起吊。

15.4.14　起吊重物时，升降要平稳。当重物的下降速度大于电动机的同步转速时，不允许越挡直接进行反接制动。重物快速下降时不允许突然停车。

15.4.15　被吊物件需要进行逆向运行时，必须先将控制器扳到零位，待机构完全停止，方可反向操作，禁止利用反向操作进行停车。

15.4.16　行走时，应由专人监视电缆的收放和台车的运行。

15.4.17　吊钩下降到最低位置或臂杆下落到最大幅度位置时，起升和变幅卷筒上至少要留有3圈钢丝绳。

15.4.18　起吊物件越过障碍物时，应先将物件起升超过障碍物最高点的1.5m，然后跨越。

15.4.19 停机时，将臂杆落至最大幅度位置，转至顺风方向，空钩升至距臂杆顶端 5～6m 处。

15.5 龙门吊安全技术操作规程

15.5.1 司机必须经过专业的技术培训，经考试合格方能进行独立操作。

15.5.2 开车前应检查机械和电气传动装置、制动装置、防护装置是否完好可靠。

15.5.3 司机必须听从挂钩起重工的指挥，但对任何人发出的紧急停车信号，都应立即停车。

15.5.4 司机必须做到"六不吊"

15.5.4.1 超过负荷不吊。

15.5.4.2 指挥信号不明、重量不明、光线暗淡不吊。

15.5.4.3 吊绳和吊具捆绑不牢、不符合安全要求不吊。

15.5.4.4 吊挂物件直接进行加工的不吊。

15.5.4.5 歪拉斜挂的不吊。

15.5.4.6 易燃易爆物品、固定物件不吊。

15.5.5 应定期检查钢丝绳及吊钩的完好情况，保证有足够的强度。

15.5.6 认真做好交接班记录。

15.6 捯链的安全检验及技术操作规程

15.6.1 吊钩应无裂纹、严重变形和磨损。

15.6.2 链条应无裂纹、严重变形和磨损。

15.6.3 起重链条的销子应牢固。

15.6.4 手拉链条无掉链和滑链现象。

15.6.5 起重链条无扭结现象。

15.6.6 轮轴及制动器安全可靠。

15.6.7 各传动部分应灵活。

15.6.8 吊挂捯链的绳索及支架、横梁应牢固可靠。

15.6.9 使用时，应先慢慢起升，待起重链条稍张紧后，检查各部位应无异常，并试验摩擦片、棘轮、制动器的自锁（刹车）功能是否可靠，然后方可操作。

15.6.10 倾斜或水平使用时，要注意调整拉链方向，使之顺应链轮方向，防止拉链脱槽或卡链。水平使用时，还应在拉链入口处加垫承托链条。

15.6.11 起吊前核实重物重量，不得超载使用。

15.6.12 拉链时应均匀加力，不得猛拉。捯链人数根据捯链的起重能力决定，起重量在2t 以下的只用 1 人拉链即可，起重量大于 2t 的可用 2 人拉链，如在规定人数内拉不动链条时，应查明原因，排除故障，不可增人猛拉，以免拉断链条，造成事故。

15.6.13 起吊重物过程中，如需将重物在空中悬停一段时间，应将手拉链拴在起重链上，防止自锁机构失灵。

15.6.14 每年应用煤油清洗机件，转动部分要经常加油润滑，但切勿将润滑油渗进摩擦片造成自锁机构失灵。

15.6.15 清洗、检修后的捯链应进行空载和载荷试验。

15.6.16 捯链应存放在干燥处，防止受潮、生锈、腐蚀。

第十六节 金属结构安装作业安全

16.1 闸门连接板和轴销，应在闸门未竖立前预先装配在上下门叶上，在进行连接时工作人员应站在安全的位置，手不得扶在节肩或连接板吻合面上。

16.2 闸门上的临时吊耳、爬梯必须焊接牢固，经检查确认合格后方可使用（吊耳材质须检验）。

16.3 在卷扬筒上穿钢丝绳和在钢丝绳上涂抹油时，要有可靠的安全措施。

16.4 启闭机在机械设备尚未安装完毕时，电气设备不得接通电源。

16.5 构件在运输过程中要垫稳绑扎牢，禁止叠放，防止变形。

16.6 构件存放中要垫稳，防止倾倒和滚动伤人。

16.7 构件拼装摆放，必须垫平放稳，禁止用脚踩撬杠施工。在可能滚动或滑动的物体前不得站人。

16.8 在构件或设备吊装到基础就位时，工作人员身体的任何部位不得探入其接合面，以防扎、挤伤。取放垫铁时，手指应放在垫铁的两侧。

16.9 组装大型构件，连接螺栓必须紧固，点焊部分必须焊接牢固，圆形工件应固定卡稳。

16.10 构件或设备吊装就位摘除吊钩前，应利用基础螺栓固定或焊接临时支撑，否则不得摘除吊钩。

16.11 施工用的吊篮必须牢靠方便，钢丝的安全系数应大于14，禁止使用麻绳作起吊绳。

16.12 临时起吊设备，必须通过计算，必要时做荷载试验，同时标明设备实重，否则不得起吊。

16.13 在焊接或切割前，应清除工作面及周围易爆物品，采取防火措施，严防火灾事故发生。

第十七节 机修作业的安全操作规程

17.1 严禁在斜坡上停车进行修理。如果汽车在山区行驶途中发生故障须在斜坡上进行检修时，应采取防止溜车、倒车的措施。

17.2 修车时，必须脱开总离合器，操作杆要放在空挡位置，严禁任何人在司机室摆动启动装置。

17.3 使用汽油清洗零件时，严禁吸烟或用明火。

17.4 严禁在砂轮上磨笨重、不规则的物体。磨削时人不得站立在砂轮的正前方，砂轮与支架间隙应调整适当，不得过大，不使用厚度不大和周边有缺口的砂轮。

17.5 对精度高的零、部件，若技术状况良好，不可随意拆卸，以免在拆装过程中损坏或降低装配精度。对高精度部件如高压油泵喷油嘴、调速器、油泵、油压操纵阀等应在专门的工作台上拆装，以免损坏精密件。

17.6 修理机械应选择平坦交通坚实地点停放，支撑要牢固楔紧。

17.7 检修中的机械，应悬挂有"正在修理，禁止开动"的警示牌。未经允许一律不准发动或转动，检修中不准将手伸进齿轮箱，或用手找正对孔。

17.8 严格遵守各项规章制度，进入岗位应按规定穿戴劳动防护用品。

17.9 装用轮胎的轮辋、挡圈、锁环应经认真检查，不应有锈蚀、变形、裂纹等缺损情况，防止用不合格配件在充气时崩溃，发生伤亡事故。

第十八节　焊接和涂漆作业的安全和防护操作规程

18.1 焊接

18.1.1 电焊工需持证上岗，按规定穿戴好劳动防护用品。作业前要了解周围环境情况，若有易燃易爆物品必须移开。

18.1.2 焊接设备应设置在固定或移动式的工作台上，焊机各接线点应接触良好，并有可靠的独立接地。

18.1.3 焊把线长度应不超过50m，连接到焊钳上的一端至少有5m绝缘良好的橡皮软导线。

18.1.4 清除焊渣、飞溅物时，必须戴护目镜，并避免对着有人的方向敲打。

18.1.5 工作时禁止将焊把线缠在、搭在身上或踏在脚下，当焊机处于工作状态时，不得触摸导电部分。

18.1.6 电焊机的熔断器应单独设置，禁止两台或两台以上的电焊机共用一组熔断器。

18.1.7 严禁焊接存有易燃、易爆液体、气体或物品的容器。

18.1.8 氧气与乙炔容器的安全距离应达5m以上。

18.2 涂漆

18.2.1 储存油漆等易燃材料应设专用库房，库内严禁烟火，不准住人。库房外应设置消防器材。

18.2.2 调制、操作有毒性的材料，或使用快干漆等有发挥性的材料，必须根据材料毒性，佩戴相应的防护用具，室内保持通风或经常换气。

18.2.3 使用喷灯时，装油不得过满，打气不得过足，必须避风处点燃喷灯，火嘴不能对人及燃烧物。使用时间不宜过长，以免发生爆炸，停歇时应立即停火。

18.2.4 用喷砂除锈，喷嘴接头要牢固，不准对人。喷嘴堵塞，应停机消除压力后，方可进行修理或更换。

第十九节　钢筋机械安全操作规程

19.1 基本要求

19.1.1 钢筋加工机械中的发动机、液压装置、卷扬机的使用，应执行相应原规程、规范。

19.1.2 机械的安装应坚实稳固，保持水平位置。固定式机械应有牢靠的基础；移动式机械作业时应锁紧行走轮。

19.1.3 室外作业应设置机棚，机棚应有堆放原料、半成品的场地。

19.1.4 加工较长的钢筋时，应有专人扶，并听从操作人员指挥，不得任意推拉。

19.1.5 作业后，应堆放好成品，清理场地，切断电源，锁好开关箱，做好润滑工作。

19.2 钢筋调直切断机

19.2.1 料架、料槽应安装平直，并应对准导向筒、调直筒和下切刀孔的中心线。

19.2.2 应用手转动飞轮,检查工程机构和工作装置,调整间隙,紧固螺栓,确认正常后,启动空运转,并应检查轴承无异响,齿轮啮合良好,运转正常后,方可作业。

19.2.3 应按调直钢筋的直径,选用适当的调直块及传动速度。调直块的孔径应比钢筋直径大2~5mm,传动速度应根据钢筋直径选用,直径大的用慢速,经调试合格,方可送料。

19.2.4 在调直块未固定、防护罩盖好前不得送料。作业中严禁打开各部防护罩并调整间隙。

19.2.5 当钢筋送入后,手与齿轮应保持一定的距离,不得接近。

19.2.6 送料前,应将不直的钢筋端头切除。导向筒前应安装一根1m长的钢管,钢筋应先穿过钢管再送入调直前端的导孔内。

19.2.7 经过调直后的钢筋如仍有慢弯,可逐渐加大调直块的偏移量,直到调直为止。

19.2.8 切断3~4根钢筋后,应停机检查其长度,当超过允许偏差时,应调整限位开关或定尺板。

19.3 钢筋切断机

19.3.1 接送料的工作台面应和切刀下部保持水平,工作长度可根据加工材料长度确定。

19.3.2 启动前,应检查并确认切刀无裂纹,刀架螺栓紧固,防护罩牢靠。然后用手转动皮带轮,检查齿轮啮合间隙,调整切刀间隙。

19.3.3 启动后,应先空运转,检查各传动部分及轴承运转正常后,方可作业。

19.3.4 机械未达到正常转速时,不得切料。切料时,应使用切刀的中、下部位,紧握钢筋对准刃口迅速投入,操作者应站在固定刀片一侧用力压住钢筋,应防止钢筋末端弹出伤人。严禁用两手分别在刀片两边握住钢筋俯身送料。

19.3.5 不得剪切直径及强度超过机械铭牌规定的钢筋和烧红的钢筋。一次切断多根钢筋时,其总截面积应在规定范围内。

19.3.6 剪切低合金钢时,应更换高硬度切刀,剪切直径应符合机械铭牌规定。

19.3.7 切断短料时,手和切刀之间的距离应保持在150mm以上,如手握端小于400mm时,应采用套管或夹具将钢筋短头压住或夹牢。

19.3.8 运转中,严禁用手直接清除切刀附近的断头和杂物。钢筋摆动周围和切刀周围,不得停留非操作人员。

19.3.9 当发现机械运转不正常、有异常响声或切刀歪斜时,应立即停机检修。

19.3.10 作业后,应切断电源,用钢刷清除切刀间的杂物,进行整机清洁润滑。

19.3.11 液压传动式切断机作业前,应检查并确认液压油位及电动机旋转方向符合要求。启动后,应空载运转,松开放油阀,排净液压缸体内的空气,方可进行切筋。

19.3.12 手动液压式切断机使用前,应将放油阀按顺时针方向旋紧,切割完毕后,应立即按逆时针方向旋松。作业中,手应持稳切断机,并戴好绝缘手套。

19.4 钢筋弯曲机

19.4.1 工作台和弯曲机台应保持水平,作业前应准备好各种芯轴及工具。

19.4.2 应按加工钢筋的直径和弯曲半径的要求,装好相应规格的芯轴和成型轴、挡铁轴。芯轴直径应为钢筋直径的2.5倍。挡铁轴应有轴套。

19.4.3 挡铁轴的直径和强度不得小于被弯钢筋的直径和强度。不直的钢筋,不得在弯曲机上弯曲。

19.4.4 应检查并确认芯轴、挡铁轴、转盘等无裂纹和损伤，防护罩紧固可靠，空载运转正常后，方可作业。

19.4.5 作业时，应将钢筋需弯一端插入转盘固定销的间隙内，另一端紧靠机身固定销，并用手压紧；应检查机身固定销并确认安放在挡住钢筋的一侧，方可开动。

19.4.6 作业中，严禁更换轴芯、销子和变换角度以及调速，也不得进行清扫和加油。

19.4.7 对超过机械铭牌规定直径的钢筋严禁进行弯曲，在弯曲未经冷拉或带有锈皮的钢筋时，应戴防护镜。

19.4.8 弯曲高强度或低合金钢筋在 机械铭牌规定的情况下，换算最大允许直径并应调换相应的芯轴。

19.4.9 在弯曲钢筋的作业半径内和机身不设固定销的一侧严禁站人。弯曲好的半成品，应堆放整齐，弯钩不得朝上。

19.4.10 转盘换轴时，应待停稳后进行。

19.4.11 作业后，应及时清除转盘及插入座孔内的铁锈、杂物等。

第二十节　沥青作业安全操作规程

20.1 伸缩缝止水材料的技术标准，均应符合施工详图规定，如有更改须监理工程师书面通知后方可实施。

20.2 金属止水铜片厚度及宽度按施工详图要求，其材料符合规定要求。表面应光滑平整，并有光泽，其浮皮、锈污、油漆、油渣均应清除干净，如有砂眼、钉眼应予焊补。

20.3 塑料、橡胶止水片形式，尺寸应满足设计要求。其拉伸强度、伸长率、硬度等，均应符合有关规定。

20.4 沥青应满足材质要求，可采用胜利60号、茂名60号；填充料及配合比，沥青工应符合设计要求。

20.5 止水铜片的衔接须根据施工详图的规定，采取折叠咬接或搭接。搭接长度不应小于20mm，咬接或搭接应采取双面焊。焊接作业必须在焊接样品送请工程师认可后，方可施焊。塑料橡胶止水片的搭接长度不应小于10cm。无论什么材料的止水片，同类材料的衔接接头，均须采用与母体相同的焊接材料。铜片与塑料橡胶片接头，应采取铆接，搭接长度不应小于10cm。

20.6 上、下游止水片应埋入基岩内40cm深。无论垂直或水平止水片，其第一道铜片的伸缩节均设在横缝内，节头指向内部。已埋入先浇混凝土块体内的止水片，应采取措施，防止其变形移位，且止水片必须高出浇块表面以上不少于20cm。

20.7 迎水面基础的坡度大于50°，应设基础止水时，基础止水应先在基础面挖槽把止水铜片一端埋入槽内，然后填细骨料混凝土至基础面高程，必要时还应埋插钢筋。基础止水片与横缝止水片相交进，应连接或密封系统。

20.8 油毡板的制作和安全应符合下列规定：

20.8.1 根据气温情况，选用30号或10号的建筑石油沥青，防止高温流淌。

20.8.2 预制时，要求场地平整，逐层涂刷。

20.8.3 油毡板宜安设在先浇筑部位的模板上，使其与连次浇筑的混凝土都能紧密结合。

第二十一节 信号和告警知识

21.1 开挖爆破施工开工前,在各主要路口、居住区张贴警示告示和在电视台播放警示通告,告示内容包括放炮的安全范围、放炮的时段等。

21.2 爆炸作业前,提前发放爆破通知单通知各施工单位,在爆破前30分钟开始进行疏散人员,所有施工队伍应将人员、设备撤至安全区,并对警戒区实行警戒。

21.3 警戒时,安全警戒人员应佩戴红袖章、执红旗,用对讲机、哨子联络。当确认警戒区内人员、设备已撤至安全区后指挥人员才能指挥爆破作业。

第二十二节 洪水和气象灾害防御措施

22.1 暴雨、台风前后,要检查工地临时设施、脚手架、机电设备、临时线路,发现倾斜、变形、下沉、漏雨、漏电等现象时应及时修理加固;有严重危险的,立即排除。

22.2 洪水发生时,应及时将可能受淹地带的人员、设备、材料撤退至安全地带,不能撤离的,必须加固。

22.3 应密切注视高边坡、易塌方地段的稳定状况,特别应注意夜间情势的变化。如有滑坡、塌方危险时,必须立即将人员、机械设备和材料撤至安全地带。

22.4 抗洪、抢险工作应在现场指挥部和各级领导统一指挥下进行,不得冒险蛮干。

22.5 对机电设备的电气开关,要有防雨、防潮设施。

22.6 现场道路应加强维护,斜道和脚手板应有防滑措施。

22.7 夏季作业应调整作息时间,从事高温工作的场所,应加强通风和降温措施。

22.8 冬期施工使用取暖设备时,应符合防火要求和指定专人负责管理,并有防止一氧化碳中毒的措施。

第二十三节 意外事故和火灾的救护程序

23.1 当意外事故发生后,负伤者或者事故现场有关人员应当立即直接或者逐级报告上级领导。

23.2 发生死亡、重大死亡事故时应当保护事故现场,并迅速采取必要措施抢救受伤人员和财产,防止事故扩大。对触电受伤者的抢救禁止使用强心剂。

23.3 施工现场各作业场所与建筑物之间的防火安全距离应符合以下要求:

23.3.1 仓库区、易然、可燃材料堆集场距修建的建筑物和其他区域不小于20m。

21.3.2 易燃物品距所建的建筑物和其他区域不小于30m。

23.4 焊、接、切割作业防火安全要求执行《水电水利工程施工通用安全技术规程》中的焊接与切割一篇有关规定。

23.5 仓库防火应按有关要求执行。

23.6 火灾发生进行施救的同时,照章悬示火警信号,以求援助。

23.7 重要资料场所发生的火灾,应使用二氧化碳灭火器,禁止使用泡沫灭火器。

第二十四节 各工种员工的安全技术操作规程

24.1 爆破员的安全操作规程

24.1.1 严格执行本工程的岗位责任制，检查作业面的安全情况，有不安全因素，要经处理才能上班作业。

24.1.2 炮眼打好后，必须将炮眼内的泥浆、水、碎石等处理干净，以免装药时脱节。

24.1.3 由监炮员准备炸药和爆破材料，并将其运至作业地点。检查炮眼质量，加工起爆药包和炮眼装药，发出第一次警戒信号，任何人不得进入警戒区（信号可用哨子、警报等）。

24.1.4 装药时要用木棒将炸药轻塞，不得用力过猛和使用金属棒捣实（禁止使用过期和失效的爆破材料），后发出第二次预备信号，非爆破人员全部退出工作地点。

24.1.5 放炮必须有专人指挥，起爆前要待施工人员、过路行人、船只、车辆全部进入安全地点后发出第三次点火信号后方准起爆。

24.1.6 爆破完毕，确认炮已响完，发出第四次解除信号，爆破人员方可进入，检查是否有盲炮和残药等。

24.1.7 要仔细听清响炮个数，若有盲炮要及时进行处理，确认安全后方能进入作业。

24.2 安全监炮员的操作规程

24.2.1 严格执行本工种的岗位责任制，检查作业面的安全情况，发现不安全因素提出处理意见。

24.2.2 进入作业面前必须先了解前一个班的放炮情况、放炮个数，对准备工作提出必要的要求，认为可以方可接班。

24.2.3 监督爆破工的安全操作规程的执行情况，如有违反可当场禁止操作，要检查好炮眼质量，方可同意装药。

24.2.4 当发出第一次信号后马上布置警戒区域，严禁人员进入，第二次预备信号发出后要检查非爆破人员是否全部撤离，确认人员全部进入安全地点后方可发出第三次点火信号。

24.2.5 要仔细听清响炮个数，确认炮已全部响完，发出解除信号，同爆破人员一起进入作业面检查是否有盲炮存在。

24.2.6 如有盲炮及时同爆炸工一起进行处理，确认安全后方准交班，并要对接班人讲清当班的各种情况。

24.3 爆炸物品仓管员的操作规程

24.3.1 严格执行本工种的岗位责任制，仓库内要保持整洁，应排列整齐。

24.3.2 要有严格健全的收发手续和交接手续，每天检查核对库存量立账记录，按生产日期的先后发货，先入先出。

24.3.3 要有足够的消防用水和消防器材，要加强通风管理，库内温度一般不超过35～40℃，不为阳光直射，药库内不得住人。

24.3.4 炸药要堆放整齐，药箱下面要垫方块木料或木板，爆破材料开箱，应在仓库处或套间内进行。

24.3.5 炸药箱堆放高度不得超过1.8m，宽度不超过2m，雷管堆放高度不超过1m，宽度不超过2箱，地面应铺设软垫，两者不可同库存放。

24.3.6 库房内箱堆间距不得小于0.3m，箱堆于墙壁之间距离不得小于0.5m，人行道的宽度不得小于1.3m。

24.4 混凝土浇捣工的安全操作规程

24.4.1 混凝土工必须经过专门培训,方可上岗,进仓操作时,必须按规定戴好安全帽,穿胶鞋。

24.4.2 混凝土经溜筒入仓时,溜筒离地面高度1.5m。

24.4.3 浇筑较高或特殊仓面,仓面与平台外界必须设置规定联系工具及信号。

24.4.4 混凝土工必须熟练掌握振捣的构造、性能、操作方法和使用规则。

24.4.5 混凝土浇筑之前,按规定厚度2~3cm要求铺砂浆,浇筑时应按技术交底的厚度、次序方向分层进行,先平仓、后振捣。在高压钢管、竖井廊道等周边浇捣时,混凝土应均匀上升。

24.4.6 浇捣混凝土时,严禁在仓内加水,当混凝土和易性较差时,应加强振捣。混凝土的加减水,应通知试验室解决。

24.4.7 混凝土浇筑期间,如果表面泌水较多,应及时清除,并进行减少泌水措施。严禁在模板上开孔赶水,以免带走灰浆。

24.4.8 浇筑混凝土应使振捣器捣实到可能的最大密度。每一位置的振捣时间以混凝土不再显著下沉、不出现气泡、并开始泛浆为准。应避免振捣过度,振捣操作应严格按规定进行,并不得触动钢筋及预埋件。混凝土分层浇筑时,每层混凝土厚度不超过振动棒长的1.25倍,上层混凝土的振捣要在下层混凝土初凝之前进行,振捣时要插入下层。

24.4.9 混凝土浇筑应保持连续性,超过规定间歇时间,应按工作缝处理,工作缝的处理必须待达到规定的强度。

24.4.10 雨期施工,宜有防雨设施。大雨、暴雨停止浇筑,并遮盖混凝土表面,雨后处理好受冲刷及积水后方可重新浇捣。

24.4.11 混凝土浇筑完毕,在规定的时间内立即养护,普通硅酸盐水泥一般养护时间为14~28天,并做好养护记录。

24.4.12 混凝土表观的所有缺陷应进行修补,任何蜂窝、凹陷或其他损坏了的有缺陷的混凝土,应及时通知工程师,取得工程师同意后方能进行处理并须有详细的记录。修补时,应先清洗干净,再用砂浆、混凝土或规定的填料重新填补修饰。填补部位应加强养护,使之与周围外露混凝土表面融为一体,颜色接近、无明显痕迹、不应有收缩缝。

24.4.13 特种混凝土施工按特种混凝土施工规范进行操作。

24.4.14 混凝土工必须遵守交接班制度,做好浇筑施工记录。

24.4.15 安全第一、预防为主,严格遵守混凝土安全技术操作规程。

24.5 钢筋工安全操作规程

24.5.1 钢筋必须按不同等级、规格分别堆存,露天堆置时应垫高,且应立牌标识。

24.5.2 钢筋的弯制和末端的弯钩应符合设计要求。如设计未作规定时,所有的受拉光面钢筋的末端应作180°的半圆弯钩,弯钩的内径不得小于2.5d。

24.5.3 当HRB335级钢筋按设计要求弯转90°时,其最小弯转直径应符合下列要求:钢筋直径小于16mm时,最小弯转值为5倍钢筋直径;钢筋直径大于16mm时,最小弯转直径为7倍钢筋直径。

24.5.4 弯起钢筋折处的圆弧内半径应大于12.5倍钢筋直径。

24.5.5 对于直径为10mm或10mm以上的热轧钢筋，其接头采用搭接、帮条电弧焊时，应符合下列要求：

搭接焊接，帮条焊的接头双面焊时，对于HPB235级钢筋的搭接或帮条的焊缝长度不应小于钢筋直径的4倍，对于HRB335级、HRB400级钢筋，其搭接或帮条的焊缝长度不应小于钢筋直径的5倍，采用单面焊时，其搭接或帮条的焊缝长度应增加一倍。

帮条的总截面面积应符合下列要求：当主筋为HPB235级钢筋时，不应小于主筋截面面积的1.2倍，当主筋为HRB335级、HRB400级钢筋时，不应小于主筋截面面积的1.5倍。

对于搭接和帮条焊接，其焊缝高度应为被焊接钢筋直径的0.25倍，焊缝宽度应为被焊接钢筋直径的0.7倍。

电弧焊接接头的焊缝表面应平顺，没有明显的凹陷、气孔和裂缝，用小锤敲击时应发出清脆声。

24.5.6 钢筋采用绑扎接头时，应遵守下表规定。

绑扎接头的最小搭接长度

钢筋级别	受拉区	受压区
HPB235级钢筋	30d	20d
HRB335级钢筋	35d	25d
HRB400级钢筋	40d	30d

注：(1) 混凝土强度等级小于C15时，最小搭接长度应按本表列的值增加5d；(2) 位于受拉的搭接长度不应小于25cm，位于受压区的搭接长度不应小于20cm；当受压钢筋为HPB235级钢筋，末端又无弯钩时，其搭接长度不应小于3d；(3) 如在施工中分不清受拉区或受压区时，搭接长度应按受拉区规定办理。

24.5.7 受拉区域内的光面钢筋绑扎接头的末端，应做弯钩，螺纹钢筋的绑扎接头末端可不做弯钩。

24.5.8 头应分散不止。配置在同一截面内的下述钢筋，其接头的截面面积占受力钢筋、总截面面积的百分率，应符合下列规定：(1) 电弧焊接头在受弯构件的受拉区，不超过50%，在受压区中不受限制；(2) 绑扎接头，在构件的受拉区中不超过25%，在受压区中不超过50%；(3) 焊接与绑扎接头距钢筋弯起点不小于10倍钢筋直径，也不应位于最大弯矩处，在施工中如分不清受拉区或受压区时，其接头的设置应按受拉区的规定办理。

24.5.9 现场焊接或绑扎的钢筋网钢筋直径在25mm以下时，除楼板和墙内靠近外围两行钢筋之相交逐点扎牢外，其余按50%的交叉点进行绑扎。

24.5.10 板内双向受力钢筋网，应将钢筋全部分叉点扎牢，其中间部分每隔一个交叉点扎结一个。

24.5.11 柱中箍筋的弯钩，应设置在柱角处，且须按垂直方向交错布置。除特殊者外，所有箍筋应与主筋垂直。

24.6 模板工安全操作规程

24.6.1 模板工上岗前必须进行专门培训，培训合格后方可上岗，电焊工必须取得相应的技能和安全操作考试合格证书。

24.6.2 工程所用的模板必须具有足够的强度、刚度、稳定性,严禁使用腐朽、扭曲、变形模板,模板的制作形状尺寸要满足设计及规范要求。

24.6.3 模板安装必须以测量草图为依据,模板安装位置准确,拉条的弯曲、焊接、锚固,接地模板与地形密合及"错位"情况,模板支撑、接缝的嵌补、面板的高差等必须符合规范要求。

24.6.4 使用手推车在马道平台上运输混凝土入仓,马道平台的坡度、宽度、刚度、强度、稳定性、溜筒的位置、间距必须符合规定要求。

24.6.5 仓块混凝土浇筑过程中,要及时、准确地上紧拉条,随时注意浇捣情况,以防爆模,并做好交接班。

24.6.6 拆模时的混凝土强度必须达到水利电力部颁发的《水工混凝土施工规范》所规定的强度。

24.6.7 模板的安装及拆除必须按一定的工序进行,上一工序未完,不得进行下一道工序。

24.6.8 模板拆模完毕应清除干净表面的水泥浆,并及时刷上隔离剂。

24.6.9 施工过程中必须遵守安全技术操作规程。

24.7 试验室员工安全操作规程

24.7.1 树立良好的质量责任心,坚持"质量第一,质量具有决定权"的原则。

24.7.2 根据成品砂石料的含水率等情况变化,在基础配合比上精心调整好每一仓块的混凝土配合比。

24.7.3 熟练掌握混凝土建筑材料试验的规程、规范,并按规程规范进行操作。

24.7.4 对运往的工地的钢筋、水泥、外加剂、粉煤灰等建筑材料进行复检。

24.7.5 混凝土试件按规定的混凝土方量取样制模,并加以标识,按规定的养护龄期压模,并填好压模试验表。

24.7.6 经常深入现场,了解混凝土质量状况,确保优质混凝土入仓。

24.8 土木工种交接班安全操作规程

24.8.1 交接班工作人员必须在下班前10分钟完成交接班工作。

24.8.2 上班人员必须详细填写交班记录,并详细向下班人员交代工作中应该注意的事项。

24.8.3 上班人员必须认真阅读交班记录,并仔细询问上一班的工作情况,严格执行。

24.8.4 如接班人员迟到或缺席,交班人员继续值班,直到接班人员到来或下班。

24.8.5 交接班人员不得早退、迟到、缺席、中途溜号,违反者按劳动纪律制度处理。

24.9 电工安全技术操作规程

24.9.1 电工须持证上岗,作业时须戴安全帽、穿工作服、戴手套、穿绝缘鞋,随身带测电笔,禁止喝酒。

24.9.2 登杆作业前必须懂得各电工器具机仪表的使用方法。

24.9.3 天气不好,体力不佳,不能登杆作业。

24.9.4 登杆作业时,安全带系好,位置站好,工具放好,不能抛丢任何工具和材料。

24.9.5 布电线时,地面沿无障碍地方布设,有障碍地方须穿管布设(管内电线不能有接头），架空线须离地 6m 以上，临时带护套的电源架空线须离地 3m 以上。

24.9.6 开关板（屏）的开关或保险器，应按用电设备的容量来选择，并安装牢固，电线裸露头要包扎好。

24.9.7 维修作业时，应将电源断开（取走熔断器），挂上"有人工作，不准合闸"的标示牌，必要时留人看守，作业完应仔细复检一遍，方可合闸（上熔断器）。

24.9.8 电工作业时，必须有二人以上一道参加，其中一人监护。

24.9.9 电线与开关、用电器具以及保险（护）器具相连接时，接触点（面）必须良好，电线之间相连接时，须按《电工手册》规定操作。

24.9.10 发现电源线破、损、断、裂就立即停电处理。

24.9.11 电工各种的安全作业细则，应参照相关规范执行。

24.10 电焊工安全技术操作规程

24.10.1 电焊工须持证上岗，按规定穿戴好劳动防护用品。

24.10.2 作业前要了解周围环境情况，若有易燃易爆品必须移开。

24.10.3 电焊钳及导线的绝缘必须良好，不得有破损现象，焊机外壳须有可靠的接地保护。

24.10.4 电焊机引出的焊把线和接地线与引出端子必须连接好，焊机电源进线与进线端子须连接好。

24.10.5 每个开关对应一台相应容量的电焊机。

24.10.6 发现电焊机工作不正常时，立即请电工检查。

24.10.7 作业后及时把电焊机电源断开。

24.11 门机工安全操作技术规程

24.11.1 司机必须身体健康，具备高空作业的身体条件及专门技术培训，并且取得有关部门发放的操作合格证方可上机操作。

24.11.2 检测各减速箱的油量及油质，按规定对各润滑部位加添润滑油脂，润滑油脂的牌号必须符合要求并保持其清洁。

24.11.3 检查钢丝绳的磨损及断丝情况，检查各电动机、减速箱、卷筒机构等基础螺栓及各主要部位的连接螺栓，检查制动器的间隙及效能，检查各电气仪表是否齐全、正常。

24.11.4 启动前要松开夹轨器，清除轨道、回转范围内的障碍物，寒冷季节应清扫扶梯和平台上的霜雪。

24.11.5 电线、电缆无破裂漏电现象，限位装置限位开关齐全，工作正常。

24.11.6 检查传动机构齿轮啮合应正常，无异常音响。

24.11.7 机上必须配备灭火装置，当电气失火时，应立即切断电源，用绝缘灭火器进行灭火。

24.11.8 停机时，应夹紧夹轨器，将臂杆落至最大位置，转至顺风方向，小车移到臂端。

24.12 推土机、挖掘机、装载机驾驶员安全操作规程

24.12.1 司机必须经过专门训练，了解机械性能、构造、保养规程，熟悉操作方法并经考试合格持有操作证后，方准独立操作。

24.12.2 启动前应检查发动机机油油位、液压油和燃油箱的油位、水箱水位。检查各润

滑点的润滑情况，连接部位的紧固情况，履带的张紧情况。

24.12.3　启动后水温表、油压表等工作正常，设备应无异常的振动、噪声、气味。

24.12.4　夜间工作时，应有充分的照明设备。

24.12.5　在确认发动机、传动部分、液压装置、作业部位、制动部分情况正常后方可开始工作。

24.12.6　工作时应了解作业区内的线路、电缆、光缆、水管等设施，以免造成损坏。

24.12.7　操作时应力求平衡、准确，不得过猛、过急，不许超负荷作业。

24.12.8　应停放在坚实、平坦、安全的地方，禁止停在可能塌方或受洪水威胁的地方。

24.12.9　停放就位后铲斗、挖斗应落地。

24.12.10　认真做好交接班记录。

24.13　龙门吊安全操作规程

24.13.1　司机必须经过专门技术培训，经考试合格方能进行独立操作。

24.13.2　开车前应检查机械和电气传动装置、制动装置、防护装置是否完好可靠。

24.13.3　司机必须听从挂钩起重工的指挥，但对任何人发出的紧急停车信号都应立即停车。

24.13.4　司机必须做到"六不吊"。

24.13.4.1　超过负荷不吊。

24.13.4.2　指挥信号不明、重量不明、光线暗淡不吊。

24.13.4.3　吊绳和吊具捆绑不牢、不符合安全要求不吊。

24.13.4.4　吊挂物件直接进行加工的不吊。

24.13.4.5　歪拉斜挂的不吊。

24.13.4.6　易燃物品、固定物件不吊。

24.13.5　应定期检查钢丝绳及吊钩的完好情况，保证有足够的强度。

24.13.6　认真做好交接班记录。

24.14　汽车式起重机驾驶员安全技术操作规程

24.14.1　操作人员必须经过专门技术培训，经考试合格持操作证方能上岗。

24.14.2　启动前要检查冷却水、润滑油、燃油、液压油是否充足，轮胎气压是否达到规定标准，各连接部位的螺栓是否可靠。

24.14.3　启动后各种仪表是否正常，是否有异声、漏水、漏油、漏气等现象。

24.14.4　起重机进入现场，应检查作业区域周围有无障碍物。起重机应停放在作业点附近平坦、坚硬的地面上，全部伸出支腿。地面松软不平时，支腿应用垫木垫实，使起重机处于水平状态，水平油缸应全部伸出。

24.14.5　定期检查起吊钢丝绳及吊钩的完好情况，保证有足够的强度，每节距内断丝超过7%时，应及时更换。

24.14.6　起吊钢丝绳从卷筒上放出时，剩余量不得少于3圈。

24.14.7　正式起吊时，先将重物吊离地面20～50cm，然后停机检查重物绑扎的牢固性、平衡性、制动的可靠性和起重机的稳定性，确认正常后，方可继续操作。

24.14.8　严禁斜吊、拉吊和起吊被其他重物卡压与地面冻结以及埋没在地下的物件。

24.14.9　严禁在起吊重物上堆放或悬挂零星物件。零星物品和材料必须用吊笼或用网丝绳捆绑牢固后，方可起吊。

24.14.10 吊车行驶时，应锁住回转制动器，吊钩用钢索拉牢在保险杆上。

24.14.11 起重机应停在安全、平坦、不妨碍交通的地方，拉紧手刹车，挂入低速挡。在坡道停车，车头向上坡时挂一挡，车头向下坡时挂倒挡，并用三角木把车轮塞死。

24.14.12 做好交接班记录。

24.15 颚式破碎机安全技术操作规程

24.15.1 开机前必须检查基础螺栓的稳固情况。

24.15.2 破碎机不允许带负荷启动。每次开机要检查破碎腔，清除残存的块石或其他物体。

24.15.3 要清除破碎机内及周围的杂物，润滑部分要进行润滑油的加注。

24.15.4 碎石料槽上面应设保护装置，飞轮上设防护罩，防止人员受伤。

24.15.5 破碎机工作时，进料时不准夹带有斗牙、履带等金属物件，以防损坏机器，严禁用手从样板间取出物件。

24.15.6 因破碎腔内物料阻塞而造成停机，应立即关闭电动机，待物料消除干净后，再行启动。

24.15.7 要调整好弹簧的张紧程度，以防衬板在工作时脱落。

24.15.8 做好交接班记录。

24.16 振动筛、共振筛安全技术操作规程

24.16.1 启动前，必须用双手转动偏心轴转，检查弹簧钢板、宝塔弹簧是否完好、正常。

24.16.2 启动后观测上下筛箱振动是否平衡，发现运转不正常、振动频率下降、振幅偏差、三角带打滑、有异常响声应停机处理。

24.16.3 筛子运行正常后才能下料，给料必须均匀，不得偏载或过大冲击。

24.16.4 电动机不得超载运行，超过额定电流值时，必须停机对振动系统进行检查调整。

24.16.5 运行中发现筛网破损，网径改变，应立即停工修理或更换，不得私自调整筛网的网径大小。洗砂机启动前，应认真检查槽内是否有杂物，不得重载启动。

24.16.6 洗砂机运行正常后才能进料生产，发现异常响声应及时停机检查处理。

24.16.7 严冬季节，洗砂机停机后必须放净洗砂槽内的砂和水。

24.16.8 洗砂机停机前，必须输送完槽内的砂子后才能停机，无特殊情况不许重载停机。

24.16.9 定期进行维护保养。

24.16.10 下班后要做好当班的交接记录。

24.17 拌合楼员工安全技术操作规程

24.17.1 拌合楼运行人员、值班电工，必须了解拌合楼的构造原理，熟悉操作方法和保养规程。

24.17.2 生产前应全面检查楼内设备是否完好，电气装置是否正常，楼内照明是否完善，发现异常，及时处理。

24.17.3 检查各减速箱的油量和油质，按规定对各润滑部位加添润滑油（脂）、润滑油（脂），必须保持清洁，牌号符合要求。

24.17.4 清理、保养及处理故障时，应与操作台取得联系，并切断相应部位的电源、气

路，固定好搅拌筒位置，进入筒内时，外面应有人监护。

24.17.5 定期对楼内电气设备进行除尘保养，并定期对电子秤进行校核，以确保称量精度。

24.17.6 楼内消防器材应齐全、良好，严禁存在易燃易爆物品。

24.17.7 经常检查成品混凝土质量，发现拌合过程中有超欠秤现象，应及时加以调整，发现级配有问题时应及时通知有关人员，以便更改。

24.17.8 螺旋输送机、水泥提升机，应经常检查保养，防止提升机机坑积水、皮带跑偏、翻斗拉断、螺旋机中间轴承磨损情况的发生。

24.17.9 严格按照实验室所发的级配单拌料，若现场有特殊原因需改变级配，必须经得实验室同意，收到实验室的更改级配单方可拌料。

24.17.10 拌合过程中若机械、电气设备出现故障，影响成品混凝土的质量，必须马上上报质安科、机电科，保证不合格品不进入仓面。

24.17.11 认真填写拌合楼运行记录。发生故障时，应由当班人员处理完毕，若处理时间过长，交接班要认真填写交班记录，共同签字。

24.17.12 工作完毕，应处理搅拌筒内残余混凝土，清理楼内环境，打扫卫生。

24.18 沥青工作业安全操作规程

24.18.1 熬沥青的锅应设在离开建筑物和易燃物20m以外的避风处，并在附近备有足够的砂子、铁锹、灭火器等消防设备。沥青锅应有防雨棚。

24.18.2 盛装沥青时，锅、桶内盛量不得超过容量的2/3。

24.18.3 熬沥青的工人，中途应适当休息，吸收新鲜空气，以防中毒。

24.18.4 使用铁桶熬沥青时，桶上部应开排气孔，桶口前设挡板防止溶液沥青迸出伤人，熬时温度不宜过高，并随时检查排气孔是否畅通。

24.18.5 运输溶液的沥青，应当使用桶装，然后用盖盖紧。装量不得超过桶高的3/4。人工抬运沥青，道路应畅通无阻，防止摔倒，行走步调一致，放置平稳。

24.18.6 熬炒沥青时，火不能过急、过大，火苗不能外扬，要派专人看守，不准擅自离开工作岗位。下班或工作完后，必须将火彻底熄灭，才能离开。

24.18.7 煮、蘸沥青方木或板条时，严禁将方木或板条乱往沥青里扔。操作员精神要集中，相互协调。

24.18.8 使用汽油喷灯涂刷沥青严禁将油洒在易燃物上，并特别注意防火。

24.18.9 人工涂刷沥青（堵沥青缝，刷沥青伸缩缝）应备有冷水管，并戴上手套口罩。

24.18.10 熬沥青预制块所用的掺合物，应按设计要求，事先烘干，然后熬制。

24.18.11 在井内灌沥青前，应将井内铁器、木块等杂物清除干净后再灌，每次灌高不超过200cm，待第一层冷却后再灌第二层，以此类推。

24.18.12 凡患皮肤病、结核病及对沥青有过敏的人不得从事沥青工作。

24.18.13 参加沥青工作人员，应穿戴工作服、口罩、手套、胶靴等。必要时，应戴防毒面罩。

24.18.14 熬制沥青人员，不准加班加点。

24.18.15 不准用薄钢板或劣质铁锅熬沥青。

24.18.16 熬沥青场所，至少有一支温度计，严格控制沥青的温度。

第二十五节 钻孔与灌浆技术安全操作规程

25.1 设备

25.1.1 帷幕钻孔宜采用回转式钻机和金刚石钻头或硬质合金钻头钻进，固结钻孔可采用手风钻。

25.1.2 灌浆泵宜采用多缸柱塞式灌浆泵，并应有足够的排浆量和稳定的工作性能。灌浆泵和灌浆管路应能承受1.5倍的最大灌浆压力。应保证浆液流动畅通。

25.1.3 灌浆泵和灌浆孔口均应安设压力表，并应经常检定。

25.2 材料

一般采用普通硅酸盐水泥，强度等级不低于32.5级，受潮结块不得使用。出库前应做质量鉴定，合格后方可使用。纯水泥浆液的搅拌时间：使用普通搅拌机时，应不少于3min；使用高速搅拌机时，宜不少于30s。在使用前应过筛等。

25.3 钻孔

25.3.1 按有关勘探规程的规定采用取钻孔岩芯，凡对岩芯进行描述的钻孔，都应向工程师递交全部钻孔内提时的正确顺序，依次排列在木箱内，并标明编号、孔深及岩芯合格率，送到工程师指定的地方妥加保存。

25.3.2 所有钻孔统一编号，并注明各孔序号。

25.3.3 固结灌浆孔钻进作业宜在有混凝土覆盖的情况下进行。灌浆须在相应部分混凝土达到50%设计强度后方可施工。

25.3.4 所有固结灌浆钻孔，须按施工详图的规定布孔。

25.3.5 帷幕灌浆钻孔应使用回转式钻机钻进，不允许使用冲击钻。钻孔和灌浆必须按分序加密的原则进行。钻孔孔径、孔向偏差和终孔深度必须符合施工详图相关规范的有关规定，从钻孔结束直到进行灌浆前，孔口均应妥加保护。

25.3.6 帷幕灌浆钻孔宜采用小口径。

25.3.7 灌浆后为了了解灌浆效果，应完成必需的检查孔。除非工程师另作规定，应按帷幕灌浆孔总数的10%、固结孔总数的50%布置，并需采取岩芯并对其进行描述。

25.3.8 当钻孔遇到裂隙、断层、涌水、漏水等特殊地段时应详细记录，并及时将有关资料报送工程师。

25.3.9 钻孔终孔后，孔内的残留物厚度不超过20cm。

25.4 钻孔冲洗及压水试验

25.4.1 灌浆孔在灌浆前必须进行孔壁冲洗与裂隙冲洗，直到回水澄清，并延续10min方可结束。灌浆孔的冲洗可采用风水联合冲洗，裂缝冲洗应根据不同地质条件分别采用压力水冲洗、脉冲冲洗、风水联合冲洗等方法。

25.4.2 帷幕灌浆孔在岩石裂隙冲洗结束后进行压水试验。试验孔数不应少于总孔数的20%。先导孔必须逐段进行压水试验，压水试验的总压力，除工程师另作规定外，一般采用1MPa。压水试验吸水量的稳定标准为：在压力稳定后每5min测读一次压入流量，当流量大于5L/min，连续四次读数，其最大值与最小值之差应小于最终值的20%；或连续四次读数，流量均小于0.5L/min时，则最终读数即应为计算流量。

25.4.3 固结灌浆孔压水试验在岩石裂隙冲洗结束后进行，试验孔数不少于总数的10%。

除工程师另作规定外，压水试验的压力应采用0.3MPa。吸水量的稳定标准为：在30min稳定时间内，最大流量与最小流量之差应小于最终值的20%。

25.4.4 检查孔均需进行压水试验，其稳定标准及压力与灌浆的压水试验要求相同。

25.5 帷幕灌浆

25.5.1 对帷幕灌浆一般要求

25.5.1.1 帷幕灌浆一般应采用自上而下分段灌浆法。如采用自下而上分段灌浆法，则必须征得工程师的同意。坝体混凝土与基岩接触段应单独先行灌浆。待凝后，方可进行以下各段的钻孔灌浆工作。接触段段长不应大于2.0m，灌浆塞塞于基岩面以上0.5m左右。采用自上而下分段灌浆时，孔口无涌水的孔段在灌浆结束后，一般可不待凝，但是断层、破碎带等地质条件复杂的地区则宜待凝，其待凝时间必须征得工程师确定并同意。

25.5.1.2 帷幕灌浆应优先采用孔内循环灌浆，其射浆管距离孔底不宜大于0.5m。每一个灌浇段的长度采用5~6m。如遇特殊情况，经工程师批复，可适当缩短或加长。

25.5.2 帷幕灌浆施灌

25.5.2.1 除第一段外，灌浆应在较短时间内达到设计压力，如开始时由于吸浆量大等原因不能立即达到设计压力，则应保证在正常操作条件下尽快达到设计压力。

25.5.2.2 灌浆浆液的浓度应遵循由稀到浓的原则逐级改变。规范规定5:1、3:1、2:1、1:1、0.8:1、0.6:1、0.5:1七个比级。

25.5.2.3 为加快施工进度。可根据地质条件考虑提高开灌时的浆液浓度，但需经工程师检查合格并批准，方可正式采用。

25.5.2.4 灌浆时当灌浆压力保持不变，吸浆量均匀减少，或者吸浆量不变。压力均匀升高时，灌浆工作应持续下去，不得改变水灰比。

25.5.2.5 当某一比级浆液的灌入量已达300L以上，或灌注时间已超1h，而灌浆压力及吸浆量均无改变或改变不明显，可改浓一级灌注。

25.5.2.6 当注入量大于30L/min时，可视具体情况越级变浓。

25.5.2.7 当采用最大浓度浆液施灌，吸浆量很大而不见减少时，经工程师同意可采用间歇灌浆法，同时考虑加砂。

25.5.3 灌浆结束与封孔

25.5.3.1 帷幕灌浆在规定压力下，当吸浆量小于0.4L/min，持续1h，可结束灌浆工作。

25.5.3.2 全孔结束并经检查合格后，及时做好封填工作，封填前应尽量将孔内污物冲洗干净，量测孔深。

25.5.3.3 用机械压浆法封孔，每孔分两段自下而上进行封孔，上、下段以1:1的浆液进行压力灌浆封孔，压力分别为0.5MPa、1.5MPa，达到结束标准时，应调至0.8:1浓度，同正常灌浆一样进行变浆、屏浆和闭浆。

25.5.4 特殊处理

25.5.4.1 灌浆过程中如发现冒浆时，应视具体情况采用嵌缝、表面封堵、加浓浆液和降低压力等方法处理。

25.5.4.2 当灌浆过程中如发生串浆时，应采取下列措施处理。

（1）如被串孔正钻进，应立即停钻。

（2）如串浆量不大，可于灌浆同时在被串孔内通入水流，使水泥浆不致充填钻孔。

（3）当串浆量大时，如条件可能，可与被串孔同时施灌，否则可用灌浆塞塞于被串部上1~2m处。

（4）如串浆沿裂缝串得比较远，可采用浓浆施灌。

25.5.4.3 灌浆工作必须连续进行，若因故中断，应按下述原则进行处理。

（1）尽可能及时复灌。

（2）中断超时30min，应立即设法冲洗，如冲洗无效，则应重新灌浆进行扫孔。

（3）复灌时开始使用最大水灰比和浆液灌注，如吸浆量与中断前相近，即可用中断之前的水灰比，如吸浆量减少不多，则认为该段不合格。

25.5.4.4 在有涌水孔段，当涌水压力超过0.2MPa时，可采用下述措施。

（1）灌浆结束应有屏浆措施，屏浆时间不少于1h。

（2）应有闭浆措施。

（3）待凝时间不少于48h。

（4）必要时可在浆液中掺速凝剂。

25.6 固结灌浆

25.6.1 基础岩石表层固结灌浆的目的在于增强基础表层岩石的抗渗性、完整性和承载强度，固结坝基基础表层岩石，并为增加基础帷幕灌浆压力而提供"盖板"，进而保证表层灌浆的质量。

25.6.2 固结灌浆应在基础混凝土或岸坡层强度达到50%以上时方可进行。

25.6.3 固结灌浆所用浆液水灰比可采用8:1、5:1、3:1、2:1、1:1、0.8:1、0.6:1、0.5:1这八个重量比级。灌浆时浆液配合比应由稀变浓逐渐改变。开灌水灰比采用8:1浆液配合比，变换原则应遵照《水工建筑物水泥灌浆施工技术规范》（SL 62—1994）有关规定。

25.6.4 固结灌浆压力可采用0.1~0.3MPa，视不同地段和孔深分别采用。

25.6.5 在规定压力下如灌浆段的吸浆量小于0.4L/min，持续灌注30min，灌浆工作即可结束。

25.6.6 除工程师另有规定外，固结灌浆均按分序加密的原则进行。

25.6.7 固结灌浆采用孔内循环法，射交管距孔底不宜大于0.5m。全孔一次灌浆吸浆量大时采用一泵一孔灌注，吸浆量小时可采用群孔并联灌注，但不宜多于4孔，并应严格控制压力以防止抬动。

25.6.8 灌浆工作必须连续进行，若因故中断，必须马上处理，尽早恢复灌。在灌浆过程中如发现冒浆、串浆、回浆变浓等其他特殊情况，除可按《水工建筑物水泥灌浆施工技术规范》（SL 62—1994）有关规定处理外，应及时将采取的措施及处理结果通知工程师。

25.6.9 全孔灌浆工作完成后必须及时封孔，排除孔内稀浆，使全孔封填密实。除涌水孔段需用机械封孔外，其余可用人工封孔。固结灌浆孔在排除孔内积水后，可直接用干硬性水泥砂浆封填。

25.7 灌浆的竣工验收

施工的同时，应为灌浆的竣工验收准备以下资料，报送工程师。

25.7.1 钻孔、冲洗、压水、灌浆记录；

25.7.2 灌浆成果一览表；
25.7.3 检查孔成果一览表；
25.7.4 帷幕灌浆平面图及综合剖面图；
25.7.5 基础固结灌浆成果平面图；
25.7.6 工程照片及岩芯实物；
25.7.7 质量检查报告；
25.7.8 灌浆工程竣工报告。

第二十六节 脚手架搭设安全操作规程

26.1 脚手架搭设人员必须是经过现行国家标准考核合格的专业架子工。上岗人员应定期体检，合格者方可持证上岗。
26.2 搭设脚手架人员必须戴安全帽、系安全带、穿防滑鞋。
26.3 脚手架的构配件质量与搭设质量，应按规定进行检查验收，合格后方准使用。
26.4 作业层上的施工荷载应符合设计要求，不得超载。不得将模板支架、缆风绳、泵送混凝土和砂浆的输送管等固定在脚手架上；严禁悬挂起重设备。
26.5 当有六级及六级以上大风和雾、雨、雪天气时应停止脚手架搭设与拆除作业。雨、雪后上架作业应有防滑鞋，并应扫除积雪。
26.6 脚手架的安全检查与维护，应按规定进行。安全网应按有关规定搭设或拆除。
26.7 在脚手架使用期间，严禁拆除下列杆件：主节点处的纵、横水平杆；纵、横向扫地杆；连杆件。
26.8 不得在脚手架基础及其邻近处进行挖掘作业，否则应采取安全措施，并报主管部门批准。
26.9 搭设脚手架时，外侧应有防止坠物伤人的防护措施。
26.10 在竹子脚手架上进行电、气焊作业时，必须有防火措施和专人看守。
26.11 脚手架上临时用电线路的架设及脚手架接地、避雷措施等，应按现行行业标准《施工现场临时用电安全技术规范》（JGJ 46—2005）的有关规定执行。
26.12 搭拆脚手架时，地面应有围栏和警戒标志，并派专人看守，严禁非操作人员入内。
26.13 安装后的扣件螺栓拧紧扭力矩应采用扭力扳手检查，抽样方法应按随机分布原则进行。抽样检查数目与质量判定标准，应按规定确定。不合格的必须重新拧紧，直至合格为止。
26.14 脚手架使用中，应定期检查下列项目：
26.14.1 杆件的设置和连接，连墙件、支撑、门洞桁架等的构造是否符合要求；
26.14.2 地基是否有积水，底座是否松动，立杆是否悬空；
26.14.3 扣件螺栓是否松动；
26.14.4 高度在24m以上的脚手架，其立杆的沉降与垂直度的偏差是否符合规定；
26.14.5 安全防护措施是否符合要求；
26.14.6 是否超载。

中国水利水电第十六工程局有限公司南水北调 TJ 2—4 标施工项目部

二〇〇九年十月十七日

8.7 内蒙古准格尔至兴和运煤高速公路工程 A29 标安全生产操作规程实施细则纲要

安全生产操作规程实施细则纲要如图 8-6 所示。

中国核工业中原建设公司内蒙古兴托重载高速公路 A29 项目经理部
二○○七年五月二十四日

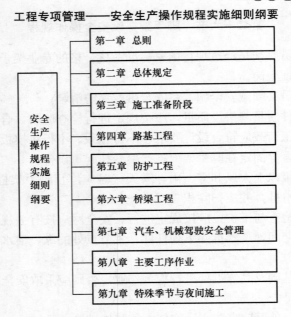

图 8-6 安全生产操作规程实施细则纲要

第一章 总 则

一、落实安全生产，实行责任管理

1. 建立和完善以施工队长为首的安全生产领导组织，有组织、有计划地开展安全生产管理活动。

2. 建立各级人员安全生产责任制度，明确各级人员的安全责任。定期检查安全责任落实情况，及时掌握安全生产动态。

（1）施工队长是安全生产管理第一责任人；（2）各级职能部门的人员在各自工作范围内，对安全生产负责；（3）全员承担安全生产责任，建立从队长到工人的横向到边、纵向到底、条块结合、环环相扣的安全管理网络，做到安全责任人人承担、人人负责。

3. 施工中一切从事生产管理与操作的人员，依照其从事的生产内容，分别通过施工项目安全审查，取得安全操作认可证，持证上岗。特种作业人员，除企业的安全审查，还需按规定参加安全操作规程考核，取得劳动监察部门颁发的《安全操作合格证》。施工现场如出现特种作业无证操作现象，项目经理必须承担管理责任。

4. 安全管理人员必须与项目经理签订安全协议。

5. 积极做好安全生产责任落实情况的检查，及时排除不安全的因素。

二、加强安全生产教育，增强参建人员的安全生产意识

1. 所有雇佣人员必须正式签订劳务合同，接受入场安全生产教育后，才可进入施工现场和劳动岗位。劳务人员必须具有基本的安全操作素质。

2. 新进场的工人必须接受三级安全教育，重点偏重一般安全知识、生产环境、生产纪律等，强调各操作工序、工艺的非独立性。

3. 结合施工生产的变化，适时进行安全生产知识教育。

4. 根据生产岗位的不同，分别组织安全技能训练，自觉遵守岗位安全规则。

5. 针对季节、自然变化影响，组织适应不同生产环境和作业条件的安全技能培训。

三、制定标准化的作业程序

1. 建立安全生产管理网络，分析易发生安全事故的工序、地点，有针对性地采取有效防范措施。

2. 采用科学的相关图、因果图、鱼刺图等安全管理效果图表来分析危险源发生的地点、工序、时间，及时拟订对策。

3. 明确操作的步骤和程序。

4. 力争操作专业化、简单化。

5. 必须符合生产和作业环境的实际情况。

四、严格按照合同规定的要求购买工程一切险和第三方责任险

严格按照合同规定的要求购买工程一切险和第三方责任险，避免在施工过程中任何有损于本项目的安全问题出现，并尽量减少自身的损失程度。

五、正确对待事故的调查和处理

1. 发生事故后，以严肃、科学的态度去认识事故，实事求是地按照规定上报项目部。

2. 积极抢救负伤人员的同时，保护好事故现场，以利于调查事故原因，从事故因素中查找安全生产因素控制的差距。

3. 分析事故发生的过程，找出造成事故的人、物、环境等方面原因，总结教训。

4. 采取预防措施防止类似事故再次发生，并经过检查验收恢复施工。

5. 对未遂事故应引起高度重视，分析总结未遂事故隐患的原因，消除内在不安全因素。

第二章 总 体 规 定

一、开工前期准备阶段注意事项

1. 参加施工的人员必须接受安全技术教育，熟知和遵守本工种的各项安全技术操作规程，定期进行安全技术考核，合格者方准上岗操作。对于从事电气、起重、高空作业、深坑挖孔、高边坡挖方、冬季锅炉、焊接、车辆驾驶等特殊工种的人员，要经过专业培训，获得合格证后方可持证上岗。

2. 施工队应按照国家规定建立健全各级安全规章制度和安全管理机构，并设立专职安全检查人员。

3. 生活区、施工现场（尤其是材料仓库、易燃易爆仓库等）要设置足够的消防设备，施工人员应熟悉消防设备的性能和使用方法。

二、施工过程中注意事项

1. 施工中加强与气象、水文等部门的联系，及时掌握气温、雨雪、风暴和汛情等预报，做好防范工作。

2. 施工中采用新技术、新工艺、新设备、新材料时，必须制定相应的安全技术措施。

3. 对于桥梁、明挖基础、爆破等具有危险性的岗位人员，在上岗时必须按照规定穿戴防护用品，施工负责人和安全检查人员应随时检查劳动防护用品的穿戴情况，不按规定穿戴防护用品的人员不得上岗。

4. 施工所用的各种机具设备和劳保用品，应定期进行检查和必要检验，保证其经常处于完好状态；不合格的机具设备和劳保用品严禁使用。

5. 下挖工程、施工前应根据设计文件复查地下构造物（电缆、管道等）的埋置位置及走向，并采取防护措施；施工中如发现有危险品、文物及其他可疑物品，应立即停止下挖，报请有关部门处理。深挖基础应随时注意监测有毒、易燃气体的产生，并应有良好的空气置换装置。

第三章 施工准备阶段

1. 施工现场总体设置应有利于生产，方便职工生活，符合防洪、防火等安全需要，具备文明生产、文明施工的条件。

2. 施工现场的临时设施应选在水文地质良好的路段。

3. 施工现场内的施工便道、生产、生活房屋、易燃易爆仓库材料堆放以及动力通信线路和其他临时工程，应按照有关安全规定制定合理的平面布置图。

4. 施工现场的生产、生活房屋、变电所、发电机房、临时油库等均应设在干燥地基上，并符合防火、防洪、防风、防爆、防震的要求。

5. 施工现场应设置安全警示标识。

6. 施工现场内的沟、坑、水塘等边缘应设安全护栏。

7. 生产生活房屋应按防火规定保持必需的安全净距，活动板房不小于5m，铁皮板房不小于4m，临时的锅炉房、发电机房、变电室与其他房屋的间距不小于15m。

8. 易燃易爆品仓库、发电机房、变电所应采取必要的安全防护措施，严禁用易燃材料修建。工地小型临时油库应远离生活区50m外，并设置围栏。

9. 施工现场道路要经常维护，保持畅通，急弯陡坡地段应设置明显交通标志，与地方重点公路交叉处应有专人看管和指挥。

10. 施工机械设备在现场停放后，应选择安全的停放地点，关闭好驾驶室和操作室，拉上停车制动闸。坡道上停车时，要用三角木或石块抵住车轮。夜间应有专人看管。

11. 靠近河流和陡壁处的道路，应设置护栏和明显警示标志。

12. 生活用水必须进行鉴定，其水质必须符合国家现行标准。水源要采取保护措施，防止水质污染。

13. 场内架设的电线必须绝缘良好，悬挂高度及线间距必须符合电业部门的安全规定。

14. 现场架设的临时线路必须用绝缘物支持，不得将电线缠绕在钢筋、树木或脚手架上。

15. 工地安装变压器必须符合电业部门的要求，并设专人管理。同时现场的变（配）

电设备处，必须备有灭火器材和高压安全用具，非电工人员严禁接近带电设备。

16. 大型桥梁施工现场和预制场必须配有自备电源，以免因电网停电造成工程损失和出现事故。自备电源和电网之间要有联锁保护。

17. 施工机械操作人员在工作期间不得擅离岗位，不得操作与操作证不相符合的机械；不得将机械设备交给无本机种操作证的人员操作。

18. 施工机械操作人员必须按照本机说明书规定，严格执行工作前的检查制度和工作中注意观察及工作后的检查保养制度。

19. 驾驶室或操作室内应保持整洁，严禁存放易燃、易爆物品；严禁酒后操作机械；严禁机械带故障运转或超负荷动转。

20. 放置电动机的地点必须保持干燥，周围不得堆放杂物和易燃品。启动高压电开关及高压电机时，应戴绝缘手套，穿绝缘胶鞋。

第四章 路 基 工 程

一、土方挖掘施工安全注意事项

1. 人工挖掘土方施工必须遵守以下规定：

（1）开挖土方的操作人员之间必须保持足够的安全距离；横向间距不小于2m，纵向间距不小于3m。

（2）土方开挖必须按自上而下的顺序放坡进行，严禁采用挖空底角的操作方法。

2. 高、陡边坡处挖方施工必须遵守以下规定：

（1）开挖工作应与装运作业面相互错开，严禁上下双重作业。

（2）弃土下方和有滑坡、滚石危险区域内的道路应设警告标志，严禁在作业面下方作业、休息和存放机具。

3. 设有支挡工程的地质不良地段，在考虑分段开挖的同时，应分段修建支挡工程。

4. 大型机械进场前，应清查所通过的道路、桥梁的净宽和承载力是否足够，否则应先予拓宽和加固。

5. 承包商应为进场机械提供临时停放机棚或停机的场地。

6. 在电线杆附近挖土时，对于不能取消的拉线地锚及杆身应留出土台，并有足够的土台半径：电杆半径为1~1.5m，拉线半径为1.5~2.5m，并视土质决定边坡坡度。土台周边应插上标杆示警。

7. 机械在危险地段作业时，必须设置明显的安全警告标志，并应设专人站在操作人员能看清的地方指挥。

8. 施工机械在边坡、边沟作业时，应与边缘保持必要的安全距离，使轮胎（履带）压在坚实的地面上。

9. 土方施工中配合机械作业的清底、平地、整修等辅助工作应与机械作业交替进行。机上和机下人员必须密切配合，协同作业。必须在机械作业范围内同时进行辅助工作时，应在机械停止运转后，辅助人员方可进入。

10. 施工中遇到土体不稳，发生坍塌、水位暴涨时，应立即停工，人机撤离至安全地点。

11. 当施工场地发生交通堵塞，地面出现陷车、机械运行道路打滑、防护设施毁坏失效或工作面不足以保证安全作业时,也应暂停施工,待恢复正常后方可继续施工。

二、土方施工机械注意事项

1. 挖掘机作业有关规定

(1) 机械工作中,铲斗、臂杆活动范围内,履带和机棚上严禁站人。

(2) 工作位置必须平坦稳固。

(3) 在高陡的作业面上,如果土体挖成悬空状态而不能自然塌落时,需用人工处理,严禁用铲斗将悬空土方砸下。

(4) 对吊杆顶端的滑轮和钢丝绳进行定期性保养、检修和拆换。

(5) 严禁铲斗从运土车的驾驶室顶上越过。

(6) 卸土时,应降低铲斗高度,防止偏载或砸坏车厢。

2. 推土机作业有关规定

(1) 推土机上下坡时,其坡度不得大于30°;在横坡作业时,其横坡度不得大于10°;下坡时,宜采用后退下行,严禁空挡滑行。

(2) 在陡坡、高坎上作业时,必须有专人指挥,严禁铲刀超出边坡边缘。

(3) 在垂直边坡的沟槽作业,沟槽深度对于大型推土机不得超过2m,对小型推土机不得超过1.5m。

(4) 多机在同一作业面作业时,前后两台相距不应小于8m,左右间距应大于1.5m。两台或两台以上推土机并排推土时,两推土机刀片间应保持20～30cm间距。推土机推土前进时必须以相同速度直线行驶;后退时,应分先后,防止互相碰撞。

(5) 用推土机伐除大树或清除残墙断壁时,应提高着力点,防止其上部反向倒下。

3. 平地机作业有关规定

(1) 在公路上行驶时,应遵守交通规则,刮刀和松土器应提起,刮刀不得伸出机侧,速度不得超过20km/h。夜间不宜作业。

(2) 刮刀的回铲与铲土角的调整以及向机外倾斜都必须在停机时进行。作业中刮刀升降量不得过大。

(3) 在坡道停放时,应使车头向下坡方向,并将刀片或松土器压入土中。

4. 装载机作业有关规定

(1) 起步前应将铲斗提升到离地面0.5m左右。作业时应使用低速挡,用高速挡行驶时,不得进行升降和翻转铲斗。严禁铲斗上载人。

(2) 向运输车辆上卸土时应缓慢,铲斗应处在合适的高度,前翻和回位不得碰撞车厢。

(3) 作业期间应注意机件运转声响,发现异响立即停车排除故障。

5. 压路机作业有关规定

(1) 必须在压路机前后、左右无障碍物和人员时才能启动。

(2) 变换压路机前后退方向应待滚轮停止后进行,严禁利用换向离合器制动。

(3) 两台以上压路机同时作业时,其前后间距不得小于3m;在坡道上纵队行驶时,其间距不得小于20m。

(4) 压路机靠近路堤边缘作业时,应根据路堤高度进行斜角碾压。上坡时变速应在制动后进行,下坡时严禁脱挡滑行。

6. 振动压路机作业有关规定

(1) 起振和停振必须在压路机行走时进行,在坚硬路面行走,严禁振动。

(2) 碾压松软路基,应先在不振动情况下碾压1~2遍,然后再振动碾压。

(3) 换向离合器、起振离合器和振动器的调整,必须在主离合器脱开后进行,不得在急转弯时用快速挡;严禁在尚未起振情况下调节振动频率。

第五章 防 护 工 程

一、砌筑注意事项

1. 防护工程砌筑

(1) 边坡防护工程作业时,必须搭设牢固的脚手架。

(2) 砌石工程必须自下而上砌筑。修正片石或块石不得在脚手架上进行。

(3) 护墙砌筑时,墙下严禁站人。

(4) 抬运石块上架,跳板应坚固并设防滑条。

(5) 抹面、勾缝作业必须先上后下。严禁在砌筑好的坡面上行走,上下必须用抓梯。架上作业时,架下不准有人操作或停留,不得上面砌筑、下面勾缝。

二、施工机械注意事项

1. 拌合机应安置稳妥,开机前必须确认转动机各部装置牢固可靠,操作灵活。运转中不得用手或木棒等伸进筒内清理筒口砂浆。

2. 作业中如发现故障,应立即切断电源,并将筒内砂浆倒出。

三、防护工程开挖注意事项

1. 挡墙挖基应视土质、湿度和挖掘深度设放安全边坡,否则应设置相适应的围挡支撑。

2. 人工挖基作业时,从坑内抛上的土方应边挖边运。用土台分层抛掷传运出土时,台阶宽度不得小于0.7m,高度不得大于1.5m。基坑上边缘暂时堆放的土方至少应距坑边0.8m以外,堆放高度不得超过1.5m。

第六章 桥 梁 工 程

一、一般性规定

1. 高桥、大跨、结构复杂的大桥桥梁施工,应对施工安全做专项调查研究,并制定相应的安全技术措施。单项工程(包括辅助结构、临时工程)开工前,应根据本规程制定的安全操作细则,向施工人员进行安全技术交底。

2. 桥梁施工前,应对施工现场、机具设备及安全防护设施等进行全面检查,确认符合安全要求后方可施工。

3. 手持式电动工具应按国标的规定,根据手持式电动工具的类别和作业场所的安全要求,加设漏电保护器。

4. 桥涵施工采用多层作业或桥下通车、行人等立体施工式,应布设安全网。

5. 高处露天作业、吊装及大型构件起重吊装时,应根据作业高度和现场风力大小、对作业的影响程度,制定适于施工风力标准。遇有六级及六级以上大风时,上述施工必须停止作业。

二、基础工程

1. 钻孔灌注桩基础作业有关规定

(1) 钻孔机械就位后,应对钻机及配套设备进行全面检查,钻机安设必须平稳、牢固,钻架应加设斜撑或缆风绳。

(2) 冲击钻孔选用的钻锥、卷扬机和钢丝绳等应配置适当,钢丝绳与钻锥用绳卡固接时,绳卡数量应与钢丝绳直径匹配。冲击过程中,钢丝绳的松弛程度掌握适宜。

(3) 当钻头提到接近护筒底缘时,应减速、平稳提升,不得碰撞筒和钩挂护筒底缘。

(4) 钻孔使用的泥浆,宜设置泥浆循环净化系统,并注意防止和减少环境污染。

(5) 钻机停钻,必须将钻头提出孔外,置于钻架上,不得滞留孔内。

(6) 对于已埋设护筒未开钻或已成桩护筒尚未拔除的,应加设护筒顶盖或铺设安全网遮罩。

(7) 人工挖孔应及时跟上护壁,护壁混凝土应与桩身混凝土同强度等级,并应高出原地面 30cm 以上。深孔开挖时应注意通风,防止有毒气体对人体的侵害。

(8) 孔内爆破作业时应采用控制爆破,并应在有害气体排净后才能下孔操作。

(9) 挖孔桩施工间隙时应及时盖好洞口。

2. 就地浇筑墩台施工作业有关规定

(1) 施工前必须搭好脚手架及作业平台,并在平台外侧设栏杆。墩高在 10m 以上时就应设安全网。

(2) 吊斗升降应设专人指挥。落斗前,下面的作业人员必须躲开,不得依栏杆推动吊斗。严禁吊斗碰撞模板及脚手架。

三、上部工程

1. 预制构件安装作业有关规定

(1) 装配式构件(梁、板)的安装,应制定安装方案,并建立统一指挥系统。施工难度大、危险性较大的作业项目应组织培训。

(2) 吊装偏心构件时,应使用可调整中心的吊具进行吊装。安装的构件应平起稳落。

(3) 单导梁、墩顶龙门架安装构件时,应符合下列规定:

①单导梁组装时,各节点应连接牢固,在桥跨中推进时,悬臂部分不得超过已拼好导梁全长的 1/3。

②墩顶(或临时墩顶)导梁通过的导轮支座必须牢固可靠。导梁接近导轮时应采取渐进的方法进入导轮。导梁推进到位后,用千斤顶顶升,将导梁置于稳定的木垛上。

③导梁上的轨道应平行等距铺设,使用不同规格的钢轨时,其街头处应妥善处理,不得有错台。

④墩顶龙门架使用托架托运时,托架两端应保持平衡稳定,行进速度应缓慢。龙门架落位后应立即与墩顶预埋件连接,并系好缆风绳。

⑤构件在预制场地起吊装车后,牵引至导梁时,行进速度不得大于 5m/min,达到安装位置后,平车行走轮应用木楔楔紧。

⑥构件起吊横移就位后,应加设支撑、垫木,以保持构件稳定。

⑦龙门架顶横移轨道的两端应设置制动枕木。

(4) 预制场采用千斤顶顶升构件装车及双导梁、桁梁安装构件时,应符合下列规定:

①千斤顶在使用前要做承载试验。起重吨位不得小于顶升构件的1.2倍。千斤顶一次顶升高度应为活塞行程的1/3。

②千斤顶的升降应随时加设或抽出保险垫木，构件底面与保险垫木间的距离宜控制在5cm之内。

③构件进入落梁架横移到位时，应保持构件在落梁时的平衡稳定。

④顶升T梁、箱梁等大吨位构件时，必须在梁端加设支撑，构件两端不得同时顶起或下落，一端顶升时，另一端应支稳、撑牢。

⑤预制场和墩顶装载构件的滑移设备要有足够的强度和稳定性，牵引（或顶推）构件滑移时，施力要均匀。

⑥双导梁向前推进时，应保持两导梁同速进行，各岗位作业人员要精心工作，听从指挥，发现问题及时处理。

⑦双导梁进入墩顶导轮支座前、后，应采取与单导梁相同的措施。

（5）架桥机安装构件时，应符合下列规定：

①架桥机组拼（或定型产品）、悬臂牵引中的平衡稳定及机具设备等，均应按设计要求进行。

②架桥机就位后，为保持前后支点的稳定，应用方木垫之。前后支点处还应用缆风索固于墩顶两侧。

③构件在架桥机上纵横移动时，应平缓进行，卷扬机操作人员应按指挥信号协同动作。

④全幅宽架桥机吊装的边梁就位前，墩顶作业人员应暂时避开。

⑤横移不能一次到位的构件，操作人员应将滑道板、落梁架等准备好，待构件落入后，再进入作业点进行构件顶推（或牵引）横移等工作。

（6）跨墩龙门架安装构件时，应根据龙门架的高度、跨度，采取相应的安全措施，确保构件起吊和横移时的稳定。构件吊至墩顶，应慢速、平衡地缓落。

（7）安装大型盆式橡胶支座，墩上两侧应搭设操作平台，墩顶作业人员应待座吊至墩顶稳定后再扶正就位。

（8）龙门架、架桥机等设备拆除前应切断电源，拆除龙门架时应将龙门架底部垫实，并在龙门架顶部拉好缆风绳和安装临时连接梁。拆下的杆件、螺栓、材料等应捆好向下吊放。

（9）安装涵洞预制盖板时，应用撬棍等工具拨移就位。单面配筋的盖板上应标明起吊标志。吊装涵管应绑扎牢固。

2. 就地浇筑上部结构施工作业有关规定

（1）钢筋混凝土或预应力混凝土就地浇筑时，作业前应对机具设备及防护设施等进行检查。对施工工艺及技术复杂的工程制定的安全技术措施及安全操作细则等应进行技术交底。

（2）就地浇筑的桥涵上部结构，施工中应随时检查支架和模板，发现异常状况应及时采取措施。

3. 预应力张拉法施工有关规定

（1）预应力钢束（钢丝束、钢绞线）张拉施工前，张拉作业区内无关人员不得进入。

(2) 检查张拉设备、工具（如千斤顶、油泵、压力表、油管、液控顶压阀等）是否符合施工及安全的要求。压力表按规定周期进行鉴定。

(3) 锚环及锚塞使用前应经检验，合格后方可使用。

(4) 高压油泵与千斤顶之间的连接点，各接口必须完好无损，油泵操作人员要戴防护眼镜。

(5) 油泵开动时，进、回油速度与压力表指针升降，应平稳、均匀一致。安全阀要经常保持灵敏可靠。

(6) 张拉前，操作人员要确定联络信号；张拉两端相距较远时，宜设对讲机等通信设备。

(7) 在已拼装或悬浇的箱梁上进行张拉作业，其张拉作业平台、拉伸机支架要搭设牢固，平台周围应加设护栏。高空作业时，应设上下扶梯及安全网。施工的吊篮应安挂牢固，必要时可另备安全保险设施。张拉时千斤顶的对面及后面严禁站人，作业人员应站在千斤顶的两侧。

(8) 张拉操作中若出现异常现象（如油表振动剧烈、发生漏油、电机声音异常等）应立即停机进行检查。

(9) 张拉钢束完成后，退销时应采取安全防护措施。人工拆卸销子时不得强击。

(10) 张拉完毕后，对张拉施锚两端应妥善保护，不得压重物。管道尚未灌浆前，梁端应设围护和挡板。严禁撞击锚具、钢束及钢筋。

(11) 先张法张拉施工时，除上述有关规定外，还应遵守下列规定：

①张拉前，对台座、横梁等进行检查。

②先张法张拉中和未浇混凝土之前，周围不得站人和进行其他作业。浇筑混凝土时，振捣器不得撞击钢丝（钢束）。用卷扬机滑轮组张拉小型构件时，张拉完成后应切断电源和卡固钢丝绳。

③预应力钢筋冷拉时，在千斤顶的端部及非张拉端部均不得站人。

④钢筋张拉或冷拉时，螺栓端杆、套筒螺栓必须有足够的长度，夹具应有足够的夹紧能力，防止锚夹不牢而滑出。

⑤管道压浆时，应严格按规定压力进行。施压前应调整好安全阀。关闭阀门时，作业人员应站在侧面。

4. 跨线桥及通道桥涵施工作业有关规定

(1) 公路跨越地方公路、铁路或其他线路时，施工前应与地方公路或其他有关部门协商有关事宜，并签订必要的安全协议。其内容包括利用列车间隔时间进行安装的计划、安全防护以及在发生紧急情况时的应急处理措施等。

(2) 在铁路路基附近挖基、钻孔时，不得损坏铁路的各种信号设施，不得影响行车的瞭望视线。作业处应设围栏、支撑及其他安全防护措施，施工中应防止列车振动导致基础坍塌或路基塌方。

(3) 上面作业、下面通行车辆或行人的跨越铁路或公路立交桥施工时，除设置防护设施外，并设岗哨监视管理。

(4) 对结构复杂、施工期较长的大型立交桥施工，其安全防护措施必须完善，制定的跨越铁路的架梁吊装方案必须安全可靠，避免在列车通过的情况下进行吊梁安装作业。

5. 混凝土预制场

（1）预制场地应符合第一章有关要求。

（2）搅拌站作业规定

①搅拌站应按设计要求，安装在具有足够承载力、坚固、稳定的基座上，操作处应设作业平台及防护栏杆。

②搅拌站的电气设备安装完毕后，要检查：离合器、制动器、升降器是否灵活可靠；轨道滑轮是否良好；钢丝绳有无断裂或损伤等，并经调试全部机械达到正常后方可作业。

③搅拌站的电气设备和线路，应绝缘良好。机械设备外露部分、转动部分应设防护装置。

（3）发电机组作业规定

①发电机组应设置在安全可靠的机房内，基础应平整密实，必要时应设置在混凝土基座上。机房内配备消防设备。

②发电机应设接地保护，接地电阻不得大于 4Ω。发电机连接配电盘，及通向所有配电设备的导线，必须绝缘良好，接线牢固。

③施工单位的发电机电源应与外电线路电源联锁，严禁并列运行。

④发电机组附近不得放置易燃、易爆物品。

（4）皮带运输机作业有关规定

①移动式皮带运输机运转作业时，应将行走轮用三角木对称楔紧。固定式皮带运输机，应安装在牢固的基础上。

②空载启动后，应检查各部位的运转和皮带的松弛度，如无异常，在达到额定转速后，方可均匀装料。

③严禁运转中进行修理和调整。作业人员不得从皮带运输机下面穿过或跨越输送带。

④输送大块物料时，输送带两侧应加设挡板或栅栏等防护装置。运料中，应及时清除输送带上的粘连物。停机后要切断电源。

（5）混凝土拌合及灌注作业有关规定

①人工手推车上料时，手推车不得松手撒把。运输斜道上，应设有防滑设施。

②机械上料时，在铲斗（或拉铲）移动范围内不得站人。铲斗下方严禁有人停留和通过。

③向搅拌机内倾倒水泥，宜采用封闭式加料斗。为减少进出口料口的粉尘飞扬应加设防护板。

④作业结束时，应将料斗放下，落入坑或平台上。

⑤灌注预制梁混凝土时，应搭设作业平台和斜道，不得在模板上作业。

⑥塔吊、汽车吊或桅杆吊斗灌注混凝土时，起吊、运送卸料由专人指挥。

⑦电动振捣器的使用应符合下列规定：

a. 操作人员要佩戴安全防护用品。配电盘（箱）的接线宜使用电缆线。

b. 在大体积混凝土中作业时，电源总开关应放置在多台振捣器同时作业，应设集中开关箱，并由专人负责看管。

c. 风动振捣器的连接软管不得有破损或漏气，使用时要逐渐开通气阀门。

（6）泵送混凝土作业有关规定

①混凝土泵（泵车）应设置在作业棚内，安装应牢固。泵车安设未稳前，不得移动布料杆。作业前，应检查输送泵、电气设备是否正常、灵敏、可靠。

②泵送前，应检查管路、管节、管卡及密封圈的完好程度，不得使用有破损、裂缝、变形和密封不合格的管件，并应符合下列要求：

　　a. 管路布设要平顺。在高处、转角处应架设牢固，防止窜动、移位。

　　b. 管路应设专人经常检查，遇有变形、破裂时，应及时更换，防止崩裂。

③混凝土泵在运转时发现故障，应立即停机检查，不得带病作业。

④混凝土输送泵车操作人员，应熟悉和遵守泵车操作规程和安全技术规定。

⑤拆卸管路接头前，应把管内剩余压力排除干净，防止管内存有压力而引起事故。

⑥在五级以上大风时，泵车不得使用布料杆作业。

⑦作业结束后采用空气清洗管道时，操作人员不得靠近管道端部。

6. 预制构件运输有关规定

（1）大型预制构件平板拖车运输，时速宜控制在 5km/h 以内。简支梁的运输，除在横向加斜撑防倾覆外，平板车上的搁置点必须设有转盘。

（2）运输超高、超宽、超长构件时，必须向有关部门申请，经批准后，在指定线路上行驶。牵引车上应悬挂安全标志。超高部件应有专人看管，并配备适当工具，保证在有障碍物情况下安全通过。

（3）平板拖车运输构件时，除一名驾驶员主驾外，还应指派一名助手，协助瞭望，及时反映安全情况和处理安全事宜。平板拖车上不得坐人。

（4）重车下坡应缓慢行驶，并应避免紧急刹车。驶至转弯或险要地段时，应降低车速，同时注意两侧行人和障碍物。

（5）在雨、雪、雾天通过陡坡时，必须提前采取有效措施。

（6）装卸车应选择平坦、坚实的路面为装卸地点。装卸车时，机车、平板车均应刹车。

第七章　汽车、机械驾驶安全管理

1. 汽车、机械驾驶人员的安全操作规程应按交通部公路管理司的《公路筑养路机械操作规程》（JZ 0020—1995）的规定认真执行。

2. 机动车辆及驾驶人员的管理应认真执行《中华人民共和国道路交通管理条例》。

3. 应按规定认真做好汽车、机械的定岗、定员工作。驾驶人员及其所驾车辆机械一经确定后，非特殊原因不得随意更换，应保持长期相对稳定，使驾驶人员对所驾车辆、机械的技术状况有较好把握，以确保安全生产。

4. 严禁无证驾车、驾机，酒后驾车、驾机；严禁穿拖鞋驾车、驾机；严禁超载带人和自卸车、施工机械载人；未经领导工作安排，严禁将所驾车辆机械交他人驾驶。

5. 驾驶人员对所驾车辆和机械要勤检查、勤保养，保持车辆、机械处于完好状态，禁止"带病"作业。

第八章　主 要 工 序 作 业

一、模板作业

1. 模板作业场地

(1) 模板作业场地的布置：木料、钢模、模板半成品的堆放，废料堆集和场内道路的修建，应做到统筹安排，合理布局。

(2) 作业场地应搭设简易作业棚，修有防火通道，配备必需的灭火器具。四周应设置围栏，作业场内严禁烟火。

(3) 钢模、木材应堆放平衡，原木垛高不得超过3m，垛距不得小于1.5m，成材垛高一般不得超过4m，每增加0.5m应加设横木。垛距不得小于1m。作业场地应避开高压线路。

(4) 下班前应将锯末、木屑、刨花等杂物清除干净，并要运出场地进行妥善处理。

2. 模板制作

(1) 制作模板时应细致选料。制作钢模不得使用扭曲严重、螺栓孔过多、开裂等材料。模板不得使用腐朽、扭裂和大横节疤等木料。

(2) 制作钢木结合模板时，其钢木结合部位的强度、刚度应符合设计要求。

(3) 制作中应随时检查工具，如发现松动、脱落现象，应立即修好。

(4) 用旧木料制作模板时，应将钉子、扒钉拔掉收集好，不得随意乱扔。

3. 模板支立及拆除

(1) 在基坑或围堰内支模时，应检查基坑有无塌方现象，围堰是否坚固，确认无误后，方可操作。

(2) 向基坑内吊送材料和工具时，应设溜槽或绳索系统，不得抛掷。机械吊送应有专人指挥。模板要捆绑结实，基坑内的操作人员要避开吊送的料具。

(3) 用人工搬运，支立较大模板时，应有专人指挥，所用的绳索要有足够的强度，绑扎牢固。支立模板时，底部固定后再进行支立，防止滑动倾覆。

(4) 支立模板要按工序操作。当一块或几块模板单独竖立和竖立较大模板时，应设临时支撑，上下必须顶牢。操作时要搭设脚手架和工作平台。整体模板合拢后，应及时用拉杆斜撑固定牢靠，模板支撑不得钉在脚手架上。

(5) 用机械吊运模板时，应先检查机械设备和绳索的安全性和可靠性，起吊后下面不得站人或通行。模板下放，距地面1m时，作业人员方可靠近操作。

(6) 高处作业应将所需工具装在工具袋内，传递工具不得抛掷或将工具放在平台和木料上，更不得插在腰带上。

(7) 在用斧锤作业时，应照顾四周和上下的安全，防止误伤他人。斧头刃口处应配刃口皮套。

(8) 拆除模板时，应制定安全措施，按顺序分段拆除，不得留有松动或悬挂的模板，严禁硬砸或用机械大面积拉倒。拆下带钉木料，应随即将钉子拔掉。

(9) 拆除模板不得双层作业。3m以上模板在拆除时，应用绳索拉住或用起吊设备拉紧，缓慢送下。

二、支架作业

1. 支架所用的桩木、万能杆件应详细检查。不得使用腐朽、劈裂、大横节疤等木材及锈蚀、扭曲严重的万能杆件和钢管等。

2. 地基承载力应符合设计标准，否则应采取加固措施，使其达到设计要求。

3. 根据施工季节，支架工程应采取防冲刷或防冻胀等安全措施。

4. 支立排架要按设计要求施工，应有足够的承载能力和稳定性。并要与支保桩连接牢固，防止不均匀沉落、失稳和变形。

5. 支立排架时，应设专人统一指挥。支立排架以整排竖立为宜。排架竖立后，用临时支撑撑牢后再竖立第二排，两排架间的水平和剪刀撑用螺栓拧紧，形成整体。

6. 用吊机竖立排架时，应用溜绳控制排架起吊时的摆动。

7. 支立排架时，不得与便桥或脚手架相连，防止支架失稳。

三、脚手架作业

1. 钢管脚手架连接材料应使用扣件，接头应错开，螺栓要紧固。立杆底端需使用立杆底座。铅丝和白麻绳不得连接钢脚手架。

2. 脚手板要铺满、绑牢，无空头板，并要牢固地固定在脚手架支撑上。脚手架的任何部分均不得与模板相连。

3. 脚手架要设置栏杆。敷设的安全设施应经常检查，确保操作人员和小型机械的安全通行。

4. 脚手架上的材料和工具要堆放整齐，积雪和杂物应及时清除。有坡度的脚手板，要加设防滑木条。

5. 悬空脚手架应和栏杆或撑木固定稳妥、牢靠，防止摆动摇晃。

6. 搭设在水中的脚手架，应经常检查受水冲刷情况，发现松动、变形或沉陷应及时加固。在脚手架上作业人员应佩戴救生设备。

7. 搭设钢管井架相邻的两立杆的接头应错开，横杆和剪刀撑要同时安装，滑轨必须保持垂直，两轨间距误差不得超过10mm。

8. 脚手架高度在10～15m时应设置一组（4～6根）缆风绳。每增高10m再加设一组。缆风绳与地面夹角为45°～60°。缆风绳的地锚应设围栏，防止碰撞破坏。

9. 拆除脚手架时，周围应设置护栏或警戒标志，并应从上而下地拆除，不得上下双层作业。拆除的脚手杆、板应用人工传递或吊机吊送，严禁随意抛掷。

四、钢筋加工作业

1. 钢筋施工场地应满足作业要求，机械设备的安装要牢固、稳定，作业前应对机械设备进行检查。

2. 钢筋调直及冷拉场地应设置防护挡板，作业时非作业人员不得进入现场。

3. 钢筋切断机作业前，应先进行试运转，检查刃口是否松动，运转正常后，方能进行切断作业。切长料时应有专人把扶，切短料时要用钳子或套管夹牢。不得因钢筋直径小而集束切割。

4. 采用人工锤击切断钢筋时，钢筋直径不宜超过20mm，使锤人员和把扶钢筋、剪切工具人员身位要错开，防止断下的短头钢筋弹出伤人。

五、焊接作业

1. 电焊作业

（1）电焊机应安设在干燥、通风良好的地点，周围严禁存放易燃、易爆物品。

（2）电焊机应设置单独的开关箱，作业时应穿戴防护用品，施焊完毕，拉闸上锁。雨雪天气，应停止露天作业。

（3）在潮湿地点工作，电焊机应放在木板上，操作人员应站在绝缘胶板或木板上操作。

（4）严禁在带压力的容器和管道上施焊。焊接带电设备时必须先切断电源。

（5）贮存过易燃、易爆、有毒物品的容器或管道，焊接前必须清洗干净，将所有孔口打开，保持空气流通。

（6）在密闭的金属容器内施焊时，必须开设进出风口。容器内照明电压不得超过36V。焊工身体应用绝缘材料与容器壳体隔离开。施焊过程中每隔半小时至一小时外出休息10~15min，并有安全人员在现场监护。

（7）把线、地线不得与钢丝绳、各种管道、金属构件等接触，不得用这些物件代替接地线。

（8）更换场地，移动电焊机时，必须切断电源，检查现场，清除焊渣。

（9）在高空焊接时，必须系好安全带。焊接周围应备有消防设备。

（10）焊接模板中的钢筋、钢板时，施焊部位下面应垫石棉板或钢板。

2. 气焊作业

（1）气焊作业应遵守前面电焊有关规定。

（2）乙炔发生器应采用定型产品，必须具备灵敏可靠的防止回火的安全装置。

（3）乙炔发生器与氧气瓶不得同放一处，距易燃易爆品不得少于10m。严禁用明火检验是否漏气。氧气、电石应随用随领，下班后送回专用库房。

（4）氧气瓶、乙炔发生器受热不得超过35℃，防止火花和锋利物件碰撞胶管。

（5）氧气瓶、氧气表及焊割工具的表面，严禁沾污油脂。

（6）乙炔发生器每天换水。严禁在浮筒上放置物件，不得用手在浮筒上加压和摇动。添加电石时严禁明火照明。

（7）乙炔发生器不得放在电线的正下方，焊接场地距离明火不得少于10m。

（8）氧气瓶应设有防震胶圈，并旋紧安全帽，避免碰撞、剧烈振动和强烈阳光暴晒。

（9）乙炔气管用后需清除管内积水。胶管回火的安全装置冻结时，应用热水熔化，不得用明火烘烤。

（10）点火时焊枪不得对人，正在燃烧的焊枪不得随意乱放。

（11）电石应放在干燥的地方，移动和搬运应将桶上的小盖打开，轻移、轻放。开桶时头部要闪开，不得用金属工具敲击桶盖。

（12）施焊时，场地应通风良好。施焊完毕，应将氧气阀门关好，拧紧安全罩。乙炔浮筒提出时，头部应避开浮筒上升方向，提出后应挂放，不得扣放在地上。

六、起重吊装作业

1. 起重作业有关规定

（1）大型吊装工程，应在编制的施工组织设计中，制定安全技术措施，并向参加施工作业人员进行安全技术交底。

（2）吊装作业应指派专人统一指挥，参加吊装的起重工要掌握作业的安全要求，其他人员要有明确分工。

（3）吊装作业前必须严格检查起重设备各部件的可靠性和安全性，并进行试吊。

（4）各种起重机具不得超负荷使用。

（5）钢丝绳的安全系数不应小于表8-2中的要求。

(6) 地锚要牢固，缆风绳不得绑扎在电线杆或其他不稳定的物件上。

(7) 作业中遇有停电或其他特殊情况，应将重物落至地面，不得悬在空中。

钢丝绳的安全系数　　　　表 8-2

用途	安全系数	用途	安全系数
缆风绳	3.5	吊挂和捆绑用	6
支承动臂用	4	千斤绳	8～10
卷扬机用	5	缆索承重绳	3.75

2. 起重机具

(1) 卷扬机作业有关规定

①卷扬机的各部件、电气元件及安全防护装置、钢丝绳等应符合国标《建筑卷扬机》(GB/T 1955—2008) 的规定。

②卷扬机应安装牢固、稳定，防止受力时位移和倾斜；操作位置必须开阔，联系方便。

③作业前应检查钢丝绳、离合器、制动器、保险棘轮、传动滑轮等，发现故障应立即排除。

④通过滑轮的钢丝绳不得有接头、结节和扭绕，钢丝绳在卷筒上必须排列整齐，作业中最少需保留三圈。

⑤操作人员不得擅自离开岗位，作业中突然断电，应立即拉开闸刀，并将运送物件放下。

(2) 轮胎式起重机和履带式起重机作业规定

①作业面应坚实平整，支脚必须支垫牢靠，回转半径内不得有障碍物。两台或多台起重机吊运同一重物时，钢丝绳应保持垂直，各台起重机升降应同步，各台起重机不得超过各自的额定起重能力。

②吊起重物时，应先将重物吊离地面 10cm 左右，停机检查制动器灵敏性和可靠性以及重物绑扎牢固程度，确认无误后，方可继续工作。作业中不得悬吊重物行走。

③起升或降下重物时，速度要均匀、平衡，保持机身的稳定，防止中心倾斜。严禁起吊的重物自由下落。

④配备必要的灭火器，驾驶室内不得存放易燃品。严禁雨天作业。

⑤在输电线下作业时，起重臂、吊具、辅具、钢丝绳等与输电线的距离不得小于表 8-3 中的规定。

与输电线的距离　　　　表 8-3

输电线路电压	最小距离 (m)	输电线路电压	最小距离 (m)	输电线路电压	最小距离 (m)
1kV 以下	1～5	1～35kV	3	—60kV	0.01 (V-50) +3

(3) 龙门架

①龙门架制作完成后，应按设计要求组织检查验收。

②移动式龙门架除进行静载试验外，还应等载在轨道上往返运行一次，检查龙门架在移动中的变形以及轨距、轨道平整度等情况。

③吊起重物做水平移动时,应将重物提高到可能遇到的障碍物 0.5m 以上;运行时被吊重物不得左右摇晃。

④牵引移动的跨墩龙门架,在行走时两侧牵引卷扬机必须同时、同速启动和运行。

⑤开动和停止电动机,应缓慢平稳地操纵控制器。做后向移动时,必须等机、物完全停稳后方可操作。

⑥龙门架拆除时,应制定安全技术措施。

七、高空作业

1. 高处作业的含义和级别划分应符合现行的国家标准《高处作业分级》GB/T 3608—2008 的规定。

2. 悬空作业必须设有可靠的安全防护措施。悬空高处作业包括:在开放型结构上施工,如高处搭建脚手架等;在无防护的边缘上作业;在受限制的高处或不稳定的高处作业;在没有立足点或没有牢靠立足点的地方作业等。

3. 从事高处作业人员要定期或随时体检,发现有不宜登高的症状,不得从事高处作业。严禁酒后登高作业。

4. 高处作业人员不得穿拖鞋或硬底鞋。所需的材料要事先准备齐全,工具应放在工具袋内。

5. 高处作业所用的梯子不得缺档和垫高,同一架梯子不得二人同时上下,在通道处(或平台)使用梯子应设置围栏。

6. 高处与地面联系,应有专人负责,或配有通信设备,保持联系不中断。

7. 运送人员和物件的各种升降电梯、吊笼,应有可靠的安全装置,严禁人员乘坐运送物件的吊篮。

第九章 特殊季节与夜间施工

一、雨期施工

1. 雨期及洪水期施工应根据当地气象预报及施工所在地的具体情况,做好施工期间的防洪排涝工作。

2. 在雨期施工时,施工现场应及时排除积水,人行道的上下坡应挖步梯或铺砂。脚手板、斜道板、跳板等应采取防滑措施。加强对支架、脚手架和土方工程的检查,防止倾倒和坍塌。

3. 雨期施工时,处于洪水可能淹没地带的机械设备、材料等应做好防范措施,施工人员要提前做好安全撤离的准备工作。

4. 长时间在雨期中作业的工程,应根据条件搭设遮雨棚。同时施工中遇有暴风雨应暂停施工,尤其是高处作业。

二、冬期施工

冬季施工应严格执行冬期施工的有关规定,做好保温、防冻等安全防护措施。

三、高温季节施工

高温季节施工时,应按劳动保护规定做好防暑降温措施,适当调整作息时间,尽量避开高温时间。必要时,搭设凉棚,供应冷饮,准备防暑药品等保障工作。

四、夜间施工

1. 夜间施工时,现场必须有符合操作要求的照明设备。施工驻地要设置路灯。
2. 施工中的小型桥涵两侧及穿越路基的管线等临时工程应设置围栏,并悬挂红灯示警标志。
3. 大型桥梁攀登扶梯处应设有照明灯具。
4. 夜间作业人员必须穿戴具有反光效能的工作服,以确保施工期间人身安全。

8.8 日本现场操作 5S 管理方法及案例

8.8.1 5S 管理的含义

5S 是指整理(SEIRI)、整顿(SEITON)、清扫(SEISO)、清洁(SEIKETSU)、素养(SHITSUKE)这五个项目,因日语的罗马拼音均为"S"开头,所以简称为 5S。

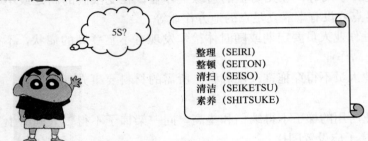

5S 起源于日本,是指在生产现场中对人员、机器、材料、方法等生产要素进行有效的管理,这是日本企业独特的一种管理办法。

1. 5S 的应用

5S 应用于制造业、服务业等改善现场环境的质量和员工的思维方法,使企业能有效地迈向全面质量管理,主要是针对制造业在生产现场,对材料、设备、人员等生产要素开展相应活动。

5S 对于塑造企业的形象、降低成本、准时交货、安全生产、高度的标准化、创造令人心旷神怡的工作场所、现场改善等方面发挥了巨大作用,是日本产品品质得以迅猛提高、行销全球的成功之处。

2. 5S 的延伸

根据企业进一步发展的需要,有的企业在 5S 的基础上增加了安全(Safety),形成了"6S";有的企业又增加了节约(Save),形成了"7S";还有的企业加上了习惯化(拉丁发音为 Shiukanka)、服务(Service)和坚持(拉丁发音为 Shitukoku),形成了"10S";有的企业甚至推行"12S",但是万变不离其宗,都是从"5S"上衍生出来的,例如在整理中要求清除无用的东西或物品,这在某些意义上来说,就能涉及节约和安全,具体一点,例如横在安全通道中无用的垃圾,这就是安全应该关注的内容。

(1) 1S——整理（Seiri）

整理的定义：区分要与不要的物品，现场只保留必需的物品。

整理的目的如图 8-7 所示。

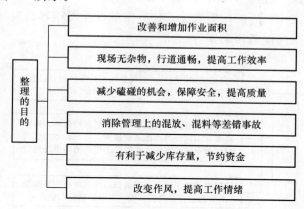

图 8-7　整理的目的

整理的意义：把要与不要的人、事、物分开，再将不需要的人、事、物加以处理，对生产现场的现实摆放和停滞的各种物品进行分类，区分什么是现场需要的，什么是现场不需要的；其次，对于现场不需要的物品，诸如用剩的材料、多余的半成品、切下的料头、切屑、垃圾、废品、多余的工具、报废的设备、工人的个人生活用品等，要坚决清理出生产现场，这项工作的重点在于坚决把现场不需要的东西清理掉。对于车间里各个工位或设备的前后、通道左右、厂房上下、工具箱内外，以及车间的各个死角，都要彻底搜寻和清理，达到现场无不用之物。

(2) 2S——整顿（Seiton）

整顿的定义：必需品依规定定位、定方法摆放整齐有序，明确标示。

整顿的目的：不浪费时间寻找物品，提高工作效率和产品质量，保障生产安全。

整顿的意义：把需要的人、事、物加以定量、定位。通过前一步整理后，对生产现场需要留下的物品进行科学合理的布置和摆放，以便用最快的速度取得所需之物，在最有效的规章、制度和最简捷的流程下完成作业。

整顿的要点如图 8-8 所示。

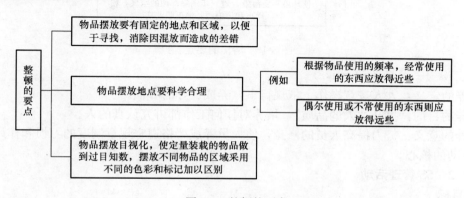

图 8-8　整顿的要点

(3) 3S——清扫（Seiso）

清扫的定义：清除现场内的脏污、清除作业区域的物料垃圾。

清扫的目的：清除"脏污"，保持现场干净、明亮。

清扫的意义：将工作场所的污垢去除，使异常的发生源很容易发现，是实施自主保养的第一步，主要是在提高设备移动率。

清扫的要点如图 8-9 所示。

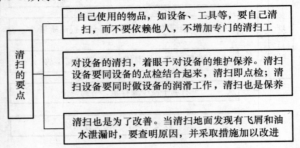

图 8-9　清扫的要点

(4) 4S——清洁（Seiketsu）

清洁的定义：将整理、整顿、清扫实施的做法制度化、规范化，维持其成果。

清洁的目的：认真维护并坚持整理、整顿、清扫的效果，使其保持最佳状态。

清洁的意义：通过对整理、整顿、清扫活动的坚持与深入，从而消除发生安全事故的根源。创造一个良好的工作环境，使职工能愉快地工作。

清洁的要点如图 8-10 所示。

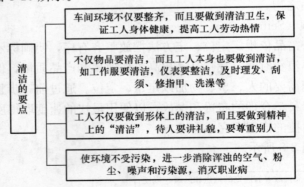

图 8-10　清洁的要点

(5) 5S——素养（Shitsuke）

素养的定义：人人按章操作、依规行事，养成良好的习惯。

素养的目的：提升"人的品质"，培养对任何工作都讲究认真的人。

素养的意义：努力提高人员的修身，使人员养成严格遵守规章制度的习惯和作风，是"5S"活动的核心。

8.8.2　5S 管理活动

1. 目标

5S 活动目标如图 8-11 所示。

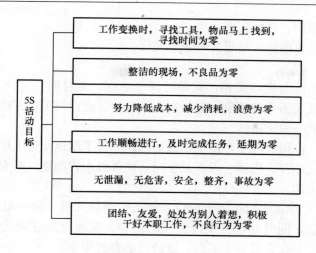

图 8-11 5S 活动目标

2. 原则

（1）自我管理的原则

良好的工作环境，不能单靠添置设备，也不能指望别人来创造。应当充分依靠现场人员，由现场的当事人员自己动手为自己创造一个整齐、清洁、方便、安全的工作环境，产生"美"的意识，养成现代化大生产所要求的遵章守纪、严格要求的风气和习惯。因为是自己动手创造的成果，也就容易保持和坚持下去。

（2）勤俭办企业的原则

开展"5S"活动，会从生产现场清理出很多无用之物，其中，有的只是在现场无用，但可用于其他的地方；有的虽然是废物，但应本着废物利用、变废为宝的精神，该利用的应千方百计地利用，需要报废的也应按报废手续办理并收回其"残值"，千万不可只图一时处理"痛快"，不分青红皂白地当做垃圾一扔了之。

（3）持之以恒的原则

"5S"活动开展起来比较容易，但要坚持下去，持之以恒，不断优化就不太容易。不少企业发生过一紧、二松、三垮台、四重来的现象。开展"5S"活动，贵在坚持，为此，首先应将"5S"活动纳入岗位责任制，明确部门和人员的岗位责任和工作标准；其次，要严格认真地搞好检查、评比和考核并将考核同各部门和个人员的经济利益挂钩；第三，要坚持 PDCA 循环，不断提高现场的"5S"水平，要通过检查不断发现和解决问题。而后还必须针对问题提出改进的措施和计划。

3. 作用

5S 活动的作用：

（1）提高企业形象；

（2）提高生产效率和工作效率；

（3）提高库存周转率；

（4）减少故障，保障品质；

（5）加强安全，减少安全隐患；

（6）养成节约的习惯，降低生产成本；

(7) 缩短作业周期,保证交期;
(8) 改善企业精神面貌,形成良好企业文化。

4. 方法

(1) 定点照相:所谓定点照相,就是对同一地点,面对同一方向,进行持续性的照相,其目的就是把现场不合理现象,包括作业、设备、流程与工作方法予以定点拍摄,并且进行连续性改善的一种手法。

(2) 红单作战:使用红牌子,使工作人员都能一目了然地知道工厂的缺点在哪里。而贴红单的对象,包括库存、机器、设备及空间,使各级主管都能一眼看出什么东西是必需品,什么东西是多余的。

(3) 看板作战(Visible Management):使工作现场人员,能一眼就知道何处有什么东西,有多少的数量,同时亦可将整体管理的内容、流程以及订货、交货日程与工作排程,制作成看板,使工作人员易于了解,以进行必要的作业。

(4) 颜色管理(Color Management Method):颜色管理就是运用工作者对色彩的分辨能力和特有的联想力,将复杂的管理问题,简化成不同色彩,区分不同的程度,以直觉与目视的方法,呈现问题的本质和问题改善的情况,使每一个人对问题有相同的认识和了解。

8.8.3 5S现场管理

1. 原则

(1) 常组织:使环境洁净制定标准,形成制度。
(2) 常整顿:区分物品的用途,清除多余的东西。
(3) 常清洁:物品分区放置,明确标识,方便取用。
(4) 常规范:清除垃圾和污秽,防止污染。
(5) 常自律:养成良好习惯,提升人格修养。

2. 效用

5S管理的五大效用可归纳为5个S,即:Safety(安全)、Sales(销售)、Standardization(标准化)、Satisfaction(客户满意)、Saving(节约)。

(1) 确保安全(Safety)

通过推行5S,企业往往可以避免因漏油而引起的火灾或滑倒、因不遵守安全规则导致的各类事故、故障的发生,因灰尘或油污所引起的公害等。故企业能使生产安全得到落实。

(2) 扩大销售(Sales)

5S是一名很好的业务员,拥有一个清洁、整齐、安全、舒适的环境;一支良好素养的员工队伍的企业,常常更能得到客户的信赖。

(3) 标准化(Standardization)

通过推行5S,在企业内部养成守标准的习惯,使得各项的活动、作业均按标准的要求运行,结果符合计划的安排,为提供稳定的质量打下基础。

(4) 客户满意(Satisfaction)

由于灰尘、毛发、油污等杂质经常造成加工精密度的降低,甚至直接影响产品的质量。而推行5S后,清扫、清洁得到保证,产品在一个卫生状况良好的环境下形成、保管,直至交付客户,质量得以稳定。

(5) 节约（Saving）

通过推行5S，一方面减少了生产的辅助时间，提升了工作效率；另一方面因降低了设备的故障率，提高了设备使用效率，从而可降低一定的生产成本，可谓"5S是一位节约者"。

3. 内容

通过实施5S现场管理以规范现场、现物，营造一目了然的工作环境，培养员工良好的工作习惯，最终目的是提升人的品质：

(1) 革除马虎之心，养成凡事认真的习惯（认认真真地对待工作中的每一件"小事"）；
(2) 培养遵守规定的习惯；
(3) 自觉维护工作环境整洁明了的良好习惯；
(4) 培养文明礼貌的习惯（表8-4）。

5S现场管理　　　　　　　　　　　表8-4

		目　的	注意点	实施要领	备　注
整理		(1) 将工作场所任何东西区分为有必要的与不必要的； (2) 把必要的东西与不必要的东西明确地、严格地区分开来； (3) 不必要的东西要尽快处理掉	(1) 腾出空间，空间活用； (2) 防止误用、误送； (3) 塑造清爽的工作场所	要有决心，不必要的物品应断然地加以处置	(1) 自己的工作场所（范围）全面检查，包括看得到和看不到的； (2) 制定"要"和"不要"的判别基准； (3) 将不要物品清除出工作场所； (4) 对需要的物品调查使用频率，决定日常用量及放置位置； (5) 制定废弃物处理方法； (6) 每日自我检查	生产过程中经常有一些残余物料、待修品、待返品、报废品等滞留在现场，既占据了地方又阻碍生产，包括一些已无法使用的工夹具、量具、机器设备，如果不及时清除，会使现场变得凌乱。 生产现场摆放不要的物品是一种浪费： (1) 即使是再宽敞的工作场所，将愈变愈窄小。 (2) 棚架、橱柜等被杂物占据而减少使用价值。 (3) 增加了寻找工具、零件等物品的困难，浪费时间。 (4) 物品杂乱无章的摆放，增加盘点的困难，成本核算失准
整顿		(1) 对整理之后留在现场的必要的物品分门别类放置，排列整齐； (2) 明确数量，并进行有效地标识	(1) 工作场所一目了然； (2) 营造整整齐齐的工作环境； (3) 消除找寻物品的时间； (4) 消除过多的积压物品	这是提高效率的基础	(1) 前一步骤整理的工作要落实； (2) 流程布置，确定放置场所； (3) 规定放置方法、明确数量； (4) 画线定位； (5) 场所、物品标识	整顿的"3要素"：场所、方法、标识。 放置场所： (1) 物品的放置场所原则上要100%设定； (2) 物品的保管要定点、定容、定量； (3) 生产线附近只能放真正需要的物品。 放置方法： (1) 易取； (2) 不超出所规定的范围； (3) 在放置方法上多下工夫。 标识方法： (1) 放置场所和物品原则上一对一表示； (2) 现物的表示和放置场所的表示； (3) 某些表示方法全公司要统一； (4) 在表示方法上多下工夫。 整顿的"3定"原则：定点、定容、定量。 (1) 定点：放在哪里合适； (2) 定容：用什么容器、颜色； (3) 定量：规定合适的数量

续表

	目 的	注意点	实施要领	备 注
清扫	(1) 将工作场所清扫干净； (2) 保持工作场所干净、亮丽的环境	(1) 消除脏污，保持职场内干干净净、明明亮亮； (2) 稳定品质； (3) 减少工业伤害	责任化、制度化	(1) 建立清扫责任区（室内外）； (2) 执行例行扫除，清理脏污； (3) 调查污染源，予以杜绝或隔离； (4) 清扫基准，作为规范	
清洁	将上面的 3S 实施的做法制度化、规范化，并贯彻执行及维持结果	维持上面 3S 的成果	制度化、定期检查	(1) 前面 3S 工作； (2) 考评方法； (3) 奖惩制度，加强执行； (4) 主管经常带头巡查，以表重视	
素养	通过晨会等手段，提高全员文明礼貌水准。培养每位成员养成良好的习惯，并遵守规则做事。开展 5S 容易，但长时间的维持必须靠素养的提升	(1) 培养具有好习惯、遵守规则的员工； (2) 提高员工文明礼貌水准； (3) 营造团体精神	长期坚持，才能养成良好的习惯	(1) 服装、仪容、识别证标准； (2) 共同遵守的有关规则、规定； (3) 礼仪守则； (4) 训练（新进人员强化 5S 教育、实践）； (5) 各种精神提升活动（晨会、礼貌运动等）	

4. 误区

5S 活动的误区如图 8-12 所示。

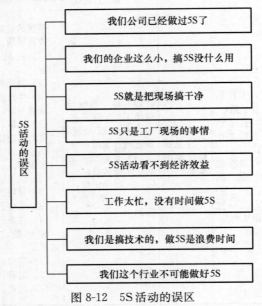

图 8-12　5S 活动的误区

5. 实施要点

5S活动实施要点如图8-13所示。

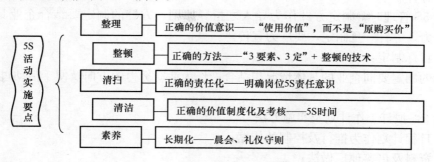

图8-13　5S活动实施要点

6. 检查要点

5S活动检查要点　　　　　　　　　　　　　　　表8-5

1	有没有用途不明之物
2	有没有内容不明之物
3	有没有闲置的容器、纸箱
4	有没有不要之物
5	输送带之下、物料架之下有否置放物品
6	有没有乱放个人的东西
7	有没有把东西放在通道上
8	物品有没有和通路平行或成直角地放
9	是否有变形的包装箱等捆包材料
10	包装箱等有否破损（容器破损）
11	工夹具、计测器等是否放在所定位置上
12	移动是否容易
13	架子的后面或上面是否置放东西
14	架子及保管箱内之物，是否有按照所标示物品置放
15	危险品有否明确标示，灭火器是否有定期点检
16	作业员的脚边是否有零乱的零件
17	相同零件是否散置在几个不同的地方
18	作业员的周围是否放有必要之物（工具、零件等）
19	工场是否到处保管着零件

7. 推行步骤

步骤1：成立推行组织。

为了有效地推进5S活动，需要建立一个符合企业条件的推进组织——5S推行委员会。推行委员会的责任人包括5S委员会、推进事务局、各部分负责人以及部门5S代表等，不同的责任人承担不同的职责。其中，一般由企业的总经理担任5S委员会的委员长，从全局的角度推进5S的实施。

步骤 2：拟订推行方针及目标。

（1）方针制定

推动 5S 管理时，制定方针作为导入之指导原则，方针的制定要结合企业具体情况，要有号召力，方针一旦制定，要广为宣传。

（2）目标制定：

目标的制定要同企业的具体情况相结合，作为活动努力的方向及便于活动过程中的成果检查。

步骤 3：拟订工作计划及实施方法。

（1）日程计划作为推行及控制的依据；

（2）资料及借鉴他厂做法；

（3）5S 活动实施办法；

（4）与不要的物品区分方法；

（5）5S 活动评比的方法；

（6）5S 活动奖惩办法；

（7）相关规定（5S 时间等）；

（8）工作一定要有计划，以便大家对整个过程有一个整体的了解。项目责任者清楚自己及其他担当者的工作是什么，何时要完成，相互配合造就一种团队作战精神。

步骤 4：教育。

教育是非常重要的，让员工了解 5S 活动能给工作及自己带来好处从而主动地去做，与被别人强迫着去做其效果是完全不同的。教育形式要多样化，讲课、放录像、观摩他厂案例或样板区域、学习推行手册等方式均可视情况加以使用。

教育内容可以包括：

（1）每个部门对全员进行教育；

（2）5S 现场管理法的内容及目的；

（3）5S 现场管理法的实施方法；

（4）5S 现场管理法的评比方法；

（5）新进员工的 5S 现场管理法训练。

步骤 5：活动前的宣传造势。

5S 活动要全员重视，参与才能取得良好的效果，可以通过以下方法对 5S 活动进行宣传：

（1）最高主管发表宣言（晨会、内部报刊等）；

（2）海报、内部报刊宣传；

（3）宣传栏。

步骤 6：实施。

（1）作业准备；

（2）"洗澡"运动（全体上下彻底大扫除）；

（3）地面画线及物品标识标准；

（4）"3 定"、"3 要素"展开；

（5）摄影；

(6)"5S 日常确认表"及实施;
(7)作战。
步骤 7:活动评比办法确定。
(1)系数:困难系数、人数系数、面积系数、教养系数;
(2)评分法。
步骤 8:查核。
(1)查核;
(2)问题点质疑、解答;
(3)各种活动及比赛(如征文活动等)。
步骤 9:评比及奖惩。
依 5S 活动竞赛办法进行评比,公布成绩,实施奖惩。
步骤 10:检讨与修正。
各责任部门依缺点项目进行改善,不断提高。
步骤 11:纳入定期管理活动中。
(1)标准化、制度化的完善;
(2)实施各种 5S 现场管理法强化月活动。

需要强调的一点是,企业因其背景、架构、企业文化、人员素质的不同,推行时可能会有各种不同的问题出现,推行办要根据实施过程中所遇到的具体问题,采取可行的对策,才能取得满意的效果。

8. 实施方法

5S 活动实施方法:

(1)整理(Seiri):有秩序地治理。工作重点为理清要与不要。整理的核心目的是提升辨识力。整理常用的方法有:

1)抽屉法:把资源视做无用的,从中选出有用的。
2)樱桃法:从整理中挑出影响整体绩效的部分。
3)四适法:适时、适量、适质、适地。
4)疑问法:该资源需要吗?需要出现在这里吗?现场需要这么多数量吗?

(2)整顿(Seion):修饰、调整、整齐、整顿、处理。将整理之后资源进行系统整合。整顿的目的:最大限度地减少不必要的工作时间浪费、运作的浪费、寻找的浪费、次品的浪费、不安全的环境与重要的浪费。整顿提升的是整合力。常用的工具和方法有:

1)IE 法:根据运作经济原则,将使用频率高的资源进行有效管理。
2)装修法:通过系统的规划将有效的资源利用到最有价值的地方。
3)三易原则:易取、易放、易管理。
4)三定原则:定位、定量、定标准。
5)流程法:对于布局,按一个流程的思想进行系统规范,使之有序化。
6)标签法:对所有资源进行标签化管理,建立有效的资源信息。

(3)清扫(Seiso):清理、明晰、移除、结束。将不该出现的资源革除于责任区域之外。清扫的目的:将一切不利因素拒绝于事发之前,对既有的不合理的存在严厉打击和扫除,营造良好的工作氛围与环境。清扫提升的是行动力。清扫常用的方法有:

1) 三扫法：扫黑、扫漏、扫怪。
2) OEC法：日事日毕，日清日高。

(4) 清洁（Seiketsu）：清——清晰、明了、简单；洁——干净、整齐。持续做好整理、整顿、清扫工作，即将其形成一种文化和习惯，减少瑕疵与不良。清洁的目的：美化环境、提高生产力，使自己、客户、投资者及社会从中获利，清洁提升的是审美力。常用的方法有：

1) 雷达法：扫描权责范围内的一切漏洞和异端。
2) 矩阵推移法：由点到面逐一推进。
3) 荣誉法：将美誉与名声结合起来，以名声决定执行组织或个人的声望与收入。

(5) 素养（Shitsuke）：素质、教养。工作重点：建立良好的价值观与道德规范。素养提升的是核心竞争力。通过平凡的细节优化和持续的教导和培训，建立良好的工作与生活氛围，优化个人素质与教养。常用方法有：

1) 流程再造：执行不到位不是人的问题，是流程的问题，流程再造可解决这一问题。
2) 模式图：建立一套完整的模式图来支持流程再造的有效执行。
3) 教练法：通过摄像头式的监督模式和教练一样的训练使一切不习惯变成真正的习惯。
4) 疏导法：像治理黄河一样，对严重影响素养的因素进行疏导。

9. 实施难点

5S活动实施难点如图8-14所示。

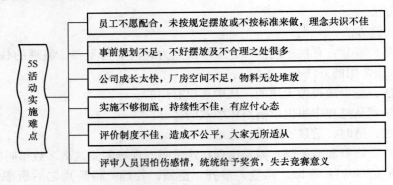

图8-14　5S活动实施难点

10. 实施意义

(1) 现场管理的基础

5S是现场管理的基础，是TPM（全员参与的生产保全）的前提，是TQM（全面品质管理）的第一步，也是ISO 9000有效推行的保证。

(2) 人人积极参与，事事遵守标准

5S现场管理法能够营造一种"人人积极参与，事事遵守标准"的良好氛围。有了这种氛围，推行ISO、TQM及TPM就更容易获得员工的支持和配合，有利于调动员工的积极性，形成强大的推动力。

(3) 立竿见影的奇效

实施ISO、TQM、TPM等活动的效果是隐蔽的、长期性的，一时难以看到显著的效果,而 5S 活动的效果是立竿见影。如果在推行 ISO、TQM、TPM 等活动的过程中导入 5S,可以通过在短期内获得显著效果来增强企业员工的信心。

(4) 事半功倍

5S 是现场管理的基础,5S 水平的高低,代表着管理者对现场管理认识的高低,这又决定了现场管理水平的高低,而现场管理水平的高低,制约着 ISO、TPM、TQM 活动能否顺利、有效地推行。通过 5S 活动,从现场管理着手改进企业"体质",则能起到事半功倍的效果。

11. 改善建议

(1) 结合实际作出适合自己的定位

反观国内外其他优秀企业的管理模式,再结合实际作出适合自己的定位。通过学习,让管理者及员工认识到"5S"是现场管理的基石,"5S"做不好,企业不可能成为优秀的企业,坚持将"5S"管理作为重要的经营原则。"5S"执行办公室在执行过程中扮演着重要角色,应该由有一定威望、协调能力强的中高层领导出任办公室主任。此外,如果请顾问辅导推行,应该注意避开生产旺季及人事大变动时期。

(2) 树立科学管理观念

管理者必须经过学习,加深对"5S"管理模式的最终目标的认识。最高领导公司高层管理人员必须树立"5S"管理是现场管理的基础的概念,要年年讲、月月讲,并且要有计划、有步骤地逐步深化现场管理活动,提升现场管理水平。"进攻是最好的防守",在管理上也是如此,必须经常有新的、更高层次的理念、体系、方法的导入才能保持企业的活力。毕竟"5S"只是现场管理的基础工程,根据柳钢的生产现场管理水平,建议"5S"导入之后再导入全面生产管理、全面成本管理、精益生产、目标管理、企业资源计划及各车间成本计划等。不过在许多现场管理基础没有构筑、干部的科学管理意识没有树立之前,盲目花钱导入这些必定事倍功半,甚至失败,因为这些不仅仅是一种管理工具,更是一种管理思想、一种管理文化。

(3) 以实际岗位采取多种管理形式

确定"5S"的定位,再以实际岗位采取多种管理形式,制定各种相应可行的办法。实事求是、持之以恒、全方位整体的实施、有计划的过程控制是非常重要的。公司可以倡导样板先行,通过样板区的变化引导干部工人主动接受"5S",并在适当时间有计划地导入红牌作战、目视管理、日常确认制度、"5S"考评制度、"5S"竞赛等,在形式化、习惯化的过程中逐步树立全员良好的工作作风与科学的管理意识。

8.8.4 日本安全事故十大要领

(1) 衣装整洁,使用安全带等保护用具;

(2) 参加安全早会、安全对策讨论会(KYK);

(3) 严格遵守 KYK 讨论决定的事项;

(4) 施工前确认施工程序和要领;

(5) 施工前检查设备和机械用具;

(6) 遵守施工现场的规则和操作指令;

(7) 不擅自进行无执照操作;

(8) 认真准确做好操作诱导手势;

（9）不在勉强的姿势下进行操作；
（10）完工后，清理好施工现场。

8.8.5 日常安全管理方法

日常安全管理方法如图 8-15 所示。

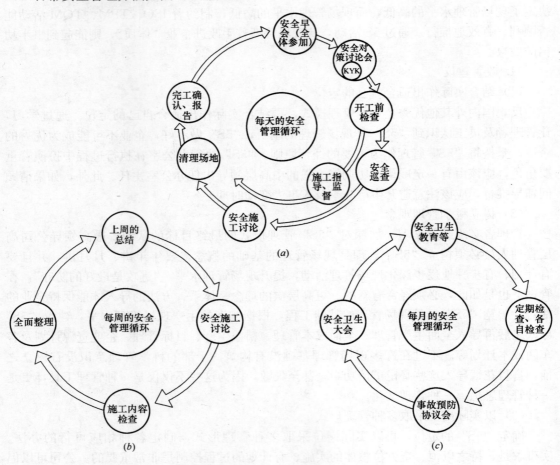

图 8-15 日常安全管理方法
(a) 每天的安全管理循环；(b) 每周的安全管理循环；(c) 每月的安全管理循环

8.8.6 日常安全管理要领

日常安全管理要领见表 8-6 所列。

日常安全管理要领 表 8-6

实施项目	时间	实施内容
1. 每天的安全循环		
安全早会 （全体参加）	每天早上 8:00	(1) 广播体操； (2) 施工人员点名（安全值班）； (3) 确认主要危险操作的内容和场所（安全值班）； (4) 高呼安全口号（领班）

续表

实 施 项 目	时间	实 施 内 容
安全对策讨论会（KYK） （监督管理人员也参加）	早会后 10分钟左右	(1) 确认健康状态； (2) 分班，布置各自施工内容； (3) 安全对策讨论会"危险预知活动"（KYK）。 注：KYK为"危险预知活动"的简称。 由监督人员在黑板上写下当天要施工的项目，然后逐项由施工人员回答可能存在的危险因素以及自己应采取的措施，最后全体参加人员齐声高喊当天的安全要领。讨论会后将黑板挂在施工现场明显位置
安全巡查 （监督人员、安全值班人员）	原则上每天上午、下午和完工后	巡视整个施工工地，确认施工环境、操作设备，检查是否有不安全因素的存在
安全施工讨论会 （监督人员、各个施工领班）	13：00	(1) 确认当天剩余工作和第二天工作的安全要领，对各个施工操作做安全指示（包括巡视中找到的问题）； (2) 各个工种和包工之间的协调； (3) 听取各个工种负责人的意见
清理场地	每天完工前5分钟	(1) 工作场所的整理； (2) 不用物资运往指定场所； (3) 领班确认整理状况后，向监督人员汇报
2. 每周的安全循环		
下周安全工期讨论会	每周五 13：30	(1) 确认下周工作日程安排情况； (2) 操作、设备的危险预测和安全对策； (3) 下周重点安全事项（包括检查项目）； (4) 汇总后向主管事务所提出建议
施工内容检查（兼领班会）		(1) 各领班自由讨论，交流经验； (2) 施工内容检查、确认和掌握安全要领
全面整理	每周六 13：00	在当天的安全早会上公布整理范围和各自分担部分
3. 每月的安全循环		
安全卫生教育等		(1) 进行安全法规等教育； (2) 通过对事故事例分析来加强安全意识
定期检查、各自检查		对机械、设备、工具等进行定期检查
事故预防协议会		(1) 对上月安全状况进行总结、反省、交换意见； (2) 根据下月工程安排，针对性地讨论安全对策； (3) 将协议内容转达到每个施工人员
安全卫生大会 （全体参加）		(1) 举行全体人员参加的安全卫生集会； (2) 表彰安全模范个人； (3) 总结安全管理经验

续表

实 施 项 目	时间	实 施 内 容
4. 随时实施的教育		
新来施工人员入场教育	入场前约 30 分钟	(1) 确认新来施工人员基本情况以及健康状态（医院证明）； (2) 主要由领班负责安全注意事项教育； (3) 根据《新入场教育表格》对本工地的施工内容、特殊情况、工地规定等一般安全事项进行说明

8.8.7 5S管理案例

1. 项目背景

某著名家电集团（以下简称 A 集团），为了进一步夯实内部管理基础、提升人员素养、塑造卓越企业形象，希望借助专业顾问公司全面提升现场管理水平。集团领导审时度势，认识到要让企业走向卓越，必须先从简单的 ABC 开始，从 5S 这种基础管理抓起。

2. 现场诊断

通过现场诊断发现，A 集团经过多年的现场管理提升，管理基础扎实，某些项目（如质量方面）处于国内领先地位。现场问题主要体现为三点：

(1) 工艺技术方面较为薄弱。现场是传统的流水线大批量生产，工序间存在严重的不平衡，现场堆积了大量半成品，生产效率与国际一流企业相比，存在较大差距。

(2) 细节的忽略。在现场随处可以见到物料、工具、车辆搁置，手套、零件在地面随处可见，员工熟视无睹。

(3) 团队精神和跨部门协作的缺失。部门之间的工作存在大量的互相推诿、扯皮现象，工作更缺乏主动性，而是被动地等、靠、要。

3. 解决方案

"现场 5S 与管理提升方案书"提出了以下整改思路：

(1) 将 5S 与现场效率改善结合，推行效率浪费消除活动和建立自动供料系统，彻底解决生产现场拥挤混乱和效率低的问题。

(2) 推行全员的 5S 培训，结合现场指导和督察考核，从根本上杜绝随手、随心、随意的不良习惯。

(3) 成立跨部门的专案小组，对现存的跨部门问题登录和专项解决；在解决的过程中梳理矛盾关系，确定新的流程，防止问题重复发生。

根据这三大思路，我们从人员意识着手，在全集团内大范围开展培训，结合各种宣传活动，营造了良好的 5S 氛围；然后从每一扇门、每一扇窗、每一个工具柜、每一个抽屉开始指导，逐步由里到外、由上到下、由难到易，经过一年多的全员努力，5S 终于在 A 集团每个员工心里生根、发芽，结出了丰硕的成果。

4. 项目收益

(1) 经过一年多的全员努力，现场的脏乱差现象得到了彻底的改观，营造了一个明朗温馨、活性有序的生产环境，增强了全体员工的向心力和归属感。

(2) 员工从不理解到理解，从要我做到我要做，逐步养成了事事讲究，事事做到的良好习惯。

（3）在一年多的推进工作中，从员工到管理人员都得到了严格的考验和锻炼，造就一批能独立思考、能从全局着眼，具体着手的改善型人才，从而满足企业进一步发展的需求。

（4）配合 A 集团的企业愿景，夯实了基础，提高了现场管理水平，塑造了公司良好社会形象，最终达到提升人员品质的目的。

第9章 工程项目安全生产管理制度与责任制

9.0 总纲

工程项目安全生产管理制度与责任制总纲如图 9-1 所示。

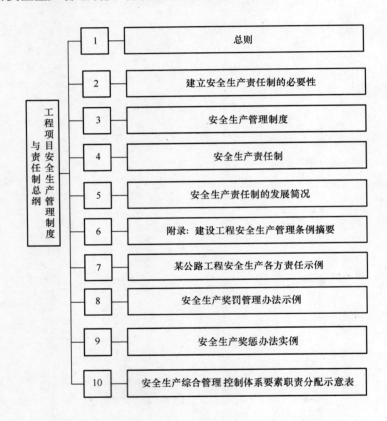

图 9-1 工程项目安全生产管理制度与责任制总纲

9.1 总则

总则如图 9-2 所示。

本制度是对 2008 年 6 月 11 日开始实施的《管理制度汇编》之安全生产、文明施工管理工作的补充和完善。

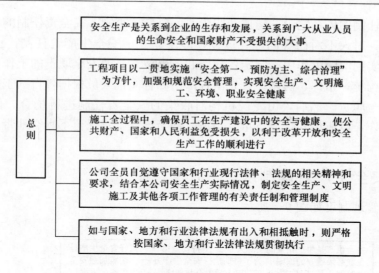

图 9-2 总则

9.2 建立安全生产责任制的必要性

建立安全生产责任制的必要性如图 9-3 所示。

建立安全责任制的基本流程如图 9-4 所示。

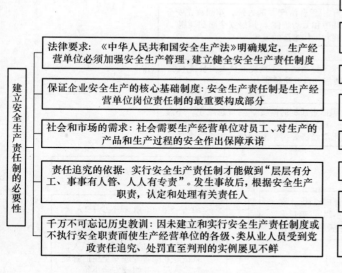

图 9-3 建立安全生产责任制的必要性

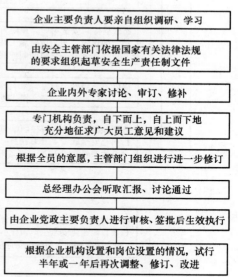

图 9-4 建立安全责任制的基本流程

就眼下情况而言，安全生产责任制能否建立和实行，仍然取决于生产经营单位主要负责人对安全生产的思想认识如何。如果生产经营单位的主要负责人，能够从代表先进生产力，代表文明发展方向，代表广大人民根本利益的高度，全面正确地理解安全生产的意义和作用，从法律的角度来认识安全生产的重要性和严肃性。那么，就一定能教育和带领各类从业人员认真制定和执行安全生产责任制。把从主要负责人自己到每一名从业人员都纳入安全生产责任制的体系之中,岗位和职责一一对应。否则,安全责任制的建立就会出现上级给下级定,对人不对己等问题。这样,即使建立了安全生产责任制,也只能落在纸上,而不能落实到实际工作中。制定各部门和各岗位人员的安全职责的工作应由企业负责人指定专门机构统一指挥、协调。首先由各部门和各岗位人员根据各自的工作内容和流程制定各自的安全职责。然后,由专门机构对收集的安全责任制进行统合、修订、征求意见、再修订工作,以避免安全职责重复不清,甚至给安全责任留下真空地带。

9.3 安全生产管理制度

安全生产管理制度如图 9-5 所示。

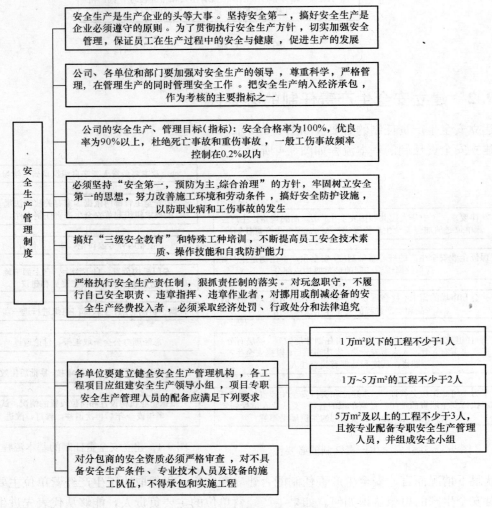

图 9-5 安全生产管理制度

9.4 安全生产责任制

安全生产责任制是指企业对项目经理部各级领导、各个部门、各类人员所规定的在他们各自职权范围内对安全生产应负责任的制度。

工程项目经理部应当根据安全生产责任制的要求，按照责权利相统一的原则，把安全责任目标分解到岗、落实到人。以保证实现安全生产目标。

1. 公司法定代表人的安全生产职责

公司法定代表人是公司安全生产的第一责任人，对本公司的安全生产负全面责任，其主要职责是：

（1）认真贯彻执行党和国家有关安全生产和劳动保护工作的方针、政策、法律、法规，把安全工作列入公司管理的重要议事日程，主持重要的安全生产会议，签发有关安全工作的重大决定，审定安全方面的重要奖惩。

（2）组织编制和实施公司中、长期整体规划及年度、特殊时期安全工作实施计划，负责审定和落实各级安全生产责任制，督促检查公司副职和所属各单位主要负责人，抓好安全生产工作。

（3）健全公司安全管理机构，定期听取安全生产管理部门的工作汇报，及时研究、解决有关安全生产中的重大问题。

（4）组织审定并批准公司安全生产规章制度，按规定审批公司年度安全措施费用，并对其投入的有效实施进行监督。

（5）组织制定并实施本企业的生产安全事故应急救援预案，建立、健全事故应急救援体系。

（6）及时、如实报告生产安全事故，按"四不放过"的原则，组织对事故的调查分析，提出处理意见和改进措施，并监督实施。

2. 公司总经理安全生产职责

公司总经理对本公司的安全生产负全面领导责任，其主要职责是：

（1）认真贯彻执行劳动保护和安全生产政策、法令和规章制度。

（2）定期向企业职工代表会议报告企业安全生产情况和措施。

（3）制定企业各级安全责任制，建立健全安全生产的保证体系。

（4）定期研究解决安全生产的问题。

（5）组织审批安全技术措施计划并贯彻实施。

（6）定期组织安全检查和开展安全竞赛等活动。

（7）对职工进行安全和遵章守纪教育。

（8）督促各级领导干部和各职能单位部门的职工做好本职范围内的安全工作。

（9）总结与推广安全生产先进经验。

（10）主持重大伤亡事故的调查分析，提出处理意见和改进措施，并督促实施。

3. 生产副总经理安全生产职责

公司安全生产分管领导对公司的安全生产工作负直接领导责任，其主要职责是：

（1）认真贯彻执行国家、上级和本企业安全生产方针、政策、法律、法规和规章制度。

(2) 组织制定公司安全生产规章制度、安全技术规程和安全技术措施计划，并组织实施。

(3) 组织实施公司中长期、年度、特殊时期安全工作规划、目标及实施计划，监督检查各职能部门、各单位安全职责履行和各项安全生产规章制度的执行情况，及时纠正安全生产工作中的失职和违章行为。

(4) 组织领导公司级安全生产大检查，落实对重大事故隐患的整改。

(5) 组织开展安全生产竞赛活动，总结推广安全生产工作的先进经验，奖励先进单位和个人。

(6) 领导组织公司安全生产宣传、教育工作，审定各级、各部门安全生产考核指标。

(7) 负责组织对因工伤亡事故的调查、分析、提出处理意见和改进措施，并及时向上级报告。

4. 分管驻外工程副总经理安全生产职责

公司分管驻外领导对公司的驻外分公司、项目部安全生产工作负直接领导责任，其主要职责是：

(1) 认真贯彻执行国家、上级和本企业安全生产方针、政策、法律、法规和规章制度。

(2) 组织制定公司驻外安全生产、文明施工管理制度和规定、并组织实施。

(3) 组织公司中长期、年度、特殊时期安全工作规划、目标及实施计划在驻外项目有效落实，监督检查各职能部门、各单位安全职责履行和各项安全生产规章制度的执行情况，及时纠正安全生产工作中的失职和违章行为。

(4) 组织公司级领导对驻外工程安全生产大检查，落实对重大事故隐患的整改。

(5) 贯彻执行公司对驻外分公司、项目部各项管理制度。

(6) 协助组织公司安全生产宣传、教育工作，审定驻外分公司、项目部安全生产考核指标。

(7) 负责组织对驻外因工伤亡事故的调查、分析、提出处理意见和改进措施，并及时向上级报告。

5. 总工程师安全生产职责

公司总工程师对公司的安全生产工作员技术领导责任，其主要职责是：

(1) 组织开展安全技术研究，推广先进安全技术和安全防护装备，组织落实重大事故隐患整改方案。

(2) 审核、批准公司安全技术操作规程和安全技术措施项目；审批重大或特殊工程安全技术方案，审定季节性安全技术措施。

(3) 负责组织制定生产岗位尘毒、噪声等有害物质的治理方案或规划，使之达到国家标准。

(4) 指导并参与对管理人员及特殊工种作业人员的安全教育、培训和考核。

(5) 参加重大事故的调查，组织技术力量对事故进行技术原因分析、鉴定，提出技术上的改进措施，防止事故重复发生。

6. 总会计师安全生产职责

(1) 执行国家关于企业安全技术措施经费提取使用的有关规定，做到专款专用，并监督执行。

(2) 组织编制并审批公司安全技术措施经费使用计划，对各单位安全生产的资金投入情况实施监督，保证安全技术措施和隐患整改项目费用到位。

(3) 对安全生产保证基金的缴纳和返回基金的使用情况实施管理，并适时组织做好公司安全生产效益分析工作。

(4) 支持各项目部开展安全生产竞赛活动，审核各类事故费用支出。

7. 主管劳动人事教育党委副书记安全生产职责

(1) 对劳动人事和安全教育培训工作负领导责任。

(2) 组织制定、修订劳动人事教育部门安全管理制度和规定，并组织实施。

(3) 负责组织审核公司所需各专业人才的招聘和人才储备计划。

(4) 负责组织对遵章守纪和新入员工的"三级安全教育"及特种作业人员、安全管理人员教育培训工作，并监督检查执行情况。

(5) 负责审批员工安全、卫生教育培训和职业安全健康体检工作计划。

(6) 负责把安全工作作为考核干部政绩的重要依据，对重大责任事故的有关领导分清责任，严肃处理。

8. 公司科技、质量部的安全生产职责

(1) 组织编制技术操作规程，制定安全技术措施，督促落实并检查其执行情况。

(2) 对各项目施工组织设计和施工方案中安全技术措施、施工工艺的实施情况进行监督、检查，对施工中涉及安全方面的技术性问题提出解决方法，及时纠正存在的问题。

(3) 组织并督促各专业公司做好对操作人员的施工工艺培训和安全操作技术培训。

(4) 参与各项目对新技术、新材料、新设备、新工艺使用过程中相应安全技术措施和安全操作规程的制定与编制工作，并监督其执行。

(5) 负责组织对改善劳动条件、减轻笨重体力劳动、消除噪声等方面的综合治理工作进行研究。

(6) 负责并参与重大安全设备、设施的技术鉴定，组织开展安全技术研究，积极采用先进技术和安全装备。

(7) 按规定参加安全事故的调查、处理，从技术上提出防范措施，并监督落实。

9. 公司人力资源部的安全生产职责

(1) 组织监督各项目认真做好对新进场工人（包括实习生、代培生、农民工等）的各类安全教育培训、考核工作。

(2) 把安全工作业绩纳入到对干部晋升、职工晋级和奖励的考核内容中去。

(3) 按规定，从质量和数量上保证各单位专职安全管理人员的配备。

(4) 严格执行国家、地方政府有关特种作业人员上岗作业的有关规定，适时组织对特种作业人员的安全技术培训。

(5) 认真落实国家、地方政府有关劳动保护工作的法律、法规及规定，严格执行有关人员的劳动保护待遇，并对其实施情况进行监督、检查。

(6) 会同有关部门做好对安全生产管理制度落实情况的监督、检查，参与安全事故的调查、处理，依照有关制度落实对责任人员的追究处理。

10. 公司财务部的安全生产职责

(1) 根据公司实际情况及公司安全技术措施经费的需要，按计划及时提取安全技术措施经费、劳动保护经费，保证专款专用。

(2) 按照国家、地方政府及公司对劳动保护用品的有关标准和规定，负责审查购置劳动防护用品的合法性，保证其满足标准要求。

(3) 对各项目承包责任制和项目经理责任制中有关安全生产内容的落实执行情况进行监督、检查。

(4) 协助安全管理部门建立安全生产基金，办理安全奖、罚款手续。

11. 公司工会的安全职责

(1) 监督和保证公司各项安全措施及安全生产体制的健全，以及政府、企业关于劳动保护和安全生产方针、政策和法令、法规的贯彻实施。

(2) 配合公司有关部门组织做好职工安全教育工作，监督检查后勤部门生活及卫生状况，切实搞好劳动保护。

(3) 对职工进行遵章守纪和劳动保护、科学技术知识的教育，协助公司做好安全生产和劳动保护的宣传工作。

(4) 经常检查劳动保护设施状况，发现问题立即提出整改，并督促有关人员及时解决，使其保持完好状态。

(5) 组织公司有关人员经常深入现场开展安全生产和劳动保护以及文明施工检查，并提出建议。

(6) 参加职工伤亡事故和职业病的调查处理，总结经验，协助制定防范措施。

(7) 支持公司严格行使安全生产和文明施工奖罚制度，及时表扬好的项目、班组和个人，对违纪违章行为责令整改，并及时上报。

12. 公司经营部的安全生产职责

(1) 负责公司经营工作，对承揽工程施工任务，对外洽谈合同的相关方提出环保、安全方面的要求。

(2) 负责投标前及合同签订前，对标书、合同或订单组织进行评审。

(3) 负责对工程投（议）标标函的编制；对编制标函中的安全措施费用不可降低，必须严格控制。

(4) 负责公司对外工程合同的审查和签订，协助项目部合同中有关安全生产的争议和纠纷。

(5) 建立工程合同管理台账。收集整理工程投（议）标过程中竞标单位各项经济技术、安全措施费用指标的比较表，为领导决策提供依据。

(6) 负责办理施工许可证。

(7) 及时完成领导临时交办的其他工作。

13. 公司经理办公室的安全生产职责

(1) 认真传达上报和公司党政有关企业安全生产方针、政策、法律、法规、规章制度重要文件决议；及时收集工作信息，反映贯彻执行情况，为领导决策提供依据。

(2) 负责筹办以公司名义召开的大型安全会议；制定党政综合性文件、工作总结、领导讲话、经验材料以及办理审核以公司党政名义上报、下发的文件。

(3) 负责外来和公司文件与资料控制程序的实施与管理，管理公司党政印鉴及往来信函；负责企业安全、文书档案的全过程管理。

(4) 协调公共关系，围绕公司安全生产活动做好宣传工作及对外接待工作。

(5) 负责企业安全生产管理制度、标准的制定、修订，检查监督其实施；管理资质、执照申报审验等相关事宜。

(6) 及时完成领导临时交办的其他工作。

14. 公司工程项目管理部的安全职责（含设备、材料部）

(1) 负责审批项目的施工用电方案、大型机械的安装和拆除方案，参与对项目安全保证计划的审批。

(2) 在编制年、季、月度生产计划时，必须树立"安全第一"的思想，认真贯彻安全规章制度和施工组织设计，合理而均衡地组织生产，加强现场平面管理，创造安全生产、文明施工秩序。

(3) 在检查生产计划实施情况的同时，要检查安全措施的执行情况，对施工中重要安全防护设施的实施工作（如搭拆脚手架、安全网挂设等）要纳入计划，列为正式工序，给予工期保证。

(4) 教育施工生产管理人员，必须要坚持管生产必须管安全的原则，把安全管理纳入施工全过程中，在生产任务与安全保障发生矛盾时，必须优先解决安全问题。

(5) 组织对各项目的临时用电、大型机械投入使用前的验收。

(6) 对机、电、起重设备、锅炉、受压容器及自制机械设备的安全运行负责，按照安全技术规范经常进行检查，并监督各种设备的维修、保养。

(7) 对设备的租赁，要建立安全管理制度，确保租赁设备完好、安全可靠，不符合安全规定的设备不得租赁，使用中发现隐患及时整改，严禁带病作业。

(8) 对新购进的机械、锅炉、受压容器及大修、维修、外租回厂后的设备、各种直接用于安全防护的料具及设备必须严格检查和把关，必须执行国家、地方政府有关规定，必须有产品介绍或说明书，严格审查其产品合格证明材料，必要时做抽样试验。

(9) 新购进的设备要有出厂合格证及完整的技术资料，使用前制定安全操作规程，组织专业技术培训，向有关人员交底，并进行鉴定验收。

(10) 协助有关部门做好机、电、架等特种作业人员定期培训、考核和发证工作，做到不违章指挥、违章作业。

(11) 采购的劳动保护用品，必须符合国家标准及地方政府有关规定，并向主管部门提供情况，接受对劳动保护用品质量的监督检查，特种防护用品如安全网、安全带、安全帽及漏电保护器的采购要经过安全部门审定后方可购买。

(12) 参加因工伤亡事故未遂事故的调查，从设备方面认真分析事故原因，提出处理意见，制定防范措施。

15. 公司主管安全部门的安全生产职责

(1) 认真贯彻执行国家有关安全生产的法律、法规和规范，在公司经理和分管领导的领导下负责公司的安全生产监督管理工作。

(2) 督促并支持公司积极开展各种安全活动，做好对职工安全思想和安全技术知识教育工作的落实。

（3）严格贯彻执行国家相关规范及其他有关安全生产工作的规定，组织制定公司安全生产管理制度和安全技术规程，并对其执行落实情况进行监督检查。

（4）参与重大、重要及特殊工程安全技术措施、安全技术专项方案的审核，对各单位大型机械设备的安全运行实施监督管理。

（5）组织参与安全生产检查，协助和监督有关部门、单位对查出的事故隐患制定防范措施，并监督整改。

（6）深入现场检查，解决有关安全问题，纠正违章行为，遇有危及安全生产的紧急情况，有权令其停止作业，并立即报告有关领导处理。

（7）负责做好公司管理范围内重大危险源和重要环境因素的登记建档工作，定期对公司级重大危险源和重要环境因素进行检测、评估、监控，制定公司事故应急救援预案。

（8）负责各类事故的汇总、统计上报工作，建立健全事故档案，按规定参加事故的调查和处理。

（9）监督公司做好安全考核、评比工作，会同工会组织，认真开展安全生产竞赛活动，总结交流安全生产先进经验，积极推广安全生产科研成果、先进技术及现代安全管理方法。

（10）检查监督有关部门和单位搞好安全装备的维护保养和管理工作，监督劳动防护用品的采购、供应和产品质量、防护性能检查，督促有毒有害场所作业人员及时得到劳动防护。

（11）指导基层安全生产工作，加强安全生产基础建设，定期召开安全专业人员会议，不断提高基层安全专职管理人员的技术素质。

（12）监督检查各项目安全管理体系的运行情况，监督检查各单位对重大危险源、重要环境因素的监控和对重大事故隐患的整改、落实情况。

（13）掌握主要施工过程的火灾特点，深入基层监督检查火源、火险及灭火设施的管理，督促落实对火险隐患的整改，确保消防设施完备和消防道路畅通。

（14）做好各项目对易燃、易爆及剧毒物品采购、管理工作的监督。

（15）做好工伤事故的调查、取证工作，督促落实事故单位复工前的现场整改，并组织验收。

（16）做好有关安全生产举报的受理工作，并做好对举报事项的调查核实，落实整改措施。

16. 安全管理人员职责

（1）加强对安全生产的管理，认真贯彻执行有关安全生产、劳动保护的方针政策、法律、法规和规章制度。

（2）做好安全生产的宣传、教育工作，总结和推广先进经验。

（3）组织安全活动和定期不定期检查，对检查中发现的安全隐患问题严格按照公司安全生产事故隐患排查文件规定进行检查、整改、停工、处罚这四个步骤进行，并将处理情况予以通报。

（4）参加审查施工组设计（施工方案）和编制安全技术措施整改计划，并对贯彻执行情况进行督促检查。

(5) 组织和协助制定、修订安全生产制度和安全技术操作规程。

(6) 配合有关部门共同做好新员工的三级安全教育和特殊工种人员的培训，考核复审和发证工作。

(7) 组织有关部门制定职业中毒和职业病的预防措施。

(8) 进行工伤事故统计、分析和报告，参加工伤事故的调查和处理。

17. 项目部安全生产领导小组的职责

各项目部安全生产领导小组的任务是：监督本项目的安全生产管理工作，组织安全生产检查，协调相关事故的处理，负责劳动防护用品的管理。其主要职责是：

(1) 贯彻落实国家有关安全生产法律法规和标准，依据公司有关安全生产的各项管理制度，结合本项目实际及社会要求，组织制定有针对性的安全生产各项管理规定并监督实施。

(2) 综合管理本项目的安全生产工作，分析和预测本项目安全生产形势，组织编制危险性较大工程安全专项施工方案，对本项目的安全生产管理工作实施领导。及时、如实报告安全生产事故，协调安全事故的调查处理。

(3) 组织制定本项目安全管理目标计划，制定措施，编制项目生产安全事故应急救援预案并组织演练，并监督实施。

(4) 建立项目安全生产管理档案，组织制定本项目各职能部门、各管理岗位的安全生产责任制，并定期组织对其责任制的落实情况进行考核。

(5) 组织本项目安全生产方面的宣传教育，做好对职工的安全技术培训。

(6) 定期不定期地组织安全生产检查。组织制定隐患整改方案，落实对隐患的整改。

(7) 做好对本项目安全管理体系运行情况的监督，落实对重大危险源、重要环境因素的监控和重大事故隐患整改工作。

(8) 做好本项目对安全生产法律、法规及规章制度的贯彻落实，及对相关设备、材料和劳动防护用品的安全管理，保证项目安全生产费用的有效使用。

(9) 协调各方关系，做好对本项目安全、文明达标创建工作的组织和领导。

18. 项目经理的安全生产职责

分公司经理（项目经理）是本单位安全生产工作的第一责任人，对其负责的项目安全生产负全面责任。其主要职责是：

(1) 保证国家安全生产法律、法规和公司规章制度的贯彻落实；及时把对安全防护设备、设施的实施纳入施工计划。

(2) 按照国家和公司有关规定，建立和完善本项目安全生产管理和责任体系，并领导其有效运行。贯彻执行公司安全生产管理目标，确保本项目安全生产管理达标。

(3) 组织做好本项目各类人员的安全思想、安全知识和安全技术教育，特别要针对从业人员的三级安全教育和班组岗前安全教育。

(4) 领导组织安全生产检查，定期（不超过一个月）召开安全专题会议，研究分析承包项目施工中存在的安全生产问题，并加以解决。落实隐患整改，保证生产设备、安全装置、消防设施、防护器材和急救器具等处于完好状态，并教育员工加强维护，正确使用。

(5) 确保本项目安全生产所必需资金的足额投入，对由于安全生产所必需的资金投入不足导致的后果承担责任。

(6) 负责组织制定并实施本项目生产安全事故应急救援预案。

(7) 认真履行承、发包合同，及时做好对分包单位的协调管理工作。

(8) 及时报告本项目所发生的安全事故，认真做好对事故现场的保护，配合做好对事故的调查和处理，并吸取教训。

19. 项目主管安全生产副经理的安全职责

(1) 协助项目经理做好对本项目的安全生产管理，对本项目的安全生产工作负直接领导责任。

(2) 认真贯彻落实有关安全生产的法律、法规、标准、规范及安全生产各项规章制度，及时纠正安全生产中的违章行为。

(3) 组织实施各项安全技术措施，检查指导安全技术交底与安全设施验收工作。

(4) 组织参与每天的现场安全巡视，组织有关人员定期进行安全生产和文明施工检查，督促消除事故隐患整改计划、措施；正确处理安全与生产之间的关系，做到生产服从安全；不违章指挥，并教育员工不违章作业。

(5) 认真做好对职工的安全教育、培训和考核工作，督促有关人员做好对本项目特种作业人员的管理。

(6) 发生工伤事故应及时组织抢救、保护好现场，逐级如实上报，并认真分析事故原因，提出实现改进措施。

9.5 安全生产责任制的发展简况

安全生产责任制的提出由来已久，安全生产责任制是随着安全生产问题的日益突出而引起重视的，也随着安全生产工作的不断强化而逐步健全与完善的，而安全生产责任制的不断健全与完善，对促进我国安全生产形势总体趋于平稳发挥了重要的作用（图 9-6）。

9.5.1 安全生产责任制的内涵

安全生产责任制是各级政府及其有关部门、各生产经营单位及其内部岗位在工作过程中对安全生产层层负责的制度，它是整个安全生产工作的基本制度，也是安全生产工作制度的核心与灵魂。其内涵可从下述三个主要方面理解：

(1) 安全生产责任制是确保安全生产工作真正落实的一项基本制度。

安全生产责任制最重要的作用在于它能以制度的力量来保证安全生产各项工作的落实，这从两个层面可以看出，从制度的层面看，在安全生产工作的制度体系中，安全生产责任制并不是一种具体的工作制度，它所发挥的作用也不是单一和具体的，而是一项基本的制度，处于整个安全生产制度体系中的核心地位，它是其他各种具体制度的"母制度"和"总制度"，决定并影响着具体制度的内容、形式、地位及其效果，各项具体制度都必须围绕安全生产责任制所规定的总体目标与总体要求来设计，并为安全生产责任制的落实创造条件、提供保障；从工作的层面看，安全生产工作内容复杂纷繁，在没有任何压力与责任的情况下，很难保证从事安全生产有关各项具体的工作的部门、单位甚至个人会自动

第9章 工程项目安全生产管理制度与责任制

```
                ┌─ 1954年11月,在劳动部与中华全国总工会联合召开的劳动保护座谈会上就明确提出各级企业
                │  领导人必须贯彻"管生产的管安全"原则,并开始要求企业建立安全生产责任制度
                │
                ├─ 1963年《国务院关于加强企业生产中安全工作的几项规定》对企业安全生产责任制的问题作
                │  出明确规定,要求"企业单位的各级领导人员在管理生产的同时,必须负责管理安全工作,
                │  认真贯彻执行国家有关劳动保护的法规和制度,在计划、布置、检查、总结、评比生产的时
                │  候,同时计划、布置、检查、总结、评比安全工作","企业单位中的生产、技术、设计、供
                │  销、运输、财务等各有关专职机构,都应该在各自业务范围内,对实现安全生产的要求负责"
                │
                ├─ 1970年《中共中央关于加强安全生产工作的通知》要求"各级党组织要把安全生产摆在重要
                │  议事日程上来,……。对工作不负责任以致造成重大事故,分别情况,追究责任,情况严重
                │  的,以党纪国法论处"。1975年4月7日国务院批转《全国安全生产会议纪要》,要求"迅速
                │  改变安全工作无人责任现象,管生产的必须管安全,行之有效的安全制度必须执行"
                │
                ├─ 1978年《中共中央关于认真做好劳动保护工作的通知》要求"迅速把各级安全生产责任制建
                │  立健全起来。要做到职责明确,赏罚分明"
                │
  安             ├─ 1986年《国务院关于加强工业企业管理若干问题的决定》明确"厂长(或经理)对企业的安全
  全             │  生产负有全面责任"
  生             │
  产             ├─ 1988年《国务院关于加强交通运输安全工作的决定》要求"各级领导一定要……认真贯彻安
  责             │  全第一、预防为主的方针,实行领导负责制"、"建立健全安全责任制"
  任             │
  制             ├─ 1997年10月20日《国务院办公厅转发劳动部关于认真落实安全生产责任制意见的通知》首次
  的             │  专门、全面对安全生产责任制的落实问题作出规定,强调"安全生产是关系国家和人民群众
  发             │  生命财产安全、关系经济发展和社会稳定的大事,各地区、各有关部门(行业)和企业务必把
  展             │  这项工作列入重要议事日程,切实抓紧抓好。要按照'企业负责、行业管理、国家监察、群
  简             │  众监督和劳动者遵章守纪'的总要求,以及管生产必须管安全 谁主管谁负责的原则,建立
  况             │  健全安全生产领导责任制并实行严格的目标管理。行政正职和企业法定代表人是安全生产第
                │  一责任人,对安全生产工作应负全面的领导责任;分管安全生产工作的副职应负具体的领导责
                │  任;分管其他工作的副职,在其分管工作中涉及安全生产内容的,也应承担相应的领导责
                │  任"。"各企业要严格按照国家关于安全生产的法律、法规和方针政策,制定详尽周密的安
                │  全生产计划,健全各项规章制度和安全操作规程,落实全员安全生产责任制"
                │
                ├─ 2002年6月29日颁布的《安全生产法》第四条关于"生产经营单位必须……,加强安全生产
                │  管理,建立、健全安全生产责任制,完善安全生产条件,确保安全生产"的规定,首次从法
                │  律上确立了安全生产责任制的地位及作用
                │
                ├─ 2004年《国务院关于进一步加强安全生产工作的决定》明确要求"地方各级人民政府要建立
                │  健全领导干部安全生产责任制,……特别要加强县乡两级领导干部安全生产责任制的落实"
                │
                └─ 2006年3月27日下午中共中央政治局进行第三十次集体学习,胡锦涛总书记在主持学习时强
                   调,安全生产关系人民群众生命财产安全,关系改革发展稳定的大局,并指出"加强安全生
                   产工作,关键是要全面落实安全第一、预防为主、综合治理的方针,做到思想认识上警钟长
                   鸣、制度保证上严密有效、技术支撑上坚强有力、监督检查上严格细致、事故处理上严肃认
                   真。在工作中要重点抓好以下几点:一是要坚持落实安全生产责任制,安全生产责任重于泰
                   山,明确责任、落实责任,是加强安全生产工作的根本途径。要完善安全生产管理的体制机
                   制,强化和落实安全生产责任制,严格执行安全生产的各项规章制度,努力形成安全生产的
                   长效机制……"
```

图 9-6 安全生产责任制的发展简况

将工作做到位,而安全生产责任制则从总体上明确各级各部门各单位甚至个人在安全生产上必须履行的职责与必须承担的责任,从而为安全生产工作的落实提供了最为基本和最为有效的"规矩"。

(2) 安全生产责任制是确保安全生产工作有效到位的一种运行机制。

从安全生产工作运行各环节及相互关联情况看,责任到位,工作才能有效到位,也就是说,安全生产工作的组织实施与落实到位是围绕着责任制这一核心来展开的,并由责任的设定、分解、传导、检查与落实形成了一个有机的整体。第一是责任的设定,就是根据

相关主体在安全生产工作过程中所处的地位、权限，分别确定他们各自必须承担的责任。这是因为，从理论上来说，安全是安全生产工作相关各要素保持和谐匹配的一种状态，而实现和维持这一状态的过程则极为复杂并有大量的参与者、相关者，他们其中一个极为细微的不安全行为都可能破坏这种状态并导致事故的发生。因此，必须对安全生产工作相关参与者所处岗位的安全生产责任进行明确，以约束他们的行为，确保其行为的规范；第二是责任的分解。从一个地区、部门或单位来看，安全生产责任表现为一种整体的责任，即维持安全生产形势的稳定是一个地方、部门或单位主要负责人的法定职责，但主要责任人的职责显然又不仅仅局限于维持安全生产形势的稳定，因此，无论是一级政府或政府的一个部门，还是一个生产经营单位或生产经营单位的一个部门，都必须将自己承担的安全生产整体责任一层一层、一个方面一个方面地进行分解，使安全生产工作的各相关参与主体都承担相应、明确、具体的责任；第三是责任的传导。安全生产的责任传导表现为安全生产的各项部署、决策及措施能在各级及各有关部门得到认同、重视、贯彻、落实，各相关的主体确实将抓好安全生产工作当做关系自己切身利益的工作加以落实，安全生产的各项部署、决策及措施能产生应有的效应；第四是责任的检查。检查是确保责任制落实的一个重要环节和重要手段，没有进行必要检查的责任制是形式主义的责任制，是毫无约束力的责任制，在责任制的落实过程中，通过必要的检查，可以及时发现责任制在落实中存在的问题，并及时采取有力的措施加以解决，督促有关主体依照责任制的内容要求履行自己必须履行的职责，做好自己该做好的工作。

(3) 安全生产责任制是确保安全生产工作正常进行的一个保证体系。

目前，有关方面对于安全生产责任制的认识与理解还停留在一些在简单化、形式化的问题，不少地方、部门和企业将建立安全生产责任制仅仅理解为政府与政府的有关部门、政府与企业、或政府与企业内部上下级之间所签订的安全生产责任书或责任状，以为签订了责任书或责任状就是建立了安全生产责任制，结果是将建立责任制变为签订责任书或下达责任状的一个仪式或一场会议中的一项议程，这种以责任书或责任状代替责任制的做法完全违背或偏离了责任制的基本原则，是导致安全生产责任制难以真正落实到位甚至流于形式的一个深层原因之一。系统论的观点认为，一个完整的系统通常要包括三个特征：一是一个系统通常要包含两个以上的要素（或子系统）；二是要素或子系统之间必须要有一定的相互联系；三是要素或子系统之间的相互联系供求关系产生特定或相应的功能。同样，安全生产责任制也是一个相对完整的系统，从其内部各有关要素及其相互关系看，它应有两个层面：一个是由责任内容、责任目标、责任形式、责任要求、监督检查、保障措施方面所构成的责任运行与责任保障体系；二是由以层层负责为主要内容的责任落实保障体系。即以下一级比上一级更具体、下一级的落实来保证上一级落实、上一级对下一级的责任制落实情况进行监督检查，由此形成一个"横向到边、纵向到底"的责任保证体系。

9.5.2 安全生产责任制的主要特征

1. 主体的明确性

安全生产责任制的主体是明确的，主要包括三个，即政府、政府的监管部门及生产经营单位，而这三个大的主体又包含的若干个相关、具体的主体。具体是：(1) 政府。政府是安全生产工作的领导责任主体，主要是指国务院和地方各级人民政府包括乡镇人民政府

(或相当于各乡镇人民政府一级的街道办事处）在安全生产上的总体责任。所以《安全生产法》第十一条规定，国务院和地方各级人民政府应当加强对安全生产工作的领导，也就是要求各级政府必须依法履行自己在安全生产工作上所应履行的职责，对所辖行政区域的安全生产工作负责。在实际工作中，不少地方也将行政村、居委会等自治组织作为一个领导责任主体，实现了安全生产领导工作及有关职能的向基层的延伸，形成了一个较为健全的安全生产工作网络，这符合安全生产工作规律及特点的要求。（2）部门。是指政府的有关部门或机构，这是安全生产工作的监管责任主体，依照《安全生产法》第九条规定，各级政府各个负有安全生产监管职责的部门或机构在各自的职责范围内对有关的安全生产工作实施监督管理，主要是在自己监管的职责范围内，代表政府对安全生产工作进行研究部署、组织实施、检查督促和抓好落实，履行和落实自己应负的责任。（3）生产经营单位。生产经营单位是安全生产最主要、最直接、最基本的责任主体，而在生产经营单位主要负责人、相关负责人、各部门以及从业人员等实际上又是一个个具体的主体，生产经营单位必须严格依照《安全生产法》等有关法律法规规定，认真落实安全生产保障措施，加强内部管理，改善工作基础，切实搞好安全生产各项工作，并对自身的安全生产工作负有最主要、最直接和最基本的责任。

2. 内容的强制性

内容的强制性就在于将政府、相关部门、生产经营单位等不同层次责任主体在安全生产工作中的责任范围、责任内容、责任要求具体化、明确化，并以一定的形式加以确认，这种责任一旦确认后，对于有关的主体来说具有一定的强制性。通常，安全生产责任制内容的强制性主要来自三个方面：一是法律法规及有关规章对于相关安全生产主体责任的强制性规定，对于有关主体来说，是必须全面加以履行的法定义务，是强制性的，而不是选择性的，不履行法定的义务、不落实法律法规规章所要求的工作必须负相应的责任；二是来源于与安全生产工作有关的相关岗位的限定或规定，也就是工作岗位的权利与责任具有对称性，有权必有责，权责必相称，不管是政府、部门还是企业，也不管是领导或是从业人员，都必须对自己所从事的工作或岗位负相应的安全生产责任。这是因为安全并不是一项可以分离的独立工作，它融合、依存于整个社会、生产经营单位及个人所从事的社会经济、生产经营及个人的具体作业过程之中，只有当所有的主体都严格按照安全生产法律法规规章及规程的要求做好自己该做的，安全才有保证；三是来源于某种工作或某项活动的收益与风险所存在的正相关关系，也就是要获得一定的收益，必须承担相应的风险，承担风险的形式既表现为各种主体必须承担的各种责任，也表现为为控制这种风险所必须采取的措施、所必须开展的工作和所必须支付的代价，这在生产经营单位表现得尤为明显。

3. 运行的规范性

安全生产责任制的运行是一个完整、严谨的过程，这一过程具有较为明显的规范性：一是运行环节的规范性。安全生产责任制运行的环节主要包括责任的设定、分解、传导、检查与落实，也就是说安全生产各种主体通常能依法依规或工作要求，逐项推进、逐项落实；二是责任内容的规范性，即将安全生产责任制的内容具体化，明确目标、工作重点、工作要求及相应的保障措施等，并以一定的形式、格式加以确定；三是责任考评规范性。对于安全生产责任制的贯彻落实情况可以进行规范的考评，就是通过建立责任制落实情况考评制度，研究制定全面、科学、合理的考评指标体系及考评标准，对各级各部门及有关单位落实安全生产责任制的情况进行客观、公正的评价。

4. 结果的约束性

安全生产责任落实结果对于相关主体来说具有约束性、具有较强的压力，在一定的程度上影响他们政绩、业绩的考核与评价。

安全生产责任制的约束性主要通过两个方面来体现：一是通过一定的方式、渠道对各级各有关部门、有关单位落实安全生产责任制的情况、存在问题进行通报或公布，让政府、社会的有关方面对相关主体落实责任的情况进行评议、监督；二是落实安全生产责任制的奖罚，即通过制定安全生产责任制落实情况奖罚规定，明确各层次责任主体可能得到的奖励类型、奖励档次、奖励形式或可能承担的责任类型、责任档次、责任形式，对责任制落实好的政府、部门、单位给予相关的奖励，对责任制不落实或落实不到位，或由此而造成生产安全责任事故有关政府、部门、生产经营单位及有关人员要进行相关的责任追究。

9.6 附录：建设工程安全生产管理条例摘要

建设工程安全生产管理条例摘要如图 9-7 所示。

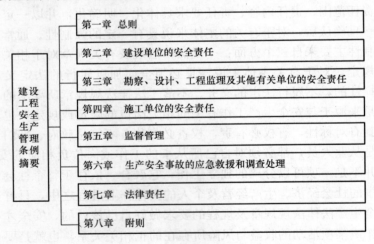

图 9-7 建设工程安全生产管理条例摘要

第一章 总　则

第一条　为了加强建设工程安全生产监督管理，保障人民群众生命和财产安全，根据《中华人民共和国建筑法》、《中华人民共和国安全生产法》，制定本条例。

第二条　在中华人民共和国境内从事建设工程的新建、扩建、改建和拆除等有关活动及实施对建设工程安全生产的监督管理，必须遵守本条例。

本条例所称建设工程，是指土木工程、建筑工程、线路管道和设备安装工程及装修工程。

第三条 建设工程安全生产管理,坚持安全第一、预防为主的方针。

第四条 建设单位、勘察单位、设计单位、施工单位、工程监理单位及其他与建设工程安全生产有关的单位,必须遵守安全生产法律、法规的规定,保证建设工程安全生产,依法承担建设工程安全生产责任。

第五条 国家鼓励建设工程安全生产的科学技术研究和先进技术的推广应用,推进建设工程安全生产的科学管理。

第二章 建设单位的安全责任

第六条 建设单位应当向施工单位提供施工现场及毗邻区域内供水、排水、供电、供气、供热、通信、广播电视等地下管线资料,气象和水文观测资料,相邻建筑物和构筑物、地下工程的有关资料,并保证资料的真实、准确、完整。

建设单位因建设工程需要,向有关部门或者单位查询前款规定的资料时,有关部门或者单位应当及时提供。

第七条 建设单位不得对勘察、设计、施工、工程监理等单位提出不符合建设工程安全生产法律、法规和强制性标准规定的要求,不得压缩合同约定的工期。

第八条 建设单位在编制工程概算时,应当确定建设工程安全作业环境及安全施工措施所需费用。

第九条 建设单位不得明示或者暗示施工单位购买、租赁、使用不符合安全施工要求的安全防护用具、机械设备、施工机具及配件、消防设施和器材。

第十条 建设单位在申请领取施工许可证时,应当提供建设工程有关安全施工措施的资料。

依法批准开工报告的建设工程,建设单位应当自开工报告批准之日起15日内,将保证安全施工的措施报送建设工程所在地的县级以上地方人民政府建设行政主管部门或者其他有关部门备案。

第十一条 建设单位应当将拆除工程发包给具有相应资质等级的施工单位。

建设单位应当在拆除工程施工15日前,将下列资料报送建设工程所在地的县级以上地方人民政府建设行政主管部门或者其他有关部门备案:

(一)施工单位资质等级证明;

(二)拟拆除建筑物、构筑物及可能危及毗邻建筑的说明;

(三)拆除施工组织方案;

(四)堆放、清除废弃物的措施。

实施爆破作业的,应当遵守国家有关民用爆炸物品管理的规定。

第三章 勘察、设计、工程监理及其他有关单位的安全责任

第十二条 勘察单位应当按照法律、法规和工程建设强制性标准进行勘察,提供的勘察文件应当真实、准确,满足建设工程安全生产的需要。

勘察单位在勘察作业时,应当严格执行操作规程,采取措施保证各类管线、设施和周边建筑物、构筑物的安全。

第十三条 设计单位应当按照法律、法规和工程建设强制性标准进行设计,防止因设

计不合理导致生产安全事故的发生。

设计单位应当考虑施工安全操作和防护的需要,对涉及施工安全的重点部位和环节在设计文件中注明,并对防范生产安全事故提出指导意见。

采用新结构、新材料、新工艺的建设工程和特殊结构的建设工程,设计单位应当在设计中提出保障施工作业人员安全和预防生产安全事故的措施建议。

设计单位和注册建筑师等注册执业人员应当对其设计负责。

第十四条　工程监理单位应当审查施工组织设计中的安全技术措施或者专项施工方案是否符合工程建设强制性标准。

工程监理单位在实施监理过程中,发现存在安全事故隐患的,应当要求施工单位整改;情况严重的,应当要求施工单位暂时停止施工,并及时报告建设单位。施工单位拒不整改或者不停止施工的,工程监理单位应当及时向有关主管部门报告。

工程监理单位和监理工程师应当按照法律、法规和工程建设强制性标准实施监理,并对建设工程安全生产承担监理责任。

第十五条　为建设工程提供机械设备和配件的单位,应当按照安全施工的要求配备齐全有效的保险、限位等安全设施和装置。

第十六条　出租的机械设备和施工机具及配件,应当具有生产(制造)许可证、产品合格证。

出租单位应当对出租的机械设备和施工机具及配件的安全性能进行检测,在签订租赁协议时,应当出具检测合格证明。

禁止出租检测不合格的机械设备和施工机具及配件。

第十七条　在施工现场安装、拆卸施工起重机械和整体提升脚手架、模板等自升式架设设施时,必须由具有相应资质的单位承担。

安装、拆卸施工起重机械和整体提升脚手架、模板等自升式架设设施,应当编制拆装方案、制定安全施工措施,并由专业技术人员现场监督。

施工起重机械和整体提升脚手架、模板等自升式架设设施安装完毕后,安装单位应当自检,出具自检合格证明,并向施工单位进行安全使用说明,办理验收手续并签字。

第十八条　施工起重机械和整体提升脚手架、模板等自升式架设设施的使用达到国家规定的检验检测期限的,必须经具有专业资质的检验检测机构检测。经检测不合格的,不得继续使用。

第十九条　检验检测机构对检测合格的施工起重机械和整体提升脚手架、模板等自升式架设设施,应当出具安全合格证明文件,并对检测结果负责。

第四章　施工单位的安全责任

第二十条　施工单位从事建设工程的新建、扩建、改建和拆除等活动,应当具备国家规定的注册资本、专业技术人员、技术装备和安全生产等条件,依法取得相应等级的资质证书,并在其资质等级许可的范围内承揽工程。

第二十一条　施工单位主要负责人依法对本单位的安全生产工作全面负责。施工单位应当建立健全安全生产责任制度和安全生产教育培训制度,制定安全生产规章制度和操作规程,保证本单位安全生产条件所需资金的投入,对所承担的建设工程进行定期和专项安全检查，并做好安全检查记录。

施工单位的项目负责人应当由取得相应执业资格的人员担任，对建设工程项目的安全施工负责，落实安全生产责任制度、安全生产规章制度和操作规程，确保安全生产费用的有效使用，并根据工程的特点组织制定安全施工措施，消除安全事故隐患，及时、如实报告生产安全事故。

第二十二条 施工单位对列入建设工程概算的安全作业环境及安全施工措施所需费用，应当用于施工安全防护用具及设施的采购和更新、安全施工措施的落实、安全生产条件的改善，不得挪作他用。

第二十三条 施工单位应当设立安全生产管理机构，配备专职安全生产管理人员。

专职安全生产管理人员负责对安全生产进行现场监督检查。发现安全事故隐患，应当及时向项目负责人和安全生产管理机构报告；对违章指挥、违章操作的，应当立即制止。

专职安全生产管理人员的配备办法由国务院建设行政主管部门会同国务院其他有关部门制定。

第二十四条 建设工程实行施工总承包的，由总承包单位对施工现场的安全生产负总责。

总承包单位应当自行完成建设工程主体结构的施工。

总承包单位依法将建设工程分包给其他单位的，分包合同中应当明确各自的安全生产方面的权利、义务。总承包单位和分包单位对分包工程的安全生产承担连带责任。

分包单位应当服从总承包单位的安全生产管理，分包单位不服从管理导致生产安全事故的，由分包单位承担主要责任。

第二十五条 垂直运输机械作业人员、安装拆卸工、爆破作业人员、起重信号工、登高架设作业人员等特种作业人员，必须按照国家有关规定经过专门的安全作业培训，并取得特种作业操作资格证书后，方可上岗作业。

第二十六条 施工单位应当在施工组织设计中编制安全技术措施和施工现场临时用电方案，对下列达到一定规模的危险性较大的分部分项工程编制专项施工方案，并附具安全验算结果，经施工单位技术负责人、总监理工程师签字后实施，由专职安全生产管理人员进行现场监督：

（一）基坑支护与降水工程；

（二）土方开挖工程；

（三）模板工程；

（四）起重吊装工程；

（五）脚手架工程；

（六）拆除、爆破工程；

（七）国务院建设行政主管部门或者其他有关部门规定的其他危险性较大的工程。

对前款所列工程中涉及深基坑、地下暗挖工程、高大模板工程的专项施工方案，施工单位还应当组织专家进行论证、审查。

本条第一款规定的达到一定规模的危险性较大工程的标准，由国务院建设行政主管部门会同国务院其他有关部门制定。

第二十七条 建设工程施工前，施工单位负责项目管理的技术人员应当对有关安全施工的技术要求向施工作业班组、作业人员作出详细说明，并由双方签字确认。

第二十八条 施工单位应当在施工现场入口处、施工起重机械、临时用电设施、脚手架、出入通道口、楼梯口、电梯井口、孔洞口、桥梁口、隧道口、基坑边沿、爆破物及有害危险气体和液体存放处等危险部位，设置明显的安全警示标志。安全警示标志必须符合国家标准。

施工单位应当根据不同施工阶段和周围环境及季节、气候的变化，在施工现场采取相应的安全施工措施。施工现场暂时停止施工的，施工单位应当做好现场防护，所需费用由责任方承担，或者按照合同约定执行。

第二十九条 施工单位应当将施工现场的办公、生活区与作业区分开设置，并保持安全距离；办公、生活区的选址应当符合安全性要求。职工的膳食、饮水、休息场所等应当符合卫生标准。施工单位不得在尚未竣工的建筑物内设置员工集体宿舍。

施工现场临时搭建的建筑物应当符合安全使用要求。施工现场使用的装配式活动房屋应当具有产品合格证。

第三十条 施工单位对因建设工程施工可能造成损害的毗邻建筑物、构筑物和地下管线等，应当采取专项防护措施。

施工单位应当遵守有关环境保护法律、法规的规定，在施工现场采取措施，防止或者减少粉尘、废气、废水、固体废物、噪声、振动和施工照明对人和环境的危害和污染。

在城市市区内的建设工程，施工单位应当对施工现场实行封闭围挡。

第三十一条 施工单位应当在施工现场建立消防安全责任制度，确定消防安全责任人，制定用火、用电、使用易燃易爆材料等各项消防安全管理制度和操作规程，设置消防通道、消防水源，配备消防设施和灭火器材，并在施工现场入口处设置明显标志。

第三十二条 施工单位应当向作业人员提供安全防护用具和安全防护服装，并书面告知危险岗位的操作规程和违章操作的危害。

作业人员有权对施工现场的作业条件、作业程序和作业方式中存在的安全问题提出批评、检举和控告，有权拒绝违章指挥和强令冒险作业。

在施工中发生危及人身安全的紧急情况时，作业人员有权立即停止作业或者在采取必要的应急措施后撤离危险区域。

第三十三条 作业人员应当遵守安全施工的强制性标准、规章制度和操作规程，正确使用安全防护用具、机械设备等。

第三十四条 施工单位采购、租赁的安全防护用具、机械设备、施工机具及配件，应当具有生产（制造）许可证、产品合格证，并在进入施工现场前进行查验。

施工现场的安全防护用具、机械设备、施工机具及配件必须由专人管理，定期进行检查、维修和保养，建立相应的资料档案，并按照国家有关规定及时报废。

第三十五条 施工单位在使用施工起重机械和整体提升脚手架、模板等自升式架设设施前，应当组织有关单位进行验收，也可以委托具有相应资质的检验检测机构进行验收；使用承租的机械设备和施工机具及配件的，由施工总承包单位、分包单位、出租单位和安装单位共同进行验收。验收合格的方可使用。

《特种设备安全监察条例》规定的施工起重机械,在验收前应当经有相应资质的检验检测机构监督检验合格。

施工单位应当自施工起重机械和整体提升脚手架、模板等自升式架设设施验收合格之日起30日内,向建设行政主管部门或者其他有关部门登记。登记标志应当置于或者附着于该设备的显著位置。

第三十六条 施工单位的主要负责人、项目负责人、专职安全生产管理人员应当经建设行政主管部门或者其他有关部门考核合格后方可任职。

施工单位应当对管理人员和作业人员每年至少进行一次安全生产教育培训,其教育培训情况记入个人工作档案。安全生产教育培训考核不合格的人员,不得上岗。

第三十七条 作业人员进入新的岗位或者新的施工现场前,应当接受安全生产教育培训。未经教育培训或者教育培训考核不合格的人员,不得上岗作业。

施工单位在采用新技术、新工艺、新设备、新材料时,应当对作业人员进行相应的安全生产教育培训。

第三十八条 施工单位应当为施工现场从事危险作业的人员办理意外伤害保险。

意外伤害保险费由施工单位支付。实行施工总承包的,由总承包单位支付意外伤害保险费。意外伤害保险期限自建设工程开工之日起至竣工验收合格止。

第五章 监 督 管 理

第三十九条 国务院负责安全生产监督管理的部门依照《中华人民共和国安全生产法》的规定,对全国建设工程安全生产工作实施综合监督管理。

县级以上地方人民政府负责安全生产监督管理的部门依照《中华人民共和国安全生产法》的规定,对本行政区域内建设工程安全生产工作实施综合监督管理。

第四十条 国务院建设行政主管部门对全国的建设工程安全生产实施监督管理。国务院铁路、交通、水利等有关部门按照国务院规定的职责分工,负责有关专业建设工程安全生产的监督管理。

县级以上地方人民政府建设行政主管部门对本行政区域内的建设工程安全生产实施监督管理。县级以上地方人民政府交通、水利等有关部门在各自的职责范围内,负责本行政区域内的专业建设工程安全生产的监督管理。

第四十一条 建设行政主管部门和其他有关部门应当将本条例第十条、第十一条规定的有关资料的主要内容抄送同级负责安全生产监督管理的部门。

第四十二条 建设行政主管部门在审核发放施工许可证时,应当对建设工程是否有安全施工措施进行审查,对没有安全施工措施的,不得颁发施工许可证。

建设行政主管部门或者其他有关部门对建设工程是否有安全施工措施进行审查时,不得收取费用。

第四十三条 县级以上人民政府负有建设工程安全生产监督管理职责的部门在各自的职责范围内履行安全监督检查职责时,有权采取下列措施:

(一)要求被检查单位提供有关建设工程安全生产的文件和资料;

(二)进入被检查单位施工现场进行检查;

（三）纠正施工中违反安全生产要求的行为；

（四）对检查中发现的安全事故隐患，责令立即排除；重大安全事故隐患排除前或者排除过程中无法保证安全的，责令从危险区域内撤出作业人员或者暂时停止施工。

第四十四条 建设行政主管部门或者其他有关部门可以将施工现场的监督检查委托给建设工程安全监督机构具体实施。

第四十五条 国家对严重危及施工安全的工艺、设备、材料实行淘汰制度。具体目录由国务院建设行政主管部门会同国务院其他有关部门制定并公布。

第四十六条 县级以上人民政府建设行政主管部门和其他有关部门应当及时受理对建设工程生产安全事故及安全事故隐患的检举、控告和投诉。

第六章 生产安全事故的应急救援和调查处理

第四十七条 县级以上地方人民政府建设行政主管部门应当根据本级人民政府的要求，制定本行政区域内建设工程特大生产安全事故应急救援预案。

第四十八条 施工单位应当制定本单位生产安全事故应急救援预案，建立应急救援组织或者配备应急救援人员，配备必要的应急救援器材、设备，并定期组织演练。

第四十九条 施工单位应当根据建设工程施工的特点、范围，对施工现场易发生重大事故的部位、环节进行监控，制定施工现场生产安全事故应急救援预案。实行施工总承包的，由总承包单位统一组织编制建设工程生产安全事故应急救援预案，工程总承包单位和分包单位按照应急救援预案，各自建立应急救援组织或者配备应急救援人员，配备救援器材、设备，并定期组织演练。

第五十条 施工单位发生生产安全事故，应当按照国家有关伤亡事故报告和调查处理的规定，及时、如实地向负责安全生产监督管理的部门、建设行政主管部门或者其他有关部门报告；特种设备发生事故的，还应当同时向特种设备安全监督管理部门报告。接到报告的部门应当按照国家有关规定，如实上报。

实行施工总承包的建设工程，由总承包单位负责上报事故。

第五十一条 发生生产安全事故后，施工单位应当采取措施防止事故扩大，保护事故现场。需要移动现场物品时，应当作出标记和书面记录，妥善保管有关证物。

第五十二条 建设工程生产安全事故的调查、对事故责任单位和责任人的处罚与处理，按照有关法律、法规的规定执行。

第七章 法 律 责 任

第五十三条 违反本条例的规定，县级以上人民政府建设行政主管部门或者其他有关行政管理部门的工作人员，有下列行为之一的，给予降级或者撤职的行政处分；构成犯罪的，依照刑法有关规定追究刑事责任：

（一）对不具备安全生产条件的施工单位颁发资质证书的；

（二）对没有安全施工措施的建设工程颁发施工许可证的；

（三）发现违法行为不予查处的；

（四）不依法履行监督管理职责的其他行为。

第五十四条 违反本条例的规定，建设单位未提供建设工程安全生产作业环境及安全施工措施所需费用的，责令限期改正；逾期未改正的，责令该建设工程停止施工。

建设单位未将保证安全施工的措施或者拆除工程的有关资料报送有关部门备案的，责令限期改正，给予警告。

第五十五条　违反本条例的规定，建设单位有下列行为之一的，责令限期改正，处 20 万元以上 50 万元以下的罚款；造成重大安全事故，构成犯罪的，对直接责任人员，依照刑法有关规定追究刑事责任；造成损失的，依法承担赔偿责任：

（一）对勘察、设计、施工、工程监理等单位提出不符合安全生产法律、法规和强制性标准规定的要求的；

（二）要求施工单位压缩合同约定的工期的；

（三）将拆除工程发包给不具有相应资质等级的施工单位的。

第五十六条　违反本条例的规定，勘察单位、设计单位有下列行为之一的，责令限期改正，处 10 万元以上 30 万元以下的罚款；情节严重的，责令停业整顿，降低资质等级，直至吊销资质证书；造成重大安全事故，构成犯罪的，对直接责任人员，依照刑法有关规定追究刑事责任；造成损失的，依法承担赔偿责任：

（一）未按照法律、法规和工程建设强制性标准进行勘察、设计的；

（二）采用新结构、新材料、新工艺的建设工程和特殊结构的建设工程，设计单位未在设计中提出保障施工作业人员安全和预防生产安全事故的措施建议的。

第五十七条　违反本条例的规定，工程监理单位有下列行为之一的，责令限期改正；逾期未改正的，责令停业整顿，并处 10 万元以上 30 万元以下的罚款；情节严重的，降低资质等级，直至吊销资质证书；造成重大安全事故，构成犯罪的，对直接责任人员，依照刑法有关规定追究刑事责任；造成损失的，依法承担赔偿责任：

（一）未对施工组织设计中的安全技术措施或者专项施工方案进行审查的；

（二）发现安全事故隐患未及时要求施工单位整改或者暂时停止施工的；

（三）施工单位拒不整改或者不停止施工，未及时向有关主管部门报告的；

（四）未依照法律、法规和工程建设强制性标准实施监理的。

第五十八条　注册执业人员未执行法律、法规和工程建设强制性标准的，责令停止执业 3 个月以上 1 年以下；情节严重的，吊销执业资格证书，5 年内不予注册；造成重大安全事故的，终身不予注册；构成犯罪的，依照刑法有关规定追究刑事责任。

第五十九条　违反本条例的规定，为建设工程提供机械设备和配件的单位，未按照安全施工的要求配备齐全有效的保险、限位等安全设施和装置的，责令限期改正，处合同价款 1 倍以上 3 倍以下的罚款；造成损失的，依法承担赔偿责任。

第六十条　违反本条例的规定，出租单位出租未经安全性能检测或者经检测不合格的机械设备和施工机具及配件的，责令停业整顿，并处 5 万元以上 10 万元以下的罚款；造成损失的，依法承担赔偿责任。

第六十一条　违反本条例的规定，施工起重机械和整体提升脚手架、模板等自升式架设设施安装、拆卸单位有下列行为之一的，责令限期改正，处 5 万元以上 10 万元以下的罚款；情节严重的，责令停业整顿，降低资质等级，直至吊销资质证书；造成损失的，依法承担赔偿责任：

（一）未编制拆装方案、制定安全施工措施的；
（二）未由专业技术人员现场监督的；
（三）未出具自检合格证明或者出具虚假证明的；
（四）未向施工单位进行安全使用说明，办理移交手续的。

施工起重机械和整体提升脚手架、模板等自升式架设设施安装、拆卸单位有前款规定的第（一）项、第（三）项行为，经有关部门或者单位职工提出后，对事故隐患仍不采取措施，因而发生重大伤亡事故或者造成其他严重后果，构成犯罪的，对直接责任人员，依照刑法有关规定追究刑事责任。

第六十二条 违反本条例的规定，施工单位有下列行为之一的，责令限期改正；逾期未改正的，责令停业整顿，依照《中华人民共和国安全生产法》的有关规定处以罚款；造成重大安全事故，构成犯罪的，对直接责任人员，依照刑法有关规定追究刑事责任：

（一）未设立安全生产管理机构、配备专职安全生产管理人员或者分部分项工程施工时无专职安全生产管理人员现场监督的；
（二）施工单位的主要负责人、项目负责人、专职安全生产管理人员、作业人员或者特种作业人员，未经安全教育培训或者经考核不合格即从事相关工作的；
（三）未在施工现场的危险部位设置明显的安全警示标志，或者未按照国家有关规定在施工现场设置消防通道、消防水源、配备消防设施和灭火器材的；
（四）未向作业人员提供安全防护用具和安全防护服装的；
（五）未按照规定在施工起重机械和整体提升脚手架、模板等自升式架设设施验收合格后登记的；
（六）使用国家明令淘汰、禁止使用的危及施工安全的工艺、设备、材料的。

第六十三条 违反本条例的规定，施工单位挪用列入建设工程概算的安全生产作业环境及安全施工措施所需费用的，责令限期改正，处挪用费用20%以上50%以下的罚款；造成损失的，依法承担赔偿责任。

第六十四条 违反本条例的规定，施工单位有下列行为之一的，责令限期改正；逾期未改正的，责令停业整顿，并处5万元以上10万元以下的罚款；造成重大安全事故，构成犯罪的，对直接责任人员，依照刑法有关规定追究刑事责任：

（一）施工前未对有关安全施工的技术要求作出详细说明的；
（二）未根据不同施工阶段和周围环境及季节、气候的变化，在施工现场采取相应的安全施工措施，或者在城市市区内的建设工程的施工现场未实行封闭围挡的；
（三）在尚未竣工的建筑物内设置员工集体宿舍的；
（四）施工现场临时搭建的建筑物不符合安全使用要求的；
（五）未对因建设工程施工可能造成损害的毗邻建筑物、构筑物和地下管线等采取专项防护措施的。

施工单位有前款规定第（四）项、第（五）项行为，造成损失的，依法承担赔偿责任。

第六十五条 违反本条例的规定，施工单位有下列行为之一的，责令限期改正；逾期未改正的，责令停业整顿，并处10万元以上30万元以下的罚款；情节严重的，降低资质等级，直至吊销资质证书；造成重大安全事故，构成犯罪的，对直接责任人员，依照刑法有关规定追究刑事责任；造成损失的，依法承担赔偿责任：

（一）安全防护用具、机械设备、施工机具及配件在进入施工现场前未经查验或者查验不合格即投入使用的；

（二）使用未经验收或者验收不合格的施工起重机械和整体提升脚手架、模板等自升式架设设施的；

（三）委托不具有相应资质的单位承担施工现场安装、拆卸施工起重机械和整体提升脚手架、模板等自升式架设设施的；

（四）在施工组织设计中未编制安全技术措施、施工现场临时用电方案或者专项施工方案的。

第六十六条　违反本条例的规定，施工单位的主要负责人、项目负责人未履行安全生产管理职责的，责令限期改正；逾期未改正的，责令施工单位停业整顿；造成重大安全事故、重大伤亡事故或者其他严重后果，构成犯罪的，依照刑法有关规定追究刑事责任。

作业人员不服管理、违反规章制度和操作规程冒险作业造成重大伤亡事故或者其他严重后果，构成犯罪的，依照刑法有关规定追究刑事责任。

施工单位的主要负责人、项目负责人有前款违法行为，尚不够刑事处罚的，处 2 万元以上 20 万元以下的罚款或者按照管理权限给予撤职处分；自刑罚执行完毕或者受处分之日起，5 年内不得担任任何施工单位的主要负责人、项目负责人。

第六十七条　施工单位取得资质证书后，降低安全生产条件的，责令限期改正；经整改仍未达到与其资质等级相适应的安全生产条件的，责令停业整顿，降低其资质等级直至吊销资质证书。

第六十八条　本条例规定的行政处罚，由建设行政主管部门或者其他有关部门依照法定职权决定。

违反消防安全管理规定的行为，由公安消防机构依法处罚。

有关法律、行政法规对建设工程安全生产违法行为的行政处罚决定机关另有规定的，从其规定。

第八章　附　　则

第六十九条　抢险救灾和农民自建低层住宅的安全生产管理，不适用本条例。

第七十条　军事建设工程的安全生产管理，按照中央军事委员会的有关规定执行。

第七十一条　本条例自 2004 年 2 月 1 日起施行。

9.7　某公路工程安全生产各方责任示例

某公路工程安全生产各方责任如图 9-8 所示。

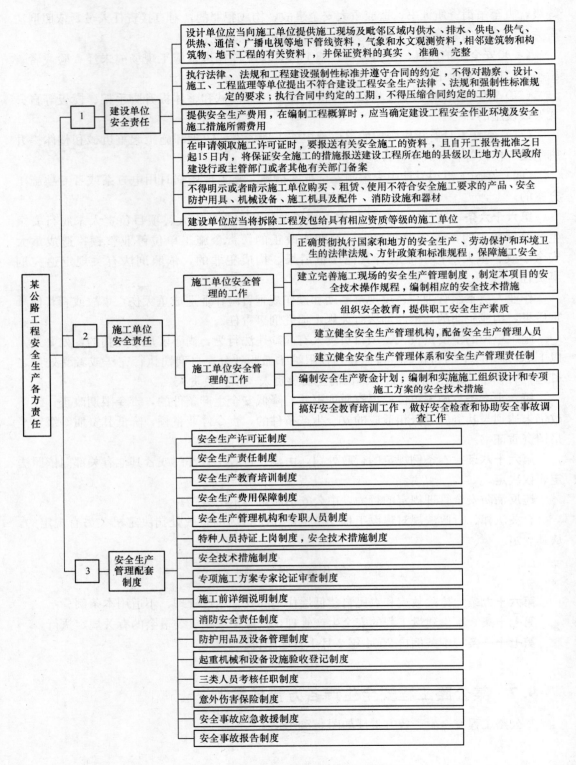

图 9-8 某公路工程安全生产各方责任

1. 企业建立安全资金保障制度的必要性

按照《中华人民共和国安全生产法》规定，生产经营单位应当具备安全生产条件所必需的资金投入，生产经营单位应当安排用于配备劳动保护用品、进行安全生产培训的经费，并对由于安全生产所必需的资金投入不足导致的后果承担责任。

《建设工程安全生产管理条例》中更明确地规定：建设单位在编制工程概算时，应当确定建设工程安全作业环境及安全施工措施所需费用；施工单位主要负责人依法对本单位的安全生产工作全面负责，保证本单位安全生产条件所需资金的投入，施工单位对列入建设工程概算的安全作业环境及安全施工措施所需费用，应当用于施工安全防护用具及设施的采购和更新、安全施工措施的落实、安全生产条件的改善，不得挪作他用。

因此，企业应该建立安全资金保障制度，用以落实国家的法律、法规所规定的责任，保障安全资金有计划、有步骤、有监控地投入到位。从而，不仅在资金上保障安全生产，而且还会使安全资金得到优化、合理使用，最大程度地提高安全资金的收益性。

2. 企业安全资金保障制度的主要内容

（1）企业安全资金投入或者安全费用的来源保障，应按照国家和行业的有关要求明确提取比例。

（2）企业安全资金投入或者安全费用，应当专项用于下列安全生产事项，不得挪作他用：

1）安全技术措施工程建设；
2）安全设备、设施的更新和维护；
3）安全生产宣传、教育和培训；
4）劳动防护用品配备；
5）其他保障安全生产的事项。

（3）企业安全资金投入或者安全费用的计划、支取、使用、效果验证以及投入资金数量的统计等的审批或操作流程。

（4）企业的主要负责人必须保证本单位安全生产条件所需资金的投入。同时要根据企业安全资金投入或者安全费用的计划、支取、使用、效果验证以及投入资金数量的统计等的审批或操作流程规定一系列相关人员在安全资金保障、落实等各环节上的权利和责任。

（5）建立企业安全资金保障不落实的责任追究程序和处罚规定。

9.8 安全生产奖罚管理办法示例

第一章 总 则

第一条 为全面加强安全生产管理，充分体现以人为本、遵章守纪、和谐安全发展宗旨，规范和保障各级履行安全生产管理职责，有效促进施工现场安全管理水平，实现安全生产，制定本办法。

第二条 本办法适用于公司各职能部门，对生产过程中各级生产管理主体及现场工作人员的安全生产行为活动进行奖罚。

第三条 公司生产管理部门接受公司监督管理，代表公司行使对各现场安全生产的管理。

第四条 安全生产奖罚必须以事实为依据，应当公开、公正，坚持教育与处罚相结合的原则，起到鼓励先进、鞭策后进的作用。

第五条 本办法以公司内部经济奖罚为主，达到国家行业奖励标准，由部门推荐上报奖励，触犯有关安全生产国家法律、法规的依法追究法律责任。

第二章 奖 励

第六条 凡在年度安全生产中成绩突出，具备下列条件的部门和个人，公司将给予精神或物质奖励。

（一）认真贯彻执行企业安全生产各项管理制度，在安全生产、能源节约等方面取得显著成绩的；

（二）在劳动保护、安全技术方面，有创新发明、技术改进或提出合理化建议被采纳，效果显著的；

（三）安全生产设施齐全，安全生产技术措施合理、有效，无重大安全隐患，问题整改及时，全年未发生任何大小事故的。

以上对部门或责任人给予通告表扬并奖励现金 500~2000 元。

第三章 处 罚

第七条 现场生产部门和个人在安全生产方面有下列行为之一的，视情节轻重给予 500~2000 元处罚。

（一）未落实安全生产责任制，未明确制定本部门的安全生产管理目标和措施；

（二）深入现场不到位，对现场出现的重大安全隐患不及时消除，未按规定组织进行部门内部的专项检查；

（三）在履行检查职责过程中，未发现、未提出存在的问题，导致不良后果的；

（四）在日常工作中，由于本部门或本人作业不到位导致发生事故的。

第八条 安全生产管理人员在管理方面有下列行为之一的，视情节轻重给予 500~2000 元的处罚。

（一）未落实安全生产责任制，未明确制定本部门的安全生产目标和措施，对本部门安全生产管理不力的；

（二）不经常现场巡查，对本部门出现的重大安全隐患不及时发现消除，未按规定组织进行本部门内部的专项检查的；

（三）对部门的安全生产管理不力，对安全生产必要的安全防护设施、资金、物资不予支持的；

（四）部门管理职能配备不全，采购不合格的安全防护用品，导致安全生产管理不力的；

（五）未按照要求为部门配备专（兼）职安全员的；

（六）发生事故后隐瞒不报，或阻挠调查、掩盖事实、不参与调查、处理、善后工作的；

（七）对上级部门的专项检查、安全生产活动不积极创造条件配合、对提出的问题不

及时督促项目部整改,造成恶劣影响的;

（八）未按照规定为本单位项目部编制有效、合理的专项方案和安全生产应急预案的。

第九条 生产管理部门在安全生产方面有下列行为之一的,视情节轻重给予200～1000元的处罚。

（一）未对部门安全生产责任制进行分解,部门安全生产目标不明确,各项安全生产技术方案与安全生产应急预案未制定或制定后落实不到位的;

（二）未按规定组织进行项目部定期安全专项检查的;

（三）对安全员的工作不支持,对安全员提出的隐患和建议不采纳整改的;

（四）违反安全生产规定违章指挥的;

（五）未执行上级和安全部门限期解决的安全隐患要求,一旦发生事故,危害较大的;

（六）发生事故后隐瞒不报或阻挠调查、掩盖事实,不参与调查、处理、善后工作的;

（七）对上级部门的专项检查、安全生产活动不积极创造条件配合,对提出的问题不及时整改,造成恶劣影响的;

（八）未按照规定组织施工班组进行二级安全教育的,不组织班组进行三级安全教育的;

（九）未编制安全生产技术方案或方案不全,没有针对性,不能指导安全文明施工的或安全管理资料严重短缺的;

（十）现场管理存在安全隐患、施工现场环境恶劣,由上级部门提出整改意见而不及时整改的;

（十一）由于设备超过检修期限运行或设备有缺陷或没有防护装置造成事故的;

（十二）特殊工种未持证上岗或证件过期的;

（十三）现场未设置必要的安全标志的;

（十四）现场生产机械设施未经过验收就投入使用和投入使用后未按照规定例行维护保养造成安全隐患的;

（十五）安全技术档案未及时记录,专项施工方案抄袭没有针对性,不能指导实际施工,施工记录不能及时、真实、有效地反映施工情况的;

（十六）发现可能带来严重后果的行为、设施等方面的缺陷和隐患,既不采取防范措施又不及时报告,问题得不到及时整改的。

第十条 生产作业人员在安全生产方面有下列行为之一的,视情节轻重给予50～200元的处罚。

（一）不服从管理人员的管理,违章作业的;

（二）未按照规定正确佩戴安全防护用品,不使用和损坏安全防护用具和安全设施的;

（三）发生事故后破坏现场,隐瞒不报、虚报、故意拖延或者嫁祸他人的;

（四）对批评违章作业的人员进行打击报复的;

（五）进入施工现场穿拖鞋、高跟鞋、硬底鞋和带钉易滑的鞋,酒后作业的;

（六）车间现场的防护设施、安全标志和警告牌,未经项目负责人同意擅自拆动的;

（七）违反规定擅自改动现场临时用电线路的,宿舍内电线私搭乱接的;

（八）在堆放易燃易爆物品的仓库吸烟、明火作业的;

（九）在无防护措施情况下,向下抛扔任何物品的;

第四章 奖 罚 程 序

第十一条 奖励根据实际工作情况公司生产部门或管理部门建议,经行政部审核,主管领导审批后,由行政部进行通报奖励;处罚由生产部门监督员或管理部门提出,经行政部审核,主管领导审批后奖罚金额直接从当事人薪资中体现(或以现金的形式);综合检查中对下发的不符合规范、标准整改通知书及隐患通知书不及时整改甚至屡教不改的,由行政部提出处罚,主管领导审核后,由行政部进行通报处罚。

第五章 附 则

第十二条 本办法未尽事宜按有关法律、法规、规程、规范执行。
第十三条 本办法由公司环境安全监督处解释。
第十四条 本办法自颁布之日起施行。

9.9 安全生产奖惩办法实例

中铁十九局集团北京地铁十号线十五标段项目经理部
北京地铁十号线呼家楼站

安全生产奖惩办法(二〇〇四年五月二十四日)

1. 总 则

1.0.1 为强化项目工程安全生产管理,全面贯彻国务院《建设工程安全生产管理条例》,搞好劳动保护,调动全员做好安全工作的积极性,健全完善安全生产激励约束机制,加大安全奖惩力度,以促进安全生产工作的落实制定本规定。

2. 奖 励

2.0.1 领导干部包保责任状达标奖。每年初项目经理与分部经理、书记、总工签订领导干部安全包保责任状,年终按责任状规定考核,达标的单位,奖励签状领导每人5000元。
2.0.2 单位年度安全生产奖。每年终单位领导签订的安全包保责任状内容指标,经考核达标的单位,按单位在编职工总人数人均50元发给单位年度安全生产奖。
2.0.3 单位带劳务人员施工的,单位年度安全生产奖按劳务工工资花名册人均5元发给单位生产奖。

3. 处 罚

3.1 领导干部签订的安全包保责任状,年终考核未实现责任状指标的单位,对签状领导每人罚款3000元。
3.2 发生职工因工,非因工和发生企业外责任伤亡事故及劳务工因工伤亡事故按以下办法对单位处罚。
3.2.1 发生职工因工轻伤事故,处罚见表。

3.2.2 发生职工因工重伤事故，处罚见表。
3.2.3 发生职工因工死亡事故，处罚见表。
3.2.4 发生职工非因工死亡事故，处罚见表。
3.2.5 发生劳务工因工死亡事故，处罚见表。
3.2.6 发生企业外因我方责任亡人事故，处罚见表。
3.3 发生领导干部和职工责任经济损失事故对责任人有限赔偿处罚。
3.3.1 发生违章指挥、违章作业、违反劳动纪律酿成的事故，处罚见表。
3.3.2 发生因工作管理失职造成的经济损失责任事故，对管理责任人和签责任状领导者处罚见表。
3.3.3 发生因工作管理失职造成的经济损失责任事故，对分部领导包保责任状签状者处罚见附表。

4. 附 则

4.0.1 本规定自下发之日起实施。
4.0.2 罚款实施由项目部安全质量环保部与安全委员会研究决定。
4.0.3 奖励与重大事故罚款由项目部安全委员会研究决定，安全质量环保部与财务部承办。

9.10 安全生产综合管理控制体系要素职责分配示意表

安全生产综合管理控制体系要素职责分配见表9-1所列。

安全生产综合管理控制体系要素职责分配 表9-1

要素序号	要素	总经理	主管副总经理	公司安委会	公司安监部	公司生产技术部	公司办公室	调度管理中心	输配电管理所	变电管理所	郊区供电管理所	信息通信管理所	规划建设部	工程部	监察审计部	人力资源部	财务部	政工办	工会	物流中心	市场及客户服务部
1	安全管理	☉	☉	☉	★	★	★	★	★	★	★	★	★	★	★	★	★	★	★	★	★
1.1	安全生产方针	☉	☉	☉	★	★	★	★	★	★	★	★	★	★	★	★	★	★	★	★	★
1.1.1	安全生产方针的制定	☉	☉	☉	★	★	★	★	★	★	★	★	★	★	★	★	★	★	★	★	★
1.1.2	安全生产方针的传达与沟通			☉	★	★	★	★	★	★	★	★	★	★	★	★	★	★	★	★	★
1.1.3	安全生产方针的回顾与修订			☉	☉	☉	☉	★	☉	☉	☉	☉	☉	☉	☉	☉	☉	☉	☉	★	★
1.2	安全生产责任制	☉	☉	★	☉	☉	☉	☉	☉	☉	☉	☉	☉	☉	☉	☉	☉	☉	☉	☉	☉
1.2.1	安全生产职责与权限	☉	☉	★																	
1.2.2	安全生产责任沟通	☉	☉	★	☉	☉	☉	☉	☉	☉	☉	☉	☉	☉	☉	☉	☉	☉	☉	☉	☉

上篇　安全篇

续表

要素序号	要　素	总经理	主管副总经理	公司安委会	公司安监部	公司生产技术部	公司办公室	调度管理中心	输配电管理所	变电管理所	郊区供电管理所	信息通信管理所	规划建设部	工程部	监察审计部	人力资源部	财务部	政工办	工会	物流中心	市场及客户服务部
1.2.3	安全生产责任到位评估与责任回顾			◎	★	★	★	★	★	★	★	★	★	★	★	★	★	★	★	★	★
1.3	安全生产法律法规与标准			◎	◎	◎	★	★	★	★	★	★	★	★	★	★	★	★	★	★	◎
1.3.1	法律法规与标准需求识别			◎	◎	◎	◎	◎	◎	◎	◎	◎	◎	◎	◎	◎	◎	◎	◎	◎	◎
1.3.2	法律法规与标准的融入			◎	◎	◎	★	★	★	★	★	★	★	★	★	★	★	★	★	★	◎
1.3.3	法律法规与标准依从			◎	◎	◎	◎	◎	◎	◎	◎	◎	◎	◎	◎	◎	◎	◎	◎	◎	◎
1.3.4	法律法规与标准回顾			◎	◎	★	★	★	★	★	★	★	★	★	★	★	★	★	★	★	◎
1.4	安全生产目标与指标	◎	◎	◎	◎	◎	◎	◎	◎	◎	◎	◎	◎	◎	◎	◎	◎	◎	◎	◎	◎
1.4.1	目标与指标的设立	◎	◎	◎	★	★	★	★	★	★	★	★	★	★	★	★	★	★	★	★	★
1.4.2	目标与指标的实施与监测	★	★	◎	◎	◎	◎	◎	◎	◎	◎	◎	◎	◎	◎	◎	◎	◎	◎	◎	◎
1.4.3	目标与指标的回顾			◎	◎	★	★	★	★	★	★	★	★	★	★	★	★	★	★	★	◎
1.5	安全生产会议	◎	◎	◎	◎	◎	◎	◎	◎	◎	◎	◎	◎	◎	◎	◎	◎	◎	◎	◎	◎
1.5.1	安全生产委员会会议			◎	◎	◎	★	★	★	★	★	★	★	★	★	★	★	★	★	★	◎
1.5.2	安全生产工作会			◎	◎	★	★	★	★	★	★	★	★	★	★	★	★	★	★	★	◎
1.5.3	安全生产分析会			◎	◎	★	★	★	★	★	★	★	★	★	★	★	★	★	★	★	◎
1.6	安全生产机构的设置与人员任命	◎	◎	◎	◎	◎	◎	◎	◎	◎	◎	◎	◎	◎	◎	◎	◎	◎	◎	◎	◎
1.6.1	安全管理机构设置	◎	◎	◎	★	★	★	★	★	★	★	★	★	★	★	★	★	★	★	★	◎
1.6.2	安全管理人员配置与任命	◎		◎	◎	★	★	★	★	★	★	★	★	★	★	★	★	★	★	★	◎
1.6.3	安全管理人员资质					★	★	★	★	★	★	★	★	★	★	★	◎	★	★	★	★

续表

要素序号	要　素	总经理	主管副总经理	公司安委会	公司安监部	公司生产技术部	公司办公室	调度管理中心	输配电管理所	变电管理所	郊区供电管理所	信息通信管理所	规划建设部	工程部	监察审计部	人力资源部	财务部	政工办	工会	物流中心	市场及客户服务部
1.7	安全生产文件与数据的控制和管理	⊙	⊙	⊙	★	★	★	★	★	★	★	★	★	★	★	★	★	★	★	★	★
1.7.1	安全生产文件规定	⊙	⊙	⊙	★	★	★	★	★	★	★	★	★	★	★	★	★	★	★	★	★
1.7.2	安全生产文件识别与控制程序的建立	⊙	⊙	⊙																	
1.7.3	安全生产文件的回顾			⊙	★	★	★	★	★	★	★	★	★	★	★	★	★	★	★	⊙	★
1.7.4	安全生产数据与记录				⊙	⊙	⊙	⊙	⊙	⊙	⊙	⊙	⊙	⊙	⊙	⊙	⊙	⊙	⊙	⊙	⊙
1.8	流程与变化管理		⊙	⊙	★	⊙	★	★	★	★	★	★	★	★	★	★	★	★	★	⊙	★
1.8.1	流程管理		⊙		★	★	★	★	★	★	★	★	★	★	★	★	★	★	★	★	★
1.8.2	变化管理				⊙	⊙	⊙	⊙	⊙	⊙	⊙	⊙	⊙	⊙	⊙	⊙	⊙	⊙	⊙	⊙	⊙
1.9	安全生产信息沟通																				
1.9.1	沟通的建立		⊙	★	★	⊙	★	⊙	★	★	★	★	★	★	★	★	★	★	★	★	⊙
1.9.2	内部沟通			⊙																	
1.9.3	外部沟通		⊙	★																	
1.9.4	合理化建议																				
1.10	供应商与承包商管理	⊙	⊙	⊙	★	★	★	★	★	★	★	★	★	★	★	★	★	★	★	★	★
1.10.1	供应商评价与选择																				
1.10.2	承包商管理																				
1.10.3	合同管理与履约（诚信）评价																				
1.11	安全生产科技				⊙	★	★	★	★	★	★	★	⊙	★	★	★	★	★	★	⊙	⊙
1.11.1	安全科技研究																				
1.11.2	安全科技应用与评价																				
1.12	纠正与预防				⊙	★	★	★	★	★	★	⊙	★	★	★	★	★	★	★	★	⊙
1.12.1	纠正与预防系统的设立	⊙	⊙	⊙	★	★	★	★	★	★	★	★	★	★	★	★	★	★	★	⊙	★
1.12.2	纠正与预防措施的落实				⊙																
1.12.3	纠正与预防效果评估				⊙	⊙	⊙	⊙	⊙	⊙	⊙	⊙	⊙	⊙	⊙	⊙	⊙	⊙	⊙	⊙	⊙

注：⊙为主要实施；★为协助实施。

附：伤亡事故及经济损失罚款数额表，见表 9-2 所列。

伤亡事故及经济损失罚款数额表　　　　表 9-2

序号	事故类型		事故范围	罚款范围	罚款数额	备 注
1	职工因工	轻伤事故	一次轻伤 1~2 人	每伤一人对单位处罚	1000 元/人	
			一次轻伤 3 人以上	每伤一人对单位处罚	10000 元/人	
2		重伤事故	一次重伤 1~2 人	每伤一人对单位处罚	20000 元/人	
			一次重伤 3 人以上	每伤一人对单位处罚	40000 元/人	
3		死亡事故	一次死亡 1~2 人	每亡一人对单位处罚	60000 元/人	
			一次死亡 3 人以上	每亡一人对单位处罚	80000 元/人	
4	职工非因工	死亡事故	一次死亡 1 人	对单位处罚	30000 元/人	
			一次死亡 2 人	每亡一人对单位处罚	40000 元/人	
			一次死亡 3 人以上	每亡一人对单位处罚	50000 元/人	
5	劳务工因工	死亡事故	一次死亡 1 人	对单位处罚	40000 元/人	
			一次死亡 2 人	每亡一人对单位处罚	60000 元/人	
			一次死亡 3 人以上	每亡一人对单位处罚	70000 元/人	
6	企业外伤亡事故（我方责任）	轻伤事故	全部责任	每伤一人对单位处罚	2000 元/人	
			同等责任	每伤一人对单位处罚	1000 元/人	
			一定责任	每伤一人对单位处罚	500 元/人	
		重伤事故	全部责任	每伤一人对单位处罚	20000 元/人	
			同等责任	每伤一人对单位处罚	10000 元/人	
			一定责任	每伤一人对单位处罚	5000 元/人	

续表

序号	事故类型		事故范围	罚款范围	罚款数额	备注
6	企业外伤亡事故（我方责任）	死亡事故	全部责任	每亡一人对单位处罚	60000元/人	
			同等责任	每亡一人对单位处罚	40000元/人	
			一定责任	每亡一人对单位处罚	20000元/人	
7	工程机电车辆火灾爆炸设备中毒责任事故		经济损失万元以上	对单位处罚	按总额20%	
			经济损失5万元以下	对单位处罚	按总额22%	
			经济损失10万元以下	对单位处罚	按总额23%	
			经济损失15万元以下	对单位处罚	按总额24%	
			经济损失20万元以下	对单位处罚	按总额25%	
			经济损失20万元以上	对单位处罚	按总额30%	
8	发生事故后加重处罚	有意破坏现场	各类事故及经济损失事故	每件事对单位加罚	50000元	
		谎报隐瞒	各类事故及经济损失事故	每件事对单位加罚	10万元	
		其他问题	各类事故及经济损失事故	每件事对单位加罚	20000元	
9	滞纳金	故意拖办	接罚款通知单10日内未办理罚款手续	逾期每日加收滞纳金	按总额2%	
10	违章指挥、违章作业、违反劳动纪律		造成工程作业违章，交通机械设备损坏，火灾等事故	损失10000元以下，个人赔偿	200元/件	
				损失10万元以下，个人赔偿	2000元/件	
				损失50万元以下，个人赔偿	10000元/件	

续表

序号	事故类型		事故范围	罚款范围	罚款数额	备注
11	管理者失职、签状者失职		直接责任造成经济损失事故	损失 10000 元以下，个人赔偿	100元/件	
				损失 10 万元以下，个人赔偿	1000元/件	
				损失 50 万元以下，个人赔偿	5000元/件	
12	签订安全包保签状者	本单位发生事故	管理责任造成经济损失事故	损失 10000 元以下，个人赔偿，年终累计实施	50元	
				损失 10 万元以下个人赔偿，年终累计实施	500元	
				损失 50 万元以下，个人赔偿，年终累计实施	2000元	
13	安全隐患	违反管理规定	进入现场未戴安全帽	每次对违章者处罚	罚款5元/次	
			在工地吸烟	每次对违章者处罚	罚款5元/次	
			随意拆除安全防护设施	每次对违章者处罚	罚款50元/次	
			进入工地穿拖鞋或两头露脚鞋	每次对违章者处罚	罚款5元/次	
			乘坐货物提升机	每次对司机或违章者处罚	罚款5元/次	
			在电源线上挂晒物料	每次对违章者处罚	罚款5元/次	
			作业时嬉笑打闹的	每次对违章者处罚	罚款5元/次	
			工地内外坐卧安全帽的	每次对违章者处罚	罚款2元/次	
			清理机械乱丢废油废棉纱	每次对违章者处罚	罚款5元/次	
			酒后操作机械和作业	每次对违章者处罚	罚款5元/次	

续表

序号	事故类型		事故范围	罚款范围	罚款数额	备注
13	安全隐患	违反管理规定	交通协管员和操作监护员脱岗	每次对违章者处罚	罚款10元/次	
			车辆冲洗员未冲放车出行	每次对违章者处罚	罚款20元/次	
			井内作业不配戴防尘口罩	每次对违章者处罚	罚款5元/次	
			工地门岗,代替外部存放物品	每次对门岗处罚	罚款5元/次	
			工地门岗未完成"门前三包"	每次对门岗处罚	罚款10元/次	
		违反操作规程	高处作业不挂安全带	每次对违章者处罚	罚款5元/次	
			配电箱内堆放杂物	每次对电工处罚	罚款5元/次	
			乱接乱拉电源	每次对电工或违章者处罚	罚款10元/次	
			洞内照明不用安全电压	每次对电工或违章者处罚	罚款20元/次	
			电焊机外壳未接地	每次对电焊工处罚	罚款10元/次	
			电线与金属物绑扎在一起	每次对电工或违章者处罚	罚款5元/次	
			气焊作业氧气瓶与乙炔气瓶间距不符合规定	每次对气焊工处罚	罚款5元/次	
			高处作业乱抛掷传递工具和物品	每次对违章者处罚	罚款5元/次	
			二人同时在竖梯上作业	每次对违章者处罚	罚款5元/次	
			用铜、铝丝代替保险丝	每次对违章者处罚	罚款10元/次	
			未经批准在危险区域内电焊作业	每次对违章者处罚	罚款10元/次	
			配电箱一闸多机安装	每次对电工或违章者处罚	罚款5元/次	
			电气设备金属外壳未接地、接零	每次对电工处罚	罚款5元/次	

续表

序号	事故类型		事故范围	罚款范围	罚款数额	备注
13	安全隐患	违反操作规程	在压力容器或管道上施焊	每次对焊工处罚	罚款10元/次	
			未断电、焊接电气设备	每次对焊工处罚	罚款20元/次	
			搅拌机工作完毕未放下料斗	每次对操作者处罚	罚款5元/次	
			修搅拌机滚筒时无人看守	每次对违章者处罚	罚款5元/次	
			违章操作钢筋切断机	每次对违章者处罚	罚款5元/次	
			攀登骨架钢筋操作	每次对违章者处罚	罚款5元/次	
			违章操作弯筋机	每次对违章者处罚	罚款5元/次	
			焊把线接头不符合规定	每次对电焊工处罚	罚款10元/次	
			切断短钢筋未用钳子或采用防弹措施	每次对违章者处罚	罚款5元/次	
			长钢筋切断无人扶筋	每次对违章者处罚	罚款5元/次	
			长钢筋弯曲加工无人扶钢筋操作	每次对违章者处罚	罚款5元/次	
			灌注混凝土站在模板上或支撑上	每次对违章者处罚	罚款2元/次	
			开挖深坑槽无防护措施	每次对违章者处罚	罚款10元/次	
			起重司机违反操作规程	每次对司机处罚	罚款20元/次	
			潜水泵无露电保护器或无接零	每次对电工处罚	罚款10元/次	
			设备有故障司机违章带"病"操作	每次对司机处罚	罚款10元/次	
			起重钢丝破损超标使用	每次对操作司机处罚	罚款10元/次	
			提升机司机脱离	每次对司机处罚	罚款5元/次	

第 10 章　工程项目安全生产案例及简析

10.0　案例及简析总目

工程项目安全生产案例及简析总目如图 10-1 所示。

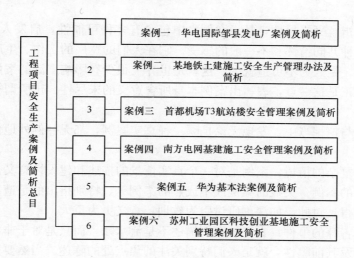

图 10-1　工程项目安全生产案例及简析总目

为深入理解工程项目安全生产中的质疑，本章选取了几例极为精彩纷呈的案例，供同行学习效验。所谓案例，是指人们在工作、生产、生活当中所经历的典型的富有多种意义的事件陈述的有意截取。案例一般包括四大要素。案例对于人们的学习、研究、工作、生活借鉴等具有重要意义。基于案例是向业内传递有针对性的并具挑战性意义的有效载体。因此，人们常常把案例作为一种工具进行说服、交流、思考、研讨、教育和启示。根据案例，可以对相关问题进行深入的切磋、研究和分析，挖掘发现，从中寻找带有规律性、普遍性的成分，这是当前应用性学科最快捷、准确的研究手段及方法之一。而作为应用性极为广泛的工程管理学、公共关系学，其案例分析研究同样在整个体系中占有重要的让人关注的位置。

总的来说，案例在不同的领域、不同的行业认识当中说法不尽一样。某些观点认为，案例是含有问题或疑难情境在内的真实发生的典型性事件。另有人则认同案例是研究者感兴趣的一类事件中的一个实例。对这两种观点进行综合，所谓案例就是指人们对已经发生过的典型事件捕捉的记述。案例的鲜明特点是一种叙事性的追忆。其文体也带有明显叙事风格的特征。因此，既作为一种叙事的表达方式，又是对典型事件的追述。

目下，专家们大多数认同，一个好的案例应具备以下三个特点：

1. 真实性

案例之所以为人所青睐，一个重要的因素就是它本身包含了某业务的一个典型的真实故事情景。自然地就把人们带入一种身临其境的真实情景交融之中，一起与事件中的主人公开动脑筋思考，并产生相关性的共鸣。这表明案例本身是带有一种交融情景的事件生动陈述。

2. 戏剧性

案例的戏剧性与人们常见的戏剧性感受不尽相同。案例的戏剧性是这个故事当中有事件发展的高潮荡起之突破。即实实在在的事件中有明显的冲突环节，和当事者是如何化解冲突的思考和行为活动。所以一件好案例是一个好的戏剧性故事片断。

3. 未尽性

所谓未尽性指意义未尽性，是指案例之中包含有多种可能性，启发人们更多的思考，激发人们产生某种共同情怀和不一般的感受。它在人们的宽广的工作、生产、生活当中具有很大的偶然性，是人为不可造就的。这就是世界上很少有影响广泛的案例故事出现的根本原因所在。也正是这一点，表达出案例本身所含意义的未尽性。正所谓智者见智，仁者见仁。

在案例分析与挖掘当中，发现无论是哪一种真实案例，都无一例外地包括以下四项突出的要素：

（1）真实而复杂的情境：案例是对一个真实情景的描述和建设性意义。包括全面成功的案例、非成功的案例、失败的案例或不成熟的案例等，特别指出的是遭重创而失败的案例更为宝贵、难得，对此，如深刻研讨引为教训，意义更为重大。

（2）典型而青睐的事件：真正的案例描述不是流水账，而只是对于非常典型的代表性的情景进行勾勒及其前瞻性，就是人们特别关注的焦点处的陈述。当然要具体简洁交代其焦点产生的背景条件和原委。

（3）多个问题覆盖的呈现：案例要显出冲突性、高潮性、借鉴性。必须有多处问题或者疑难问题的出现。这是案例本身意义所包含的潜在亮点处，是业内人士、管理者们期望值比较高的、收获比较大的地方。

（4）引人入胜的解决方法：案例可引发或刺激出新的想法和行为的原型作用，这也可能是把这样的故事叫做案例的重要原因。故而要进行抛砖引玉式的点缀。这种点缀应该只是客观地对事情真相进行中性描写。以免产生对事件本身的种种不利偏差。

上述要素，有助于我们古今中外联动去更好的深入理解案例，研究分析案例，借鉴应用案例。但是，窃不可如古代的燕国人不远千里跑到赵国去学习模仿赵人的走路美姿，仿不得法反而把自己原有的本领忘得一干二净，成为人们笑谈千年的"邯郸学步"讽刺典故。经历史学者研究推测，认为"邯郸学步"学的不是普通人走路的步伐，而是流行于两千年前的赵国的特殊舞步："踮步"。对于这种种的案例，我们应该是理性的、包容的，这必将会成为我们宝贵的用之不竭的财富。

10.1 案例一 华电国际邹县发电厂案例及简析

10.1.1 华电国际邹县发电厂案例

"安全文化建设示范企业"华电国际邹县发电厂

邹县发电厂项目背景

在山东西南部的华电国际邹县发电厂是一座现代化特大型坑口火力发电厂，坐落在中国古代伟大的思想家、教育家孟子的故里，山东省邹城市。目前，拥有 4 台 33.5 万 kW、2 台 60 万 kW 和 2 台 100 万 kW 机组，总装机容量 454 万 kW，是全国最大、国内综合节能和环保水平最高的燃煤电厂之一，隶属于中国华电集团公司。1983 年建厂的邹县发电厂，经过 20 多年的发展和沉淀，其安全生产活动已建立了安全生产责任制、安全生产保证体系、安全生产监督体系、两票三制、安全生产奖惩规定等一系列行之有效的规章制度体系和管理体系，也积累了许多来之不易的宝贵经验。

随着企业的快速发展，生产安全的要求越来越高，职工的安全理念及安全共识也有了进一步的发展和升华。在这样的项目背景下，2010 年 7 月，邹县发电厂在不断总结、吸收、传承和升华传统企业文化的基础上，邹县电厂开始与北绘公司合作，组织开展了第二次安全文化整合，对安全文化进行了更深层次的挖掘和提炼，在全厂范围内进行了安全文化理念、安全行为导则、企业安全故事等内容的征集，并经过进一步深入调研、讨论分析、提炼整合，最终形成了涵盖企业安全文化形成、安全文化理念、安全文化标识、企业适用安全标识及企业安全之歌五方面，内容规范成熟的企业安全文化体系。与企业"竞和"文化体系一脉相承的安全文化体系，体现了"以人为本、可控在控、本质安全"的价值取向，更好地体现了职工的安全共识和企业安全管理水平，更有效地服务和引领企业的安全生产。

安全文化是企业文化的重要组成部分，是在长期的安全生产经营活动中形成的，由最初的有意识塑造发展到今天被全体职工接受并遵循，经历了一个积累和沉淀的过程。邹县电厂安全文化的理论性、系统性及其在企业发展中的作用正逐步凸显，成为贯穿企业安全生产的一条主线。目前，企业职工队伍稳定，安全生产稳定，企业呈现出良好的发展态势。

梳理邹电原有安全文化，导入全新理念，全员互动，系统构建特色安全文化建设。

北绘项目组人员来到企业后，先后参观了厂区的环境、完成了前期资料搜集，通过对邹电领导和员工的访谈和座谈，初步对电厂的安全文化需求形成了一定的认识：一方面，力争在打造安全文化的基础上，坚持从邹电自身属性出发，提炼出充分体现其特色的安全理念。另一方面，在系统框架的构建上，使体系更加完善，在原安全文化的基础上进行提升和梳理，使之更加严谨和清晰。

1. 在原有安全理念的基础上进行提升，融入新思想

邹电是一个在安全文化建设方面具有一定基础的企业，员工在遵守的规章中深受原有的安全理念影响，因此在为其打造安全文化系统时，北绘依托原有理念，在此基础上根据邹电的发展步伐，对原有理念进行了提升，融入了符合时代步伐的新思想。

2. 安全文化作为企业文化的分支，强调安全型企业文化

邹电作为华电国际下属单位，在构建安全文化系统时，以《华电宪章》和华电国际公司企业文化为根系，以责任文化、创新文化、学习文化、信息文化、执行力文化、和谐文化为主干构建枝繁叶茂的参天大树。因此在构建过程中，要把握安全文化与企业文化的一致性，两者一脉相承。

3. 着重体现在厂职工的参与性、互动性、真实性

在安全文化建设初期，经过了前期的项目规划，我们认为安全文化的推广和落地才是安全文化构建的重点。因此在前期搜集材料中，我们号召在场职工全员参与，例如，搜集发生在你身边的安全故事；动手画画安全漫画；说说自己心中关于安全的认识等。通过每个员工对安全文化的认识，不仅调动了大家的参与积极性，也体现出安全文化构建同每个员工的互动性，最终呈现出的安全文化手册，对这些内容均有所呈现，由于都是员工自己的故事，更增强了真实可读性。

4. 把安全文化转化成为对管理的促进

安全文化是一种无形约束人们行动的思想链条，这种制约的作用是潜移默化的。统一的规范是安全文化建设的重要组成部分，但是，依靠新型管理方式，用文化的作用力来实现管理的提升，使硬性的制度管理得到有效的补充，对管理能力起到极大的促进作用。

5. 安全文化对员工行为的潜在影响

安全思想决定安全行为，员工内在思想决定一个组织甚至企业的安全行为，通过在安全文化的建设中全员的共同参与，使邹电员工从思想上形成预防为主的安全意识，有利于培养员工职业道德和安全习惯，提升个人素质，从内而外地提升企业形象。

6. 在企业文化的链条上，形成整个系统的完整性

安全文化作为企业文化链条上的一个重要分支，是构成企业文化完整性的必要条件。邹电的企业文化作为一个大系统，通过对邹电的安全文化的构建，形成了企业文化的系统完整性，丰富了企业文化的内涵，引领企业和谐稳定的发展。

根据邹县电厂项目的具体情况，对于邹电安全文化项目的实施最终分两步走原则。第一，梳理和提升邹电安全文化，使其形成系统性，以实现统一管理。第二，整理编辑邹电安全文化手册，在表现形式上体现通俗、简洁等特点，使其成为员工手中的安全指南针和安全教育的培训教材。

1. 安全文化系统的提升

北绘在安全文化建设系统的构建中，根据邹电的自身特点，从理念系统、行为系统、管理原则、视觉系统上入手，总结以往安全文化构建的经验，形成一套完善、实用、功能指向明确的安全文化建设系统。

在安全文化建设之初，在前期调研的访谈、座谈沟通中了解到，企业的领导和员工对

安全文化都有共同的追求，那就是希望把真正符合企业安全生产的理念落实在每个人心中。一些企业中层在生产实践中总结出的一些安全管理办法，希望通过全厂统一的安全文化构建，渗透到每个员工心中，实现其实效性，这使我们不自觉地感到肩上担负起了重任。

2. 安全文化理念系统

邹电理念系统的各种安全观以企业安全理念为核心展开，我们从不同角度对企业的安全理念加以诠释和深化，并根据企业员工文化水平差异的特点，简化理念标语，这样可以指导企业各层次人员认识安全与企业经营发展，处理好与自身安全及企业的利益关系。

3. 安全文化管理原则

在邹电的管理原则中提出了一个亮点，即激励观。激励观的设计是针对邹电以实现安全生产为目标，根据各部门的不同需要，制定适当的行为规范和分配制度，以达到人力资源的最优配置，实现企业安全的更高目标，形成组织利益和个人利益的一致。激励机制设计的实质是要求管理者，通过调动员工的工作积极性，谋求管理的人性化和制度化之间的平衡，以达到有序管理和有效管理。

4. 安全文化行为系统

邹电的行为系统是在安全文化理念系统基础上确立的，是安全文化思想的行为体现，从而形成正确的行为方式，达到本质安全的目标。通过构建完善的行为系统，安全文化的理念落地就有了载体，安全文化建设才能得以真正实现其效果。

5. 安全文化视觉系统

邹电视觉系统作为一种静态的醒示符号，是一种具体化、视觉化的传达形式。它是邹电安全文化最直观的表达形式，是企业安全理念最直接的、形成安全氛围营造最有效的手段。其中融入的安全警示系统，能够体现出企业重视安全、警惕隐患的管理思想，起到对工作人员随时随地警示和提醒的作用；进一步加深了员工对企业安全理念系统的认识和理解。

6. 安全文化手册的策划

通过在手册筹划前期的调研，真实地了解到员工对安全的不同认识。如何能使安全文化最终实现推广落地，成为了我们在项目作业中想要攻克的难关。

在邹电的文化手册设计中，根据邹电的自身特色和实际情况，我们把安全文化手册分成共识篇、管理篇、行为篇三个篇章以及视觉应用等几部分，其中手册的表现形式是多姿多彩的，通过真实故事、漫画和员工感言等穿插在篇章中，提升了可读性和实用性，更有助于员工一目了然地理解安全文化内涵。三个篇章各有侧重、相互补充，形成了一本文字简洁、思想深刻而内容丰富的安全文化手册。

共识篇——以安全为核心要素。

安全共识篇的内容从精神层面进行归整，分为安全核心理念、安全价值观（效益观）、安全使命和安全愿景四部分。安全核心理念融汇了邹电原有内容相近的安全理念和安全方针，把两部分内涵提炼出来形成一个整体。安全价值观主要侧重于效益与安全之间关系的认识，从而将形成对效益和安全上下统一的共识。安全使命和安全愿景，将从内容上进行改动，使包含内容更加符合邹电自身特点。

管理篇——激励为主，与时俱进。

此篇章中，根据邹电的具体情况，从管理方法层面出发，对邹电原有的管理原则进行了调整，整体包括：制度再造、安全激励及三基、四化、五全特色管理法，并在阐释中将分别对三部分内容进行展开，这样不仅朗朗上口，从而形成合力，更易于日后的传播和落地。在保留原有安全管理核心内容的同时，整合并修改表述部分的内容。

行为篇——从我做起，惠及他人。

从安全行为上着手，分为安全作风和安全道德观，并分别从管理者和员工两个层级进行划分。安全作风从管理者角度出发进行阐释，强调邹电中的每一位管理者，都要从自身做起，时刻将安全工作放在首位，要在绝对确保安全的基础上进行生产。安全道德观以从员工行为出发作为基础，这样自下而上的行为观意在激发邹电每一名员工对生命价值的认同，通过员工自身和他人的生命价值的认同，来提高员工的文明意识和自我管理意识，以解决企业安全工作中的"人"的问题，使本质安全的目标得以实现。

成功蝶变——邹县电厂被评为"安全文化建设示范企业"

经过我们的不懈努力，终于在计划的时间内完成了整个项目。随着邹电安全文化手册的最终出版印刷，标志着北绘进行的邹电安全文化项目圆满结束了。从设计到最终落实，这是一个企业安全文化发展重新整合的过程。在进行手册制作的过程中，不仅全厂员工都积极的献计献策，领导也积极参与方案的讨论，使我们实现了自身价值。

作为国内率先开展安全文化建设的专业公司，公司的服务能力得到邹电领导的一致认同。通过此次项目合作，不仅将邹电的安全文化建设稳步向前推进，同时企业的安全文化建设也得到了国家安全生产监督管理总局的认可。目前，华电国际邹县电厂在国家安全生产监督管理总局开展的"安全文化建设示范企业"评选活动上，被评定为首批100家先进企业。北绘的安全文化建设咨询得到相关权威机构和社会的肯定，这让我们备受鼓舞。

10.1.2 案例简析

这是一篇安全文化的示范精品总结，它是精心策划、集思广益、智慧集成、统筹对接、创造性地形成了涵盖企业安全文化构建、安全文化理念、安全文化标识、企业适用安全标识及企业安全之歌五方面，内容规范、科学成熟的与企业"竞和"文化体系一脉相承的安全文化体系，体现了"以人为本、可控在控、本质安全"的价值取向，更好地体现了职工的安全共识和企业安全管理水平，更有效地服务和引领企业的安全生产。

我联想到一个词：写实主义又译现实主义，一般被定义为关于现实和实际而排斥理想主义。不过，现实主义在博雅人文（Liberal Arts）范畴里可以有很多意思。现实主义摒弃理想化的想像，而主张细密观察事物的外表，据此说法，广义的写实主义便包含了不同文明中的许多艺术思潮。中国的新写实主义，是20世纪80年代以来，小说作家形成的以写实为主要特征、特别是注重现实生活原生态的还原，真诚直面现实、直面人生的创作方法。此篇，真实、深邃地提炼了安全文化全面建设的关键点。

恩格斯为"现实主义"下的定义是：除了细节的真实外，还要真实的再现典型环境中的典型人物。写实主义的好处是"买一奉十"，即，读者看到的是一篇华章而得到的远远超过本文后的"潜台词"的博大精深的安全文化思维容量,让你去突围、突破、突变,挑战"举一反三",使企业的安全文化格局、安全文化体系、安全生产管控制度、安全管理道路、安全生产的全面实践臻于完善至美。

某些口大气粗的中国跨国公司,在国际工程中屡屡遭到重创,究其深层次原因之一是管理者们对安全文化的认知自命不凡但渗透极少甚至一窍不通,对自己的长处往往评价过高但对工程安全之风险更缺乏规律性把握度。其结果是"烂尾烂到国外"丢人现眼去了,造成了巨大的经济损失。重效益、轻文化,特别是不注重安全文化建设。

《朱子全集》卷三:"知与行功夫须着并到。知之越明,则行之越笃;行之越笃,则知之益明,二者皆不可偏废。"格言说得好:"海不辞水,故能成其大;山不辞土,故能成其高。"此篇是在积累细小,博采众长,包容异见的基础上,坚持独立性、自主性、差异性,树立起文化自觉性、自信性所得的独树一帜大放异彩的对安全文化的高度概括。

法国空想社会主义思想家圣西门说:"假如法国不幸失去国王的兄弟和王公大臣、省长、大财主等,并不会因此给国家带来政治上的不幸。但假如法国优秀的数学、物理、化学等方面的学者,优秀的诗人、作家、优秀的工程师等,突然各自损失50名,法国马上就会变成一具没有灵魂的僵尸。"可见文化、文化界珍贵到何种程度。

10.2 案例二 某地铁土建施工安全生产管理办法及简析

10.2.1 地铁土建施工安全生产管理案例

中铁××局××地铁一号线土建施工六标项目经理部安全生产管理办法

为强化安全管理,预防各类安全事故,确保安全工作的落实和安全目标的实现,根据××地铁一号线土建施工六标施工的实际,特制定本安全生产管理办法如下:

第一章 总 则

第一条 编制目的

为切实加强项目安全管理,确保职工和参建人员在施工生产中的人身安全和健康,预防和减少各类事故的发生,为优质、快速、高效地按期完成施工任务,提供良好的安全施工环境,制定本措施。

第二条 编制依据

本措施是依据国家《安全生产法》、《安全生产管理条例》、《劳动法》、《建筑法》等安全生产政策、法规和总公司、集团公司及南昌地铁公司有关安全规定,结合项目部实际情况而制定的施工企业管理法规。项目部各单位和全体人员必须认真遵照执行。

第三条 责任体系划分

项目部项目经理是本项目安全生产第一责任人,对安全生产工作应负全面的领导责任;分管安全生产工作的副经理承担方案实施、整改落实的领导责任;项目总工承担方案编制、安全技术措施制定的领导责任;安全质量环保部负责施工安全生产督查、汇报,参与安全措施制定,有义务进行事故调查及事故处理建议;施工技术部负责技术方案、措施制定及安全技术交底；计划合同部负责分包单位资质审查及安全协议签订；设备部负责设备管理，做好设备台账管理、设备安全技术资料存档、日常检查维护记录交接班记录的更新；其他部门领导在其分管工作中根据职责承担相应的安全领导责任。

第四条 安全生产管理办法的基本要求

为保证安全管理目标的实现，项目部实行安全包保责任制，逐级签订安全责任状，确保各队安全生产目标实现。项目经理同各部门及各施工队签订安全协议，项目部所属各单位严格按照安全协议履行各自职责。

第五条 安全生产管理办法实施原则

坚持"从严治本，基础取胜"的指导思想，坚持"有序可控，基本稳定"的总体目标，紧密结合《职业健康安全管理体系要求》（GB/T 28001—2011），把安全标准工地建设当做安全管理的中心任务，长期不懈地落到实处，规范现场管理，落实安全生产责任制，努力实现安全生产总体目标。

第二章 安全生产目标

第六条 安全生产各项指标

项目部各单位要杜绝特大事故，避免重大事故，减少一般事故发生，实现以下目标：

(1) 无因工亡人事故；
(2) 重伤率控制在 0.5‰之内；
(3) 轻伤率控制在 3‰之内；
(4) 无因安全问题被有关部门停工和处罚；
(5) 杜绝治安案件发生；
(6) 无食物中毒或煤气中毒事故；
(7) 无火灾事故；
(8) 杜绝盾构作业区地面建筑物或构造物、地下管线出现严重变形、开裂、倒塌破坏事故；
(9) 无重大交通和机械安全责任事故；
(10) 杜绝空压机等压力容器和易燃易爆物品爆炸事故。

第七条 安全目标的考评

项目部各单位、施工队要把安全生产总目标分解成若干具体指标，逐级签订安全协议，形成横向到边，纵向到底的安全生产管理网络，一级保一级，层层抓落实，定期量化考评，年终总结评比，确保奖罚兑现。

第八条 安全目标的实施

各单位、施工队要把实行安全生产目标同经济承包责任制、领导任期目标责任制结合起来，作为考核责任人业绩的重要内容；与职工奖金分配、评审优质工程、评选先进单位和先进个人挂钩，对达不到规定指标者行使一票否决权。

第三章 组织机构

第九条 项目部组织机构

为了强化安全管理，加强领导，项目部成立安全生产管理领导小组；其成员由党政工团及有关职能部门领导组成,负责全面领导本单位的安全生产管理工作。

项目部安全生产管理领导小组:组长;副组长;成员。

安全工程师、调度员、各队队长及专职安全员为现场安全生产管理领导小组成员负责整个施工中的安全管理监督工作。

施工队安全生产管理小组:

组　　长:队长

副组长:安全员、副队长、技术员;

成　员:工班长、安全协查员(兼职安全员)。

第十条　施工队组织机构

项目部必须按规定配备安全监察人员;队级专职安全员,工班设兼职安全员。并确保在职在位,相对稳定;工作变动前应征求分公司、项目部安质部门意见。

第四章　安全生产责任制

第十一条　安全生产责任基本要求

(1) 各级领导、职能部门、管理人员、技术及操作人员均应认真贯彻执行国家劳动保护政策、法令、法规和上级指示、决议,认真落实安全生产逐级负责制,对其职责范围内的安全生产工作负责。

(2) 各单位必须遵守《安全生产法》和其他有关安全生产的法律、法规,加强安全生产管理,建立、健全安全生产责任制度,完善安全生产、劳动卫生条件,健全安全生产规章制度和事故应急救援预案,确保安全生产。

第十二条　项目经理的安全生产责任

项目经理在安全生产方面对集团公司、公司董事长和指挥部领导负责,对本项目安全生产负总的组织领导责任;副职对分管的安全生产工作负主要责任。其基本任务是:

(1) 认真贯彻执行国家《安全生产法》、《劳动法》和上级的有关安全生产,劳动保护法规,执行企业的各项决议和规章制度。

(2) 认真制定本项目经理部安全管理标准、方针、目标和安全规划,合格配置人力、物资、机具、资金等安全生产要素。积极采用新技术、新工艺、新设备、新材料,提高现场安全生产系数。

(3) 在计划、布置、检查、总结、讲评施工生产的同时,计划、布置、检查、总结、讲评安全生产工作,把安全生产列入重要议事日程。

(4) 充分发挥项目部安全管理机构的作用,定期组织安全生产检查,制定和组织对事故隐患的整治。按规定提取和落实安全生产技术措施经费,努力改善劳动条件和作业环境。

(5) 依据本项目工程任务特点,科学编制施工方案,正确处理安全与速度、安全与经济效益的关系,坚持把安全工作贯穿于施工生产全过程,把安全生产摆在首位抓紧、抓好、抓实。

(6) 负责组织本项目部职工的经常性的安全生产教育和培训工作。发动群众,实行全员、全面、全方位、全过程的安全生产管理。经常听取广大群众在安全生产方面的意见和建议,尊重职工的主人翁地位。

(7) 负责调查、处理各类事故和隐患整治，对因违章指挥或决策失误而造成的职工亡人事故承担领导责任。并对因强令职工违章冒险作业，发生重大伤亡事故，造成严重后果的，承担刑事责任。

第十三条 总工程师的安全生产责任

(1) 在项目经理的领导下，贯彻落实上级有关安全生产方针、政策。严格按照施工规范和技术标准，制定和审核本项目的施工组织设计和安全技术保障措施的落实。对本项目安全生产负全面技术指导责任。

(2) 参加编制审定安全技术规程、操作规程和安全防护措施。制定安全生产和改善劳动条件的规划并组织付诸实施。

(3) 指导安全技术教育，组织专业技术培训，大力推广使用"四新"技术，组织专业人员进行技术攻关，处理施工生产中安全技术问题，对重大事故隐患的预防和整改提出技术措施和技术方案。

(4) 组织并参加安全检查，对查出的事故隐患，及时采取整改措施，对危及职工生命的重大事故隐患有权停止施工，确保安全生产。

(5) 参加职工伤亡事故的调查处理，组织技术人员分析事故原因，提出整改防范措施，对因技术原因造成的职工伤亡事故，承担技术上的领导责任。

第十四条 项目副经理（安全总监）

(1) 在项目经理的领导下对本项目的安全生产工作负领导责任。

(2) 协助项目经理，负责本项目安全生产保证体系的运行、安全生产监督管理的总体策划与组织实施。

(3) 根据本项目安全生产监督管理规章制度的要求，负责组织本项目日常的安全生产督察工作，对督查中发现的重大问题，有权下令停工整改。

(4) 贯彻执行安全生产法律法规及上级机关制定的规章制度、项目部安全生产制度。

(5) 定期（周、月检）组织安全生产大检查，及时消除安全隐患，及时处理不安全因素，组织召开项目部周及月安全隐患排查会。

(6) 定期组织施工人员进行安全操作规程和安全规章制度的学习，协助项目经理主持或参与安全工作各种会议，布置安全生产具体工作。

(7) 掌握施工人员的身体健康情况，不准安排有病人员从事禁忌工种工作，对需要定期体检的工种，要督促按期体检。

(8) 发生事故后，要立即组织抢救并做好现场保护工作，防止事态扩大，及时如实上报。负责轻伤事故、未遂事故的调查分析，参加重伤、死亡及其他事故的调查分析。

第十五条 项目部各职能部门的安全生产责任

1. 安全质量环保部门

(1) 认真贯彻执行国家《劳动法》、铁道部和总公司安全生产方针、政策、法规，并按《安监人员工作条例》依法监察督促执行落实情况。

(2) 负责本项目安全生产规章制度、标准、措施的制定，按规定编制安全技术措施经费计划，监督检查安全技术措施项目的实施；参加审核工程施工方案，对不具备安全生产条件的工程项目有权制止投入使用。

(3) 负责监督检查本项目的劳动安全、人身安全、机械设备和汽车运输安全，以及防尘防毒工作。

（4）坚持"安全第一，预防为主"的方针，经常深入施工现场，秉公进行监督，对危及职工生命安全与健康的作业，有权令其停工，并依法发出《安全监察通知书》和《安全监察指令书》责令限期整改。对存在重大事故隐患单位有权处以安全质量违约扣款单的形式建议扣款。

（5）会同有关部门开展安全教育和技术培训。组织安全生产评比竞赛活动，实施安全生产奖罚事宜。

（6）按规定积极参加和协助事故的调查、统计、报告工作，并对事故责任者提出处理意见；禁止弄虚作假或隐瞒事故。对因工作责任心不强或失职造成的职工伤亡事故承担责任。

（7）负责施工环保监督工作。

（8）参与文明工地建设，牵头组织项目部各项迎检工作。

2．施工技术部门

（1）组织编制实施性施工组织设计和作业计划，协助并审核安全生产技术措施，对施工队进行技术交底，规范施工作业秩序。

（2）选定安全可靠的施工方法，开展科技攻关，推广"四新"技术，提供文明施工方案。

（3）做好安全技术交底，检查并指导施工过程中的施工工艺和方法及安全技术措施执行情况，及时指正不按方案或规范的作业行为。

（4）参加安全检查和事故调查处理，提出事故隐患整改方案和预防事故的技术措施。

（5）在制定专项施工方案的过程中应该充分考虑到此方案的安全可操作性。

3．设备部门

（1）负责制定设备安全操作规程、细则及物资管理规定；搞好机械设备施工、生活用电、用水和压力容器的管理、维修保养和检查指导工作。

（2）做好设备管理台账登记，做好设备安全资料备案管理，做好设备维护记录更新。

（3）负责组织汽车交通事故和由于机械设备、电、水、压力容器等造成的伤亡事故的业务处理工作。

（4）参与设备事故调查分析。

4．物资部门

（1）对（甲方）业主提供的产品进行有效的验证、标识、储存和维护，确保产品满足承包合同要求。

（2）负责安排、组织外购产品的现场搬运、贮存工作，并做好记录。

（3）负责及时收集、整理相关的材质证明文件。

（4）负责对项目部库存产品的接收记录、标识、存放、发放的管理。

（5）监督库房做好材料管理，做好防火、防盗工作。

5．计划合同部

（1）根据国家有关规定，审查协作单位资质，保管相关资料。

（2）将外务劳动管理，完善安全协议条款，督促安全协议按时签订。

（3）做好安全措施经费计量管理。

6. 财务部门

(1) 在编制财务成本计划时,要优先考虑安全生产设施、劳动保护用品费用的款源。

(2) 组织推行经济核算和经济承包责任制时,要把安全工作列为考核内容。

7. 工会和办公室的安全生产责任

(1) 根据国家有关规定,履行群众监督责任,监督行政领导实施安全生产法规;发现违章、违反劳动保护法规行为有权抵制。

(2) 审查劳动保护方案;负责开展五比劳动竞赛和群众监督检查活动,发动和依靠群众搞好安全生产。

第十六条 工程队队长的安全生产责任

(1) 认真贯彻执行国家和行业及上级安全生产法规、标准,严格按技术规程和安全操作规程组织施工,严禁违章指挥或强令施工人员冒险作业。

(2) 根据法规要求,坚持跟班作业,定期召开安全工作会议,组织班组安全活动,分析安全生产情况,纠正安全生产中出现的问题。

(3) 按照项目部要求建立健全安全生产组织机构,配备专(兼)职安全员,并支持安全员的工作,给予必要的工作条件和相应的待遇。

(4) 配合项目部组织安全检查,经常开展自查工作,及时掌握、了解、消除各工序、工种存在的不安全因素,对事故隐患和上级检查指出的问题认真组织整改。

(5) 开展经常性的队级、班组级安全规范教育和安全技术交底,及时贯彻国家及南昌地铁公司的安全方针,并落实项目部下发文件要求;督促对特殊工种作业人员的培训、考核,做到持证上岗;教育职工严格遵守操作规程和劳动纪律,提高自我防护能力。

(6) 发生安全事故时,组织对职工伤亡事故现场的保护和抢救工作,在向上级报告事故情况的同时,采取应急措施,防止事故扩大。

第十七条 班(组)长的安全生产责任制

(1) 带领本班(组)职工认真落实上级的各项安全生产规章制度,严格执行安全管理标准和操作规程,遵守劳动纪律,制止"三违"行为(违章指挥、违章作业、违反劳动纪律)。

(2) 坚决服从上级领导和安监(安全)人员的监督检查和指导帮助,确保安全生产。

(3) 认真坚持"三工"(工前交代、工中检查、工后讲评)制度,积极开展班(组)安全生产活动,做好班(组)安全活动记录和交接班记录。

(4) 认真组织班前安全技术交底,做好班中检查、制止违章违纪行为,消除事故隐患。

(5) 发生人身伤亡事故后,要立即组织抢救,保护好现场,并立即向上级报告事故情况。

(6) 对因违章作业、野蛮施工造成事故负责经济损失赔偿,并依法追究责任。

第十八条 操作人员的安全生产责任

(1) 在班(组)长的直接领导下积极参加各项安全活动,刻苦学习安全技术知识,不断提高安全操作技能。

(2) 自觉遵守安全生产规章制度和操作规程,按规定佩戴劳动保护用品,防止职业病的发生,对不戴或不正确佩戴使用劳动保护用品的处以100元罚款,造成事故或对他人、单位造成损失承担经济和刑事责任。在施工作业过程中做到不伤害他人、不伤害自己、不被他人伤害，同时有责任劝阻他人违章作业。监督施工单位为施工人员缴纳、办理工伤意外事故保险事宜。

（3）从事特种作业人员和技术工种人员要积极参加专业培训，掌握、提高本岗位安全操作技能，增强事故预防和应急处理能力，取得特种作业资格，做到持证上岗。

（4）对施工现场不具备安全生产条件和安全生产中存在的问题，有权建议改进；对违章指挥，强令冒险作业停止，有权拒绝执行；并有权提出批评、检举和控告。当发现直接危及人身安全的紧急情况，有权停止作业或采取可能的应急措施后撤离施工现场，并立即报告现场管理人员，施工队不得以此而降低工资、福利等待遇或解除与其订立的劳动合同。

（5）对因违章操作、盲目蛮干或不听指挥而造成他人人身伤害事故、单位财产损失和其他经济损失承担直接责任。

第十九条 专（兼）职安全员的安全生产责任

（1）专（兼）职安全员在项目部经理、安质部长或工程队队长的领导下进行工作，业务上受项目部安质部人员的领导。

（2）协助项目部、科室、队领导贯彻落实安全生产规章制度与防护措施，并经常监督检查，抓好落实工作。

（3）及时发现和制止违章指挥、违章作业、违反劳动纪律行为，纠正和消除人、机、物、法、管、环境方面存在的不安全因素。

（4）对危及人员及设备的险情要及时排除，对重大险情有权制止继续施工并随时向上级领导报告。

（5）专（兼）职安全员必须持有本系统或业主统一颁发的安全员检查证，上岗时必须佩戴标志，秉公办事，尽职尽责；对因工作失职而造成的伤亡事故承担责任。

第五章　安全教育和培训

第二十条 定期培训制度

项目部必须建立安全教育和技术培训制度，合理提取和使用职业培训经费，项目部安质部负责编制安全教育制度和年度培训计划。项目部每月开展一次安全教育，施工队每周开展一次安全交底，各班组每天班前重复针对本班组作业的安全交底内容。

第二十一条 "三级"教育制度

对新工人（包括合同工、临时工、自带民工）要进行"三级"（项目部、施工队、作业班组）安全教育；对采用新设备、新技术、新工艺、新材料以及调换工种的人员，必须进行岗前培训。上述人员均应经考试合格发证，做到持证上岗。推动施工现场教育培训经常化、群众化和制度化。

第二十二条 重点岗位强化教育制度

对担负重点工程和重点岗位的各类专业人员要坚持每周一次集中教育，重点培训。强化现场安全宣传教育，施工现场、作业场所、库房及生活区应设立醒目的安全标语口号、板报及警示牌。

第六章 安全生产检查制度

第二十三条 定期检查制度

国庆、春节等节假日前后项目部组织全面安全隐患排查。

地铁公司信誉评价前5天，项目部组织施工现场安全文明施工全面检查，及各部门安全质量内业资料检查。

项目部每周会同监理及各施工队对现场进行一次全面安全生产检查。对重点工程和关键部位的安全生产要加强检查的力度和次数，发现问题，提出改进措施，监督在限期内整改。

第二十四条 开复工前安全检查制度

新项目开工前和在建项目停工后复工，均由项目领导带领有关部门人员，进行开复工前安全准备工作检查验收检查验收内容：施工组织设计是否有安全措施；施工设备是否有安全防护装置；安全防护设施是否符合安全要求；施工人员是否经过安全教育和培训；施工方案是否进行技术交底；施工安全责任制是否建立；施工中可能发生的危险情况是否有预防措施等，符合安全生产条件方可施工。特别对新开工项目，应严格执行上级安全指标和安全措施的生产经营计划部下达实施，否则施工承包合同不能生效，工程项目不能开工的规定。

第二十五条 班组安全"三检制"

（1）施工班组坚持做到工前布置安全、工中检查安全、工后讲评安全的"三工"安全制度，并做好交接班记录。同工种上下班之间或工种上下工序之间，应认真进行交接班检查，并做好记录。

（2）加强施工现场的安全管理，要有警示牌和安全标志。施工现场的孔、基坑、井口、危险源、临边要设围挡、盖板和警示标志，夜间设警示灯；提升设备必须安装限位装置。

（3）施工队主管领导组织有关人员，经常对所管辖区域内的安全生产情况和生活区的用电、卫生等进行检查，施工现场每班要检查一次，及时消除事故隐患。

第二十六条 安全检查执法制度

在项目部组织的检查中，发现的问题由安质部下达安全监察通知书，并监督检查整改情况；对整改不达标者，各部门有权利以安全质量违约扣款单的形式建议扣款，安全质量违约扣款单由项目部领导签发。

第七章 外部劳务安全管理制度

第二十七条 外部劳务管理依据

外部劳务安全管理按照公司安质（2002）107号文《中铁××局集团第三工程有限公司外部劳务安全管理办法》执行。

第二十八条 外部劳务管理范围

外部劳务是指农民合同工、临时工和季节性农民工。外部劳务一经录用应视同内部职工一样进行安全管理，在施工过程中发生的伤亡事故，由使用单位如实上报，影响使用单位的安全成绩，应按规定予以处罚。

第二十九条 外部劳务管理考评办法

外部劳务协作单位必须是"五证"齐全（即：企业资质证、营业执照、安全许可证、税务登记证、组织代码证），并严格签订合法合同，合同中安全责任明确，外部劳务协作单位法人委托书合法有效，承包合同中必须明确双方对安全生产所承担的义务和责任。项目部与外部劳务协作单位签订《工程安全管理协议书》一式三份，"协议书与三证"上报安全主管部门备案。严禁以包代管，包而不管。

第八章　安全防范重点与措施

第三十条 安全防范重点

根据本项目工程的安全防范重点，项目部制定危险源管理办法。安全质量环保部负责危险统计，动态危险源台账更新和报审；安全防范重点主要有以下方面：防高处坠落事故；防隧道与基坑坍塌事故；防触电事故；防机械伤害事故；防行车交通事故；防缺氧窒息事故；防既有建筑物出现严重变形、开裂、倒塌事故；防火灾、洪灾事故。

第三十一条 施工安全措施

1. 旋挖钻施工

对邻近的原有建筑物或构筑物，以及地下管线等都要认真查清情况，开钻前必须开挖探孔，探孔深3m，确认地下无管线后才能开钻施工。

（1）清除妨碍施工的高空和地下障碍物。平整施工范围的场地和压实打桩机行驶的道路。

（2）成孔后，必须将孔口加盖保护。

（3）成孔速度一定要与后循工作配套，以保证桩孔安全。

（4）灌注水下混凝土时，导管提升不能过猛，防止导管拉断，同时也防止将导管提离混凝土面，造成断桩事故。

（5）灌注前，仔细检修灌注机械，并备好备用机械。如使用外接电源时，备好发电机，如有故障立即调换。

（6）灌注中，孔内泥浆如从孔口溢出，保持流通渠道畅通，防止泥浆乱流。

2. 深基坑开挖及钢支撑

本工程车站采取明挖法施工，设计基坑深度较深，施工中要根据现场核实的资料，对照施工方案和技术措施，确定施工顺序，选择科学合理、安全可靠的施工方法和采取相应的安全措施，确保施工安全。深基坑开挖安全技术措施如下：

（1）深基坑工程在施工全过程中，对排水、排桩等位移，要定期观察测试，并做好记录。对于较重要和较危险的原有建筑物、构筑物和管线也要定期观察记录。

（2）深基坑开挖，须布置地面和坑内排水系统，防止雨水淋土坡、坑壁冲刷而造成塌方。做好开挖作业时的基坑排水，保持开挖过程中土体和基底的干燥。

（3）坑边不得堆放重物，如坑边确须堆放重物，边坡坡度和离基坑的距离须考虑其影响；基坑开挖后，坑边的施工荷载严禁超过设计规定的荷载值。

（4）施工时，切实做好排水工作，坑内出现积水时，必须采取有效措施，以满足抗浮稳定要求。

（5）采取分段分层开挖，开挖顺序按业主提供的基坑场地进行，不得随意开挖，并及时按设计架设钢管支撑。

（6）在吊装钢支撑时，采用双机作业，现场有专人统一指挥，在上道钢支撑之间空区内平衡下落至安装位置，每端由2人在基坑内辅助支撑准确定位，同时按设计要求用千斤顶预加轴力，打紧钢楔，严禁撞击已安装完毕的钢支撑，禁止吊臂下从事其他工作。

（7）对围护结构和钢支撑的变形、位移，按设计监控频率进行观测、监控，以便采取措施，确保结构和人身安全。

（8）钢支撑拆除时，应经技术部门同意，由专人指挥拆除工作。

（9）围檩与桩间采用混凝土找平，使支撑结构均匀受力，防止应力集中导致支撑系统局部过大变形甚至破坏。

3. 负高处作业

本站基坑开挖深度较大，坑内结构施工属高处作业，因此基坑内作业人员必须符合下列要求：

（1）基坑内的施工人员戴好安全帽、系好安全带、穿防滑鞋。安全带定期按《规范》要求做荷载、冲击试验。

（2）高处作业人员不得穿拖鞋、硬底鞋、高跟鞋上班。禁止其他无关人员进入施工场地。

（3）基坑边缘120cm处，设置防护围栏，高度不得小于1.2m，要求牢固、结实、可靠。

（4）架子、起重作业人员，定期检查身体，必须持证上岗。

（5）高处作业搭设的平台、梯道、脚手架、防护栏等防护设施应符合安全要求，经安全员验收合格后方可投入使用。架子工程施工应严格执行《建筑施工高处作业安全技术规范》的有关规定。

（6）高处作业面上用的料具应放置稳妥，小型工具、材料应随时放入工具袋内，传递料具应安全可靠，严禁抛掷，禁止重叠施工。

（7）夜间作业应保持有良好的照明，基坑周围应悬挂醒目安全警示牌和警示灯。

（8）高处作业使用的各种机电设备、钢丝绳等设备应按有关规定办理，并指定专人负责检查。

4. 脚手架施工

（1）脚手架采用金属管材定型机件连接，其规格和质量必须符合有关技术规定和具有产品合格证。

（2）脚手架搭设前，必须经过检算合格，确保脚手架具有稳定的结构和足够的承载力，构造符合有关规定要求。

（3）脚手架架设安装作业必须由训练有素的专业架子工负责完成，使用前报安全员检查验收，同时履行签字手续。

（4）搭设时，扣件接头应错开，螺栓要紧固。立杆底端要使用立杆底座，铅丝和白麻绳不得连接钢脚手架。

（5）脚手板要铺满、铺牢，无探头板，并要牢固地固定在脚手架的支撑上。脚手架任何部分不得与模板相连。

（6）脚手架要设置栏杆。敷设的安全设施经常检查，确保操作人员和小型机械安全通过。严格控制使用荷载，确保有足够的安全储备。

（7）脚手架上的材料和工具要堆放整齐，杂物应及时清除。

（8）悬空脚手架应用栏杆或撑木固定稳妥、牢靠，防止摆动摇晃。

（9）必须有良好的防电、避雷装置。

（10）拆除脚手架时，周围应设置护栏或警戒标志，并应从上而下地拆除，不得上下双层作业。拆除的脚手杆、扳手应用人工传递或吊机吊送，严禁随意抛掷。

5. 盾构施工的安全防范措施

针对盾构法施工在特定的地质条件和作业条件下可能遇到的风险问题，施工前必须仔细研究并制定防止发生灾害的安全措施。

（1）施工准备

1）为确保盾构施工的安全，必须在各作业点之间设有便捷可靠的通信设备。

2）盾构施工前应编制施工安全作业规程。

3）做好环境调查。

4）施工前应做全面的安全技术交底。

5）运输设施的运输能力应与盾构施工所需的材料、设备供应量相适应。所有的起重机械、机具要按安全规程要求定期检查维修与保养。

（2）电瓶车操作

1）电瓶车司机必须经过培训，工作时必须持证上岗，做到定人、定岗、定责。

2）电瓶车司机与调车员必须严格执行设备安全操作规程。

3）司机交接班时，必须仔细检查机车状态，确认完好。

4）行车司机服从指挥调度，不得超速，过岔道口、遇障碍物时制动减速并鸣笛示意。

5）电瓶车运行前后连接必须确认车闸正常，严禁带病运行。

6）平板车与前后连接安全可靠，除了有正规的连接锁，下部还有保险连接。

7）电瓶车严禁无安全措施地随意搭乘人员，发生违章将做严肃处理。

8）指挥施工机械作业人员，站在通视安全地点，并明确规定指挥联络信号。

9）电瓶车运行时的各类物件必须放置稳妥，捆绑安全，严禁超长超限。

10）司机不准擅自离开岗位，运行中严禁手头脚伸出车外，司机在离开岗位时必须排档为零，切断电源，扳紧车闸。

（3）盾构掘进

1）严格执行盾构机安全操作规程。

2）掘进时，不得在设备运转过程中检修设备，特别是皮带机、注浆泵、空压机及电器设备等。

3）进入刀盘时，必须按人仓进出安全作业指导书的程序执行。

4）管片安装过程中，举起的管片下严禁有人作业。

5）掘进时，隧道内有良好的通风，以满足安全作业的各方需要。

（4）管片拼装

1）管片拼装落实专人负责指挥，盾构机司机按照指挥人员的指令操作，严禁擅自转动拼装机，以免发生伤亡事故。

2）举重臂旋转时，严禁施工人员进入举重臂活动半径内，拼装工在管片全部定位后，方可作业。

3) 拼装管片时,拼装工必须站在安全可靠的位置,严禁将手脚放在环缝和千斤顶的顶部,以防受到意外的伤害。

4) 举重臂必须在管片固定就位后,方可复位,封顶拼装就位未完毕时,人员严禁进入封顶块下方。

5) 举重臂旋转时,盾构司机必须看清旋转半径内的人员,并鸣号警示。

6. 用电安全防范措施

(1) 施工现场内临时用电的安装和维修必须由专人负责完成,非电工不准拆装电气设备。

(2) 严格执行电气安装、维修技术规程,认真贯彻《施工现场临时用电安全技术规范》(JGJ 46—2005)。

(3) 操作人员正确使用防护用品(安全带、绝缘鞋、绝缘手套、工作衣等)。

(4) 电工高空作业时,严禁向下抛掷物品,应采用绳子上下传递物品。

(5) 重视重复接地保护:在各用电点的配电箱周围,用2.5m长的L50×50×5角钢2根埋入地下作为接地极,用一根25mm×5mm的镀锌扁钢与接地极焊接后,引到配电箱的接地排上。接地排与从变电所馈出的低压电缆的零线相接,构成重复接地系统。接地电阻不大于4Ω。各用电设备金属外壳与保护零线相连接。

(6) 相序保护:用电设备在运转时,不随意更换相序,若发生意外,相序继电器自动切断电源。

(7) 施工现场、办公区用电统一按"三相五线制"架设,使用标准线,离地高度不得低于4m,横跨公路和便道时不低于4.5～5m;严禁在高、低压线下弃土;洞内等潮湿工作区使用安全电压。若有违章而造成的事故违规操作者承担主要责任,所属施工队承担管理责任,项目部相关管理人员承担监管责任。

7. 起重作业安全防范措施

(1) 吊运机械使用前对钢丝绳、卡具等进行检查验收,符合要求时才使用。

(2) 起重挂钩工必须掌握统一规定信号、手势的表达,做到正确、洪亮和清楚,作业时必须鸣口哨。

(3) 起重挂钩工必须在上班前严格检查吊运使用的钢丝绳、吊钩、卡具,发现不符合安全使用规定的钢丝绳、吊钩、卡具立即更换。

(4) 起重挂钩工必须严格执行"十不吊"并遵守"吊物下严禁站人"制度。各种起重机械起吊前,进行试吊。

(5) 吊运散件必须用索具及箱体,吊运检查安全可靠后,方可进行吊运工作。

(6) 起吊重物时,吊具捆扎牢固,以防滑脱。

(7) 夜间施工有充足的照明,遇到暴雨、大风、地面下沉等情况时停止吊运。

8. 机械安全防范措施

(1) 严禁无证人员上岗进行机械操作。

(2) 机械操作人员严格按照操作规程运作机器,不得违规操作。

(3) 机械操作司机对机械的各个传动部分、操作控制部分经常检查,发现异常情况必须马上报告设备部门及有关人员维修,严禁行车带病工作。

(4) 在机械运作范围内严禁非机械操作人员滞留。
(5) 机械设备在施工现场停放时,选择安全的停放地点,夜间专人看管。
(6) 定期组织机电设备、车辆安全大检查。
(7) 所有的提升设备安装限位保护开关。

9. 交通的安全管理措施

(1) 在施工现场车辆运输区段、弃土进料与社会交通交叉地段,需要进行交通导改、围挡遮蔽,通过交通道路段的施工方案及施工安排应按照"加强科技含量,运用新技术、新工艺确定施工方案;加大施工机械及设备、人员的投入,缩短分项、分部施工周期;积极联系交通有关部门,合理安排施工时间,科学指导交通运行;设专人负责交通协调及交通疏导"的原则进行。

(2) 设交通指挥、协调人员并进行培训。与地方交通管理部门联系,服从其统一安排。发生交通事故后,现场人员立即向应急领导小组汇报。

(3) 汽车运输、执行任务,施工现场倒运料的机械、车辆,在工作前要认真检查和排除故障,行驶中要遵守交通规则和操作规程,严禁带故障出车。严禁酒后开车,发现罚款1000元并立即解除劳务合同。

(4) 装载机禁止带人行驶;运输车辆严禁客货混运,违者罚款500元,造成事故由司机和乘车人承担一切经济等责任。

(5) 严禁非驾驶人员驾车,违者一次罚款200元。

(6) 进、出工地的所有车辆时速不得超过5km,作业地段不超过2km,坡陡路滑地段停车时必须使用阻车器与挡车器,雨、雪天和结冰后,车辆要安装防滑链,同时要强化信号管理,严格规范作业。

(7) 运土车辆运土期间倒卸土时必须指定专人指挥,防止翻车。

(8) 机械车辆严禁带无关人员、外部人员上车。

第九章 施工安全管理制度

第三十二条 安全技术交底制度

(1) 施工前,由主管技术人员编制安全技术措施并向领工员进行书面技术交底。
(2) 安全技术措施交底包括:分部分项工程施工技术交底、大型特殊工程单项技术交底、设备安装工程技术交底,使用新工艺、新技术、新材料、新设备的技术交底。
(3) 项目部安全技术交底必须实行逐级技术交底,并纵向延伸到班组全体作业人员。
(4) 安全技术交底必须具体、明确、针对性强。
(5) 安全技术交底应填写交底单,交底双方相互签字留档备查。
(6) 安全技术交底的具体内容:计划施工项目的危险点、针对危险点的具体预防措施、应注意的安全事项、相应的操作规程和标准、发生事故后应及时采取的避难和急救措施等。
(7) 领工员是安全技术交底的接收人,由领工员和工班长进行每天的工前口头教育和交底。

第三十三条 特种作业人员持证上岗制度

(1) 严格执行国家特种作业人员专业性技术考核管理规则的有关规定,认真做好特种作业人员的管理、教育、培训和办证复审工作。

(2) 以下几个工种属特种作业人员：电工、电（气）焊工、起重工、架子工、厂内机动车辆驾驶员、爆破工、锅炉工等。

(3) 特种作业人员必须身体健康，无妨碍从事本工种的疾病和生理缺陷，持地、市以上劳动行政部门颁发的特种作业人员操作证书，做到持证上岗。持操作证的人员要按时进行培训和复审。

(4) 特种作业人员要佩证上岗，并要按"操作证"限定的作业内容操作。

(5) 项目部建立特种作业人员档案，进行动态管理，保持特种作业人员的相对稳定。

第三十四条　消防安全管理制度

(1) 项目部的消防安全方针是"预防为主，防消结合"，把预防火灾工作放在首位。

(2) 项目经理是消防安全的第一责任人；项目部成立以项目经理任组长，副经理（安全总监）、项目书记、项目总工任副组长，各专（兼）职安全员、各部门主管、领工员为组员的消防安全领导小组，研究、布置、检查消防工作。

(3) 施工现场及驻地要配齐备足防火、防爆器材，并定期更换。

(4) 对生产、生活易燃处所划分责任区域，责任到人，抓好落实。

(5) 安全员要经常性地对施工现场、驻地易燃、易爆的处所进行检查，对发现的隐患及时进行整治。

(6) 发生火灾后立即抢救并拨"119"向消防部门报告。

第三十五条　特种设备使用登记制度

(1) 由物资设备主管负责，建立项目部起重机械、起重设备、锅炉等特种机械设备使用台账。

(2) 严禁擅自改变设备的安全性能。

(3) 特种机械设备要定人、定机、定责，抓好操作规程的落实。

(4) 对起重机械、锅炉压力容器要定期进行检验，确保使用安全。

第三十六条　安全事故应急救援制度

(1) 项目部成立应急救援组织机构及消防（抢险）队，发布联系电话。

(2) 对可能发生的惯性事故及分部、分项工程的薄弱环节，项目部编制应急救援预案，预案做到责任落实，措施到位。

(3) 第一个发现事故的人员要立即报告项目部领导，项目部要采取有效的救护措施，同时做好疏散现场人员、现场警戒工作，缩小危害范围和影响程度。

(4) 发生火灾时要立即拨打"119"电话，发生伤亡、中毒事故时要立即拨打"120"急救电话，请求急救。

(5) 对发生的事故，项目部要以最快方式报告公司安全部门。任何人不得拖延报告或隐瞒不报。

(6) 项目部安全员要做好现场拍照、收集资料，并填写记录为事故调查分析提供可靠的依据。

第十章　事故报告和处理

第三十七条　事故报告和处理依据

各单位严格执行国务院《企业职工伤亡事故报告和处理规定》和国务院《关于特大安全事故行政责任追究的规定》，认真、严肃、实事求是地做好职工伤亡事故的统计、报告、调查和处理工作。

第三十八条 事故处理程序

1. 现场保护

突发性事故（事件）发生后，项目经理部立即派人赶赴事故（事件）现场，负责事故（事件）现场保护，立即开展收集证据工作。

因抢救人员、防止突发性紧急事故（事件）扩大以及疏通交通等原因，需要移动现场物件时，要做好标志、标记，并绘制现场简图，写出书面材料，妥善保存现场重要痕迹、物证。

2. 警报和紧急公告

当事故可能影响到周边地区，对周边地区的公众可能造成威胁时，应及时启动警报系统，向周边公众发出警报，同时通过各种途径向公众发出紧急公告，告知事故性质、对健康的影响、自我保护措施、注意事项等，以保证公众能够做出及时的自我防护响应。项目经理决定是否启动警报。警报和紧急公告由派出所负责组织实施，相关部门配合。警报方式采用扩音喇叭向周边区发出警报。

3. 事态监测

发生突发性紧急事故/事件并启动应急预案后，由项目经理部所属的安质部、派出所负责人各指定本部门1名人员组成事态监测小组，负责对事态的发展进行动态监测并做好过程记录。

4. 警戒与治安

为保障现场应急救援工作的顺利开展，在事故现场周边建立警戒区域，实施交通管制，维护好现场治安秩序，防止与救援无关人员进入事故现场，保障救援队伍、物资运输和人群疏散等的交通畅通，并避免发生不必要的伤亡。在安全事故救援过程中现场警戒与治安由派出所负责实施。

现场警戒措施包括：危险区边界警戒线为黄黑带，警戒哨佩戴臂章，警车鸣警灯和警笛，用扩音喇叭警告，警戒人员负责阻止与救援无关的人员进入事故救援现场。

5. 人群疏散与安置

人群疏散是减少人员伤亡扩大的关键措施，也是最彻底的应急响应。应根据事故的性质、控制程度等决定是否对人员进行疏散。

6. 医疗与卫生

由卫生所医生负责对在突发性事故中受伤的人员进行现场急救。对伤情严重的人员立刻转送至工程所在地附近医院或急救中心进行抢救，转送过程中指派专人进行途中护理，急救车为转送伤员专用车辆或120急救车。在紧急转送伤员时，救护车鸣灯。

7. 公共关系

突发性事故发生后，应将有关事故的信息、影响、救援工作的进展情况等及时向媒体和公众进行统一发布，以消除公众的恐慌心理，控制谣言，避免公众的猜疑和不满。发布事故相关信息由项目经理批准，由项目经理部综合办公室发布，保证发布信息的统一性，及时消除传言。

8. 应急救援人员的安全

应急救援过程中,对参与应急救援人员(指挥人员)的安全进行周密的考虑和监视。必要时,有专业抢险人员参与指挥或作业。在应急救援过程中,由项目经理部安全管理部门指派专人负责对参与应急救援人员的安全进行过程监视,及时发现受伤人员并组织撤换抢救。

第三十九条 事故报告制度

(1) 事故报告范围。凡是内部员工、外部劳务人员的人身伤害事故,急性中毒事件、施工发生的工程事故以及各类交通事故、机械设备事故、火灾事故及其他事故均在报告范围之内。

(2) 事故报告方法。事故快报,发生报告范围的各类事故,应在事故发生两小时内,最迟不超过 3 小时,将发生事故的时间、地点、人员伤亡、事故初步原因分析等情况,用电话或派人等快速方法,报到项目部安质部或直接向项目部领导报告。

(3) 凡发生职工因工死亡事故,在逐级上报的同时还应分别报当地劳动、公安和工会组织。

(4) 事故结案报告。发生重大事故的单位应在 5 日内写出《事故调查处理报告》报到项目部安质部,由项目部安质部上报公司安质部。事故报告应附有现场图、照片、责任者的书面检讨书等。

(5) 事故处理。发生事故后,事故单位必须按照"四不放过"的原则进行处理,即:事故原因没有查清不放过、责任者没有严肃处理不放过、施工人员没有受到教育不放过、防范措施没有落实不放过。

第四十条 事故统计报表

(1) 书面报表:书面报表分月报和年报。月报时间为本月 28 日以前、年报时间为本年 12 月 25 日前报送到公司(各队均应提前二天报到项目部);所有报表必须加盖单位公章,并由主管领导签字(盖章)方可生效。

(2) 各队在填报表的同时必须报告安全生产情况;每年六月底和十二月底,写出半年和全年安全生产情况总结报告报项目部安质部。

(3) 各单位必须将外部劳务安全管理纳入正式职工管理范畴,建立正规的台账、档案,每月专题向项目部上报一次管理情况和统计报表。

第十一章 安全奖励处罚制度

第四十一条 奖励和罚款的管理办法

根据《××地铁管理制度汇编》中安全管理有关规定要求,切实落实地铁施工生产安全,争创文明工地。项目部同各部门及各施工单位签订安全协议,根据安全协议中的有关内容,进行考评,实施奖罚。

第四十二条 处罚措施的实施办法

项目部所属各单位出现安全质量违章行为,项目部相关管理人员或监察人员,将根据项目部有关管理条例开出违约扣款单,违约扣款单由现场主管和项目经理签发。违约扣款金由财务部扣除,划入安全资金做到专款专用。

安全处罚管理规定一般性实施细则如下:

1. 对项目部人员的管理规定

(1) 没有实现各项安全管理目标，每一项对管理责任人罚款100元，相关人员罚款50元。

(2) 现场发现违章、事故隐患，凡经上级部门检查指出，每一项对管理责任人罚款10元。

(3) 现场隐患、违章不及时纠正、制止，每一项对责任人罚款10元。

(4) 现场防护不按要求设置，每一处对管理责任人罚款20元。

(5) 对进入现场不戴安全帽、标牌的人员，违反者50元/人。

(6) 特种作业人员不持证上岗、不按规定开动火证，一次罚管理责任人50元。

(7) 项目部人员不按规定穿工作服一次罚款50元。

(8) 保安管理出现问题，每出现一次罚100元。

2. 对分包、施工单位管理规定

对下列违章者给予罚款处理：

(1) 没有三级教育记录上岗者，罚款50元。

(2) 进入施工现场不戴安全帽者，罚款100元，对安全负责人罚100元。

(3) 特殊工种不持证上岗者，罚款200元。

(4) 施工现场吸烟者罚款500元；高危作业区（油料、防水卷材、乙炔氧气罐附近，盾构区间等）抽烟者罚款5000元。

(5) 动用电气焊动火无看火者，罚款100元。

(6) 动用电气焊无消防水桶（消防设备）者，罚款200元。

(7) 动用明火无动火证者，罚款200元。

(8) 酒后上岗作业者，罚款500元。

(9) 电焊机防护不全者，罚款100元。

(10) 电焊作业双线不到位或借路者，罚款100元（视情况而定）。

(11) 小型电动机具用电不按安全用电要求者，罚款200元。

(12) 非电工私拉乱接电线、电器者，罚款500元。

(13) 未经批准私自使用电炉等违章电器者，罚款500元。

(14) 进入施工现场不按规定挂胸牌者（随身代），罚款10元。

(15) 聚众赌博、参与社会不健康活动者，罚款500元。

(16) 损坏消防设施、器材者，罚款200元。

(17) 私自动用消防设施者罚款100元，对所属单位罚款200元。

(18) 没有经过项目允许擅自拆除和损坏安全设施者，罚款500元。

(19) 对检查提出的事故隐患不能按期整改者，罚款100元。

(20) 施工现场打架斗殴、聚众闹事者，罚款500元。

(21) 非塔吊司机私自攀登塔吊者，罚款100元。

(22) 故意损坏安全、消防警示标志牌者，罚款500元。

(23) 未经允许留宿外来人员者罚款100元、所属单位罚款200元。

(24) 施工现场进行偷盗者，罚款500元（损失财物照价赔偿）。

第四十三条 奖励措施的实施办法

凡签订了《安全协议》并满足其条件，同时全年没有出现过任何安全事故的单位，项目部将予以奖励。对于制止事故发生或及时发现事故重大隐患，使项目部免遭重大经济损失或避免人身事故的单位和个人，随时给予物质奖励和精神奖励，奖金应视具体情况由项目部安全生产领导小组研究确定。

奖励由财务单独列出科目，奖金直接从财务发放。单位罚款从拨款中扣除，个人罚款从工资中扣除。所有奖罚由安质部填制《安全质量违约扣款单》，由项目经理签发。

第十二章 环境保护措施

环境保护是关系到人类生存和发展、保持生态平衡的大事。在施工中既要搞好工程建设，又要减少因施工对环境的破坏，是施工企业的基本职责及必须注意的问题。

第四十四条 环境保护目标

环境保护坚持"预防为主，防治结合，综合治理，化害为利"的原则，对施工扬尘、有害气体及锅炉大气污染排放、施工污水排放控制在国家或地方部门要求标准以内；环境敏感地区施工现场场界噪声达标排放；对各施工单位和职能部门的能源和资源消耗控制在计划内；环境污染责任事故为零。

第四十五条 施工过程中的环境保护方案

各施工队应严格遵守国家有关环境保护的法律、法规和规章，按照合同和国家及地方有关环境保护的规定，对环境保护工作做到全面规划，综合治理。会同监理工程师及时与当地环境保护管理机构取得联系，遵守有关控制环境污染的法规，从组织管理、防止和减轻水、大气污染，再到施工噪声及振动控制、水土保持、生态环境保护、粉尘控制、弃土控制等多方面采取一切合理措施，将施工现场周围环境的污染降至最低程度，搞好污水处理，防止污染水质，做好水土保持。并按业主批准的环境保护措施完成对环境的恢复工作。

对职工进行环保教育；采取有效措施保护施工现场的环境；车站取土严格按设计范围施工；挖土施工前采取有效措施将绿化带的树木进行移栽；施工完将绿化带和道路进行恢复；疏通排水系统，做好污水治理，防止污染水源；加强管理，施工中的废弃物和垃圾弃到指定地点；施工中由环保领导小组负责监督检查。

第四十六条 施工过程中的环境保护措施

1. 组织措施

（1）成立环境保护领导小组

成立以项目经理为组长，项目副经理、总工程师为副组长，各部（室）部长、各施工队队长为组员的环境保护领导小组。项目经理部、各施工队，配专（兼）职环境保护管理人员，负责检查、监督各项环保工作的落实。

（2）建立健全环境检查制度

1) 环境保护的每日检查

每天由工（班）长、施工员、监督员进行全面的检查，凡违反施工环境保护规定的及时指出并整改，由施工员在当天的施工日记上做出自检记录。

2) 施工队定期月检

每月施工队在项目经理部主管领导带领下，组织有关人员对所属的施工段进行定期月检，按施工现场环境保护检查、考核标准进行检查评分，填写评分记录表，对不符合环保要求的采取"三定"原则（定人、定时、定措施）予以整改，落实后及时做好复检复查工作。

2．技术措施

（1）防止水土污染技术措施

1）施工现场作业污水的排放控制

施工现场作业产生的污水，禁止随地排放。作业时严格控制污水流向，在合理位置设置沉淀处理，未经处理的污水，严禁直接排入城市排水系统，经沉淀后方可排出。

2）营区的环境保护

施工现场临时食堂，设置简易有效的隔油池，产生的污水经下水管道前要经过隔油池。平时加强管理，定期掏油，防止污染。

将工地生活区的生活垃圾、工程废料及废油分类堆放，及时集运至当地环保部门指定的地点，不准倒入河流、湖泊等水域内，避免污染水体，淤积河流、水道和排水系统。厕所建设达到统一标准。

3）油料库的防渗漏控制

设置专用的油料库，油库内严禁放置其他物资，库房地面和墙面做防渗漏特殊处理，储存、使用和保管派专人负责，防止油料的跑、冒、滴、漏、污染水、土体。

（2）防止噪声污染技术措施

1）严格执行《城市区域环境振动标准》（GB 10070—1988）要求。具体要求见表10-1所列。

环境振动标准值表（dB）　　　　　　　　　　　　　表10-1

适用地带范围	昼间	夜间
居住、文教区	70	67
混合区、商业中心区	75	72
交通干线道路两侧	75	72

单位：铅垂向Z振级 VL_{z10}（dB）。

2）对盾构区间临近的建（构）筑物、地下管线事先详查、做好记录，对可能造成的危害做好详细的施工方案，按照专项施工方案完成加固等预防措施。

3）人为噪声的控制措施：施工现场提倡文明施工，建立健全控制人为噪声的管理制度。尽量减少人为大声喧哗，增强全体施工人员防噪声扰民的自觉意识。采取措施或改进施工方法，如采取消声、吸声、隔声、阻尼或安装隔振装置等措施，使施工噪声、振动达到施工场界环境标准。在离施工场地200m内有环境敏感点时，作业中辐射强噪声和强振动的施工机械在夜间停止施工作业。

4）机械噪声的控制措施：设备选型优先考虑低噪声或备有消声降噪设备的产品，设备底座设置防震基础，对噪声所影响居民区采取设置声屏障或其他措施，具体实施方案在与当地环保部门协商后确定并实施。施工现场的强噪声机械设置封闭的机械棚，以减少强噪声的扩散。

5）加强施工现场的噪声监测：加强施工现场环境噪声的长期监测，采用专人监测、专人管理的原则，根据测量结果填写噪声测量记录表，凡超过《建筑施工场界环境噪声排放标准》的，及时对施工现场噪声超标的有关因素进行调整，达到施工噪声不扰民的目的。

(3) 防止大气污染技术措施

1) 施工现场防扬尘控制措施

① 施工垃圾严禁随意凌空抛洒造成扬尘，做到及时清运。清运时，适量洒水减少扬尘。

② 施工前做好施工道路的规划和设置，采用的临时施工道路，基层确保夯实，路面铺垫细石，并随时洒水，减少道路扬尘。

③ 散水泥和其他飞扬的细颗粒散体材料尽量安排库内存放，运输和卸运时防止遗洒飞扬，以减少扬尘。

④ 生石灰的熟化和灰土施工，适当配合洒水，杜绝扬尘。

⑤ 施工现场制定洒水降尘制度，配备专用洒水设备及指定专人负责，在易产生扬尘的季节，采取洒水降尘。

⑥ 喷射混凝土施工采用湿喷法工艺，杜绝采用干喷工艺。

2) 生产设施的降尘措施

在搅拌站上搭设封闭的搅拌棚，搅拌机上设置喷淋装置（如搅拌机雾化器）。

3) 防止和减轻大气污染

① 建筑材料、砂、小石子等堆放在仓库或进行遮盖，防止污染空气和水体。

② 尽量安排电动机械施工，如用柴油机则采取必要措施防止漏油，对机壳进行覆盖围护，避免漏油污染。

(4) 粉尘控制措施

1) 不在施工现场烧有毒、有害和有恶臭气味的物质。

2) 装卸有粉尘的材料时，采取洒水湿润或遮盖，防止沿途撒漏和扬尘。

(5) 固体废弃物的控制措施

1) 制定废渣等固体废弃物的处理、处置方案，及时清运施工弃土和渣土，建立登记制度，防止中途倾倒事件发生并做到运输途中不撒落。

2) 选择对外环境影响小的运输路线和运输时间。

3) 剩余料具、包装及时回收、清退。对可再利用的废弃物尽量回收利用。各类垃圾及时清扫、清运，不随意倾倒，每班清扫、每日清运。

4) 施工现场无废弃砂浆和混凝土，运输道路和操作面落地料及时清理，砂浆、混凝土倒运时采取防落措施。

5) 教育施工人员养成良好的卫生习惯，不随地乱丢垃圾、杂物，保持工作和生活环境的整洁。

6) 严禁垃圾乱倒、乱卸。施工现场和施工营地设垃圾站，各类生活垃圾按规定集中收集，每班清扫、每日清运。

(6) 合理布置场地，做好临时围挡，搞好施工场地容貌

1) 在业主指定地点严格按总平面布置图统一规划设置临时设施，做到布局合理，图物相吻，既有利于施工作业又能确保安全；同时根据工程进展，适时地对施工现场进行整理和整顿，或进行必要的调整。

2）施工现场设围挡围护隔离，经常保持整齐、美观、牢固，其沿道路面装饰与周围环境相协调，按要求书写与工程建设相关的标语、口号；出入口设置精致、规整的大门，并有门卫和门卫制度。门内设立明显的标牌，标明工程简介、开竣工日期和工程建设、设计、监理、施工单位等名称。

3）在工地设置鲜明周正的五牌一图，即：工程概况牌、安全纪律牌、安全标语牌、安全记录牌、文明施工制度牌和施工平面图。字迹书写正确规范、工整美观并始终保持良好。

4）建立文明施工责任区，划分区域，明确管理人，实行挂牌制，做到现场清洁整齐。

5）现场设置宣传标语、专栏、黑板报，及时报道安全、质量等方面的内容，并及时更换；入口处悬挂宣传标语横幅。

6）施工现场场地平整，道路坚实畅通，排水设施设置合理；设置相应的安全防护设施和安全标志，保证行人安全。对车站场地予以硬化，地坪质量、整洁程度确保监理和发包人满意。

7）施工现场各种管线布置线条整齐、清洁，临时水、电派专人管理，不得有长流水、长明灯。

8）钢材、木材及模板等材料按品种、规格、型号堆放整齐，做到一头齐、一条线，标识清楚，并编制详细的施工用料计划，按计划进料，做到材料不积压，不退料，钢材、木材合理使用，长料不短用，优材不劣用。

9）做到活完脚下清，工完场地清，丢洒的砂浆、混凝土及时清除。垃圾在适当的地点设置临时堆放点，并定期外运至指定点予以处理，并且采取遮盖防漏措施，保证运送途中不得遗撒。

10）现场使用的机械设备，按平面布置规划固定点存放，遵守机械安全规程，经常保持机身及周围环境的清洁；机械的标记、编号明显，安全装置可靠；机械及时保养，擦洗干净，清洗机械排出的污水设有排放措施，不得随地流淌；在进出大门口设洗车池、沉淀池，不得将水直接排入城市排水系统内；装运建筑材料、土石方、建筑垃圾等的车辆，确保行驶途中不污染道路和环境。

11）砂浆、混凝土在搅拌、运输、使用过程中，做到不洒、不漏。

12）对成品进行严格的保护措施，严禁污染损坏成品。

第十三章 附 则

第四十七条 适用范围
本办法只适用于中铁××局××地铁一号线土建施工六项目部各单位。

第四十八条 有限日期
本办法自下发之日起执行，至本工程竣工结束有效期。

第四十九条 备注语
本办法条款解释权在项目安质部。

2010 年 11 月 30 日

10.2.2 案例简析

面临轨道交通在安全规划、安全设计、安全建设、安全监督管理和安全运营等方面的投入不足，安全监视管理体系、事故预防体系和应急处置机制不够健全、应对重特大突发性事件的能力较低等挑战，成为一大难解课题。为此，中铁××局集团有限公司××轨道交通1号线一期工程土建施工六标段项目经理部，特制定了本安全生产管理办法。其特点是：

（1）安全生产总则法律法规化。法治观念树立坚定，明确规定必须实施、遵守、执行国家安全生产的各项法律法规。

（2）安全生产目标指标化。力争达到"零缺陷"交验工程项目。按此指标进行检查、监督、考核、奖惩。

（3）安全生产组织保障系统化。在总部统一领导下，项目部和施工队都有安全领导小组，全权负责落实本单位的安全生产管理工作。

（4）安全生产确保到位责任化。项目部上自经理而下到操作人员严把安全关，项目部各个管理部门都承担着非常具体的安全生产责任。

（5）安全教育培训"三级制"化。对新工人（包括合同工、临时工、自带民工）要进行"三级"（项目部、施工队、作业班组）安全教育，意义重大。

（6）安全生产检查常态化。一有定期检查制度，二要班组安全"三检制"，三是安全执法严格照章办事。

（7）对劳务安全管理严格化。这是一项创新性的工作，必须不厌其烦地对劳务人员从严进行安全生产培训教育。

（8）安全生产防护重点化、操作规程化。防护和控制住重点关键部位，严格按操作规程施工，以确保轨道交通的工程质量安全。

（9）施工安全制度化、持证化。项目部所制定的安全施工制度必须逐级实行，并纵向延伸到班组全体作业人员技术交底；规定特种作业人员要佩证上岗，按"操作证"限定的作业内容操作，并建立特种作业人员档案，进行动态管理。

（10）事故报告及时、程序化。坚持事故报告处理流程制，发生事故后，事故单位必须按照"四不放过"的原则进行处理。

（11）奖罚制度条例化、细节化。从奖罚原则到奖罚条例的规定，极其细腻透明，便于全员掌握和操作。

（12）环保措施目标化、标准化。环保目标明确，措施具体可控，特别在"三防"、"两控"、"一文明"方面，扎扎实实。即，防止水土污染技术措施、防止噪声污染技术措施、防止大气污染技术措施、粉尘控制措施、固体废弃物的控制措施、现场文明施工。

马克思说过，如果斗争是在极顺利的条件下才着手进行，那么创造世界历史未免就太容易了。俗语"事非经过不知难"。该安全生产管理办法，体现了为安全保障所精心策划、精心设计、精心施工、兑现安全意识，融于点点滴滴之为。这是一篇"以人为本"，把工程项目安全生产纳入依法、科学、规范、有序的正确发展轨道的指南。它不仅利于轨道工程施工，对未来亦有长远的标杆意义。

本办法是由项目部广大员工艰苦奋斗洒血抛汗换来的一种适于轨道工程的好"工法"。经验弥足珍贵，给其他工程行业，树立了一座丰碑，折射出轨道工程项目部对安全观念的变革，对安全理念的更新，对安全文化真谛的高度认知和实践，其作用和影响远远超出了办法本身。

10.3 案例三 首都机场 T3 航站楼安全管理案例及简析

10.3.1 首都机场 T3 航站楼项目安全管理案例

大型公共建筑安全管理应用

——首都机场 T3 航站楼项目消防安全管理实践—研究紧急情况下的安全控制

新昌物业管理公司 刘俊荣

摘要:

消防安全一直是全社会重点关注的问题,遵照"预防为主,防消结合"的消防工作方针,制定行之有效的防范预案能有效的减少火灾的危害。作为首都门户、中国窗口、奥运保障工程的首都机场三号航站楼的消防安全不仅是关乎国家财产的安全和保护公民人身财产的安全,更是关乎国家"和谐社会"的整体形象,也是国家倡导构建"以人为本"的小康社会的集中体现。因而确保航站楼内消防安全是航站楼内所有单位和人员的责任,本文是对这个超大型公共建筑如何解决安全管理,特别是消防安全管理控制方面的一些目前实施管理方案的描述,为航站楼管理以及大型公共建筑在消防安全管理提供相应参考。

关键词: 大型公共建筑;消防安全管理;紧急事件。

引言:

消防安全一直是全社会重点关注的问题,遵照"预防为主,防消结合"的消防工作方针,制定行之有效的防范预案能有效的减少火灾的危害。而作为首都门户、中国窗口、奥运保障工程的首都机场三号航站楼的消防安全不仅是关乎国家财产的安全和保护公民人身财产的安全,更是关乎国家"和谐社会"的整体形象,也是国家倡导构建"以人为本"的小康社会的集中体现。因而确保航站楼内消防安全是航站楼内所有单位和人员的责任,只有 T3 航站楼的全体工作人员、办公人员、出租商户和服务人员的积极参与支持,才能确保在火灾紧急状态下消防应急疏散预案发挥最大的作用。

1. 项目介绍(包括介绍其优质的价值)

(1)项目价值

北京首都国际机场,是中国地理位置最重要、规模最大、设备最齐全、运输生产最繁忙的大型国际航空港。首都机场不但是中国首都北京的空中门户和对外交往的窗口,而且是中国民航最重要的航空枢纽,是中国民用航空网络的辐射中心,是中国国际航空公司的基地机场。

3 号航站楼建筑面积是原来 1、2 号航站楼总和的两倍多,建成后大大地缓解了首都机场超负荷运行的现状。在 T3 航站楼成功投入运营后,首都机场成为了亚洲首家拥有三座航站楼、双塔台、三条跑道的国际机场,三条跑道同时运营时航班起降能力从原来的每天 1000 个航班提升至 1700~1800 个航班,空中客车 A380 等新一代大型客机也经常能够看到在新建成的跑道起降。T3 航站楼 2008 年 2 月 29 日迎来了第一架航班和第一批旅客。

在经历了接管验收后,T3 航站楼试运行二次转场及正式开航,通过了非洲首脑会议、亚欧首脑会议旅客接待、08 年春节和"十一"黄金周的高峰,以及奥运会、残奥会运行

接待的考验。

(2) 项目概况

三号航站楼位于 T1、T2 航站楼的东侧，GTC 的北面。T3C 为国内旅客候机楼位于南侧，T3E 为国际旅客候机楼位于北侧，中间 T3D，T3C 与 T3E 之间通过贯穿的旅客捷运通道（APM）和行李运输廊（BHS），T3F—APM 维修中心位于 T3E 北侧。T3C、T3E 南北向长度 940m，东西向宽度 790m，T3C 高 45m，T3E 高 42.5m，T3C 北端至 T3E 南端之间距离 1028m，塔台至 T3E 北端之间距离 300m。总建筑面积 902009m^2（其中 T3C 面积 514952 m^2，T3E 面积 387057 m^2）。由于 T3 航站楼的特殊要求，本航站楼的能源储备与相应调压设备均不设在 T3C、T3E 楼体内部。

T3C 地下两层，地上五层。B2 层主要为机电设备用房、行李处理机房（占两层高）及通道等；B1 层主要为商店库房、设备及电气管廊、主通信机房（PCR）及功能管理中心等机电设备用房；L1 层（机坪层）主要为行李分拣大厅、VIP 及 CIP 用房、远机位出发和到达用房、机电设备用房等；L2 层主要为行李提取大厅（占两层高）、海关、到达迎接大厅、国内出发/到达、APM 站台、商店、各航空公司业务用房等；L3 层主要为国内出发、行李处理机房、商店、各航空公司业务用房等；L4 层主要为办票大厅、西餐厅、各航空公司物业用房等；L5 层主要为餐厅及配套用房。

T3E 地下两层，地上三层。B2 层主要为 APM 站台及通道、行李通道、商店库房及机电设备用房；B1 层主要为行李处理机房及通道、设备及电气管廊、主通信机房（PCR）等机电设备用房；L1 层（机坪层）主要为行李分拣大厅、远机位出发和到达用房、机电设备用房、各航空公司业务用房等；L2 层主要为 APM 站台、卫检、边检、海关、国际出发、各航空公司业务用房以及景观花园、商店、餐厅等；L3 层主要为国际到达、卫检、边检、公安、气象、飞行等业务用房以及两舱候机室和计时客房等。

(3) 项目的难点

T3 航站楼作为交通枢纽，连接高速公路和高速铁路，实现了不同交通工具之间的便捷互换。其建筑设计的复杂化、多元化和综合化为其紧急情况下的安全管理，特别是消防安全带来了难度和挑战。

(4) T3 航站楼的特点

机场一般可分为陆侧区域和空侧区域，其主要区别为：空侧是飞机活动的区域，包括跑道、滑行道、停机坪等，非工作人员和经过安检的乘客不得进入；陆侧主要指非飞机活动的区域，一般指为旅客服务的区域。而界于空侧和陆侧之间的连接区域即为航站楼，航站楼是整个航空港中最主要的建筑物，其基本功能是安排好旅客、行李的流程，为其改变运输方式提供各种设施和服务，使航空运输安全有序。旅客、行李及货邮在航站楼内办理各种手续，并进行必要的检查，以实现运输方式的安全有序转换。航站楼的基本设施应包括：车道边、公共大厅、安全检查设施、政府机构、候机大厅、行李处理设施、机械化代步设施（人行步道、自动扶梯）、登机梯、旅客信息服务设施等。

T3 航站楼在办票大厅和候机长廊部分均需要较大的空间，以容纳相应规模的旅客流量，这种空间由大空间的结构形式来表现。T3 航站楼的层数虽然不多，但面积较大，旅客所行走的水平距离较长。另外，T3 航站楼作为一个城市的门户形象，其重要性决定了该建筑物所具有的标志性，其主要造型均采用大跨度的空间结构来表现。对于地下部分的工作空间，如行李输送走廊及内部工作机房等，由于航站楼的巨型规模，具有封闭性和超长的疏散距离设置特性等因素。以上超长疏散特性及超大空间超尺度建筑给安全管理特别是消防安全的管理带来了新的挑战。

（5）航站楼的消防危险性

1）航站楼一旦发生火灾，后果大多比较严重，不仅会危及旅客安全，致使航空运输中断，还会引发极大的社会影响；

2）由于航站楼的内部空间大且无法进行有效的封闭，空气供应充分，一旦发生火灾，使得火灾烟气、高温热流迅速蔓延，火灾可以不受限制地扩大，难以控制；

3）人流密度大，人员疏散困难；

4）火灾扑救难度大。

（6）消防安全管理的难点

T3 航站楼具有面积大、体积大、内部运营功能复杂、人流密度大等特点，因而其安全性被列为主要的考虑因素。然而，机场的有些运营目标可能与消防安全设计发生冲突，如安检因素、建筑因素、乘客高效通行、商业运行等。鉴于上述因素，安全管理特别是消防安全的管理存在以下难点：

1）T3 航站楼旅客使用的区域一般均以大空间形式出现，面积庞大，内部流量大，难以在不中断乘客自由通行的前提下采用传统的实体防火防烟分隔，来限制烟雾和火灾的扩散。

2）就 T3 航站楼建筑而言，由于其面积大、空间大，疏散距离较普通建筑要长，因此传统的安全疏散的方法无法满足 T3 航站楼的安全管理需要。

（7）T3 航站楼项目安全管理方法与解决方案

1）因地制宜地制定出《T3 航站楼消防应急疏散预案》。

根据 T3 航站楼的综合特点，依据国际化航站楼的运行管理流程，参考澳大利亚、中国香港等机场的安全疏散经验，制定了《T3 航站楼消防应急疏散预案》。

2）预案的编制目的

消防安全一直是全社会重点关注的问题，遵照"预防为主，防消结合"的消防工作方针，制定行之有效的疏散预案能有效地减少火灾的危害。

本预案的编制目的是使在首都机场三号航站楼范围内的所有工作人员及旅客，在火灾发生中能及时疏散受火灾威胁的相关人员，并使受伤人员能够得到及时的救护；使专业的消防人员能够及时采取措施进行灭火；航站楼内相关人员能够按照火灾应急疏散预案有序组织疏散以确保人身安全；同时使机场工作人员在火灾发生时可以采取相关措施降低对航运业务的影响；在灾害发生后使受困人员摆脱威胁，使航站楼工作顺利地进入相关的恢复程序，最大限度减少人员伤亡和财产损失。

3）预案编制参考规范和资料

预案的编制过程中，我们参考了《中华人民共和国消防法》、《中华人民共和国突发事件应对法》、2006 年 5 月《国务院关于进一步加强消防工作的意见》、《中华人民共和国公安部 61 号令》、《人员密集场所消防安全管理规定》、《中华人民共和国国家标准消防安全标志条例》、《中华人民共和国国家标准消防安全标志设置要求》、《北京市消防条例》、《北京市消防安全责任监督管理办法》、《北京市消防安全疏散标志设置标准》和《高层民用建筑设计规范》、《火灾自动报警系统设计规范》等国家或地方技术标准规范规定及 ISO 管理体系、职业健康标准和航站楼消防安全管理等其他相关规定，同时还参考当今国际危机管理标准，并结合三号航站楼的实际情况而制定的。

同时我们还查阅了全球机场发生火灾的案例，分析其发生火灾的原因，以其教训引发我们深思（表 10-2）。

火 灾 案 例　　　　　　　　　表 10-2

时 间	地 点	起 火 原 因
2008/01/12	巴西里约热内卢机场	候机楼内底层汽车着火，造成四层航站楼烧毁
2007/12/03	印尼棉兰机场	国内航线大厅二层电线短路引起火灾
2006/07/03	约旦首都安曼阿莉娅王后国际机场	电线短路引起
2006/02/14	中国台北桃园机场草坪起火	民众施放天灯引发草坪着火
2005/10/27	荷兰阿姆斯特丹机场拘留间起火	原因不详，11 名等待驱逐出境人员死亡
2005/09/09	印度新德里英迪拉甘地国内航班机场	机场电脑室空调系统电路发生电线短路
2007/12/26	东京成田机场 1 号候机厅	传送电梯燃烧
2004/12/22	法国巴黎戴高乐机场候机厅	行李传送带着火
1996/04/11	德国杜塞尔多夫机场候机楼	电焊操作时，工作人员没有采取充分预防措施。17 人死亡，62 人受伤

通过以上案例分析，切实可行的消防应急疏散预案是为火灾紧急状态下，有效迅速地疏散人员提供明确的依据。

由于机场的特殊性，因此火灾状况下亦需考虑陆侧（非禁区）、空侧（禁区）和控制区的疏散方法，确保空车区域的安全。

（8）火灾应急疏散原则

消防应急疏散是一个团体协作的行为，需要航站楼各单位的通力合作，以使疏散行为得以顺利实施，并能够确保自身的安全。

三号航站楼在现场的所有工作人员，均有扑救初期火灾、组织、引导旅客疏散的义务，发生火灾区域的人员应优先疏散

选择最短的疏散路线或疏散时间最少的路线，并根据现场情况避开火灾发生位置，调整疏散路线。普通区域疏散时间不超过 8 分钟，地下机房区域疏散时间不超过 5 分钟。

在火灾疏散时，禁区外人员在未经授权时，不得进入禁区。

在确保安全的情况下，熟悉内部路线的航站楼员工在疏散时尽量使用航站楼内部疏散楼梯，公众出口的疏散路线一般由不熟悉路线的旅客和送机人员使用。

(9) 疏散人群分类

包括三号航站楼工作人员（可以向禁区域、非禁区域疏散）；三号航站楼商户（可以向禁区域、非禁区域疏散）；乘客；出境乘客；完成出境安检手续的乘客（可以向禁区域、非禁区域疏散）；未完成出境安检手续的乘客（可以向非禁区域疏散）；入境乘客；完成入境手续的乘客（可以向禁区域、非禁区域疏散）；未完成入境手续的乘客（可以向禁区域、非禁区域疏散）；转机乘客；送机人员（可以向非禁区域疏散）。

疏散陆续设计中还重点考虑了机场对于安全的特殊要求，特别注意确保空侧和路侧隔离。在依据规范进行的建筑疏散线路设计中，可能会出现空侧和路侧乘客之间的相互混杂。对于 T3 航站楼疏散来说，空侧乘客只向空侧区疏散，路侧乘客只能向路侧区疏散。

(10) 疏散集结点

疏散集结点是被疏散人群的汇集点，在该区域等待救护以及下一步的恢复安排，每个区域均设有明显标志及疏散集结箱。紧急情况发生时，安保人员迅速至疏散集结点位置，打开集结箱，利用集结箱内装备采取警戒及救护措施，并对疏散至该集结点的人群进行管理和清点人数，并将疏散结果上报 TOCC。三号航站楼安全集结点总数 88 个；T3C 疏散集结点有 42 个；33 个位于机场禁区内（1～33 号）；9 个位于机场禁区外（A～I 号）；T3E 疏散集结点有 44 个；41 个位于机场禁区内（34～74 号）；3 个位于机场禁区外（J～L 号）。

集结箱内容包括：警戒拉带、荧光背心、指挥棒、指挥旗、手持照明灯、初级救护箱、人员清点登记本等（图 10-2）。

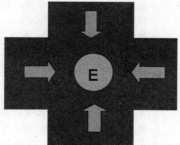

疏散集结箱外部

疏散集结箱前部

疏散集结箱后部

图 10-2　疏散集结箱

(11) 疏散等级

说明：按照火灾事故发生的紧急程度、发展势态和可能造成的危害程度分为一级、二级、三级和四级，分别用红色、橙色、黄色和蓝色标示，四级为最高级别。疏散等级所涉及的内容，为单体建筑概念，如 T3C、T3E 即为两个独立的建筑单元（表10-3）。

疏散等级　　　　　　　　　表10-3

	代表颜色	疏散范围	涉及单位	火情描述
一级	■	相关人员退出起火点周围20m	受火灾威胁的人员、消防控制室人员、TOCC、动力能源公司、相关维保单位、安保公司、保洁公司、急救中心、航空公司地服、空管、海关、边防	(1) 在相对空旷的场所中独立固定放置（不与其他物品相连）的体积较小物品的内部冒烟或燃烧； (2) 与不易迅速燃烧的物品相连的固定物品冒烟； (3) 在相对空旷的场所中独立固定放置的体积较小的物品的燃烧； (4) 可移动的体积较小的物品起火，且物品周围无可燃物品，现场迅速控制了火势的情况
二级	■	对发生火情的防火分区进行疏散	发生火灾的防火分区人员、消防控制室人员、TOCC、TAMCC、机场消防支队、动力能源公司、相关维保单位、安保公司、保洁公司、急救中心、航空公司地服、空管、海关、边防（如有需要，还应增加航站楼派出所、飞行区管理部）	(1) 起火物品较远处有可燃物品（书、衣物、家具陈设等），一旦发现火势没得到有效控制，有向四周蔓延的危险情况； (2) 起火物品体积较大且易燃成分较多； (3) 起火物品附近有可燃物，并与其他物品相连，且面积较大但相对集中； (4) 起火物品周围，可燃物较多但处于一个疏散分区中央，与其他疏散分区距离较远
三级	■	对受火灾威胁的防火分区及相邻防火分区进行疏散	发生火灾的防火分区及相邻防火分区人员、消防控制室人员、TOCC、TAMCC、机场消防支队、动力能源公司、相关维保单位、安保公司、保洁公司、急救中心、航空公司地服、空管、海关、边防（如有需要，还应增加航站楼派出所/公安分局、飞行区管理部、公共区管理部）	(1) 大面积的商店内起火； (2) 起火物品附近为商店（特别是书店、服装店）； (3) 商业区内某家商店起火； (4) 两个疏散分区的衔接部位起火； (5) 起火物品或起火物品附近有贯穿于两个或多个疏散分区的物品，且不能及时控制火势蔓延
四级	■	独立单元航站楼进行整体疏散	独立单元航站楼区域人员、消防控制室人员、TOCC、TAMCC、机场消防支队、动力能源公司、相关维保单位、安保公司、保洁公司、急救中心、航站楼派出所/公安分局、飞行区管理部、公共区管理部、航空公司地服、空管、武警支队、海关、边防	在已经启动3级疏散的情况下，火势还未得到控制时，应启动4级疏散。 (1) 相距较远的两个区域，同时发生启动2级疏散等级的火灾； (2) 一个区域启动3级疏散时当另一个较远区域引发火灾时应启动4级疏散预案

2. T3航站楼部分重点区域疏散需要注意的问题

（1）国内航班安检等候区

国内航班安检等候区处于三层，与此区域连接的通道为四层至三层的四部扶梯和两步垂直升降电梯（位于非禁区），目前没有其他通道。在紧急状态下为确保空防安全，等待安检人员不能向禁区疏散，此时空侧安防人员须关闭安全通道门，并指引候检人员向非禁区疏散，由于该区域没有步行流通，因此此处需要设置保安人员岗位，保安员在出现事故时须紧急停止扶  梯的运行并引导旅客向四层疏散。急停扶梯时，为防止正在乘梯人员由于惯性影响向前倾倒，保安员必须告知乘客抓稳扶手后再停梯。类似于这样状况的区域还有二层离港大厅区域。

（2）候机区

所有的廊桥均为安全疏散通道，但此通道门（二层三层各一道）均由门禁系统控制，建议为了提高反应速度，在火灾状况下应执行火灾疏散优先的原则，使消防管理部门能及时进行切换。

目前的候机区商业岛处；有明显的疏散通道防火门的消防指示标志，标志所指示的门由门禁系统控制，门内区域为机场相关部门办公区域。如候机区商业岛处区域候机旅客按目前的疏散标识指引，将一直被疏散至首层行李机房。如此疏散方式势必影响行李区的工作秩序。因此该处安全通道仅作为工作人员通道，更改了原来的疏散指引标识。同时，廊桥处的安全疏散出口方向标识较小，在紧急状况下，给有效地指引被疏散人员带来困难，更改了原来的疏散标识。

（3）T3C五层商业区

根据原来T3C五层商业区域的疏散标识，该区域在紧急状况下人员将延疏散楼梯一直被疏散至首层行李机房，进而进入首层机坪。但T3C五层商业区域属于陆侧非禁区域，如该区域人员进入机坪区域，将不能确保航空安全。因此，更改了该区域消防指示标识，引导商业区人员先延疏散通道至四层登记大厅，再由登记大厅疏散至非禁区的安全区域。

（4）地下封闭超长疏散距离的工作区域

在地下封闭超长疏散距离的工作区域设置相应的应急照明、声光报警警铃及火灾广播装置，如图10-3所示。

1）在地下封闭超长疏散距离的工作区域设置紧急疏散引导指示标识

疏散时应注意观察疏散指示标志，沿标志指向迅速撤离危险区域。

声光报警器　　　　　　　　　消防广播

图 10-3　地下封闭超长疏散距离的应急装置

2) 在地下封闭超长疏散距离的工作区域的疏散通道安放个人安全防护装备。

根据安全管理需要，制定《安全巡视管理模式》。

针对 T3 航站楼内可能出现的突发安全事件，并结合 T3 航站楼的各系统的运行流程，为确保 T3 航站楼的安全管理，制定了《安全巡视管理模式》。增加了 T3 航站楼的内部安全巡查的管理功能，消灭安全管理管理不到位的安全死角。综合巡视管理可以对巡视中发现的违反安全管理规定的行为，及时加以纠正，并在巡视过程中随时保持应对突发事件的状态。降低航站楼运行的安全隐患，减少风险因素，并进一步完善内部安全管理制度（根据企业事业单位内部治安保卫条例（国务院令第 421 号），各单位须制定的内部治安保卫巡查制度），并将安全管理工作进行量化处理。为 T3 航站楼提供一个安全经营氛围以及安全的工作秩序，也为旅客提供良好的内部环境。

将消防、安防、建筑物安全等巡视的各项职能进行统一，建一只专业巡视管理队伍，对 T3 航站楼内消防安全运行情况、区域控制情况、治安协管、物业土建设施巡检报修、应急预案、突发事件处置、保洁质量监控、绿植质量监控、设备运行状况监控等情况进行 24 小时不间断巡视，并完成航站楼管理部交办的其他重大活动的配合工作。

3. 方案的运行与推动（培训及每季度的消防演练制度）

（1）《T3 航站楼消防疏散预案》推行的目的

为了确保 T3 航站楼发生突发火灾事故时，能够协调组织，及时有效地整合人力、物力、信息等资源，迅速根据火势大小、蔓延扩展情况，针对航站楼内的旅客和工作人员，实施有组织、有秩序的安全疏散，确保旅客和工作人员的人身财产安全，避免火灾现场的慌乱无序，为顺利扑救火灾创造了良好的条件。

方案推行所进行的各组织单位的培训

（2）对 T3 航站楼各驻场单位进行消防疏散预案的培训

建立消防演练组织，确定人员。预案应该包括人员疏散和应急处置两大部分。预案组织网络应该分为三级：一级为指挥员，下辖灭火行动组（扑救初起火灾）、疏散引导组、通信联络组、安全防护救护组、抢修恢复组等；二级为各组组长；三级为各行动组组员。各行动组组员向组长负责，各行动组服从指挥员统一指挥。指挥员一般由航站楼管理部消防安全责任人或消防安全管理人担任。各行动组组长由驻场相关部门负责人担任，组员由义务消防员组成。各行动组主力人员应以假设部位工作人员为主，他们熟悉情况，便于组织演练，一旦发生火灾可迅速将火灾扑灭在初起阶段，及时组织人员进行安全疏散。不同部位的预案，各行动组人员应有不同。各行动组人员数量多少，应以假设部位危险程度、面积大小、工作人员多少、初起火灾的蔓延时间等因素考虑确定。

消防演练程序清晰，措施得当。每一个行动组都应当有一定的程序和措施。预案中的程序是指针对火灾发展情况，先采取什么措施，后采取什么措施；措施是指针对某种情况而采取的具体处理办法。根据火灾的大小，决定应急疏散的等级和区域，进行人员的安全疏散。不同场所、不同物质燃烧发生火灾，需采取不同的火灾初起扑救措施，措施要得当，否则易造成不必要的财产损失和人员伤亡，如电气火灾不能直接用水灭火，否则灭火人员易被电伤电死。另外，报警和接警处置应有一定的程序。

针对假设部位制定火灾初起扑救和人员安全疏散路线平面图。平面图比例应正确，设备、物品、疏散通道、安全出口、灭火设施和器材分布位置应标注准确，假设部位及周围场所的名称应与实际相符。初起火灾扑救进攻的方向，灭火装备摆放位置，消防设施的启动方式，物资、人员疏散路线，物资放置、人员集结地点以及指挥员位置，图中应标识明确。同时应该有通俗易懂的文字说明，解释图文信息。

注意演练安全，加强防范。演练预案中应将扑救初起火灾、人员安全疏散和应急处置的安全注意事项及防范措施填写清楚。以加强安全防范，保障组员安全。

消防演练应包括疏散安置、事后恢复。包括人员疏散的安全集合地点的设置、人员清点程序、救助救护程序、安顿安置程序及火灾扑灭后相关工作人员的恢复生产运行程序。

消防应急疏散的实际演练安排，每季度1次。

小结：

本消防疏散预案，根据机场的人流量大的特性及在最短时间内恢复运营的需求，在国内的疏散预案中第一次引入了"疏散集结点"的概念，并得到北京市消防局专家的认可，消防局已将此概念，制定为航站楼规范内容进行推广。同时为验证本预案的可行性，我们还在T3航站楼开航不久即策划和协助组织了T3第一次消防疏散演习，参演人数达1000人。在演习中，我们制定的疏散预案得到了有效的验证。

本方案是由经验丰富的资产管理顾问公司受首都机场管理公司的委托，结合国内外先进的管理经验，针对现场的实际情况，参考了国际国内规范，为3号航站楼的安全管理制定了整体的消防应急疏散预案。此方案通过北京市消防局的评估，于2008年1月31日正式通过，并获得北京市消防局专家的好评，称这是中国航站楼消防疏散方面一个新生概念，将作为新的消防安全规范在今后国内航站楼建设中推行。

附件《首都机场2008年消防疏散演练策划书》

首都机场2008年消防疏散演练策划书

二〇〇八年七月十日

一、演练计划

二、演练目的

三、演练参考方案、程序和标准

四、参演单位

五、演练职责

六、疏散路线及疏散集结点

七、演练流程步骤

八、演练工作要求

一、演练计划

(1) 演练时间：2008年7月15日（以实际演练时间为准）。

(2) 演练地点：T3-E，首层西北翼餐饮、办公区。

(3) 演练规模：二级疏散等级（对受火灾威胁的防火分区进行疏散）。

(4) 演练科目：航站楼餐饮、办公区域发生火灾，区域人员应急疏散。

(5) 演练涉及区域：圆圈区域为演练区域（T3-E，首层西北翼），如图10-4所示。

(6) 模拟起火地点和起火物质：

T3-E，首层西北翼的"有食侯"餐厅厨房灶台起火。

(7) 涉及参演人员：

演练现场实际工作及就餐人员约200人。

二、演练目的

（1）检验疏散组织、疏散通道、疏散集结及控制、被疏散旅客及员工转运保障的及时、有效；

（2）检验航站楼火灾应急疏散预案的可行性；

（3）测试信息通报机制的有效性；

（4）测试各应急救援保障部门在应急事件处置过程中协调、配合的有效性；

（5）测试航站楼内消防系统设施的合理性及有效性；

（6）测试航站楼内工作人员对火灾报警及疏散处置流程的掌握情况。

三、演练参考方案、程序和标准

（1）3号航站楼消防应急疏散预案；

（2）航站楼消防巡视、监控及系统维保服务承包工作标准；

（3）机场消防支队航站楼灭火救援程序。

四、参演单位（略）

五、演练职责

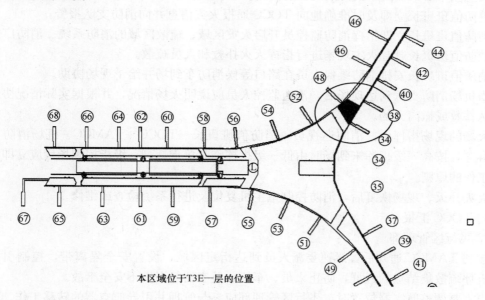

图 10-4　演练区域

1. 质量安全部

对消防演练过程进行评估总结。

2. 运行监控指挥中心（TAMCC）

（1）TAMCC接到TOCC启动3号航站楼火灾应急疏散预案的通报后，启动相应预案，并通知消防、急救、公安、飞行区、航空保安启动相应疏散预案。

（2）TAMCC值班经理赶往火灾现场，负责现场的总协调指挥工作。

（3）当情况需要时，确定联合指挥部的位置。

3. 航站楼东区管理部

TOCC接到消防监控火情通报后，启动3号航站楼消防应急疏散预案并向有关部门发布启动消防应急疏散预案的信息。

发布启动疏散预案后不断了解火场情况，根据具体情况提升疏散等级或终止疏散。

将灭火扑救及人员疏散情况随时向 TAMCC 通报。

4. 世邦魏理仕公司

负责演练方案的拟订、方案协助实施以及演练评估。

5. 利华消防

消防监控室接到探测器报警后，依照 3 号航站楼火灾报警处置工作程序，首先由监控员立即通知巡视员到现场确认。

消防巡视员接到通知后，依照 3 号航站楼火灾报警处置工作程序，赶赴（3 分钟内）火灾现场确认。

认定真实火情后，消防巡视人员立即将火势大小、燃烧物质、有无人员被困、受伤情况等向消防值班班长报告。

消防巡视人员利用现场最近的消防设施，进行初起火灾的扑救、组织人员疏散至集结点和在急救中心人员到来前开展对伤者的初步救护工作。

消防值班班长立即及时准确地向 TOCC 通报火灾信息并向消防支队报警。

消防值班班长立即指挥消防监控员开启火灾区域、疏散区域的消防系统、消防广播。

消防值班班长赶赴火灾现场进行指挥灭火扑救和人员疏散。

消防值班班长安排消防维保人员在路口等候消防车到场并给予现场协助。

当机场消防支队到达现场后，消防监控人员应说明火场情况，并根据实际情况协助消防支队扑救或撤离火场。

火场的现场指挥由：消防巡视员—消防值班班长—TOCC—TAMCC—机场消防支队指挥官等，按高一级指挥未到场时由低一级指挥临时负责，高一级指挥到场后应立即接替指挥工作的原则。

火灾扑灭、现场恢复后，消防控制室主机复位及进行系统检查或维修。

向 TOCC 汇报。

6. 飞行区管理部

接到 TAMCC 通知后，迅速委派人员到达指定区域，设置安全隔离带，控制引导疏散至机坪疏散集结点的人群，防止人员、车辆、航空器等引发不安全事故。

当需要调整航空器位置时，飞行区管理部应参与管理并引导航空器的转移工作。

单位义务消防员，在疏散后清点本单位人数并向 TOCC 提交失踪人员数量及名单。

7. 航空保安

接到 TAMCC 通知后迅速到达疏散区域的各个安全出口，组织疏散人员有序疏散。

对事故区域进行管控，防止无关工作人员进入危险区域，同时确保灭火工作的顺利进行。

疏散并引导和帮助所在区域人员等向安全通道进行疏散并安抚人员。

单位义务消防员，在疏散后清点本单位人数并向 TOCC 提交失踪人员数量及名单。

8. 动力能源公司

接到 TOCC 通知后，确保事故区域的消防用水、用电及其他相关消防系统设施的正常启用。

该区域的工作人员负责疏散、引导和帮助所在区域人员等向安全通道进行疏散并安抚人员。

在疏散后清点本单位人数并向 TOCC 提交失踪人员数量及名单。

火灾后及时恢复相关动力能源的系统设施。

9. 保洁公司

接到 TOCC 通知后，疏散并引导和帮助所在区域工作人员等向安全通道进行疏散并安抚人员。

组织本单位义务消防员，在疏散后清点本单位人数并向 TOCC 提交失踪人员数量及名单。

火灾扑灭后，由 TOCC 通知清理指定区域的环境卫生。

10. 餐饮公司

餐饮员工发现火情立即向消防支队报警（讲明所在区域、单位名称、具体起火位置、燃烧物质、有无受伤人员、有无被困人员等必要信息），同时按动消防报警按钮。

起火单位义务消防员或工作人员应利用火灾现场附近的消防器材，进行初起火灾扑救和人员疏散。

及时切断所在区域全部用电设备电源，应及时关闭燃气阀门。

当听到消防警报或消防疏散广播时，按消防疏散广播要求，依照疏散预案中的所在区域的疏散方法引导人员撤离（依照房间及走道的疏散指示图路线）。

义务消防员，在疏散后应清点本单位人数并向 TOCC 提交失踪人员数量及名单。

11. 急救中心/航站楼医疗机构

接到 TOCC 通知后，按要求委派医护人员，迅速到达指定疏散集结点救治伤员。

12. 机场公安分局

接到 TAMCC 通知，委派足够的人员赶赴火灾区域及疏散区域，协助组织维持疏散人员的秩序。

火灾扑灭后对现场进行警戒隔离，公安消防机构进行火灾原因调查。

六、疏散路线及疏散集结点

演练区域人员按照图 10-5 所示的疏散路线，在疏散工作人员的引导和指挥下，疏散至疏散集结点处。

七、演练流程步骤

T3－E 首层西北翼的"有食侯"餐厅厨房的灶台发生火灾（以具体模拟火灾地点为准），该区域工作人员报消防支队火警，同时按动消防手动报警按钮，并扑救初起火灾和组织人员疏散。

消防巡视员前往报警地点进行火情查验，证实为真实火情，通报消防监控室，火情属实，消防监控室开启 T3E 首层西北翼办公区域的消防系统和消防广播，并报消防支队及 TOCC。

TOCC 接火情的通报后，通报 TAMCC 及相关部门，并启动 3 号航站楼火灾应急疏散预案。

TAMCC 通知消防、急救、公安、飞行区、航空保安启动相应疏散预案。

TAMCC 值班经理赶往现场负责现场的指挥协调工作。

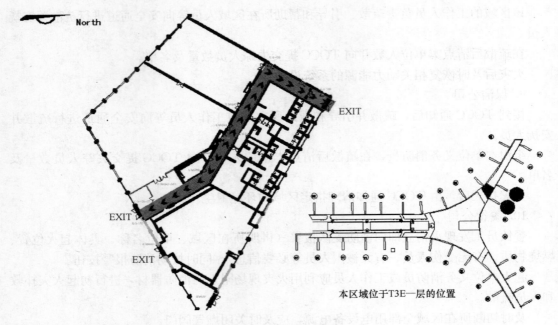

图 10-5 疏散路线

消防巡视员扑救初起火灾，并在驻场单位内部义务消防员、航空保安、飞行区工作人员的协助下对火灾区域就餐的乘客和工作人员进行应急疏散至疏散集结点处。

飞行区工作人员设置安全隔离带，控制引导疏散至机坪集结点的人群，防止人员、车辆、航空器等引发不安全事故。

航空保安在火灾现场区域，管控安全通道，维护区域内的秩序，协助进行人员疏散。

消防支队赶赴现场进行灭火作业，并做好失火现场人员搜救保障工作。

急救中心赶赴集结点对失火区域受伤人员及疏散过程中受伤人员实施现场救治保障。

公安分局赶赴现场对事故现场治安秩序维护、协助疏散，并做好事故调查。

消防支队向 TAMCC 通报灭火处置及人员搜救完毕（以实际处置完毕为准）。

急救部门向 TAMCC 报告受伤人员情况（以实际处置完毕为准）。

东区管理部向 TAMCC 报告火灾应急疏散处置完毕，以及人员清点情况（以实际处置完毕为准）。

TAMCC 接到以上反馈信息后，并宣布 3 号航站楼火灾应急疏散演练结束。

东区管理部对演练现场进行清理，确认各通道恢复正常状态，通报 TMACC。

八、演练工作要求

1. 演练准备协调会

演练前三天，在 ITC 召开各参演单位演练准备协调会（以实际通知时间为准）。

演练前一天，在 ITC 召开各参演单位演练准备汇报会（以实际通知时间为准）。

2. 演练现场注意事项

（1）演练时启动消防系统，使用灭火器、消防水喉等消防器材为模拟操作，切勿操作使用。

（2）演练时请参演人员听从指挥、服从领导，按照工作人员的疏散引导，根据疏散标志标识，有秩序、有组织地进行疏散。

（3）演练时参演人员要沉着冷静，严肃认真，不可嬉笑打闹，不可乱跑乱闹，不可推搡挤压，更不可损坏楼内设备设施。

（4）演练时参演人员要注意自身安全，有问题及时向身边的工作人员反映。

3. 演练通信方式

（1）有线通信方式

运行监控指挥中心对各保障单位进行信息通报时，通过各保障单位预留值班电话、按照正常信息通报流程进行信息通报。

（2）无线通信方式

各机场应急救援单位统一使用机场应急救援一项进行信息沟通。

4. 演练总结会

讲评会内容：演练过程回顾、演练评估分析，改进建议。

10.3.2 案例简析

（1）首都国际机场 T3 航站楼是借鉴国际先进机场的标准建设的。占地 1224hm^2；总面积为 90.2 万 m^2；2004 年 3 月 28 日～2007 年 12 月底完工；年设计旅客吞吐量为 3100 次、高峰小时客流量为 10780 人次；新建一条跑道，长 3800m、宽 60m，可起降 A380 超大型飞机。这组数据表明，该机场体量庞杂、功能要求高、施工难度之大无所不包、处处可见。安全问题的艰难曲折和种种挑战，更让人难忘。一系列的"顶层设计"的鼎力支持，使之化险为"机"。此例是公共建筑消防安全的一次颇具规模的大演练、大实践。

（2）根据 ICAO 安全管理手册 SMM 标准和要求，安全方面的投资比较大。T3 航站楼总投资约为近 400 亿元，主要设备设施约 270 亿元，包括安全等配套项目的投入。航站楼建设指挥部、民航总局及其协作单位，充分认识到安全涉及人命这个头等大事，涉及千家万户的安危，对此高度关注。他们向国际民航组织、国际航空运输协会等学习了国际上最先进的管理方法，在软硬件上下了大功夫，使旅客满意度提高到 4.0 的较高水平。从本案例中，可窥视其安全的良苦用心一斑。

（3）消防安全管理是工程安全中不可忽视和不能掉以轻心的问题。本案例以中华人民共和国消防法及其实施条例为依据，在 T3 航站楼的大型公共建筑中得以一一落实。消防安全与公共建筑统一规划、统一设计、统一建设、统一验收；建设单位、设计单位、施工单位、监理单位，对安全责任各负其责、共担风险，按国家法律、行政法规、标准及规范行事。

（4）以人为本的理念彰显在对火灾的认知度上。航站楼管理者对消防重视来源于对火灾的意识强，火灾不仅仅残害人的生命，也给人类带来了巨大的灾难，它一旦失去控制，超出有效的范围，就会烧掉劳动者经过辛勤劳动创造的物质财富，甚至夺去许多人的生命和健康，造成难以挽回和无法弥补的损失，造成精神上的伤害，带来巨大的直接经济损失，它所引起的间接经济损失，也是难以估计的。尤为注意的是，由此还可能造成一些负面的政治影响。作为安全管理者必须高度认识火灾的危险性，做到处处防火、事事防火、时时防火，避免火灾的侵害。

10.4 案例四 南方电网基建施工安全管理案例及简析

10.4.1 南方电网基建施工安全管理案例

南方电网基建工程安全文明施工管理规定

1. 总　　则

1.1 为规范中国南方电网有限责任公司（以下简称"公司"）基建工程安全文明施工管理，改善安全作业环境条件，保障从业人员职业安全健康，推进基建工程安全文明施工和检查评价标准化工作，依据国家有关法律、法规和《中国南方电网有限责任公司基建安全管理规定》，结合公司基建工程具体情况，特制定本规定。

1.2 开展基建工程安全文明施工标准化工作，是公司贯彻"以人为本、和谐发展"理念的管理手段，目的是促使参建单位和从业人员更加重视安全与文明施工，使公司工程施工现场安全与文明施工环境管理工作得到持续改善。

1.3 本规定适用于列入公司电力基本建设投资计划的基建工程项目（包括电源项目，主网、配网和农网等电网项目）安全与文明施工管理。其他项目可参照执行。

2. 规范性引用文件

《中华人民共和国安全生产法》（中华人民共和国主席令 第七十号）；
《建设工程安全生产管理条例》（国务院第 393 号令）；
《建筑施工安全检查标准》（JGJ 59—1999）；
《建筑施工现场环境与卫生标准》（JGJ 146—2004）；
《施工企业安全生产评价标准》（JGJ/T 77—2003）；
《安全生产工作规定》（南方电网公司 CSG/MS 0403—2005）；
《安全生产监督规定》（南方电网公司 CSG/MS 0404—2005）；
《中国南方电网有限责任公司基建安全管理规定》（Q/CSG 21006—2010）；
《电网建设工程安全和环境管理设施规范应用手册》（南方电网公司 CSG/MS 0912—2007）。

3. 术语和定义

3.1 公司：中国南方电网有限责任公司的简称。

3.2 分、省公司：超高压公司、调峰调频发电公司、广东电网公司、云南电网公司、广西电网公司、贵州电网公司、海南电网公司的简称。

3.3 业主项目部：是公司基建管理基层执行机构，代表建设单位开展工程项目建设管理各项具体工作，对项目建设全过程进行和控制管理。

3.4 参建单位：是具有独立法人、资质、经济独立核算的勘察、设计、施工、监理和调试单位。

4. 职　　责

4.1　公司基建部

4.1.1　组织制定和颁布安全文明施工管理规定和相关标准并组织实施。

4.1.2　指导、监督和检查各分、省公司开展基建工程安全文明施工检查评价工作。

4.1.3　组织开展安全文明施工检查评价和经验交流活动。

4.1.4　负责对各分、省公司、重点工程和抽查的工程项目，开展安全文明施工检查评价及考核工作。

4.2　分、省公司

4.2.1　负责贯彻落实公司安全文明施工标准化的各项要求，制定落实安全文明施工标准化要求的具体措施；指导、监督和检查所属各单位和各基建工程，落实本相关要求和标准。

4.2.2　定期组织安全文明施工检查评价工作，并开展经验交流活动。

4.2.3　对各基建工程项目参建单位和工程项目，开展安全文明施工检查评价及考核。

4.3　建设单位（业主项目部）

4.3.1　依据相关要求和标准编制工程项目安全文明施工检查评价工作方案，并负责组织落实。

4.3.2　定期召开会议，协调解决工程建设中重大的安全文明施工问题。

4.3.3　落实安全文明施工措施费用，并监督费用的使用情况。

4.3.4　定期组织开展安全文明施工的检查评价工作。

4.3.5　落实上级检查评价工作中发现问题的整改和信息反馈工作。

4.4　监理单位（监理项目部）

4.4.1　根据建设单位（业主项目部）确定的安全文明施工方案，制定相应的目标和控制措施。

4.4.2　审查设计、施工单位安全文明施工工作方案并监督实施。

4.4.3　监督、检查和协调解决工程项目建设中遇到的安全文明施工问题。

4.4.4　定期开展安全文明施工检查评价工作。

4.4.5　监督落实上级检查评价工作中发现问题的整改和信息反馈工作。

4.5　设计单位

4.5.1　严格执行法律、法规和工程建设强制性标准。

4.5.2　充分考虑施工安全条件和技术保证措施，完善工程本体安全设施设计，确保各类安全防护装置的使用满足规范和相关要求。

4.5.3　工程设计全过程必须贯彻节能环保、绿色工程的要求。在满足工程使用功能下，减少土方量的开挖，应对弃土堆放、避免水土流失、处置施工废弃物和植被恢复等提出合理处理方案和措施。

4.5.4　为工程安全文明施工提供与设计有关的技术服务和支持。

4.5.5　工程开工时，须向工程施工单位提交以下资料：（1）站区给水排水图纸；（2）穿越站区道路的沟道图纸；（3）站区围墙图纸。

4.5.6　工程选用的设备与材料必须符合国家有关安全健康与环境保护的要求。

4.6 施工单位（施工项目部）

4.6.1 全面贯彻相关要求和标准，并负责组织实施。

4.6.2 保证工程项目的安全文明施工管理所需资金的投入，做到专款专用。

4.6.3 定期开展安全文明施工检查评价工作，对存在问题实现闭环管理，持续改进。

4.6.4 向施工人员提供确保施工安全的合格的安全防护用品，并监督其正确使用。

4.6.5 倡导绿色施工，减少施工对环境的危害和污染。

5. 管理内容和方法

5.1 办公、生活区域安全文明管理

5.1.1 办公区域

5.1.1.1 办公区域分别设置业主项目部、施工项目部、监理项目部，宜配备取暖、空调以及必要的办公、生活设备，并相对独立。

5.1.1.2 各项目部办公场所应满足以下基本条件：（1）设立醒目项目部铭牌；（2）设置会议室（业主、施工和监理企业可视具体情况合并使用）；（3）上墙资料：安全文明实施组织机构图、安全文明施工管理目标、安全文明施工岗位责任制、工程施工进度横道图等。

5.1.1.3 办公、生活区与施工作业区必须明显划分，并采取相应全封闭的隔离措施。

5.1.1.4 在项目部适宜位置设置旗台：旗台及旗杆尺寸根据现场情况自行设计布置，旗杆升挂中华人民共和国国旗、南方电网公司司旗、主体施工单位旗或彩色劳动保护旗。

5.1.1.5 办公区域应进行合理绿化，必须设置废弃物分类收集箱。

5.1.2 生活区域

5.1.2.1 生活区搭设采用的材料必须符合国家相关规定。

5.1.2.2 生活区域和办公区域应相对隔离。

5.1.2.3 员工宿舍布置合理，按标准搭设床铺，个人物品摆放整齐且整洁卫生，通风良好，并为员工提供洗浴设施。电线布设整齐有序。宿舍内要有管理制度，并落实治安、防火、卫生管理责任人。

5.1.2.4 食堂、厨房应符合卫生要求；炊事人员应有卫生部门颁发的健康合格证。应设置符合卫生要求的水冲厕所，并由专人负责打扫。

5.1.2.5 生活垃圾应集中堆放，并及时分类并清理；生活污水必须经过硬底硬壁沉淀及其他必要处理才能排放。

5.2 施工现场安全文明施工管理

5.2.1 安全文明施工设施

5.2.1.1 施工作业现场配备合格、足够的安全文明设施，设专人管理，定期进行检查、试验，确保设施完好。作业人员必须正确使用个人防护用品和安全绝缘工器具，确保人身、电网和设备安全。

5.2.1.2 施工现场、仓库、材料站和危险区域必须安装警告、禁止指令、提示性安全标志牌。安全标志牌的图形符号、安全色、几何形状和文字符合国家和公司标识相关要求。

5.2.1.3 安全通道和重要设备保护、带电区、高压试验等危险区域必须用安全围栏和临时提示栏完全隔离。

5.2.1.4 进入施工现场的管理人员和作业人员应该在胸前佩戴工作卡,必须正确佩戴合格的安全帽。

5.3 变电站(换流站)、抽水蓄能电站工程

5.3.1 按公司标识系统要求,实施制定的施工总平面布置工作方案,使场内临时建筑物、安全设施、标识牌等样式,视觉达到形象统一、整洁、醒目、美观的整体效果,营造良好的安全施工氛围。

5.3.2 主体工程开工前,宜先进行围墙封闭,现场施工总平面划分为办公区、生活区、施工区和设备材料堆放区并实行分区管理。各功能区采用混凝土道路、塑钢网板、铁艺栏杆和钢管栏杆等进行隔离。

5.3.3 施工用电、用水与消防进行统一规划,做到施工用水用电主干(管)线(支线)的走向清晰,消防、配电设施的位置明确并布置有序。

5.3.4 设备材料实行定置化管理,规划绘制施工平面布置图,按指定区域堆放整齐,标识清晰,防护完善。

5.3.5 施工现场入口处需设置工地牌,要求简洁,标识齐全。入口处大门由牌楼、栏杆、人员通行侧门、警卫室等组成。

5.3.6 施工现场入口处须设置"五牌一图"(工程施工牌、施工组织机构牌、安全纪律牌、防火须知牌、文明施工管理牌、施工现场平面布置图)及公司标志牌、工程鸟瞰图,可增设施工单位简介、业绩牌等内容。

5.3.7 站内主干道路、办工区等路面必须做到硬地化。施工现场必须道路畅通,设置连续,通畅地排水,场地内不得大面积积存、泥浆、污水,道路两侧修筑临时排水沟,并定期维护,交通安全标志齐全。

5.3.8 混凝土搅拌站、砂石堆放场、库房、机械设备材料堆放、材料加工场以及停车场等场地结实、平整,地面无积水。

5.3.9 施工现场规划布置工具间、库房、机具防雨棚等。使用材料为活动板房或砖石砌体、集装箱式房屋、装配式构架加盖彩色薄钢板。禁止使用石棉瓦、脚手板、模板、彩条布、油毛毡、竹笆等材料搭建工棚。

5.3.10 按施工平面规划布置图布置装置型设施:

5.3.10.1 宣传告示类:含宣传栏、标语、彩旗、灯箱等。

5.3.10.2 道路交通类:含路桩、指示警示牌、限速标志、减速坎、禁行标识等。

5.3.10.3 区域围护类:含安全围栏、塑钢网板、铁艺栏杆、钢管栏杆等。

5.3.10.4 废料垃圾回收类:含各类废品回收设施、垃圾箱等。

5.3.10.5 标识类:含设备、材料、物品、场地、规程、规范等标识采用彩喷绘制。标牌埋设、悬挂、摆设要安全可靠;标志牌、标识牌框架、立柱、支撑件使用钢结构或不锈钢结构。

5.3.11 进入施工现场的机械设备、工器具、工具房、集装箱和脚手管架等应经过整修、油漆,确保完好、整洁。要求做到集中堆放、摆放整齐。

5.3.12 施工现场的用电线路、用电设施的安装和使用,应符合规范要求,并按照施工组织设计进行架设,禁止任意拉线接电。施工现场必须设有保证施工安全要求的夜间照明。

5.3.13 施工用水设施:站内采用管径分级的镀锌钢水管或PVC管布设,埋设深度不得

小于0.3m，并在地面设置明显标志，施工作业面用水使用塑胶水管接引，定期维修维护，确保引水管完好，避免水管破损引起水源浪费。

5.3.14 消防设施：按施工平面布置图规划配置合格、有效的消防器材，并使用消防器材架、箱。消防设备存放处应划线并张贴安全标志，消防设备由专人定期检查维护，并张贴检查标签。

5.3.15 站内的饮水点（吸烟休息室）清洁卫生，临时工棚、机具防雨棚、工具间、库房等布局合理，整齐美观。小型机具防雨设施、安全操作规程牌齐全，安装牢固。金属性临时构筑物接地可靠。

5.3.16 按设计要求，做好防水土流失的措施，施工污水应采用沉淀处理，方可排入市政管道。

5.3.17 合理规划开挖土方的堆放，余土应及时清理运走。施工垃圾应当设垃圾地集中堆放并及时清理。

5.4 线路工程（配网、农网工程）

5.4.1 施工现场通过施工总平面规划及规范工棚、安全设施、标志、标识牌等的设置，形成良好的安全文明施工氛围。

5.4.2 施工人员应严格执行操作规程，按劳动保护规定着装和使用安全防护用品；危险作业监护措施落实；各主要施工作业面均有戴袖标的安全员监护施工。

5.4.3 基础开挖、杆塔组立、张力场、牵引场等场地实行封闭管理。采用插入式安全围栏（安全警戒绳、彩旗，配以红白相间色标的金属立杆）进行围护、隔离、封闭。

5.4.4 施工区域设置安全标志、标识（施工岗位责任牌、施工友情提示牌、安全警示牌、主要机械设备操作规程牌等），林区、农牧区作业配备一定数量的消防器材。

5.4.5 林区施工，严禁使用明火，不得随意砍伐树木及破坏植被。

5.4.6 基础施工，土石方、机具、材料应实现定置堆放。材料堆放应铺垫隔离；场地是耕地的，要求按生土、熟土分别堆放，施工完后恢复原貌。

5.4.7 杆塔组立施工，机料（机具、工具、材料）应定置堆放，高处作业时螺栓、垫片等应放在专用袋内。

5.4.8 牵、张场临时占地面积不宜超出张力架线导则要求，宜选择相对平整的场地作张力场、牵引场；牵、张场内放置电缆、导线等应按定置化要求集中放置，整齐有序，标识清楚，并设置指挥台等设施。

5.5 重大技改工程

5.5.1 现场施工总平面划分为办公区、生活区、施工区、设备材料堆放区，设备材料实行定置化管理，按指定区域堆放整齐，标识清晰，防护完善。

5.5.2 施工现场入口处设置"五牌一图"（工程施工牌、施工组织机构牌、安全纪律牌、防火须知牌、文明施工管理牌、施工现场平面布置图）。

5.5.3 将施工作业现场及工作通道与运行设备区域完全隔离，保证与运行设备保持足够安全距离，保证施工作业现场封闭施工。

5.5.4 每一工作地点原则上只设一条通道，工作通道是通向施工地点的最佳路线，在通道的出入口和转弯处设置"工作通道"标示牌，标示牌的导向箭头指向工作地点。

5.5.5 标示牌应设置在明显的位置，不受障碍物的遮挡。在工作区域内的标示牌的设置，应面向工作人员;设置在设备上的标示牌,应根据标示牌的内容,设置在设备的关键部位上,面向通道进入方。

5.5.6 施工过程中造成的坑洞,包括敷设电缆过程中掀开的电缆沟盖板位置,在无人看守的情况下,或工作超过一天时,应在坑洞四周设置隔离措施,并设置"当心坑洞"标示牌;如坑洞处于通道必经之处,应用足够强度的盖板遮盖。

5.5.7 户外设置的围栏禁止直接挂靠在设备上。装设围栏时,上下边缘必须拉紧、固定,围栏形状应尽量做到直边、直角。围栏之间的驳口连接必须严密,不留缺口。金属围栏必须接地。

5.5.8 现场安全设施在恶劣天气条件下应采取加固措施;如发出防风预警信号,应及时拆除。

5.5.9 应在施工前做好安全防护、文明施工措施,所有与调试设备相邻近的生产运行开关、按钮及其他操作设备必须贴上警示标识。防止误触碰或误解、接设备。

5.5.10 施工人员应严格执行操作规程,按劳保规定着装和使用安全防护用品。工作负责人、安全员应佩戴相应的标志。

5.5.11 现场清洁整齐、无卫生死角、无杂物,现场的建筑垃圾等施工遗留物及时清除干净。

5.6 成品与半成品保护管理

5.6.1 施工单位在安全文明施工方案中,须明确成品与半成品保护方面内容和措施,并予以实施。

5.6.2 建立成品、半成品保护责任体系,划分各级人员、班组的成品、半成品保护职责,明确具体成品、半成品的保护责任人。

5.6.3 重点保护成品、半成品区域应设置标示牌予以警示。

5.6.4 储存于室外的设备,应有防水、防尘、防倾倒措施。

5.6.5 设备、材料等成品、半成品堆放时底部应有垫衬。

5.6.6 设备、构支架基础拆模后,地面以下的基础采用盖板并安装隔离栏进行保护,对于地面以上外露基础部分采取包裹或棱角镶边措施进行保护。防止混凝土基础表面污染和棱角受损。

5.6.7 设备构支架杆吊装就位固定后,其根部采取防护措施,防止根部污染。

5.6.8 设备吊装、施焊及交叉作业时,对有可能损伤设备的部位进行隔离,防止设备受损。

5.6.9 墙面、门窗、栏杆等人员触及到的部位应采取保护措施,防止受污染和损坏。

5.6.10 在成品、半成品上方油漆施工时,应采取隔离措施。

5.6.11 进设备时要做到先核对设备尺寸和门尺寸,防止磨损设备和破坏门窗。

5.6.12 混凝土路面、沟道、楼梯等强度不满足要求前,采取隔离措施,禁止通行,防止受损。

5.6.13 严禁在完工的混凝土路面、地坪上进行作业、堆放材料。若受条件限制,需采取有效的隔离措施。

5.6.14 高压柜、保护(控制)盘柜的安装就位,应采取防止电缆沟盖板和地面磨损的保护措施。

5.6.15 线路组立塔及展放导线施工期间，应采取有效措施，对基础、塔材及导线进行保护，避免损伤。

5.7 环境保护管理

5.7.1 基建工程严格遵守国家工程建设节能和环境保护法律法规的要求，倡导绿色施工，通过采用先进的技术措施和管理手段，最大程度地节约资源，提高资源利用率，减少施工活动对环境的影响。

5.7.2 工程设计应优化土地资源利用，以减少对原始地貌和自然环境的破坏。山区基础应采用全方位高低腿设计，林区宜采用高跨设计。

5.7.3 积极推广新材料、新技术的应用，改进施工工艺。变电工程因地制宜，采用阶梯施工，减少土方开挖量。线路工程导地线、光缆应采用张力放线技术，保护作业范围自然生态环境。

5.7.4 严格控制原材料，通过计算定量供应，避免浪费。

5.7.5 严禁在林区吸烟，且严格控制火种上山，设立禁烟标志，做好禁烟宣传。

5.7.6 与当地环保部门取得联系，在施工过程中注意做好野生动物、文化古迹和文物保护工作。

5.7.7 化学药品设置专用仓库存放，专人管理，严格执行相关的法规规定，确保不丢失和泄漏。化学药品使用后经专业处理，并由专业监督人员检验，达到排放标准后方准予向指定地点排放，严禁在生活区及施工现场焚烧有毒物品。

5.7.8 对已安装好的易发生二次污染的设备，采取必要的防护措施。

5.7.9 采用新工艺、新材料取代对环境有污染的旧工艺、旧材料。

5.7.10 施工场地、道路定期洒水，以防止粉尘飞扬造成二次污染。

5.7.11 控制和消除噪声源以降低或消除噪声污染，减少对环境的不利影响。对可能产生强噪声的施工工序，尽量避免在附近居民休息时间进行。

5.7.12 施工现场的砂石料、水泥等施工材料必须与地面隔离，并及时清理回收施工遗留物。

5.7.13 对因施工被破坏的植被、造成的裸土，应采取有效措施进行植被恢复，以防止水土流失。

5.7.14 施工现场严禁焚烧建筑垃圾和各类废弃物。

5.7.15 使用发电机等用油机械、设备，应有防止油污染周边水土的措施。

5.7.16 线路施工合理修筑运输通道，使之与周围环境协调，并成为日后运行维护道路。

5.7.17 线路施工开挖出来的土石方应合理堆放，宜采取转运到合适的地点或培土植草皮的方式解决。

5.7.18 架线施工通道砍伐及放紧线施工中尽量减少通道砍伐宽度，或采取相应措施保证对树木植被的破坏以减小到最低程度。

5.8 安措费用管理

5.8.1 安全文明施工措施应严格按照《电网建设工程安全和环境管理设施规范应用手册》的要求执行，根据《电网工程建设预算编制和计算标准》（2006年版）的规定计列安全文明施工措施费，同时根据南方电网有限责任公司电力建设定额站《关于颁布〈南方电网安全文明施工措施补助费用标准〉的通知》（南方电网定额〔2010〕19号）的规定计列安全文明施工措施补助费。

5.8.2 建设单位在工程招标时依据规定计列安措费，确保及时拨付到位，并监督、检查使用情况。

5.8.3 监理单位在工程施工过程中，对安措费用进行监督管理。

5.8.4 施工单位在工程投标时不得将安措费用列入竞争性报价项目，并在施工过程中确保安措费用的足额使用，配备齐全、标准的安全设施。

5.9 检查与评价

5.9.1 公司基建部每年至少组织一次安全文明施工检查评价工作。

5.9.2 各分、省公司及各工程建设单位每半年开展一次安全文明施工检查评价工作。

5.9.3 施工单位每年开展两次及以上安全文明施工检查评价工作。

5.9.4 业主项目部、监理项目部和施工项目部每半月开展一次安全文明施工检查评价。

5.9.5 施工队（班组）每周一次安全文明施工检查评价，并实行每日安全巡查制度。

5.9.6 检查与评价可采用一般性检（抽）查评价、阶段性检查评价和专业性检查评价方式进行。工作程序如下：

5.9.6.1 检查与评价机构发文，通知检查事项。主要内容包括检查组成员、检查对象、检查时间和范围、要求等。

5.9.6.2 检查与评价机构根据工程建设进度和现场建设具体情况，抽取《中国南方电网有限责任公司基建工程安全文明施工检查评价标准表式》表单，每次检查与评价抽取确定的表单应覆盖现场作业内容和情况。

5.9.6.3 检查与评价采用听取汇报、查阅资料、现场查看等形式，必须手持检查表逐条对照标准要求开展并完成工作。

5.9.7 公司（或分、省公司）及各供电企业可根据检查评价目的和情况，在检查评价工作结束后，公布检查评价报告和排序结果，并提出整改要求。

5.9.8 检查评价后的整改工作由安委会组织各参建方实施，形成闭环管理。

5.9.9 各单位可结合季节、气候、地域、节假日、施工阶段重点和特点，不定期组织开展安全文明施工、施工机械、施工用电、消防、防台防汛、防风防雨等专项检查与评价。

5.9.10 公司各基建单位开展对工程项目的安全检查与评价工作，统一使用《中国南方电网有限责任公司基建工程安全文明施工检查评价标准表式》进行。安全检查评价和文明施工管理检查评价结论分为良好、合格、不合格三个等级。

5.10 奖励与处罚

5.10.1 公司、分子公司开展年度检查评价，对成绩突出的工程项目的各参建单位、先进个人给予表彰和奖励。

5.10.2 对由公司、各分、省公司和建设单位检查评价为不合格项目，实行由项目主管单位对业主项目部、施工项目部、监理项目部负责人进行问责约谈。

5.10.3 问责约谈按照"谁主管、谁负责"原则进行，程序如下：

5.10.3.1 约谈前，由约谈组织单位工程建设部门（以下简称约谈人）发出书面通知，通知书上应注明被约谈项目的名称、被约谈人姓名、约谈事项、约谈时间、地点和需要提交的相关材料等。

5.10.3.2 约谈时，约谈人听取被约谈人工作情况汇报，包括：机构人员、管理规章、原因分析、改进措施和整改落实等情况。约谈人要指导帮助被约谈单位查找存在的问题，提出工作建议和要求，并督促落实。约谈组织单位要安排专人记录，形成书面约谈备忘录或会议纪要，并发送有关单位和领导。

5.10.3.3 被约谈人要将约谈要求落实情况在15个工作日以内以书面形式报约谈组织单位。

5.10.4 对无故不参加约谈或不认真落实约谈要求的单位和个人将进行通报批评。因约谈事项未落实或落实不到位而影响工程建设的安全文明施工工作的，追究被约谈人责任。

6. 附　则

6.1 公司基建安全管理各相关标准和要求按公司《基建安全管理规定》执行。

6.2 公司《基建工程安全文明施工检查评价标准表式》中规定的内容和本规定中所列条款，是公司对基建安全文明施工标准及检查作出的基本规定，各规定条款内容和要求不限于国家、行业所作出的相关规定的要求和内容。

6.3 本规定的输变电工程安全文明施工设施详见《电网建设工程安全和环境管理设施规范应用手册》（CSG/MS 0912—2007）。

6.4 本规定的抽水蓄能电站工程安全文明施工实施参照《电网建设工程安全和环境管理设施规范应用手册》（CSG/MS 0912—2007）执行。

6.5 本规定由公司基建部负责解释。

6.6 本规定自颁布之日起实施。

10.4.2 案例简析

（1）对南方电网基建工程安全文明施工管理作了比较全面的、规范化的、标准化的规定，是南方电网基建工程部多年之血汗经验形成的安全管理体系，是可以遵循的行为路径指南。

（2）该规定，在基建工程方面职责明确，公司基建部、省公司、建设单位、设计单位、监理单位、施工单位（包括工程总承包、工程分包单位）等，既有分工又有协同，保证了基建工程安全生产落实的可靠性。

（3）基建工程安全管理的内容丰富、覆盖面广泛，管理方法多元化、符合实际，比较科学、可操作性强。宏观与微观、点与面、业务与生活、重点与非重点等策划周到，几乎涉及安全生产的方方面面。如对办公、生活区域；施工现场；电站工程、线路工程；重大技改；成品半成品安全保护；环保工程；安全措施费用；安全生产检查评价及安全考核奖惩等系列化问题，都有比较准确的规定，科学合理可依可行。

（4）在此基础上，不断总结、持续改进、提升精炼、吸纳国内外安全生产先进的现代化的理念和实践经验，抓住重点、破解难点、发挥亮点、改进弱点，探研创新发展，提升安全生产标准适应变化能力和提高安全生产攻坚期内的自我修正能力，牢牢把握以安全生产为核心的忧患意识、法制意识、责任意识、行业独特意识，立足电力行业基建工程安全生产一流企业。

"观今宜鉴古，无古不成今"。要观察和解决现实的安全风险疑难问题，万万不可忘记以往的血的教训，只有认认真真借鉴和吸取了过去的经验，才能妥善地认识和处置好将可能发生的或潜在的安全问题。"根之茂者其实遂，膏之沃者其光晔"，治理安全事故隐患要从根本上下工夫，使我们的基建工程安全管理"苟日新，日日新，又日新"，保持安全管理的旺盛生命力。

10.5 案例五 华为基本法案例及简析

10.5.1 华为基本法案例内容

华 为 基 本 法

第一章 公 司 的 宗 旨

一、核心价值观

（追求）

第一条 华为的追求是在电子信息领域实现顾客的梦想，并依靠点点滴滴、锲而不舍的艰苦追求，使我们成为世界级领先企业。

为了使华为成为世界一流的设备供应商，我们将永不进入信息服务业。通过无依赖的市场压力传递，使内部机制永远处于激活状态。

（员工）

第二条 认真负责和管理有效的员工是华为最大的财富。尊重知识、尊重个性、集体奋斗和不迁就有功的员工，是我们事业可持续成长的内在要求。

（技术）

第三条 广泛吸收世界电子信息领域的最新研究成果，虚心向国内外优秀企业学习，在独立自主的基础上，开放合作地发展领先的核心技术体系，用我们卓越的产品自立于世界通信列强之林。

（精神）

第四条 爱祖国、爱人民、爱事业和爱生活是我们凝聚力的源泉。责任意识、创新精神、敬业精神与团结合作精神是我们企业文化的精髓。实事求是是我们行为的准则。

（利益）

第五条 华为主张在顾客、员工与合作者之间结成利益共同体。努力探索按生产要素分配的内部动力机制。我们决不让雷锋吃亏，奉献者定当得到合理的回报。

（文化）

第六条 资源是会枯竭的，唯有文化才会生生不息。一切工业产品都是人类智慧的创造。华为没有可以依存的自然资源，唯有在人的头脑中挖掘出大油田、大森林、大煤矿……。精神是可以转化成物质的，物质文明有利于巩固精神文明。我们坚持以精神文明促进物质文明的方针。

这里的文化，不仅仅包含知识、技术、管理、情操……，也包含了一切促进生产力发展的无形因素。

（社会责任）

第七条 华为以产业报国和科教兴国为己任，以公司的发展为所在社区作出贡献。为伟大祖国的繁荣昌盛,为中华民族的振兴,为自己和家人的幸福而不懈努力。

二、基本目标

(质量)

第八条 我们的目标是以优异的产品、可靠的质量、优越的终生效能费用比和有效的服务,来满足顾客日益增长的需要。

质量是我们的自尊心。

(人力资本)

第九条 我们强调人力资本不断增值的目标优先于财务资本增值的目标。

(核心技术)

第十条 我们的目标是发展拥有自主知识产权的世界领先的电子和信息技术支撑体系。

(利润)

第十一条 我们将按照我们的事业可持续成长的要求,设立每个时期的合理的利润率和利润目标,而不单纯追求利润的最大化。

三、公司的成长

(成长领域)

第十二条 我们进入新的成长领域,应当有利于提升公司的核心技术水平,有利于发挥公司资源的综合优势,有利于带动公司的整体扩张。顺应技术发展的大趋势,顺应市场变化的大趋势,顺应社会发展的大趋势,就能使我们避免大的风险。

只有当我们看准了时机和有了新的构想,确信能够在该领域中对顾客作出与众不同的贡献时,才进入市场广阔的相关新领域。

(成长的牵引)

第十三条 机会、人才、技术和产品是公司成长的主要牵引力。这四种力量之间存在着相互作用。机会牵引人才,人才牵引技术,技术牵引产品,产品牵引更多更大的机会。加大这四种力量的牵引力度,促进它们之间的良性循环,就会加快公司的成长。

(成长速度)

第十四条 我们追求在一定利润率水平上的成长的最大化。我们必须达到和保持高于行业平均的增长速度和行业中主要竞争对手的增长速度,以增强公司的活力,吸引最优秀的人才,实现公司各种经营资源的最佳配置。在电子信息产业中,要么成为领先者,要么被淘汰,没有第三条路可走。

(成长管理)

第十五条 我们不单纯追求规模上的扩展,而是要使自己变得更优秀。因此,高层领导必须警惕长期高速增长有可能给公司组织造成的脆弱和隐藏的缺点,必须对成长进行有效的管理。在促进公司迅速成为一个大规模企业的同时,必须以更大的管理努力,促使公司更加灵活和更为有效。始终保持造势与做实的协调发展。

四、价值的分配

(价值创造)

第十六条 我们认为,劳动、知识、企业家和资本创造了公司的全部价值。

(知识资本化)

第十七条 我们是用转化为资本这种形式,使劳动、知识以及企业家的管理和风险的累积贡献得到体现和报偿;利用股权的安排,形成公司的中坚力量和保持对公司的有效控制,使公司可持续成长。知识资本化与适应技术和社会变化的有活力的产权制度,是我们不断探索的方向。

我们实行员工持股制度。一方面,普遍认同华为的模范员工,结成公司与员工的利益与命运共同体。另一方面,将不断地使最有责任心与有才能的人进入公司的中坚层。

(价值分配形式)

第十八条 华为可分配的价值,主要为组织权力和经济利益;其分配形式是:机会、职权、工资、奖金、安全退休金、医疗保障、股权、红利,以及其他人事待遇。我们实行按劳分配与按资分配相结合的分配方式。

(价值分配原则)

第十九条 效率优先,兼顾公平,可持续发展,是我们价值分配的基本原则。

按劳分配的依据是:能力、责任、贡献和工作态度。按劳分配要充分拉开差距,分配曲线要保持连续和不出现拐点。股权分配的依据是:可持续性贡献、突出才能、品德和所承担的风险。股权分配要向核心层和中坚层倾斜,股权结构要保持动态合理性。按劳分配与按资分配的比例要适当,分配数量和分配比例的增减应以公司的可持续发展为原则。

(价值分配的合理性)

第二十条 我们遵循价值规律,坚持实事求是,在公司内部引入外部市场压力和公平竞争机制,建立公正客观的价值评价体系并不断改进,以使价值分配制度基本合理。衡量价值分配合理性的最终标准,是公司的竞争力和成就,以及全体员工的士气和对公司的归属意识。

第二章 基 本 经 营 政 策

一、经营重心

(经营方向)

第二十一条 我们中短期经营方向集中在通信产品的技术与质量上,重点突破、系统领先,摆脱在低层次市场上角逐的被动局面,同时发展相关信息产品。公司优先选择资源共享的项目,产品或事业领域多元化紧紧围绕资源共享展开,不进行其他有诱惑力的项目,避免分散有限的力量及资金。

我们过去的成功说明,只有大市场才能孵化大企业。选择大市场仍然是我们今后产业选择的基本原则。但是,成功并不总是一位引导我们走向未来的可靠向导。我们要严格控制进入新的领域。

对规划外的小项目,我们鼓励员工的内部创业活动,并将拨出一定的资源,支持员工把出色的创意转化为顾客需要的产品。

(经营模式)

第二十二条 我们的经营模式是,抓住机遇,靠研究开发的高投入获得产品技术和性能价格比的领先优势,通过大规模的席卷式的市场营销,在最短的时间里形成正反馈的良性循环,充分获取"机会窗"的超额利润。不断优化成熟产品,驾驭市场上的价格竞争,扩大和巩固在战略市场上的主导地位。我们将按照这一经营模式的要求建立我们的组织结构和人才队伍，不断提高公司的整体运作能力。

在设计中构建技术、质量、成本和服务优势，是我们竞争力的基础。日本产品的低成本，德国产品的稳定性，美国产品的先进性，是我们赶超的基准。

（资源配置）

第二十三条 我们坚持"压强原则"，在成功关键因素和选定的战略生长点上，以超过主要竞争对手的强度配置资源，要么不做，要做，就极大地集中人力、物力和财力，实现重点突破。

在资源的分配上，应努力消除资源合理配置与有效利用的障碍。我们认识到对人、财、物这三种关键资源的分配，首先是对优秀人才的分配。我们的方针是使最优秀的人拥有充分的职权和必要的资源去实现分派给他们的任务。

（战略联盟）

第二十四条 我们重视广泛的对等合作和建立战略伙伴关系，积极探索在互利基础上的多种外部合作形式。

（服务网络）

第二十五条 华为向顾客提供产品的终生服务承诺。

我们要建立完善的服务网络，向顾客提供专业化和标准化的服务。顾客的利益所在，就是我们生存与发展的最根本的利益所在。

我们要以服务来定队伍建设的宗旨，以顾客满意度作为衡量一切工作的准绳。

二、研究与开发

（研究开发政策）

第二十六条 顾客价值观的演变趋势引导着我们的产品方向。

我们的产品开发遵循在自主开发的基础上广泛开放合作的原则。在选择研究开发项目时，敢于打破常规，走别人没有走过的路。我们要善于利用有节制的混沌状态，寻求对未知领域研究的突破；要完善竞争性的理性选择程序，确保开发过程的成功。

我们保证按销售额的10%拨付研发经费，有必要且可能时还将加大拨付的比例。

（研究开发系统）

第二十七条 我们要建立互相平行、符合大公司战略的三大研究系统，即产品发展战略规划研究系统，产品研究开发系统，以及产品中间试验系统。随着公司的发展，我们还会在国内外具有人才和资源优势的地区，建立分支研究机构。

在相关的基础技术领域中，不断地按"窄频带、高振幅"的要求，培养一批基础技术尖子。在产品开发方面，培养一批跨领域的系统集成带头人。把基础技术研究作为研究开发人员循环流程的一个环节。

没有基础技术研究的深度，就没有系统集成的高水准；没有市场和系统集成的牵引，基础技术研究就会偏离正确的方向。

（中间试验）

第二十八条 我们十分重视新产品、新器件和新工艺的品质论证及测试方法研究。要建立一个装备精良、测试手段先进、由众多"宽频带、高振幅"的优秀工程专家组成的产品中间试验中心。为了使我们中间试验的人才和装备水平居世界领先地位，我们在全世界只建立一个这样的大型中心。要经过集中的严格筛选过滤新产品和新器件，通过不断的品质论证提高产品的可靠性，持续不断地进行容差设计试验和改进工艺降低产品成本，加快技术开发成果的商品化进程。

三、市场营销

（市场地位）

第二十九条 华为的市场定位是业界最佳设备供应商。

市场地位是市场营销的核心目标。我们不满足于总体销售额的增长，我们必须清楚公司的每一种主导产品的市场份额是多大，应该达到多大。特别是新产品、新兴市场的市场份额和销售份额更为重要。品牌、营销网络、服务和市场份额是支撑市场地位的关键要素。

（市场拓展）

第三十条 战略市场的争夺和具有巨大潜力的市场的开发，是市场营销的重点。我们既要抓住新兴产品市场的快速渗透和扩展，也要奋力推进成熟产品在传统市场与新兴市场上的扩张，形成绝对优势的市场地位。

作为网络设备供应商，市场战略的要点是获取竞争优势，控制市场主导权的关键。市场拓展是公司的一种整体运作，我们要通过影响每个员工的切身利益传递市场压力，不断提高公司整体响应能力。

（营销网络）

第三十一条 营销系统的构架是按对象建立销售系统，按产品建立行销系统，形成矩阵覆盖的营销网络。

（营销队伍建设）

第三十二条 我们重视培育一支高素质的、具有团队精神的销售工程师与营销管理者队伍，重视发现和培养战略营销管理人才和国际营销人才。

我们要以长远目标来建设营销队伍，以共同的事业、责任、荣誉来激励和驱动。

（资源共享）

第三十三条 市场变化的随机性、市场布局的分散性和公司产品的多样性，要求前方营销队伍必须得到及时强大的综合支援，要求我们必须能够迅速调度和组织大量资源抢夺市场先机和形成局部优势。因此营销部门必须采取灵活的运作方式，通过事先策划与现场求助，实现资源的动态最优配置与共享。

四、生产方式

（生产战略）

第三十四条 我们的生产战略是在超大规模销售的基础上建立敏捷生产体系。因地制宜地采用世界上先进的制造技术和管理方法，坚持永无止境的改进，不断提高质量，降低成本，缩短交货期和增强制造柔性，使公司的制造水平和生产管理水平达到世界级大公司的基准。

（生产布局）

第三十五条 顺应公司事业领域多元化和经营地域国际化的趋势，我们将按照规模经济原则、比较成本原则和贴近顾客原则，集中制造关键基础部件和分散组装最终产品，在全国和世界范围内合理规划生产布局，优化供应链。

五、理财与投资

（筹资战略）

第三十六条 我们努力使筹资方式多样化，继续稳健地推行负债经营。开辟资金来源，控制资金成本，加快资金周转，逐步形成支撑公司长期发展需求的筹资合作关系，确保公司战略规划的实现。

（投资战略）

第三十七条 我们中短期的投资战略仍坚持产品投资为主，以期最大限度地集中资源，迅速增强公司的技术实力、市场地位和管理能力。我们在制定重大投资决策时，不一定追逐今天的高利润项目，同时要关注有巨大潜力的新兴市场和新产品的成长机会。我们不从事任何分散公司资源和高层管理精力的非相关多元化经营。

（资本经营）

第三十八条 我们在产品领域经营成功的基础上探索资本经营，利用产权机制更大规模地调动资源。实践表明，实现这种转变取决于我们的技术实力、营销实力、管理实力和时机。外延的扩张依赖于内涵的做实，机会的捕捉取决于事先的准备。

资本知识化是加速资本经营良性循环的关键。我们在进行资本扩充时，重点要选择那些有技术、有市场，以及与我们有互补性的战略伙伴，其次才是金融资本。

资本经营和外部扩张，应当有利于潜力的增长，有利于效益的增长，有利于公司组织和文化的统一性。公司的上市应当有利于巩固我们已经形成的价值分配制度的基础。

第三章 基本组织政策

一、基本原则

（组织建立的方针）

第三十九条 华为组织的建立和健全，必须：

1. 有利于强化责任，确保公司目标和战略的实现。
2. 有利于简化流程，快速响应顾客的需求和市场的变化。
3. 有利于提高协作的效率，降低管理成本。
4. 有利于信息的交流，促进创新和优秀人才的脱颖而出。
5. 有利于培养未来的领袖人才，使公司可持续成长。

（组织结构的建立原则）

第四十条 华为将始终是一个整体。这要求我们在任何涉及华为标识的合作形式中保持控制权。

战略决定结构是我们建立公司组织的基本原则。具有战略意义的关键业务和新事业生长点，应当在组织上有一个明确的负责单位，这些部门是公司组织的基本构成要素。

组织结构的演变不应当是一种自发的过程，其发展具有阶段性。组织结构在一定时期内的相对稳定，是稳定政策、稳定干部队伍和提高管理水平的条件，是提高效率和效果的保证。

（职务的设立原则）

第四十一条 管理职务设立的依据是对职能和业务流程的合理分工，并以实现组织目标所必须从事的一项经常性工作为基础。职务的范围应设计得足够大，以强化责任、减少协调和提高任职的挑战性与成就感。

设立职务的权限应集中。对设立职务的目的、工作范围、隶属关系、职责和职权，以及任职资格应作出明确规定。

（管理者的职责）

第四十二条 管理者的基本职责是依据公司的宗旨主动和负责地开展工作，使公司富有前途，工作富有成效，员工富有成就。管理者履行这三项基本职责的程度，决定了他的权威与合法性被下属接受的程度。

（组织的扩张）

第四十三条 组织的成长和经营的多元化必然要求向外扩张。组织的扩张要抓住机遇，而我们能否抓住机遇和组织能够扩张到什么程度，取决于公司的干部队伍素质和管理控制能力。当依靠组织的扩张不能有效地提高组织的效率和效果时，公司将放缓对外扩张的步伐，转而致力于组织管理能力的提高。

二、组织结构

（基本组织结构）

第四十四条 公司的基本组织结构将是一种二维结构：按战略性事业划分的事业部和按地区划分的地区公司。事业部在公司规定的经营范围内承担开发、生产、销售和用户服务的职责；地区公司在公司规定的区域市场内有效利用公司的资源开展经营。事业部和地区公司均为利润中心，承担实际利润责任。

（主体结构）

第四十五条 职能专业化原则是建立管理部门的基本原则。对于以提高效率和加强控制为主要目标的业务活动领域，一般也应按此原则划分部门。

公司的管理资源、研究资源、试验资源、认证资源、生产管理资源、市场资源、财政资源、人力资源和信息资源……是公司的公共资源。为了提高公共资源的效率，必须进行审计。按职能专业化原则组织相应的部门，形成公司组织结构的主体。

（事业部）

第四十六条 对象专业化原则是建立新事业部门的基本原则。

事业部的划分原则可以是以下两种原则之一，即产品领域原则和工艺过程原则。按产品领域原则建立的事业部是扩张型事业部，按工艺过程原则建立的事业部是服务型事业部。

扩张型事业部是利润中心，实行集中政策，分权经营。应在控制有效的原则下，使之具备开展独立经营所需的必要职能，既充分授权，又加强监督。

对于具有相对独立的市场，经营已达到一定规模，相对独立运作更有利于扩张和强化最终成果责任的产品或业务领域，应及时选择更有利于它发展的组织形式。

（地区公司）

第四十七条 地区公司是按地区划分的、全资或由总公司控股的、具有法人资格的子公司。地区公司在规定的区域市场和事业领域内，充分运用公司分派的资源和尽量调动公司的公共资源寻求发展，对利润承担全部责任。在地区公司负责的区域市场中，总公司及各事业部不与之进行相同事业的竞争。各事业部如有拓展业务的需要，可采取会同或支持地区公司的方式进行。

（矩阵结构的演进）

第四十八条 当按职能专业化原则划分的部门与按对象专业化原则划分的部门交叉运作时，就在组织上形成了矩阵结构。

公司组织的矩阵结构，是一个不断适应战略和环境变化，从原有的平衡到不平衡，再到新的平衡的动态演进过程。不打破原有的平衡，就不能抓住机会，快速发展；不建立新的平衡，就会给公司组织运作造成长期的不确定性，削弱责任建立的基础。

为了在矩阵结构下维护统一指挥原则和责权对等原则，减少组织上的不确定性和提高组织的效率，我们必须在以下几方面加强管理的力度：

1. 建立有效的高层管理组织。
2. 实行充分授权，加强监督。
3. 加强计划的统一性和权威性。
4. 完善考核体系。
5. 培育团队精神。

（求助网络）

第四十九条 我们要在公司的纵向等级结构中适当地引入横向和逆向的网络动作方式，以激活整个组织，最大限度地利用和共享资源。我们既要确保正向直线职能系统制定和实施决策的政令畅通，又要对逆向和横向的求助系统作出及时灵活的响应，使最贴近顾客、最先觉察到变化和机会的高度负责的基层主管和员工，能够及时得到组织的支援，为组织目标作出与众不同的贡献。

（组织的层次）

第五十条 我们的基本方针是减少组织的层次，以提高组织的灵活性。减少组织层次一方面要减少部门的层次，另一方面要减少职位的层次。

三、高层管理组织

（高层管理组织）

第五十一条 高层管理组织的基本结构为三部分：公司执行委员会、高层管理委员会与公司职能部门。

公司的高层管理委员会有：战略规划委员会、人力资源委员会、财经管理委员会。

（高层管理职责）

第五十二条 公司执行委员会负责确定公司未来的使命、战略与目标，对公司重大问题进行决策，确保公司可持续成长。

高层管理委员会是由资深人员组成的咨询机构。负责拟制战略规划和基本政策，审议预算和重大投资项目，以及审核规划、基本政策和预算的执行结果。审议结果由总裁办公会议批准执行。

公司职能部门代表公司总裁对公司公共资源进行管理，对各事业部、子公司、业务部门进行指导和监控。公司职能部门应归口设立，以尽量避免多头领导现象。

高层管理任务应以项目形式予以落实。高层管理项目完成后，形成具体工作和制度，并入某职能部门的职责。

（决策制度）

第五十三条 我们遵循民主决策，权威管理的原则。

高层重大决策需经高层管理委员会充分讨论。决策的依据是公司的宗旨、目标和基本政策;决策的原则是,从贤不从众。真理往往掌握在少数人手里,要造成一种环境,让不同意见存在和发表。一经形成决议,就要实行权威管理。

高层委员会集体决策以及部门首长负责制下的办公会议制度,是实行高层民主决策的重要措施。我们的方针是,放开高层民主,使智慧充分发挥;强化基层执行,使责任落在实处。

各部门首长隶属于各个专业委员会,这些委员会议事而不管事,对形成的决议有监督权,以防止一长制中的片面性。各部门首长的日常管理决策,应遵循部门首长办公会确定的原则,对决策后果承担个人责任。各级首长办公会的讨论结果,以会议纪要的方式向上级呈报。报告上必须有三分之二以上的正式成员签名,报告中要特别注明讨论过程中的不同意见。

公司总裁有最后的决策权,在行使这项权力时,要充分听取意见。

(高层管理者行为准则)

第五十四条 高层管理者应当做到:

1. 保持强烈的进取精神和忧患意识。对公司的未来和重大经营决策承担个人风险。
2. 坚持公司利益高于部门利益和个人利益。
3. 倾听不同意见,团结一切可以团结的人。
4. 加强政治品格的训练与道德品质的修养,廉洁自律。
5. 不断学习。

第四章 基本人力资源政策

一、人力资源管理准则

(基本目的)

第五十五条 华为的可持续成长,从根本上靠的是组织建设和文化建设。因此,人力资源管理的基本目的,是建立一支宏大的高素质、高境界和高度团结的队伍,以及创造一种自我激励、自我约束和促进优秀人才脱颖而出的机制,为公司的快速成长和高效运作提供保障。

(基本准则)

第五十六条 华为全体员工无论职位高低,在人格上都是平等的。人力资源管理的基本准则是公正、公平和公开。

(公正)

第五十七条 共同的价值观是我们对员工作出公平评价的准则;对每个员工提出明确的挑战性目标与任务,是我们对员工的绩效改进作出公正评价的依据;员工在完成本职工作中表现出的能力和潜力,是比学历更重要的评价能力的公正标准。

(公平)

第五十八条 华为奉行效率优先,兼顾公平的原则。我们鼓励每个员工在真诚合作与责任承诺基础上,展开竞争;并为员工的发展,提供公平的机会与条件。每个员工应依靠自身的努力与才干,争取公司提供的机会;依靠工作和自学提高自身的素质与能力;依靠创造性地完成和改进本职工作满足自己的成就愿望。我们从根本上否定评价与价值分配上的短视、攀比与平均主义。

（公开）

第五十九条 我们认为遵循公开原则是保障人力资源管理的公正和公平的必要条件。公司重要政策与制度的制定，均要充分征求意见与协商。抑侥幸，明褒贬，提高制度执行上的透明度。我们从根本上否定无政府、无组织、无纪律的个人主义行为。

（人力资源管理体制）

第六十条 我们不搞终身雇佣制，但这不等于不能终身在华为工作。我们主张自由雇佣制，但不脱离中国的实际。

（内部劳动力市场）

第六十一条 我们通过建立内部劳动力市场，在人力资源管理中引入竞争和选择机制。通过内部劳动力市场和外部劳动力市场的置换，促进优秀人才的脱颖而出，实现人力资源的合理配置和激活沉淀层。并使人适合于职务，使职务适合于人。

（人力资源管理责任者）

第六十二条 人力资源管理不只是人力资源管理部门的工作，而且是全体管理者的职责。各部门管理者有记录、指导、支持、激励与合理评价下属人员的工作，负有帮助下属人员成长的责任。下属人员才干的发挥与对优秀人才的举荐，是决定管理者的升迁与人事待遇的重要因素。

二、员工的义务和权利

（员工的义务）

第六十三条 我们鼓励员工对公司目标与本职工作的主人翁意识与行为。

每个员工主要通过干好本职工作为公司作贡献。员工应努力扩大职务视野，深入领会公司目标对自己的要求，养成为他人作贡献的思维方式，提高协作水平与技巧。另一方面，员工应遵守职责间的制约关系，避免越俎代庖，有节制地暴露因职责不清所掩盖的管理漏洞与问题。

员工有义务实事求是地越级报告被掩盖的管理中的弊端与错误。允许员工在紧急情况下便宜行事，为公司把握机会、躲避风险，以及减轻损失作贡献。但是，在这种情况下，越级报告者或便宜行事者，必须对自己的行为及其后果承担责任。

员工必须保守公司的秘密。

（员工的权利）

第六十四条 每个员工都拥有以下基本权利，即咨询权、建议权、申诉权与保留意见权。

员工在确保工作或业务顺利开展的前提下，有权利向上司提出咨询，上司有责任作出合理的解释与说明。

员工对改善经营与管理工作具有合理化建议权。

员工有权对认为不公正的处理，向直接上司提出申诉。申诉必须实事求是，以书面形式提出，不得影响本职工作或干扰组织的正常运作。各级主管对下属员工的申诉，都必须尽早予以明确。

员工有权保留自己的意见，但不能因此影响工作。上司不得因下属保留自己的不同意见而对其歧视。

三、考核与评价
（基本假设）

第六十五条 华为员工考评体系的建立依据下述假设：
1. 华为绝大多数员工是愿意负责和愿意合作的，是高度自尊和有强烈成就欲望的。
2. 金无足赤，人无完人；优点突出的人往往缺点也很明显。
3. 工作态度和工作能力应当体现在工作绩效的改进上。
4. 失败铺就成功，但重犯同样的错误是不应该的。
5. 员工未能达到考评标准要求，也有管理者的责任。员工的成绩就是管理者的成绩。

（考评方式）

第六十六条 建立客观公正的价值评价体系是华为人力资源管理的长期任务。

员工和干部的考评，是按明确的目标和要求，对每个员工和干部的工作绩效、工作态度与工作能力的一种例行性的考核与评价。工作绩效的考评侧重在绩效的改进上，宜细不宜粗；工作态度和工作能力的考评侧重在长期表现上，宜粗不宜细。考评结果要建立记录，考评要素随公司不同时期的成长要求应有所侧重。

在各层上下级主管之间要建立定期述职制度。各级主管与下属之间都必须实现良好的沟通，以加强相互的理解和信任。沟通将列入对各级主管的考评。

员工和干部的考评实行纵横交互的全方位考评。同时，被考评者有申诉的权利。

四、人力资源管理的主要规范
（招聘与录用）

第六十七条 华为依靠自己的宗旨和文化、成就与机会，以及政策和待遇，吸引和招揽天下一流人才。我们在招聘和录用中，注重人的素质、潜能、品格、学历和经验。按照双向选择的原则，在人才使用、培养与发展上，提供客观且对等的承诺。

我们将根据公司在不同时期的战略和目标，确定合理的人才结构。

（解聘与辞退）

第六十八条 我们利用内部劳动力市场的竞争与淘汰机制，建立例行的员工解聘和辞退程序。对违反公司纪律和因牟取私利而给公司造成严重损害的员工，根据有关制度强行辞退。

（报酬与待遇）

第六十九条 我们在报酬与待遇上，坚定不移向优秀员工倾斜。

工资分配实行基于能力主义的职能工资制；奖金的分配与部门和个人的绩效改进挂钩；安全退休金等福利的分配，依据工作态度的考评结果；医疗保险按贡献大小，对高级管理和资深专业人员与一般员工实行差别待遇，高级管理和资深专业人员除享受医疗保险外，还享受医疗保健等健康待遇。

我们不会牺牲公司的长期利益去满足员工短期利益分配的最大化，但是公司保证在经济景气时期与事业发展良好阶段，员工的人均年收入高于区域行业相应的最高水平。

（自动降薪）

第七十条 公司在经济不景气时期，以及事业成长暂时受挫阶段，或根据事业发展需要，启用自动降薪制度，避免过度裁员与人才流失，确保公司渡过难关。

（晋升与降格）

第七十一条 每个员工通过努力工作，以及在工作中增长的才干，都可能获得职务或任职资格的晋升。与此相对应，保留职务上的公平竞争机制，坚决推行能上能下的干部制度。公司遵循人才成长规律，依据客观公正的考评结果，让最有责任心的明白人担负重要的责任。我们不拘泥于资历与级别，按公司组织目标与事业机会的要求，依据制度性甄别程序，对有突出才干和突出贡献者实施破格晋升。但是，我们提倡循序渐进。

（职务轮换与专长培养）

第七十二条 我们对中高级主管实行职务轮换政策。没有周边工作经验的人，不能担任部门主管。没有基层工作经验的人，不能担任科以上干部。我们对基层主管、专业人员和操作人员实行岗位相对固定的政策，提倡爱一行，干一行；干一行，专一行。爱一行的基础是要通得过录用考试，已上岗的员工继续爱一行的条件是要经受岗位考核的筛选。

（人力资源开发与培训）

第七十三条 我们将持续的人力资源开发作为实现人力资源增值目标的重要条件。实行在职培训与脱产培训相结合，自我开发与教育开发相结合的开发形式。

为了评价人力资源开发的效果，要建立人力资源开发投入产出评价体系。

第五章 基本控制政策

一、管理控制方针

（方针）

第七十四条 通过建立健全管理控制系统和必要的制度，确保公司战略、政策和文化的统一性。在此基础上对各级主管充分授权，造成一种既有目标牵引和利益驱动，又有程序可依和制度保证的活跃、高效和稳定的局面。

（目标）

第七十五条 公司管理控制系统进一步完善的中短期目标是：建立健全预算控制体系、成本控制体系、质量管理和保证体系、业务流程体系、审计监控体系、文档体系以及项目管理系统，对关系公司生存与发展的重要领域，实行有效的控制，建立起大公司的规范运作模式。

（原则）

第七十六条 公司的管理控制遵循下述原则：

分层原则。管理控制必须分层实施，越级和越权控制将破坏管理控制赖以建立的责任基础。

例外原则。凡具有重复性质的例常工作，都应制定出规则和程序，授权下级处理。上级主要控制例外事件。

分类控制原则。针对部门和任务的性质，实行分类控制。对高中层经营管理部门实行目标责任制的考绩控制；对基层作业部门实行计量责任制的定额控制；对职能和行政管理部门实行任务责任制的考事控制。

成果导向原则。管理控制系统对部门绩效的考核，应促使部门主管能够按公司整体利益最大化的要求进行决策。

公司坚决主张强化管理控制。同时也认识到，偏离预算（或标准）的行动未必一定是错误的；单纯奖励节约开支的办法不一定是一种好办法。公司鼓励员工和部门主管在管理控制系统不完善的地方，在环境和条件发生了变化的时候，按公司宗旨和目标的要求，主动采取积极负责的行动。

经过周密策划，共同研究，在实施过程中受到挫折，应得到鼓励，发生的失败不应受到指责。

（持续改进）

第七十七条 部门和员工绩效考核的重点是绩效改进。

公司的战略目标和顾客满意度是建立绩效改进考核指标体系的两个基本出发点。在对战略目标层层分解的基础上确定公司各部门的目标，在对顾客满意度节节展开的基础上，确定流程各环节和岗位的目标。绩效改进考核指标体系应起到牵引作用，使每个部门和每个员工的改进努力朝向共同的方向。

绩效改进考核指标必须是可度量的和重点突出的。指标水平应当是递进的和具有挑战性的。只要我们持续地改进，就会无穷地逼近高质量、低成本和高效率的理想目标。

二、质量管理和质量保证体系

（质量形成）

第七十八条 优越的性能和可靠的质量是产品竞争力的关键。我们认为质量形成于产品寿命周期的全过程，包括研究设计、试验、制造、分销、服务和使用的全过程。因此，必须使产品寿命周期全过程中影响产品质量的各种因素，始终处于受控状态；必须实行全流程的、全员参加的全面质量管理，使公司有能力持续提供符合质量标准和顾客满意的产品。

我们的质量方针是：

1. 树立品质超群的企业形象，全心全意地为顾客服务。
2. 在产品设计中构建质量。
3. 依合同规格生产。
4. 使用合格供应商。
5. 提供安全的工作环境。
6. 质量系统符合 ISO 9001 的要求。

（质量目标）

第七十九条 我们的质量目标是：

1. 技术上保持与世界潮流同步。
2. 创造性地设计、生产具有最佳性能价格比的产品。
3. 产品运行实现平均 2000 天无故障。
4. 从最细微的地方做起，充分保证顾客各方面的要求得到满足。
5. 准确无误的交货；完善的售后服务；细致的用户培训；真诚热情的订货与退货。

我们通过推行 ISO 9001，并定期通过国际认证复审，建立健全全公司的质量管理体系和质量保证体系，使我们的质量管理和质量保证体系与国际接轨。

三、全面预算控制

（性质与任务）

第八十条 全面预算是公司年度全部经营活动的依据，是我们驾驭外部环境的不确定性，减少决策的盲目性和随意性，提高公司整体绩效和管理水平的重要途径。

全面预算的主要任务是：

1. 统筹协调各部门的目标和活动。
2. 预计年度经营计划的财务效果和对现金流量的影响。
3. 优化资源配置。
4. 确定各责任中心的经营责任。
5. 为控制各部门的费用支出和评价各部门的绩效提供依据。

公司设立多级预算控制体系。各责任中心的一切收支都应纳入预算。

（管理职责）

第八十一条 公司级预算和决算由财经管理委员会审议，由公司总裁批准。公司级预算由财务部负责编制并监督实施和考核实施效果。各级预算的编制和修改必须按规定的程序进行。收入中心和利润中心预算的编制，应按照有利于潜力和效益增长的原则合理确定各项支出水平；成本或费用中心的预算编制，应当贯彻量入为出、厉行节约的方针。

公司以及事业部和子公司的财务部门，应定期向财经管理委员会提交预算执行情况的分析报告。根据预算目标实现程度和预算实现偏离程度，考核财务部预算编制和预算控制效果。

四、成本控制

（控制重点）

第八十二条 成本是市场竞争的关键制胜因素。成本控制应当从产品价值链的角度，权衡投入产出的综合效益，合理地确定控制策略。

应重点控制的主要成本驱动因素包括：

1. 设计成本。
2. 采购成本和外协成本。
3. 质量成本，特别是因产品质量和工作质量问题引起的维护成本。
4. 库存成本，特别是由于版本升级而造成的呆料和死料。
5. 期间费用中的浪费。

（控制机制）

第八十三条 控制成本的前提是正确地核算产品和项目的成本与费用。应当根据公司经营活动的特点，合理地分摊费用。

公司对产品成本实行目标成本控制，在产品的立项和设计中实行成本否决。目标成本的确定依据是产品的竞争性市场价格。

必须把降低成本的绩效改进指标纳入各部门的绩效考核体系，与部门主管和员工的切身利益挂钩，建立自觉降低成本的机制。

五、业务流程重整

（指导思想）

第八十四条 推行业务流程重整的目的是，更敏捷地响应顾客需求，扩大例行管理，减少例外管理，提高效率，堵塞漏洞。

业务流程重整的基本思路是，将推行 ISO 9001 标准与业务流程重整和管理信息系统建设相结合，为公司所有经营领域的关键业务确立有效且简捷的程序和作业标准；围绕基本业务流程，理顺各种辅助业务流程的关系；在此基础上，对公司各部门和各种职位的职责准确定位，不断缩小审批数量，不断优化和缩短流程，系统地改进公司的各项管理，并使管理体系具有可移植性。

（流程管理）

第八十五条 流程管理是按业务流程标准，在纵向直线和职能管理系统授权下的一种横向的例行管理，是以目标和顾客为导向的责任人推动式管理。处于业务流程中各个岗位上的责任人，无论职位高低，行使流程规定的职权，承担流程规定的责任，遵守流程的制约规则，以下道工序为用户，确保流程运作的优质高效。

建立和健全面向流程的统计和考核指标体系，是落实最终成果责任和强化流程管理的关键。顾客满意度是建立业务流程各环节考核指标体系的核心。

提高流程管理的程序化、自动化和信息集成化水平，不断适应市场变化和公司事业拓展的要求，对原有业务流程体系进行简化和完善，是我们的长期任务。

（管理信息系统）

第八十六条 管理信息系统是公司经营运作和管理控制的支持平台和工具，旨在提高流程运作和职能控制的效率，增强企业的竞争能力，开发和利用信息资源，并有效支持管理决策。

管理信息系统的建设，坚持采用先进成熟的技术和产品，以及坚持最小化自主系统开发的原则。

六、项目管理

（必然性）

第八十七条 公司的高速增长目标和高技术企业性质，决定了必须在新技术、新产品、新市场和新领域等方面不断提出新的项目。而这些关系公司生存与发展的、具有一次性跨部门特征的项目，靠已有的职能管理系统按例行的方式管理是难以完成的，必须实行跨部门的团队运作和项目管理。因此，项目管理应与职能管理共同构成公司的基本管理方式。

（管理重点）

第八十八条 项目管理是对项目生命周期全过程的管理，是一项系统工程。项目管理应当参照国际先进的管理模式，建立一整套规范的项目管理制度。项目管理进一步改进的重点是，完善项目的立项审批和项目变更审批、预算控制、进度控制和文档建设。

对项目管理，实行日落法控制。控制项目数量以实现资源有效利用和提高组织整体运作系统。项目完成验收后，按既定程序转入例行组织管理系统。

七、审计制度

（职能）

第八十九条 公司内部审计是对公司各部门、事业部和子公司经营活动的真实性、合法性、效益性及各种内部控制制度的科学性和有效性进行审查、核实和评价的一种监控活动。

公司审计部门除了履行财务审计、项目审计、合同审计、离任审计……基本内部审计职能外，还要对计划、关键业务流程及主要管理制度等关系公司目标的重要工作进行审计，把内部审计与业务管理的进步结合起来。

（体系）

第九十条 公司实行以流程为核心的管理审计制度。在流程中设立若干监控与审计点，明确各级管理干部的监控责任，实现自动审计。

我们坚持推行和不断完善计划、统计、审计既相互独立运作，又整体闭合循环的优化再生系统。这种三角循环，贯穿每一个部门、每一个环节和每一件事。在这种众多的小循环基础组成中循环，由足够多的中循环组成大循环。公司只有管理流程闭合，才能形成管理的反馈制约机制，不断地自我优化与净化。

通过全公司审计人员的流动，促进审计方法的传播与审计水平的提高。形成更加开放、透明的审计系统，为公司各项经营管理工作的有效进行提供服务和保障。

（权限）

第九十一条 公司审计机构的基本权限包括：

1. 直接对总裁负责并报告工作，不受其他部门和个人的干涉。
2. 具有履行审计职能的一切必要权限。

八、事业部的控制

（方针）

第九十二条 事业部管理方针是：

1. 有利于潜力的增长。
2. 有利于效益的增长。
3. 有利于公司组织与文化的统一性。

（绩效考核）

第九十三条 事业部是利润中心，在公司规定的经营范围内自主经营，承担扩张责任、利润责任和资产责任。

对事业部的考核指标主要为销售收入、销售收入增长率、市场份额和管理利润。考核销售指标的目的是鼓励事业部扩张；考核管理利润的目的是兼顾扩张、效益和资产责任。公司将按照对各事业部的不同发展要求，通过调节与事业部销售收入、销售收入增长率和管理利润各部分挂钩的利益分配系数，影响事业部的经营行为。

事业部的全部利润由公司根据战略和目标统一分配。

（自主权）

第九十四条 我们的方针是，只要符合事业部控制的"三个有利于"原则，就对之实行充分的授权。

事业部总经理的自主权主要包括：预算内的支出决定权和所属经营资源支配权，以及在公司统一政策指导下的经营决策权、人事决定权和利益分配权。

（控制与审计）

第九十五条 公司对事业部的控制与审计主要包括：

1. 事业部的总经理、财务总监、人力资源总监、审计总监由公司任免。
2. 依据经过批准的预算对事业部的收支进行总量控制。
3. 公司统一融资，事业部对资金实行有偿占用。
4. 对现金实行集中管理，事业部对自身的现金流量平衡负责。
5. 事业部定期向公司财经管理委员会提交财务绩效报告。
6. 公司审计部对事业部履行审计职能。

（服务型事业部）

第九十六条 服务型事业部的职能是以低利方式提供内部服务，以促进整体扩张实力。内部运作实行模拟市场机制。

（联利计酬）

第九十七条 事业部实行按虚拟利润联利计酬的报酬制度。在事业部的报酬政策上，公司遵循风险和效益与报酬对等的原则。

九、危机管理

（危机意识）

第九十八条 高技术的刷新周期越来越短，所有高科技企业的前进路程充满了危机。华为公司由于成功，公司组织内部蕴含的危机也越来越多，越来越深刻。我们应该看到，公司处于危机点时既面临危机又面临机遇。危机管理的目标就是变危险为机遇，使企业越过陷阱进入新的成长阶段。

（预警与减灾）

第九十九条 公司应建立预警系统和快速反应机制，以敏感地预测和感知由竞争对手、客户、供应商及政策法规等造成的外部环境的细微但重大的变化；处理公司高层领导不测事件和产品原因造成的影响公司形象的重大突发事件。

第六章　接班人与基本法修改

（继承与发展）

第一百条 华为经年积累的管理方法和经验是公司的宝贵财富，必须继承和发展，这是各级主管的责任。只有继承，才能发展；只有量变的积累，才会产生质变。承前启后，继往开来，是我们的事业兴旺发达的基础。

（对接班人的要求）

第一百零一条 进贤与尽力是领袖与模范的区别。只有进贤和不断培养接班人的人，才能成为领袖，成为公司各级职务的接班人。

高、中级干部任职资格的最重要一条，是能否举荐和培养出合格的接班人。不能培养接班人的领导，在下一轮任期时应该主动引退。仅仅使自己优秀是不够的，还必须使自己的接班人更优秀。

我们要制度化地防止第三代、第四代及以后的公司接班人腐化、自私和得过且过。当我们的高层领导人中有人利用职权谋取私利时，就说明我们公司的干部选拔制度和管理出现了严重问题，如果只是就事论事，而不从制度上寻找根源，那我们距离"死亡"就已经不远了。

（接班人的产生）

第一百零二条 华为公司的接班人是在集体奋斗中从员工和各级干部中自然产生的领袖。

公司高速成长中的挑战性机会，以及公司的民主决策制度和集体奋斗文化，为领袖人才的脱颖而出创造了条件；各级委员会和各级部门首长办公会议，既是公司高层民主生活制度的具体形式，也是培养接班人的温床。要在实践中培养人、选拔人和检验人。要警惕不会做事却会处世的人受到重用。

我们要坚定不移地向第一、二代创业者学习。学习他们在思想上的艰苦奋斗精神，勇于向未知领域探索；学习他们的团队精神和坦荡的胸怀，坚持和不断完善我们公正合理的价值评价体系；学习他们强烈的进取精神和责任意识，勇于以高目标要求和鞭策自己；学习他们实事求是的精神，既具有哲学、社会学和历史学的眼界，又具有一丝不苟的工作态度。走向世界，实现我们的使命，是华为一代一代接班人矢志不渝的任务。

（基本法的修订）

第一百零三条 每十年基本法进行一次修订。修订的过程贯彻从贤不从众的原则。

在管理者、技术骨干、业务骨干、基层干部中推选出10%的员工，进行修改的论证，拟出清晰的提案。

然后从这10%的员工中，再推选20%的员工，与董事会、执行委员会一同审议修改部分的提案。并将最终的提案公布，征求广大员工意见。

最后，由董事会、执行委员会、优秀员工组成三方等额的代表进行最终审批。

《基本法》是公司宏观管理的指导原则，是处理公司发展中重大关系的对立统一的度。其目的之一是培养领袖。高、中级干部必须认真学习《基本法》，领会其精神实质，掌握其思想方法。

1994年11月，华为从一个默默无闻的小公司一跃成为热门企业。视察过该公司的上级领导都称赞华为的文化好。干部员工也常把企业文化挂在嘴上，但到底企业文化是什么，谁也说不清。于是，任正非就指派一位副总监与中国人民大学的几位教授联系，目的是梳理华为的文化，总结成功的经验。

外界对华为基本法表现出了不知疲倦的兴趣，主要是因为华为实在是太低调了，因此高调对外宣布的华为基本法就成了外界了解华为不多的凭证之一。

从1996年初开始，华为技术有限公司开展了"华为基本法"的起草活动。"华为基本法"总结、提升了公司成功的管理经验，确定华为二次创业的观念、战略、方针和基本政策，构筑公司未来发展的宏伟架构。以《华为基本法》为里程碑，华为继续吸收了包括IBM等公司在内的管理工具，形成了均衡管理的思想，完成了公司的蜕变，成为中国最优秀的国际化企业之一。

意义：

《华为基本法》，实际上是根据任正非的思维因果用统一的语言集中作的一次梳理，是中国企业第一个完整系统地对其价值观的总结，对中国的企业文化建设起到很大推动作用。

10.5.2 案例简析（学习心得）

（1）何谓基本法？基本法（Basic Law），就国家层面讲，是在一个国家或地区拥有最高法律效力的法律。它的含义与宪法实际上相同，如在港澳地区亦有人称基本法为该地区的小宪法。制定基本法是中国政府的一项承诺，根本目的是要将联合声明及其附件一中所确认的"一国两制"以国内法的形式予以法律化和制度化，这样就可以通过法律的强制力，来充分保障国家对香港、澳门的基本方针政策的实施。

（2）华为"基本法"就公司层面讲，是公司的"管理大纲"、是公司的大政方针策略指导大法、是所有公司成员的纪律化行为科学法则。它开创性地使华为在世界行业之林突飞猛进。从1995年萌芽，到1996年正式定位，到1998年3月审议通过，历时数年。这期间华为也经历了世人瞩目的巨变，为国内外行业发展作出了无与伦比的贡献。华为基本法成为许多跨国公司和专家学者学研、探索、提升的典范。

（3）王国维老前辈在《红楼梦》评论中，曾提出过"生生主义"理想。即"由生生主义之理想，则欲使世界生活之量，达于极大限，则人人生活之度，不得不达于极小限。盖度与量二者，实为一精密之反比例，所谓最大多数之最大福祉者，亦仅归于伦理学者之梦想而已"。庆幸的是，华为为实现这一理想正在生生不息的拼搏奋斗着。"生生"理念是中国哲学的核心理念之一，是滋养爱故土、爱人民、爱国家（爱公司）的爱国主义情感的源头活水，几乎全部工作均能从中汲取理论支撑和情感升华。

（4）该法创想全面，设计超强，方向明确，用词精炼独到，意境现代深远，堪称"全章精粹"。层次分明，肌理清晰，细腻贴切，忧患藏中，登高望远，比经营运作的实际更高、更强烈、更集中、更典型、更带普遍性。是百学不厌百做不烦沁人肺腑的华章。盼华为和所有企业都能有"锦瑟无端五十弦，一弦一柱思华年"的辉光景象。

（5）中国传统文化中，对道的尊崇很高。何谓道？即自然变化规律也，又解为方法、路径。万事万物发展变法是常规道行、熟知规律、研究模式、符合生长消亡周期规律，方是研修行为的正道。佛教文化中的"六度"包含布施、持戒、忍辱、精进、禅定、智慧，如一一做到，就好比获得了做好任何事情的行动指南。从基本法中，不难看到这些处理国家、公司和个人利益冲突的宝贵经验和闪光点圭臬！

通观华为基本法，可窥视到公司领导人的世界眼光、未来眼光是多么的高、大、强。这是基于华为的发展基础和资源禀赋而就，正应了孔子所言："无欲速，无见小利。欲速则不达，见小利，则大事不成"的深刻理解。即，讲人做事情时眼光要看得远些、更远些，目光短浅影响长远规划是致命的缺憾！对此，华为人有超人的独到的见解。

华为技术有限公司是一家生产销售通信设备的民营通信科技公司，其产品主要涉及通信网络中的交换网络、传输网络、无线及有线固定接入网络和数据通信网络及无线终端产品，为世界各地通信运营商及专业网络拥有者提供硬件设备、软件、服务和解决方案。华为于1987年在中国深圳正式注册成立，注册资本2.1万元。

华为的产品和解决方案已经应用于全球140多个国家，服务全球运营商50强中的45家及全球1/3的人口。华为是全球领先的信息与通信解决方案供应商。它的业务涵盖了移动、宽带、IP、光网络、电信增值业务和终端等领域，致力于提供全IP融合解决方案，使最终用户在任何时间、任何地点都可以通过任何终端享受一致的通信体验，丰富人们的沟通与生活。

根据2012年4月23日公布的财务财报显示，华为2011年销售总收入达2039亿元，同比增长11.7%，净利润116亿元，同比下跌53%，主要由于激烈的市场竞争和汇率变化。其中，华为在国内市场实现销售收入人民币655.65亿元，同比增长5.5%，华为表示，受主要电信运营商投资减少的影响，销售收入增长有所放缓，但进一步提升并稳固了市场地位。华为去年在海外市场则实现销售收入人民币1383.64亿元，同比增长14.9%。

2008年合同销售额233亿美元，是当年中国国内电子行业盈利和纳税第一。截至2008年底，华为在国际市场上覆盖100多个国家和地区，全球排名前50名的电信运营商中，已有45家使用华为的产品和服务。华为成为世界专利"申请数量"（非核准）年度最多的公司，结束了飞利浦垄断长达十年之久的"霸主"地位。2009年，合同销售额300亿美元，国内首次突破100亿美元，销售额达到215亿美元。华为发布2011年上半年业绩，华为上半年销售收入达 983 亿人民币，同比增长 11%；营业利润达 124 亿人民币。华为 2012 年 4 月 23 日发布公司 2011 年业绩，其 2039 亿元人民币的年收入已经非常接近世界最大电信设备商爱立信。华为业绩显示，2011 年，公司收入 2039 亿元，同比增长 11.7%，净利润 116 亿元人民币。由于全球市场变化和业务结构调整，公司利润低于去年的 238 亿元。

以 2011 年 12 月 31 日的人民币兑美元汇率计算，华为收入约合 324 亿美元，领先于阿尔卡特的 204 亿美元，诺西的 182 亿美元，距离爱立信 336 亿美元的年收入只有一步之遥。其中华为业绩贡献主要来自于终端业务和企业网业务。轮值 CEO 胡厚昆说，华为消费者业务收入 446 亿人民币，同比增长 44%，终端发货 1.5 亿部，同比增长超过 30%。海外市场也是华为收入重要增长点。财报显示，国内销售收入达 655.7 亿元人民币，同比增长 5.5%，海外销售收入达 1384 亿元人民币，同比增长 14.9%。

注：本数据来源于百度网。

10.6 案例六 苏州工业园区科技创业基地施工安全管理案例及简析

10.6.1 苏州工业园区案例内容

苏州工业园区唯亭科技创业基地施工阶段的安全管理

施工阶段的安全管理是工程项目中的重要内容之一，决不能掉以轻心，必须慎之又慎地做好。在一定程度上，是关系到工程项目的成败，它是保障建设工程安全生产、保障广大员工生命和财产安全、保持良好的生产生活秩序、维护国家和社会和谐稳定等的头等大事。《建设工程安全生产管理条例》（国务院第 393 号令）规定：建设单位、勘察单位、设计单位、施工单位、监理单位、工程管理单位及其与建设工程安全生产有关的单位，必须遵守安全生产的法律法规，保证建设工程的安全生产，依法承担建设工程安全生产的责任。对于工程管理单位违反该条例的行为，责令限期改正；逾期未改正的，责令停业整顿，并处以 10 万元以上 30 万元以下的罚款；情节严重的，降低资质等级，直至吊销资质证书；造成重大安全事故，构成犯罪的直接责任人员，依照刑法有关规定追究刑事责任；造成损失的，依法承担赔偿责任。

根据国家和主管部门关于安全生产的相关规定，苏州工业园区唯亭科技创业基地项目，结合具体项目的实际情况，制定了施工阶段的安全管理纲要，现将其要点简述如下。

1. 工程特点

苏州工业园区唯亭科技创业基地工程项目，位于苏州工业园区唯亭镇青剑湖商业广场正西面，北临湖滨路，东接星湖街。总建筑面积 54532m²，其中地上面积为 40799m²，地下面积为 13732m²。主楼地下一层，地上十二层，建筑总高度为 62.10m，建筑面积为 30641m²。附楼地下一层，地上三层，建筑总高度为 23.90m，建筑面积为 13732m²。抗震设防烈度为 6 度，结构设计使用年限为 50 年，建筑结构安全等级为二级。

该项目由唯亭创业投资有限公司投资建设，苏州工业园元合项目咨询管理有限公司进行项目管理，华东建筑设计研究院有限公司对土建工程进行设计，苏州市天地民房建筑设计研究院有限公司负责对地下人防部分设计,上海海洋地质勘察设计有限公司负责地质勘察工作,苏州东吴建筑设计研究院进行地下室基坑的围护设计,江苏建科建设管理有限公司承担监理工作;桩基施工单位:宜兴永固地基公司;土建施工单位:新世纪建设工程有限公司;钢结构施工单位:苏州建筑配件工程有限公司;水、电、消防、暖通施工单位:南通扬子江设备安装工程有限公司;幕墙施工单位:北京江河幕墙股份有限公司。

本工程周期比较长,施工难度大,存在多专业、多工种施工、交叉作业,相互干扰因素多,因此,影响工程项目安全生产的不确定性因素比较多、比较大,尤须强化监督管理力度,扎扎实实地确保安全生产"零事故"的目标圆满实现。

安全生产管理工作的主要法律依据:
(1)《中华人民共和国安全生产法》;
(2)《中华人民共和国建筑法》;
(3)《建设工程安全生产管理条例》(国务院第39号令);
(4)《建筑施工安全检查标准》(JGJ 59—2011);
(5)《特种设备安全监察条例》(国务院第373号令);
(6)《江苏省特种设备安全监察条例》(2002年12月17日通过);
(7)《建筑施工高处作业安全技术规范》(JGJ 80—1991);
(8)《建筑机械使用安全技术规程》(JGJ 33—2012);
(9)《施工现场临时用电安全技术规范》(JGJ 46—2005);
(10) 参考国务院颁布的《建筑安装工程安全技术规程》;
(11) 施工组织设计/方案;
(12) 其他安全相关参考文件。

2. 安全生产管理工作流程
(1) 安全管理监控运行程序
1) 管理和审查工程承包单位的安全管理机构、安全管理人员落实到位情况;检查安全网络、安全措施的落实实施情况。
2) 管理和审查施工单位施工组织设计、专项施工方案中的安全技术措施的策划、设计情况;审查其是否符合工程项目建设强制性标准。
3) 施工单位必须定期进行安全自检并定期向管理单位以书面形式报告和沟通。
4) 定期进行作业现场的安全检查,对发现的安全问题要求承包单位及时整改,承包单位应主动地实事求是地及时将整改结果报管理单位复查,并持续改进。
5) 一旦发现事故隐患,应及时制止和处理、必要时发出工程暂时停工令,并向建设单位和有关政府职能部门报告。
6) 建设单位、承包单位、监理单位应当对安全生产分工负责,协调一致,密切配合,齐心协力,千方百计,搞好工程项目的安全生产工作。
7) 事故隐患排查处理后,应进行信息反馈,登记备案。
8) 工程项目参与各方,都要认真地做好安全资料的收集、记录、整理、归档工作,以便备查和使用。
(2) 安全生产管理工作流程图如图10-6所示。

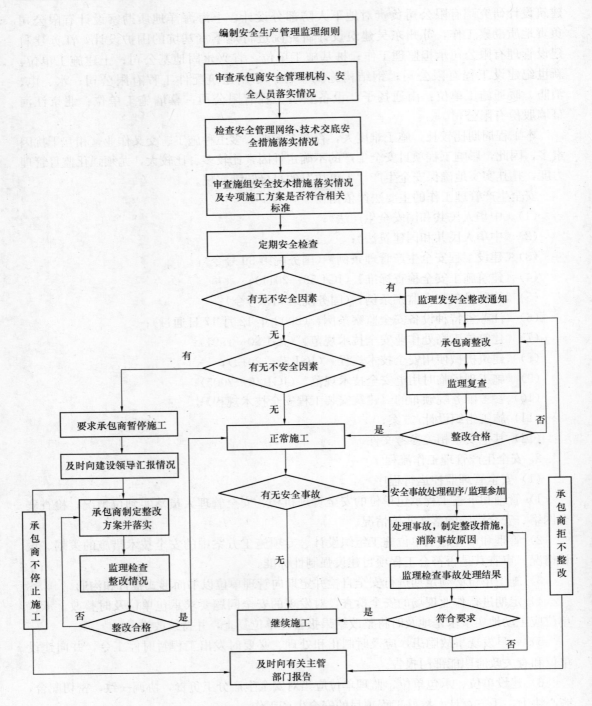

图 10-6 安全生产管理工作流程

3. 安全生产管理控制要点

(1) 对施工单位安全管理要求

1) 施工单位应取得《安全生产许可证》后方可承包该工程。施工企业的企业资质必须符合国家和住房和城乡建设部的有关规定。

2) 施工单位应当建立健全安全生产责任制度和安全生产教育、培训制度，制定安全生产规章制度和操作规程，保证本单位安全生产条件所需资金的投入，设置安全生产管理机构，配备专职安全管理人员，实行安全生产管理人员责任考核制度，并明确工程项目安全生产目标及其保障措施。

3) 施工单位的项目负责人，应当由取得相应的执业资格的人员担任；特种作业人员必须取得作业资格证书后，方可上岗作业。

4) 施工单位的项目负责人、专职安全管理人员应已完成上岗培训考核资格并取得上岗合格证书。

5) 施工组织设计中，应有安全生产技术措施和施工现场临时用电方案的程序编制，对达到一定规模的危险性较大的分部、分项工程需要编制专项施工方案，并附具安全验算结果。对工程中涉及深基坑、地下暗挖工程、高大模板等专项施工方案，施工单位应组织专家进行论证、评估、审查。施工单位在使用施工起重机械和整体提升脚手架、模板等自升式架设设施前，应当组织有关单位进行验收，也可以委托具有相应资质的检测检验机构进行验收并出具验收证书。

6) 施工前，施工单位负责项目管理的技术人员应当将有关安全施工的技术要求向施工作业班组和作业人员进行交底说明，并由双方签字确认。

7) 施工单位应当为施工现场从事危险作业人员办理意外伤害保险。

8) 施工单位应进行定期和专项安全检查，并做出记录备查。对检查出的安全隐患、事故苗头，要求定人、定时、定措施、按期完成整改治理。

9) 专职安全生产管理人员，负责对安全生产进行现场监督检查。发现事故隐患，应当及时向项目负责人和安全生产机构报告；对违章指挥、违章操作的，应立即制止。对重大工伤事故按规定如实向有关部门上报，并建立事故档案。

10) 新工人进入工地前，必须认真学习本工种安全技术操作规程。未经安全知识教育和培训的，不得进入施工现场操作。

11) 暴雨、台风前后，承包单位应检查工地临时设施、脚手架、机电设备、临时线路，发现倾斜、变形、下沉、漏电等现象，应及时修理加固，有严重危险的，应当立即设法排除，以防后患。

12) 施工现场应有安全布置总平面图，并设置明显的安全警示标志，安全警示标志必须符合国家规定标准。

13) 施工单位应编制应急救援预案，应急救援预案应符合施工现场实际情况。

(2) 对施工单位文明施工要求

1) 施工单位对因建设工程施工可能造成损害的毗邻建筑物、构筑物和地下管线等，应当采取专项防护措施；施工单位应当遵守有关环境保护法律、法规的规定，在施工现场采取措施，防止或减少粉尘、废气、废水、固体废弃物、颗粒物、噪声、震动、连续施工和施工照明对人的和环境的危害和污染，届时应当采取有效措施对施工现场如实行封闭围栏等，以防扩大事态的影响。

2) 施工现场主要出入口实行门卫制度，进入施工现场的工作人员必须佩戴安全保卫部门发放的工作卡。

3) 施工场地应用排水设施,保证道路畅通无阻。

4) 建筑材料、构件料具,应按照总平面图布局堆放,并按堆料名称、品种、规格、编号等标牌堆放整齐,做到工完场清。

5) 施工现场临时搭建的建筑物,应当符合安全和保卫的使用要求。办公、生活区与作业区,应当分开设置,选址时应符合满足安全性的要求,并保持安全距离。职工的膳食、饮水、休息场所等应当符合卫生标准。

6) 施工现场应建立消防安全责任制度,确定消防安全责任人,制定用火、用电、使用易燃、易爆材料等各项消防安全管理制度和操作规程,设置消防通道、消防水源,配备消防设施和灭火器材。

7) 施工现场大门口醒目处,要悬挂"五牌一图",标牌要规范、整齐,并有安全宣传标语口号。

8) 施工现场应有相应的生活设施,包括食堂、开水房、卫生间等,其卫生必须符合相关规定的要求,并有专人管理。现场应备有保健医药箱和急救措施、急救器材。

9) 施工现场应制定不扰民措施及方案,夜间施工应办理施工许可证。

(3) 主要安全控制点具体要求举例(不限于)

1) 脚手架施工基本安全要求

① 脚手架的搭设、维护、拆除等作业,在 2m 以上的均为高处作业,应严格执行高处作业安全规定。

② 从事脚手架的搭设、维护、拆除的作业人员,必须熟悉有关脚手架的基本技术知识,并持证上岗。

③ 脚手架的搭设、维护、拆除等工作,应尽量避免在夜间进行,如确需夜间作业,现场应有足够的照明,且夜间搭设脚手架的高度不得超过二级高处作业标准(15m 以下)。

④ 对 25m 以上的大型脚手架、悬空脚手架及特殊安全要求的脚手架,实行责任人负责制,每榀脚手架设专门责任人,负责日常检查、维护、防止人为破坏。

⑤ 当有 6 级以上大风和大雨、雪、雾天气时,应停止脚手架搭设和拆除工作。

⑥ 脚手架搭设、拆除时,地面应设围栏和警戒标志,并派专人警戒,严禁非作业人员入内。

⑦ 不得在脚手架基础及其邻近处进行挖掘作业。

⑧ 凡在脚手架上作业的人员必须戴好安全帽、系好安全带、穿防滑鞋,严禁酒后作业。

⑨ 根据现场具体环境,在脚手架的外侧及顶部设醒目的安全标志、信号旗(灯),以防过往车辆及吊机运行中碰撞脚手架。

⑩ 使用软梯设备施工时,要有必要的防坠落措施,并要有专人监护。

⑪ 脚手架的模板支架构造要求

A. 模板支架应根据其用途专门设计,应满足相关技术规范要求,并执行报批程序。

B. 钢管模板支架立杆的构造应符合规范规定的要求。

C. 满堂脚手架模板支架的支撑设置应符合规范规定的要求。

2) 基坑支护及开挖施工安全技术要求

① 所有操作人员应严格执行有关"操作规程"。
② 现场施工区域应有安全标志和围护设施。
③ 基坑施工期间应指定专人负责基坑周围地面变化情况的巡查。如发现裂缝或坍陷，应及时加以分析和处理。
④ 坑壁渗水、漏水应及时排除，防止因长期渗漏而使土体破坏，造成挡土结构受损。
⑤ 对拉锚杆件、紧固件及锚桩，应定期进行检查，对滑楔内土方及地面应加强检查和处理。
⑥ 挖土期间，应注意挡土结构的完整性和有效性，不允许因土方的开挖遭受破坏。
⑦ 其他可参照《建筑地基基础工程施工质量验收规范》(GB 50202—2002)。

3) 模板操作及施工时注意的安全

① 模板和钢管一定要按设计上的型号配置，当型号改变时，一定要通知技术负责人，经过审批后方可进行模板的搭设。
② 模板系统一定要按计算书上的间距安装，不经技术负责人审批不得随意改变。
③ 模板安装时一定要注意各个节点的连接牢固和拼缝的严密，特别是支撑与模板的连接点，一旦出现连接不牢的问题，后果将不堪设想。
④ 模板的拆除应遵循自上而下先拆侧向支撑后拆垂直支撑，先拆不承重结构后拆承重结构。
⑤ 柱模应自上而下、分层拆除。拆除第一层时，用木槌或带橡皮垫的锤向外侧轻击模板上口，使之松动，脱离柱混凝土。依次拆下一层模板时，要轻击模边肋，切不可用撬棍从柱角撬离。
⑥ 梁模板的拆除应先拆支架的拉杆以便作业，而后拆除梁与楼板的连接角模及梁侧模板。拆除梁模大致与柱模相同，但拆除梁底模支柱时应从跨中向两端作业。
⑦ 模板支撑不得使用腐朽、扭裂、劈裂材料。顶撑要垂直，底端平整坚实，并加垫木。木楔要钉牢，并用横杆顺拉和剪刀撑拉牢。
⑧ 支模应按工序进行，模板没有固定前，不得进行下道工序。禁止利用拉杆、支撑攀登上下。
⑨ 支设 4m 以上的立柱模板。四周必须顶牢。操作时要搭设工作台；不足 4m 的，可使用马凳操作；模板作业面的预留洞和临边应进行安全防护，垂直作业应上下用夹板隔离。
⑩ 支设独立梁模应设临时工作台，不得站在柱模上操作和在梁底模上行走。
⑪ 拆除模板应经施工技术人员同意。操作时应按顺序分段进行，严禁猛撬、硬砸或大面积撬落和拉倒。完工前，不得留下松动和悬挂的模板。拆下的模板应及时运送到指定地点集中堆放，防止钉子扎脚。模板的堆放高度不得超过 2m。
⑫ 高处、复杂结构模板拆除，应有专人指挥和切实的安全措施，并在下面标出工作面，严禁非操作人员进入工作区。
⑬ 拆除模板一般应采用长撬杆，严禁操作人员站在正拆除的模板上。
⑭ 拆模间隙时，应将已活动的模板、拉杆、支撑等固定牢固，严防突然坠落，倒塌伤人。
⑮ 模板拆除前必须有混凝土强度报告，强度达到规定要求后方可进行拆模审批。

4)"三宝"、"四口"、"五临边"的防护

① 施工人员进入施工现场必须正确使用"三宝"(安全帽、安全带、安全网)。

② 施工单位必须做好"四洞口"[楼梯口、电梯口(垃圾口)、预留洞口、井架通道口]防护。

③ 施工单位必须做好"五临边"的防护[尚未安装栏杆的阳台周边、无外架防护的屋面周边、框架工程楼层周边、上下通道(斜道)两侧边、卸料平台的侧边等]。

④ 变配电所、乙炔站、氧气站、发电机房、锅炉房等易于发生危险的场所,应在危险区域界限处,设置围栏和警示标志。非工作人员未经许可不得入内。挖掘机、起重机、桩机等大型机械作业区域,应设立警告标志,并在工程项目现场采取必要的安全措施。

5)施工临时用电

① 施工临时用电必须严格执行《施工现场临时用电安全技术规范》(JGJ 46—2005)、《建设工程施工现场供用电安全规范》(GB 50194—1993)、《建筑施工安全检查标准》(JGJ 59—2011)等规定。

② 施工单位制定施工临时用电方案并通过监理单位评估通过认可。

6)大型施工机械的使用(略)

7)中小型机具防护(略)

8)防火管理

① 施工作业面必须设置必要的灭火器材,消防用水水压,必须保证能将水送到施工作业面上。

② 现场电焊、氧气乙炔切割操作必须统一管理,在操作之前必须办理审批手续(一般由总包单位审批)。焊接、切割时周围和下方须采取防火措施,并有专人监护。电焊、切割周围不得堆放易燃、易爆物品。

③ 施工现场必须设置符合要求的消防环形通道,配电房的通道必须畅通,以便火灾发生时,能够及时拉闸断电。

④ 未安装减压装置的氧气瓶严禁使用。

4. 管理工作方法及措施

(1) 管理主要工作方法

1)施工单位企业资质审查要点

① 施工单位的企业资质是否满足工程建设的需要。承包单位必须根据建设部《建筑企业资质管理规定》(建设部令第87号)中的要求在规定的资质范围内从事经营活动不得超过服务范围经营。管理机构必须注意是否有弄虚作假、超过资质范围经营或冒名挂靠等情况。

② 根据建设部第128号令规定,施工企业三类人员(企业负责人、项目经理、安全管理人员)应当取得安全培训、考核合格证书。管理机构需要审查施工企业有无接受转让、冒用或使用伪造、过期安全生产许可证,项目经理、安全员有无有效合格证书。

③ 施工单位安全管理体系是否完整、健全。施工单位进场后,应向管理机构报送安全管理体系的有关材料,包括安全组织机构、安全生产责任制度、各项安全生产制度、安

全管理制度、安全教育培训制度、安全技术交底制度、安全操作规程、安全管理人员名单及分工、对所承担的工程项目的定期、专项安全检查制度等。还应包括保证施工安全生产条件所需资金的投入。

④ 施工单位特种作业人员（如电工、焊工、爆破工、架子工、塔吊司机、机操工等）资格证、上岗证情况。

2）施工组织设计（专项施工方案）审查要点

① 施工组织设计（专项施工方案）编制、审批手续是否齐全。一般编制人、审核人、批准人签字和施工机构盖章齐全，施工组织设计和重要的专项施工方案（如临时用电方案、基坑支护与降水方案、模板、脚手架搭设方案等）应有施工单位（企业法人）技术负责人签字。

② 施工组织设计（专项施工方案）主要内容齐全。内容包括质量保障体系、安保体系、施工方法、工序流程、进度计划安排、人员设备配置、施工管理及安全生产、劳动保护、消防、环保对策及其新材料、新工法、新技术的应用等，达到一定规模的危险性较大的分部分项工程还要有安全技术措施的计算书并附安全验算结果，而且，还要审查应急救援预案是否符合要求。

③ 施工组织设计（专项施工方案）应符合国家、地方现行法律法规和工程建设强制性标准、规范的规定。

④ 施工组织设计（专项施工方案）应合理。如有必要，其计算方法和数据应注明其来源和依据，选用的力学模型应与实际情况相符；施工方案应与施工进度相一致，施工进度计划应正确体现施工的总体部署、流向顺序及工艺关系；施工机械设备、人员的配置应能满足施工开展的需要；施工方案与施工平面图布置应协调一致等。

⑤ 工程发生大的变更、施工方法发生大的变化，应重新编制施工组织设计（专项施工方案），并重新报送管理机构审核批准。

3）如何发现施工安全隐患

管理单位在工程项目实施过程中，发现安全事故隐患，主要是指：

① 施工单位违反强制性规范、标准而施工的；

② 施工单位未按设计图纸进行施工的；

③ 施工单位无方案施工或未按施工组织设计、专项施工方案施工的；

④ 施工单位未按施工规程施工的、违章作业的；

⑤ 施工现场出现安全事故先兆的（如基坑漏水量加大、边坡塌方；脚手架晃动；配电箱漏电、局部发热、打火等）；

⑥ 施工现场出现管理经验可以判断的安全事故隐患的（如发现脚手架拉结点被拆出了一些；配电箱接地线短路；大型施工机械设备未经安检投入使用等）。

发现的工作，要靠管理机构全体人员共同完成，由总监牵头抓，专职安全管理人员重点抓，其他人员在日常的管理活动中，要做有心人，注意发现施工现场是否存在安全事故隐患的问题。

4）发现施工安全隐患的处理（专项施工方案）

① 当发现安全事故隐患时，管理人员应判断其严重程度，并立即向管理总部及总管理工程师报告。

② 对于一般性的安全事故隐患，管理机构应签发《管理工程师通知单》，书面要求施工单位立即进行整改；对于严重的安全事故隐患，总监应立即要求施工单位暂停施工，并签发《工程暂停令》书面指令施工单位执行整改。

③ 施工单位整改结束，应填报《工程复工报审表》，经管理机构检查验收合格同意后，方可恢复正常施工。安全隐患处理程序如图10-7所示。

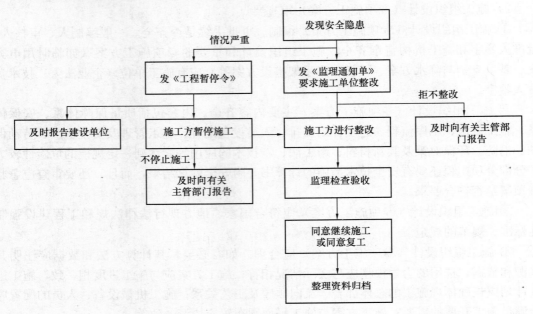

图10-7 安全隐患处理程序

5）发生施工安全事故后的管理工作

① 发生施工安全事故后，总监应立即签发《工程暂停令》，要求施工单位立即停止施工、排除险情、抢救伤员，并防止事故扩大。

② 督促施工单位按照国家有关伤亡事故报告和调查处理的规定，及时、如实地向有关主管部门报告。

③ 要求施工单位，做好现场保护和证据保全工作。

④ 协助做好事故调查，协助分析事故原因、调查事故损失情况。根据需要，提供相关合同、图纸、会议纪要、施工记录、管理日记等有关资料。

⑤ 根据上级部门的要求，及时写出事故报告。报告一般应包括事故发生的时间、地点、事故严重程度、人员伤亡、经济损失；事故的简要经过；事故原因的初步分析；抢救措施和事故控制情况；附表（按国家、主管部门要求的表格如实填写）；被告人情况和通信联系方式等。

⑥ 注意收集、整理有关管理机构自我保护方面的资料。

(2) 管理主要工作措施

1) 认真贯彻"安全第一、预防为主、综合治理"的方针，督促施工单位自觉执行国家现行的安全生产的法律、法规和政府主管部门的安全生产规章制度、规范标准。

2) 检查施工单位建立的安全管理制度，监督工程承包单位的安全管理体系正常运转，管理网络要健全，安全员要坚守岗位，安全责任制、奖罚制度要上墙，并便于操作，确保工程实施过程中不发生重大安全事故。

3) 施工组织设计、施工临时用电和下列分部分项工程：①基坑支护降水工程；②土方开挖工程；③模板工程；④起重吊装工程；⑤脚手架工程；⑥拆除、爆破工程；⑦国务院、建设行政主管部门或其他有关部门规定的其他危险性较大的工程等。要求施工单位编制专项施工方案，并附具安全验算结果，经施工单位技术负责人签字后上报管理部门，经专业管理工程师审核并由总管理工程师签字后实施。管理审查的重点：一是施工组织设计和专项施工方案的安全技术措施是否符合工程强制性标准的规定；二是施工单位技术负责人是否已经审查批准并签字认可。实施中施工单位专职安全生产管理人员应进行现场监督。

4) 在实施管理过程中，发现存在安全事故隐患的，应当要求施工单位整改；情况严重的，应当要求施工单位暂停施工，并及时报告建设单位。如施工单位拒不整改或不停止施工者，应及时向有关主管部门报告。

5) 督促承包单位每周上报安全检查周报并一一记录。对检查出来的安全隐患问题，都要及时作出整改安排。

6) 不定期召开安全专题会议，明确组织单位、确定检查频次、定下参加单位、分析安全形势、处理安全问题等。加强工程现场的安全生产管理，以达到安全预控目标（使用的记录表见表10-4所列）。

文明工地检查评分表 表 10-4

序号	检查项目		扣分标准	应得分数	扣减分数	实得分数
1	施工现场保证项目	现场围挡	在市区主要路段周围未设置高于2.5m的围挡，扣10分	10		
			一般路段的工地未设置高于1.8m的围挡，扣10分			
			围挡材料不坚固、不稳定、不整洁、不美观，扣5~7分			
			围挡没有沿工地四周连续设置，扣3~5分			
2		封闭管理	无门卫和无门卫制度的，扣3分	10		
			进入施工现场不佩戴工作卡的，扣3分			
			门头未设置企业标志的，扣3分			
3		施工场地	工地地面未做硬化处理的，扣5分	10		
			道路不畅通的，扣5分			
			无排水设施、排水不通畅的，扣4分			
			无防止泥浆、污水、废水外流或堵塞下水道和排水河道措施的，扣3分			
			工地有积水的，扣2分			
			工地未设置吸烟处、随意吸烟的，扣2分			
			温暖季节无绿化布置的，扣4分			

续表

序号	检查项目		扣分标准	应得分数	扣减分数	实得分数
4	施工现场保证项目	材料堆放	建筑材料、构件、料具不按总平面图布局堆放的，扣4分	10		
			材料未挂名称、品种、规格带标牌的，扣2分			
			堆放不整齐的，扣3分			
			未做到工完场地清的，扣3分			
			建筑垃圾堆放不整齐，未标出名称、品种的，扣3分			
			易燃易爆物品未分类存放的，扣4分			
5		现场住宿	在建工程兼作住宿的，扣8分	10		
			施工作业区与办公、生活区不能明显划分的，扣6分			
			宿舍无保暖和防煤气中毒措施的，扣5分			
			宿舍无消暑和防蚊虫叮咬措施的，扣3分			
			无床铺，生活用品放置不整齐的，扣2分			
			宿舍周围环境不卫生、不安全的，扣3分			
6		现场防火	无消防措施、制度或无灭火器材的，扣10分	10		
			消防器材配置不合理的，扣5分			
			无消水源（高层建筑）或不能满足消防要求的，扣8分			
			无动火审批手续和动火监护的，扣5分			
7	一般项目	治安综合治理	生活区未给工人设置学习和娱乐场所的，扣4分	8		
			未建立治安保卫制度的，责任未分解到人的，扣3~5分			
			治安防范措施不利，常发生失盗事件的，扣3~5分			
8		施工场地标牌	大门口处悬挂的五牌一图内容不全的，缺一项扣2分	8		
			标牌不规范、不整齐的，扣3分			
			无安全标语的，扣5分			
			无宣传栏、读报栏、黑板报等，扣5分			
9		生活设施	厕所不符合卫生要求的，扣4分	8		
			无厕所、随地大小便的，扣8分			
			食堂不符合卫生要求的，扣8分			
			无卫生责任制的，扣5分			
			未能保证供应卫生饮水的，扣10分			
			无淋浴室或淋浴室不符合要求的，扣10分			
			生活垃圾未及时清理，未装容器，无专人管理的，扣3~5分			
10		保健急救	无保健医药箱的，扣5分	8		
			无急救措施和急救器材的，扣8分			
			无经培训急救人员的，扣4分			
			未开展卫生防病宣传教育的，扣4分			

续表

序号	检查项目		扣分标准	应得分数	扣减分数	实得分数
11	一般项目	社区服务	无防粉尘、防噪声措施的,扣5分	8		
			夜间未经许可施工的,扣8分			
			现场焚烧有毒、有害物质的,扣5分			
			未建立施工不扰民措施的,扣5分			
12		外电防护	小于安全距离又无防护措施的,扣20分	20		
			防护措施不符合要求、封闭不严密的,扣4分			
13		接地与接零保护系统	工作接地与重复接地不符合要求的,扣7~10分	10		
			未采用TN-S系统的,扣10分			
			专用保护零线设置不符合要求的,扣5~8分			
			保护零线与工作零线混接的,扣10分			
14	电气保证项目	配电箱、开关箱	不符合"三级配电两级保护"要求的,扣10分	20		
			开关箱"末级"无漏电保护或保护器失灵的,每处扣5分			
			漏电保护装置参数不匹配的,每发现一处扣2分			
			电箱内无隔离开关的,每处扣2分			
			违反"一机、一闸、一漏、一箱"的,每处扣5~7分			
			安装位置不当、周围杂物多等不便操作的,每一处扣5分			
			闸具损坏、闸具不符合要求的,每一处扣5分			
			配电箱内多路配电无标记的,每一处扣5分			
			电箱无门、无锁、无防雨措施的,每一处扣2分			
15		现场照明	照明专用回路无漏电保护的,扣5分	10		
			灯具金属外壳未做接零保护的,每一处扣2分			
			室内线路及灯具安装高度低于2.4m未使用安全电压供电的,扣10分			
			潮湿作业未使用36V以下安全电压的,扣10分			
			使用36V安全电压照明线路混乱和接头处未用绝缘布包扎的,扣5分			
			手持照明灯未使用36V及以下电源供电的,扣10分			
16	一般项目	配电线路	电路老化、破皮未包扎的,每一处扣10分	10		
			线路过道无保护的,每一处扣5分			
			架空线路不符合要求的,扣7~10分			
			未使用五芯线(电缆)的,扣10分			
			使用四芯线电缆外加一根线替代五芯线电缆的,扣10分			
			电缆架设或埋设不符合要求的,扣7~10分			
17		电器装置	闸具、熔断器参数与设备容量不匹配、安装不符合要求的,每一处扣3分	10		
			其他金属丝代替熔丝的,扣10分			

续表

序号	检查项目	扣分标准	应得分数	扣减分数	实得分数
18	变配电装置	不符合安全规定的，扣3分	5		
19	一般项目 用电档案	无专线用电施工组织设计的，扣10分 无地极阻值摇测记录的，扣4分 无电工巡视维修记录或填写不真实的，扣4分 档案乱、内容不全、无专人管理的，扣3分	10		
20		总分（分）	200		
各参与人员签字					
业主方		管理公司		监理方	施工方

10.6.2 案例简析

该案例是项目经理刘金平在清华大学国际工程项目管理研究院 CIOB 学习班上的关于评估评价考察的主要论文。他把工程项目施工阶段的安全管理的实际做法的重点内容作了描述。其特点是：

（1）老老实实按照国家和政府的安全生产法律、法规、条令、规定，一丝不苟严格遵守和办理。施工阶段始终没有放松安全的警惕性，制定了安全生产管理工作流程。因此，该项目没有发生过大的事故和隐患，安全生产防护比较成功。

（2）工程项目参与方，无论是业主、管理方、承包方等各方，对施工阶段的安全认识比较一致、协同给力、各负其责、齐抓共管，并一一落实到执行工程项目行动中去，这是保证施工安全生产的一大要件。

（3）对施工单位提出了安全责任承担的明确规定，并在施工过程中的关键部位，确定了安全控制点的具体部位，进行监督、检查、控制，保障了施工安全生产的操作，落实到班组个人负责的部位。

（4）重视文明施工安全检查，并根据行政部门的规定，制定了文明施工评分表，激励了员工们对施工安全生产的热情，发挥了"安全第一，预防为主，综合治理"的潜在效应。

（5）这里我想提及胡适信奉杜威的"实验主义"（有译"实用主义"或者"工具主义"）。胡适认为"实验主义"是科学的产物，用科学的观点看，一切真理都是人定的，因而不可能有绝对真理。同时，世间没有永恒的东西，世间万物都是变化的。他解释"实验主义"，是只重真正的事实，探求试验的效果。世界是人创造的，经验就是生活，生活就是应付环境。人类应该从事实中求真确的知识，训练自己利用环境的本事，养成创造的能力,去做真理的主人。知识思想是应付环境的工具,他坚持实验是真理的唯一试金石。胡适把它总结为"大胆假设,小心求证"。这其实就是杜威在《思维术》中讲述人之有系统思想的"五个阶段"的精炼概括。胡适一生都用这一学术思想来研究问题、解决问题。

施工阶段安全生产的全过程,同样证明了这一思维方式的有效结果(详见唐德刚译著《胡适口述自传》)。

第 11 章 工程项目安全生产绩效考核表

11.0 总目框图

工程项目安全生产绩效考核表总目如图 11-1 所示。

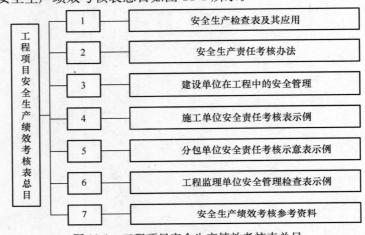

图 11-1 工程项目安全生产绩效考核表总目

11.1 安全生产检查表及其应用

安全生产检查表及其应用如图 11-2 所示。

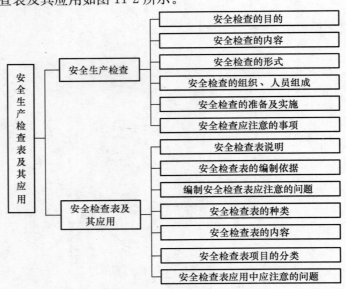

图 11-2 安全生产检查表及其应用

1. 安全生产检查

企业的任何生产过程都会伴随一定的不安全因素。为减少生产安全事故的发生，就必须预测可能发生事故的各种不安全因素（危险因素），针对这些不安全因素，制定防范措施。而安全检查及检查所使用的安全检查表就是发现不安全因素（危险因素）的手段和工具，是最基础、最简便的识别潜在不安全因素（潜在的危险因素）的方法之一。

2. 安全检查表

（1）安全生产检查

1) 安全检查的目的

安全检查是建立良好的安全生产作业环境和秩序的重要手段之一。安全检查的目的在于发现不安全因素（危险因素）存在的状况，如装置、设备、设施、工具、附件等的潜在不安全因素状况、不安全的作业环境场所条件、不安全的作业职工行为和操作潜在危险，以利采取防范措施，防止或减少伤亡事故的发生。

2) 安全检查的内容

①是否建立健全了安全生产组织和安全生产责任制，是否贯彻了"五同时"（即在计划、布置、检查、总结、评比生产工作的同时，计划、布置、检查、总结、评比安全工作）、"三同时"（即在新建、扩建、改建工程项目时，与安全防范保护措施同时设计、同时施工、同时投产验收）。

②对职工伤亡事故的调查报告和处理中是否坚持了"四不放过"（即找不出原因不放过、本人和职工群众受不到教育不放过、没有制定整改防范措施不放过、整改措施没进行效果评价不放过）的原则、企业各项规章制度（如安全培训、教育制度、各级岗位责任制、各工种安全操作规程等）是否健全完善、是否严格执行企业安全技术措施、经费资金有无保证等。

③企业生产作业现场环境及设备、物质（原材物料）的状态，即查企业作业环境及劳动条件、生产设备及相应的安全防护设施是否符合安全标准的要求，如查各种设备、设施的安全运行和维修情况，查原材料使用及有毒有害气体、蒸汽、粉尘等引发安全事故的防范措施，查电气、锅炉、压力容器、各种工业气瓶的使用状况，查易燃、易爆、物料和有毒有害物料的贮存、运输和使用情况，查个人防护用品的使用是否符合安全防护标准，以及通风、照明、安全通道、安全出口等作业环境、劳动条件是否符合相关安全防护的标准。

④作业职工是否有不安全行为，如作业职工是否按相关工种的安全操作规程操作，操作时的动作是否符合安全要求等。

3) 检查的形式

①日常安全检查：是指按企业制定的检查制度每天都进行的、贯穿生产过程的安全检查。

②专业性安全检查：对易发生安全事故的特种设备、特殊场所或特殊操作工序，除综合性检查外，还应组织有关专业技术人员、管理人员、操作职工或委托有资格的相关专业技术检查评价单位，进行安全检查。

③季节性安全检查：根据季节特点对企业安全的影响，由安技部门组织相关人员进行检查。

④节假日前后的安全检查:要针对职工思想不集中、精力分散,提示注意的综合安全检查。节后要进行遵章守纪的检查,防止人的不安全行为而造成事故。

⑤不定期的特种检查:由于新、改、扩建工程的新作业环境条件、新工艺、新设备等可能会带来新的不安全因素(危险因素),在这些设备、设施投产前后的时间内进行的竣工验收检查及工程项目开工前的"类比"预先安全检查及检修中、检修后的试运转检查。

4)安全检查的组织、领导及人员组成

依据安全检查的性质、规模、内容和要求,以企业安技部门为主建立适应检查需要的临时组织(安技部门是企业安全生产委员会的常务办事机构,又是企业负责安技的行政监督及管理业务部门)。由企业各级领导,安技部门组织的专业技术人员,有经验的作业职工及相关部门参加组成三结合的安全检查。参加检查的人必须有较高的专业技术知识,又懂安全技术,并有丰富实践经验的操作人员。人员要少而精,杜绝走过场,要扎实工作,能发现不安全因素的问题所在,能找出原因及提出解决问题的初步意见。

5)检查的准备及实施

①确定检查目的、步骤、方法,建立检查组织,抽调检查人员,安排检查日程。

②针对检查的项目内容,有针对性地学习相关法规、政策、技术、业务知识,提高检查人员的法规、标准和政策水平。

③分析过去几年(一般是近5~10年)所发生的各种事故(含无伤害的险肇事故、损失较小的事故)的资料,并根据实际需要准备一些表格、卡片,记载曾发生的事故的次数、部门、类型、伤害性质、伤害程度以及发生事故的主要原因和采取的防护防范措施等,以提示检查人员注意。

④准备齐全各项事先拟订的安全检查表,以便逐项检查,做好记录,防止遗漏要检查的项目内容。从实际出发,分清主次,力求检查取得实效,便于对一个单位或部门的安全工作进行评价。

6)安全检查应注意的事项

①将自查与互查有机结合起来。基层以自查为主,行业(或分区、片)互相检查,相互取长补短,相互学习、借鉴。

②坚持检查与整改相结合。检查中发现的不安全因素,要根据检查记录进行整理和分析,采取整改措施。应分情况处理,一时难以整改的,要采取切实有效的防范措施。

③制定和建立安全档案、收集基本数据,掌握基本安全情况,实现安全事故隐患及不安全因素源点的动态管理,为及时消除事故隐患(潜在危险因素)提供数据,同时为以后的安全检查奠定基础。

安全检查是企业(行业)安全管理的一种既简便又行之有效的方法。而安全检查记录,是对企业安全工作作出评价的依据,是企业(行业)对安全工作实行现代化管理的基础资料。

(2)安全检查表

1)安全检查表说明

①安全检查的最有效工具是安全检查表,是为检查某些系统的安全状况而事先制定的问题清单。为了使检查表能全面查出不安全因素又便于操作,根据安全检查的需要、目

的、被检查的对象,可编制多种类型的面向岗位不同层次的相对通用的安全检查表。

②标准和安全操作规程的工程技术人员、作业职工等,按照安全检查表进行安全检查,可提高检查质量,防止漏掉主要的不安全因素(危险因素)。

③安全检查表的制定、使用、修改、完善的过程,实际是对安全工作的不断总结提高的过程。

2) 安全检查表的编制依据

①国家、地方的相关安全法规、规定、规程、规范和标准,行业、企业的规章制度、标准及企业安全生产操作规程;

②上级、行业和单位(企业)领导对安全生产的要求。结合本企业的实际情况,有可能导致事故的危险因素;

③行业及企业安全生产的经验,特别是本企业安全生产的实践经验,引发事故的各种潜在不安全因素及成功杜绝或减少事故发生的经验;

④系统安全分析的结果,即为防止重大事故的发生而采用事故树分析方法,对系统进行分析得出能导致引发事故的各种不安全因素的基本事件,作为防止事故控制点源列入检查表。

3) 编制安全检查表应注意的问题

①检查表内容要重点突出,简繁适当,有启发性。

②各类检查表的项目、内容,应针对不同被检查对象有所侧重,分清各自职责内容,尽量避免重复。

③检查表的每项内容要定义明确,便于操作。

④检查表的项目、内容能随工艺的改造、设备的变动、环境的变化和生产异常情况的出现而不断修订、变更和完善。

⑤凡能导致事故的一切不安全因素都应列出,以确保各种不安全因素能及时被发现或消除。

⑥实施安全检查表应依据其适用范围,并经各级领导审批。检查人员检查后应签字,对查出的问题要及时反馈到各相关部门并落实整改措施,做到责任明确。

4) 安全检查表的种类

①根据检查的周期不同,可分为定期安全检查表和不定期安全检查表。

②根据检查的作用不同,可分为提示(提醒)安全检查表和规范型安全检查表。

③根据检查的对象不同,可分为项目设计审查、竣工验收、专业检查、厂级安全检查、车间安全检查、工段或岗位安全检查等安全检查表。

5) 安全检查表的内容

安全检查表的内容决定其应用的针对性和效果。安全检查表的格式内容应包括分类、项目、检查要点、检查情况及处理、检查日期及检查者。通常情况下检查项目内容及检查要点要用提问方式列出。检查情况用"是"、"否"或者用"√"、"×"表示。

6) 安全检查表项目分类

①设计审查用安全检查表。主要用于设计人员和安全监察人员及安全评价人员在设计审核时,对企业生产性建设和技改工程项目进行设计审核时使用。也可作为"三同时"的安全预评价审核的依据。

②企业级安全检查表。主要用于全企业安全检查和安全生产动态的检查,为安全监察

部门进行日常安全检查和 24 小时安全巡回检查时使用。

③检查要突出重点部位的危险因素源点及影响大的不安全状态和不安全行为,按一定格式要求列成表格。

④各专业性安全检查表主要用于专业性的安全检查或特种设备的安全检验。

⑤检查表的内容应符合专业安全技术防护措施要求,如设备结构的安全性。设备安装的安全性、设备运行的安全性及运行参数指标的安全性、安全附件和报警信号装置的安全可靠性、安全操作的主要要求及特种作业人员的安全技术考核等,按一定格式要求列成表格。

7) 安全检查表应用中应注意的问题

①各类安全检查表都有适用对象不宜通用。专业检查表与日常定期检查表要有区别。专业检查表应详细、突出专业设备安全参数的定量界限,而日常检查表尤其是岗位检查表应简明扼要,突出关键和重点部位。

②应用安全检查表实施检查时,应落实安全检查人员。岗位安全检查一般指定专人进行。检查后应签字并提出处理意见备查。

③为保证检查的有效定期实施,应将检查表列入相关安全检查管理制度,或制定安全检查表的实施办法,如把安全检查表同巡回检查制度结合起来,列入安全例会制度、定期检查工作制度或班组交接班制度中。

④应用安全检查表检查,必须注意信息的反馈及整改。对查出的问题,凡是检查者当时能督促整改和解决的应立即解决,当时不能整改和解决的应进行反馈登记、汇总分析,由有关部门列入计划安排解决。

⑤必须按编制的内容,逐项目、逐内容、逐点检查。有问必答,有点必检,按规定的符号填写清楚。为系统分析及安全评价提供可靠准确的依据。

11.2　安全生产责任考核办法

安全生产责任考核办法示例如图 11-3 所示。

第 11 章 工程项目安全生产绩效考核表

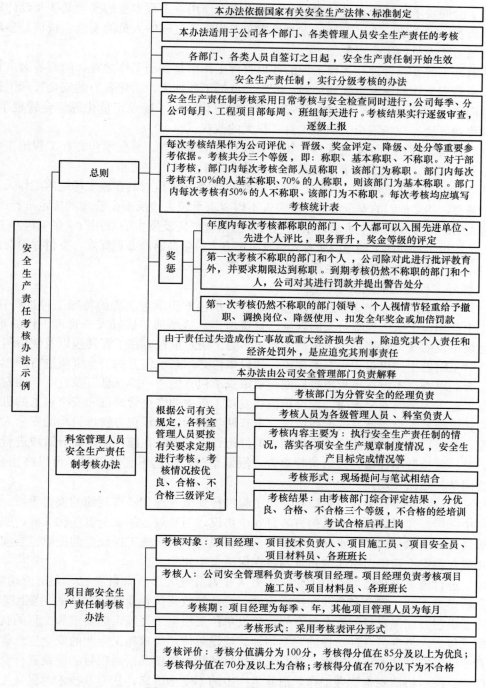

图 11-3 安全生产责任考核办法示例

11.3 建设单位在工程中的安全管理

建设单位在安全管理中的作用：

广义的工程安全包含两个方面的含义：一是指工程本身的安全，也就是建筑物质量是否达到了合同要求、能否在设计规定的年限内安全使用,工程本身的安全又涉及设计质量和施工质量,二者缺一不可;另一方面是指在工程施工过程中人员的安全,特别是参建各方在现场工作人员的生命安全。

建筑施工的安全管理在建设工程的各项管理工作中是各项工作之首。随着各级主管部门对安全管理工作的不断重视和加强,监管力度的不断加大,参建各方的安全管理工作正逐渐走向良性循环的轨道。通过实行安全设施规范化、施工场地定量化等综合管理手段,使劳动作业环境、现场安全文明施工有了很大的改观。

如何完善工程建设的安全管理,如何采取有效措施检查、督促承包方在工程施工中做好安全管理工作,防止安全事故的发生,仍是今后工作的重中之重。

在《建设工程施工合同(示范文本)》中规定:"发包人应对其在施工场地的工作人员进行安全教育,并对他们的安全负责。发包人不得要求承包人违反安全管理的规定进行施工。因发包人的原因导致的安全事故,由发包人承担相应责任及发生的费用";"在工程开工前,发包人为建设工程和施工场地内所有人员及第三方人员生命财产办理保险,支付保险费用。"

11.3.1 建设单位在安全生产中的主要职责

1. 抓好工程施工前期安全管理

(1) 安全资质的审查要静态与动态相结合。承包方将承包工程的特殊工种进行转包,在施工中使用包工队伍和临时工的现象已日益增多,这增加了搞好安全管理工作的难度,也给建设单位的安全管理提出了更高的要求。为了防止承包方在工程转包以及使用包工队伍和临时工时发生"以包代管"等现象,建设单位必须对承包方的安全资质进行静态与动态相结合的审查。不但在工程招投标期间要审查承包方的"一照三证"及近3年的安全施工记录,施工人员的安全素质,建设单位在发包工程中的安全管理证和安全施工的机构安全、防护设施及安全工器具的配备情况;审查两级机构以上承包方管理机构的安全人员配备情况,并进行必要的安全施工管理制度的静态评审。而且在施工期间要分阶段进行动态复检。对"复检"不合格方发出黄牌警告,限期整改,当达不到要求时,可以终止合同,并按合同条款赔偿一切损失。

(2) 签订安全协议是建设单位对发包工程进行安全管理和经济制约的重要手段。当投标单位中标后,建设单位应与承包方签订安全协议,明确双方的安全责任和义务;明确发生事故后各自应承担的经济责任;明确安全奖罚规定和安全施工保证金的提取。当发生人身伤亡或存在安全隐患而引起的罚款均将在保证金中扣除。

(3) 进行施工安全培训,由于建筑施工从业人员绝大多数来自农村,人员流动频繁,文化素质参差不齐,安全和自我保护意识差,都是导致建筑企业事故发生的主要因素。因此,除了承包方加强自身的安全教育外,建设单位要根据工程施工的要求和工程的具体特点组织承包方人员进行有针对性的安全培训。建设单位还要求施工企业的安全生产管理制度要有专项的安全技术审核制度,并与工程项目各相关单位共同对项目的建设进行全方位安全把关、统一协调安全管理工作,消除生产中的不安全因素,从专业技术上保证工程项目的顺利进行。提高施工技术人员的专业水平,真正做到工程安全技术交底完全,施工作业做到班前班后检查,严格持证上岗,定期进行安全生产教育培训、新工人上岗前培训。

(4) 严把开工关,安全管理建设单位要严格审查承包方的开工条件:审查承包方的工程负责人、安全负责人、技术负责人及现场专职安全人员的落实情况;审查特殊工种作业人员的身份证及"上岗证";审查是否具有并已批准的施工组织设计、安全管理制度、安全技术措施以及施工总平面布置图；审查施工人员是否经过三级安全教育以及必要的安全培训和安全交底；审查现场安全工器具、防护设施、施工机械的配备情况及施工人员的劳动保护和作业环境等情况。

2. 加强施工现场监督力度

建设单位要抓好发包工程在施工过程中的安全管理，杜绝"以包代管"，就必须对发包工程实行动态管理。对承包方的安全管理进行全过程的检查、督促、指导和服务，并加强安全考核。对违章作业、野蛮施工、管理混乱的承包方进行处罚并提出限期整改，对整改不力的承包方予以警告、停工整顿，直至清退，因此造成的一切损失均由承包方承担。定期或不定期地组织工程安全监督情况汇报会，并以安全简报的形式向各承包方领导及被监督的施工队伍传递、交流安全监督情况。"表扬与批评"、"奖励与处罚"均反映在简报上。使企业的领导者、管理部门及时了解和掌握安全施工实际状况，从而进行必要的决策，同时对基层施工人员在施工过程中的不安全行为发出警示性信号，使其在安全施工和安全管理中起到信息交流、反馈、宣传和教育的作用。

3. 控制工程安全技术措施费

在工程招标时，可将工程的安全技术措施及相应的费用作为工程招标的一个内容列入招标文件中，让投标方在投标文件中明确安全技术措施及其相应的费用。在实际施工时，只有实施了投标书中的承诺并起到了预期的效果，经建设单位确认后才能支付相应的安全措施费。上述方法与直接将"安全措施费"如数拨给承包方相比，既能提高承包方编制和实施安全技术措施的积极性，也能防止出现承包方在转包及使用包工队伍或临时工时发生"以包代管"的现象，保证"安全措施费"真正用在安全技术措施上。

4. 安全管理是全员、全过程、全方位的管理

要加大安监人员巡回检查力度，发现安全问题及时解决，把可能出现的安全隐患消除在萌芽状态，真正做到"以防为主"。同时要督促各承包方加强自检、互检、专检力度，使他们相互学习、交流、竞赛，共同提高工程建设的安全管理水平。

工程建设安全生产监控如图11-4所示。

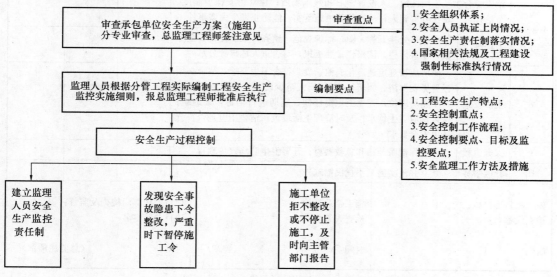

图11-4 工程建设安全生产监控框图

11.3.2 文明施工检查表示例

文明施工检查表见表 11-1 所列。

文明施工检查表　　　　　　　　　　表 11-1

工程名称			层数/面积			
施工单位			形象进度			
序号	检查项目	检查内容	自查自纠情况			
			工地自检	企业复检	监理检查	
1	现场围挡	在市区主要路段的工地周围未设置高于 2.5m 的围挡;一般路段的工地周围未设置高于 1.8m 的围挡;围挡材料是否坚固、稳定、整洁、美观;围挡沿工地四周连续设置;是否建立了文明施工专项方案				
2	封闭管理	施工现场进出口设大门、门卫管理制度;进入施工现场佩戴工作卡;门头未设置企业标志				
3	施工现场	工地主干道做硬化处理;道路是否畅通、排水设施通畅;是否有防止泥浆、污水、废水外流或堵塞下水道和排水河道措施;工地有否积水;工地应设置吸烟处、禁止随意吸烟;温暖季节应布置绿化				
4	材料堆放	建筑材料、构件、料具按总平面布局堆放;料堆挂名称、品种、规格等标牌;堆放整齐;建筑垃圾堆放整齐,标出名称、品种;易燃易爆物品分类存放				
5	现场住宿	宿舍人均居住面积超过 2m²;每房间人数不得超过 25 人;在建工程不得兼作住宿,宿舍不得使用易燃材料建造,宿舍檐口高度应大于 2.8m,门和主要通道宽大于 1.2m;窗户面积大于宿舍面积 1/5;施工作业区与办公、生活区应明显划分;要制定生活区管理制度、卫生管理制度、治安防范管理制度;宿舍有否消暑和防蚊虫叮咬措施;床铺、生活用品放置整齐;宿舍周围环境应卫生、安全,有良好通风;地面硬化是否符合要求				
6	治安综合治理	生活区给工人设置学习和娱乐场所;建立治安保卫制度、责任分解到人;治安防范措施落实,能防止发生失盗事件				
7	标牌	大门口处挂五牌一图;标牌规范、整齐;正确挂设安全标语;设宣传栏、读报栏、黑板报;有否重大危险源公示牌				
8	生活设施	厕所应按规定建造化粪池;食堂符合卫生要求;宿舍必须设置男女淋浴、厕所;按每 25 人至少设置 1 个淋浴位置和一个厕所蹲位;建立卫生责任制;定期进行消毒、灭蝇蛆;保证供应卫生饮水;及时清理生活垃圾;宿舍用电是否符合用电安全要求				
9	保健急救	设置保健医药箱和急救器材;开展卫生防病宣传教育				
10	社区服务	建立并落实施工不扰民措施				
施工项目部自检: 检查人签名: 时间:		施工企业复检: 检查人签名: 时间:　　　　　(盖章)		项目监理部门检查及监督: 项目总监签名: 时间:　　　　　(总监注师章)		
施工承包单位:						

11.3.3 安全生产监督检查表

安全生产监督检查表见表11-2所列。

安全生产监督检查表（对项目管理单位） 表11-2

项目名称： 合同编号：
检查时间： 本次为第 次检查

序号	检查项目		检查情况
1	安全生产责任制度、管理制度建设及落实情况	安全生产责任制度是否建立、健全	
		安全生产管理制度是否建立、健全	
		安全生产管理机构、人员是否落实、是否签订责任书	
		安全生产责任制度落实情况	
2	安全生产应急救援预案	是否编制生产安全事故应急救援预案	
		应急物资、救援人员和设备到位情况	
		安全生产应急救援预案是否演练	
3	汛期安全生产保证措施	是否具有可行的汛期安全生产工作措施（应急预案）	
		是否建立汛期信息传递机制	
		应急物资、救援人员和设备到位情况	
4		项目管理单位安全管理措施及组织开展安全检查情况	
5	施工安全事故情况	开工至今发生过几次生产安全事故	
		事故是否经有关部门处理妥当	

检查人员签字： 受检单位负责人签字：

11.4 施工单位安全责任考核表示例

施工安全监控程序如图 11-5 所示。

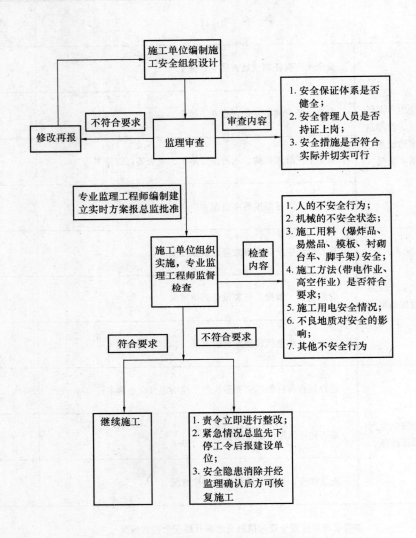

图 11-5 施工安全监控程序框图

11.4.1 工程项目经理安全生产责任制考核表

工程项目经理安全生产责任制考核表见表11-3所列。

工程项目经理安全生产责任制考核表　　　　表11-3

工程项目名称：　　　　　　　　　　　　考核日期：

序号	考核内容	扣分标准	应得分数	扣减分数	实得分数
1	安全生产管理	未制定项目部安全管理各项规章制度的扣15分； 未进行管理人员安全责任制考核的扣10分； 未建立安全管理组织的扣8分； 未按规定配备专（兼）职安全员的扣8分	15		
2	目标管理	未制定安全管理目标的扣15分； 未进行责任目标分解的扣15分； 无责任目标考核的扣8分	15		
3	施工组织设计	施工组织设计无安全措施的扣10分； 未组织落实各项安全技术措施的扣10分	10		
4	安全检查	未定期组织安全检查的扣10分； 发现施工生产中不安全问题未定时、定人、定措施及时解决的扣10分	10		
5	安全教育	未抓好三级安全教育的扣10分； 未按规定进行岗位年度培训和考核的扣5分	10		
6	生活设施	生活设施不符合卫生安全的扣10分； 未建立治安防火措施的扣5~10分	10		
7	文明施工	未抓好正确达标文明施工的扣10分； 场容场貌封闭管理不落实的扣10分	10		
8	安全验收	未组织各项安全验收检查的扣10分； 施工机具等安装验收无合格手续的扣5~10分	10		
9	工伤事故处理	工伤事故未按规定报告的扣10分； 工伤事故未按事故调查分析规定处理的扣10分	10		
	合　计		100		

被考核人：　　　　　　　　　　　　考核部门：

注：项目经理部按《安全生产管理目标责任书》进行考核。

11.4.2 工程项目施工员安全生产责任制考核表

工程项目施工员安全生产责任制考核表见表11-4所列。

工程项目施工员安全生产责任制考核表 表11-4

工程项目名称： 考核日期：

序号	考核内容	扣分标准	应得分数	扣减分数	实得分数
1	现场管理	安全设施未及时到位的扣15分； 为抓施工进度而忽视抓安全防护的扣10分	15		
2	安全技术交底	交底针对性不强的扣6~8分； 交底不全面的扣5分； 交底未履行签字手续的扣3~6分； 交底不及时的扣15分	15		
3	安全教育	未对工人进行三级教育就安排上岗施工的扣15分； 对班组人员违章作业未制止的扣8分； 未对违章人员教育的扣8分； 施工人员未经培训考核上岗的扣8分	15		
4	安全验收	未在验收单上签字的扣5分； 安全设施不按规定进行检查的扣15分	15		
5	安全检查	查出的事故隐患按"三定"要求整改后复查的扣10分； 模板工程未检查验收的扣6分； 未进行基坑支护变形监测的扣10分； 安全检查汇总表提分值未达要求的扣10分	10		
6	生活设施	未建立治安、防火措施的扣5~10分； 生活设施未与作业区明显划分的扣6分	10		
7	文明施工	现场未按总平面图布局的扣20分； 现场未封闭管理的扣10分； 地面未做到硬化处理的扣10分； 夜间施工未经许可的扣8分	20		
	合计		100		

被考核人： 考核部门：

施工承包单位：

11.4.3 工程项目安全员安全生产责任制考核表示例

工程项目安全员安全生产责任制考核表示例见表 11-5 所列。

工程项目安全员安全生产责任制考核表示例　　　　　表 11-5

工程项目名称：　　　　　　　　　　　　　　　　考核日期：

序号	考核内容	扣 分 标 准	应得分数	扣减分数	实得分数
1	安全生产管理	安全管理组织网络不健全的扣 5 分； 施工管理规章制度不齐全的扣 15 分	15		
2	施工组织设计	不参加施工组织设计、专项安全技术措施的编制和讨论的扣 5 分	10		
3	分部（分项）工程安全技术交底	未督促做好安全技术交底的扣 10 分	10		
4	安全教育	新进场工人未进行三级安全教育的扣 10 分； 未对工人安全知识书面考试的扣 5 分	10		
5	安全验收	脚手架、井架、塔吊、临时用电、外用电梯等未验收的扣 10 分； 施工机具等无安装验收的扣 5～10 分	10		
6	安全检查	未进行安全检查的扣 8 分； 检查出事故隐患按"三定"要求整改的扣 5～10 分	15		
7	遵章守纪	未及时制止违章指挥的扣 10 分； 未及时制止违章作业的扣 10 分	10		
8	文明施工班组活动	未开展文明施工、治安防火、环境卫生宣传教育的扣 10 分； 施工班组前安全活动不开展的扣 5 分	10		
9	工伤事故处理	工伤事故未按规定报告的扣 3～5 分； 无工伤事故档案的扣 4 分	10		
	合　计		100		

被考核人：　　　　　　　　　　　　　考核部门：

施工承包单位：

11.4.4 工程项目材料员安全生产责任制考核表示例

工程项目材料员安全生产责任制考核表示例见表11-6所列。

工程项目材料员安全生产责任制考核表示例　　　　表 11-6

工程项目名称：　　　　　　　　　　　　　　　　　　考核日期：

序号	考核内容	扣分标准	应得分数	扣减分数	实得分数
1	安全技术规定	不熟悉安全设施有关国家标准、行业标准的扣10分； 不掌握建筑安监管理部门有关安全生产规定的扣10分	10		
2	安全设施物资	安全所需材料、物资不符合安全要求的扣20分	20		
3	劳保用品	采购劳保用品不符合规格标准的扣25分； 安全网未取得建筑安监管理部门准用证的扣25分	25		
4	材料堆放	材料堆放不按总平面图布局的扣20分； 材料、构件、料具堆放不整齐的扣10分	20		
5	运输、储存	仓库安全防火管理不到位的扣10分； 物品运输管理不严的扣10分	15		
6	物资供应	工程安全设施所需物资不能及时到位的扣5分； 材料物资不及时而影响施工安全的扣10分	10		
	合　计		100		

被考核人：　　　　　　　　　　　　　考核部门：

施工承包单位：

11.4.5 班组长安全生产责任制考核表

班组长安全生产责任制考核表见表11-7所列。

班组长安全生产责任制考核表　　　　表11-7

工程项目名称：　　　　　　　　　　　　　　考核日期：

序号	考核内容	扣 分 标 准	应得分数	扣减分数	实得分数
1	安全操作规程	未认真执行工种安全技术操作规程的扣15分； 未合理安排班组人员工作的扣5分	15		
2	安全教育	工人上岗安全教育未进行的扣10分； 不经常组织学习安全操作规程的扣10分； 班组人员不正确使用个人防护用品的扣5分	10		
3	班组安全活动	未做好班前讲安全的扣10分； 安全技术交底在班组人员中未落实的扣15分	15		
4	遵章守纪	违章指挥扣15分； 对班组人员违章作业未及时制止的扣8分； 项目部人员违章指挥不拒绝执行的扣15分	15		
5	安全检查	未经常检查班组作业环境安全状况和日常安全巡查的扣15分； 发现事故隐患和问题未及时解决并上报的扣15分	15		
6	机构设备和防护机具	班前未对所用设备、防护用具进行安全检查的扣10分； 不进行机械设备日常保养的扣5分	10		
7	文明施工	宿舍内外环境不卫生的扣10分； 施工作业未做到落手轻的扣10分； 废物料不及时归堆的扣10分； 未做好防火工作的扣10分	10		
8	工伤事故处理	发生工伤事故及未遂事故未及时报告和保护现场的扣10分； 不参加工伤事故调查处理的扣10分	10		
	合　　计		100		

被考核人：　　　　　　　　　　　　　　考核部门：

注：作业队（班组）按《安全生产管理目标责任书》进行考核。

施工承包单位：

11.4.6 施工企业安全管理检查表示例

施工企业安全管理检查表示例见表11-8所列。

施工企业安全管理检查表示例　　　　　　　　　　表11-8

施工企业：

项目分类	序号	检查项目	检查情况	评分标准	该项得分
（一）机构设置	1	企业安全生产管理机构设置及专职安全生产管理人员配备情况	按规定设立安全生产管理机构，并配备足够数量的专职安全生产管理人员	15	
			基本按规定设立安全生产管理机构，配备的专职安全生产管理人员的数量基本满足要求	8	
			未设立安全生产管理机构和未按规定配备专职安全生产管理人员	0	
（二）许可证办理情况	2	企业安全生产许可证办理情况	企业已及时办理安全生产许可证	10	
			企业未办理安全生产许可证	0	
	3	三类人员安全生产考核情况	企业所有三类人员均已办安全生产考核合格证	10	
			企业绝大部分三类人员已办安全生产考核合格证	6	
			企业所有三类人员均未办理安全生产考核合格证	0	
（三）安全防护及文明施工措施费用	4	安全防护、文明施工措施费用管理情况	施工单位在施工合同中明确费用，并制定使用及管理措施，并监督费用及时支付到位	10	
			施工单位在施工合同中明确费用，但未制定使用及管理措施，费用支付基本到位	6	
			施工单位未在施工合同中明确费用，没有使用及管理相关措施，费用支付不到位或将单列的安全防护、文明施工措施费用挪作他用	0	
（四）管理制度	5	企业安全生产责任制建立及落实情况	已经建立安全生产责任制，内容齐全，责任明确落实到人，签订人符合要求	15	
			已经建立安全生产责任制，责任明确落实到人	8	
			未完善安全生产责任制度	0	

续表

项目分类	序号	检查项目	检查情况	评分标准	该项得分
（四）管理制度	6	企业重大事故应急预案制定及演练情况	按规定制定重大事故应急预案，并已进行演练，有记录、有照片，每年不少于两次	15	
			基本按规定制定重大事故应急预案，但内容不齐全，安全事故演练基本达到要求	8	
			没有按规定制定重大事故应急预案或未进行安全事故演练	0	
	7	企业安全教育培训制度建立及落实情况	已建立安全教育培训制度，明确各岗位的安全教育培训要求，并对企业所有人员实施年度安全教育培训	10	
			已建立安全教育培训制度，并对企业部分人员实施年度安全教育培训	6	
			未完善安全生产教育培训制度	0	
（五）安全检查	8	企业在建项目重大危险源监控与整改记录情况	公示在建项目重大危险源，并进行全面监控，发现的隐患及时进行整改	15	
			对在建项目重大危险源进行部分监控，并对发现的隐患进行整改	8	
			未对在建项目重大危险源进行有效监控，或发现重大隐患未进行整改	0	
总体评价					分

检查人员（签名）： 　　　　　　　　　　　　　　检查日期： 　年　月　日

注：1. 总分满分为100分，表中已给出参考得分标准，检查人员可根据具体情况给出分数。
　　2. 总体评价：优：85～100分；良：71～84分；中：60～70分；差：60分以下。

11.4.7 安全生产监督检查表示例

安全生产监督检查表（对施工单位）见表11-9所列。

安全生产监督检查表（对施工单位） 表11-9

项目名称： 合同段编号：
检查时间： 本次为第 次检查

序号	检查项目		实际情况
1	安全管理制度建设及责任制落实情况	安全管理制度是否建立、健全	
		安全管理机构、人员是否落实，是否签订责任书	
2	施工单位必备证书	是否具备《施工安全生产许可证》	
		相关证书是否在有效期内	
3	"三类人员"持证情况	施工企业负责人是否持有安全生产证书	
		项目经理是否持有安全生产证书	
		专职安全员是否持有安全生产证书	
		"三类人员"是否有变动以及变动人员的持证情况	
4	特种作业人员持证情况	电业作业人员	
		起重机械作业人员	
		爆破作业人员	
		金属焊接（气割）作业人员	
		机动车辆驾驶人员	
		建筑登高架设作业人员	
5	专项安全措施	是否具有可行的专项安全措施	
		专项安全措施是否经监理审批	
6	安全技术交底	是否具有安全技术交底	
		安全技术交底内容是否齐全（施工特点、具体预防措施、安全事项、安全操作规程、避难措施等）	
		是否层层交流，直至具体操作人员，并有签字确认	
7	安全教育培训及宣传	是否具有安全教育计划（每年至少一次）	
		施工人员是否通过岗前安全生产培训	
		安全教育是否落实到民工	
		现场安全生产宣传工作是否开展	

续表

序号	检查项目		实际情况
8	安全生产应急救援预案	是否编制生产安全事故应急救援预案	
		是否编制危险性较大的分部工程应急预案	
		应急物资、救援人员和设备到位情况	
		安全生产应急救援预案是否演练	
9	汛期安全生产保证措施	是否具有可行的汛期安全生产工作措施（应急预案）	
		是否建立汛期信息传递机制	
		应急物资、救援人员和设备到位情况	
10	现场安全警示标志	是否具有警告、危险标志	
		是否具有安全与控制标志	
		设置标志是否经过相关单位认可	
11	施工现场人员	是否佩戴安全帽、保险绳或具备其他安全服具	
12	施工机械、设备	是否具有使用台账	
		是否具有维护台账	
13	消防设施	施工现场易发生火灾处	是否具有相应的消防设施（器材）
		办公场所（试验室、档案室）	
		员工驻地	
		民工营房	
14	施工爆破作业	是否具有专职爆破器材库房管理员	
		是否具有严格的炸药管理使用制度	
		是否具有可行的施工爆破方案	
		是否具有施工爆破记录台账	
15		高空作业是否具有防护措施	
16		是否给员工购买安全方面的人身保险	

检查人员签字： 　　　　　　受检单位负责人签字：

11.4.8 施工现场安全生产检查表

施工现场安全生产检查表见表 11-10 所列。

施工现场安全生产检查表　　　　　　表 11-10

工程名称：
施工单位：　　　　　　　　项目经理：

项目分类	序号	检查项目	检查情况	评分标准	该项得分
（一）管理制度	1	安全生产责任制的建立及落实情况	已经建立安全生产责任制，内容齐全，责任明确落实到人，签订人符合要求	5	
			已经建立安全生产责任制，责任未完全落实到人	3	
			未完善安全生产责任制度	0	
	2	安全文明施工方案的制定及落实情况	制定安全文明施工方案，并已认真组织落实	5	
			制定安全文明施工方案，基本落实	3	
			未制定安全文明施工方案或未落实	0	
	3	重大事故应急预案制定、演练情况及现场危险源公示、监控情况	按规定编制生产安全事故应急预案，并按规定组织演练；在施工现场公示重大危险源，并落实专人管理	5	
			基本按规定编制生产安全事故应急预案，演练基本达到要求；在施工现场公示重大危险源，落实专人管理	3	
			未按规定编制生产安全事故应急救援预案，并按规定组织演练；或未在施工现场公示重大危险源，并落实专人管理	0	
	4	在建工程项目施工组织设计中的安全技术措施制定执行情况，危险性较大工程专项施工方案制定执行情况	按照要求和规范编制安全技术措施，对危险性较大的分部分项工程按规定编制专项施工方案，并且该方案经施工单位技术负责人、总监理工程师签字后实施	5	
			未按照要求和规范编制安全技术措施，或对危险性较大的分部分项工程未按规定编制专项施工方案，或专项施工方案未经施工单位技术负责人、总监理工程师签字后实施	0	
	5	作业人员及新进场、转岗人员进入施工现场安全教育培训情况	对所有作业人员及新进场、转岗人员进入施工现场进行有针对性的安全教育培训	5	
			对大部分作业人员及新进场、转岗人员进入施工现场进行有针对性的安全教育培训	3	
			未对作业人员及新进场、转岗人员进入施工现场进行有针对性的安全教育培训	0	

续表

项目分类	序号	检查项目	检查情况	评分标准	该项得分
（二）人员配备、证书	6	专职安全生产管理人员配备情况（持有C证）	项目经理取得安全生产考核合格证书，配备足够数量的专职安全生产管理人员	5	
			项目经理取得安全生产考核合格证书，配备了专职安全生产管理人员，但数量不符合有关规定	3	
			项目经理未取得安全生产考核合格证书，或未配备专职安全生产管理人员	0	
	7	特种作业人员持证上岗情况	特种作业人员经过专门的安全作业培训，持证上岗	5	
			特种作业人员未经过专门的安全作业培训，未取得资格证书即上岗作业	0	
（三）安全防护及文明施工措施费用	8	安全防护、文明施工措施费用使用情况	安全防护、文明施工措施费用足额投入并及时支付到位	5	
			安全防护、文明施工措施费用足额投入，支付基本到位	3	
			安全防护、文明施工措施费用不到位，或挪作他用	0	
（四）市场行为	9	在建工程项目施工许可、质量安全监督手续办理情况	施工许可、质量安全监督手续齐全	5	
			未办理施工许可或质量安全监督手续	0	
	10	是否存在无证施工、越级承包、非法转包及违法分包等问题	不存在无证施工、越级承包、非法转包及违法分包等问题	5	
			总承包单位不具备相应的施工资质或无安全生产许可证擅自施工作业；或把整体工程或主体工程转包；或将专业工程不依法分包	0	
（五）现场管理	11	安全防护用具配备及使用情况	按照要求配备齐全、合格的安全防护用具并正确使用	5	
			基本按照要求配备安全防护用具，并按要求使用	3	
			没有按照要求配备安全防护用具或未正确使用	0	
	12	危险性较大工程管理情况	按照《佛山市深基坑与高大模板工程施工质量安全管理办法（试行）》要求对危险性较大工程进行施工	5	
			基本按照《佛山市深基坑与高大模板工程施工质量安全管理办法（试行）》要求对危险性较大工程进行施工	3	
			没有按照《佛山市深基坑与高大模板工程施工质量安全管理办法（试行）》要求对危险性较大工程进行施工	0	

续表

项目分类	序号	检查项目	检查情况	评分标准	该项得分
（五）现场管理	13	建筑起重机械设备安拆方案制定和实施、安拆人员资格等情况	安拆单位及人员具备相应资质，按照要求制定和实施建筑起重机械设备安拆方案，并按照安拆方案进行拆除	5	
			安拆单位及人员具备相应资质，基本按照要求安拆建筑起重机械设备	3	
			施工起重设备由不具备起重设备安装专业承包企业资质的企业安装或未经有相应资质的检验检测机构检验合格。或没有按照要求制定建筑起重机械设备安拆方案或未按照安拆方案进行拆除	0	
	14	安全防护情况（包括整体提升架、临边洞口防护、施工用吊篮、物料提升机、卸料平台、基坑与土方支护等）	按照规范和要求进行安全防护	10	
			基本按照规范和要求进行安全防护	6	
			没有按照规范和要求进行安全防护	0	
	15	施工临时用电及施工机具的安全使用情况（包括三级配电两级保护、漏电保护器、电锯、电刨、钢筋切断机、钢筋弯曲机、卷扬机、搅拌机等）	施工临时用电及施工机具的使用符合相应的标准规范	10	
			施工临时用电及施工机具的使用基本符合相应的标准规范	6	
			施工临时用电及施工机具的使用不符合相应标准规范	0	
	16	施工用安全网、钢管、扣件是否具有检验证明；承重支撑架体系的搭设是否符合规范要求	施工用安全网、钢管、扣件有检验证明；承重支撑架体系符合规范要求	10	
			施工用安全网、钢管、扣件有检验证明基本齐全；承重支撑架体系符合规范要求	6	
			施工用安全网、钢管、扣件有检验证明但不齐全；承重支撑架体系不符合规范要求	0	
总体评价			检查人员（签名）： 检查日期： 年 月 日		分

注：1. 总体评价：优：85～100分；良：71～84分；中：60～70分；差：60分以下。
2. 检查时，先检查现场再检查资料。

11.4.9 结构实体混凝土强度检验表示例

结构实体混凝土强度检验表示例见表 11-11 所列。

结构实体混凝土强度检验表示例　　　　　　　　表 11-11

工程名称：　　　　　　　　　　施工单位：

约定检测方法				
序号	结构部位	设计强度等级	实体强度值	判　定
1				
2				
3				
4				
5				
结论与处理意见				

检验人：　　　　　　　　　　监理工程师：
项目经理：　　　　　　　　　　　　年　月　日

11.5 分包单位安全责任考核示意表示例

11.5.1 深基坑工程施工质量安全检查表

深基坑工程施工质量安全检查表见表 11-12 所列。

深基坑工程施工质量安全检查表　　　　　　　表 11-12

工程名称：
施工单位：　　　　　　　　　　项目经理：
监理单位：　　　　　　　　　　项目总监：

序号	项目	检查内容	
1	专项施工方案编制与审查	是否编制专项施工方案	□是 □否
2		是否包括支护、支撑系统的结构设计（包括结构选型及其计算依据；结构变形、位移和沉降观测的允许值以及临界状态报警值；结构设计的安全有效使用期）	□是 □否
3		是否包括施工工艺要求、施工程序和施工进度安排	□是 □否
4		是否包括对设计要求及施工现场情况的监测控制措施	□是 □否
5		是否包括各阶段施工安全措施及安全生产事故应急救援预案措施	□是 □否
6		施工单位技术负责人、总监理工程师是否审核签字	□是 □否
7	专项施工方案专家论证审查	是否已组织专家对方案进行论证审查	□是 □否
8		专家是否从市专家库中选取	□是 □否
9		论证程序是否符合要求	□是 □否
10		施工单位技术负责人、总监理工程师是否签字批准	□是 □否
11	建设单位	施工前，是否向施工单位提供施工现场及毗邻区域内真实、准确、完整的地下管线资料，气象和水文观测资料，相邻建筑物和构筑物、地下工程的有关资料	□是 □否
12		施工前，是否组织监理和监测单位，对邻近建（构）筑物的现状进行周密的调查、测绘或摄像，并做好详细记录	□是 □否
13		长期暴露或超过支护设计安全期而危及周边环境安全的深基坑，是否主动回填	□是 □否
14		编制工程概算时，是否确定单项工程安全作业环境及安全施工措施所需费用	□是 □否
15		是否迫使承包方以低于成本的价格竞标； 是否任意压缩合理工期； 是否明示或暗示设计单位或施工单位违反技术标准，降低工程质量； 是否指定或随意减少监测项目	□是 □否 □是 □否 □是 □否 □是 □否
16	施工单位	是否严格依照经批准的专项施工方案和国家（省）有关规定进行组织施工	□是 □否
17		施工单位技术负责人及安全负责人或其委托人、项目经理是否参加验收，并在验收记录上签字	□是 □否
18		是否就有关的安全施工技术向施工作业班组、作业人员做详细的安全技术交底，并经双方签字确认	□是 □否
19		是否及时有效地对工程进行监测，并做详细记录	□是 □否
20		是否根据安全生产事故应急救援预案组织有针对性的演练	□是 □否
21		是否把深基坑工程作为本工程的重大危险源在工地明显位置进行公示	□是 □否

续表

序号	项目	检查内容		
22	监理单位	是否根据工程实际提出监理意见,对专项方案编写监理规划和实施细则	□是	□否
23		技术负责人或其委托人、总监是否参加深基坑的验收,并在验收记录上签字	□是	□否
24		工程出现险情或发生安全事故时,是否下达暂停令,是否向建设主管等有关部门报告	□是	□否
25	监督管理	区建设局是否把该工程作为本地区的重大危险源予以公示	□是	□否
26		按规定程序具备开工条件的深基坑工程,区安监站是否按要求在10天内填写快报表上报至区建设局和市安监站	□是	□否
27		质量、安全监督站是否对该工程办理专项登记; 登记资料是否齐全	□是	□否
28		质量、安全监督站是否有针对性地编制监督计划; 在开工前是否对项目经理、总监等人员进行监督交底	□是 □是	□否 □否
29		区质量监督站是否将专项施工方案中的结构设计及专家审查论证、基坑支护工程的质量检测和验收、基坑开挖各阶段的验收、基坑变形控制观测、高大模板及其支架的承载能力、刚度和稳定性等列为重点监督内容	□是	□否
30		区安全监督站应将经论证的专项施工方案中有关安全施工技术监控措施的落实、基坑工程的施工准备评价和达标评价、高大模板专项工程安全检查评分和分项验收等列为重点监督内容	□是	□否
31		深基坑工程监督检查每月是否不少于1次	□是	□否
32	现场安全隐患的检查及整改情况			
检查人员签名			检查日期	

11.5.2 高大模板工程施工质量安全检查表示例

高大模板工程施工质量安全检查表示例见表 11-13 所列。

高大模板工程施工质量安全检查表示例　　　　表 11-13

工程名称：
施工单位：　　　　　　　　　　　项目经理：
监理单位：　　　　　　　　　　　项目总监：

序号	项目	检查内容		
1	专项施工方案的编制与审查	是否编制专项施工的方案	□是	□否
2		是否包括支护、支撑系统的结构设计（包括结构选型及其计算依据；结构变形、位移和沉降观测的允许值以及临界状态报警值；结构设计的安全有效使用期）	□是	□否
3		是否包括施工工艺要求，施工程序和施工进度安排	□是	□否
4		是否包括对设计要求及施工现场情况的监测控制措施	□是	□否
5		是否包括各阶段施工安全措施及安全生产事故应急救援预案措施	□是	□否
6		施工单位技术负责人、总监理工程师是否审核签字	□是	□否
7	专项施工方案专家论证审查	是否已组织专家对方案进行论证审查	□是	□否
8		专家是否从市专家库中选取	□是	□否
9		论证程序是否符合要求	□是	□否
10		施工单位技术负责人、总监理工程师是否签字批准	□是	□否
11	建设单位	编制工程概算时，是否确定单项工程安全作业环境及安全施工措施所需费用	□是	□否
12		是否任意压缩合理工期	□是	□否
		是否明示或暗示设计单位或施工单位违反技术标准，降低工程质量	□是	□否
		是否指定或随意减少监测项目	□是	□否
13	施工单位	是否严格依照经批准的专项施工方案和国家（省）有关规定进行组织施工	□是	□否
14		施工单位技术负责人及安全负责人或其委托人、项目经理是否参加验收，并在验收记录上签字	□是	□否
15		混凝土浇灌前，是否将验收记录送达质量和安全监督站的项目监督负责人，并告知浇灌时间	□是	□否
16		高大模板工程在浇灌混凝土时，是否委派专人全过程在现场监控支撑体系的安全	□是	□否
17		项目经理是否在正浇灌混凝土的楼面上带班检查，并形成检查记录	□是	□否
18		是否就有关的安全施工技术向施工作业班组、作业人员做详细的安全技术交底，并双方签字确认	□是	□否
19		是否及时有效地对工程进行监测，并做详细记录	□是	□否
20		是否根据安全生产事故应急救援预案措施组织有针对性的演练	□是	□否
21		是否把高大模板工程作为本工程的重大危险源在工地明显位置进行公示	□是	□否

续表

序号	项目	检查内容		
22	监理单位	是否根据工程实际提出监理意见,对专项方案编写监理规划和实施细则	□是	□否
23		技术负责人或其委托人、总监是否参加深基坑和高大模板的验收,并在验收记录上签字	□是	□否
24		高大模板工程在浇灌混凝土时,总监是否委派专人全过程在现场监控支撑体系的安全;	□是	□否
		总监是否在正浇灌混凝土的楼面上带班检查,并形成检查记录	□是	□否
25		工程出现险情或发生安全事故时,是否下达暂停令,是否向建设主管等有关部门报告	□是	□否
26	监督管理	区建设局是否把该工程作为本地区的重大危险源予以公示	□是	□否
27		按规定程序具备开工条件的高大模板工程,区安监站是否按要求在10天内填写快报表上报至区建设局和市安监站	□是	□否
28		质量、安全监督站是否对该工程办理登记,登记资料是否齐全	□是	□否
29		质量、安全监督站是否有针对性地编制监督计划;	□是	□否
		在开工前是否对项目经理、总监等人员进行监督交底	□是	□否
30		区质量监督站是否将专项施工方案中的结构设计及专家审查论证、基坑支护工程的质量检测和验收、基坑开挖各阶段的验收、基坑变形控制观测、高大模板及其支架的承载能力、刚度和稳定性等列为重点监督内容	□是	□否
31		区安全监督站应将经论证的专项施工方案中有关安全施工技术监控措施的落实、基坑工程的施工准备评价和达标评价、高大模板专项工程安全检查评分和分项验收等列为重点监督内容	□是	□否
32		高大模板工程验收时监督负责人是否到场监督	□是	□否
33	现场安全隐患的检查及整改情况			
检查人员签名			检查日期	

11.5.3 砌体材料质量抽检、分部工程验收检查及给水排水分部工程施工图送审情况检查表示例

砌体材料质量抽检、分部工程验收检查及给水排水分部工程施工图送审情况检查表示例见表 11-14 所列。

砌体材料质量抽检、分部工程验收检查及给水排水分部工程施工图送审情况检查表示例

表 11-14

工程名称		施工单位	
形象进度		工程承建单位是否已进场	
检测项目	检查要求	检查结果	
		未发现不符合	不符合
砌体结构用砖质量抽检	按检测中心提出的抽样数量在现场抽取砖送到检测中心，要求按规定统一用表的格式出具含尺寸数据的检测报告。其中灰砂砖抽样数量为第×组 50 块	有抽检□ 无抽检□	—
分部工程质量验收情况	根据工程形象进度，检查上一阶段（主要是基础分部和主体分部）工程完成后，有否及时做分部工程验收并做记录	□	□
给水排水、消防工程施工图审查情况	重点检查自××××年××月××日起施工且须审图的建筑工程，明确其给水排水、消防工程施工图也须送审。最迟出具审图批准书的时间为水工程进场施工的时间	□	□
整改要求详见所附整改通知（编号：　　　）			

检验人：　　　　　　　　　　　　监理工程师：
项目经理：　　　　　　　　　　　　　年　月　日

11.6 工程监理单位安全管理检查表示例

施工安全生产监理基本程序如图 11-6 所示。

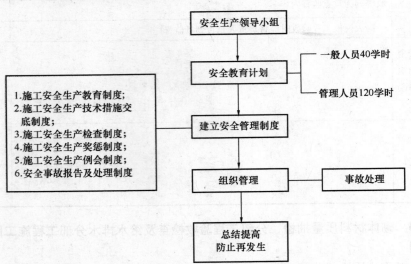

图 11-6 施工安全生产监理基本程序框图

11.6.1 工程监理单位安全管理检查表示例

工程监理单位安全管理检查表示例见表11-15所列。

工程监理单位安全管理检查表示例 表11-15

工程名称：
监理单位：　　　　　　　　项目总监：

序号	项目		检查内容	标准分	得分
1	人员情况	总监（总监代表）	（1）甲方反映及现场检查总监是否到位。　□是□否 （2）检查工地例会纪录。共查__次，到位__次，到位率__%	5	
		专业监理工程师及监理员	（1）甲方反映及现场检查专业监理工程师及监理员是否到位。□是□否 （2）检查有关的监理记录，根据工程进度检查专业监理工程师及监理员是否到位。共查__次，到位__次 （3）专业监理工程师__人，持证__人。 （4）是否设立安全监理机构或配备安全监理人员。　□是□否	5	
2	监理规划、监理细则		（1）监理规划是否经总监签字、公司技术负责人审批。　□是□否 （2）是否有施工现场安全生产专项监理制度或安全监理细则。□是□否 （3）是否在监理细则中制定对施工单位安全技术措施的检查方案。□是□否	5	
3	安全监理旁站方案		对关键工序、关键部位、高危作业、易发生安全事故的薄弱环节等工程（深基坑、高大模板、施工起重机械、脚手架、吊装工程等）是否编制专项安全监理旁站方案并按方案进行监理。　□是□否	5	
4	施工组织设计（专项施工方案）		（1）是否按规定对施工组织设计中安全技术措施、专项施工方案进行审查，并按规定组织专项验收。是否对变更后的施工组织设计安全技术措施或专项施工方案进行审查。　□是□否 （2）对施工单位未按审查后的施工组织设计、专项施工方案进行施工的，监理单位是否提出整改要求。	5	
5	跟踪落实情况		是否对施工企业执行《建筑施工安全检查标准》（JGJ 59—2011）情况实施监理，对存在安全隐患履行监理责任。　□是□否	10	
			对严重危及工程和人员安全的作业和设备的使用，是否及时发出停工（停用）指令，并通知建设单位和及时向有关主管部门报告。□是□否	5	
			对发出的整改通知书，是否跟踪整改落实情况，或者施工企业拒不整改，是否及时向有关主管部门报告。　□是□否	5	
6	定期检查		是否对施工现场进行定期和专项安全检查，并做好安全检查记录。□是□否	5	
			是否对重要施工环节和安全事故易发工序进行巡查和记录。□是□否	3	

续表

序号	项目	检查内容	标准分	得分
7	监理资料	有否按监理规划召开监理例会，监理例会是否有安全方面的内容。□是□否	3	
		施工现场安全施工监理记录是否齐全，监理月报是否能如实反映工地安全生产管理状况。是否有记录规范、真实、完整的安全施工监理日志。□是□否	5	
		是否按规定使用《×××（省、市、区）建筑施工安全管理资料统一用表》，建立安全监理档案。□是□否	3	
		《×××（省、市、自治区）建筑施工安全管理资料统一用表》中的安全警示标志检查表、设备验收表（井架物料提升机、外用电梯、塔吊等）、设施验收表（脚手架、模板、临边洞口、临时用电等）是否齐全。□是□否	5	
8	施工企业及人员的审查情况	对未办理施工许可（或开工报告）或施工单位（含分包单位）无安全生产许可证而擅自开工的工程项目，是否及时做出停工处理，并及时上报工程所在地建设行政主管部门或安监站。□是□否	3	
		是否对项目经理、专职安全员到位及安全考核合格情况进行检查。□是□否	5	
		有否对电工、焊工、架子工、起重机械工、塔吊司机及指挥人员、垂直运输设备安装拆卸工及司机、爆破工等特种作业人员资格进行审查。□是□否	5	
		是否对施工企业安全生产保证体系、安全生产责任制、各项规章制度进行审核。□是□否	3	
		是否对工人的教育情况进行检查。□是□否	5	
9	安全防护、文明施工措施费	是否按规定对安全防护、文明施工措施费用的列支和使用实施监理。□是□否	5	
10	施工企业应急救援预案的建立和落实	是否审核施工企业应急救援预案并督促施工企业进行演练。□是□否	5	
总体评价			合计	

检查人员（签名）：　　　　　　　　　　　检查日期：　　年　　月　　日

注：1. 总体评价 优：85～100分；良：71～84分；中：60～70分；差：60分以下。
　　2. 施工现场评分差的，总体评价不能评为优、良。

11.6.2 安全生产监督检查表

安全生产监督检查表（对监理单位）见表11-16所列。

安全生产监督检查表（对监理单位）　　　　　　　　　　　表 11-16

项目名称：　　　　　　　　　　　合同段编号：
检查时间：　　　　　　　　　　　本次为第　　次检查

序号	检查项目		检查情况
1	监理大纲及监理实施细则	是否建立安全生产监理程序	
		安全监理工程师是专职或者兼职	
2	安全生产监理指令	开工至今共发出多少道监理指令	
		监理有关整改指令落实是否到位	

检查人员签字：　　　　　　　　　　受检单位负责人签字：

11.7 安全生产绩效考核参考资料

11.7.1 安全生产绩效考核制度

为提升员工工作热情与技能，客观评价员工的工作表现和能力，充分调动员工的工作主动性与积极性，激励员工发挥团队精神、挖掘员工潜能，特制定本安全生产绩效考核制度。

1. 目的

为确保全公司安全生产方针和目标的顺利实现，总结推广安全生产管理经验，激励各级领导干部和员工奋发进取，自觉地搞好安全生产工作，持续改进安全绩效，特制定本制度。

2. 定义

安全绩效考核制度是指基于安全生产方针和目标，控制和消除风险取得的可测量结果。

3. 适用范围

本制度适用于本公司各单位和人员的考核。

4. 具体实施

考核实行记分制，总分为100分，按以下六个要素进行考核记分。被考核单位不涉及的要素（子要素）按缺项处理。

（1）安全目标（50分，扣完为止）

1）发生工亡事故、重伤事故、重大火灾事故、重大危化品事故、重大特种设备事故、重大交通事故，扣50分；

2）火灾事故直接经济损失超公司下达的考核指标，扣25分；

3）设备事故直接经济损失超公司下达的考核指标，扣25分；

4）环境污染事件直接经济损失超公司下达的考核指标，扣25分；

5）轻伤事故（含中毒、窒息）超公司下达的考核指标，扣25分；

6）隐患自检率及整改合格率超公司下达的考核指标，扣25分。

(2) 安全基础管理（15分，扣完为止）

1) 层层签订安全目标责任书，严格执行安全生产组织人员保证体系，满分4分。1项不符扣1分，扣完为止；

2) 安全台账、记录等基础资料齐全、记录真实完整，满分3分。1项不符扣0.5分，扣完为止；

3) 各种计划、总结、报表上报及时，满分3分。每漏报1次扣0.2分，迟报1次扣0.1分，扣完为止；

4) 安全教育，满分5分。二、三级安全教育，1项不符合，扣0.5分；按要求进行管理人员和员工安全培训考核，1项不符合，扣0.5分；按要求进行转岗、复工、新工艺、新技术、新设备投产前安全培训，1项不符合，扣0.5分；领导及管理人员按要求参加班组安全活动，1项不符合，扣0.5分；班组安全活动符合要求，1项不符合，扣0.5分；扣完为止。

(3) 安全检查和隐患治理（10分）

1) 按规定的频次和项目要求进行安全检查，发现问题和隐患及时整改，并按要求上报，满分4分。1项不符合扣1分，扣完为止；

2) 对上级下达的隐患整改项目，落实"五定"责任制，按计划完成治理，满分3分。1项不符合扣1分，扣完为止；

3) 对暂时不具备整改条件的隐患，制定可靠的监控措施和应急方案，满分3分。1项不符合扣1分，扣完为止。

(4) 现场（作业）安全管理（15分）

1) 严格执行危险作业许可制度，作业前进行风险分析，制定控制措施，满分4分。1项不符合扣1分，扣完为止；

2) 作业现场警示标识符合要求，配备了必要的安全防护用品（具）及消防设施与器材，满分4分。1项不符合扣1分，扣完为止；

3) 严格执行操作规程，不违章作业，不违反安全纪律、工艺纪律、劳动纪律和环保纪律，满分4分。1项不符合扣1分，扣完为止；

4) 严格进行检修作业前的安全条件确认及作业完成后的安全验收，并做到"工完、料尽、场地清"，满分3分。1项不符合扣1分，扣完为止。

(5) 职业卫生管理（5分）

1) 做好清洁文明生产，严防"跑、冒、滴、漏"，保证岗位职业有害因素监测合格率达100%，满分2分。1项不符合扣0.5分，扣完为止；

2) 按要求（组织）参加职业性健康检查，满分1分。1项不符合扣0.5分，扣完为止；

3) 按要求对职业卫生设施进行定期检查，落实专人维护保养，满分2分。1项不符合扣1分，扣完为止。

(6) 应急管理（5分）

1) 建立完善应急指挥与救援系统，明确职责。按照事故处理原则，对事故进行调查处理和总结，满分2分。1项不符合扣1分，扣完为止；

2) 准备足够适用的应急资源，按要求对安全防护设施及应急设施进行定期检查，落

实专人维护保养,满分2分。1项不符合扣1分,扣完为止;

3)按要求制定应急预案,定期进行应急培训和演练,并对演练效果进行评价、对预案进行评审和修订,满分1分。1项不符合扣0.5分,扣完为止。

5. 增分条件

(1)风险高、管理难度大的单位可增加1~3分;

(2)及时发现重大事故隐患并避免了重大事故发生,经公司确认,加1~3分。

6. 分级

本公司建立两级安全绩效考核机构,即公司级和车间(分公司)级。

7. 各项目部、组(分公司)安全绩效考核机构

组长:项目经理;

成员:安全员、统计员、班组长。

其职责为:

(1)按本制度要求,制定本单位安全绩效考核实施细则;

(2)对本单位各级组织和人员进行安全绩效考核;

(3)将安全绩效考核的结果,作为风险奖励和进一步完善安全管理的依据。

8. 公司级安全绩效考核机构

组长:主管安全生产的公司领导;

副组长:安环部主任;

成员:财务、生产、设备、环保、项目组、物流。

(公司级安全绩效考核机构办公室设在安环部)

其职责为:

(1)对各项目部、组(分公司)进行安全绩效考核;

(2)将安全绩效考核的结果,作为风险奖励和进一步完善安全管理的依据。

9. 安全绩效考核

安全绩效考核分为日常考核、季度考核和年度考核:

(1)日常考核:通过日常安全检查,对各级组织和人员的安全绩效进行评价,目的在于促进各级组织和人员自我管理;

(2)季度考核:每季度末,对各级组织和人员该季度的安全绩效进行考评;

(3)年度考核:每年底,对各级组织和人员全年的安全绩效进行总体考评。

10. 考核频次

在季度考核时,日常考核情况应占50%,即日常考核和季度考核总分分别折为50分,计算该季度实际得分;年度考核时,各季度考核情况各占20%,综合评定占20%,计算年度实际得分。

11. 考核等级

按考核得分,将考核结果分为五个等级,见表11-17所列。

考 核 等 级　　　　　　　　　　　表 11-17

等级	优秀(一级)	良好(二级)	合格(三级)	基本合格(四级)	不合格(五级)
考核得分(分)	95以上	90~95	70~80	60~70	60以下

由各级考核组织将考核得出的结果,交该级主要负责人审批后,进行奖惩处理。

11.7.2 安全生产考核方案

1. 目的

为严格执行公司制定的各项安全管理制度,杜绝各类安全违章现象,引导公司员工搞好公司的安全生产,保障员工人身安全,特制定本考核制度。

2. 范围

公司所有员工及相关方成员。

3. 职责

3.1 生产管理部负责执行公司级安全奖罚考核,重大安全责任事项的考核报总经理审批。

3.2 各部门负责本部门一般安全活动的考核奖惩。

3.3 各主管部门负责对业务相关方安全活动执行监督考核。

4. 定义

5. 安全注意事项

6. 程序和要求

6.1 部门安全生产考核

6.1.1 各部门应确保本部门劳动者行为、装备、工作程序、过程和工作环境安全无危害,保护劳动者人身安全和企业、国家财产不受损害,对于具有明显或潜在的不安全因素应积极采取有效的措施,消除隐患,确保安全生产;按照安全生产检查制度的要求及时发现,整治隐患;根据本部门生产经营的特点制定相应的安全管理制度,规范安全生产,并确保有效实施。

6.1.2 安全生产实行一票否决,任何部门在一个年度的工作中发生一起群伤、死亡事故、直接经济损失在 5 万元(含基数,下同)以上的无伤亡安全事故,以及引起重大环境污染的安全事故,取消该部门该年度各项集体荣誉的评选资格。安全第一责任人。安全负责人、分管负责人和直接责任人参照执行。

6.1.3 考核内容

6.1.3.1 各部门应建立健全安全生产管理网络,在第一责任人的领导下,明确部门各级安全管理人员及相应的安全生产、消防安全管理责任。

6.1.3.2 建立健全部门各级人员安全生产责任制、设备安全操作维修规程、生产安全操作规程、安全检查、隐患整改制度。

6.1.3.3 明确日常安全生产教育,采用班前会等形式,在布置当天的工作内容时,通报安全生产情况,强调安全,提出安全措施,并做好记录。部门要检查相关要求的落实情况。

6.1.3.4 认真执行安全检查制度:部门安全月检、周检,安全员日常安全检查,工段(班组)岗位安全自查及交接班安全交接,重大作业活动和节前安全检查。发现安全隐患及时整改排除,对所有检查和隐患整改情况记录并保存。

6.1.3.5 认真执行和落实 OHS 职业健康安全管理规定。

6.1.3.6 安全生产效果好,各类安全事故在控制的范围内,无重复性、多发性违章和安全事故、轻伤事故符合安全事故控制指标要求。重伤、群伤、死亡、火灾等安全事故。

(作者:guoyanyu;来源:中国管理网)

下篇 风险篇

下 篇 前 言

　　风险管理是工程管理不可缺少的重要内容。现代工程项目的规模大、投资额大、资金来源多元化、技术越来越复杂，随之风险也越来越大，其后果日益令世人瞩目。面临工程项目中的各种风险，采取积极、主动地识别、分析、应对与控制，防患于未然，随时消除、避免或降低它们可能带来的有形与无形损害，而不是消极、被动地听命于风险的捉弄。只有这样，才有可能为实现工程合同目标创造利好条件。

　　莫菲定律告诫我们："凡事只要有可能出错，那就一定会出错。"即，凡是可能出问题的都会出问题。根据"墨菲定律"，一、任何事都没有表面看起来那么简单；二、所有的事都会比你预计的时间长；三、会出错的事总会出错；四，如果你担心某种情况发生，那么它就更有可能发生。据此，工程项目风险同样是客观存在，对实现项目目标会有比较大的或更大的影响力的元素；该风险的发生、发展是个必然现象，正如菲纳格定律（Finagle's Law）所言，会出错的，终将会出错（If anything can go wrong, it will.）。它潜在于工程实施的全过程中；对待风险不必惊慌失措，风险的本质是对实际结果与预期结果的差异程度的度量；风险事件和其他事物同样有其规律性和发生概率，管理者可采取有效措施加以防范与管控。

　　为了有助于集团公司全面管理工程风险，我们收集、归纳、整理和编辑了国内外工程项目风险管理的常用作法与经验，并进一步提炼，将其制成工程项目风险管理模板手册，供读者走出去、请进来，开拓国内外工程市场，承揽国内外承包工程项目时使用。

　　本工程项目风险管理模板手册共分十五章，包括：每章的框图、示例、实例、图表、使用指南、风险管理案例及附录等内容。本书力求实用、满足承包工程的需要，反映世界最新成果。其特点举例如下：

　　第一，注重实际需要

　　以工程项目全面风险管理实施框图为主线，遵循国际惯例，按术语解释、框图及其分解、图表、示例、范例、实例、核查表、格式、附件及附录、工程承包项目风险案例等方式，对常用风险管理技术、方法、手段、工具、方式等逐层分解，一直到适应基层人员的风险管理需要为止，尽其所能让一线管理者和操作人员得心应手；迅速提高风险管理控制能力。

　　第二，内容覆盖丰富

　　本书中模板按照国内外工程中的风险发生、发展和应对的规律，以及风险管理的基本原则，全面介绍了风险管理规划、风险管理目标、风险管理分项目标、风险管理各级组织、风险辨识、风险定性及定量分析与评估评价、风险预警体系的构建、风险应对和风险监控及其案例等。

　　第三，系统化、高效率

　　系统化指各个模板间既有关联性，又有一定的个体性，内容力求全面；高效率指各模板用起来效果好、效率高、费用低廉，按照这个管理风险模板办理，可大为减少投入的资源。为便于风险管理者正确理解、把握重点、避免误用，便于读者深入理解，各个模板都有详尽的应用指南。"天下没有万能的灵丹妙药"。敬请读者注意的是，一定要紧密结合具体工程项目的实际情况，在法律和政策容许的情况下，充分利用可利用的各种国内外资源，随时做出相应的调整。

第四，统观全局，与时俱进

本书中模板不但明确了风险及其管理的概念、属性、特点、作用、机理、功能，还从工程与经济和社会环境的联系、工程涉及的多方面知识、工程内外的多种不确定性、工程现状与将来演变趋势、参与工程人员的各种层次等多个方面，启发读者随时从时间、空间和信息的角度预测工程可能会遇到的多种复杂的问题和局面等。对于风险发生前后的准备与应对、风险的预警、跟踪和动态管理、风险管理文化的完善、管理软件的应用等方面，都突出了工程各阶段对于信息流应注意的事项，以此展示持久风险意识以及稳定和健全的风险管理机制的必要性，使风险管理者常备不懈。

第五，风险管理，任重道远

世界上发达国家，工程风险管理已有数十年历史。他们经验丰富成果累累，本书对此给予了充分反映。我国全面风险管理在国资委于 2006 年 6 月 6 日发布企业全面风险管理文件后正式起步，因此，要建立适合于我国企业的国际工程风险管理系统，尚需时日。只有全行业的参与、学习、吸纳、消化、实践、总结、补充、完善，坚持不懈，长期努力，奋起直追世界一流水平，才能提高我们的风险管理能力，我们也才能编制出高水平的模板。

从承包的国内外工程项目得失告诉我们，对于这些大中型项目中这样那样的不确定性因素及风险管理中出现的诸多问题，只要采用本书中介绍的易用模板，就能基本防范和应对这些项目的中风险，以确保工程项目全面风险管理的成功率，进而实现这些项目的预期目标。

"化解风险是企业的最大本事！"应当焕发企业每个成员主动性、积极性和创造性。我们希望本书能为此助一臂之力。愿望是真诚的，但苦于我们水平和能力有限，不妥、不当、不足之处，恳请读者指正，当感激不尽。本册曾经清华大学卢有杰教授审阅，在此不胜感谢。

杨俊杰

二〇一二年八月于清华陋室

工程项目风险全面管理模板手册

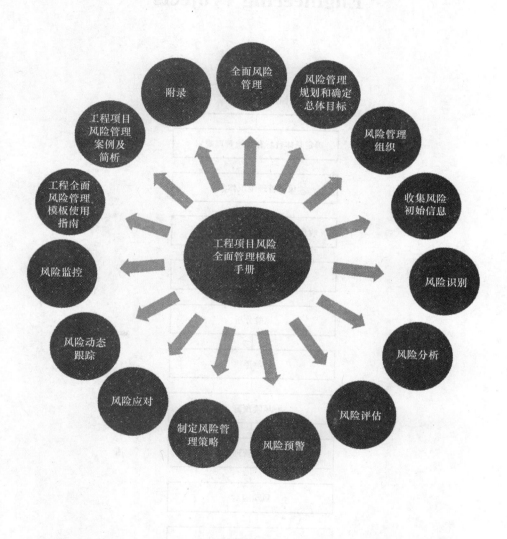

工程全面风险管理过程
Risk Management Processes for Overseas Engineering Projects

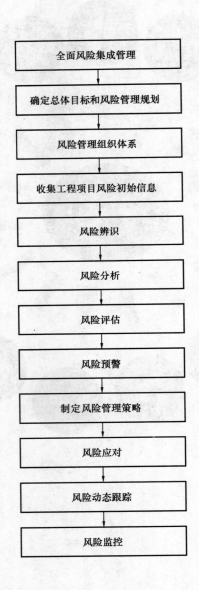

第12章 全面风险管理

鉴于工程风险的多样性、普遍性、全局性和客观性、偶然性、可变性及其规律性，特在项目管理系统中提出全面风险管理的概念。指用系统的、动态的方法进行风险管控，以减少项目实施过程中的不确定性因素。

12.1 全面风险管理工作步骤

风险管理工作步骤如图12-1所示。

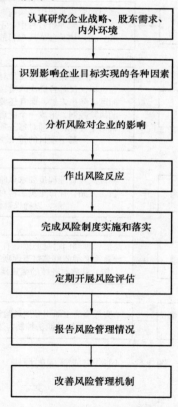

图12-1 风险管理工作步骤框图

12.2 全面风险管理原则

风险管理大致分为传统风险管理阶段和现代风险管理阶段。前者产生之时为20世纪90年代以前，后者从20世纪90年代至今。现代风险管理的主要特点：一是从防范风险减少损失,过渡到规避风险和利用风险相统一的体系;二是强调风险管理的系统性和整体性;三是建立健全风险信息系统和构筑信息平台,工程项目参与各方共同承担相关风险责任;四是全面风险管理的分析方法的现代化和先进性;五是全面风险管理是企业管理的核心内容之一和关注点。

欧美国家的企业已把风险管理转化为企业创造额外价值的机制,可称之为"攻击性"风险体系,这与中国企业的风险"防御性"做法大相径庭。全面风险管理的概念越来越清晰,正如美国詹姆斯·林所说:"风险管理应该定义得更加宽泛,把对冲和内部控制都包括进来。"企业及项目团队应重视内部控制系统的管理,是做好、做强企业和项目的重点(图12-2)。

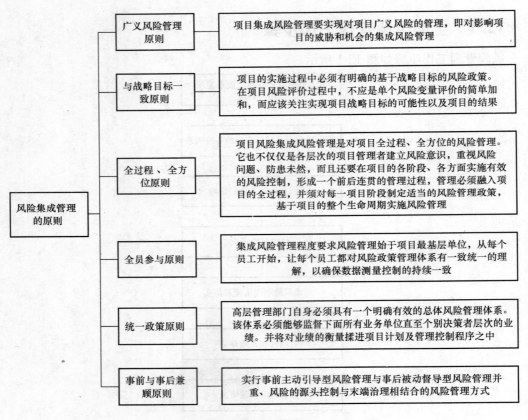

图12-2 风险集成管理的原则

注:
还应特别注重:
(1) 对现代工程项目中的风险的认知和理解;
(2) 对工程风险的全过程管理的把握;
(3) 对工程风险的全方位的管控;
(4) 对工程风险的有效的组织、策划和应对等。

12.3　全面风险管理特点

风险集成管理的特点如图 12-3 所示。

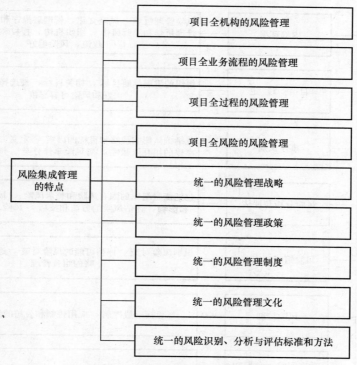

图 12-3　风险集成管理的特点

12.4　全面风险管理内容

风险集成管理的内容如图 12-4 所示。

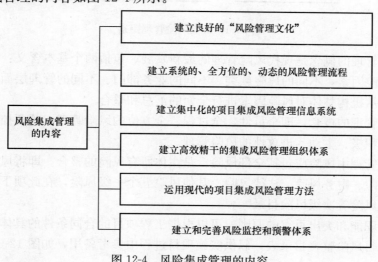

图 12-4　风险集成管理的内容

12.5 全面风险管理要素

集成风险管理要素如图12-5所示。

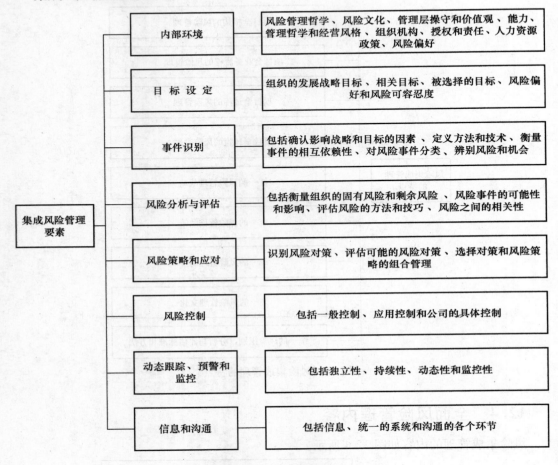

图 12-5 集成风险管理要素

全面风险管理的概念是现代风险管理的最新发展，包括两个基本含义：一是风险管理覆盖所有的风险因素，不同的风险族类、不同的业务部门、不同的管理层面和不同的地域等；二是强调从机构整体对风险因素进行全面的汇总和整合。

全面风险管理的概念，即全员性、全过程、全方位的风险管理。既要控制风险，更要把握机会，是积极、主动、进攻性的风险管理。

全面风险管理中风险应包括全部风险，是主体所有风险的整合。即将风险整合为管理风险、经营风险、财务风险、法律风险、其他风险五个一级风险，在此项下，可再设置二级风险、三级风险等次级风险目录。

根据管理职能和突出重点的原则，可以根据工程项目的合同条件的具体要求，进一步策划和设计项目风险整合目录表，以供实施项目过程中参考备用，如图12-6所示。

第 12 章 全面风险管理

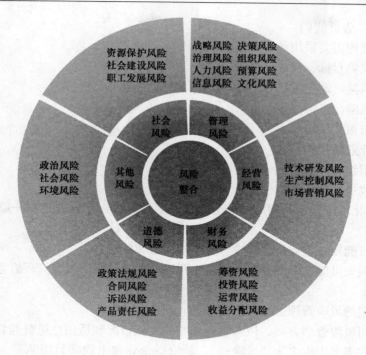

图 12-6 风险整合

12.6 全面风险管理框架示意

全面风险管理框架示意如图 12-7 所示。

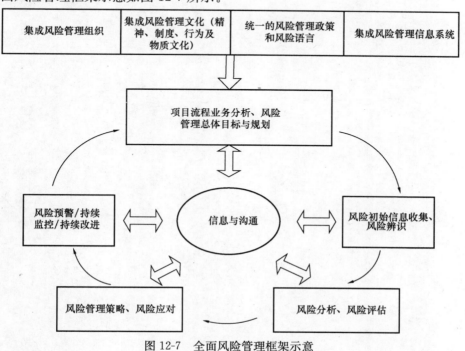

图 12-7 全面风险管理框架示意

注：图 12-7 告诉我们：

(1) 风险管理需要采用统一政策和风险语言；

(2) 确立风险目标、目的及监督；

(3) 评估风险，制定策略；

(4) 建立风险信息沟通平台；

(5) 设计与策划实施能力；

(6) 与企业业绩挂钩；

(7) 强化组织管理；

(8) 持续改进和创新等。

《公司整体化风险管理》指出，不论什么类型的风险，其管理过程一般都包括以下几个主要步骤：

识别各种可能导致企业价值减少（损失）的重大风险；

衡量潜在损失可能发生的频率和程度，开发并选择适当的风险管理方案，其目的是增加股东的价值；

实施所选定的风险管理方案；

持续对公司风险管理方案、风险管理战略的实施情况和适用性进行监督与反馈。

上述步骤在本书中称之为"风险链"，是值得企业和工程项目团队进一步深化研究考虑的课题。

第 13 章 风险管理规划和确定总体目标

13.1 风险管理规划和确定总体目标流程

风险管理规划和确定总体目标流程如图 13-1 所示。

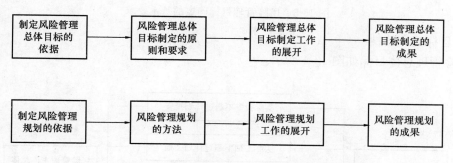

图 13-1 风险管理规划和确定总体目标流程

13.2 确定总体目标

13.2.1 制定总体目标的依据

制定风险管理总体目标的依据如图 13-2 所示。

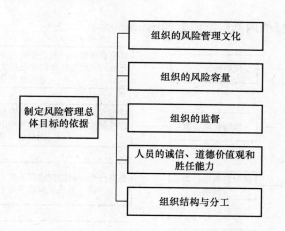

图 13-2 制定风险管理总体目标的依据

13.2.2 确定总体目标的原则和要求

风险管理目标确定的基本要求如图 13-3 所示。

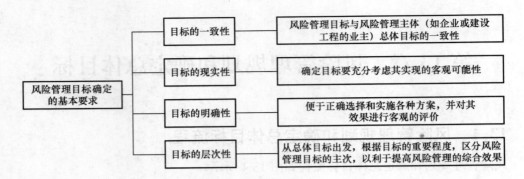

图 13-3 风险管理目标确定的基本要求

1. 目标的一致性

风险管理总体目标如图 13-4 所示。

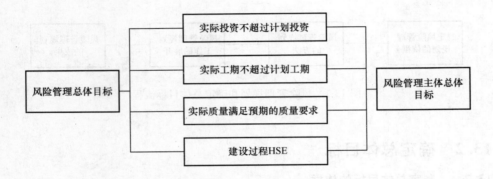

图 13-4 风险管理总体目标

2. 目标的现实性

确定风险管理目标的内部限制因素如图 13-5 所示。

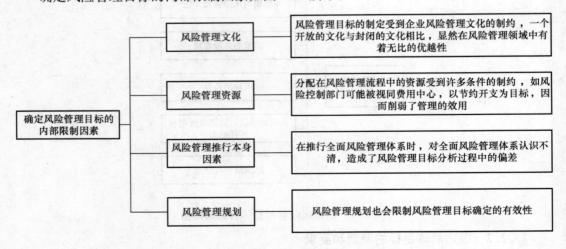

图 13-5 确定风险管理目标的内部限制因素

3. 目标的明确性

目标的明确性如图 13-6 所示。

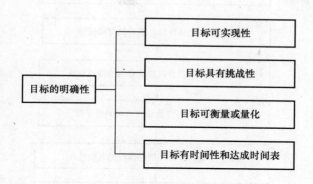

图 13-6 目标的明确性

4. 目标的层次性

目标的层次性是指层次结构中的一种操作系统的构成方法。它是根据工程项目信息的类型、级别、优先次序等一组特定的规则排列的一群硬件或软件项目。

这种结构的最大特点就是将一个大型复杂的项目系统分解成若干单向依赖的层次，从而确保程序的可靠性和易兑现性，也便于人们对风险管理目标系统进行局部修改（图13-7）。

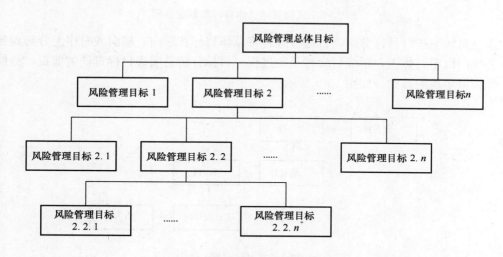

图 13-7 风险管理总体目标

13.2.3 确定总体目标步骤示意图

风险管理总体目标的制定步骤如图 13-8 所示。

大中型工程项目风险管理总体控制目标，是在确保法律法规和规章制度贯彻执行的基础上，优化企业整体资源综合配置效益，根据资本保值和增值的委托责任目标与其他各项绩效考核标准来制定风险管理控制总目标，是企业经营活动的关键环节之一，也是确保实现集团公司经营总目标的根本保证，所以风险管理控制将服务于企业的总目标。

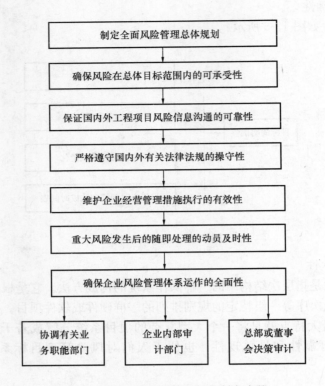

图 13-8　风险管理总体目标的制定步骤

在总目标下进行目标分解，目标分解是将总体目标在纵向、横向或时序上分解到各层次、各部门以至具体人，形成目标体系的过程。目标分解是明确目标责任的前提，是使总体目标得以实现的基础，如图 13-9 所示。

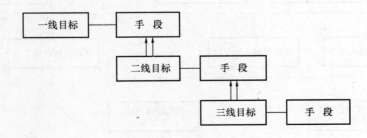

图 13-9　目标分解

13.2.4　确定总体目标实例

某大型风险管理目标框架实例 1 如图 13-10 所示。

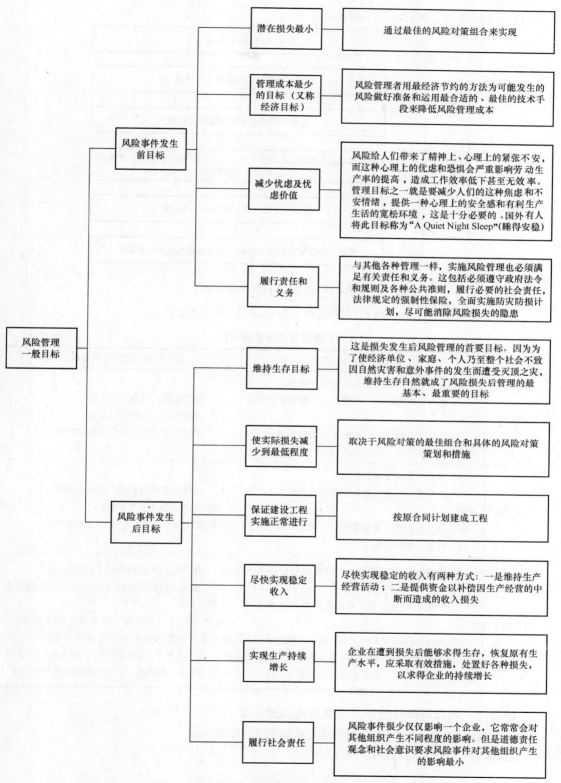

图 13-10 风险管理一般目标

目标框架实例 2 如图 13-11 所示。

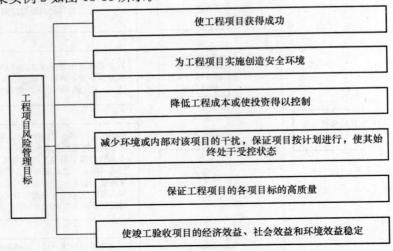

图 13-11　工程项目风险管理目标

目标框架实例 3：工程项目风险管理目标见表 13-1 所列。

工程项目风险管理目标　　　　　　　　　　　表 13-1

阶段	企业环境及目标	工程项目风险管理目标
初创阶段	(1) 企业初创，规模较小，影响力较小； (2) 急需获取相应的工程项目，以微利维持生存空间； (3) 急需开拓新的国内外（其他地区或国际）市场	(1) 维持生存，避免经营中断； (2) 稳定收入，保持安定局面； (3) 坚持企业经营以诚信为本的原则
发展阶段	(1) 具有一定规模和竞争力； (2) 需要进一步拓宽业务领域和提升本企业的知名度； (3) 靠企业的实力和品牌效应，获取工程项目； (4) 利润目标比较高	(1) 降低风险管理成本、提高利润率； (2) 树立信誉、扩大影响； (3) 拓宽业务渠道、扩大市场占有率
垄断阶段	(1) 有较大的市场竞争力、占有率和较高的知名度； (2) 与强手对垒较量，有很强的竞争优势击败对手； (3) 目标是占有较大的市场份额，甚至在某一方面或多方面垄断该市场，创造更大的经济效益、社会效益和环境效益，企业应尽到社会责任	(1) 重点控制和强化管理中的纯风险； (2) 完善对投机风险的预防、利用和采取应对的一切措施。 根据集团公司发展和工程市场态势评估结论，敢于冒一定的风险，投资某些优势项目，采取 BOT 模式或 EPC/T 模式进行工程承包，以获取更大的经济社会效益，树立中国模式良好的形象

13.2.5　目标与风险管理八大要素之间的关系

目标与风险管理八大要素之间的关系如图 13-12 所示。

目标与八大要素注释如图 13-13 所示。

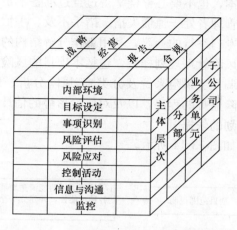

图 13-12 目标与风险管理八大要素之间的关系

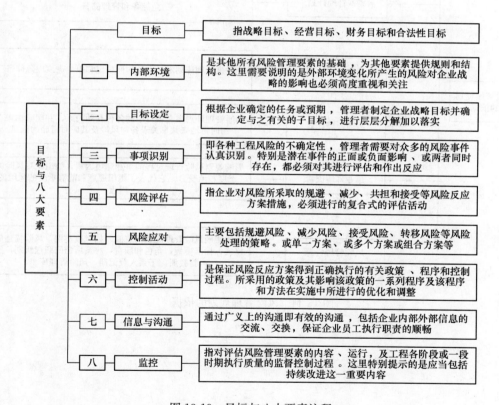

图 13-13 目标与八大要素注释

13.3 风险管理规划

风险管理规划是工程项目全面风险管理之首要,它决定如何对待和规划项目风险管理活动的全过程。其规划务必做到控制风险管理的水平、类型和组织内部对其知晓的程度,既不能付出高额的风险成本,也不要心存侥幸得过且过准备不足,以免当后果严重、损失很大的风险事件发生时,管理者处于惊慌失措、措手不及、手忙脚乱的状态。

风险管理规划可通过专门举行的会议,利用工作分解结构的方法,由参与本项目的全员共同制定。提出可行的风险管理规划样板,包括本项目的风险管理目标、组织及领导人员、风险识别(风险情况调查、风险来源及分类)、风险分析、风险估计、风险评价、规避风险的方案和策略、风险监督的程序,以及对风险形势的估计和附录等。

13.3.1 风险管理规划的依据

风险管理规划的依据如图 13-14 所示。

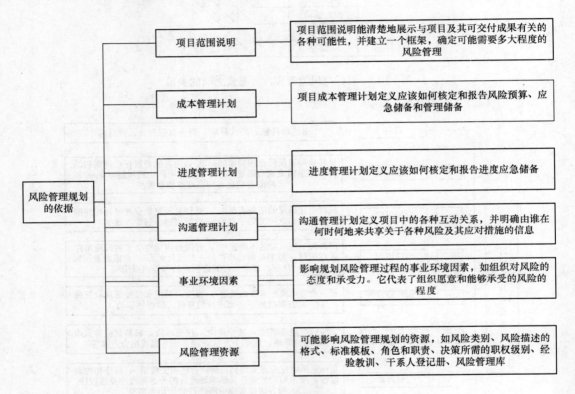

图 13-14 风险管理规划的依据

13.3.2 风险管理规划方法和工具

风险管理规划方法和工具如图 13-15 所示。

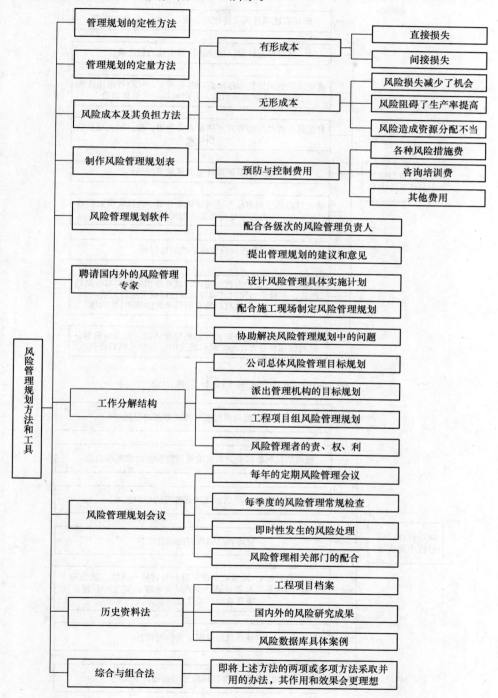

图 13-15 风险管理规划方法和工具

13.3.3 风险管理规划具体工作内容与活动

风险管理规划具体工作内容与活动如图13-16、图13-17所示。

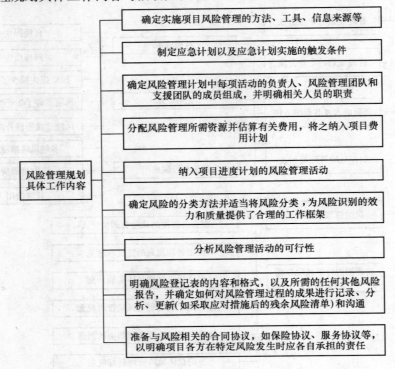

图13-16 风险管理规划具体工作内容

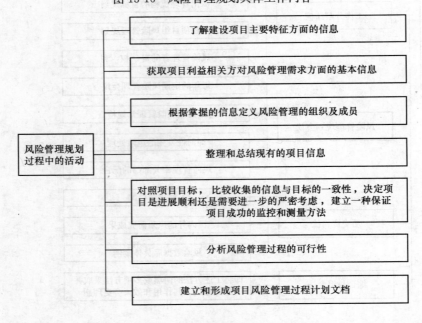

图13-17 风险管理规划过程中的活动

13.3.4 风险管理规划格式实例

某跨国公司制作的风险管理规划格式，可供风险管理者参考使用。

1. 引言
（1）本文件的范围和目的
（2）概述
1）目标
2）需要优先考虑规避的风险
（3）组织
1）领导人员
2）责任
3）任务
（4）风险规避策略的内容说明
1）进度安排
2）主要里程碑和审查行动
3）预算
2. 风险分析
（1）风险识别
1）风险情况调查 　　风险来源
2）风险分类
（2）风险估计
1）风险发生概率的估计
2）风险后果的估计
3）估计准则
4）估计误差的可能来源
（3）风险评价
1）风险评价使用的方法
2）评价方法的假设前提和局限性
3）风险评价使用的评价基准
4）风险评价结果
3. 风险管理
（1）根据风险评价结果提出的建议
（2）可用于规避风险的备选方案
（3）规避风险的建议方案
（4）风险监督的程序
1）项目风险形势估计
2）削弱风险的计划
3）其他风险管理方面相关图表资料
注： 风险形势估计的作用： 一是项目团队可以从一个新角度重新审查工程项目计划，揭露隐藏的假设、前提和未曾发现的风险； 二是通过风险形势估计，抛弃前期的一切良好愿望和侥幸心理； 三是其结果可能，工程项目在早期就能识别出来某些风险。

第14章 风险管理组织

14.1 风险管理组织设计原则

风险管理组织设计原则如图 14-1 所示。

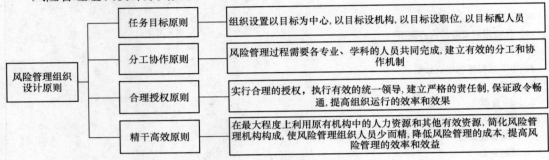

图 14-1 风险管理组织设计原则

14.2 风险管理组织要点

风险管理组织体系的设置要点如图 14-2 所示。

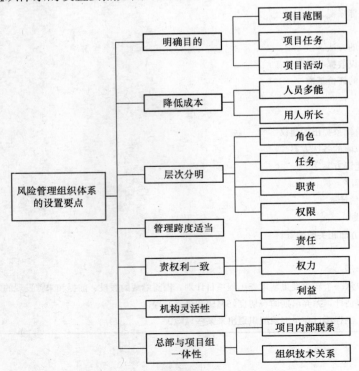

图 14-2 风险管理组织体系的设置要点

14.3　建立风险管理组织的活动

建立风险管理组织体系过程中的活动如图 14-3 所示。

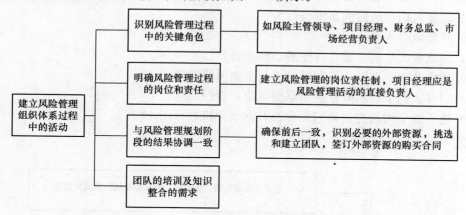

图 14-3　建立风险管理组织体系过程中的活动

14.4　风险管理组织职能

风险管理组织职责如图 14-4 所示。

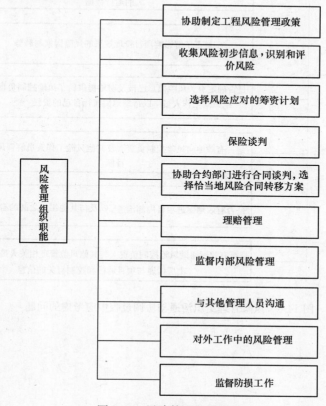

图 14-4　风险管理组织职能

14.5 风险管理组织沟通与协调应考虑的问题

风险沟通所要完成的目标有：
(1) 改变人们对风险的态度与行为；
(2) 降低风险水平；
(3) 面临重大危机，紧急应变的心理准备；
(4) 达成共识，鼓励全员有效的参与全面风险管理；
(5) 引导人们了解风险，进而掌握风险，管控风险；
(6) 建立健全沟通与协调的平台及其常态化机制（图 14-5）。

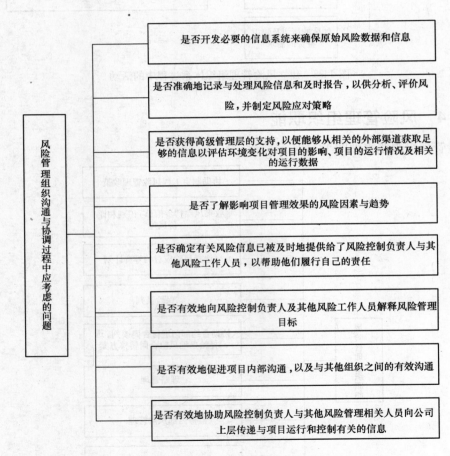

图 14-5　风险管理组织沟通与协调过程中应考虑的问题

14.6 风险管理组织中风险意识培养

风险管理组织中风险意识的培养如图14-6所示。

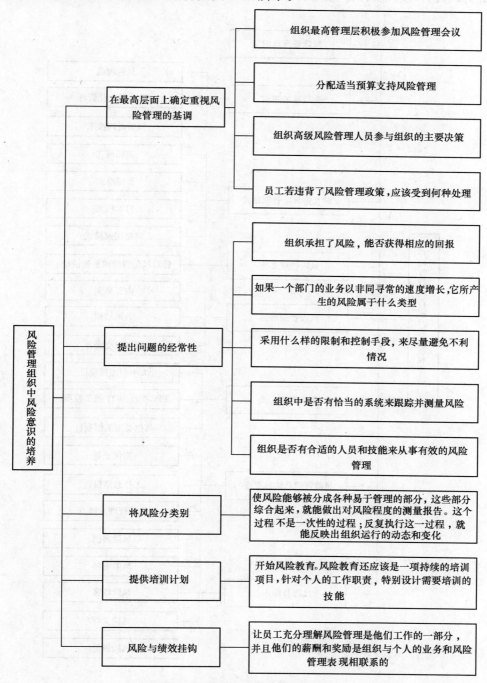

图14-6 风险管理组织中风险意识的培养

14.7 提升风险管理者能力的内容和方法

提升风险管理者能力的内容和方法如图 14-7 所示。

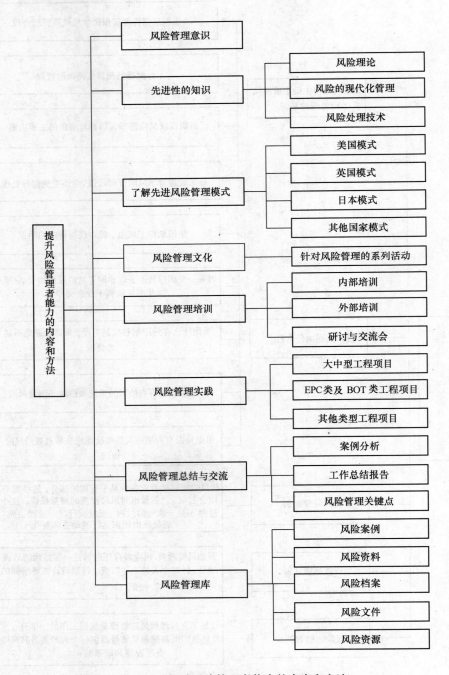

图 14-7 提升风险管理者能力的内容和方法

14.8 某公司风险管理组织监督架构和职能分工

某公司风险管理组织监督架构和职能分工见表 14-1、表 14-2 所列。

某公司风险管理组织监督架构实例　　　　　　　　　　　　　　　　表 14-1

风险控制行为	相关负责人	监控职责
批准书面政策、评估有效性	董事会	监督作用
定义风险优先性、仲裁/解决冲突、协调企业风险、风险策略和政策	首席执行官	监控全面风险管理体系的执行
分配资源资金、管理风险/回报、评估风险管理体系基础设施、委派风险负责人、划分职责、评估测量方法、协调流程与奖励措施	风险管理执行委员会、首席运营官、首席财务官、首席风险官、首席信息官	协调决策
建立风险管理整体的框架、交流/执行政策、测量/评估执行情况、集合/报告结果、协调不同部门、教育及培训	企业风险管理委员会	收集、分析、整合及报告
使企业范围与各个营运部门优先排序、容忍度及策略合拍、将流程与标准比较,并分享最佳实践、测量风险、确认/追溯风险、避免、保留、降低、转移及利用风险、持续改进流程	各个职能部门支持并分享服务	运营及支持、管理及报告(每个经理负责)
合规审计/审核	风险管理执行委员会、内部审计	独立确认流程和执行的合规性

风险管理组织职能分工　　　　　　　　　　　　　　　　　　　　　表 14-2

组织架构	职能	具体管理事项
董事会	监督	批准政策
集团执行委员会	实施	发展并执行风险政策、评估集团风险状态、管理集团风险事件、向董事会提交正式报告
集团首席风险官	实施、报告	发展并实施企业全面风险管理体系流程及工具、风险分析,向最高控股公司董事会报告
集团公司企业风险官	实施、支持	支持集团公司管理,评估并报告风险,策划风险规划
公司执行委员会	实施、支持	发展政策、执行风险承担行为,与风险指南一致
业务管理层	实施	将商业风险管理结合到运营中,管理并监督风险

14.9 风险管理组织示例

风险管理组织示例如图 14-8～图 14-11 所示。

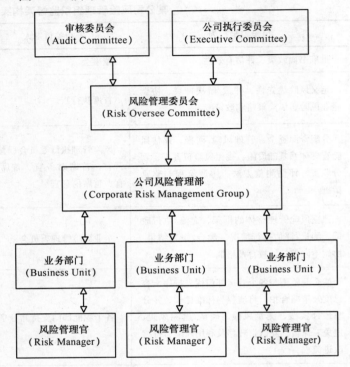

图 14-8 某公司风险管理组织（1）

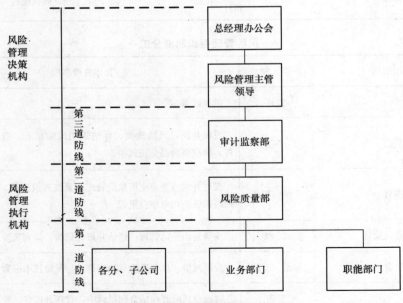

图 14-9 某公司风险管理组织（2）

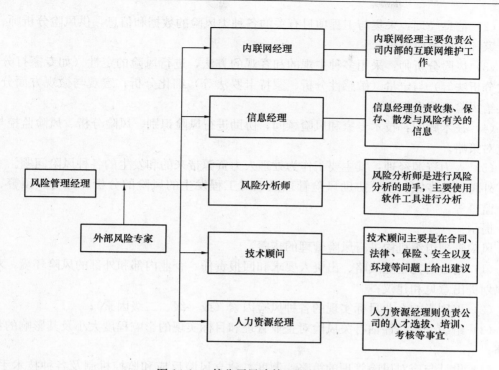

图 14-10 某公司风险管理组织（3）

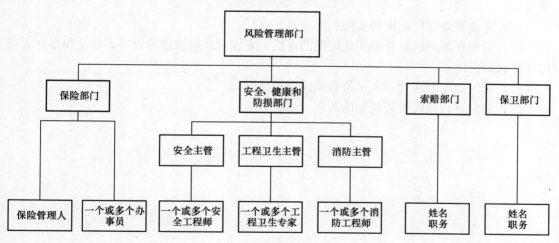

图 14-11 某大型项目风险管理组织

1. 风险管理经理的主要任务
（1）确定风险管理原则、成本和策略；
（2）对工程风险的风险因素、风险事件、风险事故等识别、控制与动态管理；
（3）提出风险的分担办法及其有效防范的应对措施。

2. 各部门主要任务
（1）内联网经理：通过内联网与集团国内外的各部门风险信息沟通与交流，以发挥公司整体和团队的作用，以最佳的效果取得风险管理的绩效。

(2) 信息经理：采集与工程项目有关的各种类风险的数据和信息，供风险分析师、技术专家和顾问及时处理。

(3) 风险分析师：采用多种主观的和客观的方法，进行风险的定性（如专家打分法、层次分析法等）与定量（敏感性分析、蒙特卡罗法等）细化分析；宏观与微观方面分析，提供给风险管理者们。

(4) 技术顾问：技术专家和风险顾问，协助进行风险识别、风险分析、风险监控与制定应对策略。

(5) 人力资源经理：其主要工作为处理人力资源带来的和发生的各种风险问题。

外聘风险专家：主要协助风险管理经理对工程发生的风险的分析、应对、预警、控制、监督等。

提示：

风险管理组织机构进行风险管理的步骤：

(1) 精心研究企业战略、出资人要求和回报责任、企业内部和外部的风险环境，对风险规划提出意见和建议；

(2) 识别影响企业目标实现的各种风险因素（或一级、二级因素）；

(3) 组织分析并评估有关风险对企业管理和目标实现的影响程度大小及其影响的量化几率；

(4) 设计与应对风险管理的策略、制度，建立风险反应和监控机制及各种技术手段、工具；

(5) 完成风险反应制度的实施和落实；

(6) 定期开展对风险管理实施情况的评估，完成对风险管理的效率、收益和存在弱点的保障机制总结；

(7) 及时或定期向管理人员报告风险管理情况；

(8) 及时进行风险管理机制的改进。

第 15 章 收集风险初始信息

15.1 收集风险初始信息的流程

收集风险初始信息的流程如图 15-1 所示。

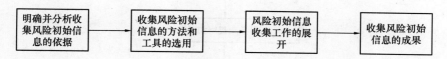

图 15-1 收集风险初始信息的流程

15.2 收集风险初始信息的方法

风险信息收集的一般方法如图 15-2 所示。

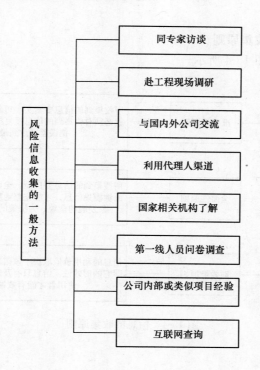

图 15-2 风险信息收集的一般方法

15.3 收集工作的展开

15.3.1 信息收集具体步骤

信息收集具体步骤如图 15-3 所示。

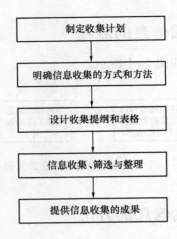

图 15-3 信息收集具体步骤

15.3.2 风险信息收集原则

信息的收集原则如图 15-4 所示。

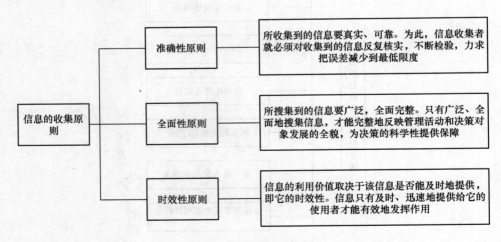

图 15-4 信息的收集原则

15.4 风险信息收集要素

工程承包企业风险管理信息收集要素如图 15-5 所示。

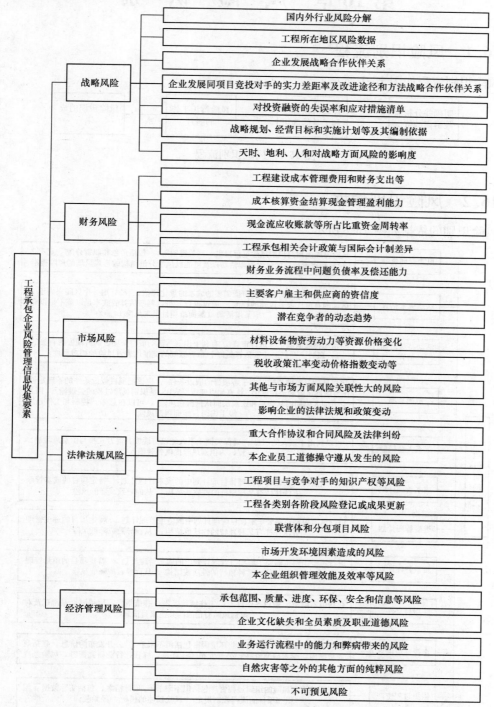

图 15-5 工程承包企业风险管理信息收集要素

第16章 风险识别

16.1 风险识别流程

风险识别流程如图 16-1 所示。

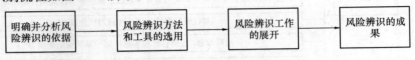

图 16-1 风险识别流程

16.2 风险识别依据

风险识别的依据如图 16-2 所示。

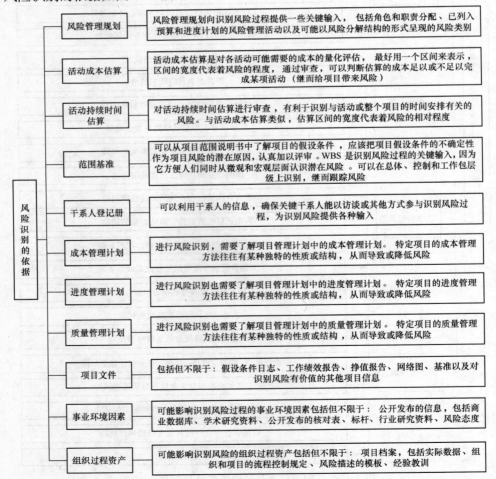

图 16-2 风险识别的依据

16.3 风险识别方法

16.3.1 核查表方法

表 16-1 将项目全寿命期的目标风险列为横向栏作为一级风险，纵向栏作为二级风险，对策列为最后一栏，通过在相应的表格内划"√"表示是否有风险存在，并提出了相应的风险对策，以供风险管理者参考。

风险—应对—识别　　　　　　　　　　　　　表 16-1

二级风险源 ＼ 目标风险	经济	质量	工期	成本	安全	环境	风险对策
国别（政治、法律法规）							与客户和供应商建立伙伴关系，签订合同/协议等
市场（销售量、价格）							进行市场竞争战略计划，建立相应的伙伴关系，签订多种合作合同/协议/议定书等形式，完成法律保障
技术（专利、技术发明）							通过全过程信息集成管理及专家评估，购买保险等
资金（汇率、利率、来源）							通过项目融资，建立伙伴关系，现金流量分析等
设计（参数错误、忽略、人员）							通过招标，购买专业责任保险，设计监理等
采购（货源、运输、信用）							通过招标，购买保险，监理等
施工（信用、现场、设备）							通过招标，购买保险，担保，监理等全过程
试运行（开车、能力不足）							购买保险，担保等
运营（成本、产品）							全寿命集成信息管理和组织，适时进行评估等必要性工作
自然力（水文、地质、气象）							购买保险，风险预防措施
项目组织（体系、规范）							项目联营体协议，建立统一目标下的组织保障体系
项目集成							建立工程项目集成信息系统及其沟通、操作平台
……							……

16.3.2 工程成功—失败原因核查表（示例）

工程成功—失败原因核查见表 16-2 所列。

工程成功—失败原因核查表　　　　　　　　　　表 16-2

核查项	成功的原因	失败的原因
项目管理	项目目标定义明确，风险措施得力； 项目各方责任和承担的风险分配明确； ……	项目决策未进行可研和论证； 项目程序紊乱、雇主缺乏动力； ……
项目融资	项目融资只与贷款风险有关，与资本金无关； 可行性研究切实可行，财务数据偏差较小； ……	工期延误、利息增加、收益推迟； 成本费用超支； ……

续表

核查项	成功的原因	失败的原因
项目招标	资格条件适中、投标者水平相当； 合同公平、具有吸引力； ……	组织不力、资格条件设置有误； 招标文件有漏洞、程序不严谨； ……
项目投标	科学合理地应对招标文件； ……	应对招标文件与投标报价不到位； ……

项目管理成功原因：
(1) 项目目标清楚，对风险采取了现实可行的措施；
(2) 从项目一开始就让参与项目以后各阶段的有关方面参与决策；
(3) 项目各有关方的责任和应当承担的风险划分明确；
(4) 在项目设备订货和施工之前，对所有可能的设计方案都进行了细致的分析和比较；
(5) 在项目规划阶段，组织和签约中可能出现的问题都事先预计到了；
(6) 项目经理有献身精神，拥有所有应有的权限；
(7) 项目班子全体成员工作勤奋，对可能遇到的大风险都事先集体讨论过；
(8) 对外部环境的变化都采取了及时的应对行动；
(9) 进行了班子建设，表彰、奖励及时、有度；
(10) 对项目班子成员进行了培训。

项目管理失败原因：
(1) 项目雇主不积极，缺少推动力；
(2) 沟通不够，决策者远离项目现场，项目各有关方责任不明确，合同上未写明；
(3) 规划工作做得不细，或缺少灵活性；
(4) 把工作交给了能力不行的人，又缺少检查、指导；
(5) 仓促进行各种变更，更换负责人，改变责任、项目范围或项目计划；
(6) 决策时未征求各方意见；
(7) 未能对经验教训进行分析；
(8) 承包方面的原因；
(9) 监理方面原因；
(10) 其他错误。

16.3.3 风险因素—检查内容核查表（示例）

风险因素—检查内容核查见表16-3所列。

工程风险因素检查内容表 表16-3

风险因素	检查内容
设计风险	(1) 设计内容是否齐全？有无缺陷、遗漏、错误。 (2) 是否符合规范要求？ (3) 是否考虑施工可能性？ (4) 其他有关方面
施工风险	(1) 施工工艺是否落后？ (2) 施工技术方案是否合理？ (3) 采用的新方法、新技术是否成熟？ (4) 施工安全措施是否得当？ (5) 是否考虑了现场条件？ (6) HSE的实施计划的可行性？ (7) 其他

续表

风险因素	检查内容
自然与环境风险	(1) 是否有洪水、地震、台风、滑坡、泥石流、沙尘暴等不可抗拒的自然力发生？ (2) 对工程地质与水文气象条件是否清楚？ (3) 工程施工期内，对周围环境有何干扰及影响？ (4) 其他
人员风险	(1) 所需人员是否完全到位？ (2) 对项目目标及分工是否清晰明确？ (3) 关键成员是否有变动或离开？ (4) 岗位责任制是否健全？ (5) 外籍人员情况如何？
资金风险	(1) 资金是否到位？万一资金不到位有何措施？ (2) 有无费用控制措施？
管理分析	(1) 项目是否获得明确的授权？ (2) 能否与项目利益有关方保持良好的沟通？ (3) 是否具备有效的激励与约束机制？
合同风险	(1) 合同类型的选择是否得当？ (2) 合同条款是否遗漏？ (3) 项目成员在合同中的责任、义务是否清楚？ (4) 索赔管理是否有利？ (5) 风险管理是否到位？
物资采购供应风险	(1) 项目所需物资能否按时供应？ (2) 出现规格、数量、质量问题时如何解决？ (3) 采购合同是否无误？
组织协调风险	项目所在国及上级部门、雇主、设计、施工、监理等各方如何保持良好的协调？
整体管理	规划不全面，走过场；资源分配不当；管理水平低；不能及时对项目的进展进行评价
范围管理	范围规划和定义不恰当，工作分解结构有严重缺陷；质量要求不明确；范围变更未控制好；缺乏变更程序和流程
时间管理	活动持续时间估算错误；可利用资源不落实；时差估算错误，未利用好；被竞争对手抢了先
费用管理	活动费用估算错误；项目班子工作效率不高；变更频繁；不可预见费准备不足；材料、设备的采购维护问题严重
质量管理	组织质量意识差；设计、材料、加工工艺不合格；未有效地开展质量保证
人力资源	组织规划质量低，角色设置不当；职责不清；缺乏有效领导；经常发生冲突，一旦发生，不能很好解决
沟通管理	项目计划编制质量差；缺乏及时的沟通；遇到问题要同重要的利害关系者沟通和协商；能否进行工程项目相关者的全方位协调
风险管理	风险意识差，态度不端正；未合理地分配风险；风险责任人不落实、不称职，缺乏风险管理能力
采购管理	合同订立和管理不当；合同当事人之间关系对立

16.3.4 流程图示例

将工程项目的经营活动按步骤或阶段顺序以若干个模块形式绘制一个流程图，每个模块中都标出各种潜在的风险或利弊因素（图 16-3）。

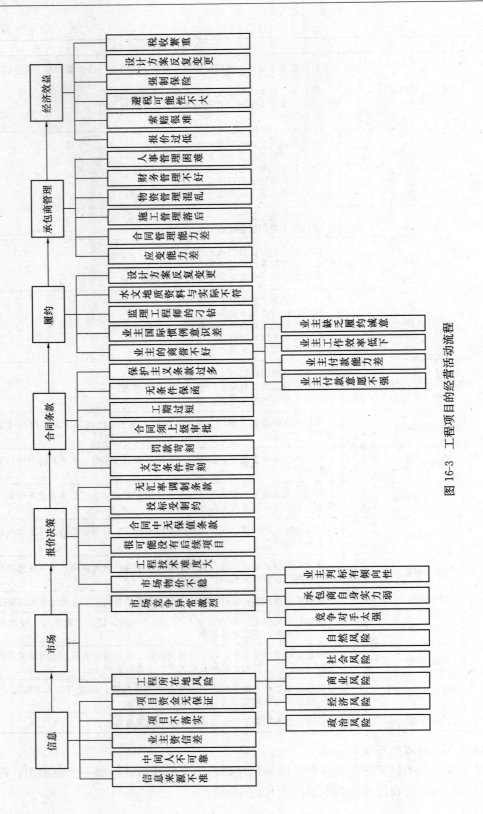

图 16-3 工程项目的经营活动流程

16.3.5 工作分解结构示例

示例1：工程总费用（工期）风险分解结构见表16-4所列。

工程总费用（工期）风险分解结构　　　　　表16-4

项目风险分解	风险因素	风险因素出现的可能性				风险因素出现后对项目投资（工期）的影响程度			
		极小	较小	较大	极大	极小	较小	较大	极大
项目名称	项目总风险								
子项目1	自然风险								
	设计风险								
	环境风险								
	施工技术								
	……								
子项目2	设计风险								
	环境风险								
	施工技术								
	……								
子项目n	环境风险								
	施工技术								
	……								

示例2：某工程组织分解如图16-4所示。

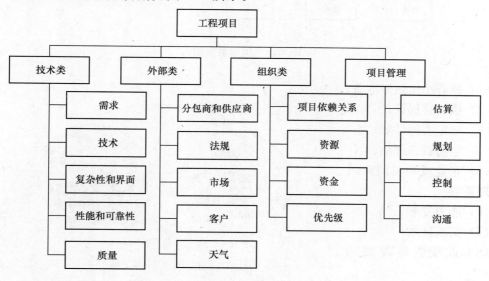

图16-4　某工程组织分解

16.3.6 专家调查法

专家调查法如图16-5所示。

16.3.7 因果分析图

因果分析如图16-6所示。

16.3.8 工程风险五维分解法

那些成功地完成企业或工程项目风险管理实施的管理层所采用的常见的、应用广泛的步骤大致是：

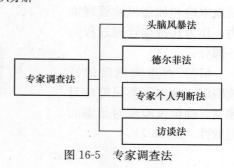

图16-5　专家调查法

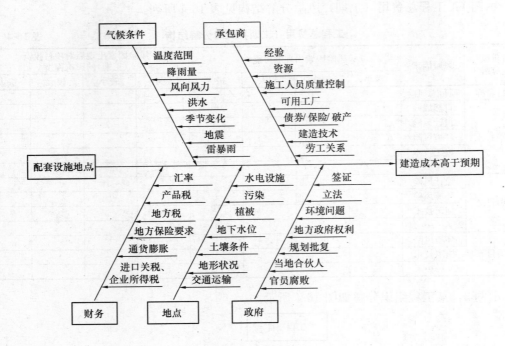

图 16-6 因果分析图

(1) 核心小组做好准备；
(2) 执行官倡议；
(3) 制定实施计划；
(4) 当前状态评估；
(5) 企业或项目团队风险管理愿景；
(6) 能力发展；
(7) 实施计划；
(8) 改变管理发展和配置；
(9) 监控——管理当局不断地审检和加强风险管理能力，作为其持续管理过程的一部分；
(10) 对重大风险的持续跟踪，动态调整风险应对预案，确保风险应对预案的有效性（图 16-7）。

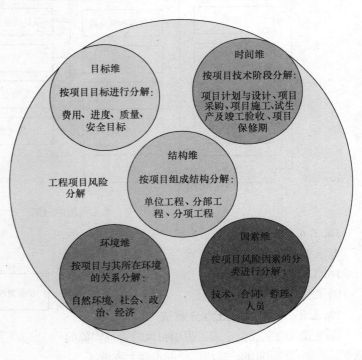

图 16-7 工程项目风险五维度分解图

16.4 风险识别的展开

16.4.1 风险识别步骤

风险识别步骤如图 16-8 所示。

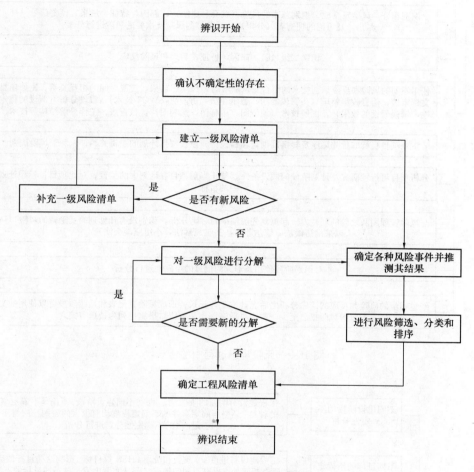

图 16-8 风险识别步骤

16.4.2 风险识别活动

风险辨识过程中的活动如图 16-9 所示。

16.4.3 不确定性分析

不确定性分析如图 16-10 所示。

不确定性表明了一种风险状态,即一个特定风险事件或活动的实际结果很可能与估计或预测的结果不同。风险是可测量的,不确定性则不可以测量。对于同一事件而言,不确定性比可以量化的风险具有更多的未知性。

无论是风险"实体"学派理论或风险"建构"学派理论,在风险定义中,对风险的不确定性特征比较公认。

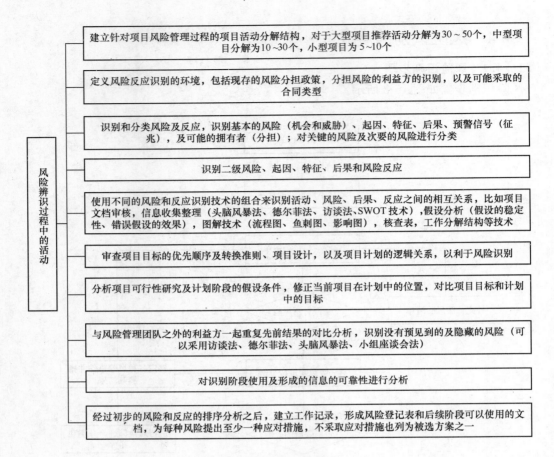

图 16-9 风险辨识过程中的活动

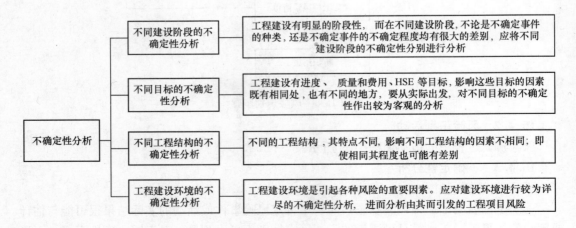

图 16-10 不确定性分析

16.4.4 建立风险清单

(1) 按风险来源建立风险清单见表 16-5 所列。

按风险来源建立风险清单　　　　　　　　　　　　　　　表 16-5

风险分类		风险因素
外部风险	自然风险	洪水等不可抗力，不明的水文气象条件，复杂的工程地质条件，恶劣的气候，环境对施工的影响，瘟疫等
	社会风险	宗教信仰，社会治安混乱，社会风气败坏，文化素质低下等
	市场风险	原材料等的价格上涨，设备等租赁费用增加，职工工资和福利的提高，施工管理费用的增加，政策性企业自行消化费用增加等
	经济风险	通货膨胀，汇率的浮动，换汇控制，市场的动荡，雇主审批拖延，税收政策不熟悉，金融危机等
	政治风险	法律及规章的变化，经济制裁和禁运，地区和国别限制或歧视政策，边境冲突，政变或兵变，内外战争或暴乱，国有化或没收外资，拒付债务，工程所在国与我国关系，政策的开放性，权力机构腐败，对当地法律不清楚，工潮等
	环境保护风险	生态破坏，污染处理的影响（费用、罚款及延误），废物处理的影响（费用、罚款及延误），公众咨询的影响（夜间施工、噪声）
	信息风险	信息来源不准确，中间人不可靠，代理人不可靠
内部风险	合同风险	支付条件苛刻，罚款苛刻，合同需上级审批，工期过短，无条件保函，保护主义条款过多
	设计及监理风险	设计资料的有效性和合法性，新结构的设计问题，设计方案反复变更，设计单位级别的影响，工程师刁钻
	雇主风险	雇主付款意愿不强，雇主付款能力差，雇主工作效率低下，雇主缺乏履约诚意，雇主国际惯例意识差
	施工风险	施工工艺落后，不合理的技术和方案，施工安全措施不当，应用新技术方案失败，未考虑现场情况，对工程所在国施工规范不熟悉
	管理风险	承包商应变能力差，合同管理能力差，施工管理落后，物资管理混乱，财务管理不好，人事管理困难

工程承包商内部风险分解框图如图 16-11 所示。
工程承包商外部风险分解框图如图 16-12 所示。
（2）按工程采购方式建立风险清单见表 16-6 所列。

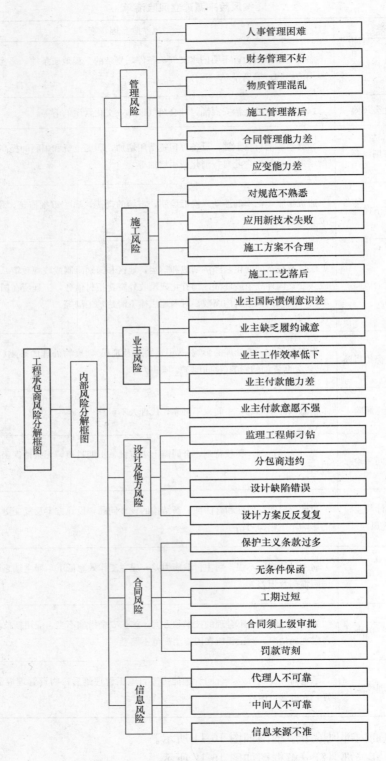

图 16-11　工程承包商内部风险分解框图

第 16 章 风险识别

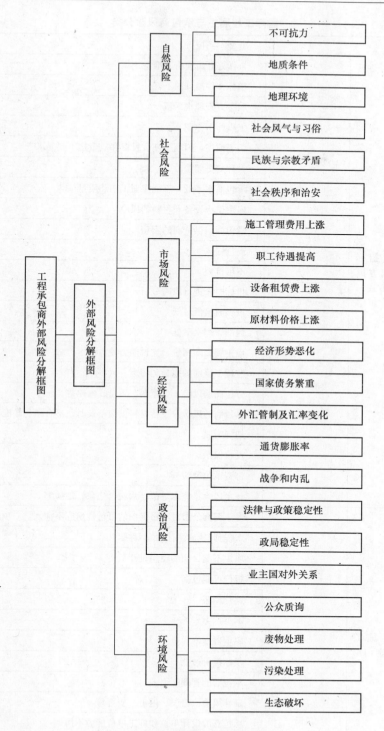

图 16-12　工程承包商外部风险分解框图

国际工程雇主与承包商风险分类 表 16-6

国际工程雇主与承包商风险分类	设计—招标—施工双方风险(DBB方式)	雇主风险	资金不到位
			未做好开工前有关准备工作
			招标文件拟订的不好
			雇主方管理水平低
			工程师不称职
			由于前述，因而工期、投资和质量达不到要求
			设计变更频繁
			承包商水平低，不能保证工期和质量
			雇主供应设备和材料的风险
			承包商、供货商的索赔
			通货膨胀
			不可抗力
		承包商风险	投标时未进行风险分析
			投保时报价过低
			内部管理水平低
			雇主资金未到位，支付能力差
			监理工程师的拖延和刁难
			分包商的风险：如拖期、质量、索赔等
			供货商的风险：设备材料供应不及时、不合格、缺配件等
			通货膨胀
			没收保函
			带资承包风险
			技术风险：技术规范、水文、气象、地质等
	设计—施工双方风险（DB方式）	雇主风险	专业咨询公司对项目前期的可行性研究不深入，立项不正确
			工程师（或雇主代表）不称职
			雇主不能自如的控制设计
			报价可能过高
			通货膨胀
			不可抗力
		承包商风险	雇主资金不到位
			投标报价过低
			承包商的管理能力差
			设计风险：错误、返工、变更等
			承包商的设计单位和施工单位能力不协调
			工程师（或雇主代表）的拖延或刁难
			供应商的风险：不及时、不合格、索赔等
			施工中的技术风险

续表

国际工程雇主与承包商风险分类	设计管理方式下双方风险（DM方式）	雇主风险	设计—管理公司选择不当
			雇主一般不与施工承包商直接接触，对项目的直接控制力较差
			设计及施工工作可能不完全符合雇主要求，因此雇主方还需要加强宏观监管
		承包商风险	实际操作中可能面临来自雇主和设计—管理公司的双重甚至矛盾的指令
			雇主资金不到位
			由分包商、供货商导致的工程拖期和工程质量问题
			分包商、供应商的费用索赔
			来自设计—管理公司的不符合施工技术条件的设计方案和要求
	管理承包双方风险（PMC方式）	雇主风险	管理承包商水平不高或责任心不强
			承诺的贷款和资金不到位
			咨询公司可行性研究不深入，立项不正确
			对设计要求的控制能力较差
			承包商水平不高，无法保证质量和工期
			雇主方提供设备不及时或质量不合格
			通货膨胀或立法变更
			不可抗力
		承包商风险	投标时报价过低
			雇主资金不到位，支付能力差
			承包商管理水平低，导致分包商、供货商的索赔
			分包商、供货商的质量不合格和工期拖延
	施工管理双方风险（CM方式）	代理型CM方式下雇主风险（Agency-CM）	项目前期策划失误
			CM经理选择失误
			设计风险
			项目进度控制风险（如某一子项目拖期）
			造价风险（含索赔）
		承包商风险	与传统方式下承包商风险基本一致
		风险型CM方式下雇主风险（At-Risk CM）	项目前期策划失误
			能承担风险的高水平CM公司不易选择
			设计风险
			项目进度控制风险（如某一子项目拖期）
			保证最大工程费用（GMP）过高
		承包商风险	与传统方式下承包商风险基本一致

注：1. BOT方式的各方风险详见图16-13。
2. 联营体承包方式的各方风险详见图16-14。
3. EPC合同风险详见图16-15。

BOT 方式承包风险框图示例如图 16-13 所示。

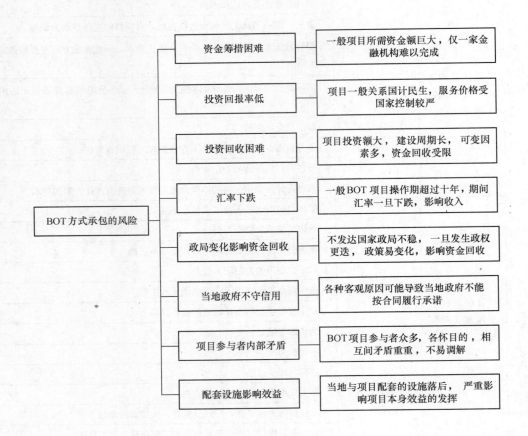

图 16-13 BOT 方式承包的风险

注：
BOT 是英文 Build—Operate—Transfer 的缩写，通常直译为"建设－经营－转让"。这种译法直截了当，但不能反映 BOT 的实质。BOT 实质上是基础设施投资、建设和经营的一种方式，以政府和私人机构之间达成协议为前提，由政府向私人机构颁布特许，允许其在一定时期内筹集资金建设某一基础设施并管理和经营该设施及其相应的产品与服务。政府对该机构提供的公共产品或服务的数量和价格可以有所限制，但保证私人资本具有获取利润的机会。整个过程中的风险由政府和私人机构分担。当特许期限结束时，私人机构按约定将该设施移交给政府部门，转由政府指定部门经营和管理。所以，将 BOT 一词译为"基础设施特许权"更为合适。

以上所述是狭义的 BOT 概念。BOT 经历了数百年的发展变革，为了适应不同的工程承包条件，衍生出多元化变种，例如，BOOT（Build—Own—Operate—Transfer），BOO（Build—Own—Operate），BLT（Build—Lease—Operate）和 TOT（Transfer—Operate—Transfer）等。广义的 BOT 概念包括这些衍生品种在内。人们通常所说的 BOT 应该是广义的 BOT 概念。"建设－经营－转让"一词不能概括 BOT 模式的发展。

工程承包联营体风险框图如图 16-14 所示。
EPC 合同风险框图如图 16-15 所示。

第 16 章 风险识别

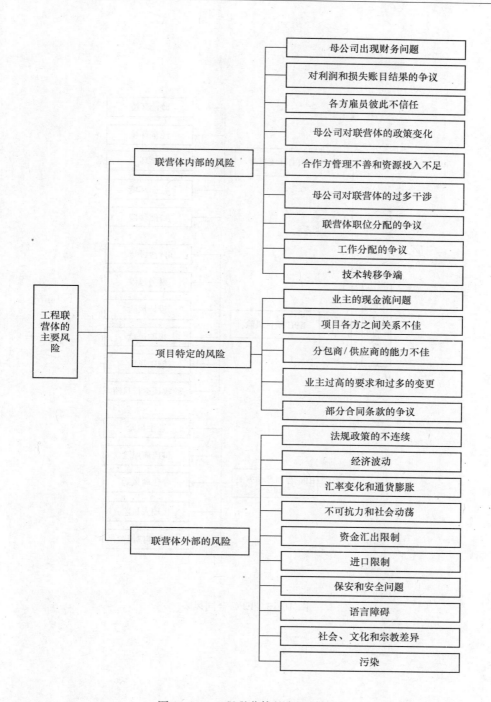

图 16-14 工程联营体的主要风险

EPC 环境风险分解框图如图 16-16 所示。
EPC 合同参与各方关系风险的主要因素如图 16-17 所示。
(3) 按风险源建立风险清单见表 16-7 所列。

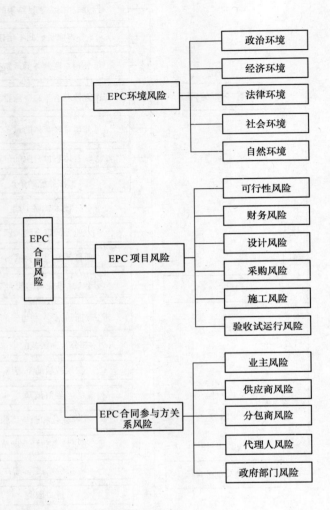

图 16-15　EPC 合同风险

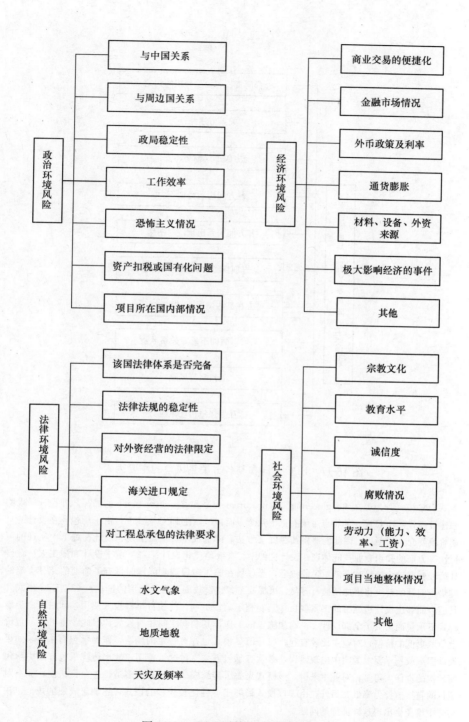

图 16-16　EPC 环境风险分解框图

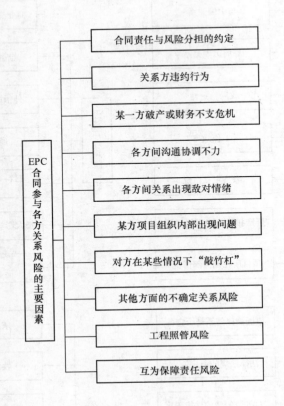

图 16-17　EPC 合同参与各方关系风险的主要因素

注：

EPC 模式，为英文 "engineering"、"procurement" 和 "construction" 的缩写，即设计—采购—建设模式。EPC 模式的特点主要有以下几个方面：（1）在 EPC 模式下，由于承包商在设计的早期阶段就介入了项目，因此能够将其在施工方法、降低成本、缩短工期、设计在施工中实现的可行性等方面的知识专业技能体现在设计文件中，有效地优化设计；（2）由于设计和施工人员在设计阶段就有较多接触和交流意见的机会，当项目在施工阶段遇到问题时，有了前期的充分交流的铺垫，问题的解决将更加便捷、容易，可提高工程建设效率，避免无谓的扯皮；（3）EPC 模式尤其适合能够边设计边施工的工程项目，其有利于缩短工期，使项目早日投入使用。同时，由于该模式下承包商负责了全部设计、采购和施工的工作，其利润空间相对较大，因此业主可在承包价上争取更低的价格，对业主比较有利；（4）EPC 模式也存有一定的风险，作为承包商来讲，如果设计图纸或技术要求说明中出现错误，必须有承包方来支付这笔费用，故比传统承包方式中承包商承担的责任大得多；对业主来讲，该模式失去了传统模式中原有的多道检查监督机制，业主对项目的直接监控力降低。另外，由于该模式尚属于一种比较新颖的模式，还缺乏成熟的规范，在实施中难免会出现这样那样的问题。

按风险源建立风险清单 表16-7

分类依据	风险种类	内容
工程项目风险源	自然风险	(1) 自然力的不确定性变化给施工项目带来的风险，如地震、洪水、沙尘暴等； (2) 施工项目中未预测到的复杂的水文地质条件、不利的现场条件、恶劣的地理环境等，使交通运输受阻，施工无法正常进行，造成人财损失等风险
	社会风险	社会治安状况、宗教信仰的影响、风俗习惯、人际关系及劳动者素质等形成的障碍或不利条件给项目施工带来的风险
	政治风险	国家政治方面各种事件和原因给项目施工带来意外干扰的风险。如战争、政变、动乱、恐怖袭击、国际关系变化、政策多变、权力部门专制和腐败
	法律风险	(1) 法律不健全，有法不依、执法不严，有关法律内容变化给项目带来的风险； (2) 未正确全面理解有关法规，施工中发生触犯法律行为被起诉和处罚的风险
	经济风险	项目所在国或地区的经济领域出现或潜在的各种因素变化，如经济政策变化、产业结构的调整、市场供求变化带来的风险。如汇率风险、金融风险
	管理风险	经营者不能适应客观形势的变化，或因主观判断失误，或因对已发生事件处理不当而带来的风险。包括财务风险、市场风险、投资风险、生产风险等
	技术风险	(1) 由于科技进步、技术结构及有关因素的变动给施工项目技术管理带来风险； (2) 由于项目所处施工条件或项目复杂程度带来的风险； (3) 施工中采用新技术、新工艺、新材料、新设备带来的风险

(4) 按行为主体建立风险清单见表16-8所列。

按行为主体建立风险清单 表16-8

分类依据	风险种类	内容
风险行为的主体	承包商	企业经济实力差，财务状况恶化，处于破产境地，无力采购和支付工资： (1)对项目环境调查、预测不正确，错误理解雇主意图和招标文件，报价失误； (2)项目合同条款遗漏、表达不清，合同索赔管理不力； (3)施工技术、方案不合理，施工工艺落后，施工安全措施不当； (4)工程价款估算错误、结算错误； (5)无合适的项目经理和技术专家，技术、管理能力不足造成失误，工程中断； (6)项目经理部无认真履行合同和保证进度、质量、安全、成本目标的有效措施； (7)项目经理部初次承担施工技术复杂的项目，缺少经验，控制风险能力差； (8)项目组织结构不合理、不健全，人员素质差、纪律涣散、责任心差； (9)项目经理缺乏权威，指挥不力； (10)未选择好合作伙伴(分包商、供应商)，责任不明，产生合同纠纷和索赔
	雇主	经济能力不强，抵御施工项目风险能力差： (1)经营状况恶化，支付能力差或撤走资金，改变投资方向或项目目标； (2)缺乏诚信，不能履行合同；不能及时交付场地、供应材料、支付工程款； (3)管理能力差，不能很好的与项目有关单位协调沟通，影响施工顺利进行； (4)雇主违约，苛刻刁难，发出错误指令，干扰正常施工活动
	工程师	起草错误的招标文件、合同条件： (1)管理组织能力低，不能正确执行合同，下达错误指令，要求条件苛刻； (2)缺乏职业道德和公正性，不能按照 FIDIC 对工程师的职业道德标准来要求自己
	其他方面	设计内容不全，有错误、遗漏，不能及时交付图纸，造成返工或延误工期： (1)分包商、供应商违约，影响工程项目进度、工程项目质量和工程项目成本； (2)中介人的资信、可靠性差，水平低难以胜任其职，或为获私利不择手段； (3)权力部门(主管部门、城市公共部门：水、电)的不合理干预和个人需求； (4)施工现场周边居民、当地单位对工程项目实施的干预造成比较严重的影响

(5) 按工程目标建立风险清单见表16-9所列。

按工程目标建立风险清单　　　　　表16-9

风险对目标的影响	工期风险	造成局部或整个工程的工期延长，项目不能及时投产
	费用风险	包括报价风险、财务风险、利润降低、成本超支、投资追加、收入减少等
	质量风险	包括工艺、工程不能通过验收，试生产不合格，工程质量评价为不合格
	信誉风险	造成对企业形象和信誉的损害
	安全风险	造成人身伤亡，工程或设备的损坏

16.4.5　风险筛选、排序和分类

风险筛选、排序和分类见表16-10所列。

风险筛选、排序和分类　　　　　表16-10

序号	分类特性	类别	典型风险因素
1	风险来源	外部风险	外界环境
		内部风险	工程管理
2	项目目标	工期风险	材料供应拖延
		成本风险	报价过低
		质量风险	质量达不到要求
		安全风险	包括传统风险和非传统风险两个方面，造成经济损失和人员伤亡等
3	影响范围	局部风险	材料缺陷
		总体风险	不可抗力因素
4	发生期间	项目前期风险	投标信息不准确
		投标阶段风险	工程项目报价过低
		履约过程风险	雇主拖付工程款
		完工后风险	自然环境破坏严重
		不可控风险	经济形势恶化
5	产生根源	自然风险	恶劣气候
		社会风险	宗教矛盾
		市场风险	大宗材料价格上涨
		政治风险	政局不稳
		经济风险	通胀率居高不下
		环境风险	公众咨询
		信息风险	信息来源不准
		合同风险	支付条件苛刻
		设计及监理风险	设计变更比较频繁
		管理风险	施工管理滞后
		施工风险	工期延误
		雇主风险	雇主付款能力差或资金短缺

16.4.6 某工程项目合同风险及其防范提纲

工程项目合同风险特点是它的不确定性,称之为可能发生或不可能发生,一旦发生,承包商所承担的代价和经济损失将不可估量。承包商在签订合同前应对合同风险作全面的分析和预测,这是非常必要的,如图 16-18 所示。

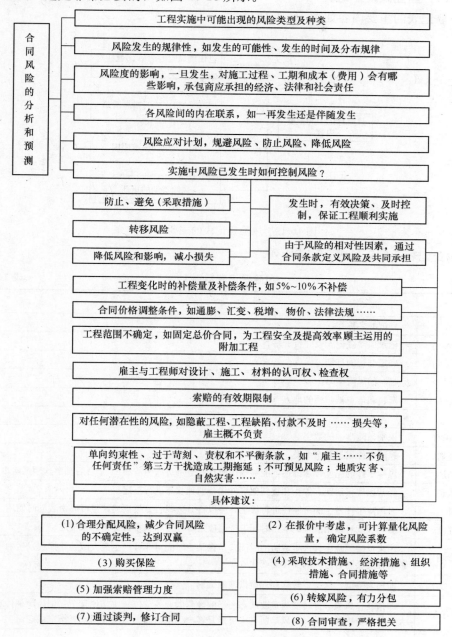

图 16-18 合同风险的分析和预测

16.5 风险识别成果

16.5.1 建立风险登记表

风险登记表的主要内容如图 16-19 所示。

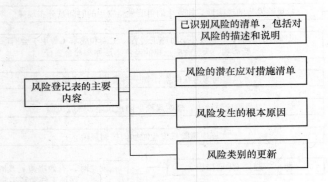

图 16-19 风险登记表的主要内容

风险登记表示例 1 见表 16-11 所列。

风险登记表示例 1　　　　　　　　　　　　　　　表 16-11

文　件　控　制	
名　称	登记的名称
登记人	记录风险登记人，并负责解答疑问
登记日期	确定登记的日期
风险编号	唯一的风险编号
参考文件	资料和信息被归档的地方
登　记　内　容	
风险标识符	识别风险唯一的数字
风险类别	风险事件属于哪个大类
风险描述	风险事件的完整详尽描述，能够确保所有业务负责人当前和 12 个月后理解这项风险事件
风险状态	经常以现行活跃、静止和被其他事件代替三种状态进行描述
发生概率	对风险事件发生的可能性进行评估，可以百分数或者分类描述，也可以两者同时使用
影响程度	影响程度可以用成本、维持时间、产品质量等业务和项目目标指标来描述
时间影响	用来反映风险事件产生威胁的时间。是在某个时间对业务产生最大威胁，抑或发生的可能性和影响程度会随着时间的变化而变化
风险对应类别	即用来降低、保持、转移和规避措施的类别
风险所有人	即指一旦风险事件转变为重要状态而影响经营的业务单位。比如说某个登记风险事件和新办公大楼的投资决策有关，则风险所有人可能是客户、承包商、保险公司或者指定供应商
经理	指定负责审批和监督风险应对措施执行的人员
执行人	负责执行风险应对措施的人员
风险应对措施	用来降低、保持、转移和规避风险的具体措施
预期的价值	用发生概率和平均影响度相乘所得的结果

风险登记表示例 2 见表 16-12 所列。

风险登记表示例 2　　　　　　　表 16-12

风险编号	风险描述	发生概率	风险减轻前的影响			风险减轻措施	负责人	最新更新	删除点	执行日期
			成本影响	时间影响	功能影响					
1										
1.1										
1.2										
1.3										
2										
2.1										
2.2										
2.3										
3										
3.1										
3.2										
3.3										
……										

某工程项目风险登记表见表 16-13 所列。

某工程项目风险登记表　　　　　　　表 16-13

风险项目	已识别风险	风险根本原因	可能后果	风险征兆
进度风险	范围变更风险	取消或调整工程合同范围内的部分工作	增加单位成本，减少收益，甚至造成亏损或严重亏损	连续拖延支付，可能资金流出现比较大的问题
	勘测、设计延误	地质条件复杂，各专业设计相互依赖性强	工期延误，成本加大	咨询单位或设计师能力低下，工作效率低，沟通不畅
	技术资料审批延误	雇主、工程师和承包商的角度不同，法律、标准、规范不一致，语言障碍等	工期延误，成本增加	工程师水平低，办事效率低，承包商不能正确理解工程师的意图
	设备、材料供应延误	采购计划不周到，供应商违约，运输及清关程序延误	工期延误，成本增加	制造商、供应商任务繁重，运输条件差，清关手续复杂，工作效率低
	施工组织不合理	施工计划、工序安排不合理，施工设备和人员配置不合理	工期延误，成本增加	施工组织混乱，员工抱怨、积极性不高、劳动效率低、活动延误
	劳动技能低	当地劳工劳动技能低	工期延误，成本增加	工作效率低
	气候恶劣	一年中雨季多个月	工期延误，成本增加	中期和短期天气预报
	当局审批慢	办事效率低下、腐败	工期延误，成本增加	办事程序复杂，效率低下，腐败
	工程量增加	设计方案保守，水文地质条件变化	工期延误，成本增加	工程师要求高，水文地质条件复杂

续表

风险项目	已识别风险	风险根本原因	可能后果	风险征兆
费用风险	物价上涨	设备材料来源国通货膨胀	成本增加	经济形势恶化，通货膨胀
	报价失误	招标文件分析、理解偏差	成本增加，亏损可能性增大	编标时间紧，工程师经验不足，技术素质一般化，投标团队组织有问题
	设计错误、缺陷	涉及专业多，各专业设计相互依赖性强	返工，工期延误，成本增加	没有严格的审查、把关，审批制度不健全，设计管理不到位，没有明确的责、权、利
质量风险	设备及材料不合格	生产设备、材料种类繁多，来自不同的生产厂家，而且各种设备和材料需要相匹配	退货或返工，工期延误，成本增加	没有严格的设备物资验收制度，没有明确责任人
	施工和安装不合格	工艺复杂，当地劳工技能低下	返工，工期延误，成本增加	没有严格的工序验收制度，没有明确责任人
技术风险	产品成熟度	无类似项目的成功经验	工期延误，成本增加，甚至完全失败	技术难度大，以往无成功先例
	产品复杂度	涉及多个专业领域	工期延误，成本大幅度增加甚至影响到合同价格	专业技术种类多，相互影响
	产品并行度	不同任务间的相互依赖性	工期延误，成本增加	各项工程承包任务相互影响比较大
组织风险	管理能力和经验不足	国际项目管理人才短缺	工期延误，成本增加	缺乏国际项目管理和合同管理培训
	劳务组织风险	各工种之间的配合程度差，工作和生活条件艰苦，团队建设不足	工期延误，成本增加	出现窝工，工人相互不满意，工作情绪低落
	团队不稳定		工期延误，成本增加	成员工作情绪低落
	干系人管理风险	各干系人对项目有不同甚至相互冲突的要求和期望	范围变化，工期延误，成本增加	没有全面识别干系人，没有建立有效沟通机制，没有充分注意负面干系人，干系人之间缺乏沟通
财务风险	流动资金不足	预付款不足，支付不及时，合同现金流计划不合理	成本增加	雇主不能按期支付，拖欠工程款
	汇率风险	人民币升值、美元贬值	减少收益，甚至亏损	国际经济形势变化，项目所在国经济变化
	税利率风险	增值税和出口税变化	减少收益，甚至亏损	所在国经济形势变化

续表

风险项目	已识别风险	风险根本原因	可能后果	风险征兆
健康安全风险	安全风险	多种不安全的因素行为和主客观风险环境及条件；无设置安全风险的组织、经济保障程序、流程；安全风险责任不到位	人员伤亡，工期延误，成本增加	安全意识薄弱，安全的人财物投入严重不足，安全管理制度不健全，过度加班，抢进度，违章作业等，总之是安全管理控制监督检查机制不到位所致
	健康风险	环保设施缺乏，苍蝇蚊子肆虐	人员生病甚至死亡，工期延误，成本增加	气候炎热，空气潮湿、多雨，苍蝇、蚊子肆虐等传染病；恐怖组织造成的人员伤亡；工程事故隐患产生的重大经济和人员损失

风险登记手册示意见表 16-14 所列。

风险登记手册示意   表 16-14

风险大类：国家风险
风险分类：社会政治方面
　　　　　　政府法律法规/干涉/资产征用/区域内政府有限控制力
风险描述：

风险原因	降低风险策略
(1) 无法影响政府的政策； (2) 政府不愿意将本国资源转让给其他国家； (3) 政府因为担心资源的用尽而主动占有资源； (4) 探明资源/储量不充足； (5) 政府对邻国/进口国不信任； (6) 时间上的问题； (7) 需要多久才能开始对邻国和全球其他国家出口？	找寻其他的增值产品，如电力、热力等，在当地市场大量销售天然气和能源，并影响主要的决策制定者。在满足当地市场需求的同时，建立足够的储备量。控制并最小化各个资源开发阶段的投资支出（这项策略适用于大多数的风险原因）。 在计划阶段就以出口联盟协定的方式进行。 支持并赞助要解决将来危机/灾难的调研，让政府部门相信政府在能源基础建设方面的投资支出将从出口中获得完全的回报。收集世界银行和其他多边能源替代品上的投资和任何在国家的宏观经济层面更有效利用的资源。 集团公司正在和亚洲发展银行、世界银行共同进行一项石油出口计划。出口石油的国家将能从这些银行获得低息贷款和救助。其中，世界银行对这些国家的决策将产生重大的影响
风险应对措施和风险责任人	

管理该项风险/改善当前状况可采取的具体措施：
(1) 增加和多边机构的合作，减少独自与某国政府机构谈判磋商；
(2) 增加与非政府机构的合作，在多边非政府组织中尽量推动和建立睦邻友好关系；
(3) 充分利用当前已有的权利，降低与土地所有者的冲突
(4) 尽量建立当地研究资源使用的氛围；
(5) 通过多边机构和当地政府协调。
风险责任人：××国家义务部经理和油气出口部经理

风险事项指示器

(1) 在××××年公司的储备量没能够增长；
(2) ××××年的储备量增长，但是政府并没有就支持出口采取任何行动；
(3) 没能获得政治上的支持；
(4) 政治党派的变化，反对派更具有国家主义倾向；
(5) 其他出口商加大了油气市场的占有率；
(6) 当地开始进口油气，经常性项目收支缩减；
(7) 邻国的制裁
1) 工程项目资金短缺或不到位
2) 考虑工程合同的签署问题严重性

风险登记表实例——某 BOT 项目风险分担与管理见表 16-15 所列。

风险登记表实例——某 BOT 项目风险分担与管理　　　　　　表 16-15

阶段	风险	风险承担者	风险管理措施
概念	项目资金	项目公司	(1) 当地政府公司参与； (2) 与当地政府保持良好关系
	土地征用	当地政府	(1) 列入当地重点项目； (2) 当地政府帮助征用土地
建造	成本超支	承包商/项目公司	(1) 公开竞争投标选承包商； (2) 交钥匙工程合同＋违约罚金
	工期延误	承包商/项目公司	(1) 交钥匙工程合同：固定工期＋延误罚金； (2) 有经验的经当地政府批准的承包/分包/供应商； (3) 当地政府有关部门密切合作； (4) 独立的工程监理
	项目质量	承包商/项目公司	(1) 质量必须达到当地政府要求； (2) 独立的工程监理； (3) 有经验经的当地政府批准的承包/分包/供应商； (4) 先进设备/技术/管理经验； (5) 研究与发展
	安全/环境保护	项目公司	(1) 独立的工程监理； (2) 严格执行法规/规范
运营	运营维护	项目公司	(1) 当地交通管理法； (2) 经培训后有竞争力的职员； (3) 当地政府部门监督； (4) 专业化隧道管理
	外商收益	当地政府公司	(1) 当地政府公司担保固定回报率 15%； (2) 以贷款和利息作为补偿； (3) 授权运营第一条隧道
	运营成本超支	当地政府/项目公司	(1) 当地政府采取必要措施； (2) 减免税优惠（5 年免税、5 年减半税）； (3) 根据通胀率调价； (4) 节能措施/先进管理和设备； (5) 其他项目机会
	外汇兑换	外商/项目公司	投资全部为人民币，收益继续投资于当地项目
	所有权	当地政府	经当地政府批准后，方可办理转让/出租/抵押等手续
移交	项目质量	当地政府/项目公司	协议中明确特许期后无偿完好移交当地政府，双方签署移交文件

某工程项目风险目录摘要见表 16-16 所列。

某工程项目风险目录摘要　　　　　　　　　　表16-16

项目名称		
评述 日期 负责人		
风险事件	风险事件摘要	风险条件变量

16.5.2 建立风险影响矩阵

国际工程项目的重要风险及层次见表16-17所列。

国际工程项目的重要风险及层次　　　　　　表16-17

代号	风险的定义及其所属层次
	国家层次的风险
A1	批准和许可：政府延迟或拒绝批准项目或颁发有关许可证
A2	法规变化：政府实施不连续性的新法规政策
A3	司法支持：执法不严
A4	政府对争端的影响：政府在法庭处理项目有关争端争议过程中，施加不必要和不公正的影响
A5	腐败：腐败政府官员要求贿金或不正当的报酬
A6	政府征用：迫于政治、社会或经济等压力，政府接管外国公司的资产而不给或未给合理补偿
A7	配额限制：不能从政府获得公平的进出口配额
A8	政治动荡：政府的频繁改变、国家内部不同政党或组织之间的争论而引起的政局动荡
A9	政策歧视：政府对外国公司的特殊政策，如强制组建联营体、强制技术转移、对外国公司的不同税收等
B1	文化差异：外国公司和当地合作伙伴之间在工作文化、教育、价值观、语言、种族等方面的差异或偏见
E1	环境保护：严厉的环保法规对不重视环保问题的公司产生的影响
E2	公众偏见：由于当地生活标准、价值观、文化或社会系统等的不同所造成的公众对外国公司的偏见
G1	不可抗力：外国公司和当地合作伙伴都不能控制的情况，如洪水、火灾、暴风雨、瘟疫、战争、敌意对抗或禁运等
	市场层次的风险
B2	人力资源：外国公司很难招聘或聘用到合适的、能胜任工作的员工
B3	当地合作伙伴信用：当地合作伙伴的账目清晰度、财务状况稳定性、信用证的可靠性、外汇兑换的通畅性、员工的可靠性等信息
B4	公司内欺诈：虚构的营业额增长、财务总监的意外辞职、信用证中"近乎合理完美的数字"（不可靠）、审计、银行或担保人有意或无意的疏忽等
B5	联营体终止：当地合作伙伴在终止联营协议时给外国公司不公平的权益分配，包括资产、股票和其他收益
C1	外汇兑换：外汇兑换率的波动或兑换、汇出的困难（受限制）
C2	通货膨胀：当地不成熟的经济或金融系统等导致的不可预测的通货膨胀或利率变化
H1	市场需求：对市场需求的不准确预测
H2	竞争：来自其他国际投资者、开发商或承包商的竞争
	项目层次的风险
C3	成本超支：现金流不足、工料估算或定价不适当、进度计划不合理、雇主支付延期等
D1	设计不当：过多的设计变更或当地不同设计习惯或惯例导致的设计或图纸中的错误
D2	低生产率：当地合作伙伴落后的技术及做法或当地劳动力技能落后或不适当管理导致的低劳动生产率
D3	现场安全：建设或运营过程中较高的事故率
D4	质量控制不当：当地合作伙伴对缺陷或低质量的容忍
D5	项目管理不当：不合理的项目计划、预算、项目组织结构或水平低的当地项目团队等
F1	知识产权：前当地员工、合作伙伴或第三方窃取公司的知识产权、商业机密或专利

下篇　风险篇

风险影响矩阵——不同层次风险之间影响关系的简要表示见表 16-18 所列。

风险影响矩阵——不同层次风险之间影响关系的简要表示　　　表 16-18

	国家层次的风险	市场层次的风险
市场层次的风险	<	
项目层次的风险	◀	←

注：
　　< 表示国家层次风险对市场层次风险的影响；
　　◀ 表示国家层次风险对项目层次风险的影响；
　　← 表示市场层次风险对项目层次风险的影响。

风险影响矩阵——不同层次风险之间影响关系见表 16-19 所列。

风险影响矩阵——不同层次风险之间影响关系　　　表 16-19

		国家层次的风险											市场层次的风险						
		A1	A2/A3	A4	A5	A6	A7	A8	A9	G1	E1	E2	B1	B2	B3	B4	B5	C1	C2	H1	H2
市场层次的风险	B2		<				<				<	<									
	B3			<		<	<					<									
	B4	<	<	<		<						<									
	B5	<	<	<	<	<	<	<	<			<									
	C1		<			<	<	<	<												
	C2			<		<	<	<	<												
	H1							<													
	H2						<														
项目层次的风险	C3	◀	◀	◀		◀	◀	◀	◀					←	←	←	←	←	←		
	D1		◀										◀	←							
	D2	◀						◀			◀	◀		←						←	←
	D3		◀		◀					◀			◀	←							
	D4		◀		◀					◀			◀	←							
	D5		◀	◀	◀									←							
	F1		◀	◀				◀				◀	◀	←	←	←		←			

注：表中风险的代号及定义见表 16-17 所列；表中仅表示了不同层次风险之间的影响，未表示同层次风险之间的影响：
　　< 表示国家层次风险对市场层次风险的影响；
　　◀ 表示国家层次风险对项目层次风险的影响；
　　← 表示市场层次风险对项目层次风险的影响。

第17章 风险分析

17.1 分析流程

风险分析流程如图 17-1 所列。

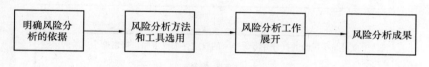

图 17-1 风险分析流程

17.2 分析依据

1. 定性分析依据

定性风险分析的依据如图 17-2 所示。

2. 定量分析依据

定量风险分析的依据如图 17-3 所示。

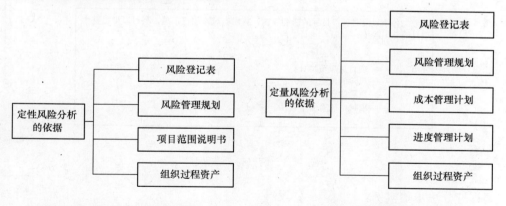

图 17-2 定性风险分析的依据　　　图 17-3 定量风险分析的依据

17.3 风险分析方法

17.3.1 定性分析方法

1. 调查打分法

调查打分法步骤如图 17-4 所示。

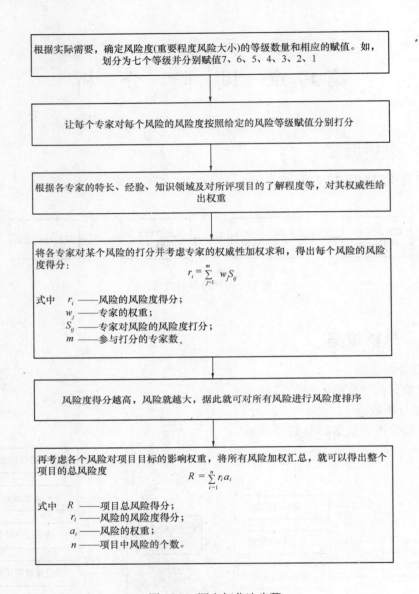

图 17-4 调查打分法步骤

调查打分法步骤实例：
(1) 确定每个风险因素的权重，以表明其对工程风险的影响程度。
(2) 确定每个风险因素发生可能性的等级值。按照大小分为"很大、比较大、中等、不大、较小"5个等级，分别以1.0、0.8、0.6、0.4和0.2表示，表17-1列出了按照风险对工程成本、进度、质量及范围管理目标的定级方法。
(3) 计算各项风险因素的得分，即每个风险因素的权重与其等级之积。
(4) 将各项风险因素的得分相加，得出该工程项目风险因素的总分。
(5) 如表17-2的风险对主要目标影响评价实例所示，总分越高风险越大。

风险对主要目标影响评价实例 表 17-1

项目目标	较小(0.2)	不大(0.4)	中等(0.6)	较大(0.8)	很大(1.0)
成本	不明显的成本增加	成本增加<5%	成本增加介于5%~10%	成本增加介于10%~20%	成本增加>20%
进度	不明显的进度拖延	进度拖延<5%	总体项目拖延5%~10%	总体项目拖延10%~20%	总体项目拖延>20%
范围	范围减少几乎察觉不到	范围的很少部分受到影响	范围的主要部分受到影响	范围的减少不被雇主接受	项目的最终产品实际上没用
质量	几乎察觉不到的质量降低	只有要求很高时应用才受到影响	质量的降低应得到雇主的批准	质量降低到无法被雇主接受	项目的最终产品实际不能使用

某项目风险调查表实例 表 17-2

可能发生的风险因素	权重(W)	风险因素发生的可能性(C)					W×C
		很大(1.0)	较大(0.8)	中等(0.6)	不大(0.4)	较小(0.2)	
政局不稳	0.05			✓			0.03
物价上涨	0.15		✓				0.12
雇主支付能力	0.10					✓	0.06
技术难度	0.20						0.04
工期紧迫	0.15						0.09
材料供应	0.15		✓				0.12
汇率浮动	0.10			✓			0.06
无后续项目	0.10				✓		0.04
汇总	1.00	$\Sigma(W \cdot C)=0.56$					

2. 层次分析法

层次分析法（AHP，Analytic Hierarchy Process）应用于风险管理，关键在于构造项目风险的递阶层次结构（图 17-5）。

图 17-5 表明风险层次结构和相互影响关系，还可以应用 AHP 的分析方法逐层向上，分析各风险的重要性（风险度），越高层的风险越宏观、越不容易直接控制；越低层的则越具体、越易直接控制，最底层则是具体的风险因素，最易分析和直接控制。

3. 主观评分法实例

（1）表 17-3 的横向是某项目识别出来的前 5 个风险，表 17-3 的竖向是项目的 5 个活动。假定项目风险承受力下限为 0.6。

（2）将每个活动的 5 个风险权值从左至右加起来填写在表最右边的一栏。

（3）然后这 5 个数的和再从上到下加起来，全部风险权值之和放在表的最下一行的右端。

（4）计算最大风险权值之和。用行数乘以列数，再乘以表中的最大风险权值，就得到了最大风险权值之和。

（5）全部风险权值之和除以最大风险权值之和就是该项目的整体风险水平。

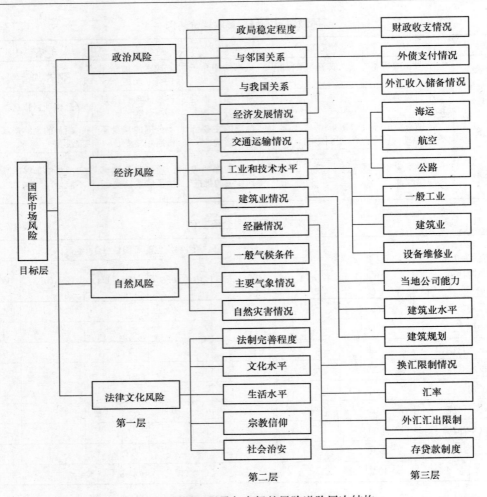

图 17-5 国际工程承包市场的风险递阶层次结构

主观评分法实例　　　　　　　　　　　　　　　　表 17-3

	费用风险	工期风险	质量风险	组织风险	技术风险	各活动风险权值和
可行性研究	5	6	3	8	7	29
工程设计	4	5	7	2	8	26
试验	6	3	2	3	8	22
施工	9	7	5	2	2	25
试运行	2	2	3	1	4	12
小计	26	23	20	16	29	114

（6）接着将项目整体风险水平同项目风险承受力下限比较。各个活动的风险水平或各单位风险水平也可作类似的比较。

（7）表中的最大风险权值是 9，因此最大风险权值之和为 $5\times5\times9=225$。全部风险权值和为 114，该项目整体风险水平为 $114/225\approx0.5067$。将此结果同事先给定的风险承受力下限 0.6 比较后可知，该项目整体风险水平是可以接受的，该项目可以继续进行下去。

4. 风险坐标图（概率影响矩阵）

风险坐标图是把风险发生可能性的高低、风险发生后对目标的影响程度，作为两个维度绘制在同一个平面上（即绘制成直角坐标系）。对风险发生可能性的高低、风险对目标影响程度的评估有定性、定量等方法。定性方法是直接用文字描述风险发生可能性的高低、风险对目标的影响程度，如"极低"、"低"、"中等"、"高"、"极高"等。定量方法是对风险发生可能性的高低、风险对目标影响程度用具有实际意义的数量描述，如对风险发生可能性的高低用概率来表示，对目标影响程度用损失金额来表示。

表17-4列出某公司对风险发生可能性的定性、定量评估标准及其相互对应关系，供实际操作中参考。

某公司对风险发生可能性的定性、定量评估标准及其对应关系　　　表17-4

定量方法一	评分	1	2	3	4	5
定量方法二	一定时期发生的概率	10%以下	10%～30%	30%～70%	70%～90%	90%以上
定性方法	文字描述一	极低	低	中等	高	极高
	文字描述二	一般情况下不会发生	极少情况下才发生	某些情况下发生	较多情况下发生	常常会发生
	文字描述三	今后10年内发生的可能少于1次	今后5～10年内可能发生1次	今后2～5年内可能发生1次	今后1年内可能发生1次	今后1年内至少发生1次

表17-5列出某公司关于风险发生后对目标影响程度的定性、定量评估标准及其相互对应关系，供实际操作中参考。

风险发生后对目标影响程度的定性、定量评估标准及其对应关系　　　表17-5

	定量方法一	评分	1	2	3	4	5
	定量方法二	企业财务损失占税前利润的百分比(%)	1%以下	1%～5%	6%～10%	11%～20%	20%以上
适用于所有行业	定性方法	文字描述一	极轻微的	轻微的	中等的	重大的	灾难性的
		文字描述二	极低	低	中等	高	极高
		文字描述三 企业日常运行	不受影响	轻度影响（造成轻微的人身伤害，情况立刻受到控制）	中度影响（造成一定人身伤害，需要医疗救援，情况需要外部支持才能得到控制）	严重影响（企业失去一些业务能力，造成严重人身伤害，情况失控，但无致命影响）	重大影响（重大业务失误，造成重大人身伤亡，情况失控，给企业造成致命影响）
		财务损失	较低的财务损失	轻微的财务损失	中等的财务损失	重大的财务损失	极大的财务损失
		企业声誉	负面消息在企业内部流传，企业声誉没有受损	负面消息在当地局部流传，对企业声誉造成轻微损害	负面消息在某区域流传，对企业声誉造成中等损害	负面消息在全国各地流传，对企业声誉造成重大损害	负面消息流传世界各地，政府或监管机构进行调查，引起公众关注，对企业声誉造成无法弥补的损害

续表

适用于开采业、制造业	定性与定量结合	安全	短暂影响职工或公民的健康	严重影响一位职工或公民健康	严重影响多位职工或公民健康	导致一位职工或公民死亡	引致多位职工或公民死亡
		营运	(1) 对营运影响微弱；(2) 在时间、人力或成本方面不超出预算1%	(1) 对营运影响轻微；(2) 受到监管者责难；(3) 在时间、人力或成本方面超出预算1%~5%	(1) 减慢营业运作；(2) 受到法规惩罚或被罚款等；(3) 在时间、人力或成本方面超出预算6%~10%	(1) 无法达到部分营运目标或关键业绩指标；(2) 受到监管者的限制；(3) 在时间、人力或成本方面超出预算11%~20%	(1) 无法达到所有的营运目标或关键业绩指标；(2) 违规操作使业务受到中止；(3) 时间、人力或成本方面超出预算20%
		环境	(1) 对环境或社会造成短暂的影响；(2) 可不采取行动	(1) 对环境或社会造成一定的影响；(2) 应通知政府有关部门	(1) 对环境造成中等影响；(2) 需一定时间才能恢复；(3) 出现个别投诉事件；(4) 应执行一定程度的补救措施	(1) 造成主要环境损害；(2) 需要相当长的时间来恢复；(3) 大规模的公众投诉；(4) 应执行重大的补救措施	(1) 无法弥补的灾难性环境损害；(2) 激起公众的愤怒；(3) 潜在的大规模的公众法律投诉

对风险发生可能性的高低和风险对目标影响程度进行定性或定量评估后，依据评估结果绘制风险坐标图。如：某公司对 9 项风险进行了定性评估，风险①发生的可能性为"低"，风险发生后对目标的影响程度为"极低"；……；风险⑨发生的可能性为"极低"，对目标的影响程度为"高"，则绘制风险坐标图如图 17-6 所示。

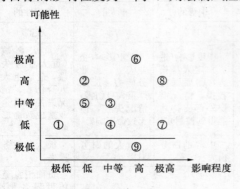

图 17-6 风险影响程度坐标图 (1)

如某公司对 7 项风险进行定量评估，其中：风险①发生的可能性为 83%，发生后对企业造成的损失为 2100 万元；风险②发生的可能性为 40%，发生后对企业造成的损失为 3800 万元；……；而风险⑦发生的可能性在 55%~62% 之间，发生后对企业造成的损失在 7500 万~9100 万元之间，在风险坐标图上用一个区域来表示，则绘制风险坐标图如图 17-7 所示。

绘制风险坐标图的目的在于对多项风险进行直观的比较，从而确定各风险管理的优先顺序和策略。如：某公司绘制了如图 17-8 所示的风险坐标图，并将该图划分为 A、B、C 三个区域，公司决定承担 A 区域中的各项风险且不再增加控制措施；严格控制 B 区域中的各项风险且专门补充制定各项控制措施；确保

第 17 章 风险分析

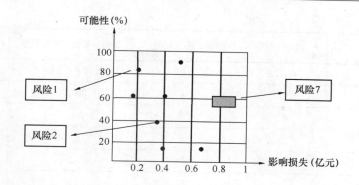

图 17-7 风险影响损失坐标图

规避和转移 C 区域中的各项风险且优先安排实施各项防范措施。

5. 根据历史资料确定风险事件概率分布

某国际建筑工程公司在过去 8 年中完成了 72 项施工任务。有一部分施工任务的工期由于种种原因而拖延。为了估计今后承包工程时工期拖延的风险，管理人员将工期拖延的情况整理在表 17-6 中。工期拖延的情况用拖延的时间占计划工期的百分比表示。负值表示提前竣工。表中工期拖延的概率分布是根据该公司的 72 个样本（即施工任务）确定的。因此，叫做"样本分布"或"经验分布"。样本个数越多，样本分布的规律性也强。当样本个数达到一定数目时，样本分布的规律性就稳定下来。这种稳定的概率分布就是理论分布。

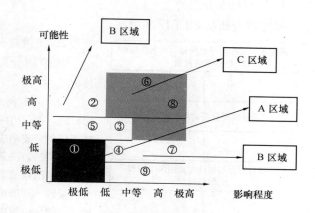

图 17-8 风险影响程度坐标图（2）

工期拖延情况 表 17-6

工程拖延时间(%)	组中 t_i(%)	频数，即工程数目	频率＝频数/样本个数	概率 p_i
−34～−30	−32.5	0	0/72＝0.0000	0.0000
−29～−25	−27.5	2	2/72＝0.0278	0.0278
−24～−20	−22.5	1	1/72＝0.0139	0.0139
−19～−15	−17.5	3	3/72＝0.0417	0.0417
−14～−10	−12.5	7	7/72＝0.0972	0.0972
−9～−5	−7.5	10	10/72＝0.1389	0.1389
−4～0	−2.5	15	15/72＝0.2083	0.2083
1～5	2.5	12	12/72＝0.1667	0.1667
6～10	7.5	9	9/72＝0.1250	0.1250

续表

工程拖延时间(%)	组中 t_i(%)	频数,即工程数目	频率=频数/样本个数	概率 p_i
11～15	12.5	8	8/72=0.1111	0.1111
16～20	17.5	4	4/72=0.0556	0.0556
21～25	22.5	0	0	0.0000
26～30	27.5	1	1/72=0.0139	0.0139
31～35	32.5	0	0	0.0000
合计(样本个数)		72	1	1.0000

17.3.2 定量分析方法

1. 敏感性分析法

敏感性分析法如图17-9所示。

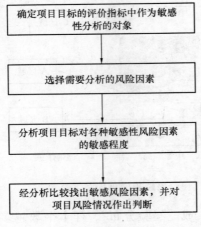

图17-9 敏感性分析

2. 决策树分析法

决策树分析法如图17-10所示,示例如图17-11所示。

注:决策树分析法是指分析每个决策或事件(即自然状态)时,都引出两个或多个事件和不同的结果,并把这种决策或事件的分支画成图形,这种图形很像一棵树的枝干,故称决策树分析法。决策树(decision tree)一般都是自上而下生成的。每个决策或事件(即自然状态)都可能引出两个或多个事件,导致不同的结果,把这种决策分支画成图形很像一棵树的枝干,故称决策树。决策树就是将决策过程各个阶段之间的结构绘制成一张箭线图来表示。EMV指简易移动值或简易波动指标。

选择分割的方法有好几种,但是目的都是一致的:对目标类尝试进行最佳的分割。

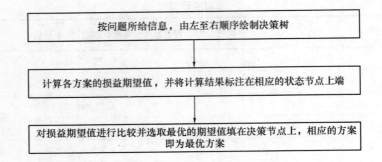

图17-10 决策树分析法

从根到叶子节点都有一条路径,这条路径就是一条"规则"。

决策树可以是二叉的,也可以是多叉的。

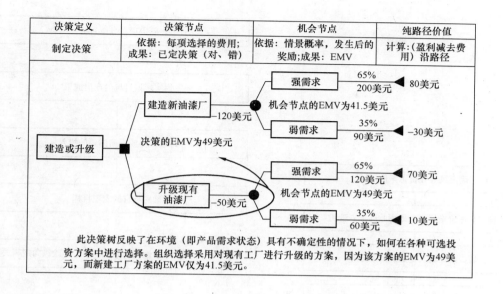

图 17-11　决策树分析法示例

对每个节点的衡量：
(1) 通过该节点的记录数；
(2) 如果是叶子节点的话，分类的路径；
(3) 对叶子节点正确分类的比例。
有些规则的效果可以比其他的一些规则要好。
其优点是：
(1) 可以生成较好理解的规则；
(2) 计算量相对来说不是很大；
(3) 可以处理连续和种类字段；
(4) 决策树可以清晰地显示哪些字段比较重要。
其缺点是：
(1) 对连续性的字段比较难预测；
(2) 对有时间顺序的数据，需要很多预处理的工作；
(3) 当类别太多时，错误可能就会增加的比较快；
(4) 一般的算法分类，只是根据一个字段来分类。

3. 模型与模拟法——蒙特卡罗法

项目风险评价蒙特卡罗模拟程序如图 17-12 所示。

4. 逻辑框架法（LFA）

逻辑框架法是美国国际开发署于 1970 年开发并使用的一种项目设计、计划和评价工具，并逐步在国际组织援助项目的计划管理及评价中得到普遍推广运用。该法广泛运用于各种活动的规划、计划和策划之中。如规划计划、项目建议书、可行性研究及评价、项目管理信息系统、项目风险分析、社会评价、项目后评价等。其编制步骤如图 17-13 所示。

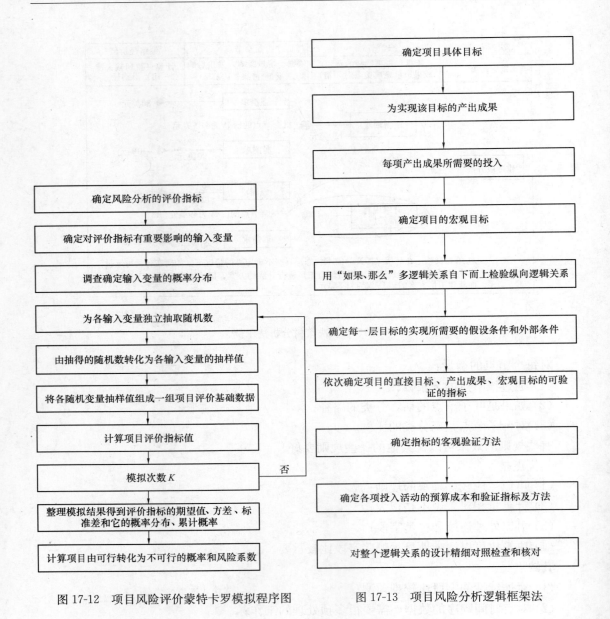

图17-12 项目风险评价蒙特卡罗模拟程序图　　图17-13 项目风险分析逻辑框架法

17.4 风险分析工作的展开

17.4.1 风险分析具体工作步骤
工程项目风险分析步骤如图17-14所示。

17.4.2 风险分析具体工作内容
定性风险分析主要内容如图17-15所示。
定量风险分析主要内容如图17-16所示。

第 17 章 风险分析

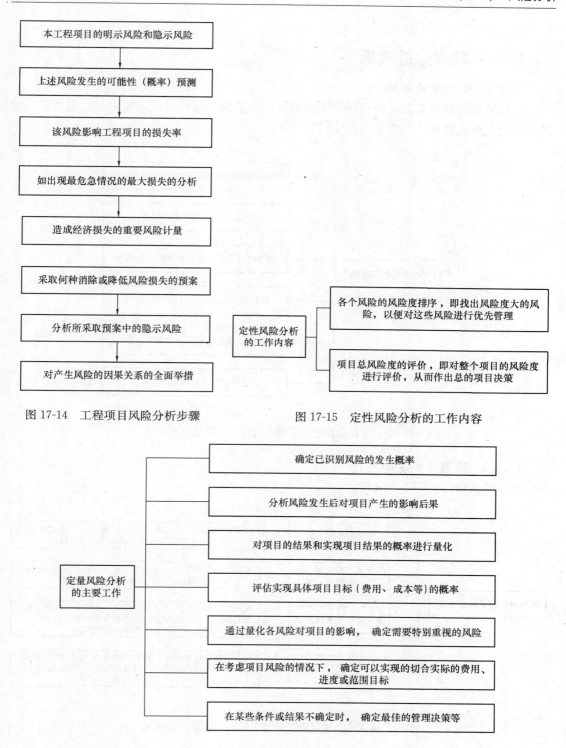

图 17-14 工程项目风险分析步骤

图 17-15 定性风险分析的工作内容

图 17-16 定量风险分析的主要工作

17.5 风险分析成果

17.5.1 定性分析成果

定性风险分析完成后，应对风险识别过程中形成的风险登记表进行更新，将更新后的风险登记表纳入管理计划之中（图17-17）。

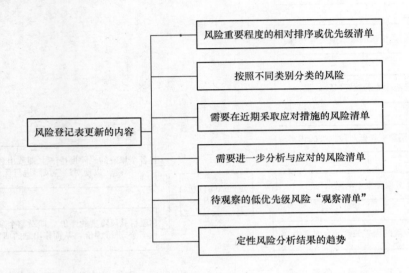

图17-17 风险登记表更新的内容——定性分析成果

17.5.2 定量分析成果

定量分析成果如图17-18所示。

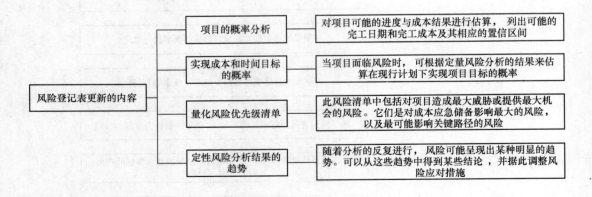

图17-18 风险登记表更新的内容——定量分析成果

17.5.3 风险报告示例

风险报告的模式范例如图17-19所示。

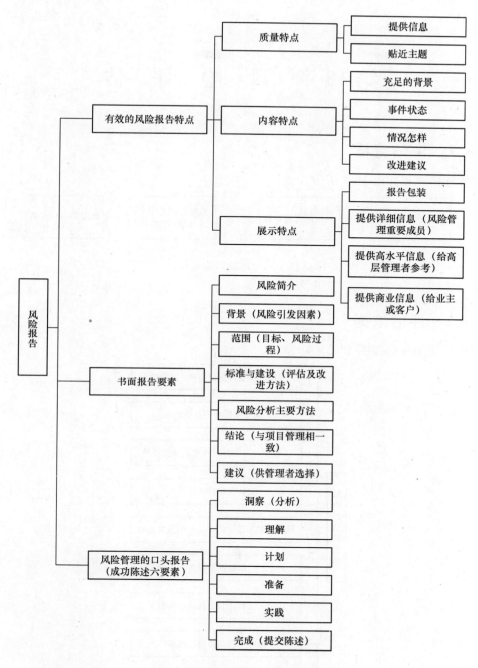

图 17-19 风险报告的模式范例

第18章 风　险　评　估

18.1　评估流程

风险评估流程如图 18-1 所示。

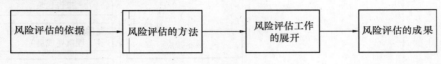

图 18-1　风险评估流程

18.2　评估依据

风险评估的依据如图 18-2 所示。

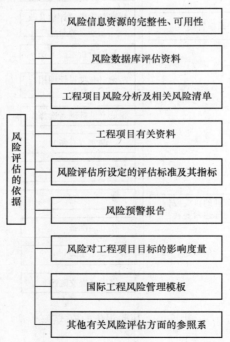

图 18-2　风险评估的依据

18.3 评估方法

风险评估的常用方法如图 18-3 所示。

方法示例一:"IFE 矩阵"分析方法,也称内部因素评价矩阵。其步骤如图 18-4 所示。

方法示例二:企业战略风险 IFE 矩阵分析实例见表 18-1、表 18-2 所列。

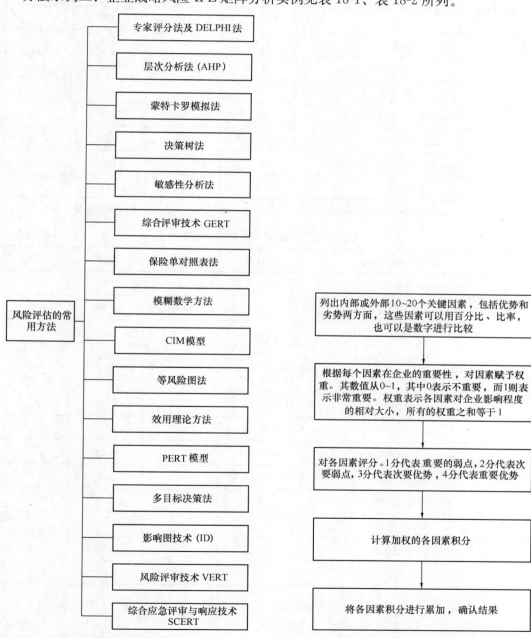

图 18-3 风险评估的常用方法　　　　图 18-4 "IFE 矩阵"分析法步骤

企业战略风险 IFE 矩阵分析实例　　　　　　　　　　　　　　　　表 18-1

序号	企业关键因素	权重	评分	结果	备注
一	内部优势	0.75		2.5	
1	综合优势	0.1	3.5	0.35	
2	管理优势	0.2	3.5	0.7	
3	技术优势	0.15	3.5	0.525	
4	人才优势	0.2	3	0.6	
5	规模优势	0.05	3.5	0.175	
6	信息优势	0.05	3	0.15	
二	内部劣势	0.25		0.525	
7	管理链条长，管理成本大	0.1	2	0.2	
8	企业文化差异性大，执行力不高	0.05	2.5	0.125	
9	产品单一，内部同质化竞争激烈	0.1	2	0.2	
	合计	1		3.025	

注：分析因素无论有多少项目，总评分都在 1.0~4.0 之间，平均分为 2.5。也可以 10 分或 5 分为标准。

企业外部风险因素 IFE 矩阵分析实例　　　　　　　　　　　　　　　　表 18-2

序号	经营管理环节因素	权重	评分	结果	备注
一	外部优势（机遇）	0.7		2.325	
1	企业商誉优势	0.1	3.5	0.35	
2	产品质量优势	0.2	3.5	0.7	
3	规模管理优势	0.1	3	0.3	
4	报价精度优势	0.1	3	0.3	
5	技术方案优势	0.15	3.5	0.525	
6	资产优势	0.05	3	0.15	
二	内部劣势			0.55	
7	经营手段单一	0.05	2	0.1	
8	产品范围狭窄	0.05	2	0.1	
9	客户关系复杂	0.1	2	0.2	
10	采购成本高	0.1	1.5	0.15	
	合计	1		2.875	

方法示例三：波特模型分析法如图 18-5 所示。

波特模型分析外部风险影响企业战略如图 18-6 所示。

波特模型分析方法主要用于分析企业战略风险，它揭示了企业来自外部的五种主要风

第18章 风险评估

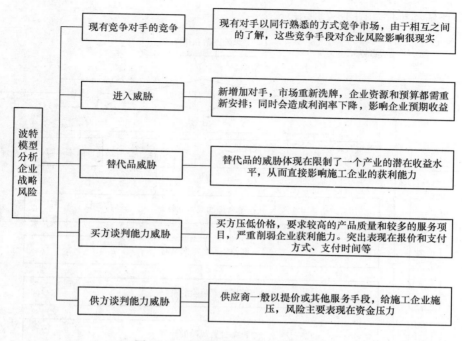

图 18-5 波特模型分析企业战略风险

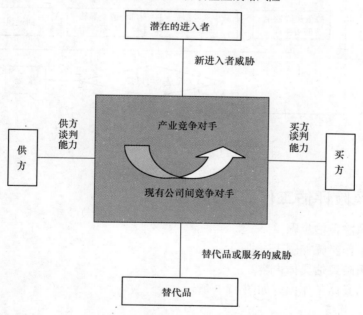

图 18-6 波特模型分析外部风险影响企业战略

险：现有竞争对手的竞争；新的对手的进入，带来了市场份额的重新分配；替代品威胁，直接影响企业获利能力；买方谈判能力的威胁，主要突出表现为报价和支付；供方谈判能力，一般以提价或服务手段加压企业风险。

上述五种作用力的共同作用，决定了企业竞争的强度和利润率。如某一种或多种作用力占据统治地位，将会对外部风险影响起关键性的作用。

风险评估和排序如图 18-7 所示。

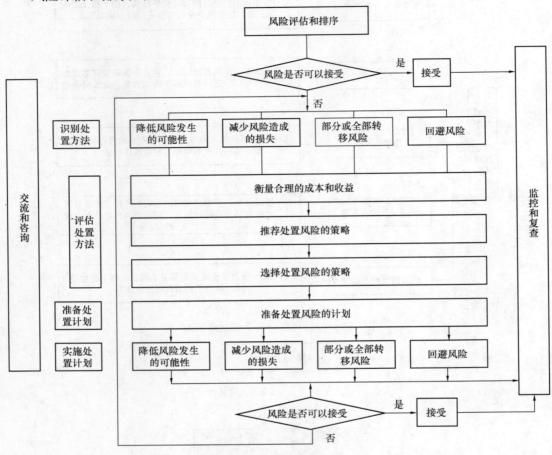

图 18-7 风险评估和排序框图

18.4 风险评估工作的展开

18.4.1 风险评估步骤
风险评估工作步骤如图 18-8 所示。

18.4.2 风险评估具体内容
风险评估的具体工作内容如图 18-9 所示。
1. 项目及其分析
（1）为什么要搞这个项目，本项目的积极性来自何方
（2）本项目的目标说明
（3）将本项目的目的同项目执行组织的目的进行比较
（4）研究本项目的目的
1）明确项目目标
财务的；

非财务的。
2) 说明本项目对公司目标的贡献
3) 说明本项目的主要组成部分
明显的规划约束和机会；
假设。
(5) 说明本项目同其他项目或项目有关方面的关系
(6) 说明总的竞争形势
(7) 归纳项目分析要点
2. 对行动路线有影响的各方面考虑（对于每一个因素，都应说明它对项目的进行产生怎样的影响）
(1) 总的形势
(2) 项目执行过程的特点
1) 一般因素
①政治的；
②经济的；
③组织的。
2) 不变因素
①设施；
②人员；
③其他资源。
(3) 研究项目的要求
1) 比较已有的资源量和对资源的需求
2) 比较项目的质量要求和复杂性
3) 比较公司的现有能力
4) 比较时间和预算的因素
(4) 对外部因素进行评价
1) 查明缺乏哪些信息资料
2) 列出优势和劣势
3) 初步判定已有资源是否足够
3. 分析阻碍项目的行动路线
(1) 阻碍项目成功的因素
1) 列出并衡量妨碍项目实现目标的因素
2) 衡量妨碍因素发生的相对概率
3) 如果妨碍目标实现的因素发生作用的话，估计其严重程度
(2) 项目的行动路线
1) 列出项目的初步行动路线
2) 列出项目行动路线的初步方案

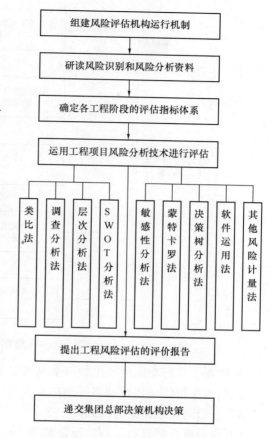

图 18-8　风险评估工作步骤示意

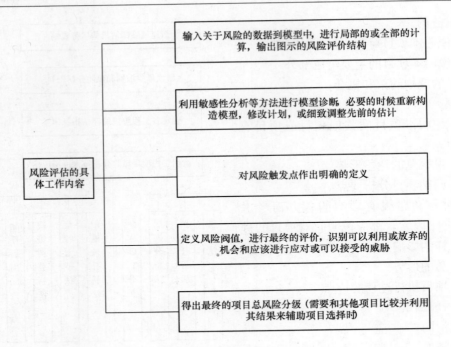

图 18-9 风险评估的具体内容

3) 检查项目行动路线和出版方案是否合适，是否可行，能否被人接受
4) 列出保留的项目行动路线和初步方案
(3) 分析阻碍项目的行动路线
以下步骤可反复进行，每次反复都经过这四个步骤：
1) 此项之后可能会促进上述阻碍项目成功的因素出现的行动；
2) 当上述阻碍项目成功的因素出现时，违例实施上述行动路线项目仍然必须采取的行动；
3) 因上述 1) 和 2) 两种行动而发生的行动；
4) 针对上述行动的可能后果作出结论，以此为基础判断上述行动路线是否可行，能否被人接受，并将其优点与其他行动路线相比较。

4. 项目行动路线的比较
(1) 列出并考虑各种优点和缺点
(2) 最后检查项目行动路线和出版方案是否合适，是否可行，能否被人接受
(3) 衡量各相对优点并选定项目的行动路线
(4) 列出项目的最后目标、战略、战术和手段
(5) 评估报告编制方法
1) 比较分析法；
2) 指标法；
3) 流程图法；
4) 多元综合法等比较常用。

某工程项目风险评估表见表 18-3 所列。

工程项目风险评估表

表 18-3

项目名称：
评估人：

风险因素	风险后果（对项目的影响程度）					风险概率					对管理高风险因素的建议
	极严重	严重	中等	较轻	很小	很高	高	中等	低	很低	
1 投资环境风险(指投资所在国地区)											
(1) 政治环境											
(2) 法律法规健全性											
(3) 政府投资导向											
(4) 社会环境											
(5) 基础设施											
2 市场风险											
(1) 项目建成后风险											
(2) 国际国内市场发展趋势											
(3) 产品销售前景											
3 融资风险											
(1) 投资估算不准确											
(2) 融资方案不可靠，资金不落实											
(3) 通货膨胀											
4 技术风险											
(1) 设计单位水平达不到要求											
(2) 设计要求与现实水平不匹配											
(3) 当地原材料质量											
(4) 地质勘探深度不够											
(5) 地质情况复杂											
5 资源风险											
(1) 资源储量未探明											
(2) 资源质量达不到要求											
6 条件风险											
(1) 水、电、气不配套											
(2) 交通运输不配套											
7 不可抗力风险											
(1) 战争、入侵、禁运											
(2) 革命、军事政变											
(3) 暴乱、骚乱											
(4) 天灾等											
其他风险											

某企业风险评估分析表见表18-4所列。

某企业风险评估分析表　　　　　　　　　表 18-4

序号	风险测评项目	测评结果				评估结果	
		测评方法	风险等级	控制状况分值	风险权重	风险程度值	目前风险控制状况得分值
(1)	(2)	(3)	(4)	(5)	(6)	(7)=(4)*(6)	(8)=(7)*(5)
1							
2							
3							
4							
5							
6							
7							
……							

该表是一种将企业各项风险情况通过一定方法进行分析的形式。

企业风险评估内容：

（1）分析项目：一般按内部控制的风险点确定和划定。

（2）测评方法：隔间分析方法确定，一般分为询问和检查两个方法。

（3）事件的风险等级：一般分为特大、较大、一般、较低、忽略五个等级，分别用5、4、3、2、1代替。得分越高则说明企业风险越大，得分越低说明风险越低。

（4）确定权重：指某项目在整个风险控制范围中的重要程度，企业整个风险权重为1，按其重要程度，在评估前给定权重。

（5）计算风险值：将风险等级与权重积计算，得分越高表示风险越大，反之则越小。

（6）确定控制分值：一般按5分计算，如企业风险控制工作好，则说明风险越小，表现为风险分低，反之则高。在0~5分之间取数。

企业风险评估步骤如图18-10所示。

项目风险评估核查表见表18-5所列。

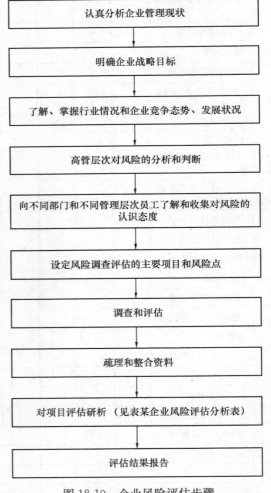

图 18-10　企业风险评估步骤

项目风险评估核查表

表 18-5

项目 _____ 日期 _____

总体风险评估：	签字人	签名	日期
总体风险评估： □ 正常风险 □ 高风险	雇主		
	项目经理		
	风险经理		

风险原因	评估标准	风险评估 正常	风险评估 高	建议的高风险管理措施
1 项目环境				
项目交付使用者组织	稳定的/有能力的	☐☐	☐☐	
	资金贫乏/缺乏主动性/未培训			
项目交付使用者管理	团队合作良好	☐☐	☐☐	
	存在派系/组织冲突			
联营体	雇主唯一的承包商	☐☐	☐☐	
	涉及第三方			
公众能见度	很小或没有	☐☐	☐☐	
	很重要/很敏感			
项目现场的数目	2个或更少	☐☐	☐☐	
	3个或更多			
对当地环境的要求	高	☐☐	☐☐	
	低			
2 项目管理				
高层管理者的参与度	积极参与	☐☐	☐☐	
	有限地参与			
项目交付使用者的管理经验	项目管理经验丰富	☐☐	☐☐	
	项目管理经验薄弱			
项目交付使用者参与管理度	积极参与	☐☐	☐☐	
	有限地参与			
项目经理	有经验/全职	☐☐	☐☐	
	不合格/兼职			
项目管理技术	有效的技术	☐☐	☐☐	
	无效的/不适用			
雇主对该项目类型的经验	有以往类似项目经验	☐☐	☐☐	
	无经验			
3 项目特点				
复杂性	相对简单	☐☐	☐☐	
	开拓型的/新的领域			

续表

风险原因	评估标准	风险评估 正常	风险评估 高	建议的高风险管理措施
技术	已被证明和公认的技术和产品	☐☐	☐☐	
	未被证明或新的			
失败的后果	极小的	☐☐	☐☐	
	严重的			
组织变更的程度	极小的	☐☐	☐☐	
	严重的			
范围	典型的项目阶段	☐☐	☐☐	
	独特的项目阶段			
创立	第一阶段或持续	☐☐	☐☐	
	早期工作不确定			
项目交付使用者的接受度	强有力的支持	☐☐	☐☐	
	对项目有争议			
建议的时间	对延误的合理宽容	☐☐	☐☐	
	紧张的/快速的施工			
完成计划表	允许灵活	☐☐	☐☐	
	绝对的截止时间			
潜在变更	稳定的行业/雇主/用途	☐☐	☐☐	
	动态的行业/雇主/用途			
工作日(开发商)	少于1000天	☐☐	☐☐	
	1000天或更长			
成本—收益分析	已证明的方法或不需要	☐☐	☐☐	
	不合适的估计/方法			
硬件/软件能力评估	有已证明的方法	☐☐	☐☐	
	无已证明的方法			
4 项目利益有关者				
项目交付使用者的参与	积极参与	☐☐	☐☐	
	有限地参与			
项目监理	满足标准	☐☐	☐☐	
	低于标准			
项目团队	足够的水平/经验	☐☐	☐☐	
	很少的有关经验			
5 项目成本				
成本报价	正常(如,基于时间)	☐☐	☐☐	
	固定价格			
成本估计的基础	详细的计划/已证明的方法	☐☐	☐☐	
	不充分的计划/方法			
正式合同	无标准的格式	☐☐	☐☐	
	标准的格式			
6 其他				

注:风险评估栏中可据评价结果在相应的方框中标明。

第19章 风险预警

19.1 预警流程

预警流程如图 19-1 所示。

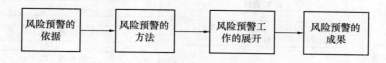

图 19-1 预警流程

说明：
风险预警是具有实用意义的工具。它主要有：
信息收集功能；
监测功能；
诊断功能；
"治疗"功能；
预先告知功能等。
《财务风险管理》指出：财务风险预警系统建立的关键是如何确定预警的指标和判断预警的警戒线。
风险预警要发挥作用首要的问题是建立高效、配套的预警机制。包括：
风险预警组织机制；
风险信息搜集和传递机制；
风险预警指标；
定量指标；
包括财务指标、杠杆系数指标、概率性指标、盈亏平衡指标、敏感性分析指标等；
定性指标；
风险分析机制；
风险处理机制；
建立风险预警模式等。

19.2 风险预警的依据

风险预警的依据如图 19-2 所示。

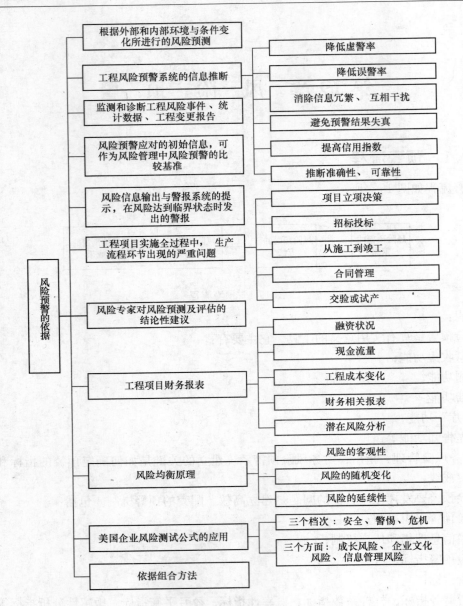

图 19-2 风险预警的依据

19.3 预警方法

风险预警分析的方法如图 19-3 所示。

投资融资风险预警方法运用实例：

"Z 记分法"是对上市公司的有关分析，故此法一般适用于上市公司，非上市公司应当用其他财务数据进行综合分析，如图 19-5 所示。

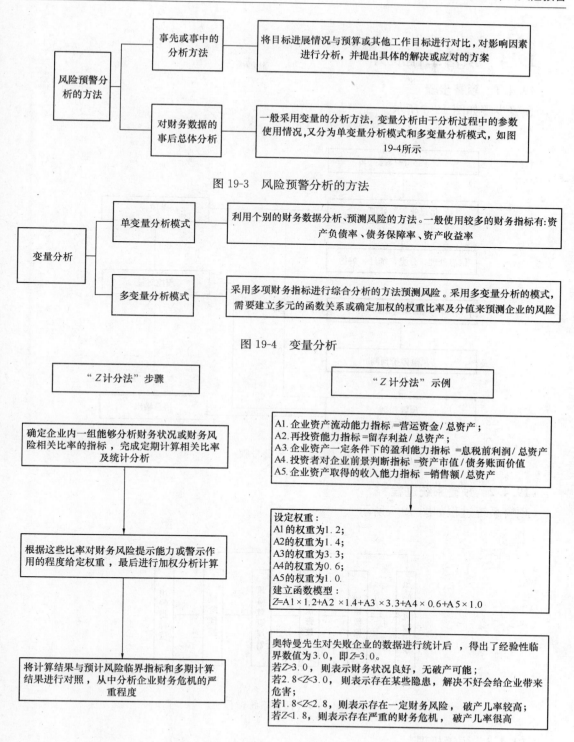

图 19-3 风险预警分析的方法

图 19-4 变量分析

图 19-5 奥特曼"Z 记分法经验值分析表"

19.4 预警工作展开

19.4.1 预警步骤

预警步骤如图 19-6 所示。

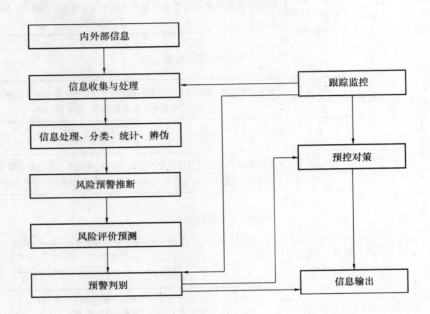

图 19-6 预警步骤

19.4.2 预警系统过程

预警系统过程如图 19-7 所示。

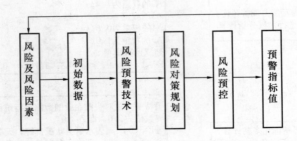

图 19-7 预警系统过程

19.4.3 预警机理

预警机理如图 19-8 所示。
(1) 建立预警指标体系如图 19-9 所示。
(2) 预警系统功能如图 19-10 所示。

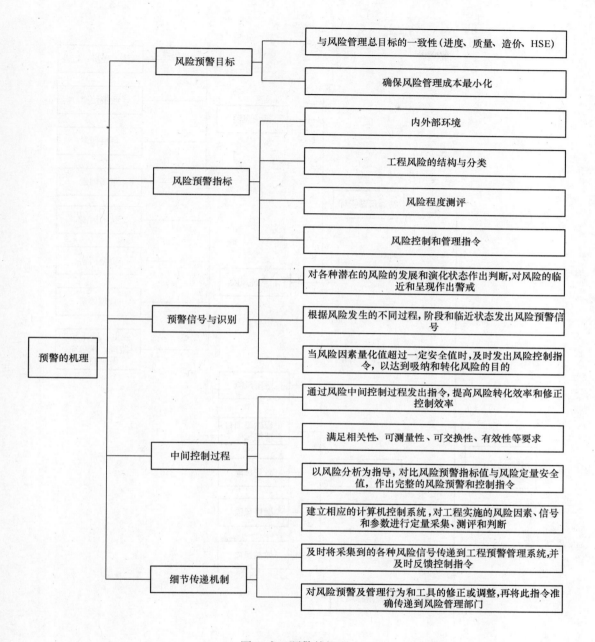

图 19-8　预警的机理

(3) 预警机理过程如图 19-11 所示。

(4) 预警要点如图 19-12 所示。

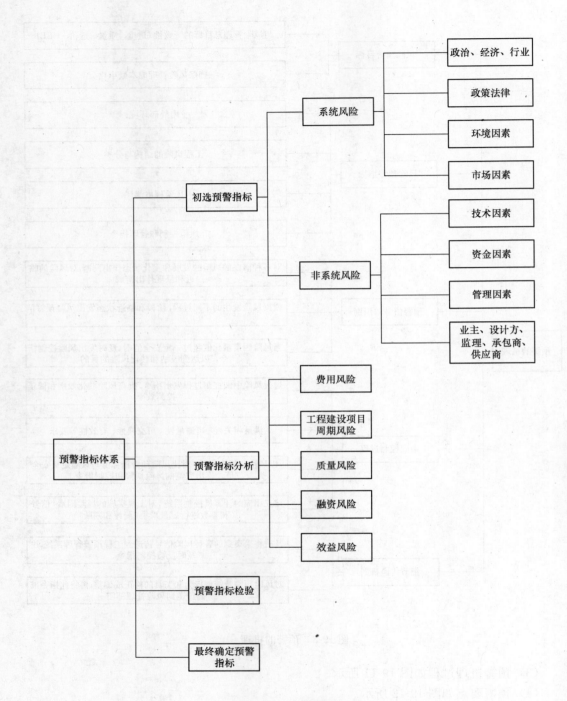

图 19-9 预警指标体系

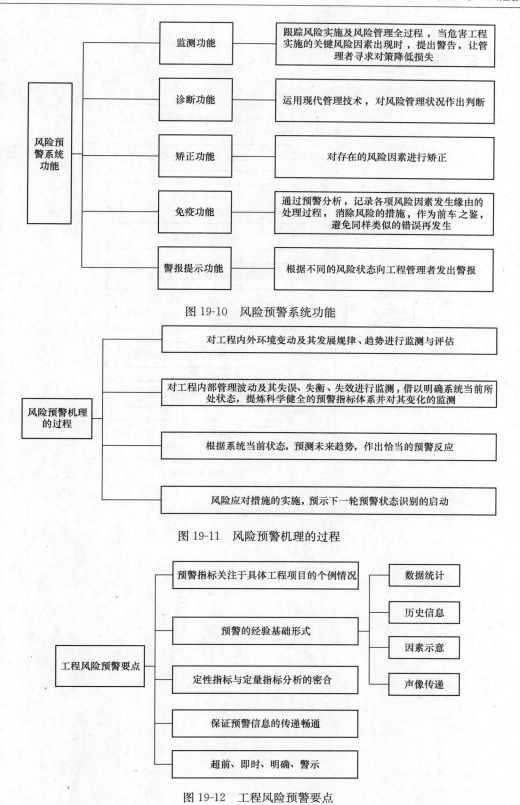

图 19-10 风险预警系统功能

图 19-11 风险预警机理的过程

图 19-12 工程风险预警要点

19.5 预警成果

风险预警报告的主要内容如图 19-13 所示。

图 19-13 风险预警报告的主要内容

第 20 章 制定风险管理策略

20.1 策略选用原则及其流程

风险管理策略选用原则如图 20-1 所示。

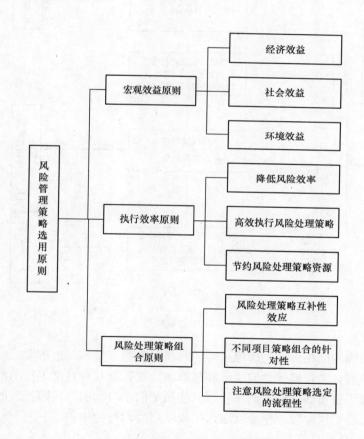

图 20-1 风险管理策略选用原则

工程合同争议风险处理策略选定流程如图 20-3 所示。
法律法规、总包制度风险处理策略流程如图 20-5 所示。
某集团公司风险流程实例，如图 20-6 所示。
某集团公司风险流程实例说明：
(1) 制定董事会或集团公司的风险政策，阐明定义、职责、董事会层面的责任等。
(2) 确定风险主管责任人，以便协调、组织、全面风险管理议程。

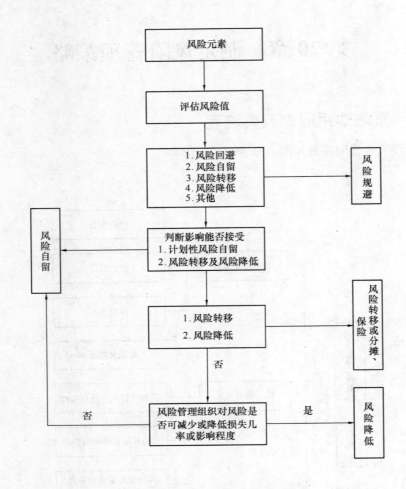

图 20-2 风险处理策略选定流程图

(3) 建立明确的受托责任,确保风险的归属尽可能一丝不苟地落实。
(4) 培训所有员工,确保他们了解和理解风险政策及其对日常工作的影响。
(5) 建立集团公司的风险案例库,据此使员工们学习和明白风险管理的好处所在。
(6) 尽其可能把风险管理整合及融入工程项目经营行为中去:
1) 确保员工自觉自愿参与;
2) 把风险管理与绩效评估相联系;
3) 保证重大的决策都是经过风险评估最终作出决策的;
4) 鼓励管理者和员工们在解决经营管理问题时,运用现代化风险管理的方式方法。
(7) 让管理者及员工们讨论风险问题常态化;使之成为团队文化、风险文化的一部分。
(8) 制定与企业控制保证政策有关的报告制度等。

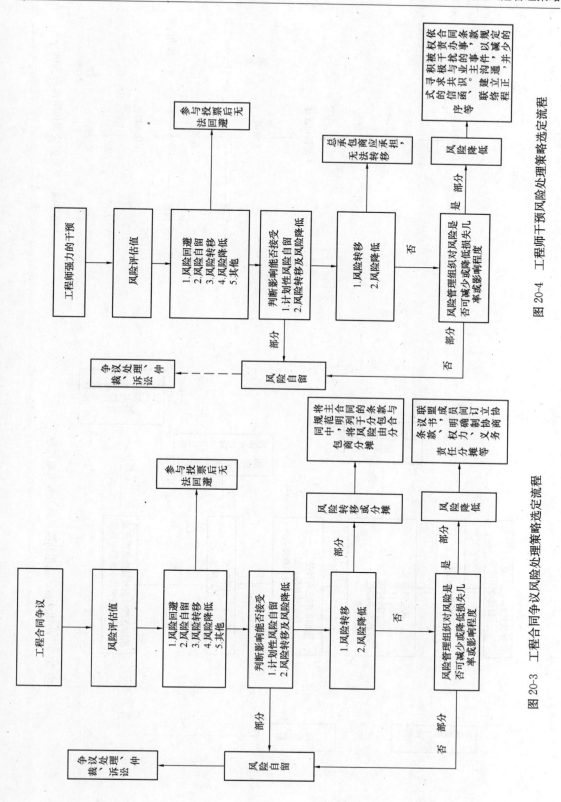

图 20-4 工程师干预风险处理策略选定流程

图 20-3 工程合同争议风险处理策略选定流程

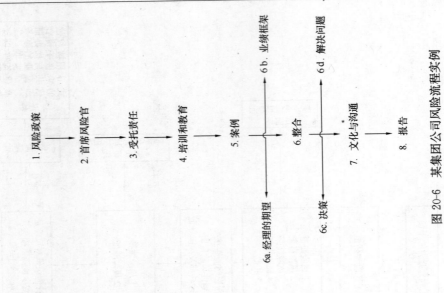

图 20-6 某集团公司风险流程实例

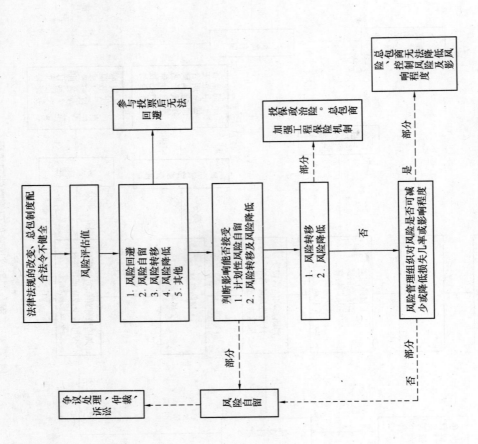

图 20-5 法律法规、总包制度风险处理策略流程

20.2 制定管理策略依据

风险应对策略如图 20-7 所示。
风险处理策略如图 20-8 所示。

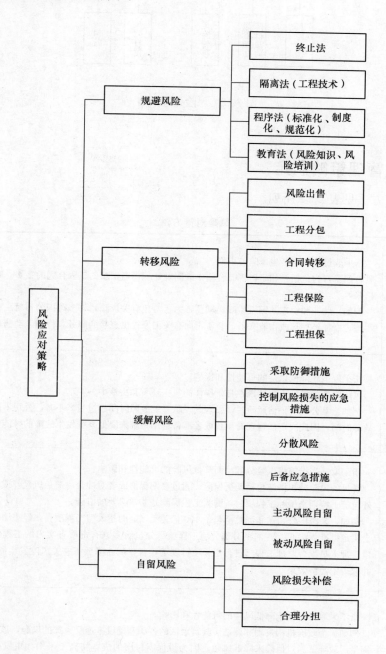

图 20-7 风险应对策略

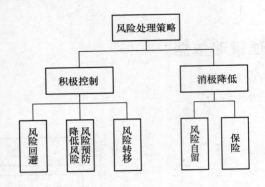

图 20-8　风险处理策略

20.3　管理策略制定

风险对策方法见表 20-1 所列。

风险对策方法　　　　　　　　　　　　　　　　表 20-1

风险回避	指采取行动回避产生风险的事件。 风险回避行为包括：如研讨现有合同中的问题处理，撤销新的工程合同的签署，减少对新市场的扩张等。 例如：北非和中东某国发生政局动荡，为了避免有关风险，许多跨国公司就工程承包不能继续实施，撤掉经理部或作业人员，暂不再向有关国家提供直接的服务，待平息动荡后再得以恢复
风险降低	指采取措施降低风险的可能性和影响。 风险降低的措施可能体现在日常操作的每一环节和决策中。 例如：某公司在评估风险时，发现其风险系统故障时间超过××小时。公司不能接受如此长的故障时间，因此决定加强现有系统或者准备备用系统来降低系统发生故障的可能性和影响
风险对冲	指采取适当措施将风险分散从而降低风险的可能性和影响。 常见的风险分担措施包括购买保险、通过套期保值或者对冲交易避免风险，或者将业务、风险外包等。特别是国际工程项目，购买工程保险是非常必要的措施。 例如，某跨国公司在非洲总承包了 100 亿美元以上的超大型工程项目，经集团公司评估报董事会决定批准，将 59% 左右的分部分项工程项目分包给多家有资质有实力的工程公司，仅派出少量管理人员配合监理工程师进行工程项目现场监督，从而降低了有关风险发生的可能性和影响。并取得了经济效果
风险承担	指不采取任何措施降低风险的可能性和影响。 例如一个政府机构发现并评估了其跨地区的各项基础设施遭受火灾的风险，该机构经过谨慎的衡量后放弃了通过保险来降低风险。因为投保所付出的成本将高于未来如果发生火灾的重建成本，因而决定放弃投保并承担可能的火灾风险

实例1:某国 BOT 项目风险分析、控制和规避措施一览表

某国 BOT 项目风险分析、控制和规避措施一览表　　　　表 20-2

第一类:国别风险

序号	风险分析内容	控制和规避措施
1	政治和社会稳定	(1) 该国政府日趋稳定,经济政策趋向温和,积极追求经济自由化政策,高度重视私营部门投资; (2) 该国政府的产业化方针要求对其工业基础进行扩充和多样化改革,促进外资在国民经济各个领域的投资。商业环境和政府积极友好的投资政策为投资者提供了投资环境。外商独资在该国经济领域都受欢迎; (3) 该国已有的法律法规保护外国投资者利益,可在项目合同商务条件中明确保护投资人利益的措施; (4) 该国与我国关系良好稳定,国别风险不大
2	战争	该国主权担保收购项目资产
3	征收或国有化	该国法律规定保护外商投资,不进行征收或国有化;该国主权担保收购项目资产
4	汇兑限制	该国法律规定保护外商投资,外币自由汇入汇出,并且没有汇兑限制
5	项目所在国政府违约	(1) 购电协议 1) 给予开发商特许经营期 44 年(施工期 4 年,运营期 40 年); 2) 该国主权担保承诺购买电量; 3) 以或取或付的原则购买电量; 4) 外汇支付比例为××%。 (2) 项目开发协议 1) 该国政府给予开发商土地租赁、水资源许可和特许经营权; 2) 该国支付担保:主权担保给予项目购电款支付
6	税收和法律变更	(1) 该国目前已经颁布并实施了 BOT 法、投资法、税法、公司法、电力法、银行法等,基本保障和明确了投资者利益。目前适用于本项目的税法和法律变更的定义明确,责任清楚,项目协议和合同谈判时已经明确; (2) 聘用法律顾问
7	不可抗力——政治事件	该国主权担保收购项目重置成本

第二类:融资和财务风险

序号	风险分析内容	控制和规避措施
1	购电保证	该国承诺以或取或付的原则最少购入 100%电量
2	汇兑和汇出	该国法律规定保护外商投资,外币自由汇入汇出,并且没有汇兑限制;美元在该国直接流通
3	外汇比例	(1) ××%直接美元支付,××%当地币支付,按支付日官方汇率折算; (2) ××%的当地币基本可以满足运行管理费用要求
4	汇率	根据初步测算,人民币贷款约占贷款总额的××%左右,而将来需要用美元换成人民币后还贷,存在一定的人民币远期升值的汇兑风险。 (1) 减少人民币贷款额度; (2) 可根据预计的美元投资回收的期限和金额,向中国银行申请"代客掉期业务",向该行卖出远期美元,买进远期人民币;或者向中国银行申请"货币互换业务",进行远期货币互换。通过上述套期保值的颁发,可以避免或降低该投资项目可能发生的远期人民币升值的隐含风险
5	利率	投标时,中长期(8.5 年以上)考虑了一定的利率上涨风险,预留了一些空间

续表

第三类：建设（完工）风险

序号	风险分析内容	控制和规避措施
1	排雷	该国承诺承担责任和费用
2	移民	项目区域基本不涉及移民问题
3	征地	国有土地由该国免费提供，少量私人土地需要该国配合征收，但费用封顶
4	环保	该国已经完成环境评估报告，由该国负责获取环保许可；没有特殊环保要求
5	设计及技术风险	(1) 在投标之前，会和设计院和国内有关专业的专家进行了现场考察和项目设计、施工方案的论证； (2) 已选定国内专业设计院西北勘测设计院承担技术咨询工作，西北院具有甲级资质，也具备丰富的海外经验
6	施工和安装	承建公司是水电专业大型公司，有丰富的海外施工及安装经验，因此在工程建设中充分利用自身的技术和经验，可以控制工程建设风险
7	土建和金结工程量	合同总价中已考虑了约 XX% 的土建和金结工程量增加的风险
8	建设期材料价格上涨	考虑了××%的进口材料的物价上涨风险
9	机电设备供货	拟用出口退税（××%）抵消机电设备价格上涨风险
10	工程保险	投资总额中考虑了工程本身的一切险、人员伤害险、第三者险和设备海运险
11	建设期海外投资保险	中国出口信用保险公司承保
12	不可抗力——政治风险	该国主权担保收购项目重置成本，中信保投保
13	咨询和监理	项目实施时配置项目技术咨询和监理

第四类：运营管理风险

序号	风险分析内容	控制和规避措施
1	电力市场	(1) 该国电力资源极度贫乏，市场需求量大； (2) 该国政府担保100%购电
2	并网	并入该国国家主干网
3	运营管理合作伙伴	前期拟引进中国现有电站的运营管理单位承担运营管理，国际公司和工程局的运营管理人员配合；后期由国际公司和工程局的运营管理人员接管
4	运营管理费	参照国内规范并结合本项目特点，充分考虑了运营管理该电站所需的人员费、设施维护和修理费、项目公司运行管理费、应交税费等
5	运营期物价上涨	在运营管理费中已经考虑
6	主要设备更换	除上述运营管理费外，考虑到××年的商业运行期，合同价中考虑了××××万美元的设备更换费
7	运营期海外投资保险	中国出口信用保险公司承保
8	法律顾问和财务公司	拟聘请当地的法律顾问和财务审计公司
9	不可抗力——自然事件	按照合同条件要求，投保商业保险，特别是国际工程项目，所应采取的必要的一项工作环节

结论：

(1) 该工程项目合同额较大，融资额度比例亦大。相对该国属特大型项目，但中方对其项目风险控制和规避措施完善，总体评价为风险不大、并且可控可管。

(2) 目前该国政局比较稳定，国家建设百废待兴，并与我国处于关系良好的状态。

(3) 该国与投资配套的法律法规比较健全，积极推动海外投资。
(4) 该国急需能源，电力市场前景看好，后续项目的可能性比较大。
(5) 中国政府大力支持国有企业"走出去"，支持海外对评估好的工程项目进行投资性的工程承包。
(6) 中国出口信用保险公司愿意承保海外投资险。
(7) 中国进出口银行和国家开发银行给予积极的贷款支持。
(8) 我方挑选了中方实力强劲、专业性较强、工程项目建设集团信誉高的总承建公司，具备了BOT方式的融资、实施和组织管理要求高的能力。
(9) BOT工程项目的参与各方，积极性高，密切配合，以是项目成功的必要条件。

实例2：承包商利用风险的策略

利用风险的策略，因风险性质、施工项目特点及其内外部环境、合同双方的履约情况不同而多种多样，承包商应视具体情况具体分析，因势利导，化损失为盈利，如：

(1) 通过采取各种有效的风险控制措施，降低实际发生的风险费用，使其低于不可预见费，把原来作为不可预见费用的一部分转变为利润。
(2) 当承包商资金实力雄厚时，可冒承担带资或垫资承包的风险，获得承包权而赢取利润。
(3) 承包商利用合同对方（雇主、供应商、保险公司等）工作疏漏、或履约不力、或工程师在风险发生期间无法及时审核和确认等弱点，抓住机遇，做好索赔管理，获取额外利润。
(4) 在（国际）工程承包中，对于时间性强的、区域（国别）性风险，特别是政治风险，承包商可通过对形势的准确分析和判断，采取冒短时间的风险，较其他竞争对手提前进入，开辟新的市场，建立根基。这样虽难免蒙受一时的风险损失代价，但是，待形势好转、经济复苏之时，就可获得长远且客观的效益。如战争国家、动乱国家。
(5) 承包商预测、关注宏观（国际、地区、国内）经济形势及行业的景气循环变动，在扩张时抓住机遇，紧缩时争取生存。
(6) 在国际工程承包中，面对不同国家法律、经济、文化等方面的差异，或政局变化、权力部门腐败等现象，发现机遇，谋取利益。
(7) 精通国际金融的承包商，在国际工程承包中，可利用不同国家及其货币的利息差、汇率差、时间差、不同计价方式等谋取获利机会，一旦成功获利巨大，但是若造成损失也将是致命的，必须谨慎操作。
(8) 承包商可采取赠送、优惠等措施，冒小的风险，换取工程承包权，或后续的供应权、维修权等，以获得更大收益。

第 21 章 风 险 应 对

21.1 应对依据

风险应对和规划如图 21-1 所示。

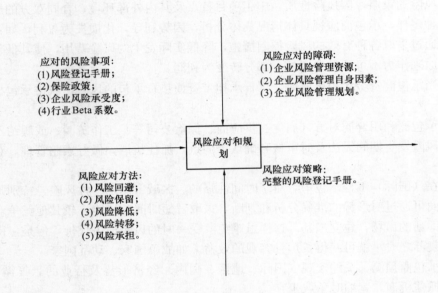

图 21-1 风险应对和规划

21.2 应对方法

风险应对的方法如图 21-2 所示。

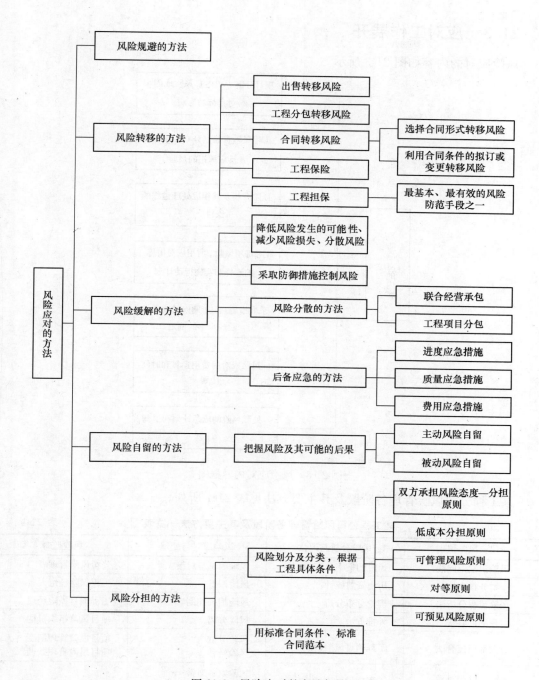

图 21-2 风险应对的方法框图

21.3 应对工作展开

风险应对的内容如图 21-3 所示。

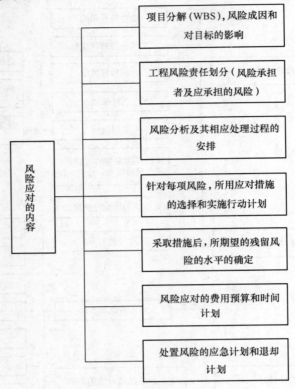

图 21-3 风险应对内容框图

某工程公司风险管理各阶段及其主要方法见表 21-1 所列。

某工程公司风险管理各阶段及其主要方法一览表 表 21-1

阶段：风险识别	风险分析与评估	风险应对与处理	风险监督
风险识别询问法	风险的概率分布	风险控制与对策	公司风险管理者
财务报表法	历史资料统计	风险回避	工程保险经纪人
风险流程分析法	理论分布分析	风险损失控制	工程项目风险经理
现场勘察法	外推方法	风险分离	项目风险组织机构
有关部门配合法	工程项目风险量测定	风险分散 风险转移	项目风险管理制度 项目风险管理条例
索赔统计记录法	工程项目风险费用分析	风险财务对策 风险自留	
内外部环境分析法	工程项目风险评价准则 SAVE 分析方法 AHP 分析方法 综合方法及组合方法 其他可行方法	风险转移（有偿） 进行工程保险	

FIDIC 合同条件风险责任分配见表 21-2 所列。

FIDIC 合同条件风险责任分配表 表 21-2

风险类型	业 主	工 程 师	承包商
1. 工程的重要损失或破坏			
（1）战争等暴乱、骚乱或混乱	遭受损失	无责任	无责任
（2）核装置和压力波危险爆炸	遭受损失	无责任	无责任
（3）不可预见的自然力	遭受损失	无责任	无责任
（4）运输中的损失和损坏	若预先付款则潜在损失	无责任	遭受损失
（5）不合格的工艺和材料	潜在损失	无责任	有责任
（6）工程师的粗心设计	潜在损失	无责任	无责任
（7）工程师的非疏忽缺陷设计	潜在损失	无责任	无责任
（8）已被雇主使用或占用	潜在损失	无责任	无责任
（9）其他原因	潜在损失	无责任	遭受损失
2. 对工程设备的损失或损坏			
（1）战争等暴乱、骚乱或混乱	造成损失	无责任	遭受损失
（2）核装置和压力波危险爆炸	造成损失	无责任	遭受损失
（3）运输中的损失和损坏	无责任	无责任	遭受损失
（4）其他原因	无责任	无责任	遭受损失
3. 第三方的损失			
（1）执行合同中无法避免的后果	有责任	无责任	无责任
（2）雇主的疏忽	无责任	无责任	有责任
（3）承包商的疏忽	无责任	有责任	无责任
（4）工程师的职业疏忽	无责任	有责任	无责任
（5）工程师的其他疏忽	无责任	有责任	无责任
4. 承包商/分包商的人身伤害			
（1）承包商的疏忽	无责任	无责任	有责任
（2）雇主的疏忽	有责任	无责任	无责任
（3）工程师的职业疏忽	无责任	有责任	无责任
（4）工程师的其他疏忽	无责任	有责任	无责任

注：1. 可能有政府补贴。
  2. 可能对核装置操作者或领有许可证者有追索权。
  3. 可能对运输有追索权。
  4. 可能对不合格材料供货商有追索权。
  5. 可能对造成损失或损坏的失职方有追索权。
  6. 总之，采用 FIDIC 合同条件方式管理工程项目，比较公平、合理地对工程风险进行分配。

企业风险管理应对方法见表21-3所列。

企业风险管理应对方法　　　　　　　　表21-3

回避

(1) 剥离——通过提出一个市场/区域,或通过出售,剥离一个产品/业务。
(2) 禁止——通过设立权限制度,禁止高风险的经营活动和交易。
(3) 停止——通过重新设定目标、重新集中策略、重新调动资源,停止特定的活动。
(4) 瞄准——对准商业发展及市场扩展,避免非企业发展策略的机会出现。
(5) 筛选——筛选替代性资金项目及投资,避免低回报。
(6) 根除——在根源上设计并实施内部防止流程

保留

(1) 接受——在现有水平接受风险,不采取进一步行动。
(2) 重新定价——在市场情况允许的条件下重新定价产品/服务以补偿所承担的风险。
(3) 自我保险——通过损益表上费用列支、外部融资、预提准备、专拖保险公司等来防范风险。
(4) 冲销风险——针对其他风险,在一个良好定义的风险组中加以冲销。
(5) 计划——通过设计一个应急计划,授权有关人员定期审核风险事件并执行计划

降低

(1) 分散——在地理区域内分散财务、有形或无形资产以降低过高的灾难性损失。
(2) 控制——通过内部流程或行动,降低负面事件出现的可能性到一个可以接受的水平

转移

(1) 保险——跟独立、财务上有能力的实体签订合理的保险合同。
(2) 再保险——通过与其他保险者的再保险合同降低资产组合的风险。
(3) 对冲——通过进入资本市场,运营方面的变化或者借入新的款项来对冲风险。
(4) 证券化——通过有效的定价机制进入资本市场来应对证券化风险。
(5) 分享——通过合作或者合资的方式来分享风险回报。
(6) 外包——通过外包非核心流程来有效转移风险。
(7) 免责——与独立的、财务上有能力的实体签订风险共担合同,以免除部分风险

承担

(1) 分配——在公司内部适当分配资金,为所承担的风险融资并取得预期回报。
(2) 分散——分散客户、雇员/供应商机企业所有的财务和有形资产。
(3) 扩展——通过投资新行业、新的市场及新的客户扩展商业组合。
(4) 创新——创造新的产品、拓展新的服务及渠道。
(5) 重新设计——用独特的资产及技术组合来重新设计公司的商业方式,创造新的价值。
(6) 重组——通过重组、兼并、外包,重新构架及重新安置新的地点来整合企业。
(7) 定价——通过对产品定价来影响客户的选择并符合公司的风险状态。
(8) 套利——通过在不同市场购买和销售证券/其他资产获取套利空间。
(9) 重新协商——重新协商现有的合同协定,重新定义企业风险状态。
(10) 影响——通过游说、积极参与政治活动,发展公共关系等提高企业在监管者、公共舆论及标准设定人心目中的形象

应对的风险事项来源见表 21-4 所列。

应对的风险事项来源　　　　　　　　　　　　　　　　　　　　表 21-4

风险登记手册
基于风险识别和风险评估阶段的风险登记手册，已经对风险进行了描述和基本分类，并经过风险评估和衡量来适当量化了风险事件的严重程度和发生概率。针对这些已经锁定的风险，公司管理层和业务精英就可以制定相应的风险应对策略，并制定风险管理制度，最终完成风险登记手册的全部内容
公司的保险政策
除了法律规定外，公司自己往往也制定保险的购买政策，即规定必须购买诸如财产险、偷盗险等险种和必须购买的投保金额。这往往就是风险策略的重要环节。 在实践中，很多大型跨国公司经常在全球范围内对各个业务区超过一定金额的财产损失投了联保，而各个业务区则对该金额以下的损失按照总公司的保险投保指引确定保额。这些保险政策往往涵盖了相应的风险应对事项。从实践来看，对影响严重且发生概率相对较低的风险事项进行投保往往是成本效用最优化的解决方案
风险偏好和分析承受度
企业确定的风险偏好（Risk Appetite）和风险承受度（Risk Tolerances）将有助于管理层进行目标的制定/选择，以及风险的管理工作。 从广义上看，风险偏好指企业在使命/愿景的过程中愿意接受的风险的金额，是企业战略目标、有关目标制定阶段所进行的风险管理工作的一部分，就是要帮助企业的管理者在不同战略阶段选择与企业的风险偏好相一致的战略。 风险承受度指在企业目标实现的过程中对差异的可接受程度，是企业在风险偏好的基础上设定的对目标实现过程中所出现的差异的可容忍度。在确定各目标的风险容忍度时，企业应考虑有关目标的重要性，并将其与企业风险偏好联系起来。将风险控制在风险容忍度之内能够在更大程度上保证企业的风险被控制在风险偏好的范围内，也就是能够从更高程度上保证企业目标的实现
行业 Beta 系数
行业 Beta 系数代表的是相对于市场整体的系统性风险，通常通过回归分析得出，从风险的角度估算出预期的回报值。风险应对策略可以通过行业 Beta 的测算得出风险的高低

某工程项目风险应对实例见表 21-5 所列。

某工程项目风险应对实例　　　　　　　　　　　　　　　　　　表 21-5

排序	风险名称	应对策略	具体措施	责任人（部门）
1	施工组织不合理	减轻	优化组织施工，加强监控，每周进行一次进度审查会，及时采取补救措施	工程部
2	管理经验不足	减轻	事先进行国际项目管理培训，聘请国际施工项目管理咨询专家	人力资源部
3	汇率风险	转移、接受	进行汇率掉期，安排适当的风险储备金	财务部
4	设备材料供应延误	转移、减轻	采购合同中加入交货延误罚款条款，并加强沟通，实时跟踪设备制造和材料生产进度，有延误征兆时及时采取措施	采购部
5	劳务组织差	减轻	合理调配劳务，强调协作，适当培训	工程部
6	劳动效率低	减轻	进行劳动技能培训	人力资源部
7	物价上涨	接受	安排风险储备金	合同部
8	工程量增加	接受、减轻	安排风险储备金，尽量优化设计方案	技术部

续表

排序	风险名称	应对策略	具体措施	责任人（部门）
9	干系人管理风险	减轻	全面识别和分析干系人，保持有效沟通	合同部
10	安全风险	转移、减轻	投入身伤害保险，进行安全意识和安全操作培训，提供安全施工措施和劳保用品	安全环保部
11	团队不稳定	减轻	加强思想工作，开展团队建设，适当提高福利待遇	人力资源部
12	资料审批延误	接受、减轻	安排进度储备时间，并加强沟通，及时提交资料，并补充所要求的资料	技术部
13	范围变更风险	接受	安排风险储备金	合同部
14	施工和安装不合格	减轻	事先进行施工和安装规范、标准、操作工艺学习，建立质量保证体系，严格控制工序的验收	工程部
15	设计延误	转移、减轻	设计分包合同中加入设计延误罚款条款，并加强沟通，实时跟踪设计的进度，减少信息沟通不畅而引起的延误	技术部
16	设备及材料不合格	转移、减轻	设备材料采购合同中加入质量责任条款，严格设备及材料的验收，不合格的设备和材料决不投入使用	采购部
17	报价失误	接受	安排风险储备金	合同部
18	设计错误、缺陷	转移、减轻	设计分包合同中加入设计质量责任条款，事先熟悉设计规范和标准，安排有经验有能力的设计人员，施工前进行设计图纸评审	技术部
19	产品成熟度	减轻	由具有类似工程设计经验的工程师来设计	技术部
20	产品复杂度	减轻	加强各专业技术之间的沟通	技术部
21	产品并行度	减轻	加强各任务之间的沟通	技术部
22	税利率风险	接受	安排风险储备金	财务部
23	流动资金不足	接受	安排合理的周转资金	财务部
24	当局审批慢	减轻	加强沟通	工程部
25	气候恶劣	转移、减轻	购买保险，并安排进度储备时间	工程部
26	健康风险	接受、减轻	安排风险储备金，做好卫生工作	安全环保部

表 21-6 逐项列出了国际工程项目重要风险的主要应对措施，对风险管理者会有极其实用的参考价值。

国际工程项目重要风险的主要应对措施　　　　　　　　表 21-6

措施代号	风险代号：风险简称及其主要应对措施
	A1：批准和许可风险
M1	确保项目符合当地政府如计划委员会的发展计划

续表

措施代号	风险代号：风险简称及其主要应对措施
	A1：批准和许可风险
M2	确保可行性研究报告和合同表达了当地政府、当地合作伙伴等的真实意图（如预期利润、风险分担等）
M3	及时准备并提交当地政府部门所需的全部文件和可行性研究报告
M4	与当地有声誉的合作伙伴尤其是中央政府机构或国有企业建立联营体
M5	与当地政府及高层官员保持良好关系
M6	要求当地政府建立一站式审批机构
M7	与项目雇主签约之前获得所需的全部批准
M8	获得本国政府和国际金融机构（如世界银行、亚洲开发银行）的支持以避免项目所在国批准和许可的延误
	A2/A3：法规变化和司法支持风险
M1	获得当地政府允许调整收费和延长特许期的保证（仅适用于BOT/PPP等融资项目）
M2	与当地政府及高层官员保持良好关系
M3	购买政治风险保险
M4	在合同中增加应因法规变化引起延期和超支的补偿条款
M5	寻求本国政府的支持
M6	依靠国际财团联盟、国际协议和保险（特别是政治风险保险）来保护项目投资
M7	获得国际金融机构（如世界银行、亚洲开发银行）的支持以避免当地政府在法律程序上的歧视和刁难
	A4：政府对争端的影响风险
M1	在合同中设置争端解决条款
M2	确保项目获得当地政府有关主管部门的所有批准
M3	与当地政府及高层官员保持良好关系
M4	与当地合作伙伴尤其是中央政府机构或国有企业建立联营体
	A5：腐败风险
M1	与当地有声誉的合作伙伴尤其是中央政府机构或国有企业建立联营体
M2	与当地政府有关部门签署合同来预防腐败
M3	为不可避免的支出准备预算
M4	对那些可能与腐败官员打交道的主要管理人员进行有关的文化和商业知识培训
M5	尽量与有关的机构和人员直接联系，而不通过经纪人或中间人
M6	及时获得所有必要的批准以减少腐败官员阻碍项目的机会
M7	获得本国政府和国际金融机构（如世界银行、亚洲开发银行）的支持以避免当地政府机构或官员滥用权利
M8	与当地有关政府官员和权威人士保持良好关系
	A6：政府征用风险
M1	利用国际证券或风险评估机构等信息源了解政治发展动向
M2	制定应急计划并购买政府征用风险保险

续表

措施代号	风险代号：风险简称及其主要应对措施
	A6：政府征用风险
M3	与当地合作伙伴尤其是中央政府机构或国有企业建立联营体
M4	依靠国际财团联盟和保险（特别是政治保险）来保护项目投资
M5	与当地有关政府官员和权威人士保持良好关系
M6	获得本国政府和国际金融机构（如世界银行、亚洲开发银行）的支持以避免当地政府的征用
	A7：配额限制风险
M1	与当地政府有关部门的主管官员保持良好关系
M2	及时准备并提交所需的全部文件和可行性研究报告
M3	与当地合作伙伴尤其是中央政府机构或国有企业建立联营体
M4	获得本国政府和国际金融机构（如世界银行、亚洲开发银行）的支持以避免当地政府不公平的配额限制
	A8：政治动荡风险
M1	为可能的政治动荡制定自己的应急计划，如紧急撤离计划
M2	在合同中设置公司退出或项目延迟条件条款
M3	从国际金融机构和风险评估机构购买政治风险保险
M4	利用国际证券和风险评估机构等信息源了解政治发展动向
M5	依靠国际财团联盟保护项目投资
M6	与当地合作伙伴尤其是中央政府机构或国有企业建立联营体
M7	与当地政府高级官员、当地权贵如有钱人和政治家保持良好关系和联系
M8	在发生叛乱时及时获得本国政府的帮助
	A9：政策歧视风险
M1	与当地合作伙伴尤其是中央政府机构或国有企业建立联营体
M2	与当地政府高级官员、当地权贵如有钱人和政治家保持良好关系和联系
M3	在发生叛乱时及时获得本国政府的帮助
M4	仅转让常规技术但保留关键技术
M5	寻求技术转移的合理补偿方案（如一次性总价卖出、占有股份或利润分成）
M6	研究税收差异，寻找合法、合理的避税措施
	B1：文化差异风险
M1	与当地政府和合作伙伴进行全面谈判并达成详细的协议
M2	在签订合同时设计明确的和双方同意的风险分担规则
M3	尽量争取占有尽可能大的股份，以确保在董事会的控制权
M4	坚持把可信赖的人安排在联营体中的关键位置上
M5	即使有些员工听得懂当地语言，仍聘用能讲流利当地语言的员工
M6	在合同中设置争端解决条款
	B2：人力资源风险
M1	在与当地合作伙伴合并时或执行合作合同期间，只接受合作伙伴中有能力的员工

续表

措施代号	风险代号：风险简称及其主要应对措施
	B2：人力资源风险
M2	与每个员工签订正式的雇佣合同
M3	通过一个比外国公司更熟悉当地人力资源管理情况的当地合作伙伴聘用合同制员工
M4	通过咨询当地合作伙伴而决定招聘新员工的标准
M5	坚持把可信赖的人安排在联营体中的关键位置上
M6	对新老员工提供培训
M7	为员工提供更好的报酬和激励
	B3：当地合作伙伴信用风险
M1	从国际性和独立的证券或风险评估机构获得有关合作伙伴的准确财务信息及其他信息
M2	调查目标合作伙伴的财务状况、技术和管理能力及其与当地政府的关系
M3	维持与当地中央或省级高级官员的良好关系，以获得目标合作伙伴的更多信息
M4	坚持把可信赖的人安排在联营体中的关键位置上
M5	从可靠的和值得信赖的当地或国际实体获得担保或其他信用支持
M6	签订明确的合同条款和条件，采用统一会计标准，在合同中明确权利和责任
M7	重视合同翻译的准确
M8	即使有些员工听得懂当地语言，仍聘用能讲流利当地语言的员工
M9	要求同时准备双语（英语和当地语言）对照文件，且最终版本获得所有各方的认可
M10	跟当地合作伙伴合并时，明确规定有关资产、员工、股份、机构及策略等的合并内容
	B4：公司内欺诈风险
M1	从当地合作伙伴现在和过去的商业伙伴处获得其信用信息
M2	坚持把可信赖的人安排在联营体中的关键位置上
M3	监控联营体的当前状态以及与联营体股票交易的票面价值和平均价值
M4	定期和不定期地视察（检查）有关工厂或商业运作
M5	所有合作伙伴同意采用统一的会计标准并聘用独立的会计师
	B5：联营体终止风险
M1	有选择地建立合作式联营体和伙伴关系
M2	在合同中确定详细的违约条款
M3	尽可能早地获得利润中较大份额
M4	与当地政府高级官员、当地权贵例如有钱人和政治家保持良好的关系和联系
M5	坚持把可信赖的人安排在联营体中的关键位置上
	C1：外汇兑换风险
M1	获得当地政府对汇率和可兑换性的担保，如长期固定汇率或较小汇率变化等
M2	采用双货币合同：部分以当地货币支付、部分以外国货币支付
M3	采用其他金融衍生工具如期汇、对冲交易等能减少汇率风险
	C2：通货膨胀风险
M1	从当地政府获得信用证

续表

措施代号	风险代号：风险简称及其主要应对措施
	C2：通货膨胀风险
M2	项目雇主获得备用贷款（如100%的所需备用贷款承诺）
M3	从当地或国际银行获得工程款支付和支付履约保函
M4	确保是有声誉的雇主通过国际金融机构（亚洲开发银行或世界银行）为项目融资
M5	采用合同规定付款之外的其他付款方式，如土地开发权、资源冲抵等
M6	在合同中明确有关延期付款和相应补偿条款
	C3：成本超支风险
M1	预先准备好备用现金流
M2	在投标阶段准确地计量和定价工程量清单
M3	制定详细和适当的计划并控制好进度和成本
M4	在合同中加入有关利率、通货膨胀率和延期的调整条款
M5	从当地或国际银行获得工程款支付或支付履约保函
M6	确保是有声誉的雇主通过国际金融机构（亚洲开发银行或世界银行）为项目融资
M7	向当地公众和政府出售股票以获得他们的支持
M8	在合同中明确有关延期付款和相应补偿条款
M9	与放贷银行签订固定利率贷款合同
M10	采用尽可能多的当地产品和员工以降低成本
M11	与材料和设备供应商签订固定价格或预先确定价格的供应合同
	D1：设计不当风险
M1	进行项目前期规划以减少设计错误
M2	采用设计—建造合同，以保证承包商根据现场条件合理设计，从而减少设计和图纸争议
M3	在合同中设置调整条款以审查设计和可建造性
M4	购买设计责任保险
M5	在施工阶段之前进行全面的场地勘察
M6	在合同中明确有关施工延期的条款
M7	安排至少一个独立工程/建筑咨询公司对设计图纸进行评估和审查
	D2：低生产率风险
M1	采用适当的质量控制流程
M2	安排好场地以最大限度地提高生产率
M3	进行概率和敏感性分析
M4	采用适当的安全控制计划
M5	与当地合作伙伴共同评估计划以决定变更
M6	在项目进度计划中考虑天气的影响
M7	采用新的建造概念/思想，如精益建造（Lean Construction）、即时采购与运输（JIT, Just In Time）和全面质量管理（TQC, Total Quality Management）等，以减少建设过程中的变更和返工
M8	适当基准化和监控建造活动

续表

措施代号	风险代号：风险简称及其主要应对措施
	D3：现场安全风险
M1	确保建造和运营各环节符合检查要求并满足主管部门的要求
M2	购买第三方保险以保护公众和员工获得赔偿
M3	认真学习并严格、有效地实施当地有关安全管理法规
M4	采用适当的安全控制程序、管理系统，监管、激励和预防措施
	D4：质量控制不当风险
M1	采用适当的质量控制程序、监管和激励措施
M2	与当地合作伙伴共同评估计划以决定变更
M3	实施 ISO9000 标准并获得认证
	D5：项目管理不当风险
M1	聘用有能力的项目管理团队
M2	聘用有双语能力的当地员工
M3	明确定义每个员工的工作内容和职责
M4	在合同中明确冲突和争端解决条款以及应对雇主造成延误的工期延长条款
M5	在合同中明确"通知"的规定和提前通知时间
M6	在合同中明确应对雇主造成的工期延长和额外支付条款
	E1：环境保护风险
M1	采取严格的控制污染措施
M2	聘用当地和国际的污染控制专家
M3	遵守国际和/或当地的环境法律、标准和规定
M4	在合同中加入对目前污染情况（进行调查以了解现状）的免责条款
	E2：公众偏见风险
M1	遵守当地和国际社会的民事法规和标准，尊重当地的社会和文化价值观
M2	在公众面前维持一个好的声誉和形象
M3	对参与提高贫民生活条件的有声誉的非政府组织提供捐助
M4	积极参与公共关系和慈善活动
	F1：知识产权风险
M1	在员工聘用合同中设置限制性（保证）条款
M2	运用当地法律获得保护，打击对保密信息的非授权使用
M3	确保当地合作伙伴明白拥有知识产权专有权的优点，即利用占股份的形式保护知识产权
M4	限制技术转移合同的时间
M5	谈判技术转移数量和速度
M6	确认当地是否有一套适当的知识产权保护体系可保护重要的知识产权如商标、专利或版权
M7	坚持把可信赖的人安排在联营体中的关键位置上
M8	对所有关键员工进行知识产权保护培训

续表

措施代号	风险代号：风险简称及其主要应对措施
	G1：不可抗力风险
M1	由于不可抗力原因而不能履行合同责任的一方应在合理的时间内通知另一方
M2	获得当地政府允许调整收费和延长工期的保证
M3	购买所有可保险的不可抗力风险保险
M4	获得当地政府对在需要时提供财务帮助的保证
M5	在合同中设置因意外而引起延误的调整条款
	H1：市场需求风险
M1	聘请有声望的第三方咨询公司预测市场需求
M2	进行详细严密的市场需求调查
M3	与当地政府高级官员、当地权贵例如有钱人和政治家保持良好的关系和联系
	H2：竞争风险
M1	进行市场调研并获得竞争者/项目的准确信息
M2	尽可能多地采用当地产品和员工以降低成本
M3	与当地政府机构达成协议以减少或免除进口清关手续
M4	与当地政府高级官员、当地权贵例如有钱人和政治家保持良好的关系和联系

风险减轻措施计划见表 21-7 所列。

风险减轻措施计划 表 21-7

风险名称：		日期：	发布编号：		发布者：
风险类别/索引			风险承担者：		
风险评估		概率	成本	时间	其他，如环境/健康/安全等	总评分
	当前的状况					
	预期的状况					
风险描述：						
风险减轻计划：结束日期/时间			采取措施人：			审查关卡/里程碑
评论：						

第22章 风险动态跟踪

22.1 动态跟踪流程

工程项目风险动态跟踪流程如图 22-1 所示。

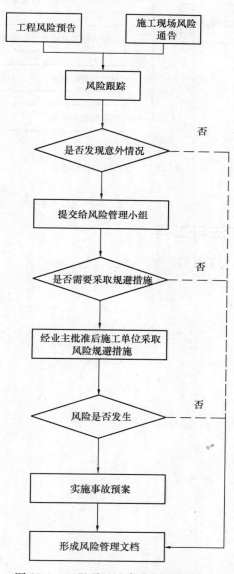

图 22-1 工程项目风险动态跟踪流程

22.2　跟踪的依据

风险跟踪的依据如图 22-2 所示。

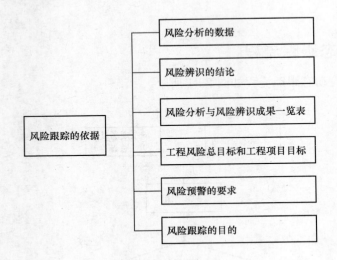

图 22-2　风险跟踪的依据

22.3　跟踪的方法与工具

风险动态跟踪的方法与工具如图 22-3 所示。

第 22 章 风险动态跟踪

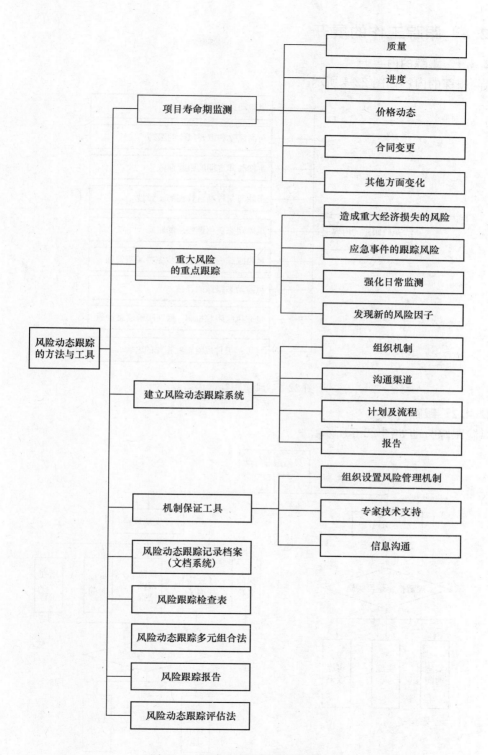

图 22-3 风险动态跟踪的方法与工具

22.4 跟踪工作的展开

22.4.1 跟踪的内容

风险跟踪的内容如图22-4所示。

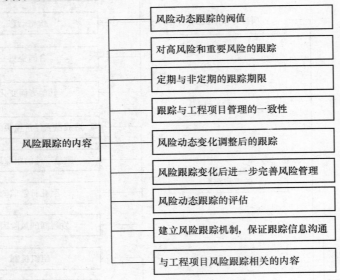

图22-4 风险跟踪的内容

22.4.2 跟踪行动

风险跟踪行动如图22-5所示。

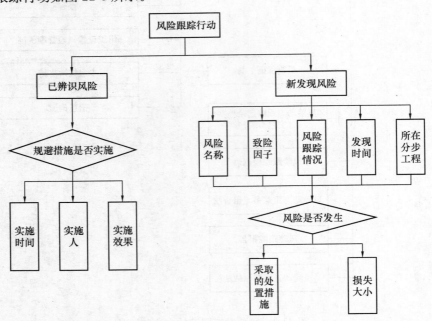

图22-5 风险跟踪行动

22.4.3 动态跟踪系统

风险动态跟踪系统如图 22-6 所示。

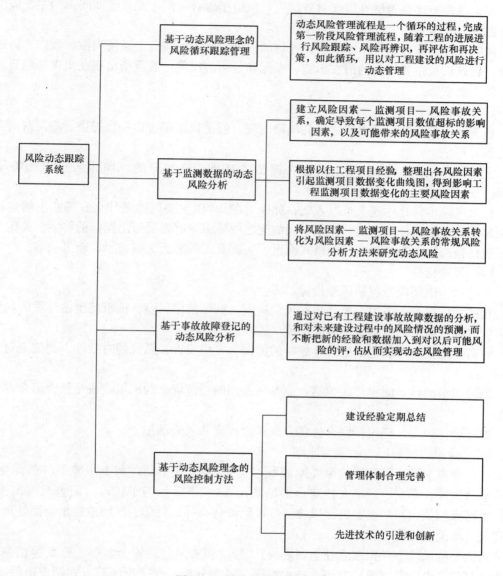

图 22-6 风险动态跟踪系统

22.4.4 风险报告

1. 风险报告的组成部分

（1）损失

信用风险、市场风险和运营风险造成的损失，应该系统地列入数据库，并在风险报告中作总结。

数据库记录损失的细节，但只将整体亏损和重大趋势报告给高级管理人员。风险报告要强调某一个临界点上的特定风险，以及与合同额或营业额有关的总亏损。公司还应该跟踪针对预期或预算水平的实际损失。

(2) 事件

无论风险事件是否已经引起财务损失，风险报告必须汇报此报告期间内的主要风险事件全过程。

风险事件可能包括一个主要客户账目的损失、政策的违背、系统失败、欺诈、诉讼及其他。应该汇报主要事件的潜在影响、根源和公司的反应，着重指出正在出现的趋势或者事件的主要状态。

(3) 管理层评估

损失和事件反映的是出事之后的风险表现，但是风险报告还应该提供管理层对潜在风险的预先评估。

上述讨论的风险概念应该是这一评估的基础。这部分的风险报告应该回答下列问题：

什么风险事件让你晚上难以入眠；你面对的 10 项主要风险是什么？哪些不确定性可能阻碍工程项目目标的实现？这些不同的问题应该引导管理层得出同样的答案。关键的风险还包括新市场、新工程或管理模式面世、关键员工的离去、新技术、新工法等。

(4) 风险指标

风险报告中还应当包括风险指标。

这些指标揭示业务的主要趋势和风险程度，例如信用风险、按市场价格计算的利润及损失，以及合同交易业务中的风险价值（VaR）。

运营风险指标可能包括处理业务时的错误、客户投诉、系统的时效性、询证未对平的账目。

风险回报的计量测定可能包括：业务所占用的经济资金的回报，或是投资组合方式的比率。

如联合体经营，还包括联合体各方的风险程度和风险承担。

2. 风险报告撰写形成的基本原则

(1) 实事求是，回复风险事件原貌状态；(2) 一丝不苟，调查风险事件的原生态；(3) 坚持领导、专家、当事人相结合的原则；(4) 排除一切干扰，由调查组提出报告；(5) 按国家相关法律和规定进行风险事件风险评估；(6) 科学、准确地提出全面处理意见和建议、结论及教训等。

对大型的风险事件拟成立独立调查组。"独立调查组包括安全监督、监察等相关单位的多个部门在内，通过现场勘测、技术取样、科学分析、专家论证等方式调查事件真相。要得出一个实事求是的、经得起历史检验的结论。调查处理（事件）一定要对人民负责，无论是机械设备问题，还是管理问题，以及生产厂家制造问题，都要一追到底。如果在查案过程中，背后隐藏着腐败问题，我们也将依法处理，毫不手软"（温家宝语 2012 年于高铁事件）。

第 23 章 风 险 监 控

23.1 监控依据

风险监控的依据如图 23-1 所示。

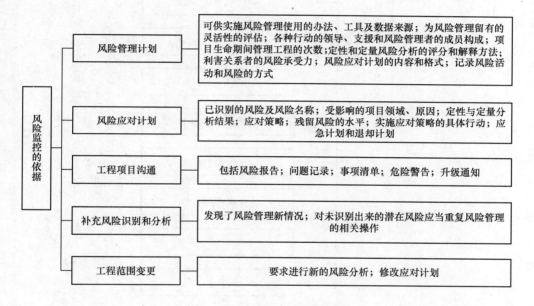

图 23-1　风险监控的依据框图

注：
(1) 在 VaR 已知晓的情况下，为整体风险监控提供了更为准确可靠的基本工具。所谓风险值是指在既定容忍水平下，市场情况最坏时，投资组合最大的不可预期损失。风险值是由损失分配到形态、信赖水准与变异程度所决定。
(2) EaR 可以度量风险对于公司收益的影响。杜邦公司选择了风险收益法（Earningsat Risk，EaR），这种方法可以度量风险对于公司收益的影响，把风险控制在一个具体的风险偏好水平。

上述方法，已成为风险计价工具。确定风险与收益的平衡关系及预期水平，用收益作为风险度量指标更加直观些，展现性比较突出。在工程项目的风险监控过程中，可考虑使用。

监控风险期间需考虑的其他迹象如图 23-2 所示。

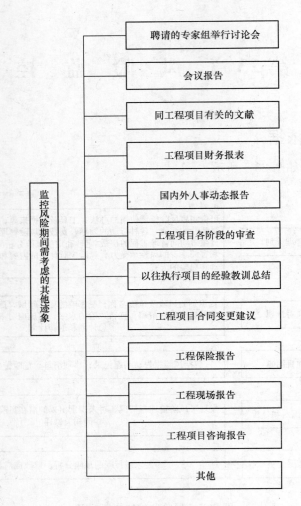

图 23-2 监控风险期间需考虑的其他迹象

23.2 监控方法

风险监控的方法及措施如图 23-3 所示。

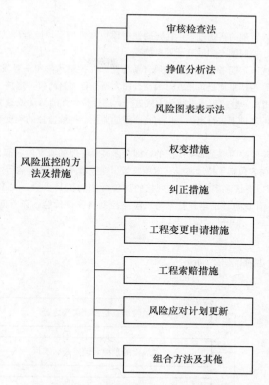

图 23-3　风险监控的方法及措施

23.3　监控工作的展开

23.3.1　监控内容

风险监控的主要内容如图 23-4 所示。

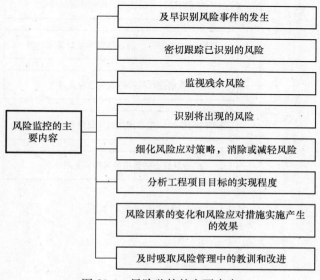

图 23-4　风险监控的主要内容

注:

(1) 为有效地监控全面风险管理的实施过程,其辅助性手段也常常用于风险管理的操作中。包括:经常性检查、常态化观察、管理考评、审计、控制调查和风险计划反馈等。

(2) 对操作也要进行定期或不定期考评。考评必须有系统性。在控制风险中一旦发生资产消耗,必须进行成本/效益分析,以判断风险与成本是否持平或是负量?对大型、超大型工程项目而言,这是一项必不可少的重要工作。

(3) COSO 内部控制框架指出,监控可通过两种方式进行:通过持续性的活动或独立的评估。在某种程度上,内部控制系统通常在一种持续性的基础上进行组织,以实行有效的监控。持续监控的程度和有效性越强,独立评估的需求就越少些了。

(4) "3C 框架"认为,风险监控内容是非常广泛的,即全面风险管理的所有内容都在监控范围之内,全面风险管理什么就得监控什么。其主要内容包括了持续监督、专项监督、业务单元或流程监督等。

(5) 监控的方式方法,可以有许多多元化、系列化的评价方法和工具手段。视工程项目情况而定。如:过程流程图法、风险与控制矩阵、计算机辅助审计技术、风险与控制自我评价会、调查问卷法、现场观察法、穿行测试法等。

23.3.2 控制要点

风险管理控制要点如图 23-5 所示。

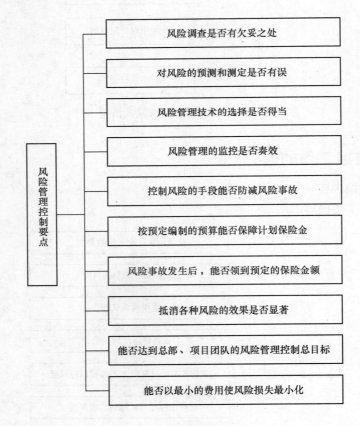

图 23-5 风险管理控制要点

23.3.3 内部监控基本因素

内部监控的基本因素如图 23-6、图 23-7 所示。

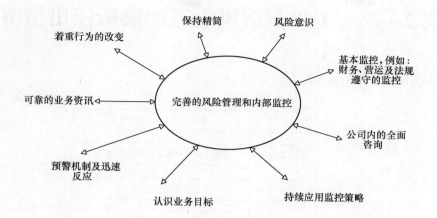

图 23-6　完善的风险管理和内部监控的基本因素
改编自英格兰及威尔士特许会计师公会的　Imp Iementina Turnbull-A

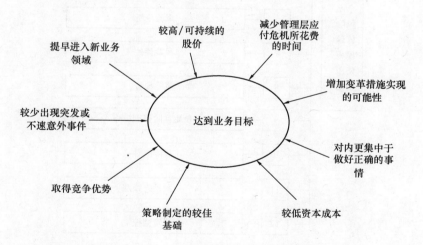

图 23-7　有效的风险管理和内部监控的潜在优点
改编自英格兰及威尔士特许会计师公会的　Imp Iementina Turnbull-A

第 24 章 工程全面风险管理模板使用指南

工程全面风险管理模板使用指南如图 24-1 所示。

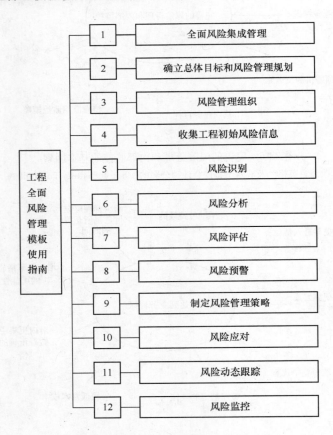

图 24-1 工程全面风险管理模板使用指南

24.1 全面风险集成管理

工程全面风险集成管理将工程视为一个整体,从工程所处的环境,以及各种内外联系的角度,识别、分析和评价工程各参与者所遇到的各种风险,并制定和实施相应的策略。集成管理要求在工程的整体上有统一的管理方针、制度和应对战略。要求工程的决策者从一开始就动员所有参与者识别工程的各种潜在风险。

就世界发达国家而言,现在已经有了许多成熟的风险识别、分析、评价和应对的技术和理论、方法,可供我们的企业针对具体的工程,通盘考虑工程的各个方面之后采用。

本指南介绍了全面风险集成管理的步骤,以框图形式,说明了全面风险集成管理的基本原则以及实施过程;接着,就是全面风险集成管理的要素和具体内容;最后,以多个实例形式,帮助读者进一步体会全面风险集成管理的精髓。

24.2 确立总体目标和风险管理规划

确立风险管理规划总体目标如图 24-2 所示。

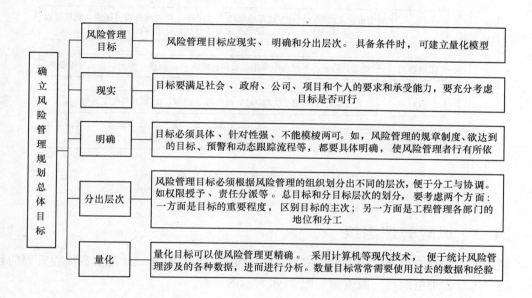

图 24-2 确立风险管理规划总体目标

风险管理规划是项目管理的重要组成部分,决定着项目管理的成功与否。项目风险管理规划可以使决策者从整体上了解和把握工程项目实施过程各个环节上潜在风险及其变化趋势,预先部署,可以有效地降低风险可能带来的损失,提高工程成功的可能性。

在项目风险管理总体目标中,介绍了制定风险管理总体目标的依据、确定总体目标的原则与要求和制定风险管理总体目标的步骤,此外,还给出了两个制定风险管理总体目标的实例。

在项目风险管理规划中,详细说明了风险管理规划的依据、方法和技术,以及具体需要做的工作。在这之后,也给出了风险管理规划的实例,使读者更切身地感受到风险管理规划的重要性。

风险管理规划的具体内容如图 24-3 所示。

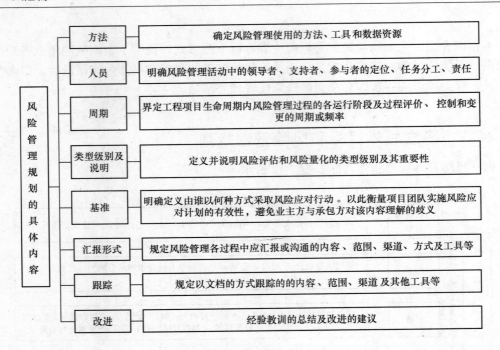

图 24-3 风险管理规划的具体内容

24.3 风险管理组织

建立合理的风险管理组织，根据内外环境的变化适时地调整，才能实现风险管理的目标。建立风险管理组织，一般遵循如图 24-4 所示的原则。

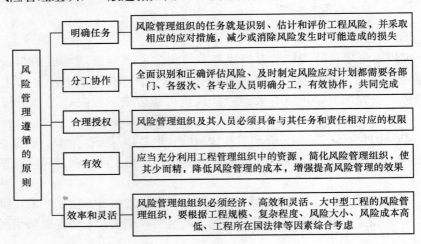

图 24-4 风险管理遵循的原则

本章详细地阐述了风险管理组织设计原则、注意要点、必要的活动、沟通与协调、风险意识的培养、整体监督框架、职能与职责分工等方面，并列举了若干实例，供读选用。

24.4　收集工程初始风险信息

为实施全面风险管理，必须随时收集与工程风险和风险管理有关的内外部信息，包括历史数据和未来预测。收集信息的分工应落实到有关职能部门和人员。主要的信息有：战略、财务、市场、运营和法律五个方面。收集信息和资料时，不仅要收集本企业和本行业内的资料，还特别要注意广泛收集国内外其他企业因风险管理不善而蒙受损失的资料和信息，供本工程风险管理使用。对收集到信息和资料必须进行筛选、提炼、对比、分类和组合。

收集工程初始风险信息还要在风险来源上下工夫，特别是将自然风险和人为风险成为关注点。所谓自然风险是指由于自然力的作用，造成财产损毁或人员伤亡的风险。有些是不可抗拒的。人为风险则指由于实施工程合同的人为活动而产生的行为、经济、技术、政治和组织方面等风险。行为风险是指个人或组织的过失侥幸、疏忽大意、恶意、违规操作等造成的风险。经济风险是指由于工程项目经营管理不善所导致的重大经济损失和社会关系影响。技术风险是指伴随科学技术的发展而来的风险，如核辐射风险、新材料新设备风险、新的管理模式等。政治风险是指由于政权更替、战争、内乱、政局动荡而造成财产损失和人员伤亡。组织风险是指由于工程项目参与方关系不协调以及其他不确定性因素而引起的风险。

国务院国资委对风险信息的收集非常重视，风险信息的多元化、准确性、可靠性对分析、化解和应对工程项目的全面风险管理的作用是至关重要不可逾越的一环。为此，该章不但介绍收集初始风险信息的流程、原则、一般方法，以及开展工作的步骤，还以框图形式详细说明了工程承包企业收集初始风险信息的要素和各种主要风险的具体内容，使其一目了然，便于读者使用。

24.5　风险识别

风险识别是贯穿于工程实施全过程的风险管理过程。风险识别是事先分析和预测，即在工程开始前，就要确定风险因素和影响范围，是全面风险管理的第一步。

风险识别包括识别工程内部及外部风险。内部风险指工程承担者能够承受、控制和施加影响的风险，如管理分工和费用估算等。外部风险指超出工程承担者承受和控制能力，或无法施加影响的风险，如经济状况或政府行为等。

任何可用于识别潜在问题的信息都可用于风险识别，信息有主观和客观两种。客观信息包括企业过去的记录、有关当前在手工程进展情况的文件，如工程文档、计划分析、需求分析、技术性能评价等。专家的经验和判断属于主观信息。

本章主要有风险识别的流程、依据、具体方法、具体步骤、具体工作内容和成果等，还列举了风险文件、风险登记表等实例，如某承包商风险识别流程中的七大类别、37个子项、12个小项等，供读者参考。

专家认为，按事故后果严重性程度将风险划分为四个等级比较符合工程实际，如图24-5所示。

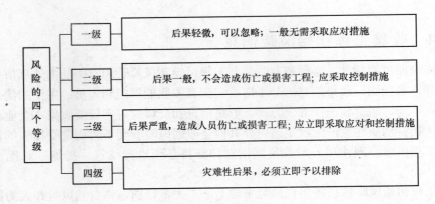

图 24-5　风险的四个等级

判断风险级别亦可利用风险图，风险图可以显示潜在风险的相对重要性，以便风险管理者对工程项目把握全局，作出准确无误的科学判断和最终决策。

24.6　风险分析

风险分析是风险管理中的连续性、不间断、可持续的动态过程，在工程项目生命周期内任何一个阶段进行。在识别工程各种风险之后，需利用各种模型，分别度量各种风险，即度量风险后果的严重性和可能发生的频率，进而确定各种风险的相对重要程度及概率分布。

风险分析的主要内容是回答以下问题：

工程项目风险的确定性是什么？

这些风险所造成的损失的概率有多大？

若产生实际损失，需要付出多大的代价？

如果出现最不利的情况时，最大的损失为多少？

如何才能减少、降低或消除这些可能的损失？

如果改用其他方案，是否会带来新风险或二次风险？

在此基础上，能否提供行动路线或可供选择的多元化方案？

在明确风险模型及概率分布之后，即可进行风险估计，目的是运用各种定性和定量风险分析模型估计识别出来的风险、预测风险事件发生的可能性和可能的后果大小，列出主要风险，为评价某一类风险或整个项目的风险以及制定风险应对计划、进行风险监控提供数据。

以图表、框图、模型等形式说明风险分析的流程、依据、方法、具体步骤、具体工作内容和成果，便于读者使用。

24.7　风险评估

风险评估是风险决策的基础，是反复多次的过程。风险分析、风险应对和风险控制都有这一过程，目的是综合和评价工程中各单个风险，从而作出决策和判断，是全面风险管理的重要组成部分。

风险评估使用定性和定量方法，或者将两者结合起来，以便从整体上把握工程风险。本章介绍风险评估的流程、依据、评估方法、评估工作开展步骤和具体工作内容等，还以实例说明了风险评估的内容、使用的表格等。

风险评估，应对风险概率可能性的评估，风险数据精确性、可靠性的评估等给予关注，亦是风险评估的重要意义。

案例中列出了欧洲高速铁路工程的风险类别、控制风险的技术、预警系统、应急计划、风险管理要素、项目管理的改进，以及有效的驾驭风险等各个方面，供读者参考。长江隧道工程的动态管理过程，具有可操作性，值得同行们结合本单位的工程项目—学并作出风险动态的管理模型。

COSO《企业风险管理——整合框架》中指出："决定应该在多大程度上关注对主体所面临的一系列风险的评估很困难，而且具有挑战性。"这表明，风险评估是一个比较宽泛的概念。大部分人认为，在优先排序中应当考虑，一是如果风险已成为事实它的影响度；二是如果不把问题提出来进行处理，它发生的可能性。

《企业风险管理》：风险评估就是对确认后所存在的风险作进一步的分析及量度，而后再做深化处理，即控制到可以接受的风险水平。

评估的内容除一般性、常规性外，应特别注意对评估敞口型风险、风险危害性程度、灾难性风险发生概率等予以充分性关注和进行有益性探索。

24.8　风险预警

风险预警，是度量某种状态偏离预警线的强弱程度，发出警戒信号的过程，是全面风险管理的十分有效的工具。其意义是未雨绸缪、风险的责任感、风险的担当量。设立风险预警系统（Project Risk Early Warning System，简称 PREWS）就是度量工程实施过程中某种状态偏离预警线程度、发出预警信号并提前采取防范措施的系统。该系统是工程管理者建立风险评估体系、进行风险控制，预防和化解风险，将风险可能造成的损失降到最低程度的有效手段。预警的特点是：

警示：通过风险预测，按照预警规则及时输出相应的信息或发出警告，以引起风险管理者的警觉。

提前：风险管理强调预先防范，与"事后诸葛亮"的管理办法完全不同。

系统：风险预警系统需要收集和处理工程各阶段的风险信息，输出明确、可靠、易接受的综合信息。

及时：预警系统是连续性跟踪系统，需要不断更新和改进，确保预警敏感、准确。

预报和预警的目的是为了控制风险，需要建立一套合理的预警指标，为风险评估预警指标选定合理的区间。

风险预警系统是风险管理极为关键性、技术性的不可忽视的一环。本章以框图和图表形式介绍风险预警的流程、方法、具体步骤、成果、预警系统的运行等内容，便于读者理解和使用。

24.9 制定风险管理策略

风险管理策略指从企业发展战略上,根据具体工程内部和外部环境,确定风险偏好、风险承受力、风险管理标准,选择风险承担、风险规避、风险转移、风险转换、风险对冲、风险自留、风险分担、风险分散、风险分配、风险补偿、风险控制等适合的总体风险应对策略,并确定配置风险管理所需各种资源的原则。

风险管理策略应反映企业愿意承担哪些风险,这些风险的最低和最高限度,以及由此确定的风险预警线和准备采取的相应对策。

附录中列出了适合工程不同阶段的风险应对技术、手段、工具和方法,以及风险管理的总体策略。如 FIDIC 合同条件中的风险责任分配。特别是在国际工程中风险管理策略的取舍与否对工程项目的影响很大。

本章详细介绍了常用的风险管理策略及其各种组合,以表格的形式列举了风险对策和方法,又在案例中都有独特的针对性措施,以便风险管理者根据工程的具体状态、管理者风险偏好以及风险承受能力选用。

24.10 风险应对

风险应对计划是根据风险识别、分析和评估结果,制定应对措施的过程,其目的是为了提升实现工程目标的机会、减低对这些目标的威胁。工程风险应对计划必须合理、充分、具体。包括:

工程风险管理计划和风险清单一览表;

掌握工程风险项目的特点,这是制定风险应对策略的主要根据;

工程主体抗风险的能力是基础,包括风险管理者承受风险等心理能力、工程主体提供资源的能力等,这是应对措施选择的基础;

工具是工程风险分析资料,包括风险因果关系分析资料、风险最大损失值计算资料、风险动态趋向分析等,这对风险成本影响比较大;

可供选取的应对措施,这是制定风险应对计划的重要工作之一。如存在多种选择,则应当通过比对选择最优和高效的应对方案。

制定风险应对计划必须考虑风险事件的严重性、应对风险所花费的成本有效性、采取措施的适时性以及对工程环境的适应性等。风险应对计划一般要提出多个应对措施,并从中选出最优的措施,但由于工程环境的多变,也可将几个可行的应对措施列入应对计划,在将来实际发生风险事件时再根据当时情况选择合适者。风险应对措施包括风险回避、风险自留、风险转移和风险减轻。风险减轻又分为预控、应急、挽救和分离;风险转移又可分为财产或活动转移、合同转移、保险与补偿措施。

风险应对中,对保险的充分运用,值得研推。工程项目合同实施的总分包、分包等对降低风险的意义比较重要。还有注意选择风险应对计划时的二次风险的发生问题,即采取应对规划所带来的新风险。权变措施是指对以往未曾识别或被动接受的风险采取未经计划的应对措施,此点更应慎之又慎,如对残余风险的处理等。对风险应对都应有个应急计划和备用策略以及一定的风险应对储备。

这一章首先介绍风险应对规划，然后说明风险应对的具体内容，以大量篇幅，从不同侧面和视角列举了风险应对办法、应对国内外风险特别是国际工程主要风险的具体措施和实例，供读者参考和选用。

24.11　风险动态跟踪

风险动态跟踪就是在实施风险应对措施的过程中对风险和风险因素的发展变化的观察和把握，目的是跟踪已识别的风险，监视残余风险和识别新的风险，并在实施风险应对计划后评估风险应对措施对减轻风险的效果。

动态风险监测主要依据风险管理计划、风险应对计划、附加的风险识别和分析及项目变更，采用的方法和工具包括风险应对审计、核对表、风险定期审核、增值分析、技术效果测量、附加风险应对计划和独立风险分析（风险管理咨询机构分析）等，得出应变措施、纠正措施、变更申请、应对计划更新、风险数据库、风险登记表更新等成果。

风险管理是动态过程，特别是在 BOT 和 EPC 类的合同数额巨大、工程工期长、风险类别多的大型工程中，风险动态跟踪更显重要。

本章主要介绍风险动态跟踪的依据、内容、基本流程以及编制风险报告的主要内容，便于读者直接运用。

24.12　风险监控

风险监视与控制是风险管理的重要环节，其目的就是在风险监视的基础上，实施风险管理规划和风险应对计划，并在工程情况变化时，重新修正风险管理规划或风险应对措施。该项工作与风险监测在制定风险计划后同步进行，并贯穿工程的始终，最后随着工程的结束而结束，两者相辅相成，相互交替。风险监视给风险控制提供实施风险应对措施的时间，风险控制则给风险监视提供监视内容。风险监控主要具体内容和活动如图 24-6 所示。

本章介绍了风险全过程监视与控制，确保风险管理达到预期目标，对风险管理的控制要点、风险管理控制的主要内容、风险监控的现代化方法和措施、风险内部监控的基本因素等内容，力求读者能够运用自如。

小结：

工程项目全面风险管理是一项十分重要关键性的工作，关系到企业战略目标或工程项目团队实施合同目标的实现。著名的美国 COSO 委员会 1992 年颁布的《COSO 内部控制框架》和 2004 年颁布的《COSO 全面风险管理整合框架》，从理论到实践，以务实、可操作的功能，比较系统、全面、流程化地给出企业风险全面管理这一重大课题的许多启迪、答案和指导性的实用价值。

图 24-6 风险监控主要具体内容和活动

24.13 EPC/T 工程总承包模板总框架及总承包文件一览表

1. 模板总框架结构

EPC/T 工程总承包框架结构如图 24-7 所示。

2. EPC/T 工程总承包文件包目录表

（1）EPC/T 交钥匙工程项目设计管理见表 24-1 所列。

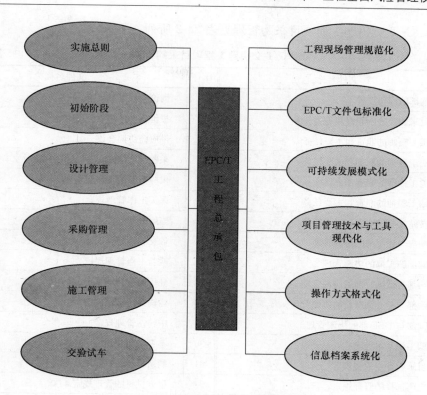

图 24-7　EPC/T 工程总承包框架结构

EPC/T 交钥匙工程项目设计管理　　　　　　　　　　　　　表 24-1

序号	文件名称	序号	文件名称
1	设计部的岗位设置	19	设计开工报告
2	项目设计经理的职责和主要任务	20	设计输入管理
3	专家组的职责和主要任务	21	设计输出管理
4	审查人的职责和主要任务	22	设计基础资料的管理
5	专业负责人的职责和主要任务	23	设计数据的管理
6	审定人的职责和主要任务	24	设计标准、规范的管理
7	审核人的职责和主要任务	25	项目设计统一规定
8	校对人的职责和主要任务	26	设计进度控制管理规定
9	设计人的职责和主要任务	27	设计费用控制管理规定
10	现场设计代表的职责和主要任务	28	设计文件会签管理规定
11	设计部与控制部的协调管理	29	设计评审管理
12	设计部与采购部的协调管理	30	设计验证管理
13	设计部与施工部的协调管理	31	设计确认管理
14	设计部与试运行部的协调管理	32	设计成品放行、交付和交付后的服务
15	设计部与 HSE 部的协调管理	33	设计变更管理
16	项目设计协调程序	34	设计材料请购文件编制规定
17	项目设计计划编制规定	35	设计文件控制程序
18	设计开工会议	36	设计完工报告编制固定

(2) EPC/T 交钥匙工程项目采购管理见表 24-2 所列。

EPC/T 交钥匙工程项目采购管理 表 24-2

序号	文件名称	序号	文件名称
1	采购部的岗位设置	18	询价文件编制规定
2	项目采购经理的职责和主要任务	19	报价文件评审管理规定
3	采买工程师的职责和主要任务	20	供应商协调会议
4	催交工程师的职责和主要任务	21	采购合同格式和签约授权固定
5	检验工程师的职责和主要任务	22	供应商图纸资料管理规定
6	运输工程师的职责和主要任务	23	采买工作管理规定
7	中转站站长的职责和主要任务	24	当地采购管理规定
8	采购部与控制部的协调管理	25	催交工作管理规定
9	采购部施工部的协调管理	26	检验工作管理规定
10	采购部与试运行部的协调管理	27	驻厂监造管理规定
11	采购部与中心调度室的协调管理	28	运输工作管理规定
12	采购部与 HSE 部的协调管理	29	中转站管理规定
13	采购工作基本程序	30	不合格品控制管理规定
14	项目采购计划编制规定	31	剩余材料的管理规定
15	供应商选择的管理规定	32	甲方供材的管理规定
16	合格供应商管理规定	33	采购文件控制程序
17	采购说明书编制规定	34	采购完工报告编制规定

(3) EPC/T 交钥匙工程项目施工管理见表 24-3 所列。

EPC/T 交钥匙工程项目施工管理 表 24-3

序号	文件名称	序号	文件名称
1	施工部的岗位设置	12	现场施工前的准备工作管理规定
2	项目施工经理的职责和主要任务	13	施工进度管理规定
3	工程管理工程师的职责和主要任务	14	施工费用管理规定
4	施工技术管理工程师的职责和主要任务	15	施工质量管理规定
5	现场材料管理工程师的职责和主要任务	16	施工 HSE 管理规定
6	施工部与控制部的协调管理	17	施工分包管理规定
7	施工部与试运行部的协调管理	18	现场设备材料的管理规定
8	施工部与 HSE 部的协调管理	19	施工变更管理规定
9	各阶段施工管理内容	20	施工文件控制程序
10	项目施工计划编制规定	21	施工完工报告编制规定
11	施工组织设计编制规定		

（4）EPC/T 交钥匙工程项目试运行与验收管理见表 24-4 所列。

EPC/T 交钥匙工程项目试运行与验收管理 表 24-4

序号	文件名称	序号	文件名称
1	试运行部的岗位设置	10	试运行准备工作规定
2	项目试运行经理的职责和主要任务	11	单机试运行管理规定
3	试运行工程师的职责和主要任务	12	中间交接管理规定
4	试运行培训工程师的职责和主要任务	13	联动试运行管理规定
5	试运行安全工程师的职责和主要任务	14	投料试运行管理规定
6	试运行服务管理规定	15	试运行文件控制程序
7	试运行计划编制规定	16	试运行完工报告编制规定
8	试运行方案编制规定	17	项目验收管理规定
9	培训服务管理规定		

3. EPC/T 工程总承包的特点

唯一特性：MEPCT 一体化。其中：M 指项目经理；E 指工程设计；P 指设备、材料、物资采购；T 指试车运行。

典型特征：一体化的工程管理公司。指咨询服务、融资、设计、采购、施工、试车、培训、物业等全方位服务。

4. EPC/T 工程总承包的主要优势

（1）经济效益及投资回报率高；

（2）又好又快地完成工程总承包合同；

（3）设计与施工互相介入，融合密切，便于协调；

（4）组织管理系统科学化、便利化；

（5）能够实现一体化、可持续发展效应。

第 25 章 工程项目风险管理案例及简析

25.1 案例评价方法

本册中，列举了类型不同的案例供读者参照，为全面理解案例的风险评价评估，兹将案例评价评估常用的几种方法，如图 25-1 所示。

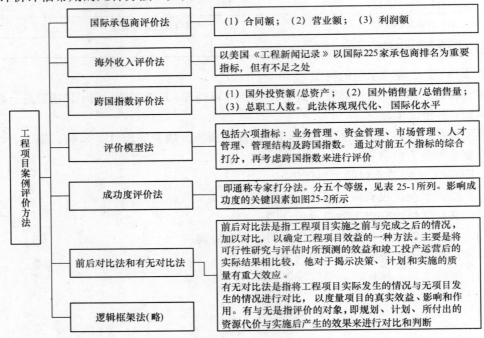

图 25-1 工程项目案例评价方法

工程项目成功度等级标准表　　　　　　　　　　　　　　　表 25-1

等级	内容	标准
1	完全成功（A）	项目的各项指标已全面实现或超过；相对成本而言，项目取得巨大的效益和影响
2	成功（B）	项目的大部分目标已经实现；相对成本而言，项目达到了预期的效益和影响
3	部分成功（C）	项目实现了原定的部分目标；相对成本而言，项目只取得了一定的效益和影响
4	不成功（D）	项目实现的目标非常有限；相对成本而言，项目几乎没有产生正效益和影响
5	失败（E）	项目的目标是不现实的，无法实现；相对成本而言，项目不得不终止

（1）投标报价：关键点在于仔仔细细地现场考察、认认真真地进行评估、过细负责地组价。绝对不容许有对此草草率率、马马虎虎、仓仓促促、模模糊糊的行为发生。

（2）工程项目合同管理：是实施合同条件的核心和精髓，承包方必须注意。

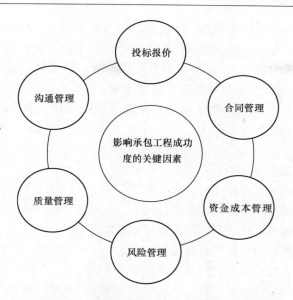

图 25-2　影响承包工程成功度的关键因素

（3）资金成本管理
（4）风险管理：包括工程项目的生产安全。
（5）质量管理
（6）沟通管理

25.2　案例及简析

案例一览表见表 25-2 所列。

案例一览表　　　　　　　　　　　　　　　　　表 25-2

案例一	Y 国 S 市住宅项目
案例二	某国商住大楼项目
案例三	利用卖方信贷（D+B）的苏丹某大桥项目
案例四	欧洲某工程项目风险估计实例分析
案例五	某工程设计项目风险管理实例
案例六	某国 BOT 工程项目风险因素分析及对策一览表
案例七	Y 国卡马郎加火力发电站 3×350MW 工程总承包项目管理
案例八	A 国 LNG 水工工程项目风险分析
案例九	千岛湖环城公路混凝土拱桥工程风险管理

案例一　Y 国 S 市住宅项目

1. 项目概况

S 市住宅城工程总计为 644 套住宅。建筑面积为 8.05 万 m^2，该工程建于市哈达路南侧，占地 24hm^2。地势平坦，交通便利。住宅城小区内规划有小学、清真寺、儿童公园、商业网点等设施。

该项目承包内容：包括地质勘探、住宅设计、采购与施工及维修全过程，属交钥匙工程，按二层楼房设计，先建一层。建筑结构为钢筋混凝土独立基础，地梁型现浇钢筋混凝土墙板和顶板，房顶四周设高 60cm 带花格女儿墙，防水层采用一毡二油沥青油毡，上铺厚 2～7cm（平均）素混凝土压毡层保护并找坡排水。

工程总工期为 x 年，分期分批办理交工并交付房主使用。前 500 套工程的合同工期 741 天，合同维修期自初交之日起一年。

工程合同概况：

雇主：原 Y 国国家住宅银行。

总承包：原中国××工程公司。

设计单位：原中国××科学研究院设计所。

勘察单位：原中国××科学研究院勘察技术研究所。

分包单位：原陕西分公司和宁夏分公司。

咨询监理：原该国国家住宅银行技术委员会。

该项目首次签约 350 套住宅，而后又陆续签约增加 50 套、签约增加 100 套，一年后又四次签约增加 140 套，实际施工过程中略有修改，总承包数为 644 套住宅。总合同额，折合美元 3640 万，全部以当地币支付。前 500 套住宅为免税工程，后 141 套住宅为上税工程。合同规定前 500 套住宅工程的施工设备、剩余物资可以在后续的 141 套工程中使用。为前 500 套住宅施工的人员也可以留在后续的 141 套工程中施工。

本项目资金来源由原国家住宅银行与 Y 国住宅合作社采用集资方式筹集。

预付款比例为合同价 15%。

2. 风险因素辨识与评估

（1）风险因素辨识

1）政治风险

① 政局基本稳定，时有国际纠纷。自 20 世纪 80 年代初，发现在其东部边境沙漠地带蕴藏有天然气以后，开始进行石油勘察与开发。由于边境开发石油纠纷，与周边国时有摩擦。

② 办事效率低下，法制不健全，Y 国是一个经济不发达的国家，政府部门整体工作效率低下，为了疏通关系就需要结交朋友，送礼品、送红包等，有些环节不送礼就办不成事，收礼的胃口也越来越大。

2）经济风险

① 经济较困难，主要靠外援。该国经济来源主要靠产油国援款和外出中东劳务侨汇，收入脆弱，沙特阿拉伯的援款占据很大比例，时与沙特关系出现僵局时导致援款和侨汇减少，经济状况十分困难。

② 工程款支付迟缓。由于工程款付款手续繁琐，且雇主资金不能全部到位，工程款的支付有拖延，风险比较大。

③ 对工程项目所在国的承包合同条例及其习惯做法、当地的各种法规、税种税率不了解不熟悉，是个很大的难题和风险。

3）工程自然条件风险

工程项目所在地，海拔 2400 公尺，一般气温 10～25℃，冬季最低气温零下 5℃气压较低,高血压和心脏病患者不适于在此地工作。

4) 主要材料供应风险

当地主要建筑用砂价格便宜,但粒度小,含泥量偏大,当地盖房普遍采用这种砂子,用在工程中存在较高的质量风险。

5) 技术风险

原设计选用条形基础,审核设计图时总工程师提出改为独立基础,而且减少工程量降低工程造价。基础安全系数相对减少,也存在影响工程质量的风险。

6) 施工管理风险

主要管理班子多数是临时组织,人员来自各方,配合比较陌生。工程施工期较长,主要人员不能坚持到底,中途换人,情况不明,责任不清,有了问题相互推托,雇主借机钻空子,使得一些问题更难于解决。

7) 公共关系风险

雇主不能按时交地,或交地后又受到地主阻挠,以致影响施工,耽误该工程的工期。

8) 维修期风险

雇主能否按合同规定支付最后的工程款,也是一大问题。本工程合同维修期为一年,实际拖延了七、八年。原因是多方面的,其中工程施工质量确实存在一些问题。主要有:

① 屋面渗漏水

设计防水层标准太低,靠压毡层找坡排水不够合理,也不便于维修和加层时拆除。施工又不够认真,伸缩缝和女儿墙边缘等处油毡容易断裂和引起渗漏水。

② 混凝土顶板裂纹

主要原因是设计安全系数较小,而且混凝土配合比和用水量没能严格控制,导致混凝土强度偏低,强度没有达到要求就拆模,造成部分混凝土顶板下垂裂纹。

③ 内外墙油漆损坏

采用油漆做室内外装饰,因顶板渗漏水,引起室内油漆局部损坏。

④ 其他质量问题

个别住宅因回填土压实不够,造成台阶、地坪下沉裂纹,厕所下水堵塞,门窗框封闭不严而渗水等,属于我方原因造成的,都一一进行了修理。

9) 维修金回收风险

办理最终交工验收手续和结算后,雇主不能按时审查结算单和办理付款手续,存在延误支付风险。

10) 清关风险

该项目前 500 套住宅属于免税工程,终交工后所进行的设备、材料需要进行清关工作。由于档案资料保管不善和中途多次换人,已经很难找到当时进口的设备、材料清单,给清关工作带来极大困难。

11) 不可抗力风险

如地震、战争等造成的损失索赔问题,合同条件中不甚明确。本工程在施工过程中曾发生一次六级以上的地震,工程所在地距离震中 100 多 km,没有发生损失,但对工程施工也有一定影响。

(2) 关键性风险(A 级风险)和严重风险(B 级风险)的应对措施

1) 关键性风险（A级风险）

① 合同额中外汇资金不足

本工程合同款全部支付当地币，从第三国订购设备、材料所需要的外汇必须自行解决，若当地币贬值，就存在着很大风险。

工程开工前雇主提供15％预付款，80年代该国市场外汇并不紧缺，可以通过朋友或兄弟单位用15％的预付款换取外汇，预付款不足部分通过中国银行贷款解决，贷款利息应计入工程成本。

收回工程款后应尽快兑换成外汇，以减少因当地币贬值造成的风险。

② 带资承包的风险

工程开工前靠预付款订购设备、材料和其他费用是远远不足的，这就需要承包商投入一部分资金。资金投入越多，工期越长，风险越大。风险大小也和以下因素有关：承包项目利润大小，工程款能不能按期收回，货币贬值不贬值及其贬值的程度。

减少风险的措施：

A. 签订合同时合同款按有利于保值的国际常用货币进行报价和结算，付款时以外汇支付，也可以折算成当地币支付。

B. 合同款一部分用当地币报价和支付，一部分用外汇报价和支付，以减少风险。

C. 先干的部位，投标报价时价格报高一些，后干的部位价格报低一些，以利于早期收回工程款。

D. 加快工程进度，缩短工期，及时催收工程进度款。住宅城工程全部支付当地币，该国90年代货币开始贬值，当年贬值一倍以上，而工程大部分在当年以前完工，尚有未施工的40多套住宅遇到货币贬值的风险，工程进度款受到一些损失。整个工程由于拖延了终交日期，10％的维修扣押金折合美元364万几乎全部损失。

2) 严重风险（B级风险）

① 雇主国家政府部门办事效率低下

解决办法：做好计划，该办的工作，尽可能提前报批和办理，如进人指标、入境签证、居住证、劳动证、设备物资进口许可证、海关手续等。同时应根据情况给办事人员一些好处，以提高办事人员的工作积极性。

② 雇主国家政府官员不廉洁

在该国，办事要小费、需要送礼等，这是一件习以为常的事，有的人还公开要而且不少要，所以，必要时送礼送小费成为顺理成章，但应注意防止违反当地法律。承包商应当增强法制观念，树立合法经营，不留"小辫子"。同时要结交上层朋友，必要时请朋友出面给予疏通和帮助。

③ 当地代理人办事不力

对代理人的政治地位、办事能力与雇主的关系及其政治态度都应该有基本的了解，代理业务要有明确的要求，避免只挂空名拿代理费而不办实事，代理人不起作用时要及时采取措施，请其他朋友帮助，免得影响工作。

④ 雇主国家对承包商的限制

劳动法、税法、投资法、合营公司法、商业法等对外国承包商都有限制，我方的施工人员对当地各种法的了解较少，大多数人不了解，这是一件很不利的因素。

按劳动法规定，外国公司雇用当地工人一般应占 90% 比例，实际没有按这个比例执行，有些工作不允许外国人干，不执行规定给许多工作带来困难，甚至要受到罚款，一些技术性不强的工作应该尽可能雇用当地工人，要学会管理当地工人，实行承包管理是管理当地工人的一种重要方式，把一些技术性不强的工作尽可能包给当地工人去干，就地培养一些管理当地工人的工头协助我方对当地雇员进行管理。

案例简析：

该工程项目风险分析是中国公司早期承包的项目，应当说对工程项目能做到这样的初步风险分析已经相当不错了。

从此例中，我们看到风险分析是充满在工程各阶段的过程中，又在政治、经济、合同、社会、法律、自然环境等各个层面。

案例二　某国商住大楼项目

1. 项目概况

本工程项目是由 F 国私人投资的工程，位于 M 国某地的商场大楼建设，总建筑面积为 8.2 万 m^2，总投资为 12000 万美元，总工期为 23 个月，采用美国 AIA 的 A201 合同条件，投标保函为合同价的 10%，履约保函要求 100%，招标和投标方式为议标，支付币种全部为美元，是按工程量表方式进行报价。

2. 风险识别

为规避风险，需全面了解和掌控该项目可能面临的各方面引发的风险因素，为此，承包公司和专家组采用调查表法结合风险专家评估，经公司民主决定等方式进行风险管理，风险调查分外部和内部两个部分，而后对项目可能存在的风险进行辨识，见表 25-3、表 25-4 所列。

外部风险部分　　　　　　　　　　　　　　　　　　　表 25-3

范围	分类	选　项	对估价影响
国家与地区	政治风险	战争、动乱	很大
		政府政策缺乏继承性	中等
		政局稳定性等	中等
	经济与金融风险	经济衰退或提升	较大
		利率波动	较小
		通货膨胀	很大
		外汇兑换	较小
		税务	不大
		经济受援情况	较小
	社会环境	语言	无
		文化差异	较小
		社会治安	较大
		腐败	较小
		公共关系	中等
		卫生状况	不大

续表

范围	分类	选 项	对估价影响
建筑业	市场波动风险	市场供求状况	不大
		结构性调整	不大
		后续项目	中等
	法律与规章风险	仲裁体制不完善	中等
		进出口限制	较大
		雇佣限制	中等
		融资限制	较大
		法律对投标条件限制	较大
	标准与规范风险	设计与施工的衔接	中等
		安全与卫生规定	中等
		污染与噪声规定	中等
		设计规范、施工规范、验收规范等	很大
	合同风险	非标准的合同格式	很大
		不熟悉合同条件	较大
		缺陷责任的规定	不大
		当地的特殊要求	较大
		国民待遇与歧视性、技术性障碍	很大

内部风险部分 表 25-4

范围	分类	选 项	对估价影响
内部主要风险	来自雇主的风险	雇主要求不明确	较大
		资金短缺	很大
		对承包商不利的合同条件	中等
		工程师或雇主代表不称职、不公正、不正义	不大
	来自建筑师的风险	不明确的详图设计及规范	中等
		不熟悉当地的标准及规范	中等
		缺少对施工方法的了解	不大
		咨询机构水平低	不大
	来自劳务与分包商的风险	直接的劳务纠纷	不大
		指定分包商不称职	较大
		分包商失误	很大
	材料与设备风险	指定供货商不称职	较大
		不能正常供货	不大
		材料与设备验收不合格	不大
	承包商内部风险	资金需求不平衡	较大
		人力资源短缺	不大
		其他项目的影响	不大
		生产率降低	中等
		管理不到位、项目经理选择不当	较大

续表

范围	分类	选项	对估价影响
工程项目内部	工程损坏的风险	自然力或不可抗力	较大
		设计缺陷	中等
		没有合适的施工技术	不大
		人为失误	较大
		材料缺陷	不大
		质量控制困难	不大
		其他（如安保系统问题）	很大
	相关风险	设计缺陷、错误	很大
		不能及时进入现场	不大
		不利的天气条件	不大
		地下条件不明	较大
		劳务与材料供应问题	较小
		通信与协调工作不利	不大
		设计数据不准确	较大
	成本超支风险	工程范围不明确	较大
		估价不准确或失误	很大
		未能充分保险	中等
		劳务、材料价格波动	不大
		其他（请说明）	无

3. 风险评估

根据表可以看出：（1）本工程项目风险对估价的影响暂分为很大、较大、中等、不大、较小和无影响这六种情况，其中，很大影响的有 10 项；比较大影响的有 17 项；中等影响的有 15 项；影响不大的有 20 项；影响较小的有 6 项；无影响的有 2 项。（2）经专家定性初评认为该项目风险属中等水平，可考虑投标报价，见表 25-5 所列。

M 国商场项目风险调查专家评估表　　　　表 25-5

可能发生的风险因素	权重 (W)	风险因素发生的可能性 (C)					$W \times C$
		很大 1.0	较大 0.8	中等 0.6	不大 0.4	较小 0.2	
政局不稳	0.05			√			0.03
物价上涨	0.15		√				0.12
雇主支付能力	0.10		√				0.08
技术难度	0.10					√	0.02
工期紧迫	0.10				√		0.04
材料供应	0.10			√			0.06
汇率浮动	0.10		√				0.08
后续项目	0.10				√		0.04

续表

可能发生的风险因素	权重(W)	风险因素发生的可能性（C）					W×C
		很大 1.0	较大 0.8	中等 0.6	不大 0.4	较小 0.2	
合同风险	0.10			✓			0.06
分包商违约风险	0.10		✓				0.08
							$\sum W \times C = 0.61$

4. 专家评估提出的主要风险应对措施举例

专家评估提出的主要风险应对措施举例见表 25-6 所列。

风险应对措施举例　　　　　　　表 25-6

	风险目录	风险防范策略	风险防范措施
政治风险	战争、内乱、恐怖袭击	转移风险	保险
		回避风险	放弃投标
	政策、法规的不利变化	自留风险	索赔
	没收	自留风险	援引不可抗力条款索赔
	禁运	损失控制	降低损失
	污染及安全规则约束	自留风险	采取环保措施、制定安全计划
	权力部门专制，腐败	自留风险	适应环境、利用风险
自然风险	对永久结构的损坏	转移风险	保险
	对材料设备的损坏	风险控制	预防措施
	造成人员伤亡	转移风险	保险
	火灾、洪水、地震	转移风险	保险
	塌方	转移风险	保险
		风险控制	预防措施
经济风险	商业周期	利用风险	扩张时抓住机遇，紧缩时争取生存
	通货膨胀、通货紧缩	自留风险	合同中列入价格高速条款
	汇率浮动	自留风险	合同中列入汇率保值条款
		转移风险	投保汇率险
		利用风险	市场调汇
	分包商或供货商违约	转移风险	履约保函
		回避风险	对分包商或供货商资格预审
	雇主违约	自留风险	索赔
	项目资金无保证	转移风险	严格合同条款
		回避风险	放弃承包
	标价过低	转移风险	分包
		自留风险	加强管理，控制成本，做好索赔
	设计错误、内容不全、图纸不及时	自留风险	

续表

风险目录		风险防范策略	风险防范措施
经济风险	工程项目水文地质条件复杂	转移风险	
	恶劣的自然条件	自留风险	
	劳务争端、内部罢工	自留风险，损失控制	
	施工现场条件差	自留风险	
		转移风险	
	工作失误、设备损毁、工伤事故	转移风险	
社会风险	宗教节假日影响施工	自留风险	合理安排进度，留出损失费
	有关部分工作效率低	自留风险	留出损失费
	社会风气腐败	自留风险	留出损失费
	现场周边单位或居民干扰	自留风险	遵纪守法，沟通交流，搞好关系

根据等量风险曲线原理，将风险概率分为很小（L）、中等（M）和大（H）三个档次，将风险损失分为轻度（L）、中度（M）和重大（H）损失三个档次，即风险坐标划分为 9 个区域，于是就有了描述风险量的五个等组：(1) VL（风险量很小）；(2) L（风险最小）；(3) M（风险量中等）；(4) H（风险量大）；(5) VH（风险量很大）。见表 25-7 所列。

风险量等级表　　　　　　　　　　　　　　　　　　　　　表 25-7

风险概率	损失程度	等　级
很小 L	轻度损失 L	VL
中等 M	轻度损失 L	L
大 H	轻度损失 L	M
很小 L	中度损失 M	L
中等 M	中度损失 M	M
大 H	中度损失 M	H
很小 L	重大损失 H	M
中等 M	重大损失 H	H
大 H	重大损失 H	VH

根据风险量计算公式：$R=\Sigma p_c \cdot E_i$ 式中：R 为风险量；P 为风险文件概率；E 为损失量。可计算出每种风险的期望损失值及多项风险的累计期望损失总值。

经专家的风险识别和评估，认为该项目的主要风险有雇主拖欠工程款、材料价格上涨、分包商违约、材料供应不及时而拖延工期、汇率变化等风险。据此衡量各项风险损失和该项目总的可能风险损失。

首先确定各项风险的概率分布及其损失值，分别计算期望损失值；然后，将各项风险期望损失汇总，即得该项目的总风险期望损失金额和总的风险期望损失金额占项目总价的比例。计算过程见表 25-8～表 25-13 所列。

雇主拖欠工程款风险期望损失　　　　　　　　　　　表 25-8

平均拖期	拖欠损失（万美元）	概率分布（%）	期望损失（万美元）
按期付款	0	70	0
拖期 1 月	505	15	75.8
拖期 2 月	1010	10	101
拖期 3 月	1515	5	75.8
合计	—	100	252.6

注：拖欠损失＝(总价/工期)(1＋贷款利率)。本例平均每拖期 1 个月为：(12000/24)×101%＝505 万美元。

材料价格上涨风险期望损失　　　　　　　　　　　表 25-9

材料费上涨（%）	经济损失（万美元）	概率分布（%）	期望损失（万美元）
没有上涨	0	35	0
2	156	50	78
3	234	10	23.4
4	312	5	15.6
合计	—	100	117

注：经济损失＝总价×材料费占总价比重×上涨程度。本例 12000×65%×2%＝156 万美元。

分包商违约风险期望损失　　　　　　　　　　　表 25-10

经济损失（万美元）	概率分布（%）	期望损失（万美元）
0（没有违约）	20	0
50	40	20
100	30	30
150	10	15
合计	100	65

注：根据分包工程性质及分包商素质估计分包商违约造成的经济损失。

材料供应不及时风险期望损失　　　　　　　　　　　表 25-11

平均拖期	拖期损失（万美元）	概率分布（%）	期望损失（万美元）
及时供货天	0	35	0
拖期 1 天	5	30	1.5
拖期 2 天	10	20	2.0
拖期 3 天	15	10	1.5
拖期 4 天	20	5	1.0
合计	—	100	6.0

注：根据材料对工期的影响估算平均拖期 1 天的损失金额，本例为每拖期供应 1 天损失 5 万美元。

汇率浮动（美元贬值）风险期望损失 表 25-12

美元贬值幅度（%）	经济损失（万美元）	概率分布（%）	期望损失（万美元）
没有贬值	0	20	0
1	120	40	48
2	240	30	72
3	360	10	54
合计	—	100	174

注：经济损失＝总价×美元占总价支付比重×贬值幅度＝总价×100%×贬值幅度。本例 12000×100%×1%＝120 万美元。

项目风险期望损失汇总 表 25-13

风险因素	期望损失（万美元）	期望损失/总价（%）	期望损失/总期望损失（%）
雇主拖欠工程款	252.6	2.1	41.1
材料价格上涨	117	0.98	19.01
分包商违约	65	0.54	10.6
材料供应不及时	6.0	0.05	0.98
汇率浮动	174	1.45	28.31
总计	614.6	5.12	100.00

计算结果表明：

（1）该项目的总的风险（假定已包括了项目的全部风险）期望损失约为总价的 5.12%，所造成的总风险期望损失为 614.6 万美元。

（2）从各风险因素期望损失占总期望损失的比重看，其中：

雇主拖欠工程款的风险损失占项目总风险的比重达到 41.1%，危害最大；

汇率浮动的风险占项目总风险的比重为 28.31%；

材料价格上涨的风险占项目总风险的比重达到 19.01%；

分包商违约占 10.6%。其风险对工程项目的影响不可小视，确实是承包商风险防范的重点。

案例简析：

此例值得我们关注四点：

一是从内部和外部两个方面进行了与该项目相关的风险事件分析；

二是对此又进一步进行了初步的评估评价，包括定性和定量两个方面；

三是要有重点的风险量化计算，这是一个关键点，如每一项工程都能如此，那对风险的判断准确性就会大为提高，应对能力也会非同一般；

四是据此有针对性的采取一定的应对措施，以化解风险。使该项目不会发生出乎意料的风险。

该做法对我方进行新一轮投标、报价、风险评估和项目管理都有比较大的实际意义，并具有一定的参考价值。

案例三 利用卖方信贷（D＋B）的苏丹某大桥项目

卖方信贷指出口方银行向出口商提供的、为便于出口商以延期付款方式向国外进口商出售货物、技术和劳务的一种贷款。其特点为：

（1）是一种中长期的贷款，资金并不出境。

（2）一般用中国人民银行颁布的指导利率。

（3）出口方为进口方提供延付便利，商务合同一般采用延期付款方式，出口商发货后不能即期收汇，而且要承担汇率和利率波动以及进口方的信用风险等。

（4）出口商必须在其资产负债表中反映出该笔负债。

卖方信贷一般具有很强的官方性质，贯彻国家的产业政策、贸易政策、金融政策和财政政策，体现政府的强力支持。如在贷款利率上有很大的优惠等。它适合于设备出口、高新技术产品出口等卖方信贷和对外承包工程贷款、境外投资贷款。

1. 项目概况

××××年，由中国两单位组成的联营体作为B方，与苏丹财政部及公路局组成的A方签订了承建苏丹某大桥设计、施工总承包合同（D-B方式），合同价1278万美元，其中工程总造价1102万美元，其余为延期支付利息。

在A方收到B方支付的预付款后，开始进行地质勘探，并完成设计。随后，双方根据设计重新修订了合同，合同价调整为2275万美元，其中工程总造价1998万美元。

该桥位于该国首都以南的青尼罗河上，包括主桥、引桥、跨线桥和匝道。主跨60m＋90m＋60m连续箱梁，河西岸近邻苏丹WAD-Medani主干公路为40m槽形梁，另有匝道及路基2.1km连接既有公路。

2. 项目实施流程

实施卖方信贷项目，由于不仅仅涉及雇主（A）、承包商（B）、银行（D）、苏丹银行（C）、保险公司（E）也参与到其中，因而远比一般的工程建设流程要复杂些。

从项目实施流程看：

（1）雇主A与承包商B签订合同是承包商B从银行D获得贷款的前提，贷款银行D通常要求项目的预付定金为15%，贷款额度一般不超过85%。

（2）承建商获得雇主所在国银行保函C是获得贷款的必要条件。

（3）由于出口信贷是国家政策支持，银行给承包商以优惠利率贷款，其利率差额能从国家获得。

（4）贷款与还款都在承建方B与本国银行D之间进行，B需直接从雇主A处回收延期工程款及利息。

（5）工程延期支付款付清后合同才能终止，合同执行期较长一般为5～10年。

3. 项目实施中风险识别

实施海外工程采购项目，比产品出口风险本身要高，采用卖方信贷方式使其运作更复杂、周期更长，而风险更高。所以联营体合作对该项目的风险进行了总结：

（1）政治层面风险

战争、恐怖事件风险：自20世纪50年代以来，该国因政治、民族、宗教、文化等存在的差异突显，矛盾激化并引发了数次内战。2005年1月签订为期6年的和平协议，而后将就是否统一或独立问题进行公投。在这期间，南北仍然对立，部族纠纷不断，恐怖事件时有发生,国际社会颇多指责。

政策法规风险:该国对入境长期居留有严格的限制,获得长期居住签证非常困难,而进入该国临时签证时效仅30天,临时签证过期和长期工作签证未获准期间,其居住的法律合法性受到质疑和难以开展工作是一大风险。

(2) 技术方面风险

技术方面风险包括设计技术风险、施工技术风险等。

设计风险:本项目原预测所有桩基础深度不超过30m,但经过勘察后,设计桩长达到了56m的差距。使桩基造价由原来的120万美元陡增到680万美元,产生了严重的预算误差。因为桩基加深造成了工程量增加,且因为实施50m深桩对钻孔设备性能要求明显提高,使设备投入加大。

施工风险:因为桩基加深造成了工程量增加,且因为实施50m深桩对钻孔设备性能要求明显提高,使设备投入加大。同时因为桩的深度原因,对混凝土浇筑的质量带来了明显的影响。

(3) 运输风险

运输的风险及其发生的费用主要来自设备、周转材料、临时设施、办公设施和试验设备,根据最初测算,海运、陆运,如加上储存、损耗、检验、保管等多个过程环节。其费用约占工程总价的7%以上。材料物资损耗,最初按5%考虑,从其他中国公司了解的实际消耗来看,钢筋接近5%,水泥超过10%,地材超过10%,实际发生的费用超出预估数据。

(4) 汇率风险

执行卖方信贷承建合同付款是即期的,收汇是远期的。美元贬值对企业收益的影响是负面的、严重的。在该项目实施中,设备、钢筋、临时用房都是从国内用人民币采购,碎石、砂子都在当地购买,延期收款是美元。而美元的走势一直疲软,对人民币汇率一路走低;而当地币兑美元的趋势也是一路看涨,两个影响,将对承包商的收益产生严重影响。

(5) 收汇和利率风险

尽管项目有担保和信用保险,收汇风险仍然是存在的。在雇主和担保银行到期不还款的情况下,信贷保险公司赔付率为90%,剩余10%要由承包商承担。而当地的财政存在不确定性,如雇主并不能按照合同中延期支付规定的日期支付款项,将给承包商B造成一定损失。

(6) 商务方面风险

该项目的商务风险主要包括合同风险、采购风险、财务风险、索赔风险等。

合同风险:本桥梁的合同条件中有许多很不合理的条款,强行要承包商负担本该属于雇主的风险;

采购风险:设备材料采购成本约占总成本的60%以上,而国际国内材料价格的大幅上涨,将给承包商带来巨大的经济损失;

财务风险:主要表现在资金垫付、融资环节、违约赔付等,一旦雇主不能按计划和进度支付工程款,将对承包商的财务带来巨大的压力;

索赔风险:由于当地的情况和惯例以及本项目的合同条件原因,索赔问题也是本合同中的一大难点;

其他商务方面的风险。

4. 风险应对举措

承包商通过对风险进行分析，采取了有针对性的措施以应对具体风险，主要的应对措施是：

(1) 树立风险意识，落实风险防范

从投标阶段就要心中有数留有一定的余地，报价中要对桥梁的功能、雇主要求、工程结构单价总价作出精细的测试与分析；对合同通用条件、专用合同条件等严格评审，凡是涉及工程开竣工的时限、工程款结算、违约处罚，以及经济的法律责任等条款，都应在合同中有明确的定义与规定，避免合同歧异消除合同隐患；加强成本预测和成本控制管理，特别在材料、设备、物资供应维护保管方面，应有专人专项的岗位负责制；全方位全面地遵守、监督和执行合同，在合同中酌情加入当现场条件起变化时的总价调整条款与不可预见费的处理条款等。

(2) 精心组织，强化管理，管控风险

为保证该项目能有效的降低风险，首要的一条就是组织保证。根据项目组织设置"少而精"、"一专多能"等原则，项目部设置了比较精干的机构及其岗位职责，如图25-3所示。

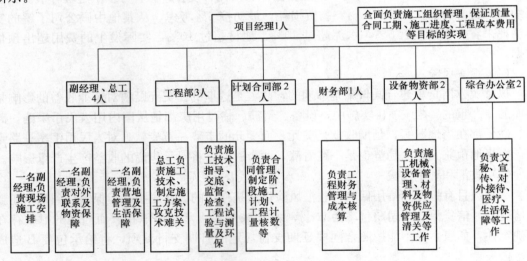

图 25-3　精干的机构及其岗位职责

注：管理岗位人数视工程进展可作适当调整。

(3) 采取有效的技术方案措施，切断风险源

针对桥梁项目的风险，提前做好断决可能的风险源，包括做好：桥梁施工方案、便桥与施工平台施工方案、钻孔桩施工方案、承台施工方案、墩台身施工方案、主桥预应力混凝土连续箱梁挂篮法施工方案、桥面系及附属工程施工方案等。

上述方案必须确保工程质量及进度，充分利用机械施工，做到路线及桥梁施工互相协调，密切配合，多开工作面，提高机械化施工水平，加强工程计划管理，使整个工程形成分工分层、多条流水线同步进行的作业方式，促进工程顺利进行。为此，特制定了上述桥梁各主要分项工程施工方案的更细化的技术操作措施。

(4) 利用金融工具，进行避险

从上面分析可知，汇率风险对承包方的收益影响最为直接和深远。承包商在实施项目过程中，收到的是美元远期，承包商可以利用金融衍生工具，按照延期支付协议中规定的付款期数和金额，购买"远期卖出美元"的看跌期权。这样，承包商从雇主处每收到一笔美元，都可以按照期权约定的价格卖出。如果美元升值，承包商可以放弃行权。当然，买期权是有成本的，但可以达到企业规避风险的目的。

(5) 提高工程报价系数，避免风险损失

与高风险相对应，企业应该获得高收益。从运作过程可明显看出，承包商和雇主的风险不对称，承包商需要把一部分风险分配给雇主。而转移的途径只能是通过调整好单价、以技术为缘由提高工程价款来实现。承包商以卖方信贷方式，实施设计、施工总承包工程，从开始商谈合同到工程开工、竣工、验收、工程款结清，周期非常长。除了银行贷款利息外，企业利用期权避险、购买信用保险、换汇等都有财务成本，这是实施一般工程项目所没有的额外成本。值得注意的是，对此承包商采用低报价获得合同、再通过索赔大幅度提高报价的方式是不可取的。这样做，对合同双方都会造成伤害，影响双方长期发展。

(6) 做好雇主还款能力的评价，对风险预警提前

银行向承包商贷款，银行会对企业的信誉、还款能力进行系统评价。承包商与雇主签订延期支付协议，承包商也应评价雇主的还款能力。通常雇主愿意以卖方信贷方式投资项目建设，说明雇主目前缺乏资金。如果项目成功建成，雇主能通过该项目运营，获得直接收益，将来还款资金是应该基本有保障的。但项目建成后，雇主不能通过此项目直接获得收益，而需要通过其他项目的运营或融资方式来获得资金的话，承建方就应该特别关注雇主未来资金的获取渠道。如果雇主对其他项目投资也是大于收益，雇主能否按期付款就很难说了。本项目的雇主是该国财政部，代表国家执行项目，但其还款能力也是有限的。

(7) 采用联营体模式分担风险

鲁法大桥项目实施中，承包商采用了联营体方式，已取得了明显成效。不同的企业，各具自身优势，加强联合经管，更能发挥联营的巨大能量，达到经济效益最佳化的目标。以卖方信贷方式实施工程项目，要求企业既要有融资能力也要有技术实力，更要有高的抗风险能力。通过联营体，企业之间取长补短，发挥各自优势，并共同承担风险，使得项目成功实施的概率大大提高。

(8) 做好清关免税工作，免除风险

本项目是免税项目。实际上免税不能产生效益，免税的因素是报价中不允许含任何税种税率。但在实际运作时，清关免税手续非常繁杂，免税办理正常需要 20 天左右，办理清关通常需要 9~30 天。集装箱清关比较慢，至少得 15 天。这样，有些急缺货物，在没办免税情况下先付税款再清关。而一旦付款后很难获得退税，造成了损失。另外，该国财政部和海关汇率换算不一致，造成在海关经常需要再交一部分现金才能获得通关，该笔差额累计数量也相当可观，能否将来从该国财政部要回很难说。该国的增值税是 10%，计量税 1%，伤病税 1%，关税不等，另有港杂费等。

(9) 注重工程设计质量，避免了风险

该项目由某局设计施工总承包，设计部分委托某设计院设计，设计院派代表在现场专门负责设计变更和沟通设计院有关事宜。此桥在签订最终合同时，只提供给该国方工程量

单。合同签订后，完成设计图时通过优化工程量费用有所减少，另外，工程量单中有 75 万美元是不可预见费，可以处理将来工程量增加。由于最初设计院对桩基长度设计比较保守，实际钻孔中主桥没增加桩长，预计其他可能发生的变更工程量增加都不大，因而从报价角度讲设计风险较小。

另外，最初合同中有桩基承载力试验，基于成本考虑和设计院认为桩设计比较保守，取消了承载力试验，只做完整性测试。从整个工程总承包角度讲，这可能是该桥的最大的设计风险，应引以注意。

案例简析：

(1) 该例是承包工程的一种新模式，即卖方信贷（D＋B）并对其五步流程进行了实际操作的展示，给后者参用。

(2) 该例有针对性地实施了工程项目风险防范举措。其中某些采用的非常规的措施也值得承包商借鉴。如联营体共担项目风险的方式也经常可见。

(3) 此承包模式比较流行，原则上不投标双方商议合同，但在资金、财务等运作上，有比较大的潜在风险，谈判承担工程总承包时，一定要根据集团公司和工程项目情况来科学化、民主化决策是否承担，决不能草率从事，万万不能"一拍脑袋"、"二拍胸脯"、"三拍大腿"定下来。那样是非常冒险的，会掉入万丈深渊不能自拔的。

案例四 欧洲某工程项目风险估计实例分析

风险估计的对象是项目的各单个风险，非项目整体风险。

某外国公司介绍的一个 BOT 项目的风险管理案例

1. 项目概况

欧洲某国建设了一个横穿欧洲的高速双轨铁路系统。该系统总长超过 1230km。火车时速可达 300km。主体工程总费用按照当时价格估算为 230 亿美元。该国政府打算采用 BOT 方式，利用民间资金进行建设。政府还希望通过这种方式由某个民间组织负责管理该项目的全过程，政府给予全面支持。以民间组织为主的项目公司可充分利用国有铁路公司的经验对建成后的高速铁路系统进行经营管理。

采用 BOT 方式本身，就是因为政府企图将该项目的风险转嫁给民间。

该项目实际上是政府和民间财团合资，比例是 4：6；其资金结构是借款高达 90％，而资本金仅占 10％。

该项目的主要经验是对 BOT 的组织方式适当变通，让政府和民间财团共担风险，同享利润。

项目公司在该项目中识别出的风险可划分为 3 大类：

(1) 财务风险，包括总收益、融资的可能性、汇率和利率的变化。

(2) 施工风险，包括超支、竣工时间拖延。

(3) 经营风险，包括经营成本增加、政府法规变化等。

对于以上风险，项目公司首先采取了转移策略，通过协议在项目的各参与者，即政府和民间财团、债权人和股东以及民间财团、承包商和经营公司之间进行了分配。当然，政府总是企图把尽可能多的风险推给民间财团，民间财团的股东企图让承包商和经营公司尽可能多分担风险，承包商也总是想把尽可能多的风险让分包商承担，而债权人（银行）则希望自己不承担任何风险。分配的最后结果是：1) 政府承担通货膨胀和汇率变动的风险；

2）承包商承担超支和竣工误期的风险；3）经营公司承担经营成本增加的风险。

他们采取的第二种风险规避策略是减轻。例如，充分调查现场水文地质等各方面的条件、精心编制施工组织计划、制定好应急方案等。

项目参与者在明确了自己分担的风险后，都采取了最好的办法管理自己的风险。例如，挑选有经验的队伍；建立有效的报告和控制系统；准备足够的资金、时间和质量后备措施；采取一种不管项目已经完成部分的情况如何，对于尚未完成的部分都有力求获得成功，即"亡羊补牢，犹未为晚"向前看的态度和管理方式。

民间财团对于自己的风险，采取如下具体措施：

（1）投标风险

投标阶段的主要风险是政府对项目不及时审批。根据以前的经验，甚至有些项目本来是政府方面首先提出来的，可到后来却不给予批准。如果不批准，民间财团已经花费的 200 万美元投标费用就要付之东流。对此采取的规避策略是让政府规划部门在投标前就批准这个项目。对于征用土地的风险，让政府颁布特别法令，允许中标的财团强行征用土地。

对于环境和古迹保护风险，则通过合理的规划措施来解决。

（2）财务风险

对于不可预见的开支，利用应急资金和备用信贷弥补；为了避免因无力还本付息和破产，对项目方案进行了全面的财务分析；利率风险则利用固定利率贷款和互惠信贷来排除；此外，要求政府和银行担保人确保项目利润能够换成外汇。

（3）施工风险

利用固定价格总承包合同；要求承包商提供各种保证金和取得担保；参加保险；对现场进行深入细致的调查；要求承包商对设计负责，加强项目管理，支付误期赔偿费。

（4）经营风险

进行详尽的市场调查，了解将来的交通量、客货运输需求量和价格；政府将现有铁路系统的一部分设施交给项目公司经营，以便取得经营经验和资金，进而分散了将来的经营风险。为了减少项目建成后的经营风险，政府通过同民间财团签订"不要产品也得付款"协议为民间财团提供了担保，即当运输需求量低于预测量时，政府将向民间财团提供补贴。为了降低经营成本风险，民间财团将挑选有经验的组织经营管理。

2. 控制风险的四种技巧

在传统的风险管理中，有 4 种控制风险的方法：

（1）接受

当风险出现时，项目经理不采取任何行动，他们情愿接受这个结果。例如，一项任务在关键时刻出现意外，延误了项目完成日期。项目经理对此不采取任何措施。

（2）吸纳

当风险出现时，项目经理与它和平共处。他们并不喜欢风险但还是接受了它。他们采取某种行动控制其影响。例如，项目的预算被砍掉 30%，项目经理就减少培训开支及加班补贴。

（3）避免

项目经理采取措施避免风险。例如，项目经理也许会做个计划，避免错过很好地通过

(4) 转移

项目经理担风险。例如，一项特殊任务的完成靠两个项目同时进行，项目没按要求完成致使两个项目一起受罚。

对风险接受、吸纳、避免、转移是人们对风险采取的态度，但不是问题的根源。解决办法是作出反应。这样，对风险的反应就表现为：增加更多的人力、设备、供给及资金；强调直接的利害关系；更换领导及成员；把精力集中在当前的计划上，忽略长期结果；以独立的方式控制项目；有太多或太少的灵活性；完成快速定位。

3. 项目管理程序

得力的项目经理必须独自面对关于风险的基本问题而不是寻求帮助。成功的行动是由于执行了正确的项目管理程序。项目经理以最低风险有效地完成了目标。

风险的超前行为保证了恰当的项目管理过程，以有效地驾驭风险。这需要在项目还没太深入时设立适当的程序。项目进行得越久，成本就越大。风险的影响体现在成本、计划和质量。这样，有了正确的程序就使项目管理有效地进行。

有5种方法可以减少项目风险及其影响，更有效地完成项目管理。

(1) 使用有效的预警系统

项目经理进行风险管理的良好开端是建立监控或预警系统，尽早觉察计划的偏离。

项目经理通过预警系统判断计划与现实的差别。这一系统的两个重要因素是计划表与成本。

当计划与现实之间出现偏差时，项目可能正面临不可控制的风险。这种偏差可能是积极的也可能是消极的。例如，计划之中的完成日期与实际完成日期的不同显示了计划的提前或延误。前者通常是积极的；后者是消极的。这样，计划日期之间的区别就是预警系统能够预测到的一个偏差。

另一个关于计划的预警系统是浮动还是静止。浮动是影响重要路径的前一项活动在计划表中可以延误的时间。重要路径，也就是在网络图中最长的部分很少发生浮动。项目中浮动越多，风险产生影响的可能性越大。浮动越低，工作越重要。

预算与实际支出之间的偏离表明完成工作花费的太少或太多。通常前者是积极的，后者是消极的。

项目经理需要有一种办法来监控项目的进程并决定风险对项目是否有大的影响。正取得的数值有助这项工作的完成。

已取得的值包括通过3个变量检查预算及计划表的完成情况：工作计划中的预算成本（BCWS）；工作完成后的预算成本（BCWP）；工作完成后的实际成本（ACWP）。

这3个变量有助于项目经理了解成本与计划表的完成情况。BCWS 是按项目计划规定完成的成本目标。BCWP 是在特定时点上工作完成值，常被称为取得值。ACWP 是在特定时点完成工作支出的总量。BCWS、BCWP 及 ACWP 存在于整个项目中。

利用这3个变量，项目经理能够计算出成本和计划表的方差。他们可以用这个公式计算：

$$成本方差 = BCWP - ACWP$$

他们也可以用这个公式计算计划表方差：

$$\text{计划表方差} = BCWP - BCWS$$

如果他们计算出的值是消极的,项目经理就要分析原因。消极的数据表明存在潜在消极因素,项目经理应该判明其原因。判别时最好首先看一下任务的重要路径。这些任务受很多风险的影响。

(2) 采用系统的项目管理方法

许多关于项目管理的调查显示项目管理的完成结果是不能令人满意的。许多项目缺乏足够的支持、全面的计划、详细跟踪以及明确的目标。这些及其他障碍增加了项目失败的可能性,使得风险及其影响增大。

项目管理的系统方法有助于减少引起这种不利结果的风险。这套方法的目的是为有效地领导、定义、计划、组织、控制及完成项目提供指导。

这一整套方法有下列几个好处。

1) 它为项目管理提供了标准的方法。越标准错误就越少,人们在识别风险及对风险作出反应时会少犯错误。

2) 伴随标准化而来的是交流的改进。在同一个项目的工作中人们使用同样的行话、格式及报告。良好的沟通使得信息得以共享,在识别风险及对风险作出反应时也会得以改进。

3) 它使得项目经理能够对不断变化的情况作出有效的反应,因为这种方法为他提供了指导。在处理风险时有了这套方法就不会僵化;它具有适用性、灵活性,是"有生命的"工具。

4) 通过它可以较好地预期结果。以这种方式完成的每一步使得参与者对结果会有合理的预期。从风险的角度讲,就是通过使用标准化的项目管理程序使风险管理具有连贯性。

5) 提高了生产率。标准化、较好的反应、完善的交流合理的预期使项目的复杂性、混乱性、冲突性下降。它减少了外部或自身的风险。对项目的结果产生重要的影响。

为了能够认识到这些益处,整套方法必须有几个特点及条件。它包含了项目管理6个步骤的内容:领导、定义、计划、组织、控制及结束。

这套方法为项目管理提供了基础。

这套方法也包括了使用者在管理项目时使用的文件软盘。

这套方法必须包括风险管理的过程:领导,它所讨论的题目是动机和交流;定义,是关于工作条文的;计划,是关于工作分类结构的;组织,是关于自动工具的;控制,是关于状态描述的;结束,是完成后的总结。

(3) 做应急计划

项目经理必须对目前和未来做有效的计划。识别和分析风险,必须了解风险可能会出现的类型及其重点。然而,仅仅占有信息是无意义的,信息必须用于对出现的风险进行管理。应急计划是实现这一目标的最好方法。

应急计划是为控制未来可能出现的情况做准备。例如,一种外部风险,是项目预算削减20%。

好的应急计划把风险看做是由某种"触发器"引起的。换言之,存在着因果关系。在项目管理中仅仅接受风险事实而不重视其产生的原因就会只作出反应,而不是预先行动。

计划应对原因作出判断。

项目经理应该在工作处于计划的关键路径时做应急计划。如果应急计划错过了开始或结束时间,就会影响整个项目的完成日期。

应急计划包括风险的描述;完成计划的假设;风险出现的可能性;风险的影响及适当的反应。

风险常出现在我们没有预料到之时。从逻辑上讲,应急计划并没发生作用,因为事件已经发生了。在这种情况下,把活动做个记录,也许会有用。它包括风险的描述;其重点、其影响、负责管理风险的人及风险管理完成的日期。

(4) 要素再利用

要素再利用指重新使用一个系统、产品或项目的某些部分,以便解决难题或实现目标。要素再利用常与软件和硬件有联系。然而,要素再利用也可以出现在其他情况中。

在项目管理预测中,与以前的项目相似的、原来使用过、测试过的工作分类机构、计划及文件都可以再利用。

再利用的概念在风险管理中是变化的,因为项目经理能够应用大量类似情况,如数据及对特殊风险的反应。

再利用对以前测试过的与经验不符的要素。这些要素促进了项目完成、减少了认可、周期时间、延误、检查、存货、超前、滞后、再工作圈及确立活动。再利用的底线使项目经理能够控制风险,快速有效地解决复杂的管理问题或操作中的混乱。

当一个要素再利用时,它应有以下几个特点。它应该是系数的,既有一定的界限以区别于其他要素。它应该是单一函数的,即与其他函数有关时组成一个或一组函数。它可以由几个小的系数组成,完成更高级的函数。这样,一个要素就应是一个"超级"系数,由更小的有关函数组成。要素的存在没有一定规模,因为从理论上讲,一个要素也许是整个系统或是更大系统的次级结构。

(5) 改进过程

改进过程,特别是项目管理过程,使项目经理能对高风险作出更有效的反应。

改进项目过程带来很多好处。有了合理的过程,项目就可以有效地进行,这样就为满足客户需要提供了更多机会。参与者面对更少的挫折、更多的加入,最后,项目高效运作,又增加了效益。

项目过程改进通过以下渠道进行:不断提高质量;重新制定工作过程;制定基准。

1) 不断提高质量

通常被称 CQI (Continuous Quality Improvement),不断提高质量为项目管理过程提供了机会。其重点在于收集数据,明确变量,接收顾客反馈,并认识改进过程的人。

当环境稳定及不断改进时 CQI 会工作得更好。通过项目改进过程,项目经理更致力于风险管理以不至于被管理瓶颈窒息。这也使其更好地了解项目管理的关键过程。

2) 重新制定工作过程

通常被称为 BPR,它包括详细检查或取代过程。完成这一转变要使用两种方法:模型工具及工作流程软件。

模型工具是判断过程流程中的客体并描述它们是如何互相作用的图表。存在的特殊信息及建议的过程是数据、人、技术、企业规则、活动、政策、步骤及物质基础。

工作流程软件有助于解决现存的问题。

模型及工作流量工具都需要解答基本问题，即谁、什么、何时、何地、为什么及怎么样。

BPR 在程序带来不必要风险及难于作出有效反应时，通过识别并改进这种境况，改进了项目管理并降低了风险，采用有效的项目管理过程包括减少执行中的复杂性，简化项目组织结构，去除执行过程的多余部分，使多个工程一体化，甚至建立没履行的过程。像 CQI 一样，BPR 越早应用于项目，影响就越大，阻力也越小。一旦项目开始运作，对工程做很大变动而不破坏现有项目就有困难了。

3）制定基准

作为改进过程的工具，制定基准吸纳了其他公司特别是一些行为的领先者较好的工程。

制定基准可以给项目经理提供两个好处。首先，促使项目经理把过程做成文件，从而知道他们做得好的及做得不好的地方，包括风险管理。其次，制定基准鼓励项目经理不仅看到眼前需要并试图了解可以使企业做得更好的方法。

为了成功地制定基准，需要采取一系列强制行动。项目经理必须：

① 为制定基准小组指派合适的人选。选择有充足知识及对基准有全面了解的人加入。保证参加人员有充裕的时间，能够正确地参与工作。

② 写成文件的过程一定要制定基准，项目经理必须了解在制定基准前与其他公司比较什么，比较的标准应该是相同的。

③ 当把过程写成文件时要保证每个人都同意使用的模型及工具。做不到这点就会在基准出现时影响小组成员的交流。

④ 识别主要的制定基准活动，避免制定基准包括所有事件的倾向。要集中于最重要方面。

⑤ 在稳定期制定基准。

⑥ 在稳定期制定基准。如果一个项目面临巨大压力，这时应该避免制定基准，因为这需要花费大量的时间与精力从事研究及获得结论。

⑦ 尽可能使内部过程标准化。如果使用某一种方法，必须使其标准化。若能这样，项目经理制定基准就较容易。他们会把现有过程制成文件，特别是重要部分。他们也会使用大量格律学来建立标准并追踪第一步。标准及格率使得与其他公司之前的比较变得容易。

⑧ 考虑制定基准的行为困难。许多项目成员视其为威胁因为它会削弱他们的作用或威胁其工作安全，这就会阻碍基准的制定。项目管理者应该争取得到这一点。

案例简析：

此例的知识点和参考点如下：

（1）项目公司在该项目中识别出的风险可划分为 3 大类：1）财务风险，包括总收益、融资的可能性、汇率和利率的变化。2）施工风险，包括超支、竣工时间拖延。3）经营风险，包括经营成本增加、政府法规变化等。

（2）在工程项目投标、财务、施工和经营管理中注意解决。

（3）项目过程改进通过以下渠道进行：不断提高质量；重新制定工作过程；制定

基准。

(4) 有多种方法可以减少项目风险及其影响,更有效地完成项目管理。

(5) 项目管理的系统方法有助于减少引起这种不利结果的风险。这套方法的目的是为有效地领导、定义、计划、组织、控制及完成项目提供指导。

(6) 为成功地制定基准,需要采取一系列强制行动。要求项目经理必须做到:1) 为制定基准小组指派合适的人选。2) 写成文件的过程一定要制定基准,项目经理必须了解在制定基准前与其他公司比较什么,比较的标准应该是相同的。3) 当把过程写成文件时要保证每个人都同意使用的模型及工具。做不到这点就会在基准出现时影响小组成员的交流。4) 识别主要的制定基准活动,避免制定基准包括所有事件的倾向。要集中于最重要方面。5) 在稳定期制定基准。6) 尽可能使内部过程标准化等。

(7) 要素再利用指重新使用一个系统、产品或项目的某些部分,以便解决难题或实现目标。要素再利用常与软件和硬件有密切联系。再利用的底线使项目经理能够控制风险,快速有效地解决复杂的管理问题或操作中的混乱。

(8) 制定基准。首先,促使项目经理把过程做成文件,从而知道他们做得好的及做得不好的地方,包括风险管理。其次,制定基准鼓励项目经理不仅看到眼前需要并试图了解可以使企业做得更好的方法。

(9) 重新制定工作过程,通常被称为 BPR,它包括详细检查或取代过程。完成这一转变要使用两种方法:模型工具及工作流程软件。

此外,尚有许多隐含的内容,请读者自查参考。

案例五 某工程设计项目风险管理实例

1. 设计类项目风险管理流程

设计类项目风险管理流程如图 25-4 所示。

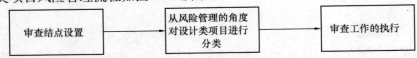

图 25-4 设计类项目风险管理流程

2. 审查结点设置

审查结点设置如图 25-5 所示。

3. 从风险管理的角度对设计类项目进行分类

以设计项目的合同价格以及针对相应设计项目的有关风险水平为基础,使用项目风险分类表设立结点矩阵将设计项目分类为"红区、黄区和绿区"(表 25-14)。

结点矩阵(万美元)　　　　　　　　　　　　　　表 25-14

风险水平	合同价值			
	<100	100~1000	1000~10000	>10000
高	黄区	黄区	红区	红区
中	绿区	黄区	黄区	红区
低	绿区	黄区	黄区	红区

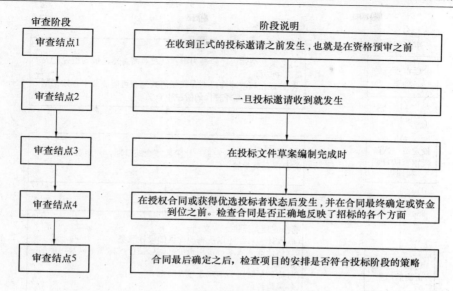

图 25-5 审查结点设置

4. 审查工作的执行

(1) "红区"设计类项目的审查如图 25-6 所示。

(2) "黄区"设计类项目的审查

黄区项目的阶段审查员必须在业务部门内独立于主导的运营单位,其与红区项目类似,但图 25-7 所示部分除外。

(3) "绿区"设计类项目审查

绿区项目的阶段审查员必须在运营单位内独立于投标团队,并将由项目总监选择,一般来讲绿区项目将遵循质量管理体系内正常的投票规程。

注:这是一个比较少见的工程项目设计风险实例,对工程承包项目有一定的参考,特别适用于国际工程设计项目或外资工程设计项目的风险评估过程。

在工程总承包中,设计份额占到的比例比较大。欧美设计公司一般都在总造价的 8%~13% 以上,这是中国公司所不及的。如,还包括知识产权系数等(签订合同条件时需要双方仔细讨论)。

案例六　某国 BOT 工程项目风险因素分析及对策一览表

本案例为东南亚某国 BOT 电力工程项目,合同额大、相对该国来讲是特大型工程承包项目。由于特许协议规定特许经营期 40 余年,施工期 4 年,运营期 4 年,所以该项目的风险是需要组织各方面专家作出评估的。鉴于此,总部对该工程风险分析评估为国别风险、融资和财务风险、建设与完工风险和运营管理风险这四大类、34 项并提出了非常有科学性、针对性、比较控制性、措施操作性、较为完整性的一套规避性的格式,值得参阅。

BOT 参与项目的各方(图 25-8)都应该是强势单位,积极性高,密切配合,方能成功,这是实战性的许多案例所证明的不争事实。BOT 项目参与各方的权利与责任应当十分明确。严格按国际惯例和操作程序操作,BOT 项目周期长、费用高,根据国际惯例,一般应遵循如下程序。

(1) 项目的提出与招标。拟采用 BOT 方式建设的基础设施项目应由当地政府提出,

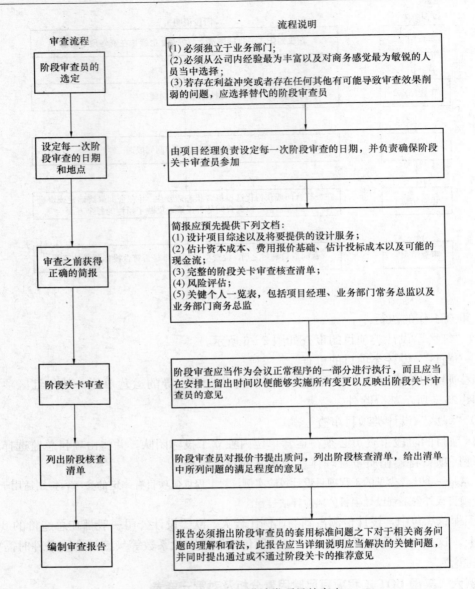

图 25-6 "红区"设计类项目的审查

大型项目则由中央政府提出,并委托一家咨询公司对项目进行初步的可行性研究,随后颁布特许意向,准备招标文件,公开投标。

(2) 项目发起人组织招标,发起人应是强有力的咨询顾问公司与财团或是具备实力的大型工程公司,它们申请资格预审并在通过资格预审后购买招标文件进行投标。BOT 项目投标显然要比一般工程项目的投标复杂,需要先对 BOT 项目进行深入的技术和财务可行性分析,才有可能向政府提出有关实施方案以及特许年限要求等,同时还要与金融机构接洽,使自己的实施方案,特别是融资方案得到金融机构的认可,才可正式递交投标书。

(3) 成立项目公司,签署各种合同与协议。我国目前处在 BOT 试点阶段,按国际惯例,项目公司参与各方一般包括项目发起人、大型承包商、材料供应商等,甚至包括当地

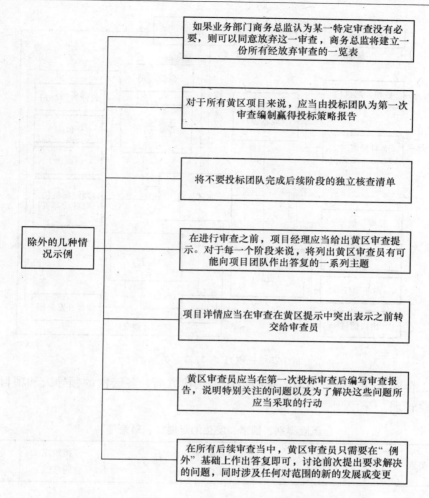

图 25-7 "红区"设计类项目审查除外的几种情况示例

政府和国有企业。项目公司应签订股东协议,与政府谈判签订特许协议,与金融机构签署融资协议。另外,与各个参与方还要签订相应的总承包合同、运营合同、保险合同、工程进度合同和各类专业咨询合同(如法律等),有时需独立签订设备订货合同。

(4) 项目建设与运营。这一阶段项目公司主要任务是委托咨询监理公司对总承包商的工作进行监理,保证项目的顺利实施和资金支付。有的工程(如发电厂、高速公路等)可以完成一部分之后即开始运营,以早日回收资金。同时,还要组建综合性开发建设公司,进行综合项目开发服务,以便多方面盈利。

(5) 项目移交。在特许期满之前,应做好必要的维修以及资产评估等工作,以便按时将BOT项目移交政府运行,政府可以仍旧聘用原有运营公司或另外组建运营公司来经营项目。

总体来说,该项目的主要风险分类、风险分析、风险评估及风险控制和应对措施基本上是到位的,预计会收到该工程项目的风险管理方面一定的效果,对同类项目模式有些可参考、可借鉴、可移植之处,这是其可取的优点所在(表 25-15)。

值得注意的问题是该项目的工程承包期限和经营期限过长,风险管理对工程成本的影响很大。因此,风险预警、风险动态管理显得非常重要,风险动态跟踪管理更为突出,在

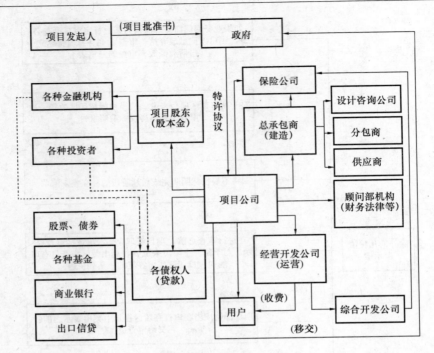

图 25-8 BOT 参与各方关系图

组织设置、合同条件、经济预留、保障措施等法律方面,各级次的领导人和项目组全员都要参与风险管理。

风险类别、因素、发生的可能性、对策等　　　　　　　　　表 25-15

序号	风险类别	风险因素	风险发生的可能性	风险对策	分担约定（合同条款）	备注
一、一般风险						
1	技术风险	(1) 现有施工技术不能满足产出规范要求；该项目重点关注的是自身及外聘/外包的技术力量	很小	明确技术标准/规范、项目的主要技术指标/参数/雇主要求	承包商/专业分包商	
		(2) 投入的技术被淘汰：这是针对 BOO、BOT 类项目，风险主要是技术升级/改进成本，对技术含量高且技术革新快的产品如医疗设备等应尤其注意	不适用			
		(3) 使用未经检验的新技术	零	保险：尽可能多地使用成熟技术		
2	质量风险	由于项目实施中潜在的缺陷而导致损失的可能性	很小	质保与质控	承包商/专业分包商，但以满足约定的技术及工艺要求为基准	

续表

序号	风险类别	风险因素	风险发生的可能性	风险对策	分担约定（合同条款）	备注
3	工期风险	(1) 设计工程量与实际工程量有较大出入	小	对设计单位、雇主和雇主代表等约定合理的履约罚款机制	取决于责任归属	
		(2) 与项目有关的某一方的工作效率低导致批复、征地、进场道路、清关、交货等延误	大			
		(3) 项目滞后于计划投入运营，针对BOT类项目	不适用			
		(4) 赶工期或加速施工所带来的成本增加	大			
		(5) 变更导致工期延长	大			
4	设计风险	受让人/开发商/承包商的设计可能达不到规定的输出规范要求，为此，应在合同谈判中明确：(1) 项目的输出规范与要求；(2) 设计依据/基准；(3) 设计范围—概念设计/详细设计/施工设计/车间图；(4) 完成时间；(5) 批复条件（包括批复时间）	小	与设计单位签订协议，明确其责任和履约机制	设计方	
5	预算与报价风险	(1) 实际成本超出预算或报价的可能性；(2) 漏项	小	施工项目分解；工程量预测；设计优化；价格组成分解；价格调整机制；变更机制；索赔机制	设计方/承包商	
6	环保风险	项目实施过程中对环境造成的危害	很小	落实项目所在国的有关法规；项目本身的环保要求；EIA文件；进场前现场的环保现状；后期立法与雇主及第三方责任界定	取决于对责任归属的界定	
7	市场风险	(1) 产品的市场供需	不适用			
		(2) 市场竞争	不适用			
		(3) 替代产品	不适用			

续表

序号	风险类别	风险因素	风险发生的可能性	风险对策	分担约定（合同条款）	备注
8	运营风险	(1) 项目能否按计划投入运行	不适用			
		(2) 生产设备的故障率				
		(3) 生产材料及易耗品的供应及时与否				
		(4) 运行人员素质				
		(5) 运营商的经验				
		(6) 对运营商的管理措施				
		(7) 产量能否达到要求				
9	投资人破产风险	SPV 的母公司成员或外部投资人破产的可能	不适用			
10	分包商风险	分包商违约或无能力履约的可能性	很小			
11	联营风险	(1) 联营体各方的履约能力及对项目的重视程度：联营伙伴的资源现状对项目的资源投入	不适用			
		(2) 联营体责权利的划分：联营体协议				
		(3) 联营体的组织形式：团队建设与部门设置				
		(4) 联营体的管理方式：团队成员的责权利界定，部门职责界定，分配制度，激励机制，物流管理制度，信息流管理制度等				
12	再融资风险	(1) 资金出现缺口：如何优化融资方案，如增加长期贷款的比例或收益偿付债券的发行量等。	大		承包商	
		(2) 由于项目风险减小可获得较低利率的贷款，这是正面风险	大			
13	维护风险	(1) 维护费用高于预期水平	小	指定维护商、明确维护内容及操作规程、雇主定期检查	承包商	
		(2) 维护商不履约	小			

续表

二、项目特定风险

序号	风险类别	应考虑的因素（不限于）	风险发生的可能性	风险影响程度	风险对策	风险约定	备注
1	国别风险	项目所在国政局的稳定性；项目所在国的经济增长态势；项目所在国立法及政策的连续性与民主性，尤其应考虑政府的行政干预手段，如冻结外资、对银行系统施加政治压力等	小	小	出口信用保险公司投保收汇险；人民保险公司投保工程、财产等险		政局和经济增长态势稳定
2	项目类型	（1）工程性质					
		（2）合同类型（BOT、EPF、ADMEASUREMENT、COST PLUS）					EPC
		（3）合同格式（ICE/GCT/FIDIC，etc.）					FIDIC
3	项目规模	（1）造价					约1.43亿美元
		（2）工期	小				4年
		（3）复杂性					一般复杂
4	项目位置	（1）周边环境如市中心/郊区/特别区域如保护区/偏远地区					偏远地区
		（2）三通现状					基本解决
5	自然风险	工程所在地的地质、水文、气候等	很小	小	合同条件下有经验的承包商不可预测的风险处理机制	雇主风险	
6	资金来源	（1）投/融资； （2）国际金融机构贷款； （3）外来援助； （4）当地资金如政府筹资； （5）混合型资金来源，如以上方式的任一组合等					承包商卖方信贷融资合同价格的85%；当地政府预算现汇支付15%
7	雇主	（1）履约信誉	一般	小			
		（2）资金到位情况	零	零			
		（3）项目管理理念、方式与经验	一般	大	加强管理		
		（4）效率	低	大	加强管理		一般

续表

序号	风险类别	应考虑的因素（不限于）	风险发生的可能性	风险影响程度	风险对策	风险约定	备注
8	工程师	（1）公正性	低	低	合同机制		监理工程师代表雇主利益
		（2）严格性	低	低			严格性差
		（3）灵活性	低	低			灵活性差
		（4）工作效率	低	低			办事效率不高
		（5）类似工程的监理经验	低	低			以往没有接触过，缺乏实际经验
		（6）业务水平	低	低			一般

案例简析：

（1）这是一个某承包公司研制的BOT模式的工程总承包比较全面的风险及对策措施之集成一览表。

（2）该表分一般风险和特定风险两类。一般风险有技术、质量、工期、设计、报价、环保、市场、运营、投资、分包、联营、再融资、维护这13项风险，以使种种风险清晰可见，便于操作。

（3）该项目施工周期跨度大，经营管理时间长，约有几年、十几年比较长的时间，其风险变数不确定性比较多，因此，其风险动态管控是一大关键问题，此表中似乎没有反映出来，可能有考虑不周的瑕疵的地方。总体来说，该项目的主要风险分类、风险分析、风险评估及风险控制和应对措施基本上是到位的，预计会收到该工程项目的风险管理方面一定的效果，对同类项目模式有些可参考、可借鉴、可移植之处，这是其可取的优点所在。

（4）值得注意的问题是该项目的工程承包期限和经营期限过长，风险管理对工程成本的影响很大。因此，风险预警、风险动态管理显得非常重要，风险动态跟踪管理更为突出，在组织设置、合同条件、经济预留、保障措施等法律方面，各级次的领导人和项目组全员都要参与风险管理。尽管如此，对于BOT工程承包项目的评估评价仍有比较大的参考价值。

（5）对此类大型工程项目的安全问题，应提高对非传统安全的关注度及其防范措施。从国家层面、工程项目环境及现场层面进行深入细致的考虑。

案例七 Y国卡马郎加火力发电站3×350MW工程总承包项目管理

1. 项目概况

（1）Y国卡马朗加3×350MW火力发电站项目，是该国GMR集团在Orissa邦德卡纳尔区卡玛郎加村投资建设的燃煤火力发电站项目，规划装机容量为4×350MW，一期建设3×350MW。主要包括厂外供水、卸煤沟、专用铁路、煤场和输煤系统、灰场、厂内水库、机力通风冷却塔、锅炉补给水处理、废水处理、除灰除碴系统、电袋除尘、烟卤、锅炉及辅机、汽轮发电机及辅机、变压器、变电站、厂区雨水排水、办公楼、检修车间和仓库、厂区道路、厂区绿化、厂区消防、启动锅炉、燃油罐等，厂区总占地面积 300 多 hm^2。

本工程厂址位于 Y 国东部 Orissa 邦 Dhenkanal 区，项目所在地的南部为国家高速公路和铁路，距离项目现场大约直线距离为 3～5km，业主修建一条公路由国家高速公路至项目现场；Budhapank 火车站距离现场大约 3～5km，火车站非常小，为客运站，不具备卸车能力；距离现场较近的码头为帕拉帝码头，为综合性货物码头，距离现场大约 150km，由帕拉帝码头至帕拉帝火车站大约 3km 的路程。水源地位于东部 Brahmani 河，取水方式为渗井取水。最近的城镇为 Angul 镇，距离现场大约 25km。

厂址所在区域为典型的热带季风型气候，冬季温暖、夏季炎热，年平均气温约 28℃，极端最高气温达 47.2℃，极端最低气温为 6.7℃。最热月为 5 月，其平均气温为 40.3℃；最冷月为 12 月，其平均气温为 13.4℃。季节可分热季（3～6 月）、雨季（6～9 月）、过渡季（10～11 月）和冷季（12 月～次年 2 月）。厂址区域年平均降雨量约 1000～1400mm，大多发生在 6～9 月。

厂址及其向西区域地势平坦，向北、向南、向西三个方向地势均较低，坡度平缓，区域内基本为草地，没有种植农作物。根据现场历史洪水调查，主厂房区域地势较高，从没发生过洪水淹没及内涝积水情况。电厂运行期间使用水库蓄水，水库水源取自东侧 Brahmani 河，水库坝址位于主厂房东侧约 500m 的低洼地区，坝址自然地面高程比主厂房区域低约 10～15m。灰库东侧与主厂区交界处有一条 400kV 线路贯穿通过。

地貌类型为低丘，地貌成因类型为剥蚀丘陵。地层主要为灰白色强风化～中风化砂岩（强风化厚度一般小于 2m），上覆第四系地层为含粗砾砂、铁锰结核黏性土，其厚度一般小于 3m。地下水类型主要为基岩裂隙水，没有统一稳定水位，穹顶可不考虑地下水影响，低洼处雨季地下水可达地表。

该项目北方约 1.5km 处打一深井，用于电站建设期的施工用水源；位于项目的西北方向约 1.5km 处有一 33kV 变电站 Chainpal，施工电源由 Chainpal 变电站引接。

(2) 项目参与单位

业主：GMR 集团公司；

业主工程师（咨询公司）：拉玛雅国际咨询公司；

EPC 工程总承包：某国电力建设第二工程公司；

设计分包商：某国核电规划设计研究院；

设备、材料供应分包商：某国三大动力设备厂及各辅机设备厂等；

项目所在国境内分包商：Y 国火力发电站建设安装公司等。

2. 项目投标组织机构建立

为做好该项目工程总承包的投标工作，首先组成了该项目投标组织机构，主要有：

综合组：投标经理兼任组长并向公司负责整个投标阶段的总体管理和协调，编制投标计划，供各组实施，代表整个投标团队与业主方联络，如现场考察，标前会议，谈判安排，审查招标文件/合同中双方的权利、义务、担保责任、索赔、仲裁等条款的均衡性，并对整个合同的风险作出正确的评估，供公司决策；汇总整套投标文件，确保技术标与商务标的一致性，以及投标文件的完整性，并向业主提交投标文件，主持投标阶段内部会议以及中标前的对外合同谈判。

技术组：研究招标文件的技术部分的要求，会同综合组进行现场考察，并提出相关质疑，要求业主解答，会同综合组、商务组确定工作范围，基于上述情况提出总体设计方案，提出工程实施所需的设备、材料、人工时估算，提出总体施工方案，以及施工设备选型和数量，提出分包项目以及对分包方式的推荐意见，负责技术标的编写以及初步评审，派员参加各类内部审核会议以及对外谈判。

商务组：分析项目的资金筹措情况，并作出风险分析报告；包括业主价格条款和支付条件，以及提出付款保证建议，该工程项目的支付以及开支的货币种类、汇率等，研究税法，确定各项税款，采取措施进行合理避税，研究合同保险条款要求和保险市场，提出投保要求和条件，保险询价，基于技术组提出的工作范围、方案、工程实施条件，进行设备、材料、采购或租赁的价格数据，采购和租赁风险评估，根据综合组对合同风险的建议，估算工程风险费；基于上述工作并考虑利润额度，编制初步报价估算；编制商务建议书，供投标经理和公司领导决策，派员参加各类内部审核会议以及对外谈判。

其他机构（略）。

3. 项目信息收集和社会调查

(1) 调查项目

1) 对招标方情况的调查

本工程的资金来源、额度、落实情况；本工程各项审批手续是否齐全；招标人员是第一次搞建设项目，还是有较丰富的工程建设经验？在已建工程和在建工程招标、评标过程中的习惯做法，对承包人的态度和信誉，是否及时支付工程款、合理对待承包人的索赔要求？咨询工程师的资历，是否承担过监理任务的主要工程以及其工作方式和习惯，对承包人的基本态度，当出现争端时能否站在公正的立场上，提出合理解决方案等。

2) 对竞争对手的调查

首先了解有多少家公司获得本工程的投标资格，有多少家公司购买了标书等，从而分析可能参与投标的公司；进而了解可能参与投标竞争的公司的有关情况，包括技术特长、管理水平、经营状况等。

3) 生产要素市场调查

实施工程购买所需工程材料，增置施工机械、零配件、工具和油料等的市场价格和支付条件、价格过去的变化情况、供货计划等；同时了解可能雇到的工人的工种、数量、素质、基本工资和各种补助费及有关社会福利、社会保险等方面的规定。

(2) 参加标前会议

1) 通过标前会议加深对标书的理解

标前会议是招标人给所有投标人的一次答疑的机会，有利于加深对招标文件的理解。在标前会议之前事先深入研究招标文件，并将在研究过程中发现的各类问题整理成书面文件，在标前会议上予以解释和澄清。

2) 标前会议主要澄清问题

对工程内容范围不清的问题、招标文件中的图纸、技术规范存在相互矛盾之处、对含糊不清、容易产生理解上歧义的合同条款等。

(3) 现场勘察

在现场勘探察前，对现场勘察需要收集的资料进行了详细的研究统计，主要有以下几个方面：

1）Y国当地政府关于火电厂在环保方面的要求或文件，如烟气、废水、废渣等的排放处理要求，对水土保持、绿化方面要求，对设备、厂区各区域噪声的要求；
2）当地的交通运输条件，铁路或公路的运输能力能否满足设备、材料的运输要求；
3）厂区的地形地貌，周围的环境条件，总体布置，生产临建和生活临建的位置；
4）项目所在地的物资材料的价格、产量、质量、供应方式等；
5）该国的劳动力价格及保证情况；
6）其施工企业的施工能力及技术状况，当地制造加工企业加工能力；
7）通信能力及保障情况如何；
8）当地的医疗卫生情况，有无流行性疾病；
9）工程项目所在地的大气污染状态；
10）需要缴纳税费种类，各种税费的税率；
11）在当地承包工程需要购买的保险等；
12）其他与项目实施需要调查取证的资料性文件等。

（4）向项目所在国承包类似项目的X国兄弟公司学习

我公司虽为首次进入Y国市场，但X国多家电力公司和三大动力设备集团公司等已在该国承建了数个电站项目，他们有丰富的实战经验。所以，我们多次派人到这些兄弟单位学习取经，使我们对该国电建市场情况、风土人情、社会环境、潜在风险等有了更详细地了解和更深刻地认识。

（5）招标标书的研读

在取得标书后，根据投标组织的分工，各投标小组按分工要求，对本组负责的工作范围的标书内容再进行细化，落实到人，分开认真细致地进行研读，真正理解招标书的内容和业主的目的。对发现标书中的问题及时记录。按计划各组研读完标书后，标书经理召开专题汇报会议，由各小组将标书内容中存在的问题、对标书的理解等一一进行全面汇报和介绍。通过会议使全体投标人员对整个招标文件内容有个全面了解，同时对招标书中的疑问、矛盾、不清楚等问题进一步讨论、澄清、做出处理等。

4. 项目的风险分析

（1）查找项目的主要风险因素

为了既达到进入该国电力工程市场、又能够尽可能规避或降低各种风险的目的，首先对可能发生的主要风险因素进行挖掘、探研和分析。通过统计分析，项目团队认为本项目主要存在如图25-9所示的主要风险因素。

（2）风险因素分析

通过上述工作，收集了大量的信息和资料并进行了归纳、整理，对照各种类风险因素进行有针对性的分析和研究。

1）国家、地区的社会环境问题：经调查，Y国为多民族、多宗教信仰的国家，有10个大民族和许多小民族，主要包括：印度斯坦族占46.3%、泰卢固族、孟加拉族等民族，各族居民主要信奉印度教，约占该国总人口的82%，其次为伊斯兰教和基督教，分别约占国家总人口的12%和2.3%；各信仰和宗教之间存在各种矛盾。但近几年在该地区没有

图 25-9 项目的主要风险因素

大的社会动乱；受英国殖民统治的影响，加之公民民主意识比较强，但地方工会时常组织罢工，向企业和政府施压，对项目的顺利进行会造成一定的影响；当地由于产煤炭，电厂等企业较多，所以村民对企业施压很有经验，经常集体闹事，向企业索要钱财和工作，阻碍工程的进展；邦首府所在地布巴内斯瓦尔市号称神庙之城，所以当地信仰多，地方节日也比较多，比如当地的菩嘉节日非常隆重；综合以上因素，对工程工期和工程费用都可能造成较大的影响。

2) 政府效率方面：经过调查，Y 国大部分政府部门工作效率相对比较低，但经过业主协调和其自身努力，对工程项目的执行影响不会太大，在工期和工程费用上可作少量考虑。

3) 当地配套能力：Y 国国内有一些较大的机械设备、建材、电气设备和材料等加工制造商，但当地生产厂家少、价格较高、生产周期长、质量没有保障等，除少量建材、地材和小型设备可以从当地采购外，大部分设备、钢结构、管道等都要考虑从 Y 国国外采购，所以在报价上需考虑相关费用。

4) 电力市场状况：目前 Y 国当地电力非常紧张缺乏，拉闸限电现象比较严重，用电价格较高，有大批电厂正在建设或正准备建设，所以要考虑电厂建设期间各种资源短缺、电力供应不足等对工期和价格的影响。

5) 市场准入法律制度：Y 国与 X 国近几年虽在贸易方面逐年增加，但由于 Y 国本国人口众多，就业困难；大部分设备制造业技术落后、生产效率低、成本高等，在国际市场上竞争实力不够；Y 国在发展经济和对内保护上处于一种矛盾的心态；另外我们虽为邻国，但互相了解并不是很多，文化差异比较大，所以在对待 C 国的政策上，各阶层、各方面的想法更是复杂，存在着一些戒备、排挤或恐惧心态；因此，C 国企业进入 Y 国市场始终受到人员工作签证限制和进口关税高的约束等，这些严重影响着项目执行的效率和顺利实施，无形中延长了工程工期，加大了工程成本。

6) 当地人力、机械等社会资源情况：当地从事一般体力劳动的人员很多，Y 国电站项目近几年才不断增加，所以从事电站建设安装的熟练技术工人和工程专业管理人员非常匮乏，造成买方市场每年的施工安装人工费用都在以 15％～20％的速度上涨；同样施工用大型机械设备也非常短缺，不能满足目前的市场需求，大部分需要从国外进口或租赁；Y 国施工机械化程度较低，工人劳动效率也很低，再加上当地工会和劳动法的影响及当地的风俗习惯等因素，使得劳动效率只相当于 C 国的 0.5～0.7。

7) 自身人力资源因素：国内企业最普遍的缺点是既懂专业又外语好的人才少，对 Y 国法律了解不够、对当地的规范标准了解少等，所以在项目执行管理上存在一定的困难。

8) 业主经济实力：GMR 集团公司在该国是一家比较有名气的私人公司，公司有 50 多年的历史，拥有糖厂、矿业、机场、航空、电力能源等多产业，目前正在运行的电站装机容量有 80 多万 kW，正在投资建设的装机容量有 230 多万 kW。经济实力比较强。

9) 金融危机的影响：本项目投标阶段正在全世界经济危机爆发阶段，危机对本项目的影响有多大程度当时还不很明朗，但是从业主对该项目的推进速度上也感觉到确实有一定的影响，我们怀疑项目融资可能遇到了一定的困难，项目的工期可能会有些调整。

10) 税收变化：由于 Y 国贸易保护主义的作用，从以往的经验考虑，Y 国政府对某些进口商品的税收进行提高的可能性很大，所以在报价时必须考虑。

11) 政治、政策变化：该国国内由于宗教、党派之间的矛盾始终存在，存在着内部各派之间发生争执的可能性，但最近几年虽有各种动乱发生，但影响不是很大；该国与 C 国之间这几年一直因为边界问题和其他一些因素影响，经常听到一些不合时宜的声音，对两国贸易带来一些负面影响；但从两国高层的互访和频繁沟通情况，认为大趋势是贸易额在不断增加，两国之间贸易政策近几年出现大的变化的可能性不大。

12) 物价变化：我们投标阶段正受经济危机的影响，物价相对较低，整个项目建设周期在三年多时间，经济危机过后物价上涨是必然的，究竟涨多少是不可预测的，但作为 EPC 总承包商必须要预测出一个比较适当值。

13）汇率变化：最近几年人民币升值而Y国币贬值一直存在，考虑当地币主要用在该国国内，所以对我们影响不大；而如果在该国国外部分的工程款采用美元报价的，人民币升值对我们的报价影响比较大，必须考虑。

14）技术性能和标准：由于本项目与X国国内主要有以下不同：一是该国煤质差、热值低、灰分高；二是该国煤质化学成分特殊，燃烧后灰分不易用电除尘吸附，电除尘效果差，达不到环保要求；三是当地气候炎热，机组冷却效果差，效率低，煤耗高；四是由于气候和煤质的影响，各辅机功率增加，造成厂用电提高。

15）自然灾害、战争、恐怖事件等：自然灾害、战争、恐怖事件等虽然存在潜在的风险，但是我们无法预测和控制，是不可抗力，只有做好各项应急预案，当事件发生时才会尽一切可能避免或减少损失。

(3) 关键风险因素的确定和采取的防范措施

经过上面详细的调查、分析、研究，认为该项目存在如下关键风险：

1）汇率变化。当地币和美元贬值、人民币升值，如果投标报价考虑不足，将可能亏损，此点非常重要。

2）物价上涨。该国和C国等情形差不多，物价上涨幅度超出预测值及国际规定的警戒线。

3）税收变化。该国的地方税收和进口关税的提高或X国的出口税收提高。

4）该国劳动力效率低。电厂建设队伍力量薄弱，施工工期长，可能造成脱期罚款。

5）技术性能和标准方面。因该国煤质差、灰分高，采用电除尘难于达到除尘环保要求，由于煤质差和气温高，而造成常用电和性能参数降低，可能造成罚款。

针对以上经营风险，我们采取如下措施：

1）报价采用固定人民币报价，或固定汇率报价对汇率增加单独报价；最后业主同意固定人民币报价，避免了汇率风险。

2）根据物价上涨趋势测算出物价可能上涨率，适当调整报价。

3）Y国境内税费由业主承担，C国国内税收由我方承担，双双分担风险。

4）针对Y国队伍效率低、素质差等各种因素，对工期有较大的影响，所以在工期上与业主协商做适当加长，业主同意提前支付部分设计等项目启动资金，加快设计进度。

5）将电除尘改为除尘效率高的电袋除尘，将厂用电率适当提高，同时提高机组单位千瓦煤耗等，适当调整机组保证性能参数，避免罚款。

5. 项目投标方案的策划

由于本项目是我公司第一个进入该国市场的项目，业主是个私人公司，参加投标的单位有Y国公司和X国公司六家，业主聘用的咨询公司德国拉玛亚公司是在Y国的分公司。为了中标本项目，我方采取了如下策略：一是技术方案上采用多方案方式，首先完全响应业主要求做一套方案，然后做一套优化推荐方案，避免因设计方案变化太大，而使业主咨询公司的直接拒绝，因招标方案是咨询公司提供的；二是在报价上，采用选项报价方式，首先按业主招标方案报一个报价，再按优化方案报一个报价。

主要方案和措施如下：

(1) 项目投标技术方案的确定

为了使方案既能让业主接受，又能充分表达自己的观点和显示自己的实力，我们确定在投标时采用多方案方式，一是完全响应标书要求的方案；二是我们自己优化后的方案；三是采用三维动画对方案给业主做一个全面介绍。

方案优化的原则是站在业主的角度，在充分为业主着想，不伤害业主利益，保证电厂的质量和安全可靠的基础上，能降低工程造价、展现我们的实力、提高竞标能力，进行各项优化。我通过对原招标设计方案调查、研究、分析发现，如果按原方案设计，一是如输煤栈桥设计不合理备用太多，煤场布置在低洼河沟上，除尘设备和炉底除灰设备等选型不合理，机力通风冷却塔布置与一高压线路相碰，灰场、运煤铁路布置占地面积大，电气、机务控制等多处设计技术落后、造价高，浓缩除灰布置不合理等；导致工程费用高、工期长、厂区占地面积大、部分设备性能指标可能难于达到标准要求、工程施工难度大等。因为在投标时，如果不响应标书，技术标的评标分数可能打低或成为废标，如果采用业主方案，确实存在很不合理的地方，工程造价高的太多。所以我们就采取了同时报两个方案的办法，一是按标书要求报一个方案；同时报一个我们的建议方案。

我方建议的方案为：
1) 输煤设计优化，减小输煤栈桥长度和数量。
2) 煤场布置调整位置和方向，减少工程量。
3) 灰场、铁路布置优化减少占地面积约 $60hm^2$。
4) 机力通风塔布置进行优化，避免了与高压线路的相碰，节约了费用和缩短了工期，减少了用地。
5) 将电除尘改为电袋除尘，除尘效果好、价格低、占地小、生产周期短。
6) 对除灰由水力喷射除灰改为刮板捞渣机，电气厂用电三个电压等级改为两个电压等级，机务高低压加热器小旁路改为大旁路、控制直接硬接线控制改为 DCS 控制等。
7) 浓缩除灰布置位置调整等。通过设计方案优化，使电厂布置合理、技术先进、工程造价大大降低。

为了进入 Y 国市场，作为第一个项目把利润降到较低值。因为汇率、Y 国境内的各项税收，存在诸多不确定因素，报价低可能会有很大风险，报价高难于中标，我方采用选项报价；对优化设计方案后的报价，也作为选项报价，如果业主坚持标书要求方案，就选择按标书要求做技术方案的报价；如业主愿意接受我方推荐的方案，就选择优化方案后的报价；这样更进一步提高了我方的竞争实力（图 25-10）。

(2) 投标方案的澄清和合同的签订

我方按上述投标技术方案和投标报价方式将标书报给业主，业主对我方的标书产生了极大兴趣，很快通知我方进行标书技术澄清和商务谈判。通过澄清和谈判，除铁路因 Y 国的特殊原因没接受我方的建议，煤场布置根据铁路布置做了适当调整之外，业主基本上全部接受了我方的其他优化方案。通过方案优化，不仅为业主节省了 20 多 hm^2 的占地，而且使工程费用大大降低；机力通风冷却塔布置的改变，解决了业主为高压线路改道需要做的大量工作。

在商务谈判过程中，业主同意承担 Y 国境内的各种税费，对于 Y 国境外的费用采用固定人民币报价，业主承担人民币升值带来的汇率风险。

最后双方都非常满意地签订该项目的 EPC 合同。

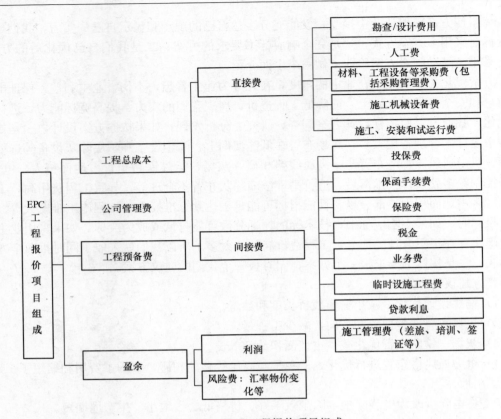

图 25-10　EPC 工程报价项目组成

6. 项目实施方案策划和执行管理

为了执行好本项目，我方通过业主对项目的目标和承包商对项目的目标以及项目管理的流程图，对项目进行详细细致的分析，在业主目标和承包方目标间找到一个合适的平衡点，对目标进行分解，找出项目各环节应控制的关键点，然后制定出切实可行的措施和方案，在执行过程中将拟订好的措施和方案逐步落实（图 25-11）。

(1) 项目实施方案策划

合同签订后，我方立即建立了正式的项目实施组织机构，对项目合同最后确定的方案进行深入分析研究，进一步细化、完善、补充投标书制定的各项方案和措施。

1) 项目实施组织机构建立

根据本项目合同要求、工程特点和社会环境条件等各种因素的影响，最终确定了本项目实施的组织机构，如图 25-12 所示。

2) 项目实施方案确定

由于 Y 国国内在设计和大部分设备、材料制造上不能满足技术、质量、供货期等方面的要求，所以设计、主要设备、部分材料的分包商选用 X 国的企业；部分材料和小型设备，Y 国能够满足要求，选用 Y 国的厂家；还有一部分，两国都不能采购到的材料，如大口径高温高压管道，选用其他国家产品；X 国采购的设备、材料选用 X 国国内的知名运输公司。

因 Y 国对外国企业职工进入 Y 国有严格的限制，所以在施工管理上我方采取，一方

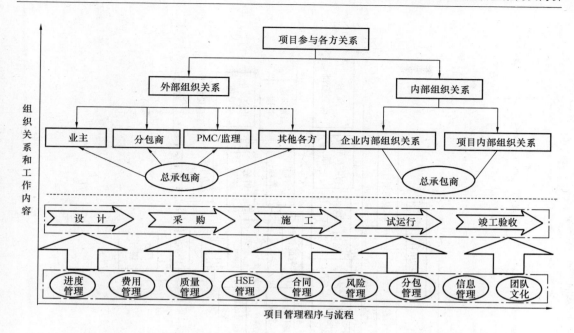

图 25-11 项目管理流程图

面雇佣部分 Y 国工程技术人员,另一方面在 Y 国选择实力强的施工企业作为分包商。

由于 Y 国分包商的实力和业务技术水平比较低,所以我方采取加大培训指导,一是现场通过图片、文字、动画、影音等方式进行培训,另一方面请他们有关工程技术和管理人员到 X 国参观学习。

针对 Y 国工程管理落后、不规范等,我方编制了全套的管理程序,对我方聘用的工程技术、管理人员、分包商进行培训;培训工作邀请业主和业主咨询公司的有关人员参加,使其能够适应和配合好我方的管理,同时也能够及时发现和纠正我方做的不完善和不适应的地方。

3)项目实施主要工作准备

在项目合同签订后,首先做了以下准备工作:

①按组织机构设立,列出人员组织计划,按计划要求,人员逐步到位;

②进行合同、法律、及相关内容的培训,使有关人员达到合格要求;

③制定详细的项目执行方案,比如:项目计划、人力机械资源配置、项目管理程序、设计管理、采购管理、施工管理、施工临建设计、"五通一平"方案等;

④设备和材料采购信息收集;

⑤有关税务、进出口等手续和证件的办理;

⑥分包合同等资料的准备。

(2)项目实施的重点管理

为了执行好本项目,在项目管理上我方把以下几个方面的管理工作作为重点:

1)设计管理

设计管理是 EPC 承包成本和质量控制的关键,设计是合同技术要求的主要体现,同时也是整个项目进度控制的关键。为了把好设计这一关,我方首先选择了实力强、有在 Y

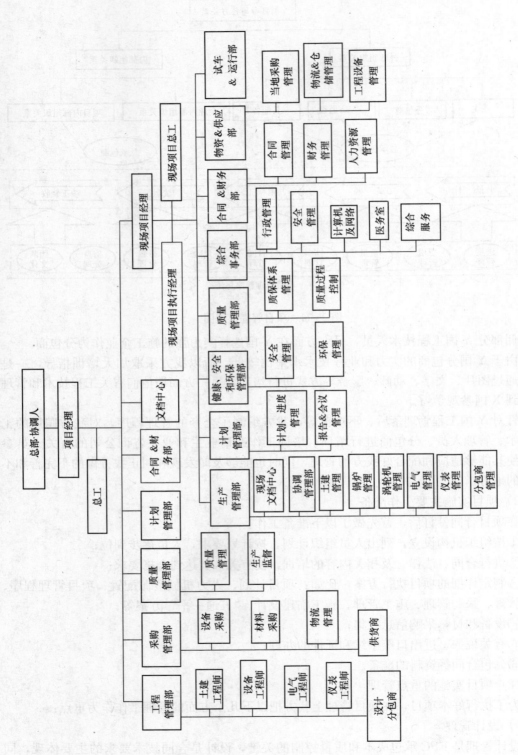

图 25-12 实施组织机构

国设计同类型机组经验的设计单位作为设计分包商；在设计分包合同中明确规定设计标准和必须满足 EPC 合同的要求；同时我方对设计分包单位进行了 EPC 合同技术规范书的培训；要求设计分包商根据 EPC 总承包计划制定出设计计划和设计管理程序；为严格控制好设计，在设计图纸和资料报业主审核之前，我方的工程技术人员和聘请的有关专家从合同的符合性、采用标准和规范、总平面布置、标高、结构形式、建筑装修标准、机械选型、管道布置、电缆的选型和布置、机组的安全性、经济性和可靠性等方面先进行严格细致的全面审核；另一方面要求设计单位严格按合同要求和有关规范标准规定编写详细的设备技术规范书，同时要求设计单位参与设备的招标技术澄清，确保设备满足技术性能要求；为保证设计和设备的接口清晰、相互提供的资料准确及时，我方各专业设专人负责对设计和设备厂家间的联络和协调，并且不定期地召开设计、设备联络会，及时解决设计和设备厂家存在的问题。

2）采购与物流管理

设备和材料的采购价格和质量控制，是整个项目成本控制和质量控制的关键。在设备和材料采购管理方面，我方首先编写了采购管理程序，建立了采购招标小组，对潜在分包商进行严格审核，选取出合格分包商，在设备和材料采购时重点控制合同、标准、参数、范围、包装、质保期等的符合性；先由设计单位根据 EPC 合同和设计要求编制设备技术规范书，经专业工程师审核后提交业主审批，按批准后的技术规范书的技术要求选订设备；设备制造质量控制从设备厂家采购的原材料开始，按照质量检验计划确定的质量验收项目，对相应工序进行检查验收，对重要检验或试验项目邀请业主工程师参加。

物流管理：我方首先通过招标选择了一个有经验的实力强的国际运输公司，并买了保险，确保设备材料的运输安全；同时在设备材料采购合同中明确规定好包装要求，保证运输过程中不被损坏；另外做好 X 国国内的出口检验、备案、退税等和 Y 国国内的报关、清关、运输、储存、保管等工作。

3）经营与施工管理

为了在不损害业主利益和符合合同、法律规定的情况下，使承包项目利益最大化，我方一方面优化设计，另一方面严格采购和分包管理；同时加大措施，强化工期、安全、质量、性能指标等风险控制；设专人负责索赔管理；由经营管理部负责合同管理；从 Y 国聘用专业咨询公司负责财务、税务、法律等咨询服务；由专业财务人员负责付款计划、现金流、出口退税等财务管理。从目前情况看，各项经营指标都取得了较满意的结果。

由于受 Y 国政府对外国人员工作签证限制的影响，本项目只能从 X 国进入 Y 国最多不超过 40 个人，所以我方采取了从当地聘用部分技术管理人员作为我公司的职工，同时将建筑安装工程的施工全部分包给当地实力比较强的分包商。为了确保分包施工质量和安全，我方首先在合同中明确质量目标、安全责任、签订奖惩办法；同时加强各种培训，提高施工和管理人员素质。

4）认证与合法性的管理

在 Y 国进行电站项目建设，有许多与 X 国不同的法律规定和要求，比如锅炉等压力容器必须通过 Y 国的 IBR 认证；消防、环保、起重机械等必须满足 Y 国当地的标准要求等。这些是我方在设备采购、设计方面必须遵守的，否则就面临罚款甚至通不过竣工验收的风险，因此对压力容器设计、制造、安装工作我方请了专业咨询公司作培训指导，消防分包给 Y 国专业公司进行设计和安装。

5) 项目管理团队和伙伴关系建设

与 X 国不仅语言不同，风俗、信仰、思想、观念、处事方式、生活习惯等都差别很大，所以，无论业主和业主工程师之间，还是与分包商之间，以及当地有关政府部门间等，加强沟通、尊重对方的信仰和习惯、多从对方考虑、培养双方的感情是非常重要的；就是因为我们能够事先对职工加强有关方面教育和培训，才使得我方在设计审查等诸多方面与业主很快达成共识，取得了良好的效果。明确通信和联络方式、渠道，指定各方联系人，为加强沟通建立了良好的桥梁；建立会议制度，利于沟通和各方协调。作为 EPC 承包商协调好设计单位和厂家关系非常重要，对工程设计制造的进度和质量影响非常大，所以我方采取定期开设计联络会，并指定专人负责协调。

7. 初步总结

(1) EPC 总承包火力发电厂的建设，是复杂而系统的庞大工程，在人力、物力、财力、资质、经验等方面都有非常高的要求。对与项目有关的各种信息进行认真收集和调查分析，预测到项目建设过程中潜在的各种风险，并制定好防范风险的有效措施，是确保项目建设承包获得较好经营效益的关键。

(2) 只有通过提前策划好项目实施的各项管理方案、措施、方式、方法，建立一个和谐、富有实力、善于沟通、团结一致的团队，才能确保项目的顺利实施。

从业主的角度和利益出发，进行科学合理的设计优化，是降低工程费用和控制工程成本的有效途径。

(3) 从理论和实践的结合上，提升对工程总承包的认识。

(4) 妥善解决工程总承包中的风险问题至关重要。

(5) 对能源工程项目应当特别注重 HSE 的深化及其现场细则的制定和实施。

(6) 应当专门设置索赔机构，这是大型工程项目必不可少的一项重要工作。

(7) 工程项目安全亦应重视。特别是非传统安全，在国际工程中越来越多越来越大，而且非常严重的安全事件也多有发生。

案例简析：

(1) 该项目所在国为英联邦的重要国家，习惯于按英国标准进行工程项目管理。包括项目设计、施工、设备采购和安装、工程验收、试运行等，特别在监理上比较严格、一丝不苟，往往给中国公司带来不便。但是，此例注意了对项目的参与各方协调好关系，互相尊重就不会出现大问题。

(2) 精心组织投标，是该项目一个着力点。开拓市场必须花大力气，项目投标过程中，综合组、技术组和商务组及其服务人员，目标明确，通力协同，各司其职，责任心强，表现出不达目的誓不休的夺标决心。并提出公司有特色的技术方案，赢得业主方的青睐，获取了中标权，在工程中包含着苦辣酸甜，实属不易。

(3) 市场调查细密，风险分析致密。这又是一个该项目成功的发力因素。在分析风险因素上，查找出 16 项之多的不确定性，并逐项地进行分析落实防范措施。又采取了 10 多种可降低、转移和消除工程风险等利好应对。

(4) 此例，在技术人员和劳务人员的属地化方面也做得比较好，注意了雇佣当地人并对他们的施工技术专业素质进行培训，大为降低了工程项目成本，为当地社会就业有所贡献等，受到好评。

（5）强化实施合同中的重点管理，是合同管理的真谛。包括：设计、采购、施工、认证（材料、设备等）、协调（与项目参与方及政府方），其工作量是非常大的，但是非常重要的环节。

（6）该案例似应在工程项目动态管理方面，有进一步研究提高和持续改进的空间及其必要性。

总之，从这个实例中，不难观察到工程总承包是凸显集团公司实力的、彰显公司形象的，并达到了双赢的目的。

案例八　A国LNG水工工程项目风险分析

1. 工程概况

（1）A国LNG项目位于刚果河的南岸，紧接Kwanda Base，与A国索约镇相连。工程所在地索约可通过在罗安达搭乘飞机前往，航程约为1小时。目前到A国的国际航线主要有三条。当地施工物资和生活物资相当匮乏，整个国家处于一个战后重建的状态。索约镇当地极其缺少施工大型设备，各种施工所需机械、材料均需进口，因此，考虑主体材料、机械及施工辅助材料由国内或国外采购后海运至索约，利用紧挨着的KUANDA BASE的码头卸货（码头前沿和航道水深-7.5m），通过陆上运输至现场。施工地材主要从首都或其他周围省份运输过来，价格相当贵。如，水泥：310美元/t（罗安达材料费）+160美元/t（运费）=470美元/t；碎石：250美元/m³；砂：220美元/m³；钢筋和型钢（索约当地没有）等结构用料都是从中国进口的。

目前，LNG项目施工现场后方场地平整完成，水工项目码头建设区疏浚施工基本完成，护岸结构为雷诺石笼（RENO MATTRESS）；岸上已有几家施工单位在进行施工，如搅拌站建设、营区建设等。施工用水、生活用水和生活用电、陆上办公用电由总承包商Bechtel提供，水陆施工用电自备柴油发电机。陆上混凝土预制构件生产区、钢管桩堆存区、其他材料堆存区和办公区约为13826m²，目前已确认的施工用地安排在施工现场附近，其余13000m²在场外。

除少量当地劳工及船员外，其他项目部人员及分包商工人均由总承包安排统一的生活、食宿区。当地物产匮乏，生活用品也是依靠进口为主，价格为国内的同类产品的7倍左右，生活物资基本上从国内采购。

气象水文情况：索约当地风浪情况较好，施工平均水位为+1.0m，高水位为+1.4m，低水位为+0.5m，潮差0.7～1.0m。安哥拉季节主要分为雨季和旱季，每年的10月份到次年的4月份为雨季；5～9月为旱季，工程所在地的气温介于20～32℃。

（2）工程规模及结构形式

本工程主要为水工工程部分的三个码头、附属设施和专业设施工程。水工结构施工内容主要分为：

1) LNG装船码头——由一个位于突堤码头末端的泊位组成，码头长度380m，码头前沿水深-14.0m，工作平台面高程为+9.0m，靠船墩、系缆墩为+5.5m。码头由一个工作平台、4个靠船墩及6个系缆墩组成，上部结构采用现浇墩台，下部为Φ1000钢管桩，厚度为22mm+18mm和20mm+18mm两种组合形式。码头与岸之间的引桥长度172m，桥面总宽12.425m，引桥结构排架间距18m，上部结构采用现浇墩台和预应力混凝土空心箱梁，下部为 $\Phi 1000$ 钢管桩，壁厚为 20mm＋18mm，靠岸两跨桩基础采用 $\Phi 1200$ 灌注桩。

2）冷凝 LPG 装船码头——由一个位于突堤码头末端的泊位组成，码头长度 306m，码头前沿水深－14.0m，工作平台面高程为＋7.0m，靠船墩、系缆墩为＋5.5m。码头由 1 个工作平台、4 个靠墩及 6 个系缆墩组成，上部结构采用现浇墩台，下部为 $\Phi 1000$ 钢管桩，厚度为 22mm＋18mm 和 20mm＋18mm 两种组合形式。码头与岸之间的引桥长度 174m，桥面总宽 12.425m，引桥结构排架间距 18m，上部结构采用现浇墩台和预应力混凝土空心箱梁，下部为 $\Phi 1000$ 钢管桩，靠岸两跨桩基础采用 $\Phi 1200$ 灌注桩。

3）加压丁烷装船码头——由一个位于突堤码头末端的泊位组成，码头长度 135m，码头前沿水深－7.5m，工作平台面高程为＋6.0m，靠船墩、系缆墩为＋4.0m。码头由 1 个工作平台、2 个靠船墩及 4 个系缆墩组成，上部结构采用现浇墩台，下部为 $\Phi 1000$ 钢管桩。码头与岸之间的引桥长度 129m，桥面总宽 9.55m，引桥结构排架间距 18m，上部结构采用现浇墩台及预应力混凝土空心箱梁，下部为 $\Phi 1000$ 钢管桩，靠岸两跨桩基础采用 $\Phi 1200$ 灌注桩。

4）水上火炬台——包括火炬海事平台和 62m 钢结构管道引桥，钢结构管道引桥中间为人行通道，顶部为管道架设基础。火炬台平台和引桥基础采用 6 根厚度 20mm，$\Phi 1000$ 钢管桩和 6 根 $\Phi 1200$ 灌注桩，灌注桩基础应用在靠岸的 3 跨。上部结构采用现浇墩台，平台尺寸为 6m×6m，高度为 2m。钢结构管道引桥宽 4.0，高 2.5m；人行通道宽 1m，两侧设高 1.2m 护栏，引桥排架间距为 20m。

5）专业设施工程——相关联的设备将为装载平台的船舶提供导航和周围海事环境的信息，为船舶的停靠、装卸载提供导航辅助。专业设施工程主要包括：消防监控系统设施、电气工程、监测系统设施、水文环境监控系统设施、靠船辅助系统设施和船岸对接专业设施工程。

6）岸上雷达塔及雷达系统设备安装工程，主要工作为一座高 80m 的雷达塔，钢材用量约 200 多 t，具体结构形式和总体钢材用量目前为估计量，待施工图设计阶段才会明确，以及雷达专业设备的采购和安装。

(3) 工程相关信息

工程名称：非洲 A 国 LNG 项目水工工程；

建设单位：A 国 LNG 有限公司；

总包单位：美国 Bechtel 公司；

工程总工期：25 个月；

工程造价：121，811，520 美元；

质量要求：主要按照美国标准；

水工项目 EPC 分包商：中国某国际集团公司。

2. 主要工程量

主要工程量见表 25-16 所列。

主要工程量

表 25-16

序号	项目名称	单位	工程量	备注
1	静载试桩	根	4	每个码头1根,加1根灌注桩
2	施打 ϕ1000 钢管桩直桩	根	70	36~46m/根
3	施打 ϕ1000 钢管桩斜桩	根	345	36~46m/根
4	制作及运输 ϕ1000 钢管桩	t	8882	材质(Q345Bφ=20mm),制作 API5L 460t 为试验用桩
5	钢管桩防腐涂层	m^2	34454.6	
6	牺牲阳极块保护	块	1245	3块/根,100kg/块
7	桩头、桩尖加强钢箍	t	158.9	Q345B 或者 ASTM618
8	现浇结构 C40 混凝土	m^3	10949	3个码头混凝土总量为16376m^3
9	现浇桩芯 C40 微膨胀混凝土	m^3	948	
10	C40 面层	m^3	217	
11	C35 灌注桩混凝土	m^3	1561	
12	预制 C45 混凝土	m^3	2701	
13	钢筋制安	t	1754.3	ASTM A615 Grade60,420MPa
14	箱梁钢绞线制安(7Φ5)	t	66.8	强度为 1860MPa
15	登船梯	座	3	专业设计采购
16	铁爬梯	座	28	ASTM A36 钢材,防腐
17	栏杆	m	1901	按 0.04t/m,Q235B/Q345B
18	SCN1600 橡胶护舷购置安装	套	8	E1.5 两鼓一板
19	1250kN 快速解缆钩(双钩)	套	8	
20	1250kN 快速解缆钩(三钩)	套	12	
21	钻孔(Φ120cm 内)	m	1008	孔深30m内,Ⅱ类土
22	钢护筒	吨	86.7	σ=10mm Q235
23	板式橡胶支座 300mm×600mm	个	240.0	
24	SCN900 橡胶护舷购置安装	套	2	E1.0 两鼓一板标准型
25	600kN 快速解缆钩(双钩)	套	2	
26	600kN 快速解缆钩(三钩)	套	4	
27	安装 C45 混凝土箱梁	件	112.0	64.5t/件
28	管廊支架钢结构重量	t	538	
29	钢栈桥钢结构重量	t	319.5	
30	火炬台钢结构重量	t	50	估算量
31	码头输油臂安装	座	3	甲供材料,配合安装
32	码头电气设施购置安装	座	3	包括电缆、电气控制设施
33	码头监测设施工程	座	3	专业设施,国际采购安装
34	码头消防及监控系统设施	座	3	专业设施,国际采购安装
35	码头水文环境监测设施	座	3	专业设施,国际采购安装
36	靠船辅助导航设施	座	3	专业设施,国际采购安装
37	码头船岸对接设施	座	3	专业设施,国际采购安装

3. 施工组织模式一览表

施工组织模式见表 25-17 所列。

施工组织模式一览表 表 25-17

序号	项目名称	施工内容	组织模式	我方责任	分包方责任	备注
1	钢卷板采购	钢卷板采购	产品采购	技术要求	提供符合质量进度要求的钢卷板	钢卷板、钢管桩制作、涂覆、运输最好由钢管桩厂家一家全部负责
2	钢管桩制作	钢管桩制作	专业分包采购	技术要求、对口管理	技术、专业人员、设备等,并包验收	
3	钢管桩防腐涂层	钢管桩防腐涂层施工,现场破损修复	国内/国外专业分包	技术要求、对口管理	材料、专业技术人员	
4	钢管桩运输	钢管桩出运	专业分包采购	对口管理	运输船机	
5	预制场及出运码头建设					
5.1	预制场及出运码头建设	预制场的土建(包括轨道梁基础、轨道安装、底模制作等)	国内劳务	技术、材料、施工管理	劳务用工、小型机具	预制场建设拟订由预制构件劳务队完成
5.2	钢管桩制作及运输	钢管桩的制作	产品采购	技术管理、运输	材料、机械	
5.3	钢桩施打	钢管桩施打	自行组织	技术管理、机械	劳务配合	
6	预制构件生产	预制构件的钢筋、预留后张管道及预埋件安装、模板安拆、混凝土浇筑、协助灌浆封锚	国内劳务分包	技术管理、材料、主要模板	劳务用工、协助材料、施工员	
7	钻孔灌注桩	平台搭设、钻孔清渣、钢筋绑扎、导管浇筑混凝土、拆除平台、泥浆处理	国内专业分包	技术管理、结构材料、吊机、平台材料搭设及拆除	技术、钻机、小型机械设备、辅助材料、技术工人	
8	钢管桩割桩、接桩、夹桩、试桩平台	钢管桩割、接桩平台加工及安装,钢管桩割、接桩、管桩偏位校正	国内劳务分包	技术管理、材料、船机配合、辅材	熟练专业焊工、辅助材料	
9	桩基静载试桩,钢管桩 PDA 动态检测	水上静载试桩(4根)检测,沉桩 PDA 动测(总桩数 20%)	自行组织(国内专业检测分包)	提供平台、船机配合	技术管理、专业检测人员、试验梁、千斤顶、仪器设备等	拟选四航科研院

续表

序号	项目名称	施工内容	组织模式	我方责任	分包方责任	备注
10	码头上部现浇混凝土结构施工	范围包括：钢管桩芯、引桥横梁、通道面层、工作平台、靠船及系船墩台，工作内容：包括现浇构件底模、钢抱及支架安装、钢筋制安、侧模安装，混凝土浇筑及养护	国内劳务分包	技术管理、材料、主要模板、船机配合	劳务工人、辅助材料、现场施工管理	辅材提供形式暂订
11	预应梁安装劳务配合	预应梁支座砂浆找平和安装，绑扣等安装配合工作	自行组织（国内/国外劳务配合）	技术管理、船机	劳务工人	
12	钢结构制作	管廊钢支架，钢栈桥，火炬台管廊、通道支架，操作平台、雷达塔及其他杂项钢结构制作	国内/国外专业采购	技术管理	材料、机械、劳务技工、辅助材料	拟于第二批钢管桩一起运输调遣
13	钢结构拼装及现场安装	管廊钢支架，钢栈桥，火炬台管廊、通道支架，操作平台钢结构拼装及现场安装	国内劳务分包	技术管理、材料、机械配合、辅材	劳务技工、辅助材料	
14	潜水作业工程	水下钢管桩割除、牺牲阳极保护块安装	国内专业劳务分包	技术管理、材料、机械配合	专业潜水员、专业设备	
15	雷达塔钢结构安装	现场安装	国内/国外专业分包	技术管理、塔吊	钢结构加工件、专业技工、辅助材料、专用小型机械	
16	码头一般附属设施预埋铁件及设施安装	码头附属包括零星铁件、橡胶护舷、系船钩、爬梯等安装	国内劳务分包	技术管理、材料、船机配合	熟练焊工、辅助材料	拟交给割桩、接桩等钢结构施工队伍一起完成
17	码头消防及监控设施	消防及监控设施专业采购及安装，以及后期服务（调试、保修等）	国内/国外专业分包	对口管理、船机配合	技术方案、材料及设施、专业施工人员、后期调试及服务	
18	码头专业电气设施工程	码头专业电气设施专业采购及安装，以及后期服务（调试、保修等）	国内/国外专业分包	对口管理、船机配合	技术设计、材料及设施、软硬件配套产品、专业施工人员、调试、操作指导及售后服务	

序号	项目名称	施工内容	组织模式	我方责任	分包方责任	备注
19	码头监测系统设施	码头监测系统设施专业采购及安装,以及后期服务(调试、保修等)	国内/国际专业分包	对口管理、船机配合	技术设计、材料及设施、软硬件配套产品、专业施工人员、调试、操作指导及售后服务	
20	码头水上环境监测设施	码头水上环境监测设施专业采购及安装,以及后期服务(调试、保修等)	国内/国际专业分包	对口管理、船机配合	技术设计、材料及设施、软硬件配套产品、专业施工人员、调试、操作指导及售后服务	
21	码头专业导航系统设施	码头专业导航系统设施专业采购及安装,以及后期服务(调试、保修等)	国内/国际专业分包	对口管理、船机配合	技术设计、材料及设施、软硬件配套产品、专业施工人员、调试、操作指导及售后服务	
22	码头船与岸对接设施	码头船与岸对接设施专业采购及安装,以及后期服务(调试、保修等)	国内/国际专业分包	对口管理、船机配合	技术设计、材料及设施、软硬件配套产品、专业施工人员、调试、操作指导及售后服务	
23	陆上雷达塔上雷达设备安装	雷达塔专业采购及安装,以及后期服务(调试、保修等)	国内/国外专业分包	技术管理、船机配合	技术设计、材料及设施、软硬件配套产品、专业施工人员、调试、操作指导及售后服务	
24	试验室建设及委托外检	试验室建设及委托外检工作	自行组织/委托外检	技术管理	试验仪器服务、委托外检服务	

4. 风险的分析与对策

本工程是一个综合性强的庞大项目,必须整合好资源、精心组织、完善考察,方可实施。通过对招投标文件、业务过程资料、技术规格书、现场考查情况进行综合分析,本项目存在的风险和对策情况如下:

(1) 工程管理风险

1) 本项目前期投标过程为兄弟公司跟进的项目,我方在合同谈判时才开始接手,不能充分了解过程中的一些细节,由于存在自身情况与我公司不同,相应策划方案在预制场和现浇混凝土供应上存在较大的差异,这给工程决策带来一定的难度风险。现在项目部正在积极收集相关资料,详细分析现有交底资料,并对当地和现场进行了考查,并积极与局、中港和BECHTEH进行沟通,尽量了解、消化、化解某些风险因素。

2) 合同风险,本工程为EPC管理模式,常称交钥匙工程(Turnkey)。固定总价使承包商对工程实施过程中不可预见的变化进行索赔的机会降低,承包商的风险增加。故施工前必须对项目有深入的考查,调研当地人文、资源,收集有关勘察资料,并且在价格上充分考虑到各类别的风险因素，工程实施过程中做好与兄弟设计院的沟通、交流和协调工作显得尤为重要。同时，充分分析与理解合同条款的意图，做好不利因素的规避工作。

本工程分为 ONSHORE 和 OFFSHORE 两部合同，OFFSHORE 在合同签订后即可按期所发生工程量给予付款，但 ONSHORE 部分公司必须在 A 国当地注册后方可付款，如公司不能及时在当地完善注册的话，此部分将会有较长时间的垫资情况出现，造成资金压力。应派专人负责对公司能否及时在当地注册的进展情况进行跟进和督促。

3) 本工程的节点罚款条例是非常严厉的，几乎单个节点都存在把罚款总额 2400 美元（总价的 20%）罚掉的可能，特别是第一个沉桩完成节点，在工程实施过程中必须根据 EPC 项目优势，加强与设计的沟通与配合，尽量争取部分前期设计所占时间，直接获得工期减少，特别是提前出桩长图纸，提早进行钢管桩的采购时间；保证投入足够、适用的船机设备和物资材料资源，其中为保证沉桩节点的需要配置 2 条打桩船。

4) 根据国际工程管理经验，类似工程做好 QS、HSE、QA/QC 对口管理工作相关重要。项目根据实际情况准备外聘 3 名具相当经验的业务经理来完成相关工作。并积极参考四航局已参与实施的项目经验。如，南海石化（由美国 Bechtel、中国 SEI 和英国 Foster Wheeler 三家公司参与）的项目经验。

（2）工程实施风险

1) 自然条件风险

当地属热带草原气候，年平均气温 22℃，气候较热、日照强烈，没有四季之分，无台风影响，风浪情况俱佳，主要不利的自然条件是雨季，当地 11 月到次年 4 月份为雨季，期间几乎天天有雨会对施工进度造成较大影响，主要的对策是合理安排工序，尽量争取将受雨季影响大的工序安排在非雨期施工，例如沉桩的时间安排的 5～11 月，在雨期施工期间尽早掌握天气规律做好现场施工安排，提高雨期施工效率。

2) 政治风险

2002 年，A 国政府与 AN 盟签署停火协议。A 国结束长达 27 年的内战，实现全面和平，开始进入战后恢复与重建时期。目前该国政局基本稳定，经济逐步恢复，但由于当地战后不久，民生机制刚刚建立，政治上存在一定的风险因素。为此，必须做好确保人身安全，保护设备、材料等完备无损工作，必须积极配合总承包 BECHTEL 做好安全保卫维稳工作，同时各区域都进行封闭式严格管理，减少外界侵入的机会，并且购买保险以防不测。

3) 技术风险

本工程的技术风险主要有：①本工程主要技术标准为美国标准，相关技术要求较高，目前本公司以及兄弟公司此类经验和资料甚少。②现场地质条件下沉桩能否顺利高效地进行，目前所掌握的水工钻孔资料极少，目前设计正补充钻探，另还有钢管桩桩长的设计风险，过多的富余会增加施工的成本。③灌注桩所处的护岸形式和地质资料均不详细，能否顺利进行，也存在一定的潜在风险性。工程技术人员必须熟悉相关技术规格书和标准规范。在沉桩施工时必须吸取兄弟公司在 A 国其他项目中的经验教训，认真分析地质钻探资料，采取重锤（D125）轻打工艺可以提高普遍存在的硬黏土层通过率。

4) 调遣及清关风险

由于当地基本没有各类型专业、大型的施工设备，故大部分设备都需要由国内调遣入场，中国到索约水路距离近8830海里，横跨大半个地球的远距离调遣，需时近一般约一个月，风险大。发货前须到安哥拉商务部办理PIP，并经指定的法国船级社验货和中国海关检查。调遣半潜驳的船期需提前三个月预定，货运公司的船期均需提前一个月安排。所在地索约可办理清关，但装卸码头能力较小，故进场前，须将所有调遣的设备、机械详列清单，做好调遣过程的安排，特别是钢管桩和大型钢结构的调遣和清关工作，避免出现设备无法进入现场的情况。

5) 采购风险

①物资采购风险

根据现场调查的情况反映，该国较为落后，当地缺乏各种工程物资，各种材料基本靠进口，同时建筑地材也相当匮乏，特别是工程需用的碎石、砂价格极高。故作为物资采购工作，应基本立足国内采购，包括生活物资、钢筋、钢材等各种结构材料，无法从国内采购的耗材如氧气、乙炔等才从当地采购。

②专业设施产品和服务采购风险

码头专业设施包括：消防及监控设施、码头监测系统设施、码头水上环境监测设施、码头专业导航系统设施、码头船与岸对接设施、陆上雷达塔的雷达设备安装。码头专业设施专业性强，所涉及工程造价大，还包括操作调试、技术指导及长期的售后服务，对码头施工后期的成败特别关键。专业设施能否成功合理完成国际采购，也是整个施工任务后期的主要风险。此项工作在开展过程中应充分理解设计意图、技术规格书和相关标准的要求，做好相关专业设计的询价和分包采购工作。

6) 运输风险

安国与中国相距近万公里，运输全过程中的不可预见的风险因素，发生的几率也是比较高的一个方面，有时是始料不到的不可控制的。运输的风险及其发生的费用主要来自设备、周转材料、临时设施、办公设施和试验设备，根据最初测算，包括海运、陆运，加上储存、损耗、检验、保管、出仓、倒运等多个过程环节。

材料物资损耗，从目前实际消耗来看，钢筋可能接近5%，水泥超过10%，地材超过10%，实际发生的费用很可能要超出预计的数据。因此，承包商要投入一定的场地、人力、财力和制定各项细节化的规章制度，以控制该项风险的扩大，保障设备、材料和物资按时按需按质到位，是成功实现项目的基本保障条件之一。

7) 分包风险

技术分包、专业分包、材料分包和劳务分包等20多项，管理和控制应该说都有一定的潜在风险的难度。特别是劳务分包方面，其风险更大些，目前国内外有一句流行语，即"成也劳务、败也劳务"，把劳务分包看成一项对工程成败举足轻重的因素，何况该项工程是在规模大、周期长、专业性强、技术含量高的情况下实施的。从整体管理角度讲，必须有专人负责管理所有的分包项目，力争做到分包项目的进度、质量、合同等管理到位、实施到位、责权利到位。

8) 组织风险

本工程施工远离中国，但是主要以国内力量进行，当地只解决普通劳务，故要做好国内施工队伍的精心组织、当地人员的参与等工作。因此，必须选择国内有实力的施工单位作为分包商，明确分包模式、项目责任划分、管理协调等。

在签证办理上总承包方不会出具邀请函等相关协助，进场人员签证须通过中方在 A 国的其他工地名额上进行协调，以保证人员能够顺利进场和获得工作签证，签证等相关手续的办理可请本单位的公司协助，拟在罗安达设立驻点中转站。

9) 安全风险

本工程工程庞大、工期紧张，主要的安全风险表现：水上作业、重件起吊安装等问题。必须对其各个环节加以监控管理，为降低施工安全风险，应选择能力强的安全管理人员担任相关职务，并且选择性能好的新设备投入施工，施工方案中明确安全要求，制定预警手段、应急措施，同时储备足够的安全物资。施工前期根据实际情况制定具体可行的 HSE 管理体系，制定预防危害的应急反应措施，并在施工过程中严格遵守，做好现场安全监督检查，及时消除各种安全隐患。

10) 动态风险

这是一项超大型的 EPC 工程项目，动态风险的因素比较多，包括人力资源、HSE、材料、设备、价格、货币、物流、分包工程及其当地政府政策、政局、施工环境等，都应属于动态控制之下，来不得半点含糊。对上述已掌控风险或在项目实施过程中的潜在、隐式或将要发生的各类风险，一律需要采取组织的、合同的、经济的动态跟踪、监控、预警、防范和处理。这是大型或特大型工程实践证明了的化解风险行之有效的可操作的一种方式方法。如，在项目现场出示广告牌并根据项目进展，来演示风险的责任人、采取的风险措施及其防范处理等各种情况，使项目团队全员参与，把风险降低到最低程度，欲达效益的最大化。

案例简析：

(1) 本项目总价约 120 亿美元以上，是超大型工程项目总承包类，按美国投资、全面策划和美国模式经营管理。其组织策划和协调管理给我们许多启示。

(2) 组织策划工作量庞大和繁杂。

从施工组织模式一览表中，可以看到其复杂性，几乎囊括了所有的组织模式，包括：自行组织实施、分项总承包、国内专业分包、国外专业分包、国内采购、国外采购、产品采购（如钢管桩等）、劳务分包、雇佣技术管理人员等，但管理的井井有条。

(3) 项目的技术含量比较高。

如桩施打工程、潜水作业工程、电气专业工程、环境监测工程、码头导航、实验室建设及运作等，都包含着水工工程要求的专业技术及风险，对此项目团队高度重视并采取了按美国标准严格管理的一系列措施，保证了工程项目的目标顺利实施并取得比较好的结果。

(4) 工程风险分析和应对公开透明。

从工程项目管理和工程项目实施的视角，对整个施工过程中可能发生的近 20 余项主要工程风险，进行了比较充分的分析和采取了相应的对策。特别在非洲各国，不确定因素的风险性包括传统性风险、非传统性风险，防不胜防，大型超大型工程项目的动态风险的监控与防范更是重中之重。

(5) 更应重视工程项目安全。深入的建立健全工程项目的安全生产保障体系。

感觉美中不足的是对工程项目生产安全问题,尚应进一步的完善健全、全面补充。对大型和特大型工程项目来说亦是非常重要的操作环节,决不能模模糊糊、马马虎虎、轻描淡写了之,而应提高到工程项目的合同目标的大局来考虑这一关系到集团公司声誉度和人员生命及财产安全的大问题。

案例九 千岛湖环城公路混凝土拱桥工程风险管理

项目描述:该项目是浙江省杭州市千岛湖环城公路上一座中承式钢管外包混凝土拱桥,桥宽 10.5m,桥跨 218m。

合同工期:2009 年 8~11 月。

设计合同额:140 万元。

项目业主:千岛湖环城公路投资公司。

地方政府:浙江省淳安县、水务部门、文物部门、林业部门。

当地居民:线路所经区域乡镇村各级政府及居民。

设计监理:设计监理单位。

外协单位:航拍单位、地勘单位。

该项目为桥梁设计项目,在项目实施前应和项目业主和地方政府进行充分沟通,和业主方确认项目范围和相关要求,和地方政府就征地拆迁、地方居民出行、航道、林业等问题进行沟通落实制定信息、沟通和冲突管理计划。

该项目目费用较低,为了占领市场,为承接后续项目做准备,公司决定接受本项目。

该项目涉及主要内容有:航测、地勘、测量、设计、评审几个环节。在项目进度、人力资源和费用安排时需要统筹考虑。

该项目外业期间正是雨季,台风季节,安全生产和风险管理也是项目实施过程中(地勘、测量)的重点工作之一,需要在全过程贯穿安全生产和风险管理的理念,并制定相应的管理计划。外业工作对工期的影响很大,业主在合同中没有明确天气对工期的影响,需和业主进行进一步沟通。由于本设计为一阶段设计,所以需业主准确移交前期工作(作方案及评审意见)。

该项目有如下特点:

(1)工期紧,任务多,设计工期仅 4 个月。

(2)协调量大。

(3)外业期间正值雨季,易造成工期延误。

项目风险管理团队组建完成后,根据本项目相关的制约因素,如项目的成本要求、工期要求等,结合本项目的进度计划、工作分解结构、人力资源安排计划,并在此基础上,召开了专题会议,对收集的资料进行归纳总结,主要采用头脑风暴法对本项目的风险进行识别,确定了本项目实施过程中存在的主要风险有以下几个方面:

工期风险、技术风险、费用风险、安全风险、自然风险和管理风险。

在风险识别的基础上,项目组成员在项目经理的主持下,采用专家经验法聘请有类似项目经验的专业人士对本项目潜在的风险进行分、估计,并对风险发生的概率与影响程度进行评价,从而确定各风险的风险值,最后结合本项目具体情况,大家集思广益制定出了相应的应对方法。具体内容见表 25-18 所列。

第25章 工程项目风险管理案例及简析

项目风险管理表　　　　　　　　　　　　　　　　表 25-18

风险种类	风险识别			风险评估			分析应对措施	
	风险来源	潜在风险因素	风险发生的后果	可能性	严重性	风险值	处置方法	应对措施计划
工期风险	业主	工期资料的提交及对方案的确认	反复修改方案，延误工期	4	8	32	减轻/预防	及时与客户沟通，明确客户要求
	航道及水利部门	对方案的确认	反复修改方案，延误工期	6	8	48		加强与各职能部门的联系沟通，及时了解相关规定，配合完成对方提出的合理要求，并将处理结果及时回馈对方
	地方政府	地方协调对方案的确认	反复修改方案，延误工期	6	8	48		
技术风险	地勘资料	资料准确性	设计内容出现偏差，返工	8	10	80	转移	通过分包，转移风险。加强分包单位的监督、检查，提高资料准确性。出现问题，责任索赔
	设计风险	结构计算分析	设计不符要求，返工	5	10	50	预防	严格审查技术方案，确保计算准确性
费用风险	业主	资金不到位	工作无法开展，延误工期	4	9	36	减轻	资金不按时到位，责任索赔
	本方	成本增加	费用增加，利润减少	4	6	24	减轻	制定周密的资金使用计划，加强管理，预留后备金
安全风险	人员	遭受意外	影响工作进度，费用增加造成不利影响	6	9	54	预防	做好安全教育，配备必要的防护设备
	设备	外部作业中受损	影响工作进度，费用增加	6	9	54	预防	做好安全教育，制定设备使用章程，并严格按章程内容执行
自然风险	自然条件	地形、天气雨季、台风期	外业工作无法正常开展延误工期，费用增加	8	7	56	减轻	与当地气象机构联系，及时掌握未来天气变化情况，合理制定相应的外业作业计划
管理风险	组织机构	项目管理不力	管理混乱，冲突不断	2	9	18	预防	制定行之有效的管理制度并严格执行，制定风险事件责任制度，制定激励和惩罚制度

第26章 附　　录

附录一览表	附录一	《美国企业风险检测公式》摘编
	附录二	BOT项目建议书参考提纲、项目评估内容
	附录三	项目融资中使用的风险评价指标
	附录四	上海长江隧道工程建设动态风险分析与控制
	附录五	国际金融公司（IFC）项目评估内容供参考
	附录六	风险管理原则与实施指南
	附录七	国务院国有资产监督管理委员会《中央企业全面风险管理指引》
	附录八	2010年度中央企业全面风险管理报告（模本）
	附录九	关于进一步加强当前形势下企业法律风险防范有关问题的通知
	附录十	中国建筑股份有限公司全面风险管理工作指引
	附录十一	日本工业规格风险管理系统的构建导则
	附录十二	COSO《企业风险管理——整合框架》2004年

附录一　《美国企业风险检测公式》摘编

美国"风险检测公式"是企业领导者评估经营风险、决策机构扩张速度与组织竞争力强弱的一种方式，通过这种分析能充分认清企业所承担的风险已达到的程度，一般按安全、警惕和危机这三种档次设置。风险检测公式将企业风险分为3个方面进行具体考核测试。

1. 企业成长风险测试

企业高速成长就会受到外界人才的仰慕和投资商的青睐。为达到这个目的，企业家无不制定唯发展是前瞻性的经营策略以及宏大的销售与利润目标。如果管理得体，这种压力可以激发员工的创造力和革新力。但是，它也会产生意想不到的风险——部属常常因为怕完不成指标而影响在公司的报酬与前程，往往不惜一切代价获得成功，即使所作所为有悖于职业道德准则。对于这项测试可以采取自问方式：（1）资金市场是否对企业的业绩成长抱有很高的期望。（2）下属是否在没有动用公司更多资源的情况下取得了突出的业绩。（3）业绩收入在下属薪酬中的比例是否增加过快；如果答案是肯定的，则需记上较高的分值。

第二种与成长有关的经营风险来源于企业内部机构扩展的速度。企业蓬勃发展时期，部门员工、生产设备、分销渠道都需增加，如无经过充分的计划和分配，则企业扩展的支撑架构都会出现"过载"现象，而会以牺牲产品质量为代价来换取表面的扩张业绩。当计算这一风险分值时，企业领导者需要分析：企业是否有足够的能力去投资新的资源与技术来支持过快的扩张。

团队中缺乏经验的新员工所占比例过高构成了企业成长过程中的第三个风险。新员工过多，企业领导者往往降低了人员素质的要求。所造成的影响是缺乏必要业务知识和经验的新员工将错误的商业信息传达给团队内部的成员，由此引起的损失是企业无法弥补的，而企业的公众形象也受到了很大的损害。

2. 企业文化风险测试

（1）企业高管人员不承担任何风险就无法永续发展，承担必要的风险是企业组织创造力和革新力的源泉。但是，暂时的成功往往会使企业领导者失去理智，盲目自信，不惜以公司的全部资产与声誉作赌注，向客户作出根本不可能实现的承诺。

（2）企业文化所产生的风险与信息传递有直接关系，尤其是向高层传递的信息。成功企业的领导者往往会自觉不自觉地养成一种习惯：不再愿意听坏消息，只希望周围的人都能够与他共同分享成功的喜悦，增强彼此的信心。而那些直言企业所存在的困难、潜在的危机的人则被嘲笑为缺乏勇气的无能者。在一个"老板清楚一切"的企业里，员工们通常学会把嘴闭上，对企业危机沉默是金。结果如何呢？以"爱听好事"而出名，公司的基层经理们都不敢向他通报业务中存在的问题，最终，被董事们赶下台。有的公司高层过人之处就在于他会鼓励自己的员工说真话，因此，在第一时间发现并解决所发生的风险。相同的事例在许多公司都曾发生过，不断印证着这些产业巨子是如何走下神坛的。

（3）一个与企业文化有关的风险来自于企业内部的竞争压力。在许多组织中，领导者相信通过竞争可以提高企业的生产力，选择最优秀的人才。但如果员工被竞争压力压得喘不过气来，终日里觉得危机四伏的话，就可能产生难以预料的负面影响。其中最普遍的就是，同事之间不再共同分享信息。若你掌握一些竞争对手所不知道的情报，为什么要放弃这种优势呢？计算这方面的风险分数，领导者应该考虑企业是如何检讨自己的经营决策的，员工们是如何评价自己的业绩表现的？是与其他人相比、还是与自己相比，如果答案是前者，那么在这个方面就应该打高分。

3. 信息管理风险测试

企业在高速成长过程中，各种信息的复杂性不断增加，传递速度也明显加快，这一突然的变化使企业内原有的信息管理系统不堪重负，经营风险接踵而至。随着业务的发展，业务量迅速达到了基本信息管理系统极限，但是，如没有引起企业的领导者的重视，设法调整人力、更新设备，就无法精确分析出单位成本，也无法制定出合理的价格使公司获得利润。决定此类风险的程度，企业领导者应该在头脑中有一个粗略的计算，一年前，企业内部的信息系统传递的速度、数量以及复杂性如何？与过去相比是否增长了很多？这些答案也许并不精确，但是它们却可以给你一个重要的提示：经营风险是高还是低。

企业内部的各种分析报表通常是企业防范内部风险的一种方式，它可以对企业资金回流，销售业绩，订单积压以及产品和服务质量等问题起到"预警"的作用。然而，当企业业绩不断增长的时候，企业领导者往往对分析报表一带而过。这其中有两个原因：1) 企业内部的报表系统变得过时和不完备，不能适应企业发展的需求。2) 与人性有关，如果一切都运转良好，利润节节高升，那么有哪个企业老总愿意埋头在一大堆枯燥乏味的数据中给自己挑毛病呢？如果你上一次看业绩分析报告的时间是一个月以前，或者对于业绩报告的迟迟未到而无动于衷的话，就不要犹豫给自己打一个高分了。

最后一个与信息管理有关的风险压力来自于企业决策权的分散。当企业迅速膨胀后，部门公司的经理往往被授予极大的决策自主权。而企业高层领导则只过问关于资源分配、目标设定、业绩评估等宏观问题。当然，决策权下放自有其好处，这样可以使部门经理以最快的速度回应市场需求，并能够激发经理人的工作能动性和成就感。但是，各部门经理往往缺少整个企业决策的全局观，分权的组织之间各自为政，无法建立起资源共享的畅通渠道，这有可能导致他们的行动给企业带来无法承受的风险。企业能够不断成长、永续发展是每一位领导者的理想，风险检测公式并不能降低企业内部存在的风险，但可提供有益的提示，据这些提示，领导者可采取有效措施来确保企业获得成功。因此，当你正为不断取得的业绩而欢欣鼓舞的同时，不要忘了接下来的一件事就是倾听：注意，风险来了！

附录二　BOT 项目建议书参考提纲、项目评估内容

国际上已有 BOT 项目的一些资料和经验，编写了以下的建议书参考提纲，可供读者参考。

1. BOT 项目建议书参考提纲

（1）实施纲要（Executive Summary）

实施纲要是建议书全部内容的概述。

（2）财务结构（Financial Structure）

叙述建议书中有关项目的财务情况，主要包括以下内容：

1) 项目各阶段所需的奖金。
2) 项目融资结构和融资来源。
3) 股本金和贷款（即债务）比例（D/E 比值），股本金的投入时间和数量。
4) 特许权期限。
5) 项目可能的收入来源，项目的收入分析（包括项目产品价格或收费标准及其调整方案）。
6) 项目的财务模型（Financial Modeling）

①计算分析的假设：

贴现率（Discount Rate）；

利率（Interest Rate）。

②项目各阶段现金流量预测（Cash Flow Forecasts）。

③各项财务指标评估（Financial Assessment）：

A. FBCR，财务效益费用比（Financial Benefit Cost Ratio）；

B. FNPV，财务净现值（Financial Net Present Value）；

C. FIRR，财务内部收益率（Financial Internal Rate of Return）；

D. N，投资回收期（Years for Return of Investment）。

④敏感性分析（Sensitivity Analysis）。

⑤贷款偿还分析（Loan Repayment Analysis）。

7) 融资来源的证明材料。

8) 税收、汇率等，包括现行税法、外汇管理法和其他法制变化对财务结构的影响。

9) 与东道国政府分享预期利润的原则（如果有的话）。

10) 各合伙人和项目主要参与方的组织机构、财务状况以及过去 3～5 年的财务审计报告。

11) 建议人的主要股东、相互关系和责任。

(3) 风险分析（Risk Analysis）和财务安全包装（Financial Safety Package）

1) 论述项目各个阶段的各种风险；

2) 论述项目财务安全包装；

3) 提出需要签订各种风险补偿补充协议（Supplementary Agreement for Compensation）和保险协议（Insurance Agreement or Policies）。

(4) 合同或协议（Contract or Agreement）

包括项目各个阶段的合同或协议。例如：

1) 贷款协议（Loan Agreement）；

2) 股东协议（Share Holders Agreement）；

3) 设计、建造阶段的 EPC 合同（Engineering，Procurement and Construction Contract）或交钥匙合同（Turnkey Contract）；

4) 运营阶段的 O&M 合同（Operation and Maintenance Contract）；

5) 产品照付不议合同（Take-or-pay Contract）或购销合同或协议（Sales/Purchase Contract or Off-take Agreement）；

6) 原料或燃料供应协议（Raw Material or Fuel Supply Agreement）；

7) 第三方保管账户协议（Escrow Account Agreement）等。

(5) 项目管理（Project Management）

1) 各个阶段的项目管理机构和人员配备；

2) 管理计划和要求；

3) 各项管理、控制措施。

(6) 建议人的经验和资源（Proponent's Experience and Resources）

1) 各个阶段的项目管理机构和人员配备；

2) 管理计划和要求；

3) 各项管理、控制措施。

(7) 技术建议（Technical Proposals）

1) 概述（Summary）

概述对设计、建造、运营和养护各个阶段提出的主要技术建议和创新，采用的技术规范和有关资料、依据。

2) 项目细节（Project Details）

①主要技术依据和技术参数；

②设计细节、技术规范、全部工程（包括建筑、安装）图纸；

③施工技术和施工方法；

④运营和维修方法；

⑤项目实施详细进度计划，说明工作顺序、时间和相互关系；

⑥工程建设费用估算，工程数量清单，单价分析；
⑦设计、建造和运营各阶段的质量保证体系；
⑧要求东道国政府和其他参与方配合进行的工作及其详细说明。

3）土地征用（Land Acquisition）和当地居民再定居（Resettlement）

说明对土地使用的范围和时间要求，以及当地居民拆迁后再定居的行动计划（Resettlement Action Plan）。

4）环保要求（Environmental Requirement）

评估项目实施各个阶段对环境产生的影响（Environmental Impact Assessment）和拟采用的环保行动计划（Environmental Action Plan）。

2. 项目评估（Project Evaluation）和项目选定（Project Selection）

由于 BOT 项目是一项复杂的系统工程，对国家的法律环境和市场机制要求很高，各个国家在发展 BOT 项目的长期战略下也结合自己的国情逐步开发了不少 BOT 项目的变异方式，尤其是近年来各种特许经营方式的迅速发展，使项目方式更趋于多样化。各跨国集团或公司在介入或选定项目前更是十分重视项目评估工作。尤其是财团和银行等融资者也高度关注这项工作。一般的做法是：

（1）首先应评定项目所在国的风险度。

国际金融公司（IFC）在《为私营基础设施融资》一书中曾介绍参考应用《机构投资者》（Institutional lnvestor）杂志提出的机构投资者指数（Institutional Investor's Index），以判别该国进入国际金融市场的风险度。《机构投资者》每年两次请 75~100 家国际银行将各个国家按指数 0~100 分级。100 代表最不可能出现主权问题。指数大于 40 的为低风险国家，指数为 25~40 的是中度风险的国家，指数小于 25 的为高风险国家。低于 25 的评分就说明很难进入国际金融市场，而 40 分以上则是不错的进入条件。另外，《机构投资者》还根据各国状况和偿付记录，认为一些中等收入国家的风险比一些低收入国家的风险更大。一般来说，风险较大国家的项目规模往往比信誉较好的国家的项目规模小得多，这是因为投资者要进行尝试。当然，我国各驻外使馆经参处也直接掌握各个国家的具体情况，他们可以提供更直接的参考资料。总之，要选择政治比较稳定、法律政策条件比较完善、透明度较大、经济环境较好的国家开发 BOT 项目或特许经营项目为宜。

（2）其次对项目进行全面评估。

这是选定项目的最基础的工作。金融界、银行界、各国际金融组织在选定项目时都要进行这项工作。融资者则往往高度关注项目的可预见性（Predictability）、稳定性（Stability）和财务上的可行性（Financial Viability），即项目的财务和经济能力，也就是说项目是否能够预期获得长期的、稳定的和确定的收入流，其融资结构是否符合能为项目收益和债务偿还能力提供财务安全保证。这正是项目发起人或主办人需要重视的项目评估的重要组成部分，也是融资者和项目发起人往往热衷或青睐电信、电力、供水等 BOT 项目和特许经营项目的主要原因。

关于对项目进行评估的内容，可以参照 BOT 项目建议书参考提纲逐项分析，作出项目的优势比较，选取项目。因为建议书正是对成功通过项目评估后的优势项目所具体编写的。

（3）最后选定项目。

附录三 项目融资中使用的风险评价指标

1. 债务覆盖率

项目的债务覆盖率是贷款银行对项目风险的基本评价指标。债务覆盖率指项目可用于偿还职务的有效净现金流量与债务偿还责任的比值，可以很容易地通过现金流量模型计算出来。债务覆盖率可进一步分为单一年度债务覆盖率和累计债务覆盖率两个指标。

单一年度债务覆盖率（DCR_t）

$$DCR_t = \frac{N_{ct} + RP_t + IE_t + LE_t}{RP_t + IE_t + LE_t}$$

式中　N_{ct}——t 年扣除一切项目支出后的净现金流量；

RP_t——t 年到期债务本金；

IE_t——t 年应付利息；

LE_t——t 年应付的项目租赁费用（如果存在的话）。

在项目融资中，贷款银行通常要求 $DCR_t \geqslant 1$；如果项目被认为存在较高风险的话，贷款银行则会要求 DCR_t 的数值相应增加。公认的 DCR 取值范围在 1.0～1.5 之间。

贷款银行在评价一个项目融资建议时，首先就要确定可接受的最低 DCR_t 值，这个值的大小不仅反映出银行对项目自身风险的估价，也同时表现出银行对来自项目之外的各种信用支持结构的有效性的评价。例如，对于采用了"无论提货与否均需付款"类型的长期购买协议作为信用支持的项目，DCR 取值将会比没有这种协议的 DCR 取值要低，因为银行会认为前者保证了项目的收入。

累计债务覆盖率（$\sum DCR_t$）

$$\sum DCR_t = \frac{NC_t + RP_t + IE_t + LE_t + \sum_{i=1}^{t-1} NC_i}{RP_t + IE_t + LE_t}$$

式中　NC_i——自第 1 年开始至第 $t-1$ 年项目未分配的净现金流量。

第一，项目在某几个特定的年份可能会出现较低的 DCR 值。一种情况发生在项目生产的前期，由于种种原因项目还未达到设计生产水平但却面临着较高债务偿还的要求；另一种情况发生在项目经营若干年后，由于生产消耗等原因需要投入较大量的资金更换一部分设备以维持正常生产。为了解决这一问题，项目融资一般采用 3 种相互联系的方法：

根据项目生产前期的现金流量状况，给予项目贷款一定的宽限期；

第二，规定项目一定比例的盈余资金必须保留在项目公司中。这就是引入累计债务覆盖率的一个作用。只有满足累计债务覆盖率以上的资金部分才被允许作为利润返还给投资者，从而保证了项目经常性地满足债务覆盖率的要求。通常 $\sum DCR_t$ 的取值范围在 1.5～2.0 之间。

第三，为了防止实际的现金流量与预测数值差距过大，使 DCR 值根本无法达到。

贷款银行有可能要求项目投资者提供一定的偿还保证基金。在有限追索的融资机构中，这种保证基金预先规定金额数量，贷款银行的追索一般不能超出这个限额。

2. 项目债务承受比率

另一种在项目融资中经常使用的指标是债务的承受比率（CR），即项目现金流量的现值与预期贷款金额的比值。

$$CR = \frac{PV}{D}$$

式中　PV——项目在融资期间的现金流量现值（采用风险校正贴现率计算）；
　　　D——计划贷款的金额。

项目融资一般要求 CR 的取值范围在 1.3～1.5 之间。

3. 资源收益覆盖率

对于资源性项目，项目融资的风险与资源储量有直接的关系，因而除了以上两个指标外，还需求增加评价资源储量风险的指标。

$$RCR_t = \frac{PVNP_t}{OD_t}$$

式中　RCR_t——t 年资源收益覆盖率；
　　　OD_t——t 年所有未偿还的项目债务总额；
　　　$PVNP_t$——t 年项目未开采的已证实资源储量的现值。

$PVNP_t$ 的计算公式为：

$$PVNP_t = \sum \frac{NP_i}{(1+K)}$$

式中　NP_i——第 i 年项目的毛利润（即销售收入减生产成本）；
　　　K——贴现率，一般采用同等期限的银行贷款利率作为计算标准。

项目融资一般要求在任何年份 RCR_t 都要大于 2。

西方矿业公司案例计算示例：

以西方矿业公司的案例分析项目的净现金流量与承受债务的能力。

假设：

(1) 项目收购价格：1 亿美元。
(2) 项目贷款（75%的收购价格）：贷款本金：7500 万美元；
　　　　　　　　　　　　　　　　资本化利息：900 万美元；
　　　　　　　　　　　　　　　　总计：8400 万美元。
(3) 贷款期限：12 年。
(4) 利率：浮动利率，但在分析中假设利率为 12%。
(5) 提款日期：1992 年 1 月 1 日。
(6) 还款计划：本金宽限期 2 年，从第 3 年起开始偿还本金，
　　　　　　　第 3～11 年：每年 750 万美元；
　　　　　　　第 12 年：1650 万美元。

利息支付从第 2 年开始（第 1 年利息资本化）。

(7) 债务覆盖率：由于该项目属于正常生产的项目，生产、资源、技术、管理等方面的风险较小，单一年度债务覆盖率取值在 1.05～1.1 以上就认为相当保守了。

数据分析：

(1) 单一年度债务覆盖率 DCR_t 在 1994～1995 两年低于 1.05 的取值要求。但是这被认为是可以接受的，因为累计覆盖率在此期间为 1.5 左右，说明项目有足够的资金应付 1994～1995 年的资金短缺问题。

(2) 项目在贷款期间有较强的现金流量,如果所有的现金都用来偿还贷款,则贷款将在不到九年的时间(2000年以前)全部还清。

根据上述分析,说明项目具有较强的债务承受能力,建议的融资方案是可以实现的。但是,需要强调的是为了简化问题在这里我们没有进行项目现金流量的敏感性分析。在做了相应的敏感性分析之后也许项目的现金流量会出现较大的变化,这时就可能需要通过修正融资比例或者增加某些信用支持来增强该项目的经济强度。然而,对项目现金流量和风险分析的原则是不变的。

4. 项目融资中贷款银行寻求降低项目风险的方法

为了降低和减少项目融资中的种种风险因素,国际上参与项目融资的主要银行在实践中逐渐建立了一系列的方法和技巧,其核心就是通过各种类型的法律契约和合同将与项目有关的各个方面的利益结合起来共同承担风险。

可以使读者获得一个较为完整的概念。在处理某些不同风险因素时,有时贷款银行选用的手段和方法是一样的,这是因为许多风险因素有着密切的内在有关性,不可能截然分开。然而,为了便于清楚地说明问题,现把一些相同的方法分别列于不同的风险类别中。

附录四　上海长江隧道工程建设动态风险分析与控制

1. 项目简介

上海长江隧道工程是我国大型跨江海隧道工程的典型代表,工程采用了目前世界上最大直径的盾构机,该直径为15430mm的盾购机将在最大水压力0.55MPa的条件下完成一次掘进7.5km距离的工程,工程规模大,技术难度高。在建设过程中存在着大量的不确定和不可预见的风险因素,不可避免地面临着各种风险,包括各种客观和人为的原因,而这些风险可能贯穿工程的建设和运营全过程。从总体上讲,这些风险基本上是可以控制的,即可以在工程建设管理中,运用动态风险管理理论,通过风险分析和评估,不断跟踪风险,并采取措施便可消除或减少相应的风险源来实现;而对于无法避免和消除的,可根据其特点,预先拟订以及采取相应的措施,使其降低至最低水平。

动态风险管理方法宏观体现在工程建设的三个阶段:第一阶段为隧道建设初期阶段,包括对未知客观条件的摸索、对先进工艺的适用以及对管理体制的尝试和完善。这阶段主要风险集中在对未知领域,即长江水底隧道建设的探索上;第二阶段为工程建设中途阶段,即现阶段,由于经过一定时期的体验和磨合,对客观条件、先进工艺和管理体制有了一定的认知和把握,现场管理和操作趋于成熟,但却显得机械和单一;第三阶段为后续阶段,随着联络通道的施工建设,以及设备长时间运行的老化等问题的出现,设备可靠度降低,故障率增加,盾尾密封等关键部件的削弱,使工程又面临更多更大的未知情况。这阶段的风险将在概率和损失上明显大于前两阶段,是工程真正面临挑战和考验的阶段。

对工程建设三个阶段的动态风险管理务必做到全过程、全方位。建设单位作为风险管理组织网络构架的第一层次,必须起到统一协调指挥的作用,并明确工程参与的所有各方,包括总承包单位、监理单位、咨询单位、监测单位和设计、研究单位等,各自承担的责任及贯彻实施的机制,使得各方能够通力合作,确保工程安全、顺利、高质量地完成。

下篇 风险篇

2. 动态风险管理基本概念

动态风险管理除了包括风险定义、风险识别、风险估计、风险评价、风险决策、风险跟踪，共6个阶段。其中风险跟踪是动态风险管理的一大特点，如图26-1所示。

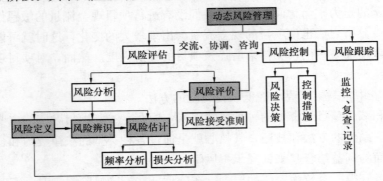

图 26-1 动态风险管理

动态风险管理是一个循环的过程，即通过监控、复查、登记等方法来对隧道建设中的风险进行跟踪和再管理。主要包括：基于动态风险理念的风险循环跟踪管理；基于监测数据的动态风险分析；基于事故故障登记的动态风险分析；基于动态风险理念的风险控制方法等几种类型。

(1) 基于动态风险理念的风险循环跟踪管理

动态风险管理流程是一个循环的过程，完成各阶段风险管理流程后，随着工程的进展进行风险跟踪，风险再辨识，再评估和再决策，如此循环，用以对工程建设的风险进行动态管理。例如可以在采用事故树（FTA）的常规风险分析方法的基础上，对基本事件风险发生概率进行再调研，在计算得到新的顶事件发生概率；或者根据工程建设情况的变化，重新修改事故树结构，再进行风险概率计算。

(2) 基于监测数据的动态风险分析

隧道施工监测的对象主要包括地层介质、隧道结构等。目前长江隧道的监测内容包括江底隆沉、隧道沉降、隧道收敛、隧道轴线、结构应力应变等。监测信息是隧道安全状态的一种综合反映，每个监测项目都可能表征一项或几项风险事故。因此，可针对风险因素进行分析整理，并结合一些具体工程风险控制措施，预防监测数据的不正常变化，进而控制风险事故的发生。在建设中，具体的操作流程如图26-2所示。

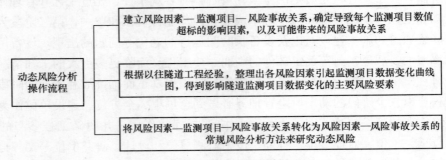

图 26-2 动态风险分析操作流程

(3) 基于事故故障登记的动态风险分析

工程事故及故障登记和分析的方法简单实用，是动态风险积累和辨识的重要途径。在每天的隧道建设过程中，通过填写以表格记载每一项事故及故障信息，内容包括事故发生的时间、情况简要介绍、对工期耽误、经济损失、人员伤亡情况，以及突发较大事件进行案例分析。然后通过统计的办法得到各类事故发生规律及概率和损失情况，以及预测日后风险发展情况，并指导以后工程建设。

(4) 基于动态风险理念的风险控制方法

针对风险动态变化的特点，在工程管理的具体过程中，可以从以下几个方面着手进行：

1) 建设经验定期总结

长大盾构隧道工程有各自的特点，具有不可逆性，建设过程是一个在参考类似工程建设经验的基础上，自我摸索的从建设中学建设的过程，因而工程经验的不断总结将是一项非常重要的内容。

2) 管理体制合理完善

隧道工程建设工艺复杂，存在多作业面，各流程周期长短不一，涉及不同单位，并且环环相扣，互相影响，所以工程管理是一项名副其实的庞大的工作。以往工程管理体制可能出现不适应情况，因此在建设过程中，应根据工程进展情况进行调整和完善。

3) 先进技术的引进和创新

该项目在建设过程中已经采用了管片连接和抗剪的新材料，摸索出复合式泥水管理方法，运用了内部结构随盾构掘进的同步施工工艺，研制了具有隧道抗浮作用的注浆材料，建立了一套工程建设的安全、质量管理体系，有效保障了工程建设的顺利和平稳。

3. 长江隧道工程风险管理具体实施内容

(1) 工程建设风险预告和通告

为了加强对工程建设的风险防范，工程前期建设单位组织参与单位根据长江隧道工程的建设特点和难点，罗列出12项重大危险源，并落实有关承包方编制了风险应急预案，组织专家评审。由此，建立了风险防范和应急处理的机制和流程。同时，督促各施工单位梳理和评估日常施工过程中的一般风险，依据每日生产活动的特点以告示牌形式进行现场告示，提出注意事项，进行安全教育。

现场风险告示的内容包括：主要的风险事故、风险责任人、风险致险因子、人员注意事项、事故预兆、风险规避措施和风险事故预案等。告示内容应注意以下几点：

风险致险因子；

注意事项和事故征兆；

规避措施和事故预案。

(2) 工程建设的风险跟踪管理

随着隧道工程建设的进行，风险大小和性质不断变化，因此须在隧道建设管理中对风险进行跟踪管理，安排现场专门的风险查勘人员，对风险的发展情况进行跟踪观察，检查工程总体风险水平的变化、重大风险的发展趋势，督促风险规避措施的实施情况，同时及时发现和处理尚未辨识到的风险。

在实施过程中，实时观察已辨识风险和其他突发风险，记录和查询风险发展状况，及时地发现和解决问题。记录的内容主要包括：辨识人员、风险发生区域、发展状态、是否采取规避措施、实施人员等。

监理单位全天 24h 在建设现场旁站监督，将每天发生的现场信息详细记录在案，包括事件内容、发生时间、工期延误情况以及处理结果等，并且以每周例会的形式进行风险统计分析，并以双周报的形式对工程建设过程中的风险进行报告，表 26-1～表 26-3 为连续 6 周上海长江隧道上行线盾构设备故障对工期进度风险的评估成果表。

前两周上行线盾构设备故障工期风险评估　　　　表 26-1

分部工程	编　号	风险事故	发生概率	后果损失	风险等级
盾构设备故障	1	泥水及供水系统故障	D	3	四级
	2	拼装机械故障	C	3	三级
	3	动力及推进系统故障	C	3	三级
	4	注浆和盾尾密封故障	B	3	二级
	5	其他故障	B	2	二级

中两周上行线盾构设备故障工期风险评估　　　　表 26-2

分部工程	编　号	风险事故	发生概率	后果损失	风险等级
盾构设备故障	1	泥水及供水系统故障	D	3	四级
	2	拼装机械故障	C	3	三级
	3	动力及推进系统故障	B	3	二级
	4	注浆和盾尾密封故障	B	3	二级
	5	其他故障	B	2	二级

后两周上行线盾构设备故障工期风险评估　　　　表 26-3

分部工程	编　号	风险事故	发生概率	后果损失	风险等级
盾构设备故障	1	泥水及供水系统故障	C	3	三级
	2	拼装机械故障	C	3	三级
	3	动力及推进系统故障	B	3	二级
	4	注浆和盾尾密封故障	B	3	二级
	5	其他故障	B	2	二级

由上述表中信息可以看出，由于对设备故障风险跟踪查勘和有效动态管控，中两周在前两周的基础上，动力及推进系统故障由三级变为二级，而后两周在中两周的基础上泥水及供水系统故障由四级变为三级，且动力及推进系统故障维持在二级水平，以上分析说明动态跟踪查勘和管控能有效降低风险，具有明显的风险防范效益。

（3）工程建设风险的预警预报

现场监测是确保隧道施工和结构安全的重要措施之一。在工程现场建立一套系统的风险监控和预警预报体系，并通过监测数据的动态管理，及时掌握隧道安全性态的情况。具体体现在以下几个方面的工作：

根据工程风险特点，确定合理的工程监测方案；

将各监测结果和风险事故建立对应关系；

基于监测结果的风险评价等级；

根据监测结果，进行风险的动态评价；

如果发现异常或超过警戒值，应及时进行风险报警，采取规避措施，做好风险事故处理准备工作。

4. 结语

隧道工程建设的动态风险管理理论尚处于探索阶段，动态风险管理有如下特点：

分部工程分类不一样，动态风险查勘偏向于按照风险性质分类。

风险管理内容有差别。动态风险查勘是根据具体工程中发生的事故和故障统计资料统计，并结合监测数据以及风险动态因素查勘的一手资料整理而成，因而研究成果更具有针对性；

风险管理重点不同。动态风向查勘风险管理着重考虑通过第一手资料分析得到的发生概率或潜在损失较大的风险，如盾构设备故障发生概率很大，火灾人员伤亡损失很大；

风险评估结果有区别。

动态风险管理更能联系具体工程实际，更能反映风险随着工程建设的进程动态变化的实质，更能对工程建设中的风险进行有效的管理和控制。通过对动态风险理论的介绍和对长江隧道工程应用成果分析，表明动态风险管理是可行的与必要的。

随着工程建设的进展，动态风险逐步由较稳定的第二阶段进入到风险较大的第三阶段，其中联络通道施工、设备可靠性及长距离作业环境和灾害防范等问题接踵而至，工程将面临更加严峻的挑战，能否采取有效的动态风险管理措施降低和控制这阶段风险，将成为上海长江隧道工程建设安全顺利与否的关键性环节。因此，运用动态风险管理的方法，建立统一协调机制，明确各方责任和义务，将有利于高质量、高效率地完成上海长江隧道工程（引自戴晓坚、黄宏伟、刘千伟《中国铁路工程建设》）。

附录五　国际金融公司（IFC）项目评估内容供参考

1. 项目描述

（1）建议的所有权结构和项目方情况

（2）项目法律状况和政府审批情况

（3）项目优势比较

2. 项目地点

（1）项目地点（土地）的面积和位置

（2）基础设施条件

（3）土地使用权的法律协议

土建工程和建筑物；

主要和辅助设备。

（4）地方条例—执行计划

3. 技术援助协议

（1）谈判状况——建议条件

（2）专利和专属技术

(3) 工厂职工培训和支持

4. 市场和销售

(1) 产品定义

(2) 产品/公司的竞争地位

1) 产品优势和竞争的比较（现在与将来）；

2) 项目的目标市场。

(3) 市场结构

1) 需求：国内与国外比较，现在与将来比较；

2) 供应：国内与国外比较，现在与将来比较——能力、成本状况、战略；

3) 市场和销售情况；

4) 今后市场发展方向——新产品等；

5) 预计所占市场份额。

(4) 市场/销售安排和费用

5. 管理和人事

(1) 组织机构图和人员要求

(2) 人事安排

(3) 管理目标和奖励

(4) 管理协议

6. 融资

(1) 资本结构

1) 建议债务/股本结构

2) 股本金

①股东结构；

②长远规划——私营/上市；

③准股本——附属债务等。

3) 债务或贷款

①长期贷款和流动资金；

②国内/国外；

③所希望的条款和条件；

④已确定的投资方案。

(2) 利润和收支相抵的分析

1) 以单位销售价格的百分比形式的单位成本结构；

2) 预计要求和成本——进口与当地设备的比较及关税；

3) 可供选择的供应商和承包商。

(3) 项目管理——厂址建设和监督部门

(4) 运营前条件和成本

(5) 应急措施（实际）和增加投入（财务）

(6) 前期工作资金条件

7. 项目进度

(1) 建设、投产和运营

(2) 支出

(3) 资金

8. 生产过程

(1) 生产技术与最新技术比较

(2) 生产规模和范围

1) 标定能力与最大能力的比较;

2) 预计经营效益;

3) 停产和更换的频率;

4) 对技术的了解与经验。

(3) 生产过程

1) 工厂平面图和生产流程图;

2) 关键操作和瓶颈;

3) 未来扩大或改造的选择。

(4) 生产条件和成本（按每单位计）

1) 原材料——产地、质量、当地与国内其他产地的比较;

2) 消耗品;

3) 设施——产地、可靠性;

4) 劳力;

5) 维修;

6) 手续费和专利税;

7) 预计生产效益的变化。

(5) 年资金投入

(6) 质量管理

(7) 环境影响

1) 环境影响描述;

2) 处理污染物和排放物的计划;

3) 职业病防治和劳动保护;

4) 现金和全额成本的基础;

5) 固定成本和可变成本。

(8) 财政规划

1) 规划的财务报表——收入、现金流量、资产负债表;

2) 全部设想的清楚说明;

3) 各种条件下的敏感度分析。

9. 法律文件复印件

(1) 合资协议

(2) 合作条款

(3) 政府批准文件/营业执照

（4）土地证/红线图
（5）抵押（如有的话）
（6）贷款协议
（7）主要合同
1）项目方承购安排（如果有的话）；
2）技术援助协议。

附录六　风险管理原则与实施指南

编制发布单位： 国家质量监督检验检疫总局　中国国家标准化管理委员会。

1. 范围

本标准提供了风险管理的原则和通用的实施指南。

本标准适用于各种类型和规模的组织，适用于组织的全生命周期及其各阶段，也适用于组织的各种活动，包括流程管理、职能行为、项目管理以及与产品、服务、资产、运作和决策等有关的各项活动。

本标准提供实施风险管理的通用指南，但风险管理的具体实施取决于组织的实际需要和具体实践。

2. 规范性引用文件

以下论述中的条款通过本标准的引用而成为本标准的条款。凡是注日期的引用文件，其随后所有的修改单（不包括勘误的内容）或修订版均不适用于本标准。凡是不注日期的引用文件，其最新版本适用于《风险管理　术语》（GB/T 23694—2009）。

3. 术语和定义

《风险管理　术语》（GB/T 23694—2009）中界定的术语和定义适用于本标准。

4. 风险管理原则

为有效管理风险，组织在实施风险管理时，可遵循下列原则：

（1）控制损失，创造价值

以"控制损失，创造阶值"为目标的风险管理，有助于组织实现目标、取得具体可见的成绩和改善各方面的业绩，包括人员健康和安全、合规经营、社会认可、环境保护、财务绩效、产品质量、运营效率和公司治理等方面。

（2）融入组织管理过程

风险管理不是独立于组织主要活动和各项管理过程的单独的活动，而是组织管理过程不可缺少的组成部分。

（3）支持决策过程

组织的所有决策都应考虑风险和风险管理。风险管理旨在将风险控制在组织可接受的范围内，有助于判断风险应对是否充分、有效，有助于决定行动优先顺序并选择可行的行动方案，从而帮助决策者作出合理的决策。

（4）应用系统的、结构化的方法

系统的、结构化的方法有助于风险管理效率的提升，并产生一致、可比、可靠的结构。

(5) 以信息为基础

风险管理过程要以有效的信息为基础。这些信息可通过经验、反馈、观察、预测和专家判断等多种渠道获取，但使用时要考虑数据、模型和专家意见的局限性。

(6) 环境依赖

风险管理取决于组织所处的内部和外部环境以及组织所承担的风险，需要特别指出的是，风险管理受人文因素的影响。

(7) 广泛参与、充分沟通

组织的利益相关者之间的沟通，尤其是决策者在风险管理中适当、及时的参与有助于保证风险管理的针对性和有效性。

利益相关者的广泛参与有助于其观点在风险管理过程中得到体现，其利益诉求在决定组织的风险偏好时得到充分考虑。利益相关者的广泛参与要建立在对其权利和责任明确认可的基础上。

利益相关者之间需要进行持续、双向和及时的沟通，尤其是在重大风险事件和风险管理有效性等方面需要及时沟通。

(8) 持续改进

风险管理是适应环境变化的动态过程，其各步骤之间形成一个信息反馈的闭环。随着内部和外部事件的发生、组织环境和知识的改变以及监督和检查的执行，有些风险可能会发生变化，一些新的风险可能会出现，另一些风险则可能消失。因此，组织应持续不断地对各种变化保持敏感并作出恰当反应，组织通过绩效测量、检查和调整等手段，使风险管理得到持续改进。

5. 风险管理过程

(1) 概述

风险管理过程是组织管理的有机组成部分，嵌入在组织文化和实践当中，贯穿于组织的经营过程，风险管理过程由 (2) ~ (5) 所描述的活动组成，即明确环境信息、风险评估、风险应对、监督和检查，如图 26-3 所示。其中，风险评估包括风险识别、风险分析和风险评价这三个步骤。

沟通和记录应贯穿于风险管理过程的各项活动中，并将对其进行详细说明。

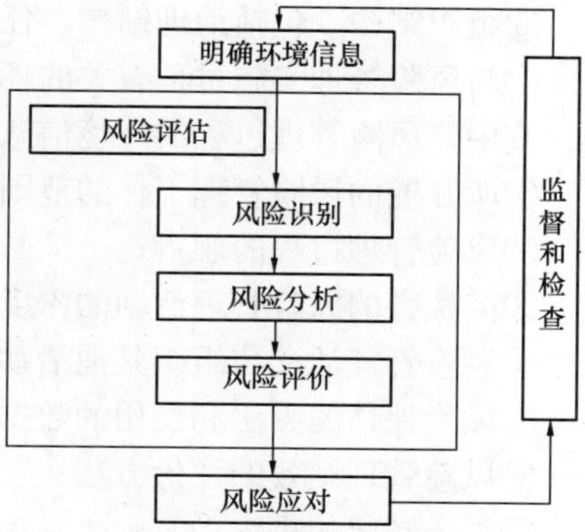

(2) 明确环境信息

1) 概述

通过明确环境信息，组织可明确其风险管理的目标，确定与组织相关的内部和外部参数，以及风险管理的范围和有关风险准则。

图 26-3 风险管理过程

2) 外部环境信息

外部环境信息是组织在实现目标过程中所面临的外界环境的历史、现在和未来的各种相关信息。为保证在制定风险准则时充分考虑外部利益相关者的目标和关注点，组织需要了解外部环境信息，外部环境信息以组织所处的整体环境为基础，包括法律和监督要求、利益相关者的诉求和与具体风险管理过程相关的其他方面的信息等。

外部环境信息包括但不限于：

①国际、国内、地区及当地的政治、经济、文化、法律、法规、技术、金融以及自然环境和竞争环境；

②影响组织目标实现的外部关键因素及其历史和变化趋势；

③外部利益相关者及其诉求、价值观、风险承受度；

④外部利益相关者与组织的关系等。

3）内部环境信息

内部环境信息是组织在实现目标过程中所面临的内在环境的历史、现在和未来的各种相关信息。

风险管理过程要与组织的文化、经营过程和结构相适应，包括组织内影响其风险管理的任何事物。组织需明确内部环境信息，因为：

①风险可能会影响组织战略、日常经营或项目运营等各个方面，从而进一步影响组织的价值、信用和承诺等；

②风险管理在组织的特定目标和管理条件下进行；

③具体活动的目标和有关准则应放到组织整体目标的环境中考虑。

内部环境信息可包括：

①组织的方针、目标以及经营战略；

②资源和知识方面的能力（如资金、时间、人力、过程、系统和技术）；

③信息系统、信息流和决策过程（包括正式的和非正式的）；

④内部利益相关者及其诉求、价值观、风险承受度；

⑤采用的标准和模型；

⑥组织结构（包括治理结构、任务和责任等）、管理过程和措施；

⑦与风险管理实施过程有关的环境信息等。

其中，风险管理过程的环境信息根据组织的需要而改变，它包括但不限于：

①所开展的风险管理工作的范围和目标，以及所需要的资源；

②风险管理过程的职责；

③应执行的风险管理活动的深度和广度；

④风险管理活动与组织其他活动之间的关系；

⑤风险评估的方法和使用的数据；

⑥风险管理绩效的评价方法；

⑦需要制定的决策；

⑧风险准则等。

4）确定风险准则

风险准则是组织用于评价风险重要程度的标准。因此，风险准则需体现组织的风险承受度，应反映组织的价值观、目标和资源。有些风险准则直接或间接反映了法律和法规要求或其他需要组织遵循的要求。风险准则应当与组织的风险管理方针一致。具体的风险准则应尽可能在风险管理过程开始时制定，并持续不断地检查和完善。

确定风险准则时要考虑以下因素：

①可能发生的后果的性质、类型以及后果的度量;
②可能性的度量;
③可能性和后果的时限;
④风险的度量方法;
⑤风险等级的确定;
⑥利益相关者可接受的风险或可容许的风险等级;
⑦多种风险组合的影响。

通过以上因素及其他相关因素的关注,将有助于保证组织所采用的风险管理方法适合于组织现状及其所面临的风险。

(3) 风险评估

风险评估包括风险识别、风险分析和风险评价三个步骤。

1) 风险识别

风险识别是通过识别风险源、影响范围、事件及其原因和潜在的后果等,生成一个全面的风险列表。识别风险不仅要考虑有关事件可能带来的损失,也要考虑其中蕴含的机会。

进行风险识别时要掌握相关的和最新的信息,必要时,需包括适用的背景信息。除了识别可能发生的风险事件外,还要考虑其可能的原因和可能导致的后果,包括所有重要的原因和后果。不论风险事件的风险源是否在组织的控制之下,或其原因是否已知,都应对其进行识别。此外,要关注已经发生的事件,特别是新近发生的风险事件。

识别风险需要所有相关人员的参与。组织所采用的风险识别工具和技术应当适合于其目标、能力及其所处环境。

2) 风险分析

风险分析是按照风险类型、获得的信息和风险评估结果的使用目的,对识别出的风险进行定性和定量的分析,为风险评价和风险应对提供支持。风险分析要考虑导致风险的原因和风险源、风险事件的正面和负面的后果及其发生的可能性。影响后果和可能性的因素、不同风险及其风险源的相互关系以及风险的其他特性,还要考虑现有的管理措施及其效果和效率。

在风险分析中,应考虑组织的风险承受度及其对前提和假设的敏感,适时与决策者和其他利益相关者有效地沟通。另外,还要考虑可能存在的专家观点中的分歧及数据和模型的局限性。

根据风险分析的目的、获得的信息数据和资源,风险分析可以是定性的、定量的或以上方法的组合。一般情况下,首先采用定性分析,了解风险等级和揭示主要风险。适当地进行更具体和定量的风险分析。

后果和可能性可通过专家意见确定,或通过对事件或事件组合的结果建模确定,也可通过对实验研究或可获得的数据的推导确定。对后果的描述为有形或无形的影响,如物质的损失或组织声誉的提升。在某些情况下可能需要多个指标来确切描述不同时间、地点、类别或情形的后果。

3) 风险评价

风险评价是将风险分析的结果与组织的风险准则比较,或者在各种风险的分析结果之间进行比较，确定风险等级，以便作出风险应对的决策。如果该风险是新识别的风险，则应当制定相应的风险准则，以便评价该风险。

风险评价的结果应满足风险应对的需要，否则，应作进一步分析，有时，根据已制定的风险准则，风险评价使组织作出维持现有的风险应对措施，不采取其他新的措施的决定。

（4）风险应对

1）概述

风险应对是选择并执行一种或多种改变风险的措施，包括改变风险事件发生的可能性或后果的措施。风险应对决策应当考虑各种环境信息，包括内部和外部利益相关者的风险承受度，以及法律、法规和其他方面的要求等。

风险应对措施的制定和评估可能是一个递进的过程。对于风险应对措施，应评估其剩余风险是否可以承受。如果剩余风险不可承受，应调整或制定新的风险应对措施，并评估新的风险应对措施的效果，直到剩余风险可以承受。执行风险应对措施会引起组织风险的改变，需要跟踪、监督风险应对的效果和组织的有关环境信息，并对变化的风险进行评估，必要时重新制定风险应对措施。

可能的风险应对措施之间不一定互相排斥。一个风险应对措施也不一定在所有条件下都适合。风险应对措施可包括下列各项：

①决定停止或退出可能导致风险的活动以规避风险；

②增加风险或承担新的风险以寻求机会；

③清除具有负面影响的风险源；

④改变风险事件发生的可能性的大小及其分布的性质；

⑤改变风险事件发生的可能后果；

⑥转移风险；

⑦分担风险；

⑧保留风险等。

2）选择风险应对措施

选择适当的风险应对措施时需考虑很多方面，比如：

①法律、法规、社会责任和环境保护等方面的要求；

②风险应对措施的实施成本与收益（有些风险可能需要组织考虑采用经济上看起来不合理的风险应对决策，例如可能带来严重的负面后果但发生可能性低的风险事件）；

③选择几种应对措施，将其单独或组合使用；

④利益相关者的诉求和价值观、对风险的认知和承受度以及对某一些风险应对措施的偏好。

风险应对措施在实施过程中可能会失灵或无效。因此，要把监督作为风险应对措施实施计划的有机组成部分，以保证应对措施持续有效。

风险应对措施可能引起次生风险，对次生风险也需要评估、应对、监督和检查。在原有的风险应对计划中要加入这些次生风险的内容，而不应将其作为新风险而独立对待。为此需要识别并检查原有风险与次生风险之间的联系。当风险应对措施影响到组织内其他领域的风险或影响到其他利益相关者时，要评估这些影响，并与有关利益相关者沟通，必要时调整风险应对措施。

决策者和其他利益相关者应当清楚在采取风险应对措施后的剩余风险的性质和程度。

3）制定风险应对计划

在选择了风险应对措施之后，需要制定相应的风险应对计划。风险应对计划中应当包括以下信息：

①预期的收益；

②绩效指标及其考核方法；

③风险管理责任人及实施风险应对措施的人员安排；

④风险应对措施涉及的具体业务和管理活动；

⑤选择多种可能的风险应对措施时，实施风险应对措施的优先次序；

⑥报告和监督、检查的要求；

⑦与适当的利益相关者的沟通安排；

⑧资源需求，包括应急机制的资源需求；

⑨执行时间表等。

风险应对计划要与组织的管理过程整合。

（5）监督和检查

组织应明确界定监督和检查的责任。

监督和检查可能包括：

1）监测事件，分析变化及其趋势并从中吸取教训；

2）发现内部和外部环境信息的变化，包括风险本身的变化、可能导致的风险应对措施及其实施有限秩序的改变；

3）监督并记录风险应对措施实施后的剩余风险，以便适时做进一步处理；

4）适用时，对照风险应对计划，检查工作进度与计划的偏差，保证风险应对措施的设计和执行有效；

5）报告关于风险、风险应对计划的进度和风险管理方针的遵循情况；

6）实施风险管理绩效评估。

风险管理绩效评估应被纳入到组织的绩效管理以及组织对内、对外的报告体系之中。

监督和检查活动包括常规检查、监控已知的风险、定期或不定期检查。定期或不定期检查都应被列入风险应对计划之中。

适时监督和检查的结果应当有记录并对内或对外报告。

（6）沟通和记录

1）沟通

组织在风险管理过程的每一个阶段都应当与内部和外部利益相关者有效沟通，以保证实施风险管理的责任人和利益相关者能够理解组织风险管理决策的依据，以及需要采取某些行动的原因。

由于利益相关者的价值观、诉求、假设、认知和关注点不同，其风险偏好也不同，并可能对决策有重要影响。因此，组织在决策过程中应当与利益相关者进行充分沟通，识别并记录利益相关者的风险偏好。

2）记录

在风险管理过程中,记录是实施和改进整个风险管理过程的基础。
建立记录应当考虑以下方面:
①出于管理的目的而重复使用信息的需要;
②进一步分析风险和调整风险应对措施的需要;
③风险管理活动的可追溯要求;
④沟通的需要;
⑤法律、法规和操作上对记录的需要;
⑥组织本身持续学习的需要;
⑦建立和维护记录所需的成本和工作量;
⑧获取信息的方法、读取信息的容易程度和储存媒介;
⑨记录保留期限;
⑩信息的敏感性。

6. 风险管理的实施

(1) 概述

组织实施风险管理过程需要一个风险管理体系,包括相关方针、组织机构、工作程序、资源配置、信息沟通机制以及相关的技术手段等基础设施,以便将风险管理嵌入到组织的各个层次和活动之中。通过在组织的不同层次和特定环境内实施风险管理过程,风险管理体系帮助组织有效地管理风险,组织的风险管理体系可能由在各层次和特定环境内实施风险管理过程的子体系构成,如内部控制体系。风险管理体系应当保证风险管理过程中的风险信息的充分沟通,并且在相关的组织层次范围内作为决策和问责的依据使用。组织要在检查的基础上,作出如何改进风险管理体系、方针和风险应对计划的决策,从而引导组织的风险管理和风险管理文化的改进。

风险管理体系的要素主要包括:
1) 风险管理方针;
2) 适当的制度和程序,使风险管理嵌入到组织的所有活动和过程中;
3) 与组织结构相关的职责,及有关的与组织的绩效指标一致的风险管理指标体系;
4) 资源分配;
5) 与所有利益相关者沟通风险管理的机制;
6) 技术手段、方法、工具等。

(2) 风险管理方针

风险管理方针应明确下列事项:
1) 组织的风险管理理念;
2) 组织的最高管理者对风险管理的承诺;
3) 组织的风险管理目标;
4) 组织的风险偏好;
5) 风险管理方针与组织的目标及其他方针之间的关系;
6) 风险管理的职责分配;
7) 管理风险的程序和方法;
8) 风险管理的资源配置;

9) 测量和报告风险管理绩效的方式;
10) 建立风险管理体系的计划;
11) 持续改进的承诺。
(3) 风险管理工作程序

组织应就风险管理方针同内部和外部利益相关者进行充分沟通。特别是整个组织应当设计适当的制度和行为规范,建立风险管理工作程序,特别是整个组织层面的风险管理计划,以保证风险管理嵌入到组织的所有活动和过程之中,尤其是组织的战略规划、运营过程以及变革管理之中。

(4) 风险管理相关组织结构

组织可通过以下方法保证风险管理的责任认定和授权,从而能够执行风险管理过程,并保证风险管理的充分性和有效性:
1) 明确风险管理体系的制定、实施和维护人员的职责;
2) 明确执行风险应对措施、维护风险管理体系和报告相关风险信息人员的职责;
3) 建立批准、授权制度;
4) 建立绩效测量,及相应的合适的奖励、惩罚制度;
5) 建立对内对外的报告机制等。

(5) 风险管理资源配置

组织需根据风险管理计划,制定可行的方法,为风险管理分配适当的资源。

具体要考虑下列各项:
1) 人员、技术、经验和能力;
2) 风险管理过程每一阶段所需要的资金及各种资源;
3) 数据记录的过程和程序步骤;
4) 信息和知识管理系统。

(6) 沟通与报告机制

1) 内部沟通和报告机制

组织要建立内部沟通和报告机制,以保证:
①风险管理体系的关键组成部分及其调整得到适当的沟通;
②在组织内部充分报告风险应对计划实施的效果和效率;
③在适当的层次和时间提供风险管理的相关信息;
④建立与内部利益相关者协商的程序。

内部沟通和报告机制还包括在考虑到组织敏感程度的基础上,适当整合反馈各内部渠道得到的风险信息的程序。

2) 外部沟通和报告机制

组织需建立与外部利益相关者沟通的机制。这种机制应当保证:
①组织的对外报告符合法律、法规和公司治理要求;
②组织与外部利益相关者保持有效的信息沟通;
③在外部利益相关者中建立对组织的信心;
④在发生突发事件、危机和紧急状况时与利益相关者沟通;
⑤为组织提供外部利益相关者的报告和反馈。

附录七　国务院国有资产监督管理委员会 《中央企业全面风险管理指引》

关于印发《中央企业全面风险管理指引》的通知

企业全面风险管理是一项十分重要的工作，关系到国有资产保值增值和企业持续、健康、稳定发展。为了指导企业开展全面风险管理工作，进一步提高企业管理水平，增强企业竞争力，促进企业稳步发展，我们制定了《中央企业全面风险管理指引》，现印发你们，请结合本企业实际执行。企业在实施过程中的经验、做法及遇到的问题，请及时反馈我委。

国务院国有资产监督管理委员会
二〇〇六年六月六日

中央企业全面风险管理指引

第一章　总　　则

第一条　为指导国务院国有资产监督管理委员会（以下简称国资委）履行出资人职责的企业（以下简称中央企业）开展全面风险管理工作，增强企业竞争力，提高投资回报，促进企业持续、健康、稳定发展，根据《中华人民共和国公司法》、《企业国有资产监督管理暂行条例》等法律法规，制定本指引。

第二条　中央企业根据自身实际情况贯彻执行本指引。中央企业中的国有独资公司董事会负责督导本指引的实施；国有控股企业由国资委和国资委提名的董事通过股东（大）会和董事会按照法定程序负责督导本指引的实施。

第三条　本指引所称企业风险，指未来的不确定性对企业实现其经营目标的影响。企业风险一般可分为战略风险、财务风险、市场风险、运营风险、法律风险等；也可以能否为企业带来盈利等机会为标志，将风险分为纯粹风险（只有带来损失一种可能性）和机会风险（带来损失和盈利的可能性并存）。

第四条　本指引所称全面风险管理，指企业围绕总体经营目标，通过在企业管理的各个环节和经营过程中执行风险管理的基本流程，培育良好的风险管理文化，建立健全全面风险管理体系，包括风险管理策略、风险理财措施、风险管理的组织职能体系、风险管理信息系统和内部控制系统，从而为实现风险管理的总体目标提供合理保证的过程和方法。

第五条　本指引所称风险管理基本流程包括以下主要工作：

（一）收集风险管理初始信息；

（二）进行风险评估；

（三）制定风险管理策略；

（四）提出和实施风险管理解决方案；

（五）风险管理的监督与改进。

第六条 本指引所称内部控制系统，指围绕风险管理策略目标，针对企业战略、规划、产品研发、投融资、市场运营、财务、内部审计、法律事务、人力资源、采购、加工制造、销售、物流、质量、安全生产、环境保护等各项业务管理及其重要业务流程，通过执行风险管理基本流程，制定并执行的规章制度、程序和措施。

第七条 企业开展全面风险管理要努力实现以下风险管理总体目标：

（一）确保将风险控制在与总体目标相适应并可承受的范围内；

（二）确保内外部，尤其是企业与股东之间实现真实、可靠的信息沟通，包括编制和提供真实、可靠的财务报告；

（三）确保遵守有关法律法规；

（四）确保企业有关规章制度和为实现经营目标而采取重大措施的贯彻执行，保障经营管理的有效性，提高经营活动的效率和效果，降低实现经营目标的不确定性；

（五）确保企业建立针对各项重大风险发生后的危机处理计划，保护企业不因灾害性风险或人为失误而遭受重大损失。

第八条 企业开展全面风险管理工作，应注重防范和控制风险可能给企业造成损失和危害，也应把机会风险视为企业的特殊资源，通过对其管理，为企业创造价值，促进经营目标的实现。

第九条 企业应本着从实际出发，务求实效的原则，以对重大风险、重大事件（指重大风险发生后的事实）的管理和重要流程的内部控制为重点，积极开展全面风险管理工作。具备条件的企业应全面推进，尽快建立全面风险管理体系；其他企业应制定开展全面风险管理的总体规划，分步实施，可先选择发展战略、投资收购、财务报告、内部审计、衍生产品交易、法律事务、安全生产、应收账款管理等一项或多项业务开展风险管理工作，建立单项或多项内部控制子系统。通过积累经验，培养人才，逐步建立健全全面风险管理体系。

第十条 企业开展全面风险管理工作应与其他管理工作紧密结合，把风险管理的各项要求融入企业管理和业务流程中。具备条件的企业可建立风险管理三道防线，即各有关职能部门和业务单位为第一道防线；风险管理职能部门和董事会下设的风险管理委员会为第二道防线；内部审计部门和董事会下设的审计委员会为第三道防线。

第二章 风险管理初始信息

第十一条 实施全面风险管理，企业应广泛、持续不断地收集与本企业风险和风险管理相关的内部、外部初始信息，包括历史数据和未来预测。应把收集初始信息的职责分工落实到各有关职能部门和业务单位。

第十二条 在战略风险方面，企业应广泛收集国内外企业战略风险失控导致企业蒙受损失的案例，并至少收集与本企业相关的以下重要信息：

（一）国内外宏观经济政策以及经济运行情况、本行业状况、国家产业政策；

（二）科技进步、技术创新的有关内容；

（三）市场对本企业产品或服务的需求；

（四）与企业战略合作伙伴的关系，未来寻求战略合作伙伴的可能性；

（五）本企业主要客户、供应商及竞争对手的有关情况；

（六）与主要竞争对手相比，本企业实力与差距；

（七）本企业发展战略和规划、投融资计划、年度经营目标、经营战略，以及编制这些战略、规划、计划、目标的有关依据；

（八）本企业对外投融资流程中曾发生或易发生错误的业务流程或环节。

第十三条 在财务风险方面，企业应广泛收集国内外企业财务风险失控导致危机的案例，并至少收集本企业的以下重要信息（其中有行业平均指标或先进指标的，也应尽可能收集）：

（一）负债、或有负债、负债率、偿债能力；

（二）现金流、应收账款及其占销售收入的比重、资金周转率；

（三）产品存货及其占销售成本的比重、应付账款及其占购货额的比重；

（四）制造成本和管理费用、财务费用、营业费用；

（五）盈利能力；

（六）成本核算、资金结算和现金管理业务中曾发生或易发生错误的业务流程或环节；

（七）与本企业相关的行业会计政策、会计估算、与国际会计制度的差异与调节（如退休金、递延税项等）等信息。

第十四条 在市场风险方面，企业应广泛收集国内外企业忽视市场风险、缺乏应对措施导致企业蒙受损失的案例，并至少收集与本企业相关的以下重要信息：

（一）产品或服务的价格及供需变化；

（二）能源、原材料、配件等物资供应的充足性、稳定性和价格变化；

（三）主要客户、主要供应商的信用情况；

（四）税收政策和利率、汇率、股票价格指数的变化；

（五）潜在竞争者、竞争者及其主要产品、替代品情况。

第十五条 在运营风险方面，企业应至少收集与本企业、本行业相关的以下信息：

（一）产品结构、新产品研发；

（二）新市场开发，市场营销策略，包括产品或服务定价与销售渠道，市场营销环境状况等；

（三）企业组织效能、管理现状、企业文化，高、中层管理人员和重要业务流程中专业人员的知识结构、专业经验；

（四）期货等衍生产品业务中曾发生或易发生失误的流程和环节；

（五）质量、安全、环保、信息安全等管理中曾发生或易发生失误的业务流程或环节；

（六）因企业内、外部人员的道德风险致使企业遭受损失或业务控制系统失灵；

（七）给企业造成损失的自然灾害以及除上述有关情形之外的其他纯粹风险；

（八）对现有业务流程和信息系统操作运行情况的监管、运行评价及持续改进能力；

（九）企业风险管理的现状和能力。

第十六条 在法律风险方面，企业应广泛收集国内外企业忽视法律法规风险、缺乏应对措施导致企业蒙受损失的案例，并至少收集与本企业相关的以下信息：

（一）国内外与本企业相关的政治、法律环境；
（二）影响企业的新法律法规和政策；
（三）员工道德操守的遵从性；
（四）本企业签订的重大协议和有关贸易合同；
（五）本企业发生重大法律纠纷案件的情况；
（六）企业和竞争对手的知识产权情况。

第十七条 企业对收集的初始信息应进行必要的筛选、提炼、对比、分类、组合，以便进行风险评估。

第三章 风险评估

第十八条 企业应对收集的风险管理初始信息和企业各项业务管理及其重要业务流程进行风险评估。风险评估包括风险辨识、风险分析、风险评价三个步骤。

第十九条 风险评估应由企业组织有关职能部门和业务单位实施，也可聘请有资质、信誉好、风险管理专业能力强的中介机构协助实施。

第二十条 风险辨识是指查找企业各业务单元、各项重要经营活动及其重要业务流程中有无风险，有哪些风险。风险分析是对辨识出的风险及其特征进行明确的定义描述，分析和描述风险发生可能性的高低、风险发生的条件。风险评价是评估风险对企业实现目标的影响程度、风险的价值等。

第二十一条 进行风险辨识、分析、评价，应将定性与定量方法相结合。定性方法可采用问卷调查、集体讨论、专家咨询、情景分析、政策分析、行业标杆比较、管理层访谈、由专人主持的工作访谈和调查研究等。定量方法可采用统计推论（如集中趋势法）、计算机模拟（如蒙特卡罗分析法）、失效模式与影响分析、事件树分析等。

第二十二条 进行风险定量评估时，应统一制定各风险的度量单位和风险度量模型，并通过测试等方法，确保评估系统的假设前提、参数、数据来源和定量评估程序的合理性和准确性。要根据环境的变化，定期对假设前提和参数进行复核和修改，并将定量评估系统的估算结果与实际效果对比，据此对有关参数进行调整和改进。

第二十三条 风险分析应包括风险之间的关系分析，以便发现各风险之间的自然对冲、风险事件发生的正负相关性等组合效应，从风险策略上对风险进行统一集中管理。

第二十四条 企业在评估多项风险时，应根据对风险发生可能性的高低和对目标的影响程度的评估，绘制风险坐标图，对各项风险进行比较，初步确定对各项风险的管理优先顺序和策略。

第二十五条 企业应对风险管理信息实行动态管理，定期或不定期实施风险辨识、分析、评价，以便对新的风险和原有风险的变化重新评估。

第四章 风险管理策略

第二十六条 本指引所称风险管理策略，指企业根据自身条件和外部环境，围绕企业发展战略，确定风险偏好、风险承受度、风险管理有效性标准，选择风险承担、风险规避、风险转移、风险转换、风险对冲、风险补偿、风险控制等适合的风险管理工具的总体策略，并确定风险管理所需人力和财力资源的配置原则。

第二十七条 一般情况下，对战略、财务、运营和法律风险，可采取风险承担、风险规避、风险转换、风险控制等方法。对能够通过保险、期货、对冲等金融手段进行理财的风险，可以采用风险转移、风险对冲、风险补偿等方法。

第二十八条 企业应根据不同业务特点统一确定风险偏好和风险承受度，即企业愿意承担哪些风险，明确风险的最低限度和不能超过的最高限度，并据此确定风险的预警线及相应采取的对策。确定风险偏好和风险承受度，要正确认识和把握风险与收益的平衡，防止和纠正忽视风险，片面追求收益而不讲条件、范围，认为风险越大、收益越高的观念和做法；同时，也要防止单纯为规避风险而放弃发展机遇。

第二十九条 企业应根据风险与收益相平衡的原则以及各风险在风险坐标图上的位置，进一步确定风险管理的优选顺序，明确风险管理成本的资金预算和控制风险的组织体系、人力资源、应对措施等总体安排。

第三十条 企业应定期总结和分析已制定的风险管理策略的有效性和合理性，结合实际不断修订和完善。其中，应重点检查依据风险偏好、风险承受度和风险控制预警线实施的结果是否有效，并提出定性或定量的有效性标准。

第五章 风险管理解决方案

第三十一条 企业应根据风险管理策略，针对各类风险或每一项重大风险制定风险管理解决方案。方案一般应包括风险解决的具体目标，所需的组织领导，所涉及的管理及业务流程，所需的条件、手段等资源，风险事件发生前、中、后所采取的具体应对措施以及风险管理工具（如：关键风险指标管理、损失事件管理等）。

第三十二条 企业制定风险管理解决的外包方案，应注重成本与收益的平衡、外包工作的质量、自身商业秘密的保护以及防止自身对风险解决外包产生依赖性风险等，并制定相应的预防和控制措施。

第三十三条 企业制定风险解决的内控方案，应满足合规的要求，坚持经营战略与风险策略一致、风险控制与运营效率及效果相平衡的原则，针对重大风险所涉及的各管理及业务流程，制定涵盖各个环节的全流程控制措施；对其他风险所涉及的业务流程，要把关键环节作为控制点，采取相应的控制措施。

第三十四条 企业制定内控措施，一般至少包括以下内容：

（一）建立内控岗位授权制度。对内控所涉及的各岗位明确规定授权的对象、条件、范围和额度等，任何组织和个人不得超越授权做出风险性决定；

（二）建立内控报告制度。明确规定报告人与接受报告人，报告的时间、内容、频率、传递路线、负责处理报告的部门和人员等；

（三）建立内控批准制度。对内控所涉及的重要事项，明确规定批准的程序、条件、范围和额度、必备文件以及有权批准的部门和人员及其相应责任；

（四）建立内控责任制度。按照权利、义务和责任相统一的原则，明确规定各有关部门和业务单位、岗位、人员应负的责任和奖惩制度；

（五）建立内控审计检查制度。结合内控的有关要求、方法、标准与流程，明确规定审计检查的对象、内容、方式和负责审计检查的部门等；

（六）建立内控考核评价制度。具备条件的企业应把各业务单位风险管理执行情况与绩效薪酬挂钩；

（七）建立重大风险预警制度。对重大风险进行持续不断的监测，及时发布预警信息，制定应急预案，并根据情况变化调整控制措施；

（八）建立健全以总法律顾问制度为核心的企业法律顾问制度。大力加强企业法律风险防范机制建设，形成由企业决策层主导、企业总法律顾问牵头、企业法律顾问提供业务保障、全体员工共同参与的法律风险责任体系。完善企业重大法律纠纷案件的备案管理制度；

（九）建立重要岗位权力制衡制度，明确规定不相容职责的分离。主要包括：授权批准、业务经办、会计记录、财产保管和稽核检查等职责。对内控所涉及的重要岗位可设置一岗双人、双职、双责，相互制约；明确该岗位的上级部门或人员对其应采取的监督措施和应负的监督责任；将该岗位作为内部审计的重点等。

第三十五条　企业应当按照各有关部门和业务单位的职责分工，认真组织实施风险管理解决方案，确保各项措施落实到位。

第六章　风险管理的监督与改进

第三十六条　企业应以重大风险、重大事件和重大决策、重要管理及业务流程为重点，对风险管理初始信息、风险评估、风险管理策略、关键控制活动及风险管理解决方案的实施情况进行监督，采用压力测试、返回测试、穿行测试以及风险控制自我评估等方法对风险管理的有效性进行检验，根据变化情况和存在的缺陷及时加以改进。

第三十七条　企业应建立贯穿于整个风险管理基本流程，连接各上下级、各部门和业务单位的风险管理信息沟通渠道，确保信息沟通的及时、准确、完整，为风险管理监督与改进奠定基础。

第三十八条　企业各有关部门和业务单位应定期对风险管理工作进行自查和检验，及时发现缺陷并改进，其检查、检验报告应及时报送企业风险管理职能部门。

第三十九条　企业风险管理职能部门应定期对各部门和业务单位风险管理工作实施情况和有效性进行检查和检验，要根据本指引第三十条要求对风险管理策略进行评估，对跨部门和业务单位的风险管理解决方案进行评价，提出调整或改进建议，出具评价和建议报告，及时报送企业总经理或其委托分管风险管理工作的高级管理人员。

第四十条　企业内部审计部门应至少每年一次对包括风险管理职能部门在内的各有关部门和业务单位能否按照有关规定开展风险管理工作及其工作效果进行监督评价，监督评价报告应直接报送董事会或董事会下设的风险管理委员会和审计委员会。此项工作也可结合年度审计、任期审计或专项审计工作一并开展。

第四十一条　企业可聘请有资质、信誉好、风险管理专业能力强的中介机构对企业全面风险管理工作进行评价，出具风险管理评估和建议专项报告。报告一般应包括以下几方面的实施情况、存在缺陷和改进建议：

（一）风险管理基本流程与风险管理策略；
（二）企业重大风险、重大事件和重要管理及业务流程的风险管理及内部控制系统的建设；
（三）风险管理组织体系与信息系统；
（四）全面风险管理总体目标。

第七章 风险管理组织体系

第四十二条 企业应建立健全风险管理组织体系，主要包括规范的公司法人治理结构，风险管理职能部门、内部审计部门和法律事务部门以及其他有关职能部门、业务单位的组织领导机构及其职责。

第四十三条 企业应建立健全规范的公司法人治理结构，股东（大）会（对于国有独资公司或国有独资企业，即指国资委，下同）、董事会、监事会、经理层依法履行职责，形成高效运转、有效制衡的监督约束机制。

第四十四条 国有独资公司和国有控股公司应建立外部董事、独立董事制度，外部董事、独立董事人数应超过董事会全部成员的半数，以保证董事会能够在重大决策、重大风险管理等方面作出独立于经理层的判断和选择。

第四十五条 董事会就全面风险管理工作的有效性对股东（大）会负责。董事会在全面风险管理方面主要履行以下职责：
（一）审议并向股东（大）会提交企业全面风险管理年度工作报告；
（二）确定企业风险管理总体目标、风险偏好、风险承受度，批准风险管理策略和重大风险管理解决方案；
（三）了解和掌握企业面临的各项重大风险及其风险管理现状，做出有效控制风险的决策；
（四）批准重大决策、重大风险、重大事件和重要业务流程的判断标准或判断机制；
（五）批准重大决策的风险评估报告；
（六）批准内部审计部门提交的风险管理监督评价审计报告；
（七）批准风险管理组织机构设置及其职责方案；
（八）批准风险管理措施，纠正和处理任何组织或个人超越风险管理制度做出的风险性决定的行为；
（九）督导企业风险管理文化的培育；
（十）全面风险管理其他重大事项。

第四十六条 具备条件的企业，董事会可下设风险管理委员会。该委员会的召集人应由不兼任总经理的董事长担任；董事长兼任总经理的，召集人应由外部董事或独立董事担任。该委员会成员中需有熟悉企业重要管理及业务流程的董事，以及具备风险管理监管知识或经验、具有一定法律知识的董事。

第四十七条 风险管理委员会对董事会负责，主要履行以下职责：
（一）提交全面风险管理年度报告；
（二）审议风险管理策略和重大风险管理解决方案；

（三）审议重大决策、重大风险、重大事件和重要业务流程的判断标准或判断机制，以及重大决策的风险评估报告；

（四）审议内部审计部门提交的风险管理监督评价审计综合报告；

（五）审议风险管理组织机构设置及其职责方案；

（六）办理董事会授权的有关全面风险管理的其他事项。

第四十八条 企业总经理对全面风险管理工作的有效性向董事会负责。总经理或总经理委托的高级管理人员，负责主持全面风险管理的日常工作，负责组织拟订企业风险管理组织机构设置及其职责方案。

第四十九条 企业应设立专职部门或确定相关职能部门履行全面风险管理的职责。该部门对总经理或其委托的高级管理人员负责，主要履行以下职责：

（一）研究提出全面风险管理工作报告；

（二）研究提出跨职能部门的重大决策、重大风险、重大事件和重要业务流程的判断标准或判断机制；

（三）研究提出跨职能部门的重大决策风险评估报告；

（四）研究提出风险管理策略和跨职能部门的重大风险管理解决方案，并负责该方案的组织实施和对该风险的日常监控；

（五）负责对全面风险管理有效性评估，研究提出全面风险管理的改进方案；

（六）负责组织建立风险管理信息系统；

（七）负责组织协调全面风险管理日常工作；

（八）负责指导、监督有关职能部门、各业务单位以及全资、控股子企业开展全面风险管理工作；

（九）办理风险管理其他有关工作。

第五十条 企业应在董事会下设立审计委员会，企业内部审计部门对审计委员会负责。审计委员会和内部审计部门的职责应符合《中央企业内部审计管理暂行办法》（国资委令第8号）的有关规定。内部审计部门在风险管理方面，主要负责研究提出全面风险管理监督评价体系，制定监督评价相关制度，开展监督与评价，出具监督评价审计报告。

第五十一条 企业其他职能部门及各业务单位在全面风险管理工作中，应接受风险管理职能部门和内部审计部门的组织、协调、指导和监督，主要履行以下职责：

（一）执行风险管理基本流程；

（二）研究提出本职能部门或业务单位重大决策、重大风险、重大事件和重要业务流程的判断标准或判断机制；

（三）研究提出本职能部门或业务单位的重大决策风险评估报告；

（四）做好本职能部门或业务单位建立风险管理信息系统的工作；

（五）做好培育风险管理文化的有关工作；

（六）建立健全本职能部门或业务单位的风险管理内部控制子系统；

（七）办理风险管理其他有关工作。

第五十二条 企业应通过法定程序，指导和监督其全资、控股子企业建立与企业相适应或符合全资、控股子企业自身特点、能有效发挥作用的风险管理组织体系。

第八章 风险管理信息系统

第五十三条 企业应将信息技术应用于风险管理的各项工作,建立涵盖风险管理基本流程和内部控制系统各环节的风险管理信息系统,包括信息的采集、存储、加工、分析、测试、传递、报告、披露等。

第五十四条 企业应采取措施确保向风险管理信息系统输入的业务数据和风险量化值的一致性、准确性、及时性、可用性和完整性。对输入信息系统的数据,未经批准,不得更改。

第五十五条 风险管理信息系统应能够进行对各种风险的计量和定量分析、定量测试;能够实时反映风险矩阵和排序频谱、重大风险和重要业务流程的监控状态;能够对超过风险预警上限的重大风险实施信息报警;能够满足风险管理内部信息报告制度和企业对外信息披露管理制度的要求。

第五十六条 风险管理信息系统应实现信息在各职能部门、业务单位之间的集成与共享,既能满足单项业务风险管理的要求,也能满足企业整体和跨职能部门、业务单位的风险管理综合要求。

第五十七条 企业应确保风险管理信息系统的稳定运行和安全,并根据实际需要不断进行改进、完善或更新。

第五十八条 已建立或基本建立企业管理信息系统的企业,应补充、调整、更新已有的管理流程和管理程序,建立完善的风险管理信息系统;尚未建立企业管理信息系统的,应将风险管理与企业各项管理业务流程、管理软件统一规划、统一设计、统一实施、同步运行。

第九章 风 险 管 理 文 化

第五十九条 企业应注重建立具有风险意识的企业文化,促进企业风险管理水平、员工风险管理素质的提升,保障企业风险管理目标的实现。

第六十条 风险管理文化建设应融入企业文化建设全过程。大力培育和塑造良好的风险管理文化,树立正确的风险管理理念,增强员工风险管理意识,将风险管理意识转化为员工的共同认识和自觉行动,促进企业建立系统、规范、高效的风险管理机制。

第六十一条 企业应在内部各个层面营造风险管理文化氛围。董事会应高度重视风险管理文化的培育,总经理负责培育风险管理文化的日常工作。董事和高级管理人员应在培育风险管理文化中起表率作用。重要管理及业务流程和风险控制点的管理人员和业务操作人员应成为培育风险管理文化的骨干。

第六十二条 企业应大力加强员工法律素质教育,制定员工道德诚信准则,形成人人讲道德诚信、合法合规经营的风险管理文化。对于不遵守国家法律法规和企业规章制度、弄虚作假、徇私舞弊等违法及违反道德诚信准则的行为,企业应严肃查处。

第六十三条 企业全体员工尤其是各级管理人员和业务操作人员应通过多种形式,努力传播企业风险管理文化,牢固树立风险无处不在、风险无时不在、严格防控纯粹风险、审慎处置机会风险、岗位风险管理责任重大等意识和理念。

第六十四条 风险管理文化建设应与薪酬制度和人事制度相结合，有利于增强各级管理人员特别是高级管理人员风险意识，防止盲目扩张、片面追求业绩、忽视风险等行为的发生。

第六十五条 企业应建立重要管理及业务流程、风险控制点的管理人员和业务操作人员岗前风险管理培训制度。采取多种途径和形式，加强对风险管理理念、知识、流程、管控核心内容的培训，培养风险管理人才，培育风险管理文化。

第十章 附 则

第六十六条 中央企业中未设立董事会的国有独资企业，由经理办公会议代行本指引中有关董事会的职责，总经理对本指引的贯彻执行负责。

第六十七条 本指引在中央企业投资、财务报告、衍生产品交易等方面的风险管理配套文件另行下发。

第六十八条 本指引的《附录》对本指引所涉及的有关技术方法和专业术语进行了说明。

第六十九条 本指引由国务院国有资产监督管理委员会负责解释。

第七十条 本指引自印发之日起施行。

附录八 2010年度中央企业全面风险管理报告（模本）

一、2009年度企业全面风险管理工作回顾

（一）企业全面风险管理工作年度计划完成情况（请按附件1格式填写）。

（二）企业全面风险管理年度报告评估出的重大、重要风险的管理情况（请按附件2格式填写）。

（三）全球金融危机爆发导致企业发生的意外风险情况，并简要说明其产生的影响、已采取的应对措施和下一步工作打算。

二、2010年度企业全面风险管理工作有关情况

中央企业应继续高度重视全球金融危机对企业发展的影响，在进行风险评估、制定重大风险管理策略及解决方案时，应注重实效，采取针对性措施，切实将风险管理与日常经营管理融为一体，确保企业持续稳定健康发展。

（一）风险评估情况。

1. 风险管理初始信息收集情况。请简要说明企业为开展2010年度风险评估，尤其是结合当前经济形势，进一步在战略风险、财务风险、市场风险、运营风险和法律风险等方面收集风险管理初始信息的情况，主要包括：

(1) 企业建立风险事件库，收集整理分析本企业、国内同行业及国外企业发生的风险事件案例的相关情况。

(2) 根据企业确定的重大风险损失事件标准，对企业近三年来发生的重大风险损失事件，从发生过程、造成的损失或影响、产生原因、事件的处理以及为防止同类事件再次发生所采取的对策等方面，进行收集整理分析的相关情况。

(3) 关于企业所在行业产业政策、资源供应、市场需求等信息的收集整理情况，并简要分析所在行业的固有风险。

说明：企业向国资委报送年度报告时，可以仅从分类和数量方面，简要说明建立风险事件库、收集分析重大风险损失事件和收集行业信息的有关情况。

2. 企业开展 2010 年度风险评估的范围、方式及参与人员等情况。

3. 企业对重大风险及其关键成因进行量化分析的情况（包括建立分析、预测模型等），并举例说明。

4. 以附件形式说明企业在分析风险事件发生的可能性、风险事件发生后对经营目标的影响程度时，所采用的评估标准。

5. 按照风险分类，列示企业 2010 年度风险评估的结果（包括纯粹风险和机会风险），以及经评估确定的重大、重要风险。

6. 按照风险事件发生的可能性和风险事件发生后对企业经营目标的影响程度两个维度，将企业 2010 年度的重大、重要风险绘制成风险坐标图。

7. 企业 2010 年度重大、重要风险同 2009 年度相比的变化情况。

(二) 重大、重要风险管理情况。

1. 重大风险描述。

根据企业 2010 年度风险评估的结果，从风险类别、产生原因、涉及的主要所属企业、涉及的重要流程、风险事件发生后给企业带来的影响等方面，逐一对重大风险进行简要描述。

2. 重大风险管理策略和解决方案。

(1) 重大风险管理策略。逐一简要说明企业对重大风险的风险偏好、风险承受度以及相关风险预警指标等。

(2) 重大风险解决方案。包括风险事件发生前、中、后所拟采取的具体应对措施，所使用的风险管理工具，以及如何抓住重大风险中的机会等。

3. 重要风险描述。

根据企业 2010 年度风险评估的结果，从风险类别、产生原因、涉及的主要所属企业、涉及的重要流程、风险事件发生后给企业带来的影响等方面，逐一对重要风险进行简要描述。

4. 简要说明企业重大、重要风险解决方案与现有管理体系（侧重流程、制度体系）的对接情况。

(三) 重要业务流程的风险管理情况。

简要说明企业流程梳理的相关情况（包括母子企业多级流程），并从流程层面的风险出发，简要说明企业各重要业务流程的控制目标、业务流程层面的风险和主要控制措施。重要业务流程由企业根据实际情况确定，应该涵盖企业战略规划、投资、收购、预算、市场运营、资金管理、资产管理、人力资源管理、财务报告、法律事务、金融衍生品交易、子企业管控、安全生产等业务流程。

(四) 简要说明企业对执行重大风险管理策略和解决方案的监督改进机制。
(五) 企业全面风险管理工作总体规划及 2010 年度企业风险管理计划。
1. 简要说明企业全面风险管理工作总体规划以及基本建立企业全面风险管理体系的工作计划和实施步骤。
2. 董事会或经理办公会议对企业 2010 年度全面风险管理工作提出的要求。
3. 企业 2010 年度全面风险管理工作计划。企业应该将全面风险管理年度工作计划纳入经营管理年度工作计划之中，切实将风险管理与日常经营管理融为一体。

三、企业全面风险管理体系及风险管理文化建设现状

(已提交《2009 年度中央企业全面风险管理报告》的企业，本部分仅需说明有关变动情况。)

(一) 风险管理组织体系。
1. 企业组织机构与风险管理组织机构。
以附件形式说明企业最新的组织机构图（三级子企业以上）与风险管理组织机构图。
2. 董事会与经理层。
设立董事会的企业：
董事会下设风险管理委员会或已确定履行相关职责的专门委员会的，说明该委员会的名称、构成、职责及履职情况；尚未设立的，说明相关工作计划。
简要说明企业经理层分工负责全面风险管理工作的相关情况。
未设立董事会的企业：
说明企业经理办公会议履行全面风险管理职责情况及经理层分工负责全面风险管理工作的相关情况；经理办公会议下设风险管理机构的，说明该管理机构的名称、构成、职责及履职情况。
3. 风险管理职能部门。
设立风险管理专职部门的，说明该部门的名称、编制、人员构成及主要职责。
确定相关职能部门履行全面风险管理职责的，说明该部门的名称、风险管理专职或兼职岗位设置、人员配置及主要职责。
简要说明上述部门定期对企业全面风险管理工作实施情况和有效性进行检查和检验的有关情况。
4. 其他职能部门及各业务单位。
简要说明其他职能部门及各业务单位在企业全面风险管理工作中的主要职责和履职情况。
5. 审计委员会和内部审计部门。
简要说明审计委员会和内部审计部门履行风险管理工作监督评价职责的相关情况。
6. 主要所属企业的风险管理组织体系。
主要所属企业的风险管理组织体系，可比照本节前述 2、3、4、5 的相关要求进行简要说明。
(二) 内部控制系统。

1. 简要说明企业集团和主要所属企业 2010 年度内部控制系统的建设重点。
2. 企业《内部控制手册》的制定和执行情况。
　　尚未制定《内部控制手册》的企业，简要说明完善相关制度的工作计划；已制定《内部控制手册》的企业，简要说明其修订及执行情况。
　　（三）风险管理信息系统。
1. 已建立风险管理信息系统（包括在企业管理信息系统的基础上，进行补充、调整、更新，使之具备风险信息管理功能）的企业，简要说明该系统的覆盖范围、主要功能模块、管理的主要业务流程、监控的重大风险及与其他业务信息系统对接的情况。
2. 具备风险预警功能的信息系统，请列明预警的主要风险和对应的风险预警指标。
3. 尚未建立风险管理信息系统的，说明相关工作计划。
　　（四）风险管理文化。
1. 简要说明企业风险管理文化建设现状。
2. 企业开展风险管理培训的有关情况，主要包括时间、内容、对象、人次及师资等。
3. 企业已制定员工行为规定、道德诚信准则等有关文件的，简要说明其主要内容。
　　（五）风险管理考核。
　　企业已将风险管理纳入绩效考核体系的，简要说明风险管理考核指标及其权重等情况以及上一年度实施的效果。尚未纳入绩效考核体系的，简要说明下一步相关工作计划。

四、有关意见和建议

　　（一）需要国资委协调解决的有关重大风险问题。
　　（二）对国资委推动中央企业全面风险管理工作的建议。
　　附件1：××××年度全面风险管理工作计划完成情况。
　　附件2：××××年度重大、重要风险的管理情况。

附件1

××××年度全面风险管理工作计划完成情况

序号	计划完成的工作	实际完成情况	未完成的原因及整改措施
1			
2			
3			
……			

附件2

××××年度重大、重要风险的管理情况

序号	年度报告评估的重大、重要风险	是否发生	产生的影响是否在风险承受度内	不在承受度内的，说明主要原因
1				
2				
3				
……				

附录九 关于进一步加强当前形势下企业法律风险防范有关问题的通知

(国资厅发法规〔2009〕50号)

各中央企业:

当前,国际金融危机加深蔓延,对我国实体经济的影响仍不容忽视。国际金融危机对我国企业的严重冲击,往往表现为引发法律风险。中央企业要认真分析当前形势下企业法律风险的新情况和新特点,积极谋划应对危机的对策措施,努力把国际金融危机带来的压力转化为推动中央企业科学发展的动力。为进一步加强中央企业法律风险防范,现将有关事项通知如下:

一、把加强法律风险防范作为当前企业转"危"为"机"的一个重要抓手

国际金融危机形势下,企业面临的法律风险更趋复杂,主要有以下几个方面:一是市场需求萎缩、资金链断裂引发的违约风险;二是行业整合、企业并购中尽职调查不确定性增加的风险;三是"走出去"投资并购时境外法律环境发生变化的风险;四是有关国家贸易保护主义抬头、滥用世界贸易组织规则的风险;五是建筑施工企业面临的工程款拖欠风险;六是妥善处理劳动用工涉及劳动合同的风险;七是历史遗留的债权债务提前引爆的风险。上述风险,对中央企业进一步加强法律风险防范工作提出了更加紧迫的要求。中央企业要进一步强化风险防范意识,把加强法律风险防范作为当前企业转"危"为"机"的一个重要抓手,认真组织开展新形势下企业法律风险源点的排查和评估,建立健全法律风险的预警机制,加快完善以事前防范、事中控制为主、事后补救为辅的法律风险控制管理体系,为企业在危机中加快结构调整、实施"走出去"战略、进一步提高国际竞争力提供坚实的法律保障。

二、以法律风险防范机制建设为核心,全面落实法制建设"新三年"目标要求

各中央企业应按照《关于落实中央企业法制工作三年目标有关事项的通知》(国资发法规〔2008〕109号)的有关要求,结合新形势,及时调整工作进度安排。要强化企业制度化建设,完善落实三年目标的制度保障措施;建立健全监督检查机制,及时了解和掌握本企业系统内落实目标的整体进展情况,组织开展对重要子企业完成目标的考查评价,切实做到"目标层层分解、进度步步明确、检查及时到位";加强交流与沟通,树立典型,促进企业内部信息资源共享。各中央企业落实"新三年"目标过程中的有关问题请及时向国资委反映。

三、深入推进总法律顾问制度建设,夯实企业法律风险防范的组织基础

企业总法律顾问制度是建立健全企业法律风险防范机制的组织保障。要进一步贯彻落实《国有企业法律顾问管理办法》关于企业总法律顾问职责定位的有关规定,健全完善企业总法律顾问作为高管人员参与企业重要决策的法律审核把关机制。建立完善企业重要经营决策会议纪要制度,保证总法律顾问参加企业重要经营决策会议。进一步推进企业法律事务机构建设,加快推进企业总部法律事务机构作为独立的职能部门,重视发挥法律事务

机构在建立健全法律风险防范机制中的综合协调作用。要实现法律顾问队伍的专业化，结合《国有企业法律顾问职业岗位等级资格评审管理暂行办法》，加强专业培训，提高执业水平，不断增强企业法律顾问队伍的整体素质。

四、切实加强合同管理，有效防范违约风险

在国际金融危机形势下，合同纠纷的大量增加是对企业合同管理体系的重大考验。要进一步强化合同集中管理，突出合同管理重点，加大对资产重组、投资并购、股权转让、对外担保等重大非日常性合同的法律审核力度。不断加强合同基础管理工作，全面建立合同管理信息系统，规范合同审查标准，提高合同审查质量。针对当前金融危机下合同履行可能发生或已发生的违约纠纷事件，及时采取要求对方提供抵押担保、第三人保证、提高客户保证金等多种保全手段，尽量减少因违约造成的企业损失。

五、积极应对国外贸易保护措施，强化境外业务的法律监控

国际金融危机发生以来，发达国家对外国企业投资贸易行为的法律监管日趋严格，对我国企业提起反倾销、反补贴调查的案件频繁发生，涉及多家企业，涉案金额巨大。针对有关国家贸易保护主义抬头的新趋势，中央企业要大力加强对境外业务的法律监控，利用好国内外法律资源，系统研究国外投资、贸易、劳工、税收和环境保护等方面的基本法律制度。要及时跟踪、收集各国对我国相关出口产品采取贸易保护措施的动态，做好贸易救济预警工作。对国外已经提起反倾销诉讼的，要积极应诉、主动抗辩，努力维护自身合法权益。

六、加强劳动用工管理，防范劳动纠纷风险

受国际金融危机影响，一些劳动密集型企业不得不采取歇工、减员和减薪等临时性劳动用工政策，劳资纠纷明显增加。中央企业要结合《中华人民共和国劳动合同法》和《中华人民共和国劳动合同法实施条例》等相关法律的实施，在企业内部深入开展法律执行情况检查活动，组织开展劳动用工措施的合法性评估，进一步清理不规范用工行为，理顺劳动关系，有效控制薪酬、加班、休假、歇工、解聘等方面存在的各种劳动关系隐患，避免劳动纠纷。

国务院国有资产监督管理委员会办公厅
二〇〇九年五月十二日

附录十　中国建筑股份有限公司全面风险管理工作指引

第一章　总　　则

第一条　依据《中华人民共和国公司法》、《公司国有资产监督管理暂行条例》等法律法规，以及国资委《中央企业全面风险管理指引》（国资发改革〔2006〕108号）的有关规定，结合中国建筑股份有限公司（以下简称：中建股份）关于风险管理体系建设的总体要求，特制定《中国建筑股份有限公司全面风险管理工作指引》。

第二条　本指引适用于股份公司总部职能部门、事业部（业务部），以及下属各级公

司。本指引下文所称"公司",除特别说明外,指股份公司及下属各级公司。

第三条 本指引的实施是为了加强股份公司风险管理工作,建立健全全面风险管理体系,防范和化解各类风险,确保公司避免或降低各项风险损失,增强公司抗风险的能力,进一步促进公司持续、稳定、健康发展。

第四条 本指引所称全面风险管理,指公司围绕总体经营目标,通过在公司管理的各个环节和经营过程中执行风险管理的基本流程,培育良好的风险管理文化,建立健全全面风险管理体系,从而为实现风险管理的总体目标提供合理保证的过程和方法。

第五条 本指引将企业风险划分为:战略风险、财务风险、市场风险、运营风险、法律风险等。全面风险管理将围绕此风险分类进行具体风险管理操作。

第六条 全面风险管理体系包括:风险管理策略和控制措施、风险管理信息系统、风险管理监督考核等。

第七条 公司开展全面风险管理工作应与其他管理工作紧密结合,全面风险管理工作必须服务于公司经营管理活动。

第二章 风险管理一般原则

第八条 全面性原则

全面风险管理工作应涵盖中建股份及其全部下属公司/机构,参与人员包括各级别领导和员工,并针对生产经营与业务操作全过程开展风险管理工作。

第九条 循序渐进原则

全面风险管理工作是一项管理创新工作,鉴于目前实施该工作的各项基础尚需完善,公司应在已经建立的有关体系基础上,分阶段推进风险管理工作,逐步建立完善全面风险管理体系。

第十条 成本收益原则

公司应本着从实践出发,务求实效的原则,考虑重大风险控制的成本和收益,有针对性地采取避免、转移、降低和接受等四种策略来管理风险。

第十一条 融合互补原则

公司全面风险管理工作与其他管理工作、其他管理体系是相互融合、相互渗透的,是对现有的管理体系有效的补充。

第三章 风险管理总体目标

第十二条 公司开展全面风险管理要逐步分阶段实现以下风险管理总体目标:

(一)确保公司在开展业务过程中能够遵守有关法律法规和相关的制度要求;

(二)确保公司全面风险管理制度和为实现经营目标而采取重大措施的贯彻执行,保障经营管理的有效性,提高经营活动的效率和效果,降低实现经营目标的不确定性;

(三)确保能及时、准确地发现公司各种风险因素,提出有效的风险控制措施,监督风险控制措施的实施;

(四)确保公司建立危机处理机制,保护公司不因灾害性风险或人为失误而遭受重大损失；降低公司经营管理中发生风险的概率，同时将风险损失降低到可接受的范围；

（五）建立公司的风险事件信息库，为公司经营决策、日常运营提供支持。

第四章 风险管理体系职责

第十三条 公司应当将全面风险管理的各项要求融入经营管理和业务流程中，按照公司的实际情况建立全面风险管理的三道防线：

第一道防线，公司各有关职能/业务单位负责在具体业务中观测执行风险管理基本流程，定期提交本职能/业务单位的重大风险评估报告；

第二道防线，由公司风险管理归口部门协调、指导、组织相关部门就跨部门重大风险提出解决方案、出具评估报告；

第三道防线，由公司审计部门对全面风险管理工作的执行情况进行考核、监督检查。

第十四条 董事会是公司全面风险管理工作的最高决策机构，没有设立董事会的公司，有执行董事在授权范围内行使董事会职权，在全面风险管理方面主要履行以下职责：

审议公司全面风险管理制度、管理办法；

批准全面风险管理组织机构设置及其职责方案；

批准全面风险管理年度工作报告；

批准全面风险重大风险应对方案；

批准审计委员会提交的全面风险管理监督评价审计报告；

督导全面风险管理文化的建设；

审批全面风险管理其他重大事项。

第十五条 公司董事会下设的审计委员会负责指导公司审计部门开展对全面风险管理的相关工作。公司审计部门在审计委员会的业务指导下，主要履行以下职责：

负责研究提出全面风险管理监督评价体系；

制定监督评价相关制度，开展监督与评价，出具监督评价审计报告；

对全面风险管理归口部门和各职能/业务部门的风险管理工作的有效性进行检查和评价，将审计结果及时报送审计委员会，并根据审计委员会的决议报送董事会。

第十六条 总经理对全面风险管理工作的有效性向董事会负责。总经理可以通过总经理常务会（办公室）或委托公司高级管理人员，负责主持全面风险管理的日常工作，负责组织拟订公司风险管理组织机构设置及其职责方案。

第十七条 公司应设立风险管理委员会，委员会的召集人应由公司分管领导担任，股份公司风险管理委员会职责由总经理下设的预算考核和风险管理委员会履行，股份公司各级下属公司可根据本单位的实际情况，设立专门的全面风险管理委员会或者由其他委员会兼管全面风险管理工作。

第十八条 风险管理委员会对总经理负责，主要履行以下职责：

（一）审议公司全面风险管理制度、管理办法等；

（二）审议公司全面风险管理年度报告和专项报告；

（三）审议公司风险管理绩效考核方案和年度绩效考核评定结算；

（四）审议公司全面风险管理组织机构设置及其职责方案；

（五）审议公司开展的年度和专项风险管理工作的提议和具体实践方案；

（六）审议公司全面风险管理策略和重大风险管理解决方案，以及重大决策的风险评估报告；

（七）审议公司的风险管理信息系统建设方案；

（八）负责职责内与全面风险管理相关的其他事项。

第十九条 公司应确定相关职能部门作为风险的归口管理部门，履行全面风险管理职责。股份公司法律事务部是股份公司全面风险管理工作的归口管理部门，股份公司下属各公司可以根据本单位的实际情况设立全面风险归口管理部门。

第二十条 风险归口管理部门对总经理或其委托的高级管理人员负责，行使和履行以下主要职责：

（一）研究提出全面风险管理制度、管理办法和实施细则；

（二）研究提出全面风险管理组织机构的设置及其职责方案；

（三）研究提出风险管理绩效考核制度和年度风险考核标准；

（四）负责编制全面风险管理年度报告和专项报告；

（五）负责协调、指导本公司有关职能/业务部门以及下属公司开展全面风险管理工作，审查各下属公司编制的全面风险评估报告；

（六）负责协调全面风险管理日常工作，研究提出全面风险管理的改进方案，监督重大风险应对方案的组织实施并进行日常监控；

（七）根据公司管理需要建立风险管理信息系统：制定公司风险管理文化培育与宣贯工作方案和计划，组织风险管理培训；

（八）办理全面风险管理对外协调工作和领导交办的其他工作。

第二十一条 公司其他各职能/业务部门负责本部门具体业务单元中的全面风险管理工作，依据本部门的实际情况设立或兼设风险管理岗位，并接受风险管理归口部门的组织、协调、指导和监督，主要履行以下职责：

（一）负责落实公司全面风险管理工作要求，建立健全本部门风险管理内部控制制度和工作流程，保证全面风险管理体系有效运作；

（二）研究提出本部门重大决策、重大风险、重大事件和重要业务流程的判断标准；

（三）研究提出由本部门负主导管理责任的重大风险管理应对方案，对方案的执行情况和风险变化情况进行监控；

（四）建立本部门风险管理信息系统的工作；

（五）负责本部门全面风险管理工作实施情况和有效性的监督检查、综合评估；

（六）做好本部门风险管理文化建设的有关工作；

（七）办理本部门风险管理其他有关工作。

第五章 风险管理工作流程

第二十二条 全面风险管理工作以推进全面风险管理体系建设为核心，主要工作流程包括：初始信息收集、风险识别和评估、制定重大风险应对方案、应对方案的实施、风险管理评价和监督改进、风险管理信息系统建设、风险管理文化建设等工作。

第二十三条 初始信息收集流程，其关键工作步骤如下：

（一）进行全面风险管理培训；

（二）制定信息收集计划，主要包括：资料收集、领导访谈、调查问卷、流程梳理等，并整理初始风险信息；

（三）收集并整理初始风险信息；

（四）形成各类风险及风险事件列表。

第二十四条 风险识别和评估流程，其关键工作步骤如下：

（一）风险识别培训；

（二）风险识别讨论并确定最终风险列表；

（三）制定风险评估方法与标准；

（四）风险评估培训；

（五）执行风险评估；

（六）汇总风险评估材料，依据确定好的评估方法与标准计算风险水平；

（七）对风险评估结果进行讨论及修正；

（八）风险水平确定及绘制风险图谱。

第二十五条 制定重大风险应对方案流程，其关键工作步骤如下：

（一）风险应对方案培训；

（二）分组进行重大风险应对方案的研讨；

（三）确定各类重大风险应对方案；

（四）整理汇总重大风险应对方案；

（五）确认并审批重大风险管理应对方案；

（六）下发重大风险管理应对方案决议事项；

（七）制定重大风险应对方案具体实施计划。

第二十六条 重大风险应对方案实施和改进流程，其关键工作步骤如下：

（一）相关职能/业务部门组织实施应对方案；

（二）明确风险评估标准，评价应对方案的实施情况；

（三）应对方案调整/改进；

（四）审批调整/改进方案；

（五）评价应对方案和风险管理改进。

第二十七条 突发重大风险应对方案实施和改进流程，其关键工作步骤如下：

（一）发现紧急重大事件，采取应急措施并向上汇报；

（二）组织制定应急应对方案；

（三）审批应急应对方案；

（四）实施应急应对方案；

（五）评价应对方案和风险管理改进。

第二十八条 风险管理评价流程，其关键工作步骤如下：

（一）风险管理评价培训；

（二）收集汇总由各职能/业务部门和下属公司提交风险管理工作资料；

（三）确定风险管理工作评价方法和标准；

（四）进行评价；
（五）提交评价结果，与被评价部门协调，要求反馈意见；
（六）汇总反馈意见，进行综合评价；
（七）风险管理委员会对最终评价结果进行审批。

第六章 初始信息收集

第二十九条 实施全面风险管理，公司应广泛、持续不断地收集与本公司风险和风险管理相关的内外部初始信息，包括历史数据和未来预测。应把收集初始信息的职责分工落实到各有关职能/业务单位。

第三十条 在战略风险方面，公司负责战略的管理部门应广泛收集国内外公司战略风险失控导致公司蒙受损失的案例，重点收集与本公司相关的以下信息：
（一）国内外宏观经济政策以及经济运行情况；
（二）建筑、房地产、基础设施等行业状况，国内外产业政策；
（三）建筑、房地产、基础设施等行业地方性政策（包括海外）；
（四）建筑、房地产、基础设施等行业项目工程市场需求状况（包括海外）；
（五）建筑、房地产、基础设施等行业和原材料、劳务供给状况（包括海外）；
（六）本公司及下属公司战略规划和发展计划；
（七）战略合作伙伴关系以及未来寻求战略合作伙伴的可能性；
（八）各下属公司战略部署、投融资计划、年度经营目标，以及编制这些战略、规划、计划、目标的有感依据；
（九）国家有关税收政策和利率、汇率的变换；
（十）其他有关重大的战略事项信息。

第三十一条 在财务风险方面，公司负责财务、资金的管理部门应广泛收集国内外公司财务风险失控导致危机的案例，重点收集本公司的以下信息：

公司财务报表，包括资产负债表、损益表、现金流量表、股东权益分配表和报表附注；

依据财务报表，作资产质量分析，重点关注固定资产构成，固定资产质量；流动资金构成，流动资产质量；关注流动比率、速动比率等风险指标；

依据基础财务报表，进行盈利能力分析，重点分析主营业务收入、营业利润、投资收益以及净利润水平；

依据基础财务报表，进行偿债能力分析，重点分析公司贷款、应付账款、其他应付款的构成，财务费用的水平，重点关注资产负债率、债务资本化率、长期资产适合率；

依据基础财务报表，进行现金流分析，重点分析经营性现金流的水平，重点关注经营性现金流与负债、债务利息的比例；

各级公司成本核算、资金结算和现金管理业务中曾发生或易发生错误的业务流程或环节；

依据基础分析，确定各级公司财务管理、资金管理中容易失控的环节；

与公司相关的行业会计政策、会计估算、与国际会计制度的差异与调节（如退休金、递延税项等)等信息。

第三十二条 在市场风险方面,公司负责市场营销的管理部门应广泛收集国内外公司忽视市场风险、缺乏应对措施导致公司蒙受损失的案例,重点收集与本公司相关的以下信息:

(一)主要客户和业主、供应商情况,作信用状况分析;
(二)竞争对手的有关情况,与主要竞争对手相比,公司的实力与差距;
(三)建筑、房地产、基础设施等市场潜在竞争者、替代品情况;
(四)建筑、房地产、基础设施等产品的相关价格走势以及供需变化;
(五)建筑、房地产、基础设施等原材料、劳务和分包市场供应的充足性、稳定性和价格变化;
(六)中建股份系统内各级下属公司内部竞争的情况。

第三十三条 在运营风险方面,项目管理、生产运营、技术、人力资源的相关管理部门应广泛收集国内外公司忽视运营风险、缺乏应对措施导致公司蒙受损失的案例,重点收集与本公司、本行业相关的以下信息:

(一)公司治理现状、存在的问题;内控体制等管理体制状况,存在的主要问题;
(二)公司投资决策机制,授权管理现状,存在的问题;公司在招投标过程中碰到的主要问题;
(三)公司主要原材料的采购管理状况,存在的问题;
(四)公司产品质量、安全管理体系现状,存在的问题;
(五)公司技术水平、技术管理状况,存在的关键技术问题;
(六)公司人力资源管理状况,人员招(选)聘管理,人力资源的培训问题;
(七)其他与公司运营相关的主要情况。

第三十四条 在法律风险方面,公司负责法律事务的管理部门应广泛收集国内外公司忽视法律法规风险、缺乏应对措施导致公司蒙受损失的案例,重点收集以下信息:

(一)国内外与建筑、房地产、基础设施相关的政治、法律环境;
(二)影响公司运行的新法律法规;
(三)公司签订的重大协议和工程合同;
(四)公司发生的重大法律纠纷案件的情况;
(五)公司与竞争对手的知识产权情况;
(六)其他与法律、法规相关的信息与文件。

第三十五条 各个参与风险管理的信息收集部门对收集的初始信息进行必要的筛选、提炼、对比、分类、组合,以便进行风险评估。

第七章 风险识别和评估

第三十六条 公司应当对收集的风险管理初始信息、重要业务流程进行风险识别和评估。风险识别与评估包括风险识别、风险分析与风险评估三个步骤。

第三十七条 公司风险管理归口部门负责制定全系统风险分级标准、风险评估方法、风险评估工作要求等,指导本单位风险识别和评估工作的开展,并对下属公司风险分级标准、评估方法等进行指导与核实。

第三十八条 下属各级公司全面风险管理归口部门负责制定本单位风险分级标准、风险评估方法、风险评估工作要求等，指导本单位风险识别和评估工作的开展，并报上级单位备案。

第三十九条 公司进行风险识别、分析、评估，应将定性与定量方法相结合。定性方法可采用问卷调查、流程分析、管理层访谈、集体讨论、专家咨询、情景分析、政策分析、行业分析、标杆比较等方法。

第四十条 定量方法可采用统计计算、方差分析、权重配比、修正分析等方法。进行风险定量评估时，应统一制定各风险的度量单位和风险度量模型，并通过测试等方法，确保评估系统的假设前提、参数、数据来源和定量评估程序的合理性和准确性，根据环境的变化定期修订假设前提等参数。

第四十一条 在评估多项风险时，应根据对风险发生概率和影响程度的评估，绘制风险坐标图，对各项风险进行比较，初步确定对各项风险的管理有限顺序和策略。

第八章 重大风险应对

第四十二条 重大风险应对方案的制定需要权衡各类风险与收益的相对性，明确各类风险在风险坐标图上的位置，以便确定风险管理的优选次序。

第四十三条 应对方案要将可控风险控制在可以接受的水平，或者将风险转移，即要重视风险，也要考虑收益和机遇，防止单纯为规避风险而放弃发展机遇。

第四十四条 应对方案包括风险管理策略和风险控制措施：

（一）风险管理策略，主要包括接受、规避、转移、降低等几种策略；

（二）风险控制措施，主要包括制度、流程、组织、职能等方面的控制措施。

第四十五条 风险管理策略，指公司根据自身条件和外部环境，围绕公司发展战略，确定风险偏好、风险承受度、风险管理有效性标准，选择风险接受、风险规避、风险转移、风险降低等适合的风险管理工具的总体策略，并确定风险管理所需人力和财力资源的配置原则。

第四十六条 风险控制措施是应对方案的组成部分，公司应根据风险自身的特点，从制度、流程、组织、职能等方面入手，综合考虑成本效益，提出具体可行的风险控制措施。

第四十七条 重大风险应对方案的制定，需要考虑重大风险自身的特点，综合管理层风险偏好、公司风险承受度等因素。应对方案主要包括风险解决的具体目标，所需的组织领导，所涉及的管理及业务流程，所需的条件、手段等资源，风险事件发生前、中、后所采取的具体应对措施。

第四十八条 重大风险应对方案应满足合规性要求，并与公司的经营发展战略保持一致。

第九章 风险管理的监督与考核

第四十九条 公司应以重大风险、重大事件和重大决策、重要管理及业务流程为重点，对风险管理初始信息、风险评估、风险管理策略、关键控制活动及风险管理解决方案的实施情况进行监督。公司应建立贯穿于整个风险管理基本流程，连接各上下级、各部门和业务单位的风险管理信息沟通渠道，确保信息沟通的及时、准确、完整，为风险管理监督与改进奠定基础。

第五十条 公司风险管理归口部门应定期对本公司风险管理工作实施情况和有效性进行监督和检查，提出调整或改进建议，出具评价和建设报告。

第五十一条 公司风险管理归口部门负责对本公司及下属公司的风险管理工作进行监控，根据监控结果编制风险监控报告。

第五十二条 公司风险管理归口部门对本公司及下属公司报送的风险监控报告进行汇总分析和评价，跟踪各个重大风险监控指标变化情况，对重大风险管理策略的执行情况和重大风险解决方案的实施情况进行检查，包括解决方案的执行进程及其对相关风险的实际控制效果。

第五十三条 通过定期的《公司风险监控分析报告》，将评估和检查结果报送公司风险管理委员会，公司风险委员会定期审阅公司风险管理归口部门报送的《公司风险监控分析报告》，并出具批示意见。

第五十四条 公司审计部门负责对风险归口管理部门工作整体效果进行监督检查和评价，可结合年度内部控制审计，对包括各级风险管理机构在内的各相关部门，能否按照有关规定开展风险管理工作及其工作效果进行监督评价，并将审计结果报送风险管理委员会、审计委员会。

第五十五条 公司风险管理归口部门负责对本单位的风险管理工作进行监督检查，并对识别出的各类风险制定风险管理应对方案，并组织实施，确保各项措施落实到位，形成结论报告并报送上级单位。

第五十六条 公司应将全面风险管理工作纳入经营考核体系中。

第五十七条 公司风险管理归口部门可聘请有资质、信誉好、风险管理专业能力强的中介机构对本单位内的全面风险管理工作进行评价，出具全面风险管理专项报告。

第十章　全面风险管理信息系统

第五十八条 公司应将信息技术应用于风险管理的各项工作，建立涵盖风险管理基本流程和内部控制系统各环节的风险管理信息系统，包括信息的采集、存储、加工、分析、测试、传递、报告、披露等。

第五十九条 由风险管理归口部门研究提出风险管理信息系统建设需求。确定收集信息的职责分工，并落实到各个部门和各级下属公司。

第六十条 各部门和各级下属公司应及时、准确地向风险管理信息系统输入业务数据和风险量化值，并能够保证相应风险数据和量化值的一致性、准确性、及时性、可用性和完整性。

第六十一条 公司的信息技术相关部门负责确保风险管理信息系统的稳定运行和安全。

第十一章　全面风险管理文化建设

第六十二条　公司在风险管理逐步实施的过程中，应将风险管理文化建设融入公司文化建设全过程，增强员工风险管理意识，树立风险管理理念，促进风险管理长效机制的建立。

第六十三条　公司在风险管理工作中，应将风险管理与其他管理控制体系进行充分的融合与渗透，例如：内部控制体系、质量管理体系、建筑业行业标准、安全管理体系等。

第六十四条　公司的各级领导应充分认识到风险管理对本部门和本单位的重要作用，为风险管理提供可靠的、有效的、及时的支持和动员。重要管理及业务流程、风险控制点的管理人员和业务操作人员应成为培育风险管理文化的骨干。

第六十五条　公司应加强员工法律素质教育，制定员工道德诚信准则，促进合法合规经营的风险管理文化。

第六十六条　公司应建立重要管理及业务流程、风险控制点的管理人员和业务操作人员岗前风险管理培训制度。采取多种途径和形式，加强对风险管理理念、知识、流程、管控核心内容的培训，培养风险管理人才，培育风险管理文化。

第十二章　全面风险管理名词解释

第六十七条　全面风险管理名词解释：

（一）风险：是指各种不确定性对公司实现战略和经营目标的影响。

（二）风险事件：是指风险发生或表现的具体形式，是风险的物化，未来的不确定性对公司目标的影响是通过风险事件的发生来实现的。

（三）影响程度：是指如果风险发生，对公司战略或运营目标所产生影响的大小。

（四）发生概率：是指风险发生概率的大小或者在给定时间段内发生的频繁程度。

（五）风险识别：是指对公司各个业务和职能部门的工作流程，各项重要经营活动中的风险因素进行辨别和筛选。

（六）风险分析：是对识别出的风险因素及其特征进行明确的定义描述，分析和描述风险发生可能性的高低、风险发生的条件。

（七）风险评价：是评估风险对公司实现目标的影响程度、发生概率以及风险的价值等。

（八）风险管理策略：是指公司根据自身条件和外部环境，围绕公司发展战略，确定风险偏好、风险承受度、风险管理有效性标准，选择风险承担、风险规避、风险转移、风险转换、风险对冲、风险补偿、风险控制等适合的风险管理工具的总体策略，并确定风险管理所需人力和财力资源的配置原则。

（九）风险图谱：是指用于风险识别和对其进行优先排序的有效工具。在公司的风险被辨识和评估以后，根据风险的影响程度和发生可能性等属性得分将其展示在二维图表上的不同位置以表明其重要程度。

（十）风险清单：是指风险列表。完整的风险清单应至少包含风险名称、定义、所属类别、风险事件、发生概率、影响程度、发生的主要原因等。

（十一）重大风险：是指经过风险评估所确定的，风险水平相对较高的风险。重大风险应由管理层确认，一般反映出管理层最关注的事项。

（十二）风险偏好：是指为了实现目标，公司在承担风险的种类、影响程度限额等方面的基本态度，是公司股东、管理层、员工以及资源国等关键利益相关者对公司期望和要求的集中体现。

（十三）风险承受度：是指公司愿意承担的风险限度，也是公司风险偏好的边界。

（十四）风险策略：是指避免、转移、降低、接受等4种策略。

（十五）避免策略：是指改变项目计划，以排除风险或条件，或者保护项目目标，使其不受影响，或对受到威胁的一些目标放松要求。

（十六）转移策略：是指设法将风险的后果连同应对的责任转移到第三方身上，风险转嫁工具包括但不限于利用保险、履约保证书、担保书和保证书。

（十七）降低策略：是指设法把不利的风险事件的概率或后果降低到一个可接受的范围。

（十八）接受策略：是指决定不改变项目计划以应对风险，接受风险发生的可能性和影响的行为。该策略表明潜在的风险已在可承受的风险范围内或未找到适当的应对策略或应对成本大于收益。

（十九）风险管理组织体系：是指公司为了有效管理风险而在现有组织职能下设计的实施风险管理相关组织机构和职能安排。

（二十）风险管理信息系统：是指通过信息技术，为全面风险管理的各项工作，传输公司风险和风险管理信息的系统平台，具备风险数据和信息的采集、存储、加工、分析、测试、传递、报告、披露等各项功能。

（二十一）风险管理流程：是指风险管理工作中执行的基本工作流程，风险管理流程是个循环往复的工作流程。

（二十二）风险管理文化：是指在公司的日常运营中，基于公司的风险哲学和整体公司文化形成的对待风险的态度、价值观和系列实践行为等。

（二十三）风险分层管理：是指根据风险管理活动内容的不同以及风险属性和重要程度的不同，在战略决策、集中管理和执行、具体操作三个管理层级上划分相应的风险管理责任，安排或规定相应的职能机构负责落实风险管理责任。

（二十四）风险分类管理：是指根据具体风险的管理需要和现有的职能体系分工，把不同风险的管理责任落实到不同部门或不同业务单位，由具体的部门或单位在规定的风险限额范围内，主导管理该风险，其他单位根据需要给予协助或支持。

（二十五）风险集中管理：是指在集中管理层面运用风险管理的专业知识和专门的工具，对风险信息进行汇总分析和评估，对跨部门和业务单位的风险管理工作进行组织协调。

（二十六）风险管理资源配置：是指为实施公司的风险管理策略而准备和分配必需资源的行为和过程，主要解决的是"如何安排风险管理资源问题"，此种资源的配置要注意把握风险管理成本与风险管理收益的平衡。

（二十七）风险监控：是指在整个项目生命期内跟踪已经识别的风险，监视残余风险，识别新的风险，实施风险应对措施并评估其有效性的过程。

第十三章 附 则

第六十八条 本指引由股份公司法律事务部负责解释。

第六十九条 股份公司法律事务部将根据本指引制定股份公司全面风险管理实施细则，股份公司各事业部（业务部）及下属公司根据本指引制定本单位的全面风险管理实施细则，并报上级风险管理归口部门备案。

第七十条 指引自 2009 年 5 月 1 日起正式实施。

附录十一 日本工业规格风险管理系统的构建导则

(Guidelines for development and implementation of risk management system)

0. 序文

近年来，自然灾害、事故等人为灾害、经济事件等，有关组织的各种风险在包括我国在内的世界各地逐渐显现。如上灾害所带来的各种损失，不仅给该组织的运行带来极大困难，还有可能发展到使得该组织濒临破产的地步。另一方面，在现代社会中，某一组织引发的损失传播到其他相关组织，进一步扩大到整个社会的现象并不罕见。在这种情况下，每个组织有必要对各种风险采取适当应对措施而实现组织运行稳定化，同时实现风险暴露影响的极小化，尽量控制社会损失的发生。

组织必须发现在日常业务中所存在的风险并对此进行适当处理，与此同时，组织有必要计划并实施紧急对策与恢复对策，以在陷入紧急状态时维护组织功能迅速得到恢复。为此，组织应该致力于引进并落实适当的风险管理。

本规格的主旨为，不仅提供风险管理系统框架以便组织系统地实施风险管理，还要为构建针对不同风险的风险管理系统提供通用的原则与要素，以适用于不同行业、不同规模的组织。本规格有利于建立在风险的词汇与概念方面的共同平台，并有利于使得各个组织的有关人士对风险达成共识。另外，本规格还有利于建立跨组织共同应对风险的社会基础。本规格的最终目的为，鼓励组织在社会需求与经济需求之间两种需求的平衡下构建并完善风险管理系统，进而引导各个组织与整个社会能够对各种风险作出适当应对。

我们并不需要将本规格规定的风险管理系统的要素与现有的管理系统的要素分离开来。甚至还可以根据情况应用现有的管理系统的要素来满足本规格所规定的事项。由于每个组织的性格、业务内容、运行方针、所面临的环境并不相同，因此这些组织所采取的风险对策也会不同。并且，即使不同的组织根据本规格的原则与要素采取基本类似的业务活动，这些组织也可能采取不同的风险应对措施。本规格的采用与否，必须由各组织自己负责。本规格的采用并不意味着免责于其他法律法规、社会规范，以及为维护社会秩序的各种准则。

1. 适用范围

本规格为构建风险管理系统提供一般性原则与要素。本规格的原则与要素适用于任何组织与风险。然而，本规格不能使用于风险管理系统的认证规格。

2. 定义

本规格使用的主要词汇定义如下。

紧急状态：组织或有关人员的资产、业务活动以及人命遇到危险，而组织运行陷入严重窘境，组织必须采取紧急措施的状态。

备考：进入紧急状态叫做"紧急期"。

继续改善：为了根据组织的风险管理方针实现风险管理业绩的全面改善所进行的提高风险管理系统的过程。

组织的最高经营者：拥有组织运行的权限与责任的人或集团。

风险（risk）：事情的可能性与其结果的组合，或者事情的发生概率与其结果的组合。

备考1：在某种情况下，风险指的是结果与预测的偏离。

备考2：有关安全的内容，参见 ISO/IEC Guide51：1999 的定义。

风险转移（risk transfer）：将特定的风险造成的损失转移给他人的行为。

备考1：在有的情况下风险转移是以保险或其他契约的形式实现的。

备考2：风险转移在有的情况下创造出新的风险或改变现有风险的性质。

备考3：原因的转移并不是风险转移。

备考4：法律或政府的管制在有的情况下限制、禁止或命令风险转移。

风险规避（risk avoidance）：远离风险的决策或脱离陷于风险状态的行为。

风险标准（risk criteria）：评价风险重要性程度时所参考的条件。

备考：风险标准在有的情况下包括相关经费、法律法规的要求、与社会经济和环境相关的事情、有关人员的兴趣与评价的优先次序，以及其他输入要素。

风险对策：风险的事前对策、紧急期对策以及恢复对策的总称。

风险降低（risk reduction）：降低风险发生的可能性或概率，规避不理想结果的行为。

风险发现：发现并认识影响组织的事件及其结果的过程。

风险评价（risk evaluation）：为了明确风险的重要性，对风险标准与估计出来的风险进行比较的过程。

备考1：风险评价是组织决定接受风险或决定应对风险时所参考的。

备考2：有关安全的风险评价内容，参见 ISO/IEC Guide51：1999 的定义。

风险自留（risk retention）：自己承担特定风险造成的损失的行为。

备考1：风险自留包括未认知风险的承担。

备考2：风险自留不包括以保险或其他手段转移风险的行为。

备考3：每个组织的承受程度与对风险标准的依赖程度均不相同。

风险管理（risk management）：关于风险，指导并管理组织的被调整的行为。

备考：风险管理一般包括风险估计、风险评价、风险应对、风险承担以及风险交流。

风险管理基本目的：通过风险管理行动方针实现的降低总体风险的到达点。

备考：风险管理基本目的由组织自己来制定，并尽可能量化。

风险管理行动方针：保护组织的经营资源、尽社会责任等与风险管理相关的方针。

备考1：经营资源包括人力资源、物质资源、财政资源、信息、技术、信用以及网络等。

备考2：社会责任包括存在责任、职能责任、地位责任、环境保全、教育以及福利支援等。

风险管理系统（risk management system）：组织管理系统中与风险管理相关联的各种要素。

备考1：风险管理系统的各种要素包括与风险相关的战略计划的制定、决策以及其他过程。

备考2：风险管理系统反映组织文化。

风险管理系统担当者：接受风险管理系统负责人的委托，而承担其一部分的人或集团。

备考：风险管理系统担当者负责风险管理系统的维护以及有关个别风险的风险管理业务。

风险管理系统负责人：负责有关风险管理系统的一切业务并管理风险管理系统担当者的组织最高经营者。

风险管理目标：为达到风险管理基本目的而制定的关于风险管理业绩的详细要求。

备考：在可能的情况下，对风险管理目标进行量化并应用于整个组织或一部分部门。

风险管理业绩：基于风险管理基本目的以及风险管理目标的、与组织风险管理相关的可测定的结果。

风险管理文件：事前制定的关于风险管理整个过程的文件。

风险管理方针：由风险管理行动方针和风险管理基本目的构成的、为风险管理目标的制定而提供的、与风险管理业绩相关的声明。

3. 风险管理系统的原则以及要素

（1）一般原则

组织最好构建并维护风险管理系统。

构成风险管理系统的原则如下。

原则1：风险管理方针

组织最好制定并落实风险管理方针。

原则2：风险管理计划的制定

组织最好制定风险管理方针的实施计划。

原则3：风险管理的实施

为了提高实施效果，组织最好建立支援机构来达到风险管理基本目的与风险管理目标。

原则4：风险管理业绩评价与风险管理系统有效性评价

组织最好在测定、监管、评价风险管理业绩的同时，还对风险管理系统的有效性进行评价。

原则5：风险管理系统的改善

组织最好根据风险管理业绩评价与风险管理系统有效性评价结果，对风险管理系统的各个要素进行有效改善。

原则6：组织最高经营者的评论

为了改善总体风险管理业绩，组织最好继续重估并改善其风险管理系统。

原则7：维护风险管理系统的体制与计划

组织最好建立以维护风险管理系统为目的的体制及计划。

（2）以构建并维护风险管理系统为目的的体制

组织最好以文件形式明确与风险管理相关的任务、责任以及权限，并传达给有关部门。

1）组织最高经营者的任务

组织最高经营者最好表明为构建并维护系统而承担的责任。

无论专任还是兼任，风险管理系统负责人最好是从最高经营者中选出来的。

组织的最高经营者最好准备用于构建并维护风险管理系统的必要经营资源。

2）风险管理系统负责人的任务

风险管理系统负责人最好负责与风险管理系统相关的一切业务。

如果根据发生地点、原因、受损对象等能够分组的话，风险管理系统负责人可以以部门、部署、委员会等形式指定风险管理担当者来负责各个风险。

风险管理系统担当者的形式可为专任或兼任。

风险管理负责人最好负责没有委托给风险管理系统担当者的其他一切风险。

为了整个组织能够适当应对各种风险，风险管理负责人最好从事风险管理系统的继续改善工作。

风险管理系统负责人的主要业务包括如下。

①风险管理计划的制定；

②风险管理的实施；

③风险管理业绩评价及风险管理系统有效性评价；

④风险管理系统的改善对策的制定与实施；

⑤关于风险管理系统，向最高经营者的汇报与建议；

⑥关于风险管理系统，与外部机构的联系、调整以及合作；

⑦关于风险管理系统，组织内的联系与调整；

⑧与风险管理系统相关记录的制作与管理。

（3）风险管理方针

风险管理方针是由风险管理行动方针与风险管理基本目的构成的。

1）风险管理方针的表明

组织最高经营者最好在制定风险管理方针后，向组织成员与有关人员以文件形式明确表明其内容。

2）风险管理行动方针

最高经营者最好在构建风险管理系统时，同时制定风险管理行动方针，并根据此方针运行系统。

在风险管理行动方针方面，最好表明如下内容。

①提高对组织的社会评价；

②努力保护组织成员的安全、健康和组织的经营资源；

③当发生损失时迅速从事恢复工作；

④一切活动不该损害有关人员的安全、健康以及利益；

⑤当风险暴露时，采取有责任的行动；

⑥将与风险相关的社会要求反映在组织的风险管理系统中。
（4）风险管理基本目的的制定

组织最好根据风险管理行动方针明确制定通过风险管理系统的应用实现的最终结果目标。在可能的情况下，最好对最终结果进行量化。

（5）风险管理计划的制定

风险管理计划是由风险分析、风险评价、风险管理目标、风险对策的选择以及风险管理方案的制定构成的。另外，风险分析可分为风险发现、风险特定以及风险估计部分。

1）风险分析

风险发现： 风险发现为风险管理计划的出发点。组织最好发现可能有害于组织的一切风险。风险发现最好考虑到如下内容。

①发现造成损害的原因与可能性；
②彻底明确所存在的风险；
③考虑到有关人员的要求、与有关人员的诺言以及法律规定事项；
④保护风险信息提供者的利益；
⑤继续实施；
⑥提高对风险的敏感度；
⑦消除组织内外的成见。

风险特定： 风险管理系统负责人最好在分析风险相关信息的同时，还要指定有可能给组织带来严重损失的风险与/或难以判断重要性的风险。

组织最好认识特定风险的存在，在此基础上从事适当的组织经营。

风险的特定有如下方法。

①组织活动与职能的检查，分析工作的脆弱性与危险性的讨论；
②组织内的事例调查；
③类似组织的事例调查；
④组织内的头脑风暴；
⑤组织内的采访与问卷调查；
⑥组织外有识之士的采访与问卷调查；
⑦与组织外专家的商榷。

风险估计： 为了进行风险评价，组织最好定量或定性地把握风险暴露的可能性与发生概率，以及风险暴露的影响程度。

风险的定量把握指的是，定量地把握风险暴露的可能性与发生概率，以及风险暴露的影响程度。

风险的定性把握指的是，以评级等量化之外的方法把握风险暴露的可能性与发生概率，以及风险暴露的影响程度。

2）风险评价

组织最好针对不同的风险按需制定不同的风险标准。组织最好对估算出来的所有风险与风险标准进行比较，探明应该实施新对策的风险，并确定风险的轻重缓急。

关于被发现但被判断为没有必要实施对策的风险，最好以文件形式记录其理由与风险监管方法。

3) 风险管理目标

组织最好制定风险管理目标并进行存档,以达到风险管理基本目的。

在制定风险管理目标时,最好考虑到如下内容。

①明确需要保护的对象;

②遵守与有关人员的诺言;

③减少给有关人员带来负面影响的风险;

④法律要求事项;

⑤社会上的一般想法;

⑥组织内外的有关人员都能易于理解;

⑦考虑性价比并最大限度地有效使用经营资源;

⑧可行性。

4) 风险对策的选择

风险对策有风险规避、风险转移、风险降低以及风险自留等,但从时间的概念来看,它可分为事前对策与事后对策。尤其针对给组织带来很大影响的风险的事后对策有紧急期对策与恢复对策。

组织最好根据风险种类制定适当对策并组合应用不同对策。

事前对策是在风险暴露前即组织经营尚未出现任何问题的正常情况下实施的。其主要目的在于防止风险暴露,减少风险的影响。

紧急期对策是在风险暴露后立刻实施的措施。其主要目的在于损失最小化、防止损失的扩大、早期实施恢复对策等。

组织最好在正常时期根据不同的风险制定在紧急期所需要的各种对策。

恢复对策是紧接着紧急期对策实施的措施。其目的在于防止第二次损失以及早期恢复正常组织业务。

5) 风险管理方案的制定

为了达到风险管理目标,组织最好制定风险管理方案并据此从事管理活动。

在制定风险管理方案时,最好加入如下内容。

①风险对策的具体内容;

②组织内有关部门或部署的风险对策日程安排;

③利用的经营资源;

④责任所在与其范围。

风险管理方案包括事前对策、紧急期对策以及恢复对策。

组织最好确定实施风险对策的优先次序。在确定风险对策的优先次序时,不仅考虑到风险的优先次序,还要考虑到风险对策的实现性、效果、紧急性等。

这些对策的对象可以是,各个过程、项目、产品、服务、用地以及用地内外的设备等。

当制定风险管理方案时,最好考虑到如下内容。

①可继续实施的内容;

②适当的步骤;

③该参与的所有有关人员;

④为进行定期评论所需要的规定；
⑤适当的经营资源、责任、时期以及风险的优先次序；
⑥适当的风险管理方针以及对一般性计划活动的处理；
⑦监视以及评论的步骤。
该风险管理方案最好被纳入到组织的经营计划等。

(6) 风险管理的实施

1) 风险管理方案的实施

组织最好根据风险管理方案实施各种对策。

各部门或部署最好根据风险管理方案实施具体的对策，并将实施状况向风险管理系统负责人进行定期汇报。最好根据风险管理方案制定实施步骤，出示给有关部门，调整内容，深化相互理解程度。

2) 紧急期的补充事项特点

紧急期应对步骤的确定及准备：组织最好根据风险管理计划的紧急期对策制定其具体对策步骤。

当确定应对步骤时，最好考虑到如下内容。
①紧急期对策的行使与停止；
②与组织内外机构的合作关系；
③与组织内外的联系。

风险管理系统担当者最好将应对步骤提供给有关部门或部署，并调整其内容，深化互相理解程度。

具体对策及应对步骤的制定可以委托给各个部门或部署。

紧急期实施单位的建立：组织最好在行使紧急期对策的时候，事前明确规定及时组成适当且有效的紧急期实施单位的步骤与选择实施负责人的步骤。

风险管理系统担当者、各个有关部门和部署根据不同风险制定在紧急期所需要的动员计划。

为了应对未预料的紧急状态，最好事前制定包括实施负责人在内的紧急期实施单位的组织步骤，与此同时还制定把握情况、应对方针的立案以及对策实施等的步骤。

紧急期实施单位最好至少拥有如下功能。

实施负责人：紧急期实施单位的实施负责人拥有与紧急期对策相关的一切权限与责任。实施负责人最好是能够应对紧急状态的、与最高经营者密切联系的人才。

信息功能：信息负责人统一搜集并管理紧急状态相关信息。该功能应该管理的信息如下。
①紧急状态的现状以及应对状况的相关信息；
②组织业务恢复的相关信息。

分析和/或评价功能：根据被搜集的信息以及紧急期计划进行必要对策的立案与选择，并确定对策的优先次序。

应对功能：根据实施负责人的判断，指挥具体应对措施的实施。另外，为了筹备必要的机器和材料、人员以及资金，要求后勤或外部部门提供支援。

宣传功能：组织统一向组织内外发表紧急状态的相关内容。

3) 恢复期的补充事项特点

风险管理系统担当者根据风险管理计划的恢复对策研究其具体措施，并确定恢复的应对步骤。

当制定与恢复相关的风险管理方案时，尤其注意如下内容。

建立与外部机构的合作关系；

为了防备经营资源不足情况，建立有限资源的有效使用步骤。

具体对策及应对步骤的制定可以委托给各个部门或部署。

4) 运用管理

风险组织最好以文件形式管理事前对策的实施步骤、紧急期对策的步骤、恢复对策的步骤、报告格式等附属资料。

在将实施步骤委托给各个部门时，风险管理系统担当者最好监督各个对策的实施步骤的制定情况，并提出适当的建议。

最好定期重估事前对策的实施步骤、紧急期对策步骤、恢复对策步骤等，并按需进行更新。在紧急期实施单位方面，如果由于人事调动等原因发生变化，及时对该单位进行改组，以防降低有效性。因此最好获得人事部门等有关部门与部署的协助。

(7) 风险管理业绩评价与风险管理系统有效性评价

1) 风险管理业绩评价

组织最好确立风险管理实施情况的监测步骤，同时确立并保持基于其结果的风险管理业绩评价步骤。组织最好进行风险管理实施情况的监测，并对风险管理业绩评价的结果进行适当记录与管理。风险管理实施情况的监测，以及风险管理业绩评价的实施时间与频率最好是根据风险对象的暴露概率、暴露后的影响程度以及风险变化程度等因素确定的。

风险管理实施情况的监测：需要监测的风险管理实施情况有如下内容。

①风险管理计划的制订，譬如，风险发现、风险特定、风险估计、风险评价、风险管理目标的制定、风险对策的选择以及风险管理方案的制订等；

②风险管理方案的实施及风险对策的实施。

监测风险管理计划制定的实施情况：风险管理计划制定的实施情况的监测步骤最好包括如下内容。

①证实风险发现是否成为所有组织成员的日常业务的一部分，并证实风险管理系统担当者是否对被发现的风险进行总括；

②证实是否抽出有可能给组织带来严重损失的风险与难以判断重要性的风险；

③证实信息与数据的可信性，并证实是否采用合理且合乎逻辑的风险估算方法；

④证实是否制定合乎逻辑的风险标准，并证实风险评价是否合理；

⑤证实风险管理目标可否被社会所接受、是否拥有社会合理性，并证实在组织内可否达成共识；

⑥证实被选择的风险对策与其他方案相比拥有客观优势、经济上及技术上的可行性；

⑦证实风险管理计划的制订是否被及时实施；

⑧证实风险管理方案的制订是否被及时实施；

⑨记录风险管理业绩信息及是否符合相关法规的信息。

最好采取使得监测到的数据足以可靠的步骤。

风险对策实施情况的监测：监测风险对策实施情况的步骤最好包含如下内容。
①确认监测对象；
②确认实施风险对策的负责人以及批准步骤；
③制定风险对策的实施情况与在步骤不得当时进行的改善工作的实施标准；
④证实组织内外有关人员是否得知对策内容；
⑤证实经营管理是否妥当。

风险管理业绩评价：风险管理业绩评价的指标最好是客观的、有再现性的、可检验的、经济上和技术上可行的。

组织最好根据风险管理业绩评价的结果确定在风险管理系统和经营管理方面需要改善的主要领域。

风险管理业绩评价的指标最好包括如下内容。
①风险管理实施情况（制定风险管理计划和实施风险对策）的进展程度；
②教育和培训的进展程度；
③与风险管理相关的内部标准；
④相关法规及规格；
⑤风险交流的程度。

对于紧急期对策与恢复对策的风险管理业绩评价最好包括如下内容。

紧急期对策的风险管理业绩评价：组织最好在紧急期对策结束后立即对其对策进行风险管理业绩评价。另外，组织最好在正常时期采取仿真等方法检验紧急期对策的有效性。

针对紧急期对策的风险管理业绩评价指标最好包括如下内容。
①紧急期对策对紧急状态及其变化的应对程度；
②措施的可行性与完成程度；
③组织的建立时间、规模以及地点适当与否；
④适当的对策人员与资材确保的程度；
⑤与组织内相关部门、外部机构的合作程度；
⑥内部与外部信息的管理以及风险交流适当与否。

恢复对策的风险管理业绩评价：组织最好在恢复业务结束后立即实施风险管理业绩评价。另外，组织最好在正常时期采取仿真等方法检验恢复对策的有效性。

风险管理业绩评价的指标最好包括如下内容。
①恢复对策的实施程度；
②恢复对策的时间以及恢复程度；
③恢复对策对情况变化的适应程度；
④恢复体制的建立时期及规模适当与否；
⑤适当的对策人员与资材确保的程度；
⑥恢复费用的性价比；
⑦与组织内相关部门、外部机构的合作程度；
⑧内部与外部信息的管理以及信息流通适当与否。

2）风险管理系统的有效性评价

组织最好建立并维持与风险管理基本目的及风险管理目标相关的风险管理系统有效性

的评价步骤。

风险管理系统的有效性评价最好包括如下内容。

①将风险管理基本目的及风险管理目标的完成程度作为风险管理系统；

②对风险管理系统的个别功能及整体功能的有效性进行评价；

③风险管理系统担当者的自我评价，委托在管理系统或各个风险方面的组织内专家进行评价。

进行有效性评价的最佳时期有如下。

①在根据定期风险管理系统监察结果进行组织最高经营者评论的时候；

②在对风险管理系统产生质疑的时候；

③在自己的组织或其他组织风险暴露后受到严重损失的时候。

组织最好对风险管理系统的评价结果采取如下处理。

①记录后根据文件管理规程进行适当保管；

②向风险管理系统负责人汇报具体结果；

③在有必要提高有效性时，重新评估风险管理计划、风险对策以及风险管理系统的维护体制和框架，确定需要改善的领域。

进行改善工作后，对于被风险管理系统负责人判断为有必要检验其有效性的项目，与相关部门合作进行评价工作。

（8）风险管理系统改善工作的实施

1）继续实施风险管理系统改善工作

组织最好根据风险管理实施情况的监测、风险管理业绩评价、风险管理系统的有效性评价以及风险管理系统的监察，继续实施风险管理系统的改善工作。

在改善风险管理系统时，最好通过相关部门的负责人、风险管理专家等广泛有关人员的参与讨论改善工作的具体内容。

风险管理系统改善工作有如下四个方面的实施时期。

①定期：根据风险管理业绩和经营管理情况的定期监测及评价结果实施改善工作；

②风险管理系统监察时：根据定期或不定期实施的风险管理系统监察结果实施改善工作；

③紧急状态后：根据风险暴露时所进行的紧急期对策的监督及风险管理系统业绩评价结果实施改善工作；

④基于风险相关信息监督结果的要求时：根据风险相关信息监督结果检查风险管理及风险管理系统，按需实施改善工作。

2）实施的确认

组织最好检查并确认风险管理系统的改善工作实施情况。

（9）维护风险管理系统的框架

1）能力、教育、培训

能力：风险管理系统的运行人员最好拥有每个任务所需要的能力。

教育、培训：组织最好对实施对策的工作人员进行适当教育或培训以掌握必要能力。教育、培训最好包含如下内容。

①风险管理系统的重要性及知识；

②假定每个风险可能面临的情况进行教育、培训。
组织最好考虑到如下内容制定教学计划。
①针对不同任务制定不同培训项目；
②根据不同风险选定接受教育的部门，其中再选出接受教育的工作人员；
③将教育成果的客观评价成为可能；
④工作人员现在的能力。
2）仿真
仿真的主要目的在于检验针对不同风险对策的有效性。
仿真最好是在授予不同有关人员不同的任务并设定能够应用的经营资源的基础上，假定特定风险暴露的过程、风险暴露后进入紧急期的过程、脱离紧急期进入恢复期的过程等情况进行的。
当实施仿真工作时，需要注意如下内容。
①在假定的不同阶段所需要的技术及判断力；
②假定的妥当性；
③当进行教育、培训时，与出席者的业绩评价分离开来。
仿真最好包括如下步骤。
①明确仿真工作的目的；
②假定特定风险暴露的过程、风险暴露后进入紧急期的过程、脱离紧急期进入恢复期的过程等不同的情节以及环境变化；
③确认在特定风险暴露的过程、风险暴露后进入紧急期的过程、脱离紧急期进入恢复期的过程等不同的情节时所采用的风险对策及步骤；
④制定仿真的实施计划；
⑤确认根据特定风险暴露的过程、风险暴露后进入紧急期的过程、脱离紧急期进入恢复期的过程等不同情节建立的紧急期实施单位，以及其适当性与功能；
⑥确认与组织内相关部门、外部机构的调整及合作；
⑦检验信息管理、风险交流以及宣传的功能；
⑧确定当对策或步骤不妥当时所实施的改善工作的标准。
3）风险交流
风险交流有如下几个方面的目的。
①为风险发现及风险特定搜集信息；
②防止因有关人员之间的误解或理解不足而导致风险暴露；
③规避或减少有可能给有关人员带来的损失。
组织最好制定并维护风险交流的具体步骤。该步骤最好包括如下内容。
①明确风险交流的目的或目标；
②探讨决定交流手段及替代手段；
③明确风险交流对象及其内容；
④记录并保存风险交流的过程、处理经过、处理者等交流的全过程、内容以及结果。
组织最好制定宣传活动计划，以明确组织如何应对所面临的风险。宣传活动计划最好包括如下内容。

①正常期的宣传活动计划；
②紧急期的宣传活动计划。

组织最好向相关机构和有关人员公开风险相关信息。当公开时，最好根据不同风险确定公开的对象与内容范围。然而，如果组织限制公开的对象与内容，最好写明并记录其理由。另外，如果不能公开有关风险的信息，根据不同风险制定限制访问的安全标准。

最好建立被允许的主要工作人员随时均可获得所需信息的体制。

备考：组织必须认识到，以机密保持为理由的风险相关信息的隐匿并不一定贡献于降低风险，而且这样的隐匿有可能给组织带来新的责任。

4) 风险管理系统文件的制定

组织最好以纸制或电子形式制定并维护如下风险管理系统的相关信息。
①风险管理系统的结构以及功能的概要信息；
②在系统内如何获得重要文件的信息。

5) 文件管理

文件的制定与修改：组织最好根据不同文件种类确定制定及修改文件的具体步骤和责任。

当确定制定及修改文件的相关步骤时，最好考虑如下内容。
①写明文件的制定者与批准者；
②写明文件的修改者与批准者；
③指定的负责人进行定期检查并按需进行修改，而且由指定的负责人审批该文件适当与否；
④管理文件的接收单位；
⑤文件废止的规程；
⑥机密及访问限制。

文件最好保留一定期限。

文件管理：组织最好根据不同的风险对象制定并维护本规格所需要的一切文件的管理方法。

管理方法必须包括如下内容。
①明确文件所在地；
②在负责风险管理系统顺利运行的所有核心部门均可利用相关文件的最新版本；
③无效的废止文件立刻从所有发行部门、使用部门撤走，并防止与意图相反的使用；
④能够适当识别以法律或信息保留的目的而保管的一切废止文件。

文件管理的方法可与组织已采用的其他文件管理方法统一实施。

文件的识别：文件最好是易于理解、易于识别制定日期（修改日期）的，并按序进行整理。

6) 监督被发现的风险

组织最好继续监督被发现风险的变化。为此，组织最好确定影响这些风险的因素并搜集相关信息。

确定影响被发现风险的因素：当组织确定影响被发现风险的因素时，最好考虑如下内容。
①法律要求事项及其他要求事项；
②社会上的一般想法；
③组织的情况；
④有关人员的情况；
⑤组织周围的环境；
⑥学术动态；
⑦风险降低技术的发展动态。

制定并维护信息搜集的步骤：组织最好制定并维护关于影响被发现风险的因素的相关信息搜集步骤。

有效利用搜集信息：风险管理系统负责人最好将所搜集的信息应用于风险特定。

7）记录的维护管理

组织最好制定并维护关于风险管理记录的识别、维护以及作废步骤。

风险记录最好包含相关活动的信息（包含制定者、制定日期等详细信息）。

风险记录最好是容易检索的，并且以能够防止损坏、变质和丢失的方法进行保管或维护。

最好确定记录的保管期限。

8）风险管理系统的监查

组织最好制定并维护风险管理系统监查的程序与步骤。

判断组织的风险管理系统是否按照本规格的要素进行构建、实施以及维护工作。

风险管理系统监查的步骤可以与通常的业务监查统一实施，也可以单独实施。

风险管理系统监查的步骤最好包括如下内容。
①决定监查范围；
②决定频率与方法；
③监察人的能力；
④有关人员针对监查结果进行协商。

（10）组织最高经营者的评论

组织最高经营者最好针对风险管理系统进行定期评论，以维护风险管理系统并改善其适用性与有效性。

最好全面评论组织所涉及的所有业务活动。

组织最高经营者最好针对如下内容进行评论。
①风险管理方针；
②风险管理计划的制订；
③风险管理的实施；
④风险管理业绩评价与风险管理系统的有效性评价；
⑤风险管理系统的改善工作；
⑥维护风险管理系统的体制与框架。

最好以文件形式记录评论结果。

附录十二 COSO《企业风险管理——整合框架》2004 年

［美］COSO 发布　方红星、王宏　译
中文版前言

在内部控制和风险管理的演进过程之中，COSO 的突出贡献是举世公认的。它在 1992 年所发布的、并于 1994 年作出局部修正的《内部控制——整合框架》，已经成为世界通行的内部控制权威文献，被国际和各国审计准则制定机构、银行监管机构和其他方面所采纳。

2003 年 7 月，COSO 发布了《企业风险管理——整合框架》的征求意见稿，引起了广泛的关注，我国也有一些学者撰文介绍了相关的情况。诚然，企业风险管理整合框架并没有立即取代内部控制整合框架，但是它涵盖和拓展了后者。因此，对新的框架进行深入研究和探讨，具有十分重要的价值。2004 年 9 月，正式的最终文本发布之后，由于著作权保护和其他方面的原因，在国内很难取得该框架最终定稿的版本。而许多学者继续按照征求意见稿来进行转述、介绍和研究，已经显得不合适了。为此，我们通过积极联络和多方努力，最终获得了正式授权，得以将这份重要的文献翻译成中文并在国内公开出版。

长期以来，尤其是在 2001 年前后一系列令人瞩目的公司丑闻爆发之后，关于内部控制的研究和立法行动深受社会各界的重视和关注，我国也概莫能外。我国的有关部门在几年前就已经开始了制定企业内部会计控制规范的积极尝试。目前，关于研究和制定企业内部控制指引的呼吁和探索也日益急迫。在这种背景下，认真研究和参考包括企业风险管理整合框架在内的相关的国际权威文献，无疑具有十分突出的理论价值和现实意义。

本书是框架的上卷，即内容提要和基本框架部分。书稿的翻译工作由东北财经大学方红星教授和财政部会计司王宏博士共同完成，译稿由方红星审校。十分感谢美国内部审计师协会的 Lucy Sheets 在授权过程中的大力协助，以及东北财经大学出版社的高鹏、孙冰洁编辑对书稿的仔细审读。2005 年 7 月下旬在北京召开的"企业内部控制指引研讨会"上，财政部会计司刘玉廷司长、高一斌副司长、舒惠好处长、邰进兴处长、中国会计学会副秘书长周守华教授、东北财经大学刘明辉教授、西南财经大学赵德武教授、南京大学杨雄胜教授、清华大学于增彪教授等领导和专家对本书的翻译给予了肯定和关注，并提出了一些有益的指导和建议，在此谨致谢忱！

由于翻译这类框架文件本身就极具挑战性，加之时间紧迫和译者水平有限，书中错误和疏漏在所难免，恳请业内专家和广大读者不吝指正（接受批评、建议的电子信箱为 hx-fang@dufe.edu.cn）！

译　者
2005 年 7 月

1. 内 容 摘 要

企业风险管理的基础性前提是每一个主体的存在，都是为它的利益相关者提供价值。所有的主体都面临不确定性，管理当局所面临的挑战就是在为增加利益相关者价值而奋斗的同时，要确定承受多大的不确定性。不确定性可能会破坏或增加价值，因而它既代表风险，也代表机会。企业风险管理使管理当局能够有效地应对不确定性以及由此带来的风险和机会，增进创造价值的能力。

当管理当局通过制定战略和目标，力求实现增长和报酬目标以及相关的风险之间的最优平衡，并且在追求所在主体的目标的过程中高效率和有效地调配资源时，价值得以最大化。企业风险管理包括：

①协调风险容量（risk appetite）[①]与战略——管理当局在评价备选的战略、设定相关目标和建立相关风险的管理机制的过程中，需要考虑所在主体的风险容量。

②增进风险应对决策——企业风险管理使识别和在备选的风险应对、风险回避、降低、分担和承受之间进行选择更加严密。

③抑减经营意外和损失——主体识别潜在事项和实施应对的能力得以增强，抑减了意外情况以及由此带来的成本或损失。

④识别和管理多重的和贯穿于企业的风险——每一家企业都面临影响组织的不同部分的一系列风险，企业风险管理有助于有效地应对交互影响，以及整合式地应对多重风险。

⑤抓住机会——通过考虑全面范围内的潜在事项，促使管理当局识别并积极地实现机会。

⑥改善资本调配——获取强有力的风险信息，使得管理当局能够有效地评估总体资本需求，并改进资本配置。

企业风险管理所固有的这些能力帮助管理当局实现所在主体的业绩和盈利目标，防止资源损失。企业风险管理有助于确保有效的报告以及符合法律和法规，还有助于避免对主体声誉的损害以及由此带来的后果。总之，企业风险管理不仅帮助一个主体到达期望的目的地，还有助于避开前进途中的隐患和意外。

（1）事项——风险与机会

事项可能会带来负面的影响，也可能会带来正面的影响，亦或二者兼而有之。带来负面影响的事项代表风险，它会妨碍价值创造或者破坏现有价值。带来正面影响的事项可能会抵消负面影响，或者说代表机会。机会是一个事项将会发生并对目标——支持价值创造或保持的实现产生正面影响的可能性。管理当局把机会反馈到战略或目标制定过程中，以便制订计划去抓住机会。

（2）企业风险管理所定义

企业风险管理处理影响价值创造或保持的风险和机会，定义如下：

企业风险管理是一个过程，它由一个主体的董事会、管理当局和其他人员实施，应用于战略制定并贯穿于企业之中，旨在识别可能会影响主体的潜在事项，管理风险以使其在

[①] 也有人将其翻译为"风险偏好"、"风险需求"、"风险承受能力"等——译者注。

该主体的风险容量之内，并为主体目标的实现提供合理保证。

这个定义反映了几个基本概念。企业风险管理是：

1) 一个过程，它持续地流动于主体之内；
2) 由组织中各个层级的人员实施；
3) 应用于战略制定；
4) 贯穿于企业，在各个层级和单元应用，还包括采取主体层级的风险组合观；
5) 旨在识别一旦发生将会影响主体的潜在事项，并把风险控制在风险容量以内；
6) 能够向一个主体的管理当局和董事会提供合理保证；
7) 力求实现一个或多个不同类型但相互交叉的目标。

这个定义比较宽泛。它抓住了对于公司和其他组织如何管理风险至关重要的关键概念，为不同组织形式、行业和部门的应用提供了基础。它直接关注特定主体既定目标的实现，并为界定企业风险管理的有效性提供了依据。

(3) 目标的实现

在主体既定的使命或愿景（vision）❶范围内，管理当局制定战略目标、选择战略，并在企业内自上而下设定相应的目标。企业风险管理框架力求实现主体的以下四种类型的目标：

1) 战略（strategic）目标——高层次目标，与使命相关联并支撑其使命；
2) 经营（operations）目标——有效和高效率地利用其资源；
3) 报告（reporting）目标——报告的可靠性；
4) 合规（compliance）目标——符合适用的法律和法规。

对主体目标的这种分类可以使我们关注企业风险管理的不同侧面。这些各不相同但却相互交叉的类别——一个特定的目标可以归入多个类别，反映了主体的不同需要，而且可能会成为不同管理人员的直接责任。这个分类还有助于区分从每一类目标中能够期望的是什么。一些主体采用的另一类目标——保护资源也包含在上述类别之内。

因为有关报告的可靠性和符合法律、法规的目标在主体的控制范围之内，所以可以期望企业风险管理为实现这些目标提供合理保证。但是，战略目标和经营目标的实现取决于并不一定总在主体控制范围之内的外部事项，对于这些目标而言，企业风险管理能够合理地保证管理当局和起监督作用的董事会及时地了解主体朝着实现目标前进的程度。

(4) 企业风险管理的构成要素

企业风险管理包括八个相互关联的构成要素。它们来源于管理当局经营企业的方式，并与管理过程整合在一起。这些构成要素是：

1) 内部环境：内部环境包含组织的基调，它为主体内的人员如何认识和对待风险设定了基础，包括风险管理理念和风险容量、诚信和道德价值观，以及他们所处的经营环境。
2) 目标设定：必须先有目标，管理当局才能识别影响目标实现的潜在事项。企业风险管理确保管理当局采取适当的程序去设定目标，确保所选定的目标支持和切合该主体的

---

❶ 也有人将其翻译为"远景"、"远景规划"、"长远构想"等——译者注。

使命，并且与它的风险容量相符。

3）事项识别：必须识别影响主体目标实现的内部和外部事项，区分风险和机会。机会被反馈到管理当局的战略或目标制定过程中。

4）风险评估：通过考虑风险的可能性和影响来对其加以分析，并以此作为决定如何进行管理的依据。风险评估应立足于固有风险和剩余风险。

5）风险应对：管理当局选择风险应对——回避、承受、降低或者分担风险，采取一系列行动以便把风险控制在主体的风险容限（risk tolerance）❶和风险容量以内。

6）控制活动：制定和执行政策与程序以帮助确保风险应对得以有效实施。

7）信息与沟通：对确保员工履行其职责的方式和时机的相关信息予以识别、获取和沟通。有效沟通的含义比较广泛，包括信息在主体中的向下、平行和向上流动。

8）监控：对企业风险管理进行全面监控，必要时加以修正。监控可以通过持续的管理活动、个别评价或者两者结合来完成。

企业风险管理并不是一个严格的顺次过程，一个构成要素并不是仅仅影响接下来的那个构成要素。它是一个多方向的、反复的过程，在这个过程中几乎每一个构成要素都能够、也的确会影响其他构成要素。

(5) 目标与构成要素之间的关系

目标是指一个主体力图实现什么，企业风险管理的构成要素则意味着需要什么来实现它们，二者之间有着直接的关系。这种关系可以通过一个三维矩阵以立方体的形式表示出来。

四种类型的目标——战略、经营、报告和合规。用垂直方向的栏表示，八个构成要素用水平方向的行表示，而一个主体内的各个单元则用第三个维度表示。这种表示方式使我们既能够从整体上关注一个主体的企业风险管理，也可以从目标类别、构成要素或主体单元的角度，乃至其中的任何一个分项的角度去加以认识。

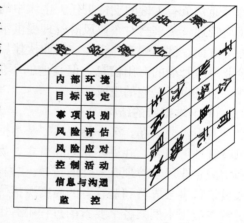

(6) 有效性

认定一个主体的企业风险管理是否"有效"，是在对八个构成要素是否存在和有效运行进行评估的基础之上所作的判断。因此，构成要素也是判定企业风险管理有效性的标准。构成要素如果存在并且正常运行，那么就可能没有重大缺陷，而风险则可能已经被控制在主体的风险容量范围之内。

如果确定企业风险管理在所有四类目标上都是有效的，那么董事会和管理当局就可以合理保证他们了解主体实现其战略和经营目标、主体的报告可靠以及符合适用的法律和法规的程度。

八个构成要素在每个主体中的运行并不是千篇一律的。例如，在中小规模主体中的应用可能不太正式，不太健全。尽管如此，当八个构成要素存在且正常运行时，小规模主体

---

❶ 也有人将其翻译为"风险容忍度"、"风险承受力"等——译者注。

依然会拥有有效的企业风险管理。

(7) 局限

尽管企业风险管理带来了重要的好处，但是仍然存在着局限。除了前面讨论过的因素之外，局限还导源于下列现实：人类在决策过程中的判断可能有纰漏，有关应对风险和建立控制的决策需要考虑相关的成本和效益，类似简单误差或错误的个人缺失可能会导致故障的发生，控制可能会因为两个或多个人员的串通而被规避，以及管理当局有能力凌驾于企业风险管理决策之上。这些局限使得董事会和管理当局不可能就主体目标的实现形成绝对的保证。

(8) 涵盖内部控制

内部控制是企业风险管理不可分割的一部分。这份企业风险管理框架涵盖了内部控制，从而构建了一个更强有力的概念和管理工具。内部控制是在《内部控制——整合框架》中加以定义和描述的。由于该框架经受了时间的考验，并且成为现行规则、法规和法律的基础，因此那份文件对内部控制的定义和框架依然有效。尽管《内部控制——整合框架》的正文中只有一部分被本框架所引用，但是本框架通过参考的方式把该框架整体融合了进来。

(9) 职能与责任

主体中的每个人都对企业风险管理负有一定的责任。首席执行官（CEO）负有首要责任，并且应当假设其拥有所有权。其他管理人员支持主体的风险管理理念，促使符合其风险容量，并在各自的责任范围内依据风险容限去管理风险。风险官、财务官、内部审计师等通常负有关键的支持责任。主体中的其他人员负责按照既定的指引和规程去实施企业风险管理。董事会对企业风险管理提供重要的监督，并察觉和认同主体的风险容量。很多外部方面，例如顾客、卖主、商业伙伴、外部审计师、监管者和财务分析师常常提供影响企业风险管理的有用信息，但是他们不但不对主体的企业风险管理的有效性承担任何责任，而且也不是它的组成部分。

(10) 本报告的结构

本报告分两卷。第一卷包括"基本框架"和本部分"内容摘要"。"基本框架"给企业风险管理下定义，并讲述原则和概念，为企业和其他组织中的各级管理人员提供用来评价和增进企业风险管理有效性的指导。"内容摘要"是一个针对首席执行官、其他高级管理人员、董事会成员和监管者的高度概括。第二卷《应用技术》（Application Techniques），讲解在应用本框架各个要素的过程中有用的技术。

(11) 本报告的使用

根据本报告的建议所可能采取的行动，取决于相关方面的地位和职责：

1）董事会：董事会应当与高级管理人员讨论主体企业风险管理的现状，并提供必要的监督。董事会应当确信知悉最重大的风险，以及管理当局正在采取的行动和如何确保有效的企业风险管理。董事会应当考虑寻求内部审计师、外部审计师和其他方面的参与。

2）高层管理当局：本项研究建议首席执行官评估组织的企业风险管理能力。方法之一是，首席执行官把业务单元（business unit）领导和关键职能机构人员召集到一起，讨论对企业风险管理能力和有效性的初步评价。不管采取什么方式，初步评估应该确定是否需要以及如何进行更广泛、更深入的评价。

3）主体中的其他人员：管理人员和其他人员应该考虑如何根据本框架去履行他们的职责，并与更高层的人员讨论有关加强企业风险管理的看法。内部审计师应该考虑他们关注企业风险管理的范围。

4）监管者：本框架能增进有关企业风险管理的共识，包括它能干什么，以及它的局限。监管者在对他们所监管的主体采用规则或指南等形式设定期望，或进行检查时，可以参考本框架。

5）专业组织：为财务管理、审计和相关领域提供指南的规则制定机构和其他专业组织应该对照本框架去考虑它们的准则和指南。消除概念和术语方面的差别，对所有各方都有好处。

6）教育机构：本框架可以作为学术研究和分析的对象，以便探讨在哪些方面还能作进一步的改进。假设本报告能够被普遍接受，那么它的概念和术语应该设法进入大学的课程之中。

有了这个共同理解的基础，所有各方将能够用同一种语言讲话，更有效地进行沟通。企业的执行官将能够对照一套标准去评估他们公司的企业风险管理过程，强化这个过程从而使他们的企业朝着既定的目标迈进。将来的研究可以建立在一个既定的基础之上。立法者和监管者将能够获得对企业风险管理的更深入的理解，包括它的好处和局限。如果所有各方都利用共同的企业风险管理框架，这些好处都将实现。

2. 定 义

【本章摘要】 所有的主体都面临不确定性，对于管理当局的挑战在于确定在追求增加利益相关者价值的同时，准备承受多少不确定性。企业风险管理使管理当局能够识别、评估和管理面对不确定性的风险，它对于价值创造和保持而言是必不可少的。企业风险管理是一个过程，它由一个主体的董事会、管理当局和其他人员实施，应用于战略制定并贯穿于企业之中，旨在识别可能会影响主体的潜在事项，管理风险以使其在该主体的风险容量之内，并为主体目标的实现提供合理保证。它包括八个相互关联的构成要素，它们与管理当局经营企业的方式密不可分。这些构成要素联系起来，成为确定企业风险管理是否有效的标准。

本框架的一个关键目标是帮助企业和其他主体的管理当局在实现主体目标的过程中更好地处理风险。但是企业风险管理有许多不同的称谓和解释，难以形成共同的理解，因而对于不同的人而言意味着不同的含义。因此，一个重要的目的在于把各种不同的风险管理概念整合到一个框架之中，在这个框架中构建一个共同的定义，辨别构成要素，并讲述关键概念。这个框架容纳大多数观点，为各个主体评估和增进企业风险管理、为规则制定团体和教育机构的未来行动提供一个出发点。

（1）不确定性与价值

企业风险管理的一个基本前提是每一个主体，不管是盈利性的、非盈利性的，还是政府机构，存在的目的都是为它的利益相关者提供价值。所有的主体都面临不确定性，对于管理当局的挑战在于确定在追求增加利益相关者价值的同时，准备承受多少不确定性。不确定性潜藏着对价值的破坏或增进,既代表风险,也代表机会。企业风险管理使管理当局能够有效地处理不确定性以及由此带来的风险和机会,从而提高主体创造价值的能力。

在企业经营所处的环境中,诸如全球化、技术、重组、变化中的市场、竞争和管制等因素都会导致不确定性。不确定性来源于不能准确地确定事项发生的可能性以及所带来的影响。不确定性也是主体的战略选择所带来和导致的。举例来说,一个主体采取基于向其他国家拓展业务的增长战略。所选择的这个战略带来了与该国政治环境的稳定性、资源、市场、渠道、劳动力技能和成本相关的风险和机会。

从战略制定到企业的日常经营,在所有的活动中,管理当局的决策都会创造、保持或破坏价值。通过把资源,包括人、资本、技术和品牌,调配到能够产生比过去更多的利益的地方,就会发生价值创造。当创造的价值通过更高的产品质量、生产能力和顾客满意度以及其他方式得以维持时,就会发生价值保持。当由于糟糕的战略或执行导致这些目标不能达成时,价值就会被破坏。决策中伴生着对风险和机会的认识,要求管理当局考虑有关内部和外部环境的信息,调配宝贵的资源,并针对变化的环境重新校准行动。

当管理当局制定战略和目标,去追求增长和报酬目的以及相关的风险之间的最优平衡,并且为了实现主体的目标而高效率和有效地配置资源时,价值得以最大化。企业风险管理包括:

1) 协调风险容量与战略:管理当局首先要在评价备选战略的过程中考虑主体的风险容量,然后在设定与选定的战略相协调的目标的过程中,以及在构建管理相关风险的机制的过程中,也要考虑主体的风险容量。例如,一家制药公司与其品牌价值相关的风险容量较低。因此,为了保护它的品牌,公司坚持了大量的规程以确保产品的安全性,并且经常性地投入巨额的资源用于早期的研究与开发以支持品牌价值创造。

2) 增进风险应对决策:企业风险管理使识别和在备选的风险应对、风险回避、降低、分担和承受之间进行选择更加严密。例如,一家利用公司自有和运营车辆的公司的管理当局认识到在其运送过程中存在风险,包括车辆损坏和人身伤害成本。可能的选择包括通过有效的司机招聘和培训来降低风险,通过外包运送业务来回避风险,通过保险来分担风险,或者简单地承担风险。企业风险管理为这些决策提供方法和技巧。

3) 抑减经营意外和损失:主体增强了识别潜在事项、评估风险和加以应对的能力,从而降低意外的发生和由此带来的成本或损失。例如,一家制造公司调整生产部件、设备故障率和误差使其接近正常水平。该公司采用多重标准来评估故障的影响,包括维修时间、不能满足客户需要、员工安全以及预定维修与非预定维修的成本,并据此制定维护方案来加以应对。

4) 识别和管理贯穿于企业的风险:每一个主体都面临着影响组织的不同部分的无数风险。管理当局不仅需要管理个别风险,还需要了解相互关联的影响。例如,一家银行面临着贯穿于企业的交易活动的一系列风险,管理当局开发一套信息系统分析来自其他内部系统的交易和市场数据,它与外部生成的有关信息一起,提供了关于贯穿于所有交易活动的风险的整体看法。这个信息系统可以向下追溯到部门、客户或同行、交易商和交易层次,并针对既定类别的风险容量对风险进行量化。这个系统使该银行能够把先前分隔的数据凑到一起,从而采用整体的和有目的性的看法来更加有效地应对风险。

5) 提供对多重风险的整体应对:经营过程带来许多固有的风险,而企业风险管理能够为管理这些风险提供整体解决方案。例如，一个批发配送商面临着供货过量和不足、薄弱的供货来源以及不必要的高采购价格等方面的风险。管理当局以公司战略、目标和备选的应对为背景识别和评估风险，开发了一套广泛拓展的存货控制系统。这个系统与供货商相整合，共享销售和库存信息，帮助选择战略伙伴，并通过更长期间的进货合同和改进的定价方式，避免缺货和不必要的运送成本。由供应商负责补足库存，从而进一步降低了成本。

6）抓住机会：通过考虑潜在事项的各个方面，而不仅仅只是风险，管理当局就能识别代表机会的事项。例如，一家食品公司考虑可能影响其收入持续增长的潜在事项。在评价这些事项的过程中，管理当局认识到该公司主要消费者的健康意识越来越强，正在改变他们的饮食偏好，对公司现有产品的未来需求呈现下降的趋势。在确定应对的过程中，管理当局明确了通过利用其现有的生产能力去开发新产品的方法，从而使公司不仅能保持来自现有消费者的收入，而且还能通过吸引更广泛的消费者来创造额外的收入。

7）改善资本调配：获取关于风险的有分量的信息，可以使管理当局有效地评估总体资本需求，并改进资本配置。例如，一家金融机构面临新的监管规则，除非管理当局更加精确地计算信用和经营风险水平以及相关的资本需求，否则就要提高资本要求量。该公司根据系统开发成本以及追加的资本成本评估了风险，作出了一个有信息支持的决策。利用现有的可修改软件，该机构开发了更加精确的计算工具，避免了寻求额外资本的需要。

（2）事项——风险与机会

事项是源于内部或外部的影响目标实现的事故或事件。事项可能有负面影响，也可能有正面影响，或者两者兼而有之。带来负面影响的事项代表风险。因此，风险可以定义如下：

风险是一个事项将会发生并给目标实现带来负面影响的可能性。

带有负面影响的事项阻碍价值创造，或者破坏现有的价值。例子包括机器设备故障、火灾和信用损失等。带有负面影响的事项可能起源于看似正面的情况，比如客户对产品的需求超过了生产能力，就会导致不能满足买方的需求，从而损害客户忠诚度和减少未来的订单。

带有正面影响的事项可以消弭负面影响，或带来机会。机会的定义如下：

机会是一个事项将会发生并给目标实现带来正面影响的可能性。

机会支持价值创造或保持。管理当局把机会反馈到战略或目标制定过程中，以便规划行动去抓住机会。

（3）企业风险管理的定义

1）一个过程

企业风险管理并不是静止的，而是渗透于一个主体的各种活动的持续的或反复的相互影响。这些活动渗透和潜藏于管理当局经营企业的方式之中。

企业风险管理并不像一些观察家所认为的那样是加在主体活动之上的东西。例如，在考虑信用和货币风险时，可能需要进一步努力去开发所需的模型和进行必要的分析和计算。但是，这些企业风险管理机制与主体的经营活动交织在一起，为了基本的经营理由而存在。当这些机制被构建到主体的基础结构之中，并成为企业核心要件的一部分时，企业风险管理就会更加有效。通过建立企业风险管理，一个主体能够直接影响其执行战略和实现使命的能力。

建立企业风险管理对于抑制成本具有重要意义，尤其是在许多公司所面临的高度竞争的市场中更是如此。在现有程序之外增加新的程序会增加成本。通过关注现有的经营业务以及它们对有效的企业风险管理的贡献，并将风险管理整合到基本的经营活动之中，企业就能够避免不必要的程序和成本。而且，把企业风险管理建立在经营业务的基本框架之中的做法，可以帮助管理当局识别新的机会，以便抓住这些机会实现业务增长。

2）由人员来实施

企业风险管理由一个主体的董事会、管理当局和其他人员实施。它是通过一个组织中的人、通过他们的言行来完成的。人制定主体的使命、战略和目标，并使企业风险管理机制得以落实。

同样，企业风险管理也会影响人的行动。企业风险管理认识到人们并不总是始终如一地理解、沟通和行动。每个人都会给工作场所带来一个独特的背景和技术能力，他们有着不同的需要和偏好。

这些现实影响企业风险管理，同时也受到企业风险管理的影响。每个人都有一个独特的参照点，它影响人们怎样去识别、评估和应对风险。企业风险管理提供所需的机制，帮助人们在主体目标的背景下去理解风险。人们必须知道他们的责任和权力的局限。因此，在人们的职责和他们履行职责的方式以及主体的战略和目标之间，需要有一个清晰而又密切的联系。

一个组织中的人包括董事会、管理当局和其他人员。尽管董事会主要是提供监督，他们也提供指导，审批战略和特定的交易与政策。因此，董事会是企业风险管理的一个重要的要素。

3）应用于战略制定

一个主体设定其使命或愿景，并制定战略目标，它们是协调和支撑其使命或愿景的高层次的目的。主体为了实现其战略目标而制定战略。它还设定所希望实现的相关目标，上至战略，下至主体的业务单元、分部和流程。

企业风险管理应用于战略制定之中，此时管理当局考虑与备选战略相关的风险。举例来说，一个选择可能是收购其他公司以扩大市场份额。另一个可能是削减采购成本以实现更高的毛利率。这些战略选择中的每一个都会带来许多风险。如果管理当局选择第一个战略，就可能必须向新的和不熟悉的市场拓展，竞争者就可能会占取公司目前市场的份额，或者公司可能没有能力去有效地实施这一战略。对于第二个战略而言，风险包括必须利用新的技术或供应商，或者建立新的联盟。企业风险管理技术被应用在这个层次上，以帮助管理当局评价和选择该主体的战略及相关的目标。

4）应用贯穿于企业

在应用企业风险管理时，主体应该考虑其全部活动。企业风险管理考虑组织的各个层级的活动，从诸如战略规划和资源配置等企业层次的活动，到诸如市场营销和人力资源等业务单元的活动，再到诸如生产和新客户信用评价等经营流程。企业风险管理还应用于特殊项目和目前在主体的层级、组织结构图中还没有一个明确位置的新的活动。

企业风险管理要求主体对风险采取组合的观念。这可能要求负责一个业务单元、职能机构、流程或其他活动的每一名管理人员对各自的活动形成一个风险评估。这种评估可能是定量的,也可能是定性的。高层管理当局采用复合的观念看待组织中的所有层级,以便确定该主体的整体风险组合是否与它的风险容量相称。

管理当局从主体层次组合的角度考虑相互关联的风险。主体中单个单元的风险可能在该单元的风险容限范围之内,但是凑到一起可能会超出该主体作为一个整体的风险容量。或者刚好相反,潜在事项在一个业务单元中可能意味着不可接受的风险,但是在其他业务单元中存在抵消效应。相互关联的风险需要识别和发挥作用,以便使整体风险符合主体的风险容量。

5) 风险容量

风险容量是一个主体在追求价值的过程中所愿意承受的广泛意义的风险的数量。它反映了主体的风险管理理念,进而影响主体的文化和经营风格。许多主体采用诸如高、适中或低之类的分类,定性地考虑风险容量,而其他主体则采用定量的方法,反映和平衡增长、报酬和风险目标。具有较高风险容量的公司可能愿意把它的大部分资本配置到诸如新兴市场等高风险领域。反过来,具有低风险容量的公司可能会仅仅投资于成熟的、稳定的市场,以便限制其短期的巨额资本损失风险。

风险容量与一个主体的战略直接相关。它在战略制定过程中予以考虑,因为不同的战略会使主体面临不同的风险。企业风险管理可以帮助管理当局选择一个将期望的价值创造与主体的风险容量相协调的战略。

风险容量指导资源配置。管理当局通过考虑主体的风险容量和业务单元为实现投入资源的期望报酬而制订计划,把资源配置到业务单元和活动之中。管理当局考虑风险容量,使其与组织、人员和流程相适应,并设计必要的基础结构以便有效地应对和监控风险。

风险容限与主体的目标相关。风险容限是相对于实现一项具体目标而言,可以接受的偏离程度,它通常最好采用那些与度量相关目标相同的单位进行度量。

在设定风险容限的过程中,管理当局要考虑相关目标的相对重要性,并使风险容限与风险容量相协调。在风险容限范围内经营有助于确保该主体能保持在它的风险容量之内,进而确保该主体将会实现其目标。

6) 提供合理保证

设计和运行良好的企业风险管理能够为管理当局和董事会提供关于主体目标实现的合理保证。合理保证意味着与未来相关的不确定性和风险,因为没有人能够准确地预知未来。

合理保证并不意味着企业风险管理经常会失败。许多因素独自或一起加强了合理保证的概念。满足多重目标的风险应对的累积影响,以及内部控制多重目的的性质,降低了主体可能不能实现其目标的风险。而且,正常的日常经营活动和组织中各个层级人员职责的发挥,都是以实现主体的目标为目的的。事实上,在一些控制良好主体的典型样本(cross-section)中,几乎绝大多数都会经常性地被告知朝着它们的战略和经营目标迈进,正常地实现合规目标,并且一贯地——期复一期,年复一年编制可靠的报告。但是,不可控的事项、差错或者不当的报告偶尔也会发生。换句话说,即使是有效的企业风险管理也会遭遇失败。合理保证并不是绝对保证。

7) 目标的实现

在既定使命的背景下,管理当局制定战略目标,选择战略,并制定贯穿于企业之中的、与战略相协调和相关联的其他目标。尽管许多目标是具体针对特定主体的,但有一些是广泛共通的。例如,在商务和消费者圈子里树立和保持正面的声誉,向利益相关者提供可靠的报告,以及遵循法律和法规开展经营,是几乎所有主体共同的目标。

本框架将主体的目标分成四类:
① 战略——与高层次的目的相关,协调并支撑主体的目标;
② 经营——与利用主体资源的有效性和效率相关;
③ 报告——与主体报告的可靠性相关;
④ 合规——与主体符合适用的法律和法规相关。

对主体目标的这种分类使我们可以关注企业风险管理的不同侧面。这些各不相同却又相互交叉的类别——一个特定的目标可以归入多个类别,反映了不同的主体需要,并且可能成为不同管理者的直接责任。这个分类还有助于区分从每一类目标中能够期望的是什么。

一些主体采用另一类目标,"保护资源"(safeguarding of resources),有时也称为"保护资产"(safeguarding of assets)。广义地看,它们是在防止主体的资产或资源的损失,这些损失可能是由于盗窃、浪费、低效率造成的,也可能就是由于糟糕的经营决策所造成的——例如以过低的价格销售产品,未能留住关键的员工或防止侵犯专利权,或者发生未曾预见到的债务。这些主要是经营目标,尽管保护的某些方面可以归入其他的类别。如果适用于法律或监管要求,这些就会变成合规问题。当与公开的报告联系起来考虑时,通常用的是保护资产的一个狭义的定义,防止或及时侦查未经授权的购买、使用或处置一个主体的资产,该资产可能对财务报表有重大影响。

企业风险管理可望为实现与报告的可靠性、符合法律和法规相关的目标提供合理保证。这些类型的目标的实现处于主体的控制范围之内,并且取决于主体的相关活动完成的好坏。

但是,战略目标(例如取得预定的市场份额)与经营目标(例如成功地引入一条新的产品线)的实现并不总是处在主体的控制范围之内。企业风险管理不能防止糟糕的判断或决策,或可能导致一项经营业务不能达成经营目标的外部事项。但是,它的确能够增大管理当局作出更好的决策的可能性。针对这些目标,企业风险管理能够合理地保证管理当局和起监督作用的董事会及时地了解主体朝着实现目标前进的程度。

(4) 企业风险管理的构成要素

企业风险管理包括八个相互关联的构成要素。它们源于管理当局经营企业的方式,并与管理过程整合在一起。这些构成要素是:

1) 内部环境——管理当局确立关于风险的理念,并确定风险容量。内部环境为主体中的人们如何看待风险和着手控制确立了基础。所有企业的核心都是人——他们的个人品性,包括诚信、道德价值观和胜任能力——以及经营所处的环境。

2) 目标设定——必须先有目标,管理当局才能识别影响它们的实现的潜在事项。企业风险管理确保管理当局采取恰当的程序去设定目标,确保所选定的目标支持和切合该主体的使命,并且与它的风险容量相一致。

3) 事项识别——必须识别可能对主体产生影响的潜在事项。事项识别涉及从影响目标实现的内部或外部原因中识别潜在的事项。它包括区分代表风险的事项和代表机会的事项,以及可能二者兼有的事项。机会被反馈到管理当局的战略或目标制定过程中。

4) 风险评估——要对识别的风险进行分析,以便形成确定应该如何对它们进行管理的依据。风险与可能被影响的目标相关联。既要对固有风险进行评估,也要对剩余风险进行评估,评估要考虑到风险的可能性和影响。

5) 风险应对——员工识别和评价可能的风险应对,包括回避、承担、降低和分担风险。管理当局选择一系列措施使风险与主体的风险容限和风险容量相协调。

6) 控制活动——制定和实施政策与程序以帮助确保管理当局所选择的风险应对得以有效实施。

7) 信息与沟通——相关的信息以确保员工履行其职责的方式和时机予以识别、获取和沟通。主体的各个层级都需要借助信息来识别、评估和应对风险。有效沟通的含义比较广泛,包括信息在主体中的向下、平行和向上流动。员工获得有关他们的职能和责任的清晰的沟通。

8) 监控——对企业风险管理进行全面监控,必要时加以修正。通过这种方式,它能够动态地反应,根据条件的要求而变化。监控通过持续的管理活动、对企业风险管理的个别评价或者两者相结合来完成。

企业风险管理是一个动态的过程。举例来说,风险评估促动风险应对,它可能会影响控制活动,并凸显出考虑信息与沟通的需要或主体的监控活动的必要性。因此,企业风险管理并不只是一个构成要素仅仅影响接下来的那一个的顺次的过程。它是一个多方向的、反复的过程,在这个过程中几乎每一个构成要素都能够并且将会影响另一个要素。

任何两个主体都不可能,也不应该以同样的方式应用企业风险管理。公司和它们的企业风险管理能力和需求由于行业和规模,以及管理理念和文化的不同而大相径庭。因此,尽管所有的主体都应该具备每一个构成要素并有效运行,公司对企业风险管理的应用——包括采用的工具和技巧以及职能与责任的划分——通常会各不相同。

(5) 目标与构成要素之间的关系

目标是指一个主体力图实现什么,企业风险管理的构成要素则意味着需要什么来实现它们,二者之间有着直接的关系。这种关系通过一个三维矩阵以立方体的形状体现出来,如专栏1-1所示。

1) 四种类型的目标——战略、经营、报告和合规——用垂直方向的栏来表示;

2) 八个构成要素用水平方向的行来表示;

3) 主体和它的单元用立方体的第三个维度表示。

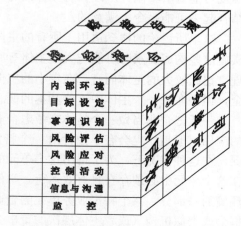

每个表示构成要素的行"交叉切分"并适用于所有的四类目标。例如,来自内部和外部渠道的财务和非财务数据是信息与沟通这个构成要素的一部分,制定战略,有效地管理经营业务、有效地报告以及确定主体符合适用的法律都需要这些数据。

同样的,来看看不同类型的目标,所有的八个构成要素都和它们中的每一类有关联。

以其中的一类——经营的有效性和效率为例，所有的八个要素对于它的实现不仅都适用，而且都很重要。

企业风险管理与整个企业或者它的任何单个的单元相关。这种关系通过第三个维度来体现，它表示子公司、分部和其他业务单元。这样，我们可以着眼于这个矩阵中的任何一个区间。例如，我们可以考察顶部右侧后边的那个区间，它代表一个特定的子公司与合规目标有关的内部环境。

应该认识到四个栏代表的是一个主体目标的类型，而不是这个主体的某个部分或单元的目标。因此，举例来说，当考虑与报告有关的目标类型时，就需要了解关于主体经营的广泛的信息。但是，在这种情况下，应该关注的目标类型是这个模型的中部右侧的栏——报告目标，而不是经营目标。

(6) 有效性

尽管企业风险管理是一个过程，它的有效性却是在某个时点上的一种状态或情况。确定企业风险管理是否"有效"，是在对八个构成要素是否存在和有效运行的评估的基础之上所作出的判断。因此，构成要素同时也是有效的企业风险管理的判断标准。如果这些构成要素存在且正常运行，那么就可能没有重大缺陷，而风险可能已经被控制在主体的风险容量以内。

如果确定企业风险管理在所有四类目标上都是有效的，那么就意味着董事会和管理当局对下列方面的合理保证：

1) 他们了解主体实现其战略目标的程度；
2) 他们了解主体实现其经营目标的程度；
3) 主体的报告是可靠的；
4) 符合适用的法律和法规。

尽管为了使企业风险管理被判定为有效，所有的八个构成要素都必须存在和正常运行——运用在接下来的各章中讲述的原则，但是在构成要素之间可能会存在着某些权衡。因为企业风险管理技术可以服务于许多目的，所运用的与一个构成要素相关的技术，或许能服务于通常代表另一个构成要素的技术的目的。此外，针对特定的风险而言，风险应对的程度可能有所不同，所以具有互补性的风险应对和控制，尽管各自的效果都很有限，但是结合起来可能是令人满意的。

这里所讨论的概念适用于所有的主体，无论其规模如何。尽管一些中小规模的主体在实施这些构成要素时可能与大型主体有所不同，但是它们仍然可能拥有有效的企业风险管理。比起较大的主体而言，在较小的主体中，各个构成要素的方法可能不太正式和不太健全，但是在每一个主体中这些基本的概念都应该存在。

一般把企业当做一个整体来考虑企业风险管理，其中包括考虑它在重要的业务单元中的应用。但是，也会有单独针对一个特定的业务单元去评价企业风险管理的有效性的情况。在这种情况下，为了得出这个单元的企业风险管理有效的结论，所有的八个构成要素在这个单元中必须存在且有效运行。举例来说，由于有一个具有规定特质的董事会是内部环境的一部分，某个特定业务单元的企业风险管理，只有当该单元拥有一个恰当运行的董事会或类似机构（或者主体层次的董事会对该业务单元进行必要的监督）时，才能被判定为有效。同样的，由于对风险应对这个构成要素的描述采取了风险组合观，要想使企业风险管理被判定为有效,该业务单元也必须采取风险组合观。

(7) 涵盖内部控制

内部控制是企业风险管理不可分割的一部分。这份企业风险管理框架涵盖了内部控制,从而构建一个更强有力的概念和管理工具。内部控制是在《内部控制——整合框架》中加以定义和讲述的。因为《内部控制——整合框架》是现行规则、监管和法律的基础,而且经受了时间的检验,因此那份文件中对内部控制的定义和框架依然有效。尽管《内部控制——整合框架》的正文中只有一部分被本框架所引用,但是本框架通过参考的方式把整个《内部控制——整合框架》融合了进来。附录 C 讲述了企业风险管理与内部控制之间的关系。

(8) 企业风险管理与管理过程

因为企业风险管理是管理过程的一部分,所以企业风险管理框架的构成要素是在管理当局如何经营企业或其他主体的背景下加以讨论的。但是并不是管理当局所做的每一件事情都是企业风险管理的一部分。管理当局在决策和相关的管理活动中所运用的许多判断,尽管是管理过程的一部分,但是并不是企业风险管理的一部分。例如:

1) 确保有一个恰当的目标设定过程是企业风险管理的一个重要的构成要素,但是管理当局所选定的特定目标并不是企业风险管理的一部分。

2) 根据对风险的恰当评估去应对风险是企业风险管理的一部分,但是所选定的具体风险应对和主体资源的相应配置却不是。

3) 确定和执行控制活动以帮助确保管理当局选择的风险应对得以有效实施是企业风险管理的一部分,但是所选定的特定的控制活动却不是。

总之,企业风险管理包括管理过程中那些保证管理当局作出知情的风险基础决策(informed risk-based decisions)的要素,但是从一系列合适的选项中选定的特定决策并不能决定企业风险管理是否有效。尽管选定的具体目标、风险应对和控制活动与管理当局的判断有关,但是这些选择必须最终把风险降低到一个可以接受的水平——这个水平取决于风险容量,以及有关实现主体目标的合理保证。

3. 内 部 环 境

【本章摘要】 内部环境包含组织的基调,它影响组织中人员的风险意识,是企业风险管理所有其他构成要素的基础,为其他要素提供约束和结构。内部环境因素包括主体的风险管理理念、风险容量,董事会的监督、主体中人员的诚信、道德价值观和胜任能力,以及管理当局分配权力和职责、组织和开发其员工的方式。

内部环境是企业风险管理所有其他构成要素的基础,为其他要素提供约束和结构。它影响着战略和目标如何制定、经营活动如何组织以及如何识别、评估风险并采取行动。它还影响着控制活动、信息与沟通体系和监控措施的设计与运行。

内部环境受到主体的历史和文化的影响。它包含许多要素,包括主体的道德价值观、员工的胜任能力和开发、管理当局管理风险的理念以及如何分配权力和职责。董事会是内部环境的一个关键部分,它对其他的内部环境要素有重大的影响。

尽管所有要素都很重要，但是对每个要素的强调程度会因主体而异。举例来说，一家员工较少、专注化经营的公司的首席执行官可能就不会制定正式的职责划分和具体的经营政策。但是，这家公司也会有为企业风险管理提供合适基础的内部环境。

(1) 风险管理理念

一个主体的风险管理理念是一整套共同的信念和态度，它决定着该主体在做任何事情——从战略制定和执行到日常的活动时如何考虑风险。风险管理理念反映了主体的价值观，影响企业文化和经营风格，并且决定如何应用企业风险管理的构成要素，包括如何识别风险，承担哪些风险，以及如何管理这些风险。

成功地承担了重大风险的公司对企业风险管理的看法，似乎不同于由于在危险的地区创业而面临过严酷的经济或管制后果的公司。尽管有些主体会为了满足外部利益相关者——例如母公司或监管者的需要，而努力实现有效的企业风险管理，但是更常见的是因为管理当局认识到有效的风险管理有助于主体创造和保持价值。

当风险管理理念被很好地确立和理解、并且为员工所信奉时，主体就能有效地识别和管理风险。否则，企业风险管理在各个业务单元、职能机构或部门中的应用就可能会出现不可接受的不平衡状态。但是即使一个主体的理念被很好地确立，在它的各个单元之间仍然会存在文化上的差别，从而导致风险管理应用方面的差异。一些单元的管理者可能准备承担更大的风险，而其他的则更为保守。例如，一个有闯劲的销售职能机构可能会集中关注实现销售，而没有仔细注意对法规的遵循问题，而缔约单元的人员主要集中关注确保符合所有的相关内部和外部政策与法规。孤立地看，这些不同的次级文化都能对主体产生负面影响。但是通过很好的合作，这些单元能够恰当地反映主体的风险管理理念。

企业的风险管理理念实质上反映管理当局在经营该主体的过程中所做的每一件事情上。它可以从政策表述、口头和书面的沟通以及决策中反映出来。无论管理当局是强调书面的政策、行为准则、业绩指标和例外报告，还是更为非正式地大量通过与关键的管理者面对面的接触来进行运营，至关重要的是管理当局不仅要通过口头，而且还要通过日常的行动来强化这种理念。

(2) 风险容量

风险容量是一个主体在追求价值的过程中所愿意承担的广泛意义上的风险的数量。它反映了企业的风险管理理念，进而影响了主体的文化和经营风格。

风险容量在战略制定的过程中加以考虑，来自一项战略的期望报酬应该与主体的风险容量相协调。不同的战略会使主体面临不同程度的风险，应用于战略制定过程的企业风险管理帮助管理当局选择一个与主体的风险容量相一致的战略。

主体运用类似高、适中或低等类别，从质的角度考虑风险容量，或者运用数量化的方法，来反映和平衡增长、报酬和风险方面的目标。

(3) 董事会

一个主体的董事会是内部环境的关键部分，它对其要素有着重大影响。董事会对于管理当局的独立性、其成员的经验和才干、对活动参与和审察的程度，以及其行为的适当性都起着重要的作用。其他因素包括提出有关战略、计划和业绩方面的疑难问题和与管理当局进行商讨的程度，以及董事会或审计委员会与内部和外部审计师的交流。

一个积极的和高度参与型的董事会、托管委员会（board of trustees）或类似的机构，应该具有适当程度的管理、技术和其他专长，以及履行监督职责所需要的思维方式。这对于一个有效的企业风险管理环境至关重要。而且，由于董事会必须准备去质疑和仔细审查管理当局的活动，提出不同的观点，并针对不当行为采取行动，因此董事会必须包含外部董事。

高层管理当局的成员可能带来他们对公司的深入了解，从而成为有效的董事会成员。但是必须有足够数量的独立外部董事，他们不但要提供合理的建议、咨询和指导，而且还要对管理当局形成必要的牵制和制衡。要想使内部环境有效，董事会中的独立外部董事必须至少占多数。

有效的董事会能确保管理当局保持有效的风险管理。尽管一家企业在过去可能没有遭受损失、没有暴露出明显的重大风险，董事会也不能天真地认定带有严重负面后果的事项"在这里不会发生"。应该认识到，尽管一家公司可能有合理的战略、胜任的员工、合理的经营流程和可靠的技术，但是它和所有的主体一样，对于风险而言都很脆弱，因此也需要有效运行的风险管理。

(4) 诚信与道德价值观

主体的战略和目标以及它们得以推行的方式建立在偏好、价值判断和管理风格的基础之上。管理当局的诚信和对道德价值观的要求影响这些转化为行为准则的偏好和判断。因为一个主体的良好声誉是如此有价值，所以行为的准则应该不仅仅只是遵循法律。经营良好的企业的管理者越来越接受这样的观点，那就是道德行为就是良好的经营。

管理当局的诚信是一个主体活动中所有方面的道德行为的先决条件。企业风险管理的有效性不可能脱离那些创造、管理和监督主体活动的人的诚信和道德价值观。诚信和道德价值观是一个主体内部环境的关键要素，它影响着企业风险管理其他构成要素的设计、管理和监控。

树立道德价值观通常很困难，因为需要考虑多个方面的利益。管理当局的价值观必须平衡企业、员工、供应商、客户、竞争者和公众的利益。平衡这些利益可能是一项比较复杂的工作，因为利益通常是互相矛盾的。举例来说，提供一种必需的产品（石油、木材或食品）可能会导致环境方面的影响。

道德行为和管理当局的诚信是公司文化的副产品，公司文化包含道德和行为准则以及它们的沟通和强化方式。正式的政策指明了董事会和管理当局希望发生的情况。公司文化决定着实际发生的情况，以及哪些规则被遵循、扭曲或忽视了。高层管理当局——从CEO开始，在确定公司文化方面起着关键作用。作为主体中的居于支配地位的人员，CEO往往确定了道德基调。

特定的组织因素也会影响出现欺诈性和可疑的财务报告行为的可能性。这些因素可能还会影响道德行为。个人可能会因为主体给了他们这么做的强烈动机或诱惑，而参与不诚实的、非法的或不道德的行为。过分地强调结果，尤其是短期结果，可能会造成一个不恰当的内部环境。仅仅关注短期结果即使在短期也可能有危害。专注于底线——不顾成本的销售收入或利润，通常会引发不希望看到的行动和反应。例如，高压销售策略、谈判的残酷或者对回扣的暗示可能会引发具有即期（以及持久）影响的反应。

参与欺诈性和可疑的财务报告行为以及其他形式的不道德行为的其他动机可能包括高度依赖于所报告的财务或非财务信息，尤其是短期结果的报酬。

从消除或减少不恰当的动机和诱惑到消除不良行为之间要走一段很长的路，可以通过从事合理而又有利可图的经营活动来实现。例如，只要业绩目标切合实际，业绩激励——配以适当的控制就能成为一个有用的管理技术。设定切合实际的目标是一项正确的激励措施，它能降低产生相反作用的压力，以及欺诈性报告的动机。同样的，一个控制良好的报告体系能够起到防止错报业绩诱惑的作用。

可疑行为的另一个原因是忽视。道德价值观不仅必须沟通，而且必须辅以关于是非对错的明确指南。正式的公司行为守则对有效的道德项目十分重要，是它的基础。守则致力于一系列的行为问题，例如诚信与道德、利益冲突、不合法或不恰当的支付以及反竞争的（anticompetitive）协议等。向上沟通的渠道也很重要，它会带来相关信息并使员工感到舒服。

仅仅有书面的行为守则、员工接受和理解的文件和适当的沟通渠道，还不能确保守则被遵守。对违反守则的员工所给予的处罚，鼓励员工报告所怀疑的违反行为的机制，以及针对知情而不报告违反行为的员工的惩戒措施，对于遵守守则而言这些都很重要。但是如果不能通过高层管理当局的行为和他们所作的表率提供更有效的保证的话，无论道德准则是否包含在书面的守则之中，对道德准则的遵守都没有什么区别。对于是非对错，以及对于风险与控制，员工可能会形成与高层管理当局所表现出来的一样的态度。管理当局的行为所传达的信息很快就会被包含到公司文化之中。而且，有关 CEO 在面临一个艰难的经营决策时从道德的角度讲"做了正确的事情"的认识，能够在整个主体中传达一个强有力的信息。

(5) 对胜任能力的要求

胜任能力反映实现规定的任务所需要的知识和技能。管理当局通过在主体的战略和目标与它们的执行和实现计划之间进行权衡，来决定这些任务应该完成到什么程度。通常会存在能力与成本之间的权衡，比如说，没有必要去雇用一个电气工程师来更换灯泡。

管理当局明确特定岗位的胜任能力水平，并把这些水平转换成所需的知识和技能。而这些必要的知识和技能可能又取决于个人的智力、培训和经验。在开发知识和技能水平的过程中所考虑的因素包括一个具体岗位所运用判断的性质和程度。通常会在监督的范围和所需的胜任能力水平之间作出权衡。

(6) 组织结构

一个主体的组织结构提供了计划、执行、控制和监督其活动的框架。相关的组织结构包括确定权力与责任的关键界区，以及确立恰当的报告途径。举例来说，内部审计职能机构的结构设计应该致力于实现组织的目标，并且允许不受限制地与高层管理当局和董事会的审计委员会接触，而且首席审计官应当向组织中能保证内部审计活动实现其职责的层级报告工作。

主体建立适合其需要的组织结构。有的是集权型的，有的是分权型的。有的有着直接报告关系，而其他的则更接近于矩阵形组织。一些主体按照行业或产品线、按照地理位置或者按照特定的配送或营销网络来进行组织。而其他的主体，包括很多州和地方政府单位以及非盈利机构，则按照职能进行组织。

一个主体的组织结构的适当性部分取决于它的规模和所从事活动的性质。有着正式的报告途径和职责的高度结构化的组织，可能适合于拥有很多经营分部、包括外国业务的大型主体。然而，在一家小公司中，这种结构可能会阻碍必要的信息流动。不管采取什么样的结构，主体的组织方式都应该确保有效的企业风险管理，并采取行动以便实现其目标。

(7) 权力和职责的分配

权力和职责的分配涉及个人和团队被授权并鼓励发挥主动性去指出问题和解决问题的程度，以及对他们的权力的限制。它包括确立报告关系和授权规程，以及描述恰当经营活动的政策，关键人员的知识和经验，和为履行职责而赋予的资源。

一些主体将权力下放，以便使决策更接近于一线的人员。公司可以采取这种方式而变得更具市场驱动的特点，或者更关注质量——或许是消除缺陷、缩短周转时间或者提高客户满意度。通常通过将权力与受托责任（accountability）相结合来鼓励个人在限定的范围内发挥主动性。权力的委派意味着将特定经营决策的核心控制权交给较低的层级——给那些更靠近日常经营业务的人员。这可能包括授权以折扣价格销售产品，商谈长期供货合同、许可或专利，或者参加联盟或合营企业。

一个关键的挑战是仅仅针对实现目标所需要的范围来进行授权。这意味着确保决策是基于合理的风险识别和评估活动，包括在确定接受何种风险以及如何对它们加以管理的过程中，估计风险的大小和权衡潜在的损失与收益。

另一个挑战是确保所有的人员都了解主体的目标。每个人都知道他们的行为彼此之间有什么关联和对实现目标有什么作用，是至关重要的。

增加授权有时候有意伴随着组织结构的简化或"扁平化"，或者是其结果。为激发创造性、发挥主动性和加快反应速度而开展的有意识的组织变革，能够提高竞争力和客户满意度。这种增加授权可能会带来对更高的员工胜任能力水平以及更大的受托责任的隐含要求。它还要求管理当局采用有效的程序对结果进行监控，从而使决策能够根据需要被否决或接受。有了更好的、市场驱动的决策，授权能够增加非期望或非预期决策的数量。例如，如果一个区域销售经理决定授权在零售价的基础上折让 35% 来进行销售，以证实目前 45% 的折扣能够获取市场份额，管理当局可能需要了解情况才能否决或者接受让这种决策进行下去。

内部环境极大地受到个人对他们将要承担责任的认识程度的影响。对于首席执行官而言，也是如此，他在董事会的监督下对主体内部的所有活动负有终极责任。

与有效的企业风险管理密不可分的各个方面的职能与责任的其他相关原则，将在"职能与责任"一节中展开讲述。

(8) 人力资源准则

包括雇用、定位、培训、评价、咨询、晋升、付酬和采取补偿措施在内的人力资源业务向员工传达着有关诚信、道德行为和胜任能力的期望水平方面的信息。例如，强调教育背景、前期工作经验、过去的成就和有关诚信和道德行为的证据，以便雇用资质最好的个人的准则，表明了一个主体对胜任和可信任人员的承诺。当招录活动中包括正式的、深入的招聘面试和有关该主体的历史、文化和经营风格方面的培训时，也是如此。

培训政策能够通过对未来职能与责任的沟通，以及包含诸如培训学校和研习班、模拟案例研究和扮演角色练习等活动，来加强业绩和行为的期望水平。根据定期业绩评价所进行的调换与晋升，反映了主体对于提升合格员工的承诺。包括分红激励在内的竞争性的报酬计划能够起到鼓励和强化突出业绩的作用——奖金制度应该严密并且有效地控制，以避免对报告结果的不实呈报产生不当的诱惑。惩戒行动所传递的信息则是对期望行为的偏离将不会得到宽宥。

随着贯穿于主体之中的问题和风险的变化愈加复杂——部分原因在于急剧变革的技术和日益激烈的竞争,很有必要把员工武装起来以应对新的挑战。教育和培训,不管是课堂讲授、自学还是在职培训,都必须有助于个人跟上环境变革的步伐并能有效地应对。雇用胜任的人员和提供一次性培训是不够的。教育过程是持续的。

(9) 影响

一个主体内部环境的重要性和它对企业风险管理的其他构成要素所能产生的正面或负面影响,怎么强调都不过分。一个无效的内部环境的影响会很广泛,可能会导致财务损失、损害公众形象,或经营失败。

一般认为某能源公司有着有效的企业风险管理,因为它有强有力而受人尊敬的高层管理者、声望卓著的董事会、富有创新意识的战略、设计良好的信息系统和控制活动、描述风险和控制职能广泛的政策手册,以及全面的调整和监督途径。但是,它的内部环境却有重大缺陷。管理当局参与了十分可疑的经营业务,而董事会却视而不见。这家公司被发现曾经误报财务成果,损害了股东信心,遭遇了偿债危机,毁灭了主体的价值。最终这家公司陷入了历史上最大的破产案之一。

高层管理当局对有效企业风险管理的态度和关注必须明确而清晰,并渗透到组织之中。光说得正确是不够的。那种"按我说的去做,而不是按我做的去做"的态度,只会带来一个无效的环境。

4. 目 标 设 定

【本章摘要】 设定战略层次的目标,为经营、报告和合规目标奠定了基础。每一个主体都面临来自外部和内部的一系列风险,确定目标是有效的事项识别、风险评估和风险应对的前提。目标与主体的风险容量相协调,后者决定了主体的风险容限水平。

目标设定是事项识别、风险评估和风险应对的前提。在管理当局识别和评估实现目标的风险并采取行动来管理风险之前,首先必须有目标。

(1) 战略目标

一个主体的使命从广义上确定了该主体希望实现什么。不管采用什么术语,诸如"使命"(mission)、"愿景"(vision)或是"目的"(purpose),重要的是管理当局——在董事会的监督下,明确确定了主体存在的广泛意义上的原因。由此,管理当局设定战略目标,进行战略规划,并为组织确定相关的经营、合规和报告目标。尽管一个主体的使命和战略目标一般是稳定的,但是它的战略和许多相关的目标却更多是动态的,并且会随着内部和外部条件的变化而调整。随着它们的变化,战略和相关的目标会重新调整以便与战略目标相协调。

战略目标是高层次的目标,它与主体的使命/愿景相协调,并支持后者。战略目标反映了管理当局就主体如何努力为它的利益相关者创造价值所作出的选择。

在考虑实现战略目标的备选方式时,管理当局要识别与一系列战略选择相关联的风险,并考虑它们的影响。下文和后续章节讨论的各种事项识别和风险评估技术,可以应用到战略制定过程中。通过这种方式,企业风险管理技术被应用到制定战略和目标之中。

(2) 相关目标

相对于主体的所有活动而言,制定支持选定的战略并与之相协调的正确的目标是成功的关键。通过首先关注战略目标和战略,主体可能建立主体层次上的相关目标,它们的实现将会创造和保持价值。主体层次的目标与更多的具体目标相关联和整合,这些具体目标贯穿于整个组织,细化为针对诸如销售、生产和工程设计等各项活动和基础职能机构所确立的次级目标。

通过设定主体和活动层次的目标,主体能够识别关键成功因素(critical success factors)。要想达到目的,就必须正确处理好这些关键的事情。关键成功因素存在于主体、业务单元、职能机构、部门或分部之中。通过设定目标,管理当局能够根据对关键成功因素的关注来确定业绩的计量标准。

如果目标与以前的活动和业绩相一致,各项活动之间的联系就是已知的。但是,如果目标与主体过去的活动相背离,管理当局就必须指明这种联系或者应对更大的风险。在这种情况下,就更需要与新的方向相一致的业务单元目标或次级目标。

目标需要得到充分了解和可计量。企业风险管理要求各个层级的人员根据各自影响范围的不同对主体的目标有必要的了解。所有员工都必须对要实现什么有共同的认识,并且有办法去计量实现的情况。

1) 相关目标的类别

尽管不同主体的目标各不相同,但是大致上可以分成以下几类:

①经营目标:这些目标与主体经营的有效性和效率有关,包括业绩、盈利目标和保护资源不受损失。它们因管理当局对结构和业绩的选择而异。

②报告目标:这些目标与报告的可靠性有关。它们包括内部和外部报告,可能涉及财务和非财务信息。

③合规目标:这些目标与符合相关法律和法规有关。它们取决于外部因素,在一些情况下对所有主体而言都很类似,而在另一些情况下会在一个行业内有共性。

特定的目标取决于主体所从事的经营业务。例如,一些公司向环境机构提交信息,而公开上市的公司则向证券监管机构申报信息。这些外部施加的要求是通过法律或法规的形式建立的,它们属于报告目标或合规目标。

相反,经营目标,以及那些内部管理报告目标,更多地建立在偏好、判断和管理风格的基础上。它们在不同的主体之间存在着广泛的区别,因为知情、胜任和诚实的人可能会选择不同的目标。例如,在产品开发方面,一个主体选择去充当早期的改进者,而另一个则选择作为一个快速的跟随者,而再另外的一个则选择迟缓的落伍者。这些选择会影响研究与开发职能机构的结构、技能、人员招录和控制。因此,对所有主体都是最优的目标模式是不会有的。

2) 经营目标

经营目标关系到主体经营的有效性和效率。它们包括相关的次级经营目标,其目的在于在推动主体实现其终极目的的过程中提高经营的有效性和效率。

经营目标需要反映主体运营所处的特定的经营、行业和经济环境。例如,经营目标需要与有关质量的竞争压力、缩短将产品投入市场的周转时间或者技术的变革相关。管理当局必须确保这些目标反映了现实和市场需求，并且以有利于进行有意义的业绩计量的方式表达出来。一套与次级目标相关联的清晰的经营目标，对成功而言是至关重要的。经营目标为引导所配置的资源提供了一个焦点，如果一个主体的经营目标不清晰或者构想不完善，它的资源就可能会被误导。

3) 报告目标

可靠的报告为管理当局提供适合其既定目的的准确而完整的信息。它支持管理当局的决策和对主体活动和业绩的监控。这类报告的例子包括市场营销计划的成果、逐日销售快报、生产质量和员工与客户满意度结果。报告还涉及为对外传播而编制的报告，例如财务报表与附注披露、管理当局的讨论与分析（MD&A）以及向监管机构提交的报告。

4) 合规目标

主体从事活动必须符合相关的法律和法规，通常还必须采取具体措施。这些要求可能涉及市场、定价、税收、环境、员工福利和国际贸易。适用的法律和法规确定了最低的行为准则，主体将其纳入合规目标之中。例如，岗位健康和安全法规导致一家公司将其目标确定为"根据法规包装和标注所有的药品"。在这种情况下，要制定政策和程序来处理沟通项目、现场检查和培训。一个主体的合规记录可能会对它在社会和市场上的声誉产生极大的正面或负面影响。

5) 次级分类

目标的类别是本框架所建立的共同语言的一部分，它有助于理解和沟通。但是，一个主体可能会发现讨论一个或多个目标类别的子集对于针对一个较窄的主题所进行的内部或外部沟通很有用。举例来说，一家公司可能会决定针对报告目标的一部分，比方说对外报告或者仅仅是对外财务报告的企业风险管理的有效性进行沟通。这样做能够使沟通停留在这个企业风险管理框架的范围之内，同时又允许针对各个类别的特定子集进行沟通。

6) 目标的交叉

某一类别中的一项目标可能会与另一类中的一项目标交叉或相互支持。一项目标所归属的类别有时要视情况而定。举例来说，为业务单元的管理当局管理和控制生产活动而提供可靠的信息，可能同时为经营目标和报告目标服务。而且，从这些信息被用来向政府报告环境数据的角度来看，它又为合规目标服务。

一些主体采用另一个目标类别，"保护资源"，有时也称为"保护资产"，它与其他的目标类别有交叉。从广义的角度看，保护资产致力于防止主体的资产或资源由于盗窃、浪费、低效率或者仅仅因为糟糕的经营决策——例如以过低的价格销售产品、未能留住关键员工或未能防止专利侵权或者发生未预见到的债务等而遭受损失。尽管保护的某些特定方面可以归入其他的类别，但是它们主要是经营目标。如果适用于法律或法规要求，它们又变成合规目标。另一方面，在主体的财务报表中恰当地反映资产损失代表着一项报告目标。

如果与公开的报告联系起来考虑，通常采用保护资产的狭义定义，即致力于防止或及时察觉对主体资产未经授权的采购、使用或出让。为了进一步讨论这类目标，应该参考《内部控制——整合框架》，它包括"向外部各方报告的附录"这个模块。

(3) 目标的实现

恰当的目标设定过程是企业风险管理的一个至关重要的构成要素。尽管目标为主体从事活动提供了可计量的基准，但是它们的重要性和优先程度各不相同。因此，虽然一个主体应该合理保证实现特定的目标，但是并不是对所有目标而言都这样。

有效的企业风险管理为主体的报告目标得以实现提供合理保证。同样，必须合理保证合规目标的实现。报告和合规目标的实现更多的是在主体的控制范围之内。也就是说，一旦确定了目标，主体对其从事满足目标所需要的活动的能力具有控制力。

但是如果说到战略目标和经营目标，就有所不同，因为它们的实现并不完全在主体的控制范围之内。主体可能像预期的那样运作，也可能会被竞争者所超越。这是由于外部事项——例如政府的变动、恶劣的天气以及类似的情况的发生超出了它的控制范围。在目标设定过程中甚至可能已经考虑了某些这类事项，将它们当做具有较低可能性的事项，一旦它们发生就采用一项权变计划来处理。但是，这种计划只能缓解外部事项的影响。它不能确保目标的实现。

针对经营的企业风险管理主要专注于确定贯穿于整个组织的目标和目的的一致性，识别关键成功因素和风险，评估风险并作出知情的应对，实施恰当的风险应对并建立必要的控制，以及及时报告业绩和期望。对于战略和经营目标，企业风险管理能够合理保证管理当局和履行监督职责的董事会及时地知悉主体实现这些目标的程度。

(4) 选定的目标

作为企业风险管理的一部分，管理当局不仅要选择目标并考虑它们如何支持主体的使命，而且要确保它们与主体的风险容量相协调。不协调会导致不能承受足够的风险以便实现目标，或者与之相反，承受了太多的风险。有效的企业风险管理并不是指明管理当局应该选择什么目标，而是管理当局应当制定程序来使战略目标与主体的使命相协调，并且确保所选择的战略和相关的目标与主体的风险容量相一致。

(5) 风险容量

管理当局在董事会的监督下所确定的风险容量是战略制定的指向标。公司可能将风险容量表述为增长、风险和报酬之间可接受的平衡，或者风险调整的股东增加值指标。一些主体，例如非盈利组织，将风险容量表述为它们在向其利益相关者提供价值的过程中所愿意承受的风险水平。

主体的风险容量与它的战略之间存在着一种关系。通常可以设计许多不同战略中的任何一个来实现期望的增长和报酬目的，每一个都有着不同的风险。应用在战略制定过程中的企业风险管理能帮助管理当局选择一个与它的风险容量相一致的战略。如果与一个战略相关的风险和该主体的风险容量不一致，这个战略就需要修改。当管理当局先前所规划的战略超出了主体的风险容量，或者战略没有容纳使得主体实现其战略目标和使命的足够的风险时，这种情况就会发生。

主体的风险容量反映在主体的战略之中，进而指导资源配置。管理当局在考虑主体的风险容量和各个业务单元的战略计划的基础上，在业务单元之间配置资源，以使投入的资源产生一个理想的报酬。管理当局试图使组织、人员、流程与基础结构相协调，以便促成成功的战略实施，并确保主体保持在它的风险容量之内。

(6) 风险容限

风险容限是相对于目标的实现而言所能接受的偏离程度。风险容限能够被计量，而且通常最好采用与相关目标相同的单位来进行计量。

业绩计量指标可以用来帮助确保实际的结果处于既定的风险容限之内。例如，一家公司的目标是98%按时送达，可接受的时间偏离范围是97%～100%；它的培训目标是90%的通过率，可接受的成绩是至少75%；它希望员工在24小时之内答复所有的客户投诉，但是接受最多25%的投诉可以在24～36小时内得到答复。

在确定风险容限的过程中，管理当局要考虑相关目标的相对重要性，并使风险容限与风险容量相协调。在风险容限之内经营能够就主体保持在它的风险容量之内向管理当局提供更大的保证，进而就主体将会实现其目标提供更高程度的慰藉。

5. 事 项 识 别

【本章摘要】 管理当局识别将会对主体产生影响的潜在事项——如果存在的话，并确定它们是否代表机会，或者是否会对主体成功地实施战略和实现目标的能力产生负面影响。带来负面影响的事项代表风险，它要求管理当局予以评估和应对。带来正面影响的事项代表机会，管理当局可以将其反馈到战略和目标设定过程之中。在对事项进行识别时，管理当局要在组织的全部范围内考虑一系列可能带来风险和机会的内部和外部因素。

(1) 事项

事项是源于内部或外部的影响战略实施或目标实现的事故或事件。事项可能带来正面或负面影响，或者两者兼而有之。

在事项识别的过程中，管理当局认识到不确定性的存在，但是并不知道一个事项是否会发生，或什么时候发生，或者它所带来的确切影响。管理当局最初只考虑源于外部和内部的一系列潜在事项，而没有对它们的影响是正面的还是负面的作必要的关注。管理当局按照这种方法识别的不仅仅是具有负面影响的潜在事项，而且还包括那些代表着应该追逐的机会的事项。

事项有的很明显，有的很隐晦；所产生的影响有的微不足道，有的十分重大。为了避免忽略相关的事项，最好把识别与对事项发生的可能性和它的影响的评估区分开来，后者属于风险评估的范畴。但是，在实践中存在着局限，而且通常很难知道到底应该把界线画在哪儿。但是如果对一个重要目标的实现有重大影响的话，即使事项发生的可能性比较低，也不应该被忽略。

(2) 影响因素

无数的外部和内部因素驱动着影响战略执行和目标实现的事项。作为企业风险管理的一部分，管理当局认识到了解这些外部和内部因素以及由此可能产生的事项的类型的重要性。外部因素以及相关事项及其影响的例子包括：

1) 与经济有关的因素：事项包括价格变动、资本的可获得性，或者竞争性准入的较低障碍，它们会导致更高或更低的资本成本以及新的竞争者。

2) 然环境因素：事项包括洪水、火灾或地震，它们会导致广场或建筑物的损失，限制获取原材料，或者人力资本的损失。

3）政治因素：事项包括采用新的政治议程的政府官员选举，以及新的法律和监管，它们会导致诸如对国外市场的新的开放或限制进入，或者更高或更低的税收。

4）社会因素：事项包括人口统计、社会习俗、家庭结构、对工作/生活的优先考虑的变化，以及恐怖主义活动，它们会导致对产品或服务需求的变化、新的购买场所和人力资源问题，以及生产中断。

5）技术因素：事项包括电子商务的新方式，它会导致数据可取得性的提高、基础结构成本的降低，以及对以技术为基础的服务的需求增加。

事项还来源于管理当局所作出的关于它将如何运行的选择。一个主体的能力和产能反映先前的选择，影响未来的事项，并且影响管理当局的决策。内部因素以及相关事项及其影响的例子包括：

1）基础结构：事项包括增加用于防护性维护和呼叫中心（call center）支持的资本配置，减少设备的停工待料期，以及提高客户满意度。

2）人员：事项包括工作场所的意外事故、欺诈行为以及劳动合同到期，它们会导致失去可利用的人员、货币性或者声誉性的损失以及生产中断。

3）流程：事项包括没有适当变更管理规程的流程修改、流程执行错误以及对外包的客户送达服务缺乏充分的监督，它们会导致丢失市场份额、低效率以及客户的不满和丢失重复性的业务。

4）技术：事项包括增加资源以应对批量变动、安全故障以及潜在的系统停滞，它们会导致订货减少、欺诈性的交易以及不能持续经营业务。

识别影响事项的外部和内部因素对于有效的事项识别是很有用的。一旦确定了起主要作用的因素，管理当局就能够考虑它们的重要性，并且集中关注那些能够影响目标实现的事项。

举例来说，一家鞋类生产商兼进口商确定了成为高质量男鞋行业领导者的愿景。为了实现这个愿景，它采用最先进的技术，并倚重于选择性的进口采购，着手制造集款式、舒适和耐用为一体的产品。这家公司考察了它的外部经营环境，并识别了社会因素和相关事项，例如它的主要消费者市场年龄的变化，以及工作着装的变化趋势。来自经济因素的事项包括外汇波动和利率变动。内部技术因素突出表现为落后的配送管理系统，而人员因素则表现为营销培训不够。

除了识别主体层次的事项之外，还要识别活动层次的事项。这样有助于将风险评估集中于主要的业务单元或职能机构，例如销售、生产、营销、技术开发以及研究与开发。

（3）事项识别技术

主体的事项识别方法可能包含各种技术的组合，以及支持性的工具。例如，管理当局可以利用互动式的团队研讨作为其事项识别方法的一部分，利用一系列以技术为基础的工具中的任何一种来为参与者提供辅助。

事项识别技术既关注过去，也着眼于将来。关注过去事项和趋势的技术考虑诸如支付违约的历史、商品价格的变动以及浪费时间的事故等问题。着眼于未来风险暴露的技术则考虑诸如人口统计的变化、新的市场情况以及竞争者的行动等问题。

技术的复杂程度千差万别。尽管很多比较复杂的技术因行业而异，但是大多数都来源于共通的方法。例如，金融服务行业和健康与安全行业都采用损失事项追踪技术。这些技术从关注普通的历史事项入手——尽管比较先进的技术建立在可观察事项的事实性资料之上，但是比较基本的方法都根据内部员工的感知来观察事项，然后将数据纳入复杂的预测模型之中。企业风险管理比较先进的公司一般都会采用各种技术的组合，这些技术既考虑过去的事项，也考虑潜在的未来事项。

专栏 5-1 技术还因在主体内的何处应用而有所不同。专栏 5-1 给出了事项识别技术的例子。

（1）事项目录（event inventories）：这些是一个特定行业内的公司所共通的潜在事项或者不同行业之间所共通的特定过程或活动的详细清单。软件产品能够列出共性潜在事项的有关清单，一些主体利用它作为事项识别的出发点。例如，从事一项软件开发项目的公司编制了一份目录，详细列示了与软件开发项目有关的共性事项。

（2）内部分析（internal analysis）：它可以作为常规性经营规划循环过程的一部分来完成，典型的是通过一个业务单元的员工会议。内部分析有时利用来自其他利益相关者（客户、供应商、其他业务单元）的信息，或者针对具体问题征询外部专家（内部或外部职能机构的专家或内部审计师）的意见。例如，一家正在考虑引入一个新产品的公司利用它自己的历史经验以及外部市场调研来识别那些曾经影响竞争者产品成功的事项。

（3）扩大或底限触发器（escalation or threshold triggers）：这些触发器通过将现在的交易或事项与预先确定的标准进行对比，提醒管理当局关注的领域。一旦被触发，可能就需要对一个事项进行进一步的评估或者立即予以应对。例如，一家公司的管理当局针对新的营销或广告计划监控市场上的销售量，并根据其结果重新调配资源。另一家公司的管理当局追踪竞争者的定价结构，并考虑在达到一个特定的底限时变更自己的价格。

（4）推进式的研讨与访谈（facilitated workshops and interviews）：这些技术经过设计的讨论，利用管理当局、员工和其他利益相关者所积累的知识和经验来识别事项。推进者主导有关可能会影响主体或单元目标实现的事项的讨论。例如，一名财务主计长与会计团队的成员一起召开了一个研讨会，来识别那些对主体的对外报告目标有影响的事项。通过结合团队成员们的知识和经验，能够识别出会被遗漏的重要事项。

（5）过程流动分析（process flow analysis）：这种技术考虑构成一个过程的输入、任务、责任和输出的组合。通过考虑影响一个过程的投入或其中的活动的内部和外部因素，主体能识别那些可能影响过程目标实现的事项。例如，一家医学实验室绘制了血液样本的接收和测试流程图。它利用流程图来考虑那些可能影响输入、任务和责任的因素的范围，识别与样本标注、过程中的传递以及人员换班变动有关的风险。

（6）首要事项指标（leading event indicators）：主体通过监控与事项有相互关系的数据，来识别可能导致一个事项发生的情形是否存在。例如，金融机构很早就认识到延迟偿还贷款与最终的贷款违约之间的相互关系，以及及早干预的积极作用。对偿还方式的监控使违约的可能性得以通过及时的行动而降低。

（7）损失事项数据方法（loss event data methodologies）：有关过去单个损失事项的数据库是识别趋势和根本原因的一个有用的信息来源。一旦确定了根本原因，管理当局就会发现它能比致力于单个事项更加有效地进行评估和处理。例如，一家经营大型车队的公司维护了一个事故投诉的数据库，通过分析发现事故的百分比在数量和货币金额上不成比例，它与特定单元、地域和年龄结构的驾驶员工有关联。这个分析使管理当局能够确定事项的根本原因并采取行动。

事项识别的深度、广度、时机和范围因主体而异。管理当局选择符合其风险管理理念的技术,并确保主体形成所需的事项识别能力以及拥有支持工具。总之,事项识别需要强有力,因为它构成风险评估和风险应对要素的基础。

(4) 相互依赖性

事项通常并不是孤立发生的。一个事项可能引发另一个事项,事项也可能会同时发生。在事项识别的过程中,管理当局应该明白事项彼此之间的关系。通过评估这种关系,我们可以确定风险管理活动最好指向哪儿。例如,中央银行利率的变动影响与一家公司的货币交易利益和损失有关的外汇汇率。一项缩减资本性投资的决策延迟了配送管理系统的升级,从而导致了额外的停工期和增加的经营成本。一项扩大营销培训的决策可能会提高销售能力和服务质量,从而导致重复性客户订单频率和批量的增加。一项进入一个新的经营领域的决策,以及与报告业绩挂钩的重大激励措施,可能会增加误用会计原则和欺诈性报告的风险。

(5) 事项类别

将潜在的事项归入不同的类别可能很有用。通过在主体内横向地和在业务单元内纵向地将事项汇总,管理当局形成对事项之间的关系的了解,从而获取更多的信息作为风险评估的依据。通过归集类似的事项,管理当局能够更好地辨别机会和风险。

事项分类还能使管理当局得以考虑其事项识别工作的完整性。例如,一家公司可能已经把与债款回收相关的事项归入一个名为债务违约的简单的类别。通过检查这个类别中的事项,管理当局能够推测它是否识别了所有有关债务违约的重大潜在事项。

一些公司根据对它们的目标的分类来设定事项的类别,利用一个层级,从高层次目标开始,然后逐渐向下到与组织单元、职能机构或经营过程相关的目标。

专栏 5-2 列示了一个在广义的内部和外部因素的背景下构建事项类别所采用的方法。

专栏 5-2

事 项 类 别	
外部因素:	内部因素:
经济 • 资本的可利用性; • 信贷发行,违约; • 集中; • 流动性; • 金融市场; • 失业; • 竞争; • 兼并/收购。 自然环境 • 散发(emissions)和废弃; • 能源; • 自然灾害; • 可持续发展。 政治 • 政府更迭; • 立法; • 公共政策; • 管制。	基础结构 • 资产的可利用性; • 资产的能力; • 资本的取得; • 复杂性。 人员 • 员工能力; • 欺诈行为; • 健康与安全。 流程 • 能力; • 设计; • 执行; • 供应商/依赖性。

续表

事 项 类 别	
外部因素：	内部因素：
社会 • 人口统计； • 消费者行为； • 公司国籍； • 隐私； • 恐怖主义。 技术 • 中断； • 电子商务； • 外部数据； • 新兴技术。	技术 • 数据的可信度； • 数据和系统的有效性； • 系统选择； • 开发； • 调配； • 维护。

(6) 区分风险和机会

事项——如果它们发生具有负面影响、正面影响，或者二者兼有。具有负面影响的事项代表风险，它需要管理当局的评估和应对。相应地，风险是一个事项将会发生并对目标的实现产生负面影响的可能性。

具有正面影响或者抵消风险的负面影响的事项代表机会。机会是一个事项将会发生并对实现目标和创造价值产生正面影响的可能性。代表机会的事项被反馈到管理当局的战略或目标制定过程中，以便规划行动去抓住机会。抵消风险的负面影响的事项在管理当局的风险评估和应对中予以考虑。

6. 风 险 评 估

【本章摘要】 风险评估使主体能够考虑潜在事项影响目标实现的程度。管理当局从两个角度——可能性和影响对事项进行评估，并且通常采用定性和定量相结合的方法。应该个别或分类考察整个主体中潜在事项的正面和负面影响。基于固有风险和剩余风险来进行风险评估。

(1) 风险评估的背景

外部和内部因素影响会发生什么事项以及事项将影响主体目标的程度。尽管一些因素对于一个行业中的公司而言是共通的，但是其他的事项对于特定的主体而言通常是独特的，其原因在于它的既定目标和过去的选择。在风险评估过程中，管理当局在决定主体风险特征的问题——例如主体的规模、经营的复杂性以及对其活动进行管制的程度的背景下，考虑与主体及其活动相关的潜在未来事项的组合。

在评估风险时，管理当局考虑预期事项和非预期事项。许多事项是常规性的和重复性的，并且已经在管理当局的计划和经营预算中提到，而其他的事项则是非预期的。管理当局评估可能对主体有重大影响的非预期的潜在事项以及预期事项的风险。

虽然"风险评估"这个术语有时与一次性活动联系起来使用，但是在企业风险管理中，风险评估这个构成要素是在整个主体中所发生的活动的一个持续性和重复性的互动。

(2) 固有风险和剩余风险

管理当局既考虑固有风险，也考虑剩余风险。固有风险是管理当局没有采取任何措施来改变风险的可能性或影响的情况下,一个主体所面临的风险。剩余风险是在管理当局的风险应对之后所残余的风险。一旦风险应对已经就绪,管理当局接下来就要考虑剩余风险。

(3) 估计可能性和影响

潜在事项的不确定性从两个方面进行评价——可能性和影响。可能性表示一个给定事项将会发生的或然率,而影响则代表它的后果。可能性和影响是通常使用的术语,尽管一些主体使用诸如概率、严重性、严重程度或后果等术语。有时这些词语有着更具体的含义,"可能性"表示一个给定的事项从定性的角度将会发生的或然率,例如高、适中、低,或其他判断性的衡量尺度;而"概率"则表示一个定量的测度,例如百分比、发生的频率或者其他的数量性尺度。

决定应该在多大程度上关注对主体所面临的一系列风险的评估很困难,而且具有挑战性。管理当局认识到发生的可能性低且潜在的影响小的风险一般毋庸多虑。另一方面,发生的可能性高且潜在影响重大的风险则需要相当关注。介于这两个极端之间的情况一般需要艰难的判断。合理而仔细的分析是很重要的。

评估风险的时间范围应该与相关战略和目标的时间范围相一致。因为许多主体的战略和目标着眼于短期到中期的时间范围,因此管理当局自然就关注与这个时间范围相关的风险。然而,战略方向和目标的某些方面却延伸到较长的时期。因此,管理当局需要认识到较长的时间范围,并且不能忽略那些可能延伸的风险。

举例来说,一家在加利福尼亚州经营的公司可能会考虑地震破坏其经营业务的风险。如果没有一个特定的风险评估时间范围,超过里氏 6.0 级的地震的可能性很高,或许几乎是确定无疑的。另一方面,这类地震在两年内发生的可能性就特别低。通过确定一个时间范围,主体能够更深入地认识风险的相对重要性,并提高比较多重风险的能力。

管理当局在确定目标的完成程度时常常采用业绩指标,并且在考虑风险对一项特定目标实现的潜在影响时通常采用相同的或适合的计量单位。例如,一家有着一项维持特定水平的客户服务的目标的公司,将会为这项目标设计出一个排序或其他测度指标,例如客户满意度指数、投诉的数量或者对重复性业务的测度。在评估一项可能会影响客户服务的风险——例如公司的网站在一段时期内可能无法使用的可能性的影响时,最好采用相同的指标来确定其影响。

1) 数据来源

对风险的可能性和影响的估计值通常利用来自过去的可观察事项的数据来确定,它提供了一个比完全主观的估计值更加客观的依据。根据一个主体自己的经验内部生成的数据可能会反映较少的主观个人偏见,并提供比来自外部渠道的数据更好的结果。但是,即使在内部生成的数据是主要输入的地方,外部数据作为一个印证或者对于增进分析可能很有用。例如,一家公司的管理当局在评估由于设备故障所导致的生产中断风险时,首先看它自己的制造设备先前发生故障的频率和影响。接下来用行业基准来补充数据。这样就能够对故障的可能性和影响进行更精确的估计,从而能够制定更有效的防护性维护计划。当利用过去的事项来对未来进行预测时,应该保持谨慎,因为影响事项的因素可能随着时间的推移而发生变化。

2) 视角

管理人员通常对不确定性作出主观判断，在这么做时他们应该认识到固有局限。心理学研究的发现表明，不同能力的决策者，包括经营管理人员，都对他们的估计能力过度信任，而且没有认识到实际存在的不确定性的数量。研究表明存在显著的"过度信任偏差"（overconfidence bias），从而导致所应用的，例如，在风险价值（value-at-risk）方法中，估计数量或可能性存在不恰当的狭义信任差距（narrow confidence intervals）。这种在估计不确定性中过度信任的倾向可以通过有效地利用内部和外部生成的经验性数据来使其最小化。如果缺乏这些数据，对这种偏差的普遍性的敏锐察觉能够帮助降低过度信任的影响。

关于决策的人性倾向可以用另一种方法来展示，那就是对于追求利得和避免损失，人们一般都会作出不同的选择。通过认识这些人性倾向，管理人员可以定格信息以增加风险容量和强化贯穿主体的行为。如专栏6-1所示，如何表现或"定格"（framed）信息可能会严重影响如何理解信息以及如何看待相关的风险或机会。

专栏 6-1

比起潜在的利得来，个人对于潜在的损失有不同的反应。如何定格风险——关注顶部（潜在的利得）或底部（潜在的损失）通常将会影响所作的反应。研究人类决策的前景理论（prospect theory）指出，个人并不是风险中性的；相反，对损失的反应比对利得的反应往往更加偏激。这样就导致了一个曲解概率和最佳解决措施的倾向。为了加以说明，假设某个人面临着两组选择：

（1）肯定的利得 240 美元，或者

25%的机会获利 1000 美元和 75%的机会一无所获。

（2）肯定的损失 750 美元，或者

75%的机会损失 1000 美元和 25%的机会不受损失。

在第一组选择中，大多数人选择"肯定的利得 240 美元"，是由于针对利得持风险厌恶态度的倾向以及积极地定格问题。相反，大多数人选择"75%的机会损失 1000 美元"，是由于针对损失持风险寻求态度的倾向以及消极地定格问题。前景理论坚持认为人们并不希望承担他们已经拥有或者认为他们能够拥有的风险，但是当他们认为能够使损失最小化时，他们会有较高的风险容限。

（4）评估技术

一个主体的风险评估方法包含定性和定量技术的结合。在不要求他们进行定量化的地方，或者在定量评估所需的充分可靠数据实际上无法取得或者获取和分析数据不具有成本效益性时，管理当局通常采用定性的评估技术。定量技术能带来更高的精确度，通常应用在更加复杂和深奥的活动中，以便对定性技术进行补充。

定量评估技术一般需要更高程度的努力和严密性，有时采用数学模型。定量技术高度依赖于支持性数据和假设的质量，并且与有着已知历史和允许作可靠预测的风险暴露高度相关。专栏6-2给出了定量风险评估技术的例子。

专栏 6-2

（1）设定基准（benchmarking）：作为一组主体之间的协作过程，设定基准着眼于具体的事项或过程，采用共通的标准比较计量指标和结果，并且识别改进的机会。建立有关事项、流程和计量指标的数据来比较业绩。一些公司利用设定基准来在整个行业中评估潜在事项的可能性和影响。

（2）概率模型：概率模型根据特定的假设将一系列事项以及所造成的影响与这些事项的可能性联系起来。在历史数据或反映对未来行为的假设的模拟结果的基础上，对可能性和影响进行评估。概率模型的例子包括风险价值、风险现金流量、风险盈利以及信贷和经营损失分布的计算等。概率模型可以采用不同的时间范围，以估计诸如不同时期金融工具的价值范围等结果。概率模型还可以用来评估期望的或平均的结果，以及极端的或非期望的影响。

（3）非概率模型：非概率模型在估计没有量化相关可能性的事项的影响时，利用主观的假设。根据历史或模拟数据和对未来行为的假设对事项的影响进行评估。非概率模型的例子包括敏感性指标、压力测试以及情景分析。

为了采用定性评估技术获得有关可能性和影响的一致意见，主体可以使用与它们在识别事项时所采用的相同的方法，例如访谈和研讨。风险的自我评估过程通过使用描述性的或者数量性尺度，获取参与者对未来事项潜在的可能性和影响的观点。

一个主体不需要在所有的业务单元使用共同的评估技术。相反，对技术的选择应该反映对精确度的需要和该业务单元的文化。例如，一家公司在识别和评估一个流程层次的风险时，一个业务单元采用自我评估问卷，而另一个则采用研讨会。对固有风险和剩余风险进行评估，然后按照风险类型和每个业务单元的目标进行整理和分组。通过采用了不同的方法，它们为促进整个主体的风险评估提供了足够的一致性。

当针对某个事项的所有个别风险评估都以定量的方式表示时，管理当局就能够获得该事项在整个主体范围内的定量的影响指标。例如，分别计算出各个业务单元中能源价格变动对毛利的影响，就可以确定主体范围内的影响。在定性和定量指标相混合的领域，管理当局开发一种跨越定性和定量指标的定性评估，从而得出用定性的术语来表示的复合评估。在整个主体范围内确定共通的可能性和影响术语以及针对定量指标的共通的风险类别，有助于这些复合的风险评估。

（5）事项之间的关系

如果潜在的事项并不相关，管理当局就对它们分别进行评估。例如，一家公司的不同业务单元面临着不同的——例如纸浆和外币价格波动风险，它会针对与市场波动相关的风险分别进行评估。但是当事项之间存在相互关联，或者事项结合或相互影响产生显著不同的可能性与影响时，管理当局就要把它们放在一起来评估。尽管单个事项的影响可能很轻微，但是事项的次序或组合的影响可能更大。

举例来说，配送仓库中丙烷罐上的一个有缺陷的阀门会导致丙烷泄露；仓库的门保持关闭以便保持隔壁办公室的热度；一辆正在开近的卡车的司机开启遥控装置来打开仓库的门。丙烷气体的存在和车库门马达所产生的火花共同引发了一场爆炸。这些不同的事项相互影响并导致了重大的风险。在另一个例子中，一家进入一个国外市场的公司在当地新聘任了管理人员，其报告体系未经验证，总部管理当局用来判断相关业绩的依据不足，就会导致错误或欺诈性报告方面的重大风险。

如果风险可能会影响多个业务单元，管理当局可以将它们归入共通的事项类别中，并且首先分单元逐个考虑，然后再从整个主体的范围把它们放在一起加以考虑。例如，一家金融服务公司的业务单元面临着政府利率变动的风险，它的管理当局不仅从每个业务单元的角度分别评估风险，而且将它们组合起来从整个主体的角度进行风险评估。一家制造业的公司有多个业务单元，分别都面临黄金价格波动的风险；管理当局把黄金价格潜在变动的风险汇总到一个单一的指标中，以反映在它的全部黄金库存量中每盎司的价格变动1美元的净影响。

事项的性质以及它们是否相关联可能会影响所采用的评估技术。例如，在评估可能有极端影响的事项的影响时，管理当局可以采用压力测试（stress testing）；而在评估多重事项的影响时，管理当局可能会发现模拟或情景分析更加有用。

关注风险的可能性和影响之间的相互关系是管理当局的一项重要责任。有效的企业风险管理不仅要求针对固有风险进行风险评估，而且还要与接下来的风险应对（将在下一节中予以讨论）相结合。

7. 风　险　应　对

【本章摘要】　在评估了相关的风险之后，管理当局就要确定如何应对。应对包括风险回避、降低、分担和承受。在考虑应对的过程中，管理当局评估对风险的可能性和影响的效果，以及成本效益，选择能够使剩余风险处于期望的风险容限以内的应对。管理当局识别所有可能存在的机会，从主体范围或组合的角度去认识风险，以确定总体剩余风险是否在主体的风险容量之内。

风险应对可以分为以下几种类型：

(1) 回避（avoidance）：退出会产生风险的活动。风险回避可能包括退出一条产品线、拒绝向一个新的地区市场拓展，或者卖掉一个分部。

(2) 降低（reduction）：采取措施降低风险的可能性或影响，或者同时降低两者。它几乎涉及各种日常的经营决策。

(3) 分担（sharing）：通过转移来降低风险的可能性或影响，或者分担一部分风险。常见的技术包括购买保险产品、从事避险交易（hedging transactions）或外包一项业务活动。

(4) 承受（acceptance）：不采取任何措施去干预风险的可能性或影响。

专栏7-1为如何应用这些风险应对给出了例子。

专栏7-1

(1) 回避：一家非盈利组织识别和评估向它的会员提供直接医疗服务的风险，并决定不承受相关的风险，决定改为提供推荐服务。

(2) 降低：一家股票交割公司识别和评估它的系统超过3个小时不能用的风险，并得出它不能承受发生这种情况的影响的结论。这家公司投资于增进故障自测和系统备份的技术，以降低系统不能用的可能性。

(3) 分担：一所大学识别和评估与管理学生宿舍相关的风险，并作出结论：它不具备有效地管理这些大型居住物业所必需的房间服务能力。这所大学把宿舍管理外包给了一家物业管理公司，从而更好地降低了与物业相关的风险的影响和可能性。

(4) 承受：一个政府机构识别和评估它在不同地理区域的基础设施发生火灾的风险，

并评估通过保险分担风险影响的成本。它得出的结论是保险和相关的扣除所增加的成本超过重置成本，于是决定承受这项风险。

回避应对意味着所确定的应对方案都不能把风险的影响和可能性降低到一个可接受的水平。降低和分担应对把剩余风险降低到与期望的风险容限相协调的水平，而承受应对则表明固有风险已经在风险容限之内。

对于许多风险而言，适当的应对方案是明显的和很好接受的。比如说，对于不能计算可利用性的风险，一个典型的应对方案就是实施一项业务持续性计划。对于其他的风险，可采用的方案可能不那么明显，需要调查和分析。例如，与降低竞争者在品牌价值方面的活动的影响有关的应对方案，可能需要市场调研和分析。

在确定风险应对的过程中，管理当局应该考虑下列事项：

（1）潜在应对对风险的可能性和影响的效果，以及哪个应对方案与主体的风险容限相协调；

（2）潜在应对的成本与效益；

（3）除了应付具体的风险之外，还要考虑实现主体目标可能的机会。

对于重大风险，主体通常从一系列应对方案中考虑潜在的应对。它使应对选择更具深度，并且对"现状"（status quo）提出了挑战。

（1）评价可能的应对

分析固有风险和评价应对的目的在于使剩余风险水平与主体的风险容限相协调。通常，某些应对中的任何一个都将带来与风险容限相一致的剩余风险，而有时应对的组合能带来最佳的效果。相反，有时一个应对能够影响多重风险，在这种情况下管理当局可以决定不需要再采取其他的措施来处理某个特定的风险。

1) 评价对风险的可能性和影响的效果

在评价应对方案的过程中，管理当局同时考虑对风险的可能性和影响的效果，认识到一个应对可能会对可能性和影响产生不同的效果。举例来说，一家公司有一个位于强暴风雨地区的计算机中心，制定了一个经营持续性计划，这个计划尽管对暴风雨发生的可能性起不到任何效果，但是能够减轻建筑物损坏或人员不能上班的影响。另一方面，把计算机中心迁移到另外一个地区的选择不能降低同等暴风雨的影响，但是能够降低暴风雨发生的可能性。

在分析应对的过程中，管理当局可以考虑过去的事项和趋势，以及潜在的未来情景。在评价备选的应对时，管理当局通常要利用与衡量相关目标相同的或适合的计量单位。

2) 评估成本与效益

资源总是有约束的，因而主体必须考虑备选风险应对方案的相关成本与效益。对实施风险应对所作的成本与效益计量的精确度水平各不相同。一般说来，处理方程式的成本一方比较容易，在很多情况下可以非常精确地予以量化，通常考虑与开展一项应对相关的所有直接成本，以及可以实际计量的间接成本。一些主体还将与使用资源相关的机会成本也纳入考虑。

但是，在某些情况下很难量化风险应对的成本。量化的挑战来自估计与一个特定应对相关的时间和效果，例如，获取有关客户偏好的变化、竞争者的行动等市场信息或其他外部生成的信息。

效益一方通常涉及更多的主观评价。例如，有效的培训计划的效益一般很明显，但是难以量化。然而，在许多情况下，一项风险应对的效益可以在与实现相关目标有关的效益的背景下予以评价。

在考虑成本—效益关系时，把风险看做是相互关联的，有助于管理当局汇集主体的风险降低和风险分担应对。举例来说，在通过保险分担风险时，把风险组合到一个险种之下可能是有利的，因为把组合后的风险投保到一个财务协议之下通常可以降低定价。

3）应对方案中的机会

事项识别的那一节讲述了管理当局如何识别对主体目标的实现产生正面或负面影响的潜在事项。具有正面影响的事项代表机会，并被反馈到战略或目标制定过程中。

同样，在考虑风险应对时也可以识别机会。风险应对所考虑的内容不应该仅仅限于降低已经识别出来的风险，而且还应该考虑给主体带来的新的机会。管理当局可以识别创新的应对，尽管它们仍然适用在本节前面所讲述的类别，但是对于该主体乃至一个行业来讲可能完全是新的。当现有的风险应对方案正处在到达其有效性的极限时，以及进一步的改进可能只能对风险的影响或可能性带来些许细微的变化时，这种机会可能会显现出来。一个例子是一家汽车保险公司针对在特定的道路交叉口所发生的大量事故的创造性应对，它决定投资增加交通信号灯，以降低事故投诉，进而提高毛利。

（2）选定的应对

在评价了备选风险应对的效果之后，管理当局决定将如何管理风险，选择一个旨在使风险的可能性和影响处于风险容限之内的应对或者应对组合。应对并不是必须达到最低数量的剩余风险。但是如果一个风险应对会导致剩余风险超过风险容限，管理当局就要对该应对进行相应的反思和修改，或者，在特定的情形下，重新考虑既定的风险容限。因此，平衡风险与风险容限可能涉及一个反复的过程。

评价针对固有风险的备选应对，要求考虑应对可能带来的附加风险。这也会导致管理当局在完成决策之前，需要经过一个反复的过程，它要考虑这些附加的风险，包括一些可能不会立即显现出来的。

一旦管理当局选择了一个应对，它就可能需要制定一项实施计划来执行该应对。实施计划的一个关键部分是确定控制活动（将在下一节中讨论）以确保风险应对得以实施。

管理当局认识到总是会存在一定程度的剩余风险，这不仅是因为资源是有限的，而且还因为所有的活动都固有未来的不确定性和局限。

（3）组合观

企业风险管理要求从整个主体范围或组合的角度去考虑风险。管理当局通常所采取的方法是首先从各个业务单元、部门或职能机构的角度去考虑风险，让负有责任的管理人员对本单元的风险进行复合评估，以反映该单元与其目标和风险容限相关的剩余风险。

通过对各个单元风险的了解，一个企业的高层管理当局能够很好地采取组合观来确定主体的剩余风险和与其目标相关的总体风险容量是否相称。不同单元的风险可能处于各该单元的风险容限之内，但是放到一起以后，风险可能会超过该主体作为一个整体的风险容限，在这种情况下需要附加的或另外的风险应对，以便使风险处于主体的风险容量之内。相反，主体范围内的风险可能会自然地相互抵消，例如，一些单个单元的风险较高，而其他单元则风险较低，这样整体风险就在主体的风险容量之内，从而不需要另外的风险应对。

风险组合观可以用多种方式来描述。组合观可以通过关注各个业务单元的主要风险或事项类别，或者该公司作为一个整体的风险，运用类似风险调整资本（risk-adjusted capital）或风险资本（capital at risk）等标准来获取。在计量通过盈利、增长以及有时与已配置的和可利用的资本相关的其他业绩指标表述的目标上的风险时，这种复合性指标尤其有用。这种组合观的指标能够为在业务单元之间重新配置资本和修改战略方向提供有用的信息。

一个例子是一家制造业公司对于它的经营性盈利目标采取风险组合观。管理当局采用通用的事项类别来获取各个业务单元的风险。接下来它按照类别和业务单元编制了图表，说明用一个时间范围内的频率来表示的风险可能性，以及对盈利的相对影响。其结果是对公司所面临风险的一个复合性的或组合的观点，管理当局和董事会据此考虑风险的性质、可能性和相对大小，以及它们可能对公司的盈利产生怎样的影响。

另外一个例子是一家金融机构，它号召各个业务单元都从风险调整资本报酬的角度去制定目标、风险容限和业绩指标。这个一贯应用的尺度帮助管理当局把各个单元的组合风险评估结合起来，形成把该机构作为一个整体的风险组合观，从而使管理当局能够按照目标去考虑各个单元的风险，并确定主体是否处于其风险容量之内。

如果从组合的角度看待风险，管理当局就可以考虑它是否处于既定的风险容量之内。此外，它能够重新评价它所愿意承担的风险的性质和类型。在组合观显示风险显著低于主体的风险容量的情况下，管理当局可以决定鼓励各个业务单元的管理人员去承受目标领域的更大的风险，以便努力增进主体的整体增长和报酬。

8. 控 制 活 动

【本章摘要】 控制活动是帮助确保管理当局的风险应对得以实施的政策和程序。控制活动的发生贯穿于整个组织，遍及各个层级和各个职能机构。它们包括一系列不同的活动，例如批准、授权、验证、调节、经营业绩评价、资产安全以及职责分离。

控制活动是帮助确保管理当局的风险应对得以实施的政策和程序，后者是指人们直接或通过对技术的应用来执行政策的行动。控制活动可以根据与其相关的主体目标的性质——战略、经营、报告和合规进行分类。

尽管一些控制活动仅仅与一个类别有关，但是通常是交叉的。根据情况，一项特定的控制活动可能有助于满足主体的多个类别的目标。例如，特定的经营控制也能帮助确保可靠的报告，对控制活动的报告能够帮助实现合规目标，如此等等。

（1）与风险应对相结合

选定了风险应对之后，管理当局就要确定用来帮助确保这些风险应对得以恰当地和及时地实施所需的控制活动。

目标、风险应对和控制活动的关联可以通过下面的例子展示出来：一家公司设定的一项目标是达到或超过销售任务，并将不能获取对现在和潜在的客户需求之类的外部因素的充分了解识别为一种风险。为了降低这种风险发生的可能性和影响，管理当局建立了现有客户的购买历史记录，并开展了新的市场调研活动。这些风险应对作为确定控制活动的焦点，控制活动包括根据既定的时间表跟踪客户购买历史，记录发展的进展，以及采取措施确保报告数据的准确性。从这种意义上讲，控制活动直接建立在管理过程之中。

在选择控制活动的过程中，管理当局要考虑控制活动是如何彼此关联的。在一些情况下，一项单独的控制活动可以实现多项风险应对。在另一些情况下，一项风险应对则需要多项控制活动。更有另一些情况，管理当局可能会发现现有的控制活动足以确保新的风险应对得以有效执行。

尽管控制活动一般是用来确保风险应对得以恰当实施的，但是对于特定的目标而言，控制活动本身就是风险应对。例如，对于一项确保特定的交易被恰当授权的目标而言，应对可能就是类似职责分离和由监督人员审批等控制活动。

就像对风险应对的选择要考虑它们的恰当性和残留的或剩余的风险一样，对控制活动的选择或评审应该包含对它们与风险应对和相关目标的相关性、恰当性的考虑。这可以通过单独考虑控制活动的适当性来完成，也可以通过在风险应对和相关控制活动两者的背景下考虑剩余风险来完成。

控制活动是企业致力于实现其经营目标的过程的一个重要部分。控制活动的实施并不仅仅是出于它们自身的缘故，也不仅仅是因为它看起来好像是要做的"正确的或恰当的"事情。在上面的例子中，管理当局需要采取措施来确保销售任务得以实现。控制活动充当了对该项目标的实现进行管理的机制。

（2）控制活动的类型

前面已经列举了关于控制活动的类型的许多不同的表述，包括预防性的、侦查性的、人工的、计算机的以及管理控制。控制活动还可以根据特定的控制目标来进行分类，例如确保数据处理的全面性和准确性。

专栏8-1描述了通常所采用的控制活动。这些只是不同组织层级的人员所普遍实施的诸多程序中的一些，这些程序被用来强化对既定行动计划的坚持，以及保证主体在实现其目标的道路上前进。它们是用来展示控制活动的范围和多样性的，并不意味着任何特定的分类。

专栏 8-1

（1）高层复核（top-level reviews）：高层管理当局对照预算、预测、前期和竞争者来复核实际的业绩。主要的活动例如营销冲刺、改进生产流程以及成本抑制或降低计划等被反映到任务实现程度的计量指标上。并对新产品开发、合营企业或筹资计划的执行进行监控。

（2）直接的职能或活动管理（direct functional or activity management）：负责职能机构或活动的管理人员审核业绩报告。一位负责一家银行的消费者贷款的管理人员审核按分行、地区和贷款（担保）种类区分的报告，核对摘要，识别趋势，并将结果与经济统计数据和任务进行对照。分行管理人员收到按贷款官员和地区客户分片区分的新业务数据。分行管理人员还要关注合规问题，审核监管机构对规定金额的新存款所要求的报告。根据集中为隔夜转账和投资所报告的净头寸，调节每日的现金流量。

（3）信息处理（information processing）：实施一系列的控制来检查交易的准确性、完整性和授权。输入的数据要经过联机编辑核对（on-line edit checks）或与经批准的控制文件相匹配。例如，一个客户的指令只有在对照了经批准的客户文件和信用限额之后才能被接受。对交易的数量化结果进行核算，对例外情况追查到底并报告给监督人员。对新系统的开发和现有系统的改变，以及对数据、文件和程序的进入都要加以控制。

（4）实物控制（physical controls）：对设备、存货、证券、现金和其他资产进行实物性的保护，定期盘点，并与控制记录上所反映的数额相比较。

（5）业绩指标（performance indicators）：把不同系列的经营的或者财务的数据彼此联系起来，与对相互关系的分析以及调查和矫正措施一起，构成了一项控制活动。例如，业绩指标包括各个单元的员工流动率。通过调查非预期的结果或异常的趋势，管理当局可以识别由于没有足够的能力去完成关键的流程而可能意味着实现目标的可能性较低的情况。管理当局如何利用这种信息，仅仅用于经营决策，或是还要追查报告系统中非预期的结果，决定着对业绩指标的分析是只能用于经营目的，还是也能同时用于报告控制目的。

（6）职责分离（segregation of duties）：把不同人员的职责予以分开或隔离，以便降低错误或舞弊的风险。举例来说，交易授权、记录和处理相关资产的职责就要分开。一位授权赊销的管理人员不能负责记录应收账款或处理现金回款。同样，销售人员无权修改产品价格文件或佣金比率。

通常执行一个控制组合来处理相关的风险应对。例如，一家公司的管理当局设定交易限额来管理与一个投资组合相关的风险，并确定旨在帮助确保不超过交易限额的控制活动。控制活动包括在执行之前停止特定交易的预防性控制，以及及时地识别其他交易的侦查性控制。控制活动把计算机和人工控制结合起来，包括确保正确获取了所有信息的自动化控制，以及使负有责任的个人能够授权或批准投资决策的途径程序。

(3) 政策和程序

控制活动一般包括两个要素：确定应该做什么政策，以及实现政策的程序。例如，政策可能要求证券经纪商的零售分部管理人员对客户交易活动进行复核。程序就是复核本身，及时执行并注意政策中所列举的要素，例如所交易的证券的性质和数量，以及它们与客户净财富和期限之间的关系。

在很多时候，政策是口头沟通的。如果政策是一项长期持续而且充分理解的惯例，以及在沟通渠道包括很少几个管理阶层而且对员工有密切互动和监督的较小的组织中，不成文的政策能很有效。但是不管是否成文，政策都必须仔细地、有意识地和一贯地执行。如果机械地执行，缺乏对政策所针对的情况的敏锐的持续关注的话，程序就不会有用。此外，根据所观察的程序和所采取的适当的矫正措施来辨别情况也是至关重要的。后续措施可能会因企业的规模和组织结构而异。它们的范围很广，从大公司的正式报告程序——各业务单元陈述任务为什么没有实现以及应该采取什么措施来防止再次发生，直到小企业的所有者兼管理人员穿过走廊与车间管理人员就什么出了问题以及需要做什么进行交谈。

(4) 对信息系统的控制

出于对信息系统在经营企业和满足报告与合规目标方面的普遍依赖，需要对重要的系统进行控制。可以采用两个广义的信息系统类别。第一个是一般控制，它适用于许多并非全部是应用系统的情形，并且有助于确保它们持续、适当地运行。第二个是应用控制，它在应用软件中包含计算机化的步骤，以便对处理过程进行控制。一般控制和应用控制，在必要的时候与人工实施的控制结合起来，共同起作用以确保信息的完整性、准确性和有效性。

1）一般控制

一般控制包括对信息技术管理、信息技术基础结构、安全管理和软件获取、开发和维护的控制。它们适用于所有的系统——从主机到客户/服务器到桌面和手提电脑环境。专栏8-2为这些类别中的共通控制给出了例子。

专栏8-2

（1）信息技术管理：一个指导委员会提供对信息技术活动和改进行动的监督、监控和报告。

（2）信息技术基础结构：将控制应用于系统的界定、获取、安装、配置、整合和维护。控制可能包括确定和强化系统表现的服务水平协议，保持系统有效性的业务持续性计划，跟踪运行失败的网络表现，以及安排计算机运行的进程。信息技术基础结构中的系统软件要素可能包括下列控制，例如管理当局或指导委员会对重要的新获取的数据复核和批准，限制对系统配置和运行系统软件的进入，自动调整从中间设备软件存取的数据，以及对通信错误的奇偶数位侦查。系统软件控制还包括突发事件追踪、系统日志以及对数据更改设施的详细使用报告的复核。

（3）安全管理：类似安全密码等逻辑进入控制限制进入网络、数据库和应用界面。用户账号和相关的进入特权控制有助于把经过授权的用户仅仅限制在完成他们的工作所需要的应用或应用功能上。因特网防火墙和虚拟私人网络能够保护数据免遭未经授权的外部进入。

（4）软件获取、开发和维护：对软件获取和执行的控制要结合到一项既定的程序之中，以管理变更事项，包括文件要求、用户接受测试、压力测试和项目风险评估。对源代码的进入通过代码库加以控制。软件开发者只能在隔离的开发/测试环境中工作，并且无权进入生产环境。对系统变更的控制包括变更请求所必需的授权，对其他信息技术要素的变更、批准、记录、测试和影响的复核，压力测试结果，以及执行协议。

2）应用控制

应用控制直接关注数据获取和处理的完整性、准确性、授权和有效性。它们有助于确保在需要时能获取或生成数据，可以利用支持性的应用，而且界面错误能够迅速被察觉。

应用控制的一个重要目标是防止错误进入系统，以及在错误发生时予以察觉和矫正。为了做到这些，应用控制通常包括计算机化的编辑核对，包括格式、存在性、合理性以及在开发的过程中植入应用之内的其他数据核对。如果设计恰当，它们就能够提供对进入系统的数据的控制。

专栏8-3给出了应用控制的例子。这些只是每天所执行的无数控制中的一些，它们通过计算与比较，以防止和侦查不准确、不完整、不一致或不恰当的数据获取和处理。

专栏8-3

（1）平衡控制活动：通过将人工或自动输入的数据调整为一个控制总和来侦查数据获取错误。一家公司自动地平衡所处理的和通过其联机订单入口系统的交易的总数与它的账单系统所接受的交易的数量。

（2）核对数位：通过计算来验证数据。一家公司的部分数据包含了一个核对数位，以便侦查和矫正来自供应商的不准确的订单。

(3) 预先确定数据清单：向使用者提供预先确定的可接受数据清单。一家公司的局域网包括可供购买的产品的下行（drop-down）清单。

(4) 数据合理性测试：将所获取的数据与现有的或学到的合理性模式相比较。一个家居装修零售店向供应商所下的异常大额的板材订单，引起了一次复核。

(5) 逻辑测试：包括对范围限度或价值或混合符号测试的运用。一家政府机构通过检查所有输入的数据是否包含9位数字，来侦查社会保障数据的潜在错误。

(5) 主体的特殊性

因为每个主体都有它自己的一套目标和执行方法，所以风险应对和相关的控制活动就会存在差别。即便两个主体有着同样的目标，并且在应该如何实现目标方面作出了类似的决策，它们的控制活动可能也有区别。每个主体由不同的人员进行管理，他们运用个人的判断来影响控制。此外，控制反映着一个主体经营所处的环境和行业，以及它的组织的规模和复杂性，它的活动的性质和范围，它的历史以及它的文化。

有着多元化活动的大型的复杂组织可能比活动种类较少的小型的简单组织面临更艰难的控制问题。一个分散化经营、强调地区自主性和创新的主体，面临与一个高度集中化的主体不同的控制环境。影响一个主体的复杂性乃至其控制的性质的其他因素包括位置和地理分布、经营的广泛性和复杂性以及信息处理方法。

9. 信 息 与 沟 通

【本章摘要】 有关的信息以保证人们能履行其职责的形式和时机予以识别、获取和沟通。信息系统利用内部生成的数据和来自外部渠道的信息，以便为管理风险和作出与目标相关的知情的决策提供信息。有效的沟通会出现在组织中向下、平行和向上的流动。全部员工从高层管理当局那里收到一个清楚的信息：必须认真担负起企业风险管理的责任。他们了解他们自己在企业风险管理中的职责，以及个人的活动与其他人员的工作之间的联系。他们必须具有向上沟通重要信息的方法。与外部方面，例如客户、供应商、监管者和股东之间也要有有效的沟通。

每个企业都要识别和获取与管理该主体相关的涉及外部、内部事项和活动的广泛的信息，以保证员工能履行他们的企业风险管理。

(1) 信息

一个组织中的各个层级都需要信息，以便识别、评估和应对风险，以及从其他方面去经营主体和实现其目标。要利用与一个或多个目标类别相关的大量信息。

来自内部和外部来源的经营信息，包括财务的和非财务的，与多个经营目标相关。例如，财务信息不仅用来编制财务报表以实现报告目的，还用于经营决策，例如监控业绩和配置资源。可靠的财务信息对于计划、预算、定价、评价卖主的业绩、评估合营企业和联盟以及一系列其他的管理活动而言是十分重要的。

同样，经营信息对于编制财务和其他报告也是必不可少的。它包括常规性的活动——购买、销售和其他交易，以及有关竞争者的产品投放或经济情况等方面的信息，它们能影响存货和应收账款的估价。而合规目标所需的信息，例如有关粉尘散发的信息或人员数据，也能满足财务报告目标。

信息来自许多来源——内部和外部，以定量或定性的形式出现，以便对变化的条件作出反应。管理当局的一项挑战是处理和提炼大量的数据以形成可资行动的信息。这项挑战可以通过建立一套信息系统基础结构来追溯、获取、处理和报告相关信息的方式予以解决。这些信息系统——通常被计算机化但同时也包含人工输入或界面，常常被看做是处于处理内部生成数据的背景下。但是信息系统有很广泛的应用。它们还处理与外部事项相关的信息，例如表明对一家公司的产品或服务需求的变化的特定市场或行业的经济数据，有关生产过程所需的物品和服务的数据，有关变动的客户偏好或需求的市场认识，有关竞争者的产品开发活动的信息，以及立法或监管行动。

信息系统可能是正式的，也可能是非正式的。与客户、供应商、监管者和主体的员工之间的交谈，常常能提供识别风险和机会所需的重要信息。同样，出席专业性或行业性的研讨会，以及在行会和其他协会中的会员资格，也能够提供有价值的信息。

当一个主体面临根本性的行业变迁、高度创新和快速变动的竞争者或者重大的客户需求变化时，保持信息与需要的一致性尤其重要。信息系统根据需要而变化，以便支持新的目标。它们识别和获取财务和非财务信息，并且以有助于控制主体活动的时机和方式去处理、报告这些信息。

1）战略和整合系统

由于企业已经变得更具协作性，并且与客户、供应商和商业伙伴密切结合，一个主体与外部方面的信息系统构造之间的分界线越来越模糊。结果，数据处理和数据管理常常变成了多个主体共担的职责。在这种情况下，一个组织的信息系统构造必须足够灵活和敏捷，以便与相关联的外部方面有效地整合起来。

信息系统构造的设计和技术的取得是主体战略的重要方面，与技术有关的选择对于实现目标可能是至关重要的。与技术选择和执行有关的决策取决于许多因素，包括组织的目的、市场需求和竞争的需要。信息系统对于有效的企业风险管理十分重要，同时风险管理技术也有助于企业作出技术决策。

设计和利用信息系统的目的是支持经营战略。随着经营需要的变化和技术为战略优势创造新的机会，这项功能变得至关重要。在一些情况下，技术的变革降低了在先前配置中所获得的优势，从而催生了新的战略方向。例如，使旅行社易于取得航班信息的航空预订系统，后来变成了面向客户的因特网预订系统，大大降低或排除了传统旅行社的参与。

2）与经营相结合

信息系统通常充分地结合到经营的诸多方面。网络和基于网络的系统很普遍，许多公司有企业范围的信息系统，例如企业资源计划（ERP）。这些应用有助于获得以前被职能机构或部门所截留的信息，使它可以用于广泛的管理用途。交易被实时地记录和跟踪，使管理人员立即更有效地获得财务和经营信息，以便控制经营活动。例如，一家从事多个大型项目的建筑公司使用一个整合的、基于广域网的系统，以满足市场和效率期望。这个系统帮助管理人员跟踪供应给客户的存货和部件，识别多个工地的物料供应过剩或短缺，从通用物料供应商处获取成本节约或者把类似的组织联合起来以获取批量折扣，以及监督分包商的活动。它还使员工能够无缝隙地与建筑师、工程师、客户、分包商和监管者共享当前的图纸，同时保持图纸的版本控制。此外，这个系统包含知识管理能力，它允许公司员工在整个组织中分享创新的解决方案。

为了支持有效的企业风险管理，主体获取和利用历史的和现在的数据。历史数据使主体能够对照任务、计划和期望来追踪实际的业绩。它们提供了有关在不同的条件下主体如何表现的认识，使管理当局能够识别相互关系和趋势，并预测未来的业绩。历史数据还能够针对那些提请管理当局注意的潜在事项发出及早的警告。

现在或当前状态的数据使一个主体能够确定它是否保持在既定的风险容限之内。这些数据使管理当局能对一个过程、职能或单元范围内现有的风险取得一个实时的认识，并确定偏离期望的差异。

信息系统的发展提高了许多组织在整个企业的层次上计量和监控业绩以及提交分析性信息的能力。随着新技术的兴起，组织利用新技术的能力随之提高，系统的复杂性和整合也在持续。但是，在战略和经营层次对信息系统的不断加大的依赖，带来了必须整合到主体的企业风险管理之中的新的风险，例如信息安全故障或网络犯罪。

3）信息的深度和及时性

信息基础结构以与主体的需要相一致的时机和深度来追溯和获取信息，以便识别、评估和应对风险，并保持在它的风险容限之内。信息流动的及时性需要与主体的内部和外部环境的变动程度保持一致。

数据深度的重要性可以通过观察影响一家位于一座容易遭受洪灾的城市的经纪公司的不同事项来予以说明。为了制定经营持续性计划，管理当局对潜在的洪灾情况要保持总体意识，并且负责提醒员工什么时候要搬迁到后备场所。在这种高层次上所获取的信息足以使该公司充分地管理风险。相反，作为一个经纪商，该公司追溯和持续获取股票、债券和商品价格在几位小数上的变动。这种数据的及时性和详细程度与该公司立即对可能陷入风险的价格变动作出反应的需要相一致，例如承受与主体的风险容量不一致的特定市场门类或证券的过高的风险。

信息基础结构把原始数据转换成相应的信息，以帮助员工履行他们的企业风险管理和其他职责。信息以可资行动的、易于使用的方式和时机予以提供，并与所界定的责任相关联。

数据搜集、处理和储存的进步导致数据量呈指数增长。有更多的数据，通常是实时的，可供组织中更多的人利用，挑战在于通过确保正确的信息、以正确的形式、按正确的详细程度、在正确的时间流向正确的人，来避免"信息超载"（information overload）。在开发知识和信息基础结构的过程中，应该考虑各个使用者和部门不同的信息需求，以及不同的管理层级所需要的不同概略程度的信息。

4）信息质量

随着对复杂信息系统和数据驱动的自动化决策系统和程序的依赖性与日俱增，数据的可靠性至关重要。不准确的数据可能会导致未曾识别的风险或拙劣的评估和糟糕的管理决策。

信息的质量包括探究：

① 内容是否恰当——信息是否处于正确的详细程度？

② 信息是否及时——需要时是否有信息？

③ 信息是不是当前的——是不是最新可利用的信息？

④ 信息是否准确——数据是否正确？
⑤ 信息是否易于取得——需要的人是否容易取得信息？

为了提高数据的质量，主体要建立整个企业范围的数据管理程序，包括相关信息的获取、维护和分配。如果没有这些程序，信息系统可能无法提供管理当局和其他人员所需要的信息。

挑战是多方面的：各个职能机构的需求互相冲突、系统的约束以及未整合的流程可能会抑制数据的获取和它的有效利用。为了迎接这些挑战，管理当局要建立一套战略计划，明确对数据可信度的责任和职责，并且执行经常性的数据质量评估。

及时和在正确的地方拥有正确的信息对于实现企业风险管理至关重要。这就是为什么尽管信息系统是企业风险管理的一个构成要素，还必须对其加以控制的原因。

(2) 沟通

沟通是信息系统中内生的。如前文所述，信息系统必须把信息提供给恰当的人员，以便他们能够履行他们的经营、报告和合规职责。但是沟通必须发生在广泛的范围，以便处理期望、个人和集团的职责以及其他的重要事项。

1）内部

管理当局提供着眼于行为期望和员工职责的具体的和指导性的沟通。它包括对主体的风险管理理念和方法的清楚的表述，以及明确的授权。有关流程和程序的沟通应该与期望的文化相协调，并支撑后者。

沟通应该有效地传达：
① 有效的企业风险管理的重要性和相关性；
② 主体的目标；
③ 主体的风险容量和风险容限；
④ 一套通用的风险语言；
⑤ 员工在实现和支撑企业风险管理的构成要素中的职能与责任。

所有的员工，尤其是那些有着重要的经营或财务管理职责的人，需要从高层管理当局那里收到一条清楚的信息：企业风险管理必须严格推行。这条信息的清楚性和它的沟通方式的有效性都很重要。

员工还需要知道他们的活动与其他人的工作有何关联。这种了解对于认识问题或确定其原因和矫正措施很有必要。而且，他们需要知道哪些行为被看做是可以接受的和不可接受的。在那些备受瞩目的欺诈性报告的例子中，管理人员在实现预算的压力下，误报经营成果。在大量的这类实例中，没有人告诉这些人这种误报会违法或者不当。它强调了信息在一个组织内部如何沟通的关键性质。

那些每天处理关键经营问题的一线员工，通常处在认识到所发生的问题的最佳位置上，所以沟通渠道应该确保员工能够在各个业务单元、过程或职能机构之间平行地以及向上沟通基于风险的信息。例如，销售代表或账户经理可能会获悉重要客户对产品设计的需要，生产人员可能会意识到代价高昂的流程缺陷，而采购人员可能会面临来自供应商的不正当的诱惑。如果个人或单元被阻挠向其他人提供重要的信息，或者不具备提供信息的手段，就会发生信息障碍。员工可能会察觉重大的风险，但是不愿意或者不能够报告。

对于那些将要报告的信息，必须有畅通的沟通渠道和清晰的倾听意愿。员工必须相信他们的上级希望了解问题并且将会有效地处理它们。大多数管理人员清醒地认识到他们应该避免"打击报信者"。但是当陷入日常的压力之中时，他们可能不会接受给他们提出合理问题的人。员工很快就会获得说出口或不说出口的信号：上级没有时间或兴趣来处理他们所揭示的问题。综合这些问题，不会接受的管理人员就是最后一个知道沟通渠道实际上已经闭塞的人。

在大多数情况下，一个组织中的正常报告途径就是恰当的沟通渠道。但是，在一些情况下，如果正常的渠道不起作用，就需要单独的沟通途径来充当自动防故障机制。许多公司在董事会或审计委员会监督之外还提供，并且让员工知道，直接向首席内部审计师或法律顾问或其他能接近董事会的高层官员沟通的渠道，而法律和法规也日益呼吁公司建立这些机制。由于它的重要性，有效的企业风险管理需要这些替代的沟通渠道。没有畅通的沟通渠道和倾听的意愿，信息的向上流动就会被闭塞。

员工了解报告相关的信息不会遭到报复是十分重要的。存在鼓励员工报告对主体的行为守则的可疑违反的机制，以及对报告员工的对待方式，能够传达一个清楚的信息。

一套相关的和详尽的行为守则，辅以员工培训项目，以及持续的公司沟通和反馈机制，与高层管理当局的行为所树立的正确的范例一起，能够强化这些重要的信息。

其中最为关键的沟通渠道位于高层管理当局和董事会之间。管理当局必须让董事会了解最新的业绩、风险和企业风险管理的运行情况，以及其他的相关事项或问题。沟通越好，董事会就能越有效地履行其监督职责——在关键问题上为管理当局充当一个能发表意见的董事会，监控它的活动，并提供建议、劝告和指导。同样，董事会也应该沟通它对管理当局的信息需求，并提供反馈和指导。

2）外部

不仅在主体的内部需要恰当的沟通，与外部之间也是如此。通过畅通的外部沟通渠道，客户和供应商能够提供有关产品或服务的设计与质量的十分重要的信息，从而使一个公司能够关注变化中的客户需求或偏好。例如，客户或供应商有关发运、收货、账单或其他活动的投诉或查询通常能指出经营方面的问题，而且可能会指出欺诈性的或其他的不当做法。管理当局应该迅速认识到这些情况的含义，并且加以调查和采取必要的矫正措施，关注它们对财务报告和合规以及经营目标的影响。

有关主体的风险容量和风险容限的顺畅沟通十分重要，对于与其他主体通过供应链联系起来的主体或电子商务企业而言尤其如此。在这种情况下，管理当局要考虑如何使其风险容量和风险容限与它的商业伙伴相协调，以便确保它不至于通过它的伙伴不经意地承受过大的风险。

与利益相关者、监管者、财务分析师和其他外部方面的沟通提供了与他们的需求相关的信息，这样他们就能够快捷地了解主体所面临的情形和风险。这些信息应该是有意义的、中肯的和及时的，并且符合法律和监管的要求。

管理当局对与外部方面沟通的承诺——不管是公开的、随即的和密切追踪的，还是其他的，都能在整个组织中传递信息。

3）沟通的方式

沟通可以采取类似政策手册、备忘录、电子邮件、公告板通知、网络发布和录像带信息等方式。当信息在大型集会、小型会议或一对一会谈中以口头的形式传达时，发音的腔调和肢体语言强调了所说的内容。

管理当局与员工打交道的方式能传达强有力的信息。管理人员应该记住用行动说话胜过语言。而他们的行动又受到主体的历史和文化的影响，得益于过去对他们的导师如何处理类似情况的观察。

一个有着诚信经营的历史、其文化被整个组织中的人员充分理解的主体，可能会发现沟通信息并不困难。而没有这种传统的主体就需要在沟通信息的方式上倾注更多的努力。

10. 监　　控

【本章摘要】 对企业风险管理进行监控——随时对其构成要素的存在和运行进行评估。这些是通过持续的监控活动、个别评价或者两者相结合来完成的。持续监控发生在管理活动的正常进程中。个别评价的范围和频率主要取决于对风险的评估和持续监控程序的有效性。企业风险管理的缺陷被向上报告，严重的问题报告给高层管理当局和董事会。

一个主体的企业风险管理随着时间而变化。曾经有效的风险应对可能会变得不相关；控制活动可能会变得不太有效，或者不再被执行；主体的目标也可能变化。这些可能是由于新员工的到来、主体结构或方向的变化或者引入新流程所造成的。面对这些变化，管理当局需要确定企业风险管理的运行是否持续有效。

监控可以以两种方式进行：通过持续的活动或者个别评价。企业风险管理机制通常被安排来进行持续的自我监控，至少在某种程度上是这样的。持续监控的有效性程度越高，就越不需要个别评价。管理当局需要用来对企业风险管理的有效性形成合理保证的个别评价，其频率是一个管理当局的判断问题。在作这种决定的过程中，要考虑所发生的变化的性质和程度以及它们的相关风险，执行风险应对和相关控制的员工的能力和经验，以及持续监控的成效。通常，持续监控和个别评价的某种组合会确保企业风险管理在一定时期内保持其有效性。

持续监控包含于一个主体正常的、反复的经营活动之中。持续监控被实时地执行，动态地应对变化的情况，并且植根于主体之中。因此，它比个别评价更加有效。由于个别评价发生在事后，所以通过持续监控程序通常能够更迅速地识别问题。许多主体尽管有着良好的持续监控活动，也会定期对企业风险管理进行个别评价。感到需要经常性的个别评价的主体，应该集中精力去改进持续监控活动。

（1）持续监控活动

在正常的经营过程中，许多活动可以起到监控企业风险管理的有效性的作用。它们来自定期的管理活动，可能包括差异分析、对来自不同渠道的信息的比较，以及应对非预期的突发事件。

持续监控活动一般由直线式的经营管理人员或职能式的辅助管理人员来执行，以便对他们所接收的信息的含意予以深入考虑。通过关注关系、矛盾或其他的相应含意，他们提出问题并追查必要的其他员工，以确定是否需要矫正或采取其他措施。持续监控活动应与经营过程中的政策所要求执行的活动区分开来。例如，作为信息系统或会计程序所要求的步骤来执行的交易审批、账户余额调节以及验证主要文件的准确性，最好界定为控制活动。

专栏 10-1 包括持续监控活动的一些例子。

专栏 10-1

（1）管理人员复核经营报告，以此来对经营业务进行持续性地管理，可能会发现错误或对照预期结果的例外情况。例如，分部、子公司和公司层次的接触经营活动的销售、采购和生产管理人员能够质疑显著偏离他们的经营知识的报告。及时和完整的报告以及对这些例外情况的解决能够提高该过程的有效性。

（2）将用来评价潜在的市场波动对一个主体的财务状况的影响的风险价值模型中所报告的信息的变动，与所报告的财务性交易相关联，以便集中关注预期的关系。

（3）来自外部方面的沟通能确证内部生成的信息或指出问题。客户通过支付他们的账单，隐含地确证账单数据。相反，客户关于账单的投诉，可能会指出销售交易处理过程中的系统缺陷。同样，来自投资经理的关于证券利得、损失和收益的报告，能够确证或显示主体（或管理人员的）记录中的问题。一家保险公司对安全政策和惯例的复核，能够提供有关经营安全和合规表现方面的信息。

（4）监管者与管理当局就合规或反映企业风险管理运行的其他问题进行沟通。

（5）内部和外部审计师、顾问定期提供加强企业风险管理的建议。审计师可能把相当多的注意力集中在关键的风险和相关的应对以及控制活动的设计上。可能会确定潜在的缺陷，并向管理当局建议备选的措施，并辅以在作成本—效益决断中有用的信息。内部审计师或执行类似复核职能的人员可能对于监控一个主体的活动特别有作用。

（6）培训研讨会、计划编制会以及其他的会议向管理当局提供有关企业风险管理是否有效的重要的反馈。除了可能显示风险的特定问题之外，参与者的风险和控制意识通常也会变得更加明显。

（7）处在正常经营过程之中的管理人员与员工讨论诸如他们对主体的行为守则的理解、他们如何识别风险之类的问题，以及在与控制活动的运行相联系时所出现的问题。这些讨论能确认企业风险管理要素的正常运行，或显示需要注意的问题。

（2）个别评价

尽管持续监控程序通常能提供有关企业风险管理的其他构成要素的有效性的重要反馈，但是有时候采取一种新的思路直接关注企业风险管理的有效性可能是很有用的。它也能提供一个考察持续监控程序的持续有效性的机会。

1）范围和频率

企业风险管理评价的范围和频率各不相同，取决于风险的重大性以及风险应对和管理风险过程中的相关控制的重要性。优先程度较高的风险领域和应对往往更经常被评价。对企业风险管理整体的评价——一般比对特定局部的评估所需的频率更低，可能是由许多原因所促成的：主要的战略或管理当局更迭，收购或处置，经济或政治情况变化，或者经营或处理信息的方法的变更。当作出决定要对一个主体的企业风险管理采取全面评价时，应该将注意力引导到着眼于它在战略制定中以及相关的重大活动中的应用。评价的范围还将取决于要致力于战略、经营、报告和合规中的何种目标类别。

2）由谁来评价

评价通常采取自我评估的形式，负责一个特定单元或职能机构的人员决定针对他们的活动的企业风险管理的有效性。例如,一个分部的首席执行官指导对其企业风险管理活动的评价。他们亲自评估与战略选择和高层次目标以及内部环境要素相关的风险管理活动,而负责该分部的各项经营活动的人员评估与他们的职责范围有关的企业风险管理构成要素的有效性。直线式管理人员关注经营和合规目标,而分部的主计长则关注报告目标。高层管理当局结合公司其他分部的评价,来考虑该分部的评估情况。

内部审计师执行评估通常是他们的常规性职责的一部分,有时则是应高层管理当局、董事会或者子公司或分部管理层的特殊要求。同样,管理当局在考虑企业风险管理的有效性时,可以利用来自外部审计师的工作成果。在执行管理当局认为必要的任何评价程序时,都可以结合采用各种方式。

3) 评价过程

评价企业风险管理尽管方法或技术各不相同,但是应该利用其中固有的特定基础,把一套规程引入这个过程之中。

评价者必须了解所着眼的主体的每一项活动以及企业风险管理的每一个构成要素。首先关注企业风险管理是如何运行的——有时涉及诸如系统或程序设计,可能是有帮助的。

评价者必须确定系统实际上运行得怎么样。设计出来以特定的方式运行的程序随时可能会被修改以便以其他的方式运行,或者可能不再被执行。有时制定了新程序,但是那些讲述这些过程的人员并不知道,或者没有包含在可利用的文档之中。确定实际运行可以通过与执行或受到企业风险管理影响的人员进行讨论的方式来完成,也可以通过检查业绩记录的方式来完成,或者结合采用这些程序。

评价者分析企业风险管理过程的设计,以及所执行的测试的结果。这种分析要以管理当局针对每个构成要素所制定的标准为背景来进行,其最终目的在于确定该过程是否为相关的既定目标提供了合理保证。

4) 方法

有一系列评价方法和工具,包括核对清单、调查问卷和流程图技术。作为它们的评价方法的一部分,一些公司将它们的企业风险管理与其他主体相比较,或者以其他主体的企业风险管理作为标杆。例如,一个主体可能会对照那些因为拥有特别好的企业风险管理而著称的公司,来测度它的企业风险管理。可能会直接与另一家公司进行比较,或者在行业或产业协会的主导下进行比较。其他组织可能会提供比较的信息,而一些行业中的同业复核(peer review)职能机构能够帮助一家公司对照同业来评价它的企业风险管理。需要注意的是,在进行比较时,必须考虑到目标、事实和情况总是会存在差别。需要记住企业风险管理的所有八个构成要素,以及企业风险管理的固有局限。

5) 文档

一个主体的企业风险管理文档的范围因主体的规模、复杂性和类似因素而异。较大的组织通常有书面的政策手册、正式的组织结构图、书面的职位描述、操作指示、信息系统流程图以及诸如此类的东西。较小的主体一般文档也相对较少。企业风险管理的许多方面是非正式的和不成文的,但仍然正常地执行并且十分有效。对这些活动的测试可以采用与记入文档的活动相同的方式。企业风险管理没有记入文档的事实,并不表明它们没有效或者不能对它们进行评价。但是,适当水平的文档通常可以使评价更加有效和效率更高。

评价者可以决定记录评价过程本身,他们通常会利用关于主体企业风险管理的现有文档。一般会用其他文档以及对在评价过程中所执行的测试和分析的描述来加以补充。

如果管理当局打算针对企业风险管理的有效性编制一份给外部方面的报告，则应该考虑建立和保存文档以支持这个报告。如果这份报告后来遭到质疑，这些文档可能就很有用。

(3) 报告缺陷

一个主体的企业风险管理的缺陷可能会从多个来源表现出来，包括主体的持续监控程序、个别评价和外部方面。缺陷是企业风险管理之中值得注意的一种情况，它可能表示一个察觉到的、潜在的或实际的缺点，或者一个强化企业风险管理以便提高主体目标实现的可能性的机会。

1) 信息的来源

有关企业风险管理的缺陷的信息的最佳来源之一是企业风险管理自身。一个企业的持续监控活动，包括管理活动和对员工的日常监督，能够产生来自那些直接参与主体活动的人的认识。这些认识被实时地取得，它们能够提供对缺陷的快速认定。缺陷的其他来源是对企业风险管理的个别评价。由管理当局、内部审计师或其他职能机构执行的评价能够突显需要改进的领域。

外部方面经常提供有关主体企业风险管理运行的重要信息。它们包括客户、卖主和其他与主体开展业务的人、外部审计师以及监管者。应该仔细地考察来自外部来源的报告对企业风险管理的影响，并且应该采取适当的矫正措施。

2) 报告的内容

应该报告什么？尽管没有一个通用的答案，但是可以归结出一些特定的要素。

所有已经识别的影响一个主体制定和执行其战略以及设定和实现其目标的能力的企业风险管理缺陷，都必须报告给那些被安排来采取必要措施的人。所要沟通的问题的性质会因个人处理所发生的情况的权力以及监督者的监督活动而异。在考虑需要沟通什么时，有必要看看所发现的问题的含义。关键在于不仅要报告特定的交易或事项，而且要重新评价潜在的过失所属的程序。

可能有人认为没有任何问题会比调查它的毫无根据的含义更加无关紧要。例如，一名从小额备用现金中拿了几美元用于个人用途的员工，从这个特定事项的角度看可能并不重要，而且从整个备用现金数额的角度看可能也不重要。但是，这种明显的对私自使用主体金钱的宽恕，可能会向员工传递一个错误的信息。

除了缺陷以外，所识别的提高主体目标实现的可能性的机会也应该报告。

3) 向谁报告

在经营活动的进程中产生的信息通常通过正常的渠道报告给直接的上级。他们会顺次在组织中向上或横向沟通，以便使信息最终到达能够和应该采取行动的人员那里。还应该存在其他的沟通渠道，以便报告类似非法或不当行径等敏感信息。所发现的企业风险管理缺陷通常不仅应该报告给涉及的职能或活动的人员，而且还应该报告给该人员之上的至少一个层级的管理当局。这个较高层级的管理当局为采取矫正措施提供所需的支持或监督，并且要与组织中的其活动可能会受到影响的其他人员进行沟通。如果所发现的问题超出了组织边界，报告就也应该相应超出，并且直接呈交给足够高的层级，以确保采取适当的措施。

4) 报告指引

向适当的方面提供所需的有关企业风险管理缺陷的信息至关重要。应该制定规程,以便确定一个特定的层级为了有效地作出决策需要什么信息。

这些规程反映了一般的规则,管理人员应该收到那些影响他的职责范围之内的人员的行动或行为的信息,以及实现特定目标所需的信息。例如,一位首席执行官一般希望知悉对政策和程序的严重违反行为,并且还希望获得有关有重大财务影响或战略意义或者会影响主体的声誉的问题的支持性信息。

高层管理人员应该知悉影响他们的单元的风险管理和控制缺陷。例子包括具有特定货币价值的资产没有得到充分保护、员工的胜任能力欠缺或者没有正确地进行重要的财务调整等情形。从组织结构中越往下走,管理人员就应该越详细地知晓他们这个单元中的缺陷。

上级为下级规定报告规程。具体程度各不相同,通常在组织中的层级越低就越详细。尽管如果报告规程规定得太细致可能会制约有效的报告,但是如果具有足够的灵活性,那么就能改善报告。

向其沟通缺陷的方面有时会就应该报告什么提供具体的指引。例如,董事会或审计委员会可能仅仅要求管理当局或者内部、外部审计师沟通那些符合特定的严重性或重要性下限的缺陷。

11. 职 能 与 责 任

【本章摘要】 一个主体中的每个人都对企业风险管理负有一定的责任。首席执行官负有最终的责任,并且应该假设其拥有所有权。其他管理人员支持风险管理理念,促使符合其风险容量,并且在各自的职责范围内根据风险容限去管理风险。其他人员负责根据既定的指引和规程来实施企业风险管理。董事会提供对企业风险管理的重要监督。诸多外部方面经常提供对实现企业风险管理有用的信息,但是他们对主体企业风险管理的有效性并不承担责任。

企业风险管理由诸多方面实施,每一方面都有重要的职责。董事会(直接地或通过其下属委员会)、管理当局、内部审计师和其他人员都对风险管理作出重要的贡献。其他方面,例如外部审计师和监管机构,有时与风险评估和内部控制有关联。但是,作为一个主体的企业风险管理过程的一部分的方面与不属于该过程的方面之间存在着区别,尽管后者的行动能够影响该过程,或者能够帮助主体实现其目标。然而,直接或间接帮助一个主体实现其目标并不能使一个外部方面成为主体的企业风险管理的一部分,或者对其负责。

(1) 主体的人员

董事会、管理当局、风险官员、财务官员、内部审计师乃至一个主体中的每个人都对有效的企业风险管理有贡献。

1) 董事会

管理当局向董事会或提供监控、领导和指引的托管人(trustees)负责。通过选择管理当局,董事会对确定期望的诚信和道德价值观起着主要作用,而且通过它的监督活动,能够确定它的期望是否实现了。同样，通过在特定的关键决策上保留权力，董事会在制定战略、规划高层次的目标以及广义的资源配置方面发挥着作用。

董事会通过下列方式提供针对企业风险管理的监督：
① 了解管理当局在组织中建立有效的企业风险管理的范围；
② 知道并同意主体的风险容量；
③ 审核主体的风险组合观，并对照主体的风险容量对其进行考核；
④ 知悉最重大的风险以及管理当局是否恰当地应对。

董事会是内部环境要素的一部分，它必须有使企业风险管理有效所必需的构成和关注焦点。

有效的董事会成员是客观的、有能力的和好奇的。他们对主体的活动和环境有实际的了解，能够投入必要的时间来履行他们的董事会职责。他们根据需要利用资源来进行特别调查，并且与内部审计师、外部审计师和法律顾问有着畅通的和不受限制的沟通。

董事会可以利用下属委员会来行使他们的特定职责。委员会的采用和关注的焦点因主体而异，尽管通行的委员会是提名/治理、薪酬以及审计委员会，它们各自集中关注企业风险管理的不同要素。例如，提名委员会确定和考察预期的董事会成员的资格，而薪酬委员会则考核报酬体系的恰当性，平衡健康的激励计划和避免对操纵薪酬因子（drivers）的不必要的诱惑的需要。审计委员会在外部报告的可靠性方面起着直接的作用，而且必须识别与可靠的财务报告有关的关键风险。因此，董事会及其下属委员会是企业风险管理的重要组成部分。

2）管理当局

管理当局直接对一个主体的所有活动负责，包括企业风险管理。自然，不同层级的管理当局有着不同的企业风险管理职责。它们会因为主体特征的不同而有所区别，通常区别相当大。

在任何主体中，首席执行官（CEO）对企业风险管理有着最终所有者的责任。这种责任最为重要的方面之一是确保存在一个积极的内部环境。CEO比所有其他人员或职能机构的责任更大，能从最高层次设定影响内部环境因素和企业风险管理的其他构成要素的基调。CEO还能通过他在确定新的董事会成员以及在确定范例和致力于吸引或阻止董事会候选人等方面所具有的各种影响，来影响董事会。董事会职位的候选人在决定是否接受提名时，越来越密切地关注高层管理当局的诚信和道德价值观。潜在的董事还关注主体的企业风险管理是否具有确保其有效性所必需的诚信和道德价值观的重要基础。

首席执行官的责任包括恰当地建立企业风险管理的所有构成要素。CEO通常通过下列方式来实现这项职责：

① 为高级管理人员提供领导和指引。CEO与他们一起创建形成该主体企业风险管理基础的价值观、原则和主要的经营政策。CEO和关键的高级管理人员制定战略目标、战略和有关的高层次目标。他们还制定广义的政策，并构建主体的风险管理理念、风险容量和文化。他们针对主体的组织结构、关键政策的内容和沟通以及主体将要采用的计划和报告系统的类型采取行动。

② 定期与负责主要职能领域——销售、营销、生产、采购、财务、人力资源的高级管理人员进行会谈，以便对他们的职责，包括他们如何管理风险，进行核查。CEO获得对经营中固有的风险、风险应对和必要的控制改进以及现状和正在进行的了解。为了完成

这种职责，CEO 必须清楚地确定他所需要的信息。

利用这些了解，CEO 就可以根据主体的风险容量对活动和风险进行监控。如果变化的情形、新生的风险、战略执行或预期的行动显示出与风险容量潜在的不协调，CEO 将会采取必要的措施使其恢复协调一致，或者与董事会讨论需要采取的进一步行动或是否应该调整主体的风险容量。

掌管组织单元的高层管理人员有责任管理与其单元的目标相关的风险。他们将战略转变成经营，识别事项和评估风险，并影响风险应对。管理人员知道他们职责范围内企业风险管理构成要素的应用，以确保应用与风险容限相一致。从这个意义上讲，存在着职责的下移，每个执行官实际上就是他的职责上的 CEO。

高级管理人员通常将企业风险管理具体程序的责任赋予特定流程、职能机构或部门的管理人员。相应地，这些管理人员通常在谋划和执行着眼于单元目标的特定风险程序，例如事项识别和风险评估技术以及在确定应对；例如制定购买原材料或接纳新客户的规程方面发挥着更具实际操作性的作用。他们还对相关的控制活动提出建议，监控它们的应用，并与较高层级的管理人员会谈以报告控制活动的运行情况。

这可能涉及调查外部事项或情况、数据输入错误或者出现在例外报告上的交易，寻找部门费用预算差异的原因以及追踪客户拖欠订单或产品库存状况。对于重大问题，不管从属于一个特定的交易还是一个需要更大关注的迹象，都要在组织中向上沟通。

诸如人力资源、合规或法律等员工职能机构，在设计或塑造有效的企业风险管理的构成要素方面也起着重要的支持作用。人力资源职能机构可以设计和帮助执行有关主体的行为守则和通常牵涉到业务单元领导的其他广泛的政策问题的培训计划。法律职能机构为直线式管理人员提供影响经营政策的新法律或监管方面的信息，或者为合规官员提供有关设计好的符合法律或伦理要求的交易或规程的重要信息。

管理人员的职责应该既包括权力，也包含义务。每位管理人员应该就他分内的企业风险管理对上一个层级负责，而最终由 CEO 向董事会负责。尽管不同的管理层级有着不同的企业风险责任和职能，它们的行动应该融入主体的企业风险管理之中。

3）风险官员

一些公司建立了一个集中化的协调点来推动企业风险管理。一名风险官员，指的是一些组织中的首席风险官或风险管理人员与其他管理人员一道致力于在他们的职责范围内建立有效的企业风险管理。由首席执行官设立并且在其支持之下，风险官员拥有资源以帮助实现跨子公司、业务、部门、职能机构和活动的企业风险管理。风险官员可能有责任监控进展和协助其他管理人员在该主体中向上、向下或平行报告有关的风险信息。风险官员还可以作为一个补充的报告渠道。

一些公司把这项职能赋予其他的高级官员，例如首席财务官、总法律顾问、首席审计官或首席合规官，另一些公司则发现这项职能的和范围的幅度要求独立的职位设置和资源。

许多公司发现当清楚地确定其作为一个员工职能机构的职责时，这项职能最为成功，它为直线式的管理提供了支持和便利。要想使企业风险管理有效，直线式管理人员必须设定主要责任，并且负责管理他们各自领域内的风险。

风险官员的职责可能包括：

① 建立企业风险管理政策，包括确定职能与责任，以及参与设定执行目标；
② 确定各业务单元对于企业风险管理的权力和义务；
③ 提高整个主体的企业风险管理能力，包括推动企业风险管理专门技术的发展，以及帮助管理人员协调风险应对和主体的风险容限，并建立恰当的控制；
④ 指导企业风险管理与其他经营计划和管理活动的整合；
⑤ 建立一套通用的风险管理语言，包括围绕可能性和影响的共通的测度指标，以及通用的风险类别；
⑥ 帮助管理人员制定报告规程，包括定性和定量的下限，以及对报告过程的监控；
⑦ 向首席执行官报告进展和暴露的问题，并建议必要的措施。

4) 财务执行官

财务和主计岗位的执行官与他们的下属职员对于企业风险管理活动特别重要，他们的活动横向和上下贯穿于所有的经营和业务单元。这些财务执行官通常参与制定主体范围的预算和计划，他们通常从经营、合规和报告的角度追踪、分析业绩。这些活动通常是一个主体的核心或"法人"机构的一部分，但是他们一般也负有监控分部、子公司或其他单元活动的"虚线"（dotted line）职责。这样，首席财务官、首席会计官、主计长和财务职能机构的其他人员对于管理当局执行企业风险管理的方式至关重要。他们在防止和侦查欺诈性的报告中起着重要的作用，而且作为高层管理当局的一名成员，首席财务官帮助确立组织的伦理行为的基调，对财务报表负有主要责任，并且影响着公司报告系统的设计、执行和监控。

在考察企业风险管理的构成要素时，很明显首席财务官和他的下属员工起着重要的作用。这个人在制定目标、确定战略、分析风险和作出如何对影响主体的变化进行管理的决策时是一个关键的角色。他会提供有价值的投入和指引，而且其职责在于关注监控和追踪所决定的行动。

因此，首席财务官应该与其他职能机构的负责人平起平坐地参与决策。管理当局使他关注的面更狭窄，例如局限于财务报告和理财的主要领域的任何企图都会严重制约主体成功的能力。

5) 内部审计师

内部审计师在评价企业风险管理的有效性以及提出改进建议方面起着关键作用。内部审计师协会所制定的准则规定，内部审计的范围应该包含风险管理和控制系统。它包括评价报告的可靠性、经营的有效性和效率以及符合法律和法规。在履行这些职责时，内部审计师通过对主体企业风险管理的恰当性和有效性进行检查、评价、报告并提出改进建议，来协助管理当局和董事会或审计委员会。

内部审计师协会的准则还强调内部审计的适当作用，清楚地指出内部审计师应该对他们所审计的活动持客观的态度。这种客观性应该反映在他们在主体内的职位和权力以及恰当的内部审计人员配备上。在组织中的职位和权力涉及一系列问题，例如向一个拥有足够权力来确保恰当的审计涵盖范围、考虑事项和反应的人进行报告的途径；只有在董事会或审计委员会同意的前提下，才能选任和撤免首席审计官，能够接近董事会或审计委员会，以及追查所发现的情况和提出建议的权力。

6) 主体中的其他人员

企业风险管理在某种程度上是主体中所有人的责任，因此应该成为每个人的职位描述的一个明显的或隐含的部分。这可以从两个方面来证实：

① 事实上所有人员在实现风险管理中都起着某种作用。他们可能会生成在识别和评估风险中所利用的信息，或者采取其他实现企业风险管理所需的行动。对实施这些活动的关注直接影响着一个主体企业风险管理的有效性。

② 所有人员都有责任支持企业风险管理中所固有的信息与沟通流程。它包括向组织中的较高层级沟通任何经营中的问题、不符合行为守则或对政策的其他违反或非法行径。企业风险管理依靠牵制和制衡，包括职责的分离以及不会"睁一只眼，闭一只眼"（故意朝另一边看，looking the other way）的员工。员工应该了解抵抗来自上级的参与不当行为的压力的必要性，并且应该存在除正常报告途径之外的准许报告这些情形的渠道。

企业风险管理是所有人的事情，因而所有员工的职能与责任都应该被很好地界定和有效地沟通。

(2) 外部方面

许多外部方面都能对实现一个主体的目标作出贡献，有时所采取的行动是与主体内部所采取的行动相并行的。在其他的情况下，外部方面可能会提供对主体的企业风险管理活动有用的信息。

1）外部审计师

外部审计师为管理当局和董事会提供一个独特的、独立的和客观的看法，它有助于主体实现其对外财务报告目标以及其他目标。

在财务报表审计中，审计师就财务报表符合公认会计原则（GAAP）的公允性发表意见，从而有助于主体的对外财务报告目标。审计师进行财务报表审计，可以通过提供对管理当局履行其与风险管理有关的职责有用的信息，来进一步促成这些目标。这些信息包括：

① 审计所发现的问题、分析性信息以及对为实现既定目标所需行动的建议；

② 有关审计师所注意到的风险管理和控制的缺陷方面的发现，以及改进的建议。

这些信息常常不仅与报告有关，而且还与战略、经营和合规活动有关，并且能够对主体在所有的这些领域实现其目标作出重要的贡献。这些信息被报告给管理当局，以及取决于其重要性——董事会或审计委员会。

认识到这一点很重要：财务报表审计自身通常并不包括对企业风险管理的重大关注，因而并不是在所有的事项中审计师都能够最终对主体的企业风险管理形成意见。但是，在法律或法规要求审计师评价一家公司关于财务报告内部控制的认定以及这些认定的支持性依据的场合下，针对这些领域的审计工作的范围就会扩大，从而要获取额外的信息和保证。

2）立法者和监管者

立法者和监管者通过建立风险管理机制或内部控制的要求，或是通过对特定主体的检查，影响着许多主体的企业风险管理。许多相关的法律和法规主要针对财务报告风险和控制，尤其是适用于政府组织的那些财物报告也针对经营和合规目标。许多主体长期受制于对内部控制的法定要求。例如，美国的公众公司被要求建立和维持满足特定目标的内部会计控制系统。最近的立法要求公开上市公司的高管层证实公司财务报告内部控制的有效性，同时要求审计师鉴证。

几个监管机构直接对它们负有监督职责的主体进行检查。例如，联邦和州银行检查机构对银行进行检查，并且通常关注银行的风险管理和内部控制系统方面。这些机构提出建议并采取执法行动。

因此，立法者和监管者通过两种方式影响主体的企业风险管理：他们制定规则以促使管理当局确保风险管理和控制系统满足最低的法定或监管要求；以及根据对特定主体的检查，提供对主体应用企业风险管理有用的信息和建议，有时还向管理当局提供与所需的改进有关的指引。

3）与主体互动的各方

客户、卖主、商业伙伴和其他与一个主体开展业务的人，是企业风险管理活动中所使用的信息的一个重要的来源。信息可能是各种各样的，例如对新产品或服务的新生需求、发运或开单差异、质量问题或者超出诚信和伦理界限之外的员工行为。这些信息对于主体实现其战略、经营、报告和合规目标可能是极其重要的。主体必须具有接收这些信息的机制，并且采取适当的行动。所需的行动不仅包括着手处理所报告的特殊情形，而且还包括调查问题的根本来源并修正它。

除了客户和卖主之外，其他方面，例如债权人，也能够针对实现一个主体的目标提供监督。例如，一家银行可能会要求有关一个主体符合特定的债务条款的报告。它还可以推荐业绩指标或其他期望的目标或控制。

4）外包服务提供者

许多组织将业务职能外包，把它们的日常管理委托给外部的提供者。有时出于获取更高能力和更低成本的服务的目的，将行政、财务或内部业务外包。一家金融机构可能会把它的贷款复核过程外包给第三方，一家技术公司可能会把它的信息技术处理过程的运行和维护外包出去，而一家零售公司则可能会把它的内部审计职能外包出去。这些外部方面为了或代表主体来完成活动，管理当局不能放弃管理相关风险的职责，并且应该执行一项计划来监控这些活动。

5）财务分析师、债券评级机构和新闻媒体

财务分析师和债券评级机构考察与主体是否值得投资有关的许多因素。他们分析管理当局的战略和目标、历史财务报表和预计财务信息、为应对经济和市场情况而采取的行动、短期和长期成功的潜力，以及行业表现和同业比较。印刷和广播媒体，尤其是财经记者，也可能会进行类似的分析。

这些方面的调查和监控活动能够就其他人如何看待主体的业绩、主体所面临的行业和经济风险、可能会改善业绩的创新性经营或理财策略以及行业趋势提供见解。这些信息有时以该方面与管理当局面对面会谈的方式提供，或者通过为投资者、潜在的投资者和公众所作的分析间接地提供。无论在哪种情况下，管理当局都应该考虑那些可能会增进企业风险管理的财务分析师、债券评级机构和新闻媒体的观察和见解。

12. 企业风险管理的局限

【本章摘要】 不管设计和运行得多么好，有效的企业风险管理只能向管理当局和董事会提供有关主体目标实现的合理保证。目标的实现受到所有管理过程中固有的局限的影响。它们包括下列实际情况：决策过程中的人类判断可能有缺点，由于类似简单差错或错误等人类失败会导致故障的存在。此外，控制可能会通过两个或多个人的串通而被绕过，而且管理当局有能力凌驾于企业风险管理过程，包括风险应对决策和控制活动之上。另一个限制因素是需要考虑风险应对的相关成本与效益。

对于一些观察者而言，企业风险管理，包含嵌入的内部控制，能够确保一个主体不会失败。也就是说，该主体总是会实现其目标。这种观点具有误导性。

在考察企业风险管理的局限时，应该认清三个不同的概念：

第一，风险与未来有关，而未来本来就具有不确定性。

第二，企业风险管理，有效的企业风险管理针对不同的目标在不同的层次上运行。对于战略和经营目标而言，企业风险管理仅仅能够帮助确保管理当局以及起监督作用的董事会及时地认识到该主体朝着实现这些目标前进的程度。但是它甚至不能为目标本身的实现提供合理保证。

第三，企业风险管理不能对任何一类目标提供绝对保证。

第一个局限表明没有人能够准确地预测未来。第二个表明特定的事项完全在管理当局控制的范围之外。第三个与一个事实有关，即没有任何一个过程能总像预期的那样。

合理保证并不意味着企业风险管理经常会失败。许多因素单独或一起强化了合理保证的概念。满足多重目标的风险应对的累积影响和内部控制的多目标属性降低了主体不能实现其目标的风险。此外，正常的日常经营活动和在组织中不同层次上运行的人员的责任都以实现主体的目标为目的。事实上，在控制良好的主体的典型样本中，很可能大多数都将定期地被告知朝着它们的战略和经营目标迈进的情况，将会正常地实现其合规目标，并且一贯地——期复一期，年复一年地生成可靠的报告。但是，仍然可能会发生不可控制的事项、错误或不当报告事件。换句话说，即使是有效的企业风险管理也会遭遇失败。合理保证并不是绝对保证。

(1) 判断

企业风险管理的有效性受到经营决策中的人类过失这个事实的局限。决策必须在可利用的时间内、根据所掌握的信息、在经营行为的压力之下通过人类判断来作出。根据事后的剖析，后来可能会发现一些决策所导致的结果比预期的要差，而且可能需要变动。

(2) 故障

设计良好的企业风险管理也可能会失效。员工可能会误解指令。他们可能会作出错误的判断。或者，他们会因为粗心、分心或疲劳而犯错误。一名负责调查例外事项的会计部门监督者完全可能会忘记追查到底，或者没能将调查深入到足以作出适当矫正的程度。代替休假或生病员工行使控制职责的临时性人员，可能没有正确地履行职责。系统变更可能在对员工进行培训使其能够对不正确的运行作出恰当反应之前就已经实施。

(3) 串通

两个或更多人的串通行为可能会导致企业风险管理失败。多人集体犯错和隐藏某项行动以防止侦查，通常会改变财务数据或其他管理信息，使其不能被企业风险管理过程所识别。例如，执行一项重要的控制职能的员工可能会与客户、供应商或其他员工串通。在另一个层次上，几个不同层级的销售或分部管理人员可能会串通起来绕过控制，以便使所报告的成果达到预算或激励目标。

(4) 成本与效益

就像在风险评估节中所讨论的那样，资源总是有约束的，因而主体必须考虑决策的相关成本和效益，包括那些与风险应对和控制活动相关的决策。

在确定是否应该采取一项特别的行动或建立控制时，在考虑失败的风险和对主体潜在影响的同时，还应该考虑相关的成本。例如，对于一家公司而言，如果生产过程中所采用的原材料成本很低、材料并不是容易腐烂的、存在现成的供应渠道并且有可以利用的储存空间的话，安装一套复杂的存货控制系统去监控原材料水平可能就不值得。

对于执行事项识别和风险评估能力以及相关的应对与控制活动的成本与效益，以不同的精确度水平进行测度，它通常因主体的性质而异。挑战在于寻求恰当的平衡。正是由于不应该把有限的资源配置到低于重大风险的地方，所以过分的控制使成本高昂而且难以奏效。客户通过电话下订单，就不能忍受太繁琐或旷日持久的订单接受程序。一家让有信誉的潜在借款人"饱经磨炼"（jump through hoops）的银行，将不会放出太多的新贷款。另一方面，太少的控制会导致过度的不良债务风险。在高度竞争的环境中，需要一个适当的平衡。并且尽管很困难，也要继续作成本—效益决策。

(5) 管理当局凌驾

企业风险管理不可能比负责其运行的人员更加有效。即使在有效管理和控制的主体——具有高度的诚信和风险与控制意识、可供选择的沟通渠道以及具有适当的治理程序的积极的和见多识广的董事会之中，管理人员依然可能凌驾于企业风险管理之上。没有任何管理或控制系统是毫无缺点的，而那些有犯罪企图的人将会乘机破坏系统。但是，有效的企业风险管理将会提高主体防止和侦查凌驾行为的能力。

这里使用"管理当局凌驾"（management override）这个术语来表示为了非法的目的，例如个人利益或对一个主体的财务情况或合规状况作出夸大的陈述，而破坏规定的政策或程序。一个分部或单元的管理人员，或者高层管理当局的成员可能由于许多原因而凌驾企业风险管理：为了提高所报告的收入以便弥补未曾预料到的市场份额的下滑；为了提高所报告的盈利以便达到不切实际的预算；为了在公开发行或销售前抬高主体的市场价值；为了满足销售或盈利预期以便支撑与业绩挂钩的奖金支付或股票期权价值；为了从表面上掩盖对债务协议条款的违反；或者为了隐瞒不太符合法定要求的行为。凌驾行为包括有预谋地向银行家、律师、审计师和卖主作错误陈述，以及故意开出错误的凭证，例如购买订单或销售发票。

不应该把管理当局凌驾与管理当局干预（Management intervention）相混淆，后者表示管理当局为了合法的目的而偏离规定政策或程序的行为。在处理非重复性和非标准交易或事项时，管理当局干预是有必要的，否则就可能会处理不当。因为在设计任何程序时都不可能预料到每一项风险和每一种情况，所以有必要为管理当局干预留有余地。管理当局的干预行为一般是公开的，并且通常会加以记录或者披露给适当的人员。凌驾行为一般出于掩盖该行为的企图而不予记录或披露。

13. 该做些什么

作为本报告的一个成果，可能要采取的行动取决于所涉及的方面的地位和作用。

(1) 董事会成员：董事会成员应该与高层管理当局讨论主体企业风险管理的状况，并提供必要的监督。董事会还应该确保主体的企业风险管理机制能够提供对与战略和目标有关的最重大的风险的评估，包括管理当局正在采取什么行动，以及它是怎样致力于对企业风险管理进行监控的。董事会应该向内部审计师、外部审计师和咨询人员寻求帮助。

(2) 高层管理当局：本项研究建议首席执行官应该评估主体的企业风险管理能力。利用本框架，CEO 与关键的运营和财务执行官一起，能够将注意力集中到所需的地方。在同一种思路下，首席执行官把业务单元领导和关键职能机构员工召集到一起，来讨论对企业风险管理能力和有效性的初步评估。不管采取什么方式，初步评估应该确定是否需要以及如何进行一个更广泛、更深入的评价。它还应该确保有恰当的持续监控过程。评价企业风险管理所花费的时间代表着一项投资，而且能够提供较高的回报。

(3) 主体中的其他人员：管理人员和其他员工应该考虑怎样按照本框架来履行他们的企业风险管理职责，并与更高层的人员讨论加强企业风险管理的想法。内部审计师应该考虑他们关注企业风险管理的范围。

(4) 监管者：在它能实现什么，以及"合理保证"这个概念意味着什么和应该怎样运用方面，对企业风险管理的期望千差万别。本框架能够促成一个普遍认同的风险管理观念，包括它能做什么以及它的局限。监管者可以参照本框架去针对他们所监督的主体建立期望，不管是通过规则还是指南或实行检查。

(5) 专业组织：提供财务管理、审计和有关方面的指南的规则制定机构和其他专业组织，应该根据本框架去考量它们的准则和指南。概念和术语分歧的程度如果能消除，所有各方都将获益。

(6) 教育机构：应该针对本框架进行学术研究和分析，以便了解哪些地方可以作进一步的改进。假设本报告能够被认可为一个理解的共同基础，它的概念和术语应该设法进入大学的课程之中。

我们相信本报告带来了许多好处。有了这个相互了解的基础，所有各方将能够说共同的语言和更加有效地沟通。企业经理人员将能按照一套标准去评估企业风险管理过程，并加强这个过程，使他们的企业朝着既定的目的迈进。进一步的研究可以在既定的基础之上推进。将能增进立法者和监管者对企业风险管理、它的好处、它的局限的了解。通过所有各方利用一套共通的企业风险管理框架，这些集合和强化的好处将会得以实现。

附录 A 目 标 与 方 法

2001 年秋天，Treadway 委员会的发起组织委员会（the Committee of Sponsoring Organizations of the Treadway Commission，COSO）发起了一项旨在帮助组织管理风险的研究。尽管关于这个主题有丰富的文献，COSO 还是断定有必要通过这项研究设计建立一套框架和相关的应用技术。普华永道（PricewaterhouseCoopers）接受委托开展了这个项目，最终形成了本报告，即《企业风险管理——整合框架》。

本框架的这一卷定义了风险和企业风险管理，提供了易于理解的企业风险管理框架的基础性定义、概念、目标类别、构成要素和原则。它为公司和其他组织确定如何改进它们的企业风险管理提供了指导，提供背景并促进其在现实世界中的应用。这份文件还旨在为主体用来确定它们的企业风险管理是否有效以及如果无效应该如何使其有效提供依据。

《应用技术》那一卷与本框架直接相关。它提供了对风险管理技术的讲解，这些技术能够适用于公司和其他组织的不同层次——企业、业务线以及个别程序或职能机构，以及支持渐进式的或转型式的改进。

由于读者的不同需要，我们从不同规模的组织的公司执行官那里获取信息，包括不同行业中的公众和私人公司，以及政府机构。这些执行官包括公司首席执行官、首席财务官、首席风险官、主计长、内部审计师，以及立法者、监管者、律师、外部审计师、咨询师、学者和其他人士。

在整个项目的过程中，项目组得到了 COSO 委员会的一个咨询理事会的建议和咨询。该咨询理事会由高级财务管理、内部和外部审计以及学术界的人士组成，定期与项目组以及 COSO 委员会成员会谈，以便评审项目计划、进展和本框架的草稿，并处理相关的问题。在项目的重要关头，咨询理事会和项目组与 COSO 委员会进行了沟通。

本项研究所采用的方法旨在产生一份符合既定目标的报告。项目包括 5 个阶段：

1. 评估

项目组通过文献回顾、调查问卷和研讨会等方式评估了风险管理模型的现状，以便从风险管理的全部范围内搜集相关信息。这个阶段包括分析信息、比较和对照概念性的与实际的风险管理理念和规程、了解使用者的需要以及识别关键的问题和关注点。

2. 构思

项目组创建了一个初步的企业风险管理框架的概念模型，并建立了一个初步的工具清单作为应用研究的基础。利用个性化的意见征询技术，项目组针对关键的使用者和各方利益相关者测试了这些概念，并根据反馈优化了这个概念模型。

3. 构建和设计

利用优化的概念模型作为一个蓝本，项目组建立了框架，包括定义、目标类别、构成要素、原则、基本架构和管理背景，以及相关的讨论。这个阶段还包括设计开发应用技术的构造和方法。框架草案和应用技术设计都由关键使用者和各方利益相关者进行评议，以搜集反馈和改进建议。

4. 准备公开征求意见

在这个阶段，项目组优化了框架，进一步开发了应用技术，并与提供了评价和效用方面反馈的几家公司的执行官们一起对此技术进行了评论。

5. 定稿

这个阶段包括发布框架的这一卷，在 90 天的评论期内公开征求意见，并针对选定的公司实地测试了本框架。针对收到的意见，项目组对它们进行了评论与分析，确定了所需的修改。项目组完成了本框架和《应用技术》卷，并向 COSO 咨询理事会和 COSO 委员会提交了最终的文稿，以供审核和采纳。

作为这个过程的一部分，项目组仔细考虑了收到的所有信息，包括已经存在的其他框架。所参考的一些已出版的原始资料的清单包含在参考文献中。正如人们可能会料想到的那样，在项目的一个阶段内以及不同的阶段之间，针对基本问题发表了许多不同的有时甚至是对立的看法。项目组在 COSO 咨询理事会和委员会的监督下，认真考虑了个别地和从相关问题的背景下所提出的看法的优点，吸收了那些有助于开发一套相关的、合乎逻辑的并且内在一致的框架的意见。咨询理事会和 COSO 委员会完全支持并已经批准了从这个过程中所得出的框架。

附录 B　关键原则摘要

下面摘录了企业风险管理的八个构成要素中所固有的关键原则，这个附录并不旨在准确或完整地体现本框架中所列举的原则。

1. 内部环境

（1）风险管理理念

1）主体的风险管理理念代表着决定主体如何考虑所有活动中的风险的共同的信念和态度；

2）它反映了主体的价值观，影响它的文化和经营风格；

3）它影响着如何应用企业风险管理的构成要素，包括如何识别事项、所承受的风险的类型，以及如何对它们进行管理；

4）它被很好地确立和理解，并为主体的员工所信奉；

5）它体现在政策描述、口头和书面沟通以及决策之中；

6）管理当局不仅通过语言而且通过日常行动来强化这种理念。

（2）风险容量

1）主体的风险容量反映了主体的风险管理理念，并且影响着文化和经营风格；

2）它在战略制定的过程中予以考虑，使战略与风险容量相协调。

（3）董事会

1）董事会是积极的，它拥有一定程度的管理、技术和其他专长，并且具有履行其监督职责所需的思维方式；

2）它准备质疑和仔细审查管理当局的活动，提出不同的观点，以及在遇到不当行为时采取行动；

3）独立的外部董事至少占多数；

4）它提供对企业风险管理的监督，并且知道和同意主体的风险容量。

（4）诚信与道德价值观

1）主体的行为准则反映了诚信和道德价值观；

2）道德价值观不仅通过明确指南来进行沟通，而且是与其共存的；

3）诚信和道德价值观通过正式的行为守则予以沟通；

4）向上的沟通渠道存在于员工感觉带来相关信息很舒服的地方；

5）对于违反守则的员工进行处罚，鼓励员工报告可疑的违反行为的机制，并针对有意不报告违反行为的员工采取惩戒措施；

6）诚信和道德价值观通过管理当局的行动和他们树立的榜样予以沟通。

（5）对胜任能力的要求

1）主体中的人员的胜任能力反映完成指定任务所需的知识和技能；

2）管理当局要协调胜任能力和成本。

（6）组织结构

1) 组织结构界定职责和责任的关键范围；
2) 它确立了报告的途径；
3) 确定组织结构要考虑主体的规模和活动的性质；
4) 它使有效的企业风险管理成为可能。

(7) 权力和职责的分配

1) 权力和职责的分配确定了个人及团队被授权和鼓励采取行动去处理问题与解决问题的程度，它还为权力提供了限制；
2) 分配确立了报告关系和授权规程；
3) 描述恰当经营实务的政策，关键员工的知识和经验，以及相关的资源；
4) 个人知道他们的行动是如何相互关联的以及对实现目标的贡献。

(8) 人力资源准则

1) 针对雇用、定位、培训、评价、指导、晋升、薪酬和补偿措施的准则，推动期望的诚信水平、道德行为和胜任能力；
2) 惩戒措施传递对期望行为的违反将不会被宽宥的信息。

2. 目标设定

(1) 战略目标

1) 主体的战略目标确立了联结和支持其使命/愿景的高层次目的；
2) 它们反映管理当局在主体将如何寻求为它的利益相关者创造价值方面的战略选择；
3) 管理当局识别与战略选择相关的风险，并考虑它们的影响。

(2) 相关目标

1) 相关目标支持选定的目标并与其相协调，与主体的所有活动有关；
2) 各个层次的目标与组织中逐渐下推的更加具体的目标相关联；
3) 目标被充分理解和可计量；
4) 它们与风险容量相协调。

(3) 选定的目标

管理当局通过一个过程来使战略目标与主体的使命协调一致，并确保战略目标和相关目标与主体的风险容量相符。

(4) 风险容量

1) 主体的风险容量是战略制定过程中的一个指向标；
2) 它引导资源配置；
3) 它联结组织、人员、流程和基础结构。

(5) 风险容限

1) 风险容限是可计量的，最好运用与相关目标相同的单位；
2) 它们与风险容量相协调。

3. 事项识别

(1) 事项

1) 管理当局识别影响战略执行或目标实现的潜在事项——那些可能具有正面或负面影响、或者二者兼有的事项；
2) 即使是发生的可能性比较低的事项，如果对实现一个重要目标的影响很大，也要予以考虑。
　　(2) 影响因素
　　1) 管理当局认识到了解外部和内部因素以及由此可能产生的事项的类型的重要性；
　　2) 要识别主体和活动层次的事项。
　　(3) 事项识别技术
　　1) 所采用的技术既要着眼于过去，也要着眼于未来；
　　2) 管理当局选择适合其风险管理理念的技术，并确保主体形成所需的事项识别能力；
　　3) 事项识别是强有力的，为风险评估和风险应对要素打下基础。
　　(4) 相互依赖性
　　管理当局要了解事项是如何彼此关联的。
　　(5) 区分风险与机会
　　1) 有着负面影响的事项代表着风险，管理当局应予评估和应对；
　　2) 代表着机会的事项被反馈到管理当局的战略或目标制定过程中。

4. 风险评估

在评估风险的过程中，管理当局要考虑预期的和非预期的事项。
　　(1) 固有风险和剩余风险
　　1) 管理当局要评估固有风险；
　　2) 风险应对一旦确立，管理当局就要考虑剩余风险。
　　(2) 估计可能性和影响
　　1) 从可能性和影响两个方面对潜在的事项进行评价；
　　2) 在评估影响的过程中，管理当局通常采用与该目标所采用的计量单位相同的或适合的计量单位；
　　3) 用来评估风险的时间范围应该与相关战略和目标的时间范围相一致。
　　(3) 评估技术
　　1) 管理当局采用定性和定量相结合的技术；
　　2) 该技术支持对风险的复合评估。
　　(4) 事项之间的关系
　　如果事项之间存在着相互关联，或者事项相互结合和相互影响，管理人员应当把它们放在一起评估。

5. 风险应对

在应对风险的过程中，管理当局在风险回避、降低、分担和承受之间进行考虑。
　　(1) 评价可能的应对
　　1) 用实现剩余风险与主体的风险容限相协调的程度对应对进行评价；
　　2) 在评价风险应对的过程中，管理当局要考虑它们对可能性和影响的效果；
　　3) 管理当局要考虑它们的成本与效益，以及新的机会。
　　(2) 选定的应对
　　1) 管理当局所选定的应对旨在使预期的风险可能性和影响处于风险容限之内；
　　2) 管理当局要考虑一项应对可能导致的额外风险。
　　(3) 组合观

1）管理当局要从整个主体范围即组合的角度考虑风险；
2）管理当局要确定主体的剩余风险是否与它的总体风险容量相称。

6. 控制活动

（1）与风险应对相结合

1）管理当局识别所需的控制活动以帮助确保风险应对被恰当地和及时地实施；
2）对控制活动的选择或复核包括考虑它们对于风险应对和相关目标的相关性和恰当性；
3）在选择控制活动的过程中，管理当局要考虑控制活动是如何相互关联的。

（2）控制活动的类型

管理当局从多种类型的控制活动中进行选择，包括预防性的、侦查性的、人工的、计算机的和管理控制。

（3）政策与程序

1）政策被仔细地、认真地和一贯地执行；
2）在执行程序时要敏锐地、持续地关注政策所针对的情况；
3）调查被确定为程序的结果及情况，并采取适当的矫正措施。

（4）针对信息系统的控制

执行适当的一般控制和应用控制。

7. 信息与沟通

（1）信息

1）从内部和外部来源获取相关的信息；
2）主体获取和利用支持有效的企业风险管理所需的历史和当前数据；
3）信息基础结构把原始数据转换成帮助员工履行他们的企业风险管理和其他职责的相关信息；信息以可归责的、可充分利用的以及与界定的责任，包括识别、评估和应对风险的需要相关联的深度、形式和时机予以提供；
4）原始资料数据和信息是可靠的，并且及时地在正确的场所提供以确保有效地作出决策；
5）信息流动的及时性与主体的内部和外部环境变化的程度相一致；
6）信息系统作必要的变化以支持新的目标。

（2）沟通

1）管理当局提供着眼于行为期望和员工职责的具体的和指导性的沟通，包括对主体的风险管理理念和方法的清楚表述以及权力的明确授予；
2）有关与期望的文化相协调并支撑其过程和程序的沟通；
3）所有员工收到来自高层管理当局的关于企业风险管理必须严格执行的信息；
4）员工知道他们的活动如何与其他人的工作相关联，从而使他们能够认识问题、确定原因并采取矫正措施；
5）员工知道什么被看做是可接受的和不可接受的行为；
6）有畅通的沟通渠道和倾听的意愿，并且员工相信他们的上级真的希望了解问题并将有效地处理它们；
7）存在正常的报告途径之外的沟通渠道，而且员工了解不会有针对报告相关信息的报复行为；

  8) 在高层管理当局和董事会之间存在畅通的沟通渠道，从而使恰当的信息被及时地沟通；

  9) 存在畅通的外部沟通渠道，客户和供应商能够通过它们提供重要的信息；

  10) 主体向监管者、财务分析师和其他外部方面沟通相关的信息。

8. 监控

管理当局通过持续监控活动或个别评价或者两者的结合来确定企业风险管理的运行是否继续有效。

（1）持续监控活动

1) 监控活动包含在主体的正常的、反复的经营活动之中，在正常的业务经营过程中加以执行；

2) 它们被实时地执行，并且动态地对变化的情况作出反应。

（2）个别评价

1) 个别评价直接关注企业风险管理的有效性，并提供了一个考察监控活动的持续有效性的机会；

2) 评价者了解所着眼的主体的各项活动和企业风险管理的各个构成要素；

3) 评价者以管理当局的既定标准为背景来分析企业风险管理的设计和所执行的测试的结果，以确定企业风险管理是否针对规定的目标提供了合理保证。

（3）报告缺陷

1) 对于从内部和外部来源所报告的缺陷，要仔细地考虑它们对企业风险管理的影响，并采取恰当的矫正措施；

2) 所有已识别的影响主体制定和执行其战略及实现其既定目标的能力的缺陷都要报告给那些被安排来采取必要措施的人员；

3) 不仅要调查和矫正所报告的交易或事项，而且还要重新评价潜在的过失所属的程序；

4) 制定规程以确定一个特定的层级为了有效地作出决策需要什么信息。

9. 职能与责任

（1）董事会

1) 董事会知道管理当局在组织中建立有效的风险管理的程度；

2) 知道并同意主体的风险容量；

3) 审核风险组合观并对照风险容量对其进行考虑；

4) 知悉最重大的风险以及管理当局是否在恰当地应对。

（2）管理当局

1) 首席执行官最终对企业风险管理负责；

2) 确保存在积极的内部环境，并且企业风险管理的所有构成要素都存在；

3) 掌管组织中各单元的高级管理人员负责管理与他们所在的单元的目标相关的风险；

4) 指导企业风险管理的应用，以确保应用与风险容限相一致；

5) 每位管理人员都就他们在企业风险管理中的那一部分对更高一个层级负责，而CEO最终对董事会负责。

(3) 主体中的其他人员

1) 企业风险管理是每个人的职位描述中的一个明显的或隐含的部分；

2) 员工了解抵抗来自上级的参与不当行为的压力的需要，并且在正常的报告途径之外有可利用的报告这种情形的渠道；

3) 所有员工的企业风险管理职能与责任都被很好地界定和有效地沟通。

(4) 与主体互动的各方

1) 存在从与主体互动的各方获取相关信息并采取恰当措施的机制；

2) 措施不仅包括致力于所报告的特定情形，而且还包括调查问题的根本原因并对其进行修正；

3) 对于外包出去的活动，管理当局要执行一项计划以监控这些活动；

4) 管理当局要考虑那些可能会增进企业风险管理的财务分析师、债券评级机构和新闻媒体的观察和见解。

附录 C 《企业风险管理——整合框架》与《内部控制——整合框架》之间的关系

1992 年，Treadway 委员会的发起组织委员会（the Committee of Sponsoring Organizations of the Treadway Commission）发布了《内部控制——整合框架》，它为内部控制构建了一个框架，并提供了企业和其他主体可能用来评价它们的控制系统的评价工具。该框架界定和讲述了有效的内部控制所需的五个相互关联的构成要素。

《内部控制——整合框架》把内部控制定义为由一个主体的董事会、管理当局和其他人员实施的、旨在针对实现以下类型的目标提供合理保证的一个过程：

(1) 经营的有效性和效率；

(2) 财务报告的可靠性；

(3) 符合适用的法律和法规。

这个附录概要讲述内部控制框架和企业风险管理框架之间的关系。

1. 比内部控制更广泛

内部控制被涵盖在企业风险管理之内，是其不可分割的一部分。企业风险管理比内部控制更广泛，拓展和细化了内部控制，以便形成一个更全面地关注风险的更加强有力的概念提炼。《内部控制——整合框架》本身对于那些着眼于内部控制的主体和其他方面仍旧有效。

2. 目标的类别

《内部控制——整合框架》明确了三类目标——经营、财务报告和合规。企业风险管理明确了三个类似的目标类别——经营、报告和合规。内部控制框架中的报告被定义为与公开的财务报表的可靠性有关。在企业风险管理框架中，报告被大大地拓展为包含主体所编制的所有报告，遍及对内报告和对外报告。它们包括管理当局内部使用的报告，以及那些发布给外部方面的报告，包括监管申报材料和给其他利益相关者的报告。并且，范围从财务报表拓展为不仅包含更加广泛的财务信息，而且还包含非财务信息。

《企业风险管理——整合框架》增加了另一类目标，即战略目标，它处于比其他目标更高的层次。战略目标来自一个主体的使命或愿景，因而经营、报告和合规目标必须与其相协调。企业风险管理应用在战略制定以及朝着实现其他三类目标迈进的过程中。

企业风险管理框架引入了风险容量和风险容限的概念。风险容量是一个主体在追求其使命/愿景的过程中所愿意承受的广泛意义的风险的数量。它在战略制定和相关目标的选择中起到指向标的作用。风险容限是相对于目标的实现而言所能接受的偏离程度。在确定风险容限的过程中，管理当局考虑相关目标的相对重要性，并使风险容限与风险容量相协调。在风险容限以内经营为管理当局提供了关于主体保持在它的风险容量之内的更大的保证，进而就主体将会实现其目标提供了更高程度的慰藉。

3. 组合观

内部控制框架中没有预期到的一个概念是风险的组合观。除了在分别考虑实现主体目标的过程中关注风险之外，还有必要从"组合"的角度考虑复合风险。

4. 构成要素

通过更多地关注风险，企业风险管理框架拓展了内部控制框架的风险评估要素，创造了四个构成要素——目标设定（它在内部控制中是先决条件）、事项识别、风险评估和风险应对。

5. 内部环境

在讨论环境要素时，企业风险管理框架讨论了一个主体的风险管理理念，它是决定一个主体如何考虑风险、反映其价值观并影响其文化和经营风格的一系列共同的信念和态度。如前所述，本框架包含了一个主体的风险容量这个概念，它由更具体的风险容限所支撑。

由于董事会及其组成的突出重要性，企业风险管理框架拓展了内部控制框架中至少要有多名独立董事的呼吁——即至少要有两名独立董事，指出为了使企业风险管理有效，董事会中必须有至少占多数的独立外部董事。

6. 事项识别

企业风险管理和内部控制框架都承认风险发生在主体的各个层次上，并且来源于许多内部和外部因素。而且，两个框架都以对目标实现的潜在影响为背景来考虑风险识别。

企业风险管理框架讨论潜在事项的概念，将事项定义为影响战略执行或目标实现的从内部或外部所发生的事故或事件。有着正面影响的潜在事项代表机会，而那些有着负面影响的则代表风险。企业风险管理涉及运用那些既考虑过去和新生的趋势、也考虑是什么引发了该事项的技术的组合来识别潜在的事项。

7. 风险评估

尽管内部控制和企业风险管理框架都要求从一个给定的风险将会发生的可能性和它的潜在影响的角度来评估风险，但是企业风险管理框架建议透过一个更敏锐的视角来观察风险评估。要从固有的和剩余的风险的角度，最好采用与为和该风险相关的目标而构建的计量单位相同的单位来表述风险。时间范围应该与主体的战略和目标相一致，而且如果可能的话，应该与可观测的数据相一致。企业风险管理框架还要求关注相互关联的风险，它反映了一个单独的事项可能会怎样产生多重风险。

如前所述，企业风险管理包含了管理当局树立主体层次的组合观的需要。负责业务单元、职能机构、流程或其他活动的管理人员建立了对各自单元的风险的复合评估，主体层次的管理当局就能够从"组合"的角度去考虑风险。

8. 风险应对

企业风险管理框架确定了四类风险应对——回避、降低、分担和承受。作为企业风险管理的一部分，管理当局从这些类别中考虑潜在的应对，并以达到与主体的风险容限相协调的剩余风险水平为目的来考虑这些应对。个别或整体地考虑了对风险的应对之后，管理当局要考虑整个主体范围内风险应对的累积效果。

9. 控制活动

两个框架都引入了控制活动，以帮助确保管理当局的风险应对得以实施。企业风险管理框架明确地指出，在某些情况下控制活动本身也起到了风险应对的作用。

10. 信息与沟通

企业风险管理框架拓展了内部控制的信息与沟通要素，强调对来自过去、现在和潜在的未来事项的数据的关注。历史性数据使主体得以对照目标、计划和期望来追踪实际的业绩，并提供关于主体在不同的条件下在过去期间的表现方面的认识。现在或当前状况下的数据提供了重要的补充信息，而有关潜在的未来事项的数据和基本要素使信息分析更加完善。信息基础结构获取和搜集与主体识别事项、评估和应对风险以及保持在其风险容量范围之内的需要相符的时间范围和详细程度的数据。

内部控制框架中有关在正常的报告途径之外的其他沟通渠道的存在性的讨论，在企业风险管理框架中更受强调，后者指出有效的风险管理需要这种渠道。

11. 职能与责任

两个框架都集中关注作为内部控制和企业风险管理的一部分或为其提供重要信息的不同方面的职能与责任。企业风险管理框架描述了风险官员的职能与责任，并扩充了主体的董事会的职能。

附录 D 术 语

应用控制（application controls）——为了帮助确保信息处理的完整性和准确性而设计的应用软件中的设定程序和相关的人工程序。例子包括对输入数据的电脑化编辑核对、数字序列核对和追查例外报告中所列示项目的人工程序。

合规（compliance）——与"目标"联用：必须致力于遵守主体所适用的法律和法规。

构成要素（component）——企业风险管理有八个构成要素：主体的内部环境、目标设定、事项识别、风险评估、风险应对、控制活动、信息与沟通，以及监控。

控制（control）——（1）一个名词，表示一个项目，例如存在一项控制——属于内部控制的一部分的一项政策或程序。控制可能存在于八个构成要素的任何一个之中。（2）一个名词，表示一种状态或情形，例如实现控制——用来进行控制的政策和程序的结果；其结果可能是有效的内部控制，也可能不是。（3）一个动词，例如控制——监管；制定或执行一项实现控制的政策。

标准（criteria）——据以在确定有效性时对企业风险管理进行测度的一系列准绳。考虑到企业风险管理的固有局限，企业风险管理的八个构成要素，代表着针对四类目标中的每一类而言企业风险管理有效性的标准。

缺陷（deficiency）——在企业风险管理中值得注意的一种情况，它可能代表着一个已经察觉的、潜在的或实际的缺点，或者一个加强企业风险管理以便为主体的目标将会实现提供更大的可能性的机会。

设计（design）——（1）意图。就像在定义中所使用的那样，企业风险管理旨在识别可能会影响主体的潜在事项，管理风险使其处于它的风险容量之内，并就目标的实现提供合理保证。（2）计划。与其实际运行相对照，假定一个过程运行的方式。

实施（effected）——与企业风险管理联用：设计和保持。

企业风险管理过程（enterprise risk management process）——一个主体中所应用的企业风险管理的同义词。

主体（entity）——一个为了某个特定的目的而成立的任何规模的组织。例如，一个主体可能是一家经营性的企业、非盈利组织、政府团体或者学术性机构。用做同义词的术语包括组织和企业。

事项（event）——一个源自主体内部或外部的影响目标实现的事故或事件。

一般控制（general controls）——帮助确保计算机信息系统持续、正常运行的政策和程序。它们包括针对信息技术管理、信息技术基础结构、安全管理以及软件获取、开发和维护的控制。一般控制支持设定应用控制的运行。有时用来描述一般控制的其他术语是一般计算机控制和信息技术控制。

影响（impact）——一个事项的结果或后果。与一个事项相关的可能会有一系列的影响。相对于主体的相关目标而言，一个事项的影响可能是正面的，或是负面的。

固有局限（inherent limitations）——企业风险管理的局限。这些局限与人类判断的有限性、资源约束以及需要对照期望的效益去考虑控制的成本，可能发生故障的现实，以及管理当局凌驾和串通的可能性有关。

固有风险（inherent risk）——一个主体在管理当局不采取任何措施来改变风险的可能性或影响的情况下所面临的风险。

诚信（integrity）——合乎良好道德原则的品质或状态；正直、诚实和真实；做正确的事情、承认并遵从一套价值观和期望的意愿。

内部控制（internal control）——一个由主体的董事会、管理当局和其他人员实施的、旨在就以下各类目标的实现提供合理保证的过程：经营的有效性和效果；财务报告的可靠性；符合适用的法律和法规。

内部控制系统（internal control system）——一个主体所应用的内部控制的同义词。

可能性（likelihood）——一个给定的事项将会发生的或然性。相关的术语有时有着更加具体的含义，"可能性"意味着用定性语言表示的一个给定事项将会发生的或然性，例如高、适中和低，或者其他的判断性衡量尺度；而"概率"则意味着定量性的测度，例如百分比、发生的频率，或者其他数量化的尺度。

管理当局干预（management intervention）——管理当局出于合法的目的而破坏既定的政策或程序的行为，通常有必要通过管理当局干预来处理非重复性的和非标准的交易或事项，否则可能会被系统不恰当地处理（把这个术语与管理当局凌驾相对照）。

管理当局凌驾（management override）——管理当局出于个人利益企图或不恰当地

虚报主体的财务状况或合规情况等不合法的目的而破坏既定的政策或程序（把这个术语与管理当局干预相对照）。

　　管理过程（management process）——管理当局为运营一个主体所采取的各种行动。企业风险管理是管理过程的一部分，并与其相结合。

　　人工控制（manual controls）——利用人工而不是通过计算机来执行的控制。

　　目标类别（objectives category）——主体的四类目标——战略、经营的有效性和效率、报告的可靠性以及符合适用的法律法规中的一种。这些类别有交叉，所以一个特定的目标可能会归入超过一个类别。

　　经营（operations）——与目标联用：必须致力于主体活动的有效性和效率，包括业绩和盈利目标，以及保护资源不受损失。

　　机会（opportunity）——一个事项将会发生并对目标的实现产生正面影响的可能性。

　　政策（policy）——管理当局关于应该做什么来实现控制的指示。政策充当所执行程序的依据。

　　程序（procedure）——执行一项政策的一个行动。

　　合理保证（reasonable assurance）——这个概念意味着不管企业风险管理设计和运行得有多么好，也不能就一个主体的目标的实现提供担保。这是因为企业风险管理有固有局限。

　　报告（reporting）——与目标联用：必须致力于主体报告的可靠性，包括有关财务和非财务信息的内部和外部报告。

　　剩余风险（residual risk）——管理当局采取措施改变风险的可能性或影响之后残存的风险。

　　风险（risk）——一个事项将会发生并对目标的实现产生负面影响的可能性。

　　风险容量（risk appetite）——公司或其他主体在追求其使命（或愿景）的过程中所愿意承受的风险的广泛意义的水平。

　　风险容限（risk tolerance）——与实现一项目标相关的可承受的偏离程度。

　　利益相关者（stakeholders）——受到主体影响的各个方面，例如股东、主体运营所在的社区、员工、客户和供应商。

　　战略（strategic）——与目标联用：必须致力于与主体的使命（或愿景）相协调并支持它的高层次的目的。

　　不确定性（uncertainty）——不能事先知道未来事项的确切可能性或影响。

附录 E　风险管理术语释义

术语 Glossary of Terms

本书中主要术语含义如下：

　　不确定性（Uncertainty）——指不能事先知道未来工程风险事件的确切可能性或影响性。

　　风险成本（Risk Cost）指为了预防或降低风险和风险管理而需要投入的人财物等资金和资源等费用。

风险（Risk）——一旦发生，就会对项目目标产生积极或消极影响的不确定事件或条件。

工程风险（Project Risk）——工程活动或事件中的不确定状态，涉及利害关系时，通称工程风险。

风险因素（Risk Factor）——指增加或减少损失幅度的要素。分为有形的物理因素及无形的道德和心理因素，同时可分为转化条件和触发条件。

风险影响因素（Risk Impact Factor）——泛指影响工程项目风险的各种类型因素，包括主要因素、次要因素、各级别因素和有关因素等。

风险构成要素（Risk Components）——指风险因素、风险事件（或风险事故）、风险损失是构成风险的三项重要条件。

风险事件转化条件（Involve Conditions for Risk Events）——风险是潜在的，只有具备了一定条件时，才有可能发生风险事件，这些一定条件称为转化条件。

风险事件触发条件（Trigger Conditions for Risk Events）——即使具备了转化条件，风险也不一定会演变成风险事件。只有具备了另外一些敏感条件后，风险才会发生，这类条件称为触发条件。

工程风险机理（Mechanism of Engineering Risk）——泛指工程管理者，对风险的认知水平、信息完备性、工程环境和利益冲突等情况，形成的工程风险的机理。

触发因素（Triggers）——表明风险已经发生或即将发生的迹象。触发因素可在风险识别过程中发现，并在风险监控过程中监视。触发因素有时也称"风险征兆"或"预警信号"。

风险损失（Risk Loss）——指在工程实施中，由风险因素和风险事故造成的直接损失或间接损失。直接损失是风险事故的直接后果；间接损失则包括额外费用损失、收入损失和责任损失等。

损失（Loss）——指无意、非计划和未预期的价值减少，通常以货币衡量，可分为直接损失和间接损失两种。

直接损失（Direct Loss）——指风险事故直接后果。

间接损失（Indirect Loss）——指风险事故间接后果，包括额外费用、收入损失和责任损失。

风险事件（Risk Events）——指活动或事件的主体未曾预料到发生或虽然预料到发生但未曾预料到后果的事件。

风险事故（Risk Accident）——指在工程实施中，直接或间接造成经济的及其他方面的损失的事件。

风险来源（Source of Risk）——给工程或其他活动带来机会、造成损失或损害、人员伤亡的根本原因，就是风险来源。风险来源可划分为自然、社会和经济的来源；也可以分为组织内部和外部来源；还可以分为自然和人为的来源等。

自然风险（Natural Risk）——泛指由自然灾害，包括气候条件、非战争因素等风险源引起而发生的风险。

人为风险（Artificial Risk）——由于人的活动而带来的风险。人为风险又可细分为行为、经济、技术、政治和组织风险等。

行为风险（Behavior Risk）——指由于个人或组织的过失、疏忽、侥幸、恶意等不当行为造成财产毁损、人员伤亡的风险。

经济风险（Economic Risk）——指人们在从事经济活动中，由于经营管理不善、市场预测失误、价格波动、供求关系发生变化、通货膨胀、汇率变动等而造成经济损失的风险。

技术风险（Technical Risk）——指伴随科学技术发展而来的风险。

政治风险（Political Risk）——指由于政局变化、政权更迭、罢工、战争等引起社会动荡而造成财产损失或损害以及人员伤亡的风险。

组织风险（Institutional Risk）——指由于工程或其他活动有关各方不协调以及其他不确定性而引起的风险，包括组织内部不同部门由于对工程的理解、态度和行动不一致而产生的风险。

国别风险（Country Risk）——指在不同的国家客观存在或潜在的各种可能的风险。通常包括政治、经济、商务、社会这四个方面普遍存在的以及在特殊情况下可能发生的风险。

静态风险（Static Risk）——指在经济条件未变化的情况下，自然现象和人的过失造成损失的可能性。

动态风险（Dynamic Risk）——指在外部条件、内部条件、经济条件发生变化的情况下，造成经济损失的可能性。

纯粹风险（Pure Risk）——指只有损失机会而无获利可能的风险。

投机风险（Adventured Risk）——指既有损失机会，又有获利可能的风险。

风险层次（Risk layers）——指风险所处的层次，如可以将工程项目的风险分为国家、市场和项目级三个层次。

国家层次风险（Risk at country level）——主要指项目所在地与政治和宏观经济等有关的风险，包括政府征收/没收、货币兑换和贸易限制、市场规则改变、对股息/红利的分配限制等，与宏观经济稳定性、政府的财政金融政策、政府应对经济危机的能力等有关。

市场层次风险（Risk at Market Level）——主要是与工程所在地和市场有关的风险，包括承包商的技术优势、市场资源的稀缺性、市场程序规则的复杂性、政府对建筑业的政策与态度等。

工程层次风险（Risk at Project Level）——主要指工程本身特别是与现场有关的风险，包括后勤补给的限制、不合理的设计、现场施工安全、不恰当的质量控制手段和环境保护问题等。

可管理风险（Manageable Risk）——指可以预测，并可采取相应措施加以控制的风险。

战略风险（Strategic Risk）——指有关投标人在集团或公司发展战略定位决策及其有关因素方面带来的风险。

市场风险（Market Risk）——指国际工程承包市场及其有关的连带因素发生与发展的风险。

法律风险（Legal Risk）——指项目所在国在法律法规以及招标当局条例方面等变化所发生的风险。

财务风险（Financial Risk）——指工程承包单位在国际工程承包中，由于财务范围管理不当造成经济损失而产生的风险事件。

合同风险（Contractual Risk）——指工程承包项目合同条件以及项目所在国国家有关合同中的明示的、潜在的诸多风险。

经营管理风险（Operational Risk）——指经营管理过程中出现各种造成损失的可能性。

不可预见风险（Unforeseeable Risk）——指一个有经验的承包商和雇主，实施工程项目合同中，在正常情况下都不能预见到的风险。

雇主风险（Employer's Risk）——指工程合同及其有关联的因素，对雇主所发生的诸多风险事件。

联营体承包风险（Risk of Joint Venture/Contractor）——指联合承包工程项目的二方或多方，在联营体投标经营过程中所发生的种种风险事件。

分包商风险（Risk of Sub-Contractor）——主要指分包商信誉、资金、技术和能力不足发生的风险，如履约能力、合同管理能力等。

明示风险（Exposed Risk）——指合同条件及其有关文件中所规定的雇主或承包商的风险。

隐示风险（Embedded Risk）——指在实施合同全过程中所带来的和所发生的或突发事件造成的种种潜在风险。

安全风险（Safety Risk）——指工程项目所处的自然地理位置、政治及人文环境等带来和产生的安全层面上的风险。如恐怖主义、极端主义和分裂主义等造成的风险。

环境风险（Environmental Risk）——指经济与社会活动对自然环境的破坏给工程带来的种种风险。

融资风险（Financing Risk）——指建设资金筹集方式、金额、利率、支付进度和还款期限等的波动，对过程投资费用和效益产生影响，导致融资风险。诸如 EPC 工程总承包、BOT/PPP 类项目而需要融资所发生的工程风险。

信用风险（Fiduciary Risk）——指工程参与各方因故无法履行或拒绝履行合同责任与义务的可能性发生的风险。

固有风险（Pertained Risk）——指一个主体在管理当局不采取任何措施来改变风险的可能性或影响的情况下所面临的风险。

工程风险（Engineering Risk）——指造成工程达不到预期目标的不确定性，或影响工程目标的那些消极的不确定性的统称。

系统风险与非系统风险（System Risk and Non-system Risk）——系统风险指与市场环境有关、超出了行动范围的风险；非系统风险指可由行为主体自行控制和管理的风险。

人为风险（Artificial Risk）——指因人的主观因素而给工程带来的种种风险。

工程风险特征（Characteristics）——指工程风险的客观性、普遍性；偶然性、必然性；全局性、阶段性；长期性、规律性；多样性、可变性等。

风险的可管理性（Feature of Manageable Risk）——指可以预测和控制风险的程度，取决于风险的不确定性是否可以消除以及活动的行为主体的管理水平。

风险管理规划（Risk Management Plan）——说明如何组织与实施项目风险管理的文

件，是工程管理计划的一部分或子计划。风险管理计划的内容因应用领域和项目规模而异。风险管理计划不同于风险登记册。风险登记册包含项目风险清单、风险分析结果和风险应对措施。

风险识别（Risk Identification）——指找出工程中的所有风险，即查明工程在哪些方面、哪些地方、哪些时候可能会出现问题。首先要弄清工程的内容、影响因素及其性质和相互间的关系、与内外环境之间的关系等，在此基础上再利用系统的、有章可循的步骤和方法查明对工程及其所需资源可能形成风险的各种因素。类似的术语有风险预测（Risk Predict）。

风险识别技术（Risk Identification Technique）——指为了识别风险而采用的现代工程科学管理方法、方式、工具和图表等技术。

风险识别工具（Risk Identification Tools）——泛指工程风险识别过程中所采用的一切方法和技术的统称。

风险清单（Table of Risk List）——亦称工程风险清单，可将已识别的工程风险列入表内，一般应有不同风险事件发生的可能性、对承包工程目标的影响等。

风险核对一览表（Schedule for Risk Checking）——指将风险按其重要性和影响度列成明细表，以便分项检查与核对。

风险分析（Risk Analysis）——指在识别风险之后，对所识别各风险进行的分析和估计，包括分析风险的性质、估算风险事件发生的概率及其后果的大小等，着重于剖析与工程密切相关的各种风险要素及其对工程的影响。也叫风险评估（Risk Assessment）。

风险定性分析（Risk Qualified Analysis）——指对已识别的风险发生的可能性（概率）及其影响大小进行定性分析和评估，进而对风险进行优先级排序。

风险定量分析（Risk Quantified Analysis）——指对已识别风险发生的概率及其对工程目标（进度、费用、范围、质量等）的影响进行定量分析。

客观概率（Objective Probability）——根据大量试验和历史数据的积累用统计的方法进行确定，这种方法确定的概率称之为客观概率。

主观概率（Subjective Probability）——人们对根据经验结果所作出的主观判断的量度，称之为主观概率。

风险计量（Risk Measurement）——指项目风险导致的各种损失发生后，一般情况下，其度量的尺度可统一为用风险引起的经济损失来衡量，即风险计量。

概率和影响矩阵（Probability and Impact Matrix）——综合考虑风险的两个维度：发生的概率和一旦发生对目标造成的影响，来判断风险是低、中还是高风险的常用方法。

敏感性分析（Sensitive Analysis）——测定并分析工程一个或几个因素的变化对工程目标的影响程度，以判定各个因素变化对目标的重要性。

风险价值（Risk Value）——指假设一个或一组工程价值变化形态的模型。风险价值的应用是风险市场价值，其定义为在特定置信度下的给定时间范围内，投资组合上可预期地估计最大损失。

风险图（Risk Diagram）——指是一个或多个风险的可能性和影响度量的图形表示法。

风险应对（Risk Handling）——指企业对风险及其风险因素所采取的措施，可分为规避、减少、共担和接受等风险应对措施。

回避风险（Risk Avoidance）——指通过变更工程计划消除风险或风险发生条件，使工程目标免受其影响，或对受到威胁的一些目标放松要求，如延长工期或缩减工程范围等。这是一种事前"主动"的风险应对策略。

转移风险（Risk Transfer）——是不消除风险，而是将其结果连同相应的责任和权利转移第三方（第三方应该清楚知道存在的风险并且有承担能力）。

减轻风险（Risk Alleviation）——指设法把不利的风险事件的概率或后果尽最大可能地降低到一个客观上可以接受的程度。

接受风险（Risk Acceptance）——指不改变工程计划（或者已没有合适的应对策略），而考虑发生后如何应对。采取该策略的原因在于现实中很少可以消除工程的所有风险。这是一种事后"被动"的应对策略。又叫风险承担（Risk Undertaking）。

风险利用（Risk Utilization）——指对风险与利润并存的投机风险，承包商可以在确认可行性和效益性的前提下，所采取的一种承担风险并排除（减小）风险损失而获取利润的策略。

风险补偿（Risk Compensation）——指在实施合同中，承包商因巨大风险或不可预见的风险而造成的重大经济损失，经双方协商所给予一定的补偿风险降低（Risk Down-Grade），风险降低指采取某些可行措施以降低风险的可能性和影响。

风险对冲（Risk Offset）——指采取适当措施将风险分散从而降低风险的可能性和不利影响。

风险控制（Risk Control）——指承包商对已发现和发生的风险状态，根据风险管理原理和方法所知晓、掌握、处理和控制等过程。

风险监控（Risk Supervision and Monitoring）——即风险监测与控制，是识别、分析和规划管理新的风险和变化的风险，追踪已识别风险和观察清单中的风险，重新分析现有风险，监测应急计划的触发条件，监测残余风险，审查风险应对措施的实施并评估其效力的过程。

风险再评估（Risk Re-assessment）——风险监控过程应定期对新风险进行识别并对风险进行重新评估。

工程成效评估（Assessment of Project Outcomes）——根据反映工程成效的信息，利用偏差分析和趋势分析等，评估工程的总体成效，特别是进度和费用方面的偏差及对工程的影响，以及工程成效的变化趋势。

储备金分析（Analysis on Reserved Fund）——在工程实施过程中可能会发生一些对预算或进度应急储备金造成积极或消极影响的风险，储备金分析是在工程的任何时间点将剩余的储备金与剩余风险量进行对比，以确定剩余的储备金是否足够。

SWOT分析（Analysis SWOT）——这种信息收集技术从工程的每一个优势、劣势、机会和威胁出发，对工程进行考察，以便更全面地考虑风险。

残余风险（Residual Risk）——在采取风险应对措施之后仍然存在的风险。

次生风险（Secondary Risk）——由于实施某风险应对措施而直接产生的风险。

德尔菲技术（Delphi Technique）——组织专家就某一专题达成一致意见的一种信息收集技术。组织者使用调查问卷就一个重要工程事项征询意见，然后对专家的答卷进行归纳，并把结果发还给专家，请他们作进一步评论。这个过程重复几轮后，就可能取得一致意见。德尔菲技术有助于减轻数据的偏倚，防止任何个人对结果产生不恰当的影响。

风险登记册（Risk Register）——包含定性风险分析、定量风险分析和风险应对规划结果的文件。风险登记册对所有已识别的风险做详细记录，包括风险描述、类别、原因、发生概率、对目标的影响、提议的应对措施、责任人和当前状态等。

风险分解（Risk Breakdown）——指为圆满地完成风险管理的任务，以实现各级次的风险管理目标，必须用现代管理技术、工具和方法，对风险进行层次分解的工作。

风险分解结构（Risk Breakdown Structure）（RBS）——按风险类别和子类别来排列已识别的工程风险的一种层级结构图，用来显示潜在风险的所属领域和产生原因。风险分解结构通常依具体项目类型定制。

决策树分析（Decision Tree Analysis）——决策树是用图形方式描述正在考虑中的某项决策以及选择这个或那个备选方案的潜在后果，在将来的某些情景或行动后果不确定时采用。它对每条由事件和决策构成的逻辑路径，都综合考虑有关概率和得失，并利用预期货币价值分析来帮助组织识别各种备选方案的相对价值。

蒙特卡洛分析（Monte Carlo Analysis）——从可能的成本或持续时间的概率分布中随机选取数值，作为输入，来计算或迭代计算工程成本或工期的一种技术，从而得到工程可能的总成本或完工日期的分布情况。

蒙特卡洛模拟（Monte Carlo Simulation）——基于单项任务的成本和进度的概率分布，模拟出成百上千种可能结果的过程。然后应用这些结果计算工程整体的概率分布。

模板（Template）——一种固定格式的、已部分完成的文件，为收集、编排和呈现信息与数据提供明确的结构。

模拟（Simulation）——利用模型，计算细节层次上的不确定性对工程整体目标的潜在影响。模拟借助计算机模型和对风险的估算（通常表现为细节工作的可能成本或持续时间的概率分布），并用蒙特卡洛分析法进行。

头脑风暴（Brainstorming）——一种通用的数据收集和创意激发技术。用以召集一组团队成员或主题专家，来识别风险、提出创意或问题解决方案。

机会（Opportunity）——有利于工程的条件或状况、有利的环境、有利的事件、有利于工程目标的风险，或者发生有利变化的可能性。与"威胁"比较。

威胁（Threat）——不利于工程的条件或情形、负面的环境或事件、一旦发生将对工程目标产生消极影响的风险，或者发生消极变化的可能性。与"机会"比较。

工程项目风险管理（Project Risk Management）——工程项目风险管理包括项目风险管理规划、风险识别、风险分析、风险应对和风险监控等有关过程。

应急储备（Contingency Reserve）——为把无法达成工程目标的风险降低到组织可接受的程度，而在估算的基础上所增加的资金、预算或时间量。

预防措施（Preventive Action）——通过实施某项活动降低风险消极后果的发生概率的书面指令。

风险预警（Risk Warning）——指通过风险分析和评估，借助预警系统，对工程风险预先警示，提前作出报警识别，以规避或降低风险。

风险费用管理（Risk Financial Management）——泛指对风险及风险管理有计划、有准备的资金储备，以防风险应急之用。

风险管理文化（Culture of Risk Management）——指企业为实施工程项目的风险管理而产生的风险管理文化。包括：风险意识、风险理念、思想和心理因素、风险知识与管理培训、风险管理中的沟通与协调、风险管理制度建设等一系列人文素质培养。

风险意识（Risk Comprehension）——泛指人们对风险的认识、思想和态度。对承包商来讲，需要树立积极的风险思想和正确态度。

风险承受力（Risk Tolerance）——指组织或个人能承受的风险程度、数量和容量而言。

内部控制（Internal Control）——指承包商为使工程风险减小到最低水平，使风险管理达到既定目标而在其内部制定的管理制度和应对措施。

费用预警机制（Cost Warning System）——指资源价格及其供给量的波动对工程投资费用产生重要影响而设置的预警机制。

风险管理准则（Principle for Risk Management）——指工程风险管理所应遵循的经济性、满意性、社会性和"二战（战略上藐视、战术上重视）"性准则。

风险管理组织体系（Frameworks of Risk Management）——指为实现风险管理目标而建立的内部管理层次和管理组织体系，即总部管理架构、现场组织管理体制以及人员设置等。

风险管理信息系统（Information System for Risk Management）——指为进行工程风险管理而需要建立的全面的全方位的、用各种方法通过各种渠道收集风险信息的一项系统。

风险管理总体目标（General Objective for Risk Management）——指是以最小的管理成本获得最大的安全保障，以减少风险造成的损失和对环境的不利影响。在总目标下承包商可以设定若干风险子目标。

风险流程路线图（Risk Process Diagraph）——指企业绘制的适合本公司国际工程项目的风险管理的程序化的导引图。

风险管理信息流（Information Flow for Risk Management）——指为适应风险形势而需要进行必要的风险管理所必须建立健全的信息系统。

风险管理原理与方法（Principle and Methodology）——指工程风险管理的概念、产生与发展，工程风险管理的目标、组织机构和预警、预防的基本过程。

风险经理（Risk Manager）——指为化解风险、进行有效的风险管理在总部、董事会或大型工程而设置的专司风险管理的经理。

风险数据库（Risk Data Base）——指为专项解决风险和风险管理而建设的完善的全面的风险方面的一系列文件和数据等资源。

全面风险管理体系实施因素或全面风险管理框架（Comprehensive Risk Management Framework/Comprehensive Risk Management System, Implementing factors）——指企业建立健全完善的、完整的、配套的，系统化、科学化、规范化的风险管理机制的路线框架图，以大力提升企业风险管理的水平。

全面风险管理（Comprehensive Risk Management）——是一个系统的、完整的过程，对风险进行识别、分析、评估、预警、监控等，必须与合同管理、工期管理、质量管理联成一体,形成集约化的管理过程,以合理的风险成本保证安全、可靠地实现预定目标,而有准备地、理性地进行项目实施,减少风险造成的损失。

心理风险因素(Psychological Risk)——与人们心理状况有关的一种无形因素,是一种主观上的疏忽和过失。

不可控因素(Uncontroccable Factor)——那些发生时间不可控、发生范围不可控、发生造成的损失一般不可预计的因素。

时间跨度(Time Span)——指风险暴露连续的时间越长,风险程度越高。

相关性(Dependency)——是风险分散理论的主要概念。相关性越大,风险就越高。企业的风险分散度与其风险相关度具有反向关系。

事项(Emergency)——是COSO风险管理框架引入的一个基本概念:事项是源于内部或外部的影响目标实现的事故或事件。事项可能有负面影响,也可能有正面影响,或者两者兼而有之。

操作风险(Operational Risk)——是指由于以不当或不足的方式方法操作业务而对业务带来负面影响的风险,操作风险也可能由外部因素造成的。其具体表现不外乎组织、政策/过程、技术、人员、外部这五大类。如图26-4所示。

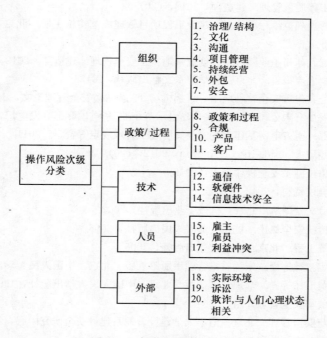

图26-4 操作风险次级分类

参 考 文 献

[1] 杨俊杰. 业主方工程项目现场管理模板手册. 北京：中国建筑工业出版社，2011.
[2] 何伯森. 国际工程项目管理国际惯例. 北京：中国建筑工业出版社，2007.
[3] 王向军，范晓虹译. 安全管理：流程与实施(第二版修订本)北京：电子工业出版社，2011.
[4] 建筑施工手册第四版第五分册编写组. 建筑施工手册. 北京：中国建筑工业出版社，2003.
[5] 杨俊杰. 工程承包项目案例及解析. 北京：中国建筑工业出版社，2007.
[6] 杨俊杰. 工程承包项目案例精选及解析. 北京：中国建筑工业出版社，2009.
[7] 冯玉金. 建筑施工企业管理制度与常用表格大全. 北京：中国建筑工业出版社，2006.
[8] 张建东，版本一马(日). 建筑施工安全与事故分析——日本工程实例. 北京：中国建筑工业出版社，2009.
[9] 中国建设监理协会. 建设工程质量控制. 北京：中国建筑工业出版社，2007.
[10] 杨俊杰. 建筑工程质量管理. 建造师，2012，(20).
[11] 建设工程项目管理规范编写委员会. 建设工程项目管理规范实施手册. 北京：中国建筑工业出版社，2006.
[12] 刘金平，杨俊杰. 苏州工业园区科技创业基地施工安全管理. 建造师，2012，(22).
[13] 尚勇. 国际安全生产报告. 北京：科学技术文献出版社，2012.
[14] 刘俊荣. 大型公共建筑安全管理应用—首都机场 T3 航站楼安全管理论文，2011.
[15] 北京北绘文化发展有限公司. "安全文化建设示范企业"华电国际邹县发电厂，2011.
[16] 南方电网基建部. 南方电网基建工程安全文明施工管理规定等资料，2011.
[17] 杨俊杰. 当代经理人 50 切忌论文. 建造师，2012，(20).
[18] 百度网. 施工单位施工安全操作规程，2008.
[19] 上海合作组织会议资料，2012.
[20] 菲迪克(FIDIC)文献译丛. 北京：机械工业出版社，2002.
[21] 余潇枫等. 非传统安全概论. 杭州：浙江人民出版社，2006.
[22] 白思俊等. 系统工程. 北京：电子工业出版社，2006.
[23] (美)朱兰等. 焦叔斌等译. 朱兰质量管理手册第五版. 北京：中国人民大学出版社，2004.
[24] (美)罗宾斯. 黄卫伟等译. 管理学第四版. 北京：中国人民大学出版社，1998.
[25] 戴维明. 杜邦公司安全管理介绍，2004.
[26] 方东平. 事故与安全管理. 北京：清华大学建设管理系建设安全研究中心，2009.
[27] 国务院安委会办公室相关资料.
[28] 国家生产企业安全管理总局网站相关资料.
[29] 中国政府网相关资料.
[30] 住建部网站相关资料.
[31] 安全管理网相关资料.
[32] 温端政等. 中国格言大辞典. 上海：上海辞书出版社，2008.
[33] 百度网站相关文献资料.
[34] 北京晚报相关文摘 2012.

[35] 中国剪报相关文摘 2012.
[36] 杨俊杰. 业主方工程项目现场管理模板手册. 北京：中国建筑工业出版社，2011.
[37] 杨俊杰. 工程项目承包案例及解析. 北京：中国建筑工业出版社，2007.
[38] 杨俊杰. 工程项目承包案例精选及解析. 北京：中国建筑工业出版社，2008.
[39] 陈赟工程风险管理. 北京：人民交通出版社，2008.
[40] 建筑施工手册(第四版)第5册. 北京：中国建筑工业出版社，2002.
[41] 建设工程项目管理规范实施手册(第二版)中国建筑工业出版社，2002.
[42] 何伯森. 工程项目管理的国际惯例. 北京：中国建筑工业出版社，2007.
[43] 杨俊杰. 国际工程风险全面管理模板课题. 北京：国际工程合同管理模型工具研究小组，2009.
[44] 梁鉴. 建设工程合同通管理与案例分析.［M］. 北京：中国建筑工业出版社，2002.
[45] 国际咨询工程师联合会，中国工程咨询协会. 施工合同条件，设计采购施工 EPC/交钥匙工程合同条件，生产设备和设计-施工合同条件，菲迪克(FIDIC)指南. 北京：机械工业出版社.
[46] 国务院国有资产监督管理委员会. 中央企业全面风险管理指引. 2006.
[47] 秦玉银等. 业主方工程项目管理. 北京：中国建筑工业出版社，2008.
[48] 白思俊. 现代项目管理(升级版). 北京：机械工业出版社，2010.
[49] 乌云娜等. 项目管理规划. 北京：电子工业出版社，2006.
[50] 张水波等. 国际工程总承包. 北京：中国电力出版社，2009.
[51] 卢有杰. 现代项目管理学(修订版). 北京：首都经济贸易大学出版社，2011.
[52] (美)约翰. 拉夫特里. 项目管理风险分析. 李清立译. 北京：机械工业出版社，2003.
[53] 中国对外承包商会. 国际工程承包实用手册. 北京：中国铁道出版社，2007.
[54] 杨俊杰. 试论我国工程承包企业全面风险管理基本流程及其运作. 项目管理技术，2009，(8).
[55] 南方电网集团公司. 南网作业指导书. 2012.
[56] 南方电网集团公司. 电网建设施工安全基准风险指南. 2012.
[57] 卓志. 风险管理理论研究. 北京：中国金融出版社，2006.
[58] 3C框架课题组. 全面风险管理与实务. 北京：中国时代经济出版社，2008.
[59] 雷胜强. 国际工程风险管理与保险. 北京：中国建筑工业出版社，1996.
[60] 成虎. 工程项目管理. 北京：高等教育出版社，2004.
[61] 中国社会科学研究院. 哈佛模式项目管理. 北京：人民日报出版社，2001.
[62] (美)彼得·德鲁克. 21世纪的管理挑战. 北京：机械工业出版社，2006.
[63] (美)彼得·德鲁克. 卓有成效的管理者. 北京：机械工业出版社，2006.
[64] 国务院国有资产监督管理委员会. 2010年度中央企业全面风险管理报告(模本). 2009.
[65] 中华人民共和国国家质量监督检验检疫总局，中国国家标准化管理委员会. 风险管理原则与实施指南.
[66] 美国 COSO 内部控制整合框架(中文版).
[67] 美国、英国、日本、澳大利亚等国有关风险标准文件.
[68] 方东平. 风险管理课件. 清华大学国际工程项目管理研究院，2008.
[69] 百度网.
[70] 建造师杂志 2011-2012.
[71] 工程管理杂志 2009.
[72] 国际工程与劳务杂志 2012.
[73] 王守清. 风险管理课件及论文. 北京：清华大学国际工程项目管理研究院，2010.